公司诉讼类型化专题24讲

（二）

公司大数据实证分析
与
裁判规则评述

李建伟 / 著

On the Classification of Company Litigation

法律出版社 LAW PRESS·CHINA | 北京

图书在版编目(CIP)数据

公司诉讼类型化专题24讲. 二, 公司大数据实证分析与裁判规则评述 / 李建伟著. -- 北京 : 法律出版社, 2022

ISBN 978-7-5197-6575-0

Ⅰ. ①公… Ⅱ. ①李… Ⅲ. ①公司-经济纠纷-民事诉讼-研究-中国 Ⅳ. ①D925.104

中国版本图书馆CIP数据核字(2022)第049479号

公司诉讼类型化专题24讲(二)
——公司大数据实证分析与裁判规则评述
GONGSI SUSONG LEIXINGHUA ZHUANTI 24 JIANG (ER)
—GONGSI DASHUJU SHIZHENG FENXI YU CAIPAN GUIZE PINGSHU

李建伟 著

策划编辑 似 玉
责任编辑 似 玉
装帧设计 汪奇峰

出版发行 法律出版社
编辑统筹 法律应用出版分社
责任校对 朱海波
责任印制 刘晓伟
经　　销 新华书店

开本 710毫米×1000毫米 1/16
印张 28 **字数** 472千
版本 2022年5月第1版
印次 2022年5月第1次印刷
印刷 北京金康利印刷有限公司

地址:北京市丰台区莲花池西里7号(100073)
网址:www.lawpress.com.cn
投稿邮箱:info@lawpress.com.cn
举报盗版邮箱:jbwq@lawpress.com.cn
销售电话:010-83938349
客服电话:010-83938350
咨询电话:010-63939796

书号:ISBN 978-7-5197-6575-0
定价:108.00元

代前言

“同案同判”与“同案不同判”

同案同判、类案类判，统一类案裁判尺度，保证司法公正，保证司法公信力，维护交易双方的合理预期，既是我国实现法治现代化和司法体制改革的重要目标，也是法学界热切关注的研究课题。围绕此目标，2017年8月最高人民法院颁布《最高人民法院司法责任制实施意见（试行）》明确规定，承办法官在审理案件时应对本院已审结或正在审理的类案和关联案件进行全面检索，制作类案与关联案件检索报告。2019年11月最高人民法院发布《中国法院类案检索与裁判规则》系列丛书。2020年7月最高人民法院又在专门发布的《关于统一法律适用加强类案检索的指导意见（试行）》中详细规定，类案的概念、应当检索类案的情形、检索范围、检索方法、类案确定标准以及审判案例数据库建设等。最高人民法院频繁地发布与类案检索有关的指导性文件与丛书的目的在于，规范类案的裁判思维，搭建统一裁判路径的平台，希望类案检索能够助推“同案同判”的实现。这显然已经承认指导性案例以外的一般司法裁决的“规范”属性，旨在弥补指导性案例供给不足，以期为“同案同判”及时补充案例资源。[1] 同案同判、类案类判对裁判者与整个司法系统都提出了较高的要求，裁判者共同体需要具备统一且专业的职业水准，实现司法权横向与纵向的合理配置，各地域与各层级之间维持相对一致的司法统一。

〔1〕 参见杨知文：《非指导性案例的“指导性”与案例指导制度的发展》，载《清华法学》2021年第4期。

一、"同案同判"的含义

同案同判的价值基础源于"法律面前人人平等"的法律原则。美国大法官本杰明·卡多佐说:"案件中所设计的要点相同,当事人就会期望法官作出同样的决定。"[1]同案同判指的是同等的情形应该得到同等的司法对待,这是司法裁判中所体现的最朴素的价值观。若同案不同判,则直观地显示出结果的不平等及差异化的对待,从而无法使裁判结果具有可接受性,这无疑会造成"案结事不了"的尴尬局面。裁判可接受性意味着司法首先需要具备自我认同。罗尔斯认为:"平等基本上是作为规则性的正义。它意味着按照(按法条和先例的界定)类似情况类似处理等准则,公正地运用、并以一致的方式解释规则。"[2]由此可知,司法的自我认同在于其通过类似案件类似审判来实现司法公正,人人平等地适用法律,在同案的情况下理应受同等裁判的观点已深入人心,以至于同案同判成为具体裁判是否符合依法裁决的重要衡量标准。"司法在本质上应竭力实现形式正义,形式正义最重要的要求或表现就是推进'同案同判'"[3],足见同案同判是实现形式正义的重要一环。因此何为"同案","同案"的标准如何衡量?"同判"的内涵又是什么?这些相关概念的厘清至关重要。

首先,"同案"是一种通俗的说法,其意指"同类案件""类似案件""相似案件"。英文大多表述为"Like cases should be decided alike"[4]以及"Similar cases be treated similarly"。[5] 文义上的解读并不能有效揭示"同案"的内涵,因而需要进一步回归到司法裁决语境中去把握"同案"的法律意义。具言之,司法裁决中的"同案"是指规范层面中的同案,这就意味着事实的相似性不是判断同案的核心。因为"法律世界是一个规范的世界,而规范的世界是一个意义的世界。在建构规范时,人类只是择取了无穷之具体事实要素中的被其认为有意义的一部分,使之与相应的法律后果联结在一起。"[6]因此司法裁决中同案的判断要点

---

〔1〕［美］本杰明·卡多佐:《司法过程的性质》,苏力译,商务印书馆 2015 年版,第 18 页。

〔2〕［美］约翰·罗尔斯:《正义论》(修订版),何怀宏等译,中国社会科学出版社 2011 年版,第 45 页。

〔3〕孙海波:《"同案同判":并非虚构的法治神话》,载《法学家》2019 年第 5 期。

〔4〕［英］鲁伯特·克罗斯、［英］J. W. 哈里斯:《英国法中的先例》(第 4 版),苗文龙译,北京大学出版社 2011 年版,第 4 页。

〔5〕《英汉法律词典》编写组编:《英汉法律词典》(修订本),法律出版社 1999 年版,第 737 页。

〔6〕雷磊:《同案同判:司法裁判中的衍生性义务与表征性价值》,载《法律科学》2021 年第 4 期。

在于两个案件是否具有法律上的“相关性”与“相似性”,即可否将特定规范之法律后果归结于该案的当事人。相似性与差异性的标准是由法律本身提供的。相对于法律目的而言,对案件事实之可能描述的多样性要受此控制,即将为识别案件而进行的相关描述限于既有法律中已经包含的那些描述。[1]

其次,精准地说,同案同判并非指完全相同的案件相同处理。有观点认为,同案同判所追求的乃是相同案件在最终结果上的一致性。[2] 这是在结果意义上理解“同判”,即同样或同类案件在法律上受同一规则的调整。但这么理解是不准确的,因为正如世界上不存在两片完全一样的树叶一样,现实世界中很难找到法律要素完全相同的两个案子。前述观点对司法裁决中法律规则的定位是法律的功能是提供裁判结果,但此种理解过于片面,法律规则在很多时候是理由的提供者。这是因为在司法裁决中,“法律规则及其背后的正当化依据、法律体系内在的法律原则和所有其他相关规则,都必须被事先识别并且衡量其分量。案件的结论必须建立在通盘考量之理由的重要程度之上。法律规则并不能在所有情形中都决定裁判的结果,而只是判决的重要理由”。[3] 进一步地,在后案事实中若出现特别评价需求,差异化的裁决结果是可以接受的。由此可知,同案同判中的“同判”是指类似案件类似处理,有学者则直接称其为“类似案件应当类似审判”。[4] 表述虽有不同,但实质含义是一样的,即意在追求法律适用的一致性,使类似案件能够根据统一的法律适用标准而获得相对一致的裁判结果。同案同判既要求法律的规范和价值判断能够一以贯之地在类似案件中得到延续,同时也要求法律适用保持自身的融贯性,排除非理性的偏差。《最高人民法院关于案例指导工作的规定》第7条规定,“各级人民法院审判类似案件时应当参照”,可视为通向“同案同判”的裁判路径,也足见“同案同判”并非否定差异化判决存在的合理性。有原则亦有例外,尊重个案的差异性和法律规范的更新,承认同案同判存在一定内在限度,与差异化判决存在可以缓和的张力。

综上所述,“同案同判”并非意指完全相同的案件依据相同的规则处理,而指类似案件相同处理。此外,若后案事实出现特殊评价点时,法官可以进行差异化判决。

---

〔1〕 参见雷磊:《如何理解“同案同判”? ——误解及其澄清》,载《政法论丛》2020年第5期。

〔2〕 参见周少华:《同案同判:一个虚构的法治神话》,载《法学》2015年第11期。

〔3〕 雷磊:《同案同判:司法裁判中的衍生性义务与表征性价值》,载《法律科学》2021年第4期。

〔4〕 张骐:《论类似案件应当类似审判》,载《环球法律评论》2014年第3期。

二、"同案不同判"的成因探究

根据北大法律信息网的《最高人民法院指导性案例2018年度司法应用报告》显示，指导性案例的应用情况呈现地域性的差异，"审判实践中曾遴选出指导性案例的地域更加注重对指导性案例的应用，应用案例主要集中在粤豫浙京鲁川等地区，北京进入应用前四名"。[1] 此外，该报告还指出指导性案例发布数量不稳定，隐性援引仍占多数，法官主动援引近八成都参照指导性案例。裁判实践中"同案同判"的应用存在各种各样的问题，其中包括法律变革与法律规范之间的冲突、地域差别和法官法律职业素质差别等因素，致使出现"同案不同判"现象。但究其主要原因，要提及以下因素：

1. 背景因素：案例指导制度初步建成，因而其指导性效力还有很大不足。"受限于案例指导制度尚处于初创期，指导性案例的整体数量少、涵盖范围窄、指导性效力不强，导致其很难从根本上有效扭转'同案不同判'的紧张局面。"[2]亦有学者认为，"指导性案例数量稀少、应用性不强、类型不够全面、遴选程序不尽妥当"。[3] 我国的案例指导制度尚在探索之中，指导案例的使用方法不规范、发布数量不稳定、各级各地学习程度差异等问题的存在，影响了指导案例的指导性效力。与此同时，"我们的编撰主体较为多元、混乱，官方的与民间的案例数据库也重叠交错、不尽一致"。[4] 在司法大数据的背景下，法官也面临繁杂浩瀚的案例大数据。不同层级的指导案例或者典型案例的发布，易导致法官参考时的混乱和搜索判断工作的冗杂和负担，使法官更愿意仅凭借自身经验或该区域审判经验进行裁判。

2. 时代因素：法官的职业化水平参差不齐。"同案不同判"显示出法官自由裁量权与同案同判之间存在的张力问题，首要问题是不同法官对同一法律问题采不同的法律解释方案，有时候甚至立场完全相左，一旦出现模糊且有分歧的法律难点，如何论证与推理，依赖于不同法官的价值判断，但是"同案同判"则要求类似案件获得相对一致的类似结果，自由裁量之后的裁判结果自然与其存在偏

---

〔1〕 郭叶、孙妹：《最高人民法院指导性案例2018年度司法应用报告》，载《中国应用法学》2019年第3期。

〔2〕 孙海波，前揭书。

〔3〕 周翠：《民事指导性案例：质与量的考察》，载《清华法学》2016年第4期。

〔4〕 孙海波，前揭书。

差,其中的张力如何权衡,尚难以把控。“法官固然对法律有不同的理解,但不同理解并不意味着可以各行其是。在一个制定法国家,法官对法律应该有一个统一的理解,这种统一的理解应该通过审判案件去实现。”[1] 由此可见,法官过多地运用自由裁量权而忽略类案彰显的统一的法律理解,排除其他因素,实与其法律职业水准息息相关。“同案同判”需要将自由裁量权下的差异化判决控制在一个合理的范围。法官群体的数量日益庞大,除了法律职业资格考试的选拔之外,职业培训与“职业化”过程的养成至关重要。一个共识是,成熟的体系化的法官培训机制对于消除各地区法官法律职业素质参差不齐的现象至为关键,有助于缩减法官群体对法律规范的理解与适用的分歧度。由于新时期以来法律条文修订更新的速度日益加速,加之处于社会经济大转型期的特殊时期,必然需要法官不断更新法律知识储备和培养法律职业素质。相比于普通法遵循先例为原则的传统,成文法更倾向于根据制定法(及其司法解释)的解释进行裁判。从当前的司法实践来看,提出案例的主体更多是当事人一方,当事人提交相关案例或指导性案例已经成为很普遍的做法,而法院及法官提出案例的积极性还有待提高。[2] 如果法官的自主归纳能力较差,基于三段论下演绎推理的惯性较大,数据案例检索能力弱,加之案件数量一直增长的趋势,“同案同判”在全国近12万名员额法官之间难以统一。

3. 体制因素:自上而下的司法地域特色。一方面,作为成文法国家,法官主要参考制定法裁判,案例显然不是主要的法律渊源,审判系统内尚未形成参考对比类似案例的审判习惯,法官还是习惯性地倾向于根据以往审判经验和个人判断对制定法进行法律解释,在其有限理性之下产生“同案不同判”的分歧。另一方面,我国司法改革模式“认为当下我国审判方式的改革虽然强调自上而下、统筹规划,但在一定程度上仍然允许地方法院拥有一定的自主权,这就使得不同地区的法院或同一法院在不同时期的程序操作会呈现出不同的特点,此外再加上长期存在的案件请示制度、某些地方官员对司法的干预等因素交织在一起,使得‘同案不同判’的现象在所难免”。[3] 我国地缘辽阔,自上而下的改革模式使地方法院能够因地制宜,何况一些法律观点需要一段时间才能取得共识,各省、市法院的组织结构都受该领域的经济模式影响,有着地域化的特色与不同风格,如

〔1〕 刘作翔、徐景和:《案例指导制度的理论基础》,载《法学研究》2006 年第 3 期。
〔2〕 参见刘树德、孙海波主编:《类案检索实用指南》,北京大学出版社 2021 年版,第 216 页。
〔3〕 陈杭平:《论“同案不同判”的产生与识别》,载《当代法学》2012 年第 5 期。

上述司法大数据报告显示，粤豫浙京鲁川等地区注重运用指导案例，这与各地域的偏好和政治经济政策是否有关？值得思考。

4. 技术因素："同案"筛选识别类比标准不一。如何高效筛选"同案"？如何对比案例之间相似性和差异性？类案情形适用不一，法官所认定的"相似"标准又不一，又或者标准的可操作性不强，过于空洞以至于到具体个案中进行认定的难度加大，需要专业的司法技术进行识别与判断。"主张诉讼标的同一、案件争议焦点一致的案件基本上可被视为'同案'。除此之外，有学者认为'同案'的判断标准还包括请求权基础具有同一性、诉讼主体以及程序样态具有同一性等等。"[1]识别标准不一的问题，自然导致法官选择的模糊性，无法成为其甄别判断的指引。

三、"同案同判"的技术实现路径

基于以上分析，解决"同案不同判"问题的技术核心，还是如何识别"同案"以及如何控制"差别化判决"的合理比例，将法官对法律统一的理解应用并体现在类似的案例中。为此，可以从以下途径中尝试实现。

1. 激励判例自发性运用，强化检索筛选技术。在"互联网＋"和云计算的信息数据的时代趋势下，司法大数据库已悄然形成。中国裁判文书网和北大法宝、法信等数据系统的面世，使案例数据资源不再遥不可及，律师、法官、学者等法律职业共同体得以自觉及时获取相同的资源。"追求最佳审判效果或诉讼利益最大化的作用下，自发、主动运用判例来认知和评估待诉待决案件，设计诉讼或审理思路，论证诉讼或裁判主张，强化与充实诉讼或裁判理由，以及评价和衡量裁判结果的现象正悄然兴起，并日益成为我国司法活动中的常态和普遍性实践。"[2]然而，这并不代表案例数据已被高效利用，基于大数据数字智慧平台和法律行业竞争形态，案例系统须与时俱进，关注用户体验，及时同步更新。具体而言，类案关键词表述和检索设置要统一，完善判例与待决案例的匹配性，在现有的"法信""智审""中国裁判文书公开网"等法院司法裁判辅助系统的基础上，完善大数据深度挖掘，收集和整理与自动推送同案数据，分析对比案件之间构成要件与争议焦点等要素，通过类案的匹配对比，为裁判者建构相应的审判思路，

---

〔1〕 段文波：《民事程序视角下的同案不同判》，载《当代法学》2012年第5期。

〔2〕 顾培东：《判例自发性运用现象的生成与效应》，载《法学研究》2018年第2期。

完善类案检索和生成机制，保持类案审判的相对一致性，形成统一的裁判尺度，从而规范自由裁量权的限度。在此基础上，建构真正的智慧法院，完善大数据信息，培养法官自觉的使用习惯，充分利用技术资源，激励判例自发性运用。

2. 优化指导性案例的指导效力。2010 年 11 月最高人民法院出台《关于案例指导工作的规定》，迄今已逾十年，截至 2021 年 7 月，最高人民法院共发布了 28 批计 162 个指导性案例，涉及民事、刑事、行政等各领域。针对前文指出的指导性案例数量不稳定、应用性与指导效力不强、覆盖类型不够全面、遴选程序不尽妥当等短板，可从以下几个方面着手改良：(1)强化指导案例“质”与“量”的管理，明确遴选标准，增强脉络清晰的说理论证部分，精简案情介绍，厘清裁判理由。(2)制定统一细化的指导性案例的适用方法，统一适用标准，明确阐释背后的逻辑与价值判断；最高人民法院强调“应当参照”，“‘应当参照’实为倡导各级法院援引指导性案例的裁判要点进行裁判，但援引不能取代法官说理”[1]，即期待各级法院能在说理部分援引指导案例的裁判要点，但未指明不参照会导致什么后果，期待法官能够为了保持司法的安定性和连贯性而自觉援引。(3)及时评估、废止或修正已发布的指导性案例。随着时代变迁与法律修订，之前的指导案例存在不合时宜的情况与实质性违法的，应及时废止修正。例如，最高人民法院颁布的第 9 号指导案例“上海存亮贸易有限公司诉蒋志东、王卫明等买卖合同纠纷案”，旨在明确有限责任公司的少数股东应依法在公司被吊销营业执照后履行清算义务，不能以其不是实际控制人或者未实际参加公司经营管理为由，免除清算义务。这一裁判意旨与其后的《全国法院民商事审判工作会议纪要》(以下简称《九民纪要》)直接冲突而变得“错误”，那么就应及时予以修正或者废止，加强对现行指导案例的评估与排查，防止法官不慎适用而误判。

3. 识别主体多元化并引入法官责任监督机制。一方面，短时间内促成法官的职业素质大幅提升难度较大，仅依靠法官提高自主筛选归纳能力和案例搜索能力，改变演绎推理的惯性，也难以较快融入“同案同判”的法治轨道，因此不能仅将法官列为责任对象，应同时引入法律实务界和理论界等法律职业共同体的参与，让法学理论界自觉承接法治实务发展的部分任务[2]。在诉讼阶段，律师撰写司法文书时主动检索类案进行比较，学者应在项目研究中更多地从事类案

---

〔1〕 周翠，前揭书。

〔2〕 参见李树民：《2020 年法学研究最大的亮点是什么》，载《中国社会科学报》2021 年 1 月 18 日，第 8 版。

数据实证分析，各个省级高级人民法院与最高人民法院也应不断更新案例规则指引，供法官参照适用，减轻案件审理负担。另一方面，有必要引入法律责任机制。“同案同判”是一种法律义务而非仅仅是道德义务，此种义务更严格更具有强规范性。有学者认为，“可以根据其违法情节的轻重以及错判之情况，在司法绩效考核上给予相应的负面的或消极性评价。对于没有重视参考、援引指导性案例而导致裁判处理结果明显不公正的裁判行为，可依法给予相应的司法管理性的行政处分，并对案件依照法定程序进行处理，包括上级法院在审理时依法予以撤销或改判”。[1] 的确，可以通过消极评价和引入相应的行政惩罚机制，督促裁判者不可无视以往类似案例，以保持司法自身认同和融贯性。但在方式方法上，宜采用激励为主、惩罚为辅的模式，维护积极的裁判者互动模式。

4. 权衡“同案不同判”的合理限度。识别同案的标准问题是“同案同判”需要攻克的技术难点，判决的给出依赖主要的案件事实与法律规范，应当对比主要案件事实与所适用法律规范的相似性与差异性是否符合共同的构成要件，若主要事实的差异性大于相同性，即属于异案。总体而言，以“同案同判”为主、以差异化判决为辅，以维持司法自身稳定性和连贯性。“同案不同判”之现象可以分为两种，一种是可以接受的合理的，另一种则体现为非理性因素对司法的介入。[2] 本书研究之出发点与目的，即在致力于克服第二种现象，其存在非理性偏差的判决偏离了规范所设定的射程目的范围，是导致司法连贯性断裂的“同案不同判”。合理的“同案不同判”在于先例规范存在缺陷，再适用同判则明显不当，此时允许或者说可容忍“同案不同判”的存在。英美法遵循先例的传统，正如拉伦茨所言：“有拘束力的不是判例本身，而是在其中被正确理解或具体化的规范。”[3] 相比于丰富复杂的判例，需被着重阐释适用的是规范本身，然而当规范有所变化时，依据旧规范裁判的案例本身的价值已大打折扣，此时便会出现新规范下的差异化判决，这是法律合理空间所允许的。“‘同案同判’以一种内在的方式嵌入司法审判的深层机构之中。作为司法的内在构成性原则，它给裁判者施加了一种应予以贯彻和落实的义务，但是这种义务并非绝对的、无限度的，它具有鲜明的‘初确性’特征，而这恰恰显现了‘同案同判’原则的限度。”[4]

---

〔1〕 胡云腾、于同志：《案例指导制度若干重大疑难争议问题研究》，载《法学研究》2008年第6期。

〔2〕 孙海波，前揭书。

〔3〕 [美]本杰明·卡多佐，前揭书，第301页。

〔4〕 孙海波，前揭书。

“同案同判”不是法官的自由选择，而是深层次的裁判义务，意在将统一的法律理解融贯地适用在类案中。当然，市场经济迅猛发展，商事交易模式急剧变化，私法规范亦不断修订完善，司法对某一社会事实的态度和立场也在无时无刻地发生改变，差异化判决的存在亦有合理性，需要为其预留合理的空间。举例言之，此前不少判决认为违反《公司法》第16条规定的公司对外关联担保合同有效，但在《九民纪要》及最高人民法院《关于适用〈中华人民共和国民法典〉有关担保制度的解释》（法释〔2020〕28号）反复强调保护公司少数股东法益的背景下，法院的判决应及时遵循这些最新司法解释文本的裁判思路，作出与之前倾向于认定有效的判决不同的差异化判决，这属于合理的限度，也是权衡了“同案同判”的内在限度。

四、结语

“同案同判”是追求现代法治、司法自我认同的重要途径。为此，需要精准理解“同案同判”的概念，深挖“同案不同判”的成因，方能对症下药。激励判例自发性运用，强化检索筛选技术，真正发挥指导性案例的指导效力，同时追求识别主体多元化并引入法官责任监督机制，维持“同案不同判”即差异化判决的合理限度，让“同案同判”在成熟的司法技术中逐渐成形，在法律职业共同体专业化的助力下得以更好地实现。

目 录

第一章

股东查阅会计账簿的“不正当目的”规则*

——以《公司法解释四》第8条的规范解释与司法适用为中心

【本章导读】 为平衡股东权利与公司利益,股东账簿查阅权受到“不正当目的”规则的限制。然而确立该制度的《公司法》第33条第2款抽象且原则,《公司法解释四》第8条细化了“不正当目的”的认定标准,但其在司法适用上仍存有很多争论乃至质疑,各级法院存在不同的解释与适用方案。实证研究表明,股东会计账簿查阅权诉讼中存在同案不同判、类案不类判的现象,背后则是同法不同释。“不正当目的”规则的解释与适用要恪守三个基本规则:首先,不能孤立地看待股东查阅权的目的正当性问题,应体系化地把握目的限制规则;其次,应明确定位司法有限介入原则,准确解释、审慎适用“不正当目的”条款;最后,应将目的限制放在股东知情权的所有限制条件中考虑,以最终达成各方利益的平衡。

* 本章的部分内容曾以《股东查阅会计账簿的“不正当目的”抗辩研究——〈公司法〉第33条第2款的法教义学分析》《经济间谍股东查阅会计账簿的目的限制研究》《竞业股东查阅会计账簿的目的限制研究——〈公司法解释(四)〉第8条第1项的法教义学分析》为题目,分别发表在《当代法学》2021年第1期、《人民司法·应用》2020年第28期、《北方法学》2020年第5期。感谢上述刊物的支持。本章合作者江蔼。江蔼,法学硕士,供职单位:广州互联网法院。

【本章关键词】 股东查阅权　会计账簿　不正当目的　主观目的　客观行为

一、引言

股东会计账簿查阅权的制度设计，需要在保护股东知情权与保护公司正常经营，保护商业秘密、重要敏感信息的对立利益之间求得平衡。会计账簿一方面为股东知情的核心对象，另一方面包含公司重要敏感信息，涉及商业秘密，故而毫无悬念地成为上述对立利益的冲突要地。平衡对立利益的机制设计贯穿我国股东知情权制度构建的始终，其中的重要机制之一就是"不正当目的"规则，即公司以股东具有不正当目的、可能损害公司利益为抗辩理由，拒绝股东的会计账簿查阅请求，如双方就此发生争议，审判焦点即在于判断原告股东的查阅目的是否不具正当性，如是，将驳回其诉讼请求；反之，将以牺牲公司部分利益为代价，支持原告诉请。

《公司法》第33条第2款表述为"公司有合理根据认为股东查阅会计账簿有不正当目的，可能损害公司合法利益的"，此规范表达抽象且原则，需要进一步地具体化、类型化，这一任务由《最高人民法院关于适用〈中华人民共和国公司法〉若干问题的规定（四）》（以下简称《公司法解释四》）第8条完成。第8条采以客观行为推定主观目的之方法，罗列了4种具体情形。但随之而来的质疑有：依据客观行为推定主观目的之逻辑是否可行？存在不正当目的是否意味着必然会损害公司利益？各项具体情形判断是否符合经验理性？等等。[1] 上述质疑既有方法论上的，也有构成要件方面的，还有对具体情形的认定方面的。其中更为棘手的难题是，正当目的与不正当目的之间并非互不相容，股东的某次查阅举动可能兼而有之。[2] 总之，质疑是否合理有据，亟须理论的回应与实证的

---

〔1〕 参见蔡元庆：《股东账簿查阅权的正当行使与不当目的》，中外商法论坛第三期"权利冲突的信息之维——论道股东知情权"会议论文，2018年于西南政法大学。

〔2〕 美国《特拉华州普通公司法》第220条规定，股东同时存在正当目的与不正当目的的情形下，只要能够认定股东存在正当目的，那么则允许股东在正当目的所允许的范围内进行查阅，而非全部否定股东的知情权。此处理方式不无启发意义。

检验。揆诸比较法,各国实证法上规定“不正当目的”的立法例并不多见。[1] 在我国法的语境下,既然实证法确立“不正当目的”规则并具体列举了一些典型的情形,[2]这就为司法裁判提供了可适用的规则。法谚有云:“法无解释,不得适用。”如何正确解释、适用上述实证法规范,必然关涉“不正当目的”规则的立法初衷,由此关联引发股东知情权的性质、立法技术、立法逻辑等理论问题。既有研究对不正当目的的制度背景、类型化、比较法多有关注,[3]本书立足于解释论角度剖析不正当目的的关联裁判规则,通过样本案例展示出各级法院的真实裁判立场,发现共识性裁判规则,并为实证法规范的完善与司法解释的统一提出改进建议。

二、不正当目的之制度价值

(一)公司法的视角:股东与公司间的利益平衡

第一,目的层面的限制使股东会计账簿查阅权的体系构建不能只关注股东权益,而应以平衡股东利益与公司利益为基本遵循。遏制公司的诸利益相关者之间的利益冲突是公司法两大功能之一,[4]对于股东权利的保护与限制正是依据利益平衡理念进行制度设计的结果,可谓一个问题的两个方面。这一原理在股东知情权领域自然也适用。在保护股东会计账簿查阅权享有与行使的原则下,应予以多大程度的限制以及如何限制之,乃是贯彻利益平衡理念的手段。备选方案可谓多种多样,其中行权股东的主观目的正当性要求,乃是多数立法采用的主要手段。尤其当查阅对象涉及公司商业秘密或重要敏感信息之时,对行权股东附加正当目的之限制无非为权利划定边界,这是预防权利滥用、解决利益冲突的重要途径。

---

〔1〕 仅有类似的两例,日本《2005 年公司法》也从反面列举情形,但切入点是公司可以拒绝的情形,未采用“不正当目的”的表述;美国《特拉华州普通公司法》§220(c)在规定“正当目的”的同时提到,查阅股东名册或股份交易明细的,由公司证明股东基于“不正当目的”,但未就“不正当目的”给出定义。

〔2〕 参见杜万华主编:《最高人民法院公司法司法解释(四)理解与适用》,人民法院出版社 2017 年版,第 185 页。

〔3〕 参见吴高臣:《股东查阅权之正当目的研究》,载《中国青年政治学院学报》2009 年第 2 期;彭真明、方妙:《股东知情权的限制与保障——以股东查阅权为例》,载《法商研究》2010 年第 3 期;李美云:《有限责任公司股东会计账簿查阅权诉讼问题研究》,载《中国检察官》2016 年第 12 期;王黛娜:《有限责任公司股东知情权若干争议问题研究》,载《时代法学》2017 年第 2 期。

〔4〕 参见[美]莱纳·克拉克曼、[美]亨利·汉斯曼等:《公司法剖析:比较与功能的视角》(第 2 版),罗培新译,法律出版社 2012 年版,第 36 页。

第二,比较法上,各国对于股东查阅权的行使都有目的限制,但实现立法目的之规范技术不同。首先,日本《2005年公司法》对一般的查阅对象不设置目的限制,但第125条、第433条对股东名册、会计账簿及相关资料设置目的限制,符合要求的股东向公司提出请求时须明示查阅目的,公司举证证明存在第433条第2款所列情形的,法院允许公司行使拒绝权。其次,美国《示范公司法》§16.02(c)〔1〕、英国《2006年公司法》〔2〕也有类似要求,后者还运用股东支付费用的形式将股东行权产生的公司成本负担转移给股东,倒逼股东行权之前进行成本与收益的衡量,防止肆意行权、进而妨碍公司的正常经营。美国《特拉华州普通公司法》对所有的查阅权均设置了目的限制规定,针对不同的查阅对象,确定了不同的举证责任分配结果。〔3〕

第三,我国公司法与日本公司法类似,即允许股东查阅公司的多种资料,但唯独对会计账簿的查阅设置"不正当目的"规则。关于这一制度设计的初衷,有几个方面的解释。首先,股东出资是为获取投资收益,为保障投资收益实现,需要赋权了解包括会计账簿在内的核心经营与财务方面的真实信息,这也有助于提高股东参与决策的科学性。〔4〕如有股东压制发生,保障少数股东了解公司经营、财务等情况的权利可谓"压舱石",对于维护少数股东合法利益、防止多数股

---

〔1〕 依据美国《示范公司法》§16.02(c)规定,查阅§16.02(b)所规定的公司财务记录等记录的,须满足以下要求:(1)股东必须基于"善意"和"正当目的"(made in good faith and for a proper purpose)提出查阅权;(2)股东就其目的及要求查阅的记录进行了合理的具体陈述(describes with reasonable particularity);(3)证明其要查阅的记录与其目的"直接相关"(directly connection)。参见[美]罗伯特·W.汉密尔顿:《美国公司法》(第5版),齐东祥等译,法律出版社2008年版,第453页。

〔2〕 根据英国《2006年公司法》规定,对于成员登记册和成员索引(第116~117条)、债券持有人登记册(第744~745条)、公司重大控制人登记册(第790O~790P条)、利益披露登记册和关联索引(第811~812条)等相对查阅对象,由股东向公司提出查阅请求。该法第117条规定,公司收到后拒绝该请求的,应向法院提出申请,由法院对查阅目的进行审查,法院如判定股东具备不正当的查阅目的,可指示公司拒绝请求,公司的成本亦由股东负责。

〔3〕 股东依据美国《特拉华州普通公司法》§220(b)、(c)规定,提起查阅股东名册或股份交易明细诉讼的,只需要证明两项:其具备该公司的股东身份;其行权方式和形式符合规定。至于股东查阅目的是否不正当,则由公司负举证责任。相反,股东要求查阅上述文件以外的其他账簿和记录的,除须证明上述两项外,还对目的正当承担举证责任。虞政平编译:《美国公司法规精选》,商务印书馆2004年版,第374页。

〔4〕 陈霞睿:《利益平衡:破解股东会计账簿查阅权正当目的的认定之困境——基于116个案例实证研究》,载《法院改革与民商事审判问题研究——全国法院第29届学术讨论会获奖论文集》(下),人民法院出版社2018年版。

东滥权具有奠基作用。[1] 所以,任何限制股东查阅权的法律手段都要经受审慎审查,这是基本原则。其次,由于公司需付出人力等配合股东的查阅举动,公司正常的经营活动会受到影响,但凡这种影响处在合理范围内的,公司就负有容忍义务,但一旦超出,则于法不公,法律可以干预。再次,一般认为会计账簿是公司经营与财务状况的更原始体现,具有秘密性、保密性,其中诸如交易信息、供货渠道、企业管理等信息在企业竞争中能够产生巨大的经济利益。[2] 股东的投机性决定其可能只关心眼前的利润而不计长远利益,更有甚者,为出卖商业机密牟取利润或将商业秘密泄露给竞业者而主张查阅会计账簿。要之,股东查账的滥权行为不可不防,且单凭股东身份并不负责公司的经营管理,也不像董事等须承担信义义务,[3]因此会计账簿并非任凭股东随意取阅的资料。复次,限制不等于剥夺,因股东行权可能正是为了揭发指控管理层、多数股东的不当失职甚至违法行为,所以也不能放任公司管理层的“来者皆拒”。反过来讲,正当目的亦是股东行使查账权的保护伞,具备正当目的之股东即可要求查阅即便是涉及公司商业秘密、重要敏感信息的会计账簿。最后,为了防止股东事后泄露公司秘密,公司法还为公司筑起第二道屏障:要求违反保密义务的股东赔偿公司损失。

总之,一方面把查阅权之剑交给股东以保护投资利益实现,另一方面为公司筑起一道屏障以划定股东的行权界限,防止出现机会主义与滥权行为,维护公司的正常经营秩序、商业秘密与重要敏感信息利益,于其间求得平衡的主要器具就是“不正当目的”规则。得救之道,尽在其中。

(二)私法的视角:诚实信用原则

“对个人权利无限制的制度实际上就是无权利的制度。”[4]没有权利是不受限制的,这也是私法的立场,其对权利行使进行抽象限制的基本原则主要是诚实信用原则与权利禁止滥用原则。此处只引诚实信用原则,缘于以下考虑:我国学界对于制定法是否明文规定了禁止权利滥用原则,尚有争论;在司法过程中,大

---

〔1〕 参见方金刚:《〈公司法司法解释(四)〉与美国公司制度之比较》(上),载《人民法院报》2017年9月8日,第8版。

〔2〕 参见庞梅:《股东知情权:从利益平衡到法律适用》,载《法律适用》2007年第8期;陈立虎、王芳:《正当目的限制——股东会计账簿查阅权行使中的利益平衡》,载《人民司法》2014年第24期;赵建国:《股东账簿查阅权与公司商业秘密保护》,载《科技与法律》2006年第4期。

〔3〕 参见方金刚:《〈公司法司法解释(四)〉与美国公司制度之比较》(上),载《人民法院报》2017年9月8日,第8版。

〔4〕 [美]罗纳德·哈里·科斯:《企业、市场与法律》,盛洪、陈郁译校,格致出版社、上海三联书店、上海人民出版社2009年版,第146页。

陆法的法官依据诚实信用原则创立了权利禁止滥用原则，[1]前者的概念由来更久远；两个原则实则十分相近，适用上都须注入价值判断，都旨在从反面限制逾越边界行使权利的行为，[2]但诚信原则要求权利人行权时应以正直的方式、应顾及他人的合法权益，其功能之一即在于明确行权的内在界限和准则。[3]

具体到股东知情权，诚实信用原则亦对其行使有界限划定的功能，"正当目的之要求是诚实信用原则在商事领域的延伸和演化"。[4] 换言之，从私法角度观之，不正当目的限制以诚实信用原则为基，正面弘扬诚信、反面惩罚不诚信行为是其制度价值之所在。早在2005年，《上海市高级人民法院2005年上海法院民商事审判问答（之四）——关于审理股东请求对公司行使知情权纠纷案件若干问题的问答》（沪高法民二〔2005〕11号）即规定运用诚实信用原则、善意原则对股东知情权进行限制，明确提出"由法官在个案中依据相应原则加以解决"。诚实信用原则要求股东在查阅公司信息时秉持诚信，说明具体查阅目的，积极与公司配合协调，善意合理地利用公司信息，不以牺牲公司利益为代价成全个人私益。由于诚信原则的贯彻，不正当的、不具体说明的、与股东地位及利益无关的查阅目的都被排除在外。以《公司法解释四》第8条第2项的不正当目的情形为例，该项规定的"向他人通报"表明股东欲从事经济间谍行为，存在违反诚信原则的倾向，具有恶意利用公司信息的企图。鉴于公司的合法利益有受损之虞，认定该查阅目的不具备正当性，将此类情形排除在行权范围之外，契合诚实信用原则。此外，目的限制规定也体现了对不诚信行为的惩罚。根据英国《2006年公司法》第117条规定，允许法院在股东无法通过目的正当性审查之时，将本应由公司承担的成本判归股东负责，此即有惩罚之意。《公司法解释四》第8条第3项"经济间谍前科"这一目的限制的惩罚依据是股东先前的不诚信行为，由于通过查账损及公司合法利益的行为属于恶意利用公司信息的不诚信行为，受先前行为的负面影响，牵累下一次的查阅行为的正当性，亦含有惩罚之意。

---

〔1〕 参见徐国栋：《民法基本原则解释——以诚实信用原则的法理分析为中心》（增删本），中国政法大学出版社2004年版，第136页。

〔2〕 参见朱庆育：《民法总论》（第2版），北京大学出版社2016年版，第529～531页；徐国栋：《民法基本原则解释——以诚实信用原则的法理分析为中心》（增删本），中国政法大学出版社2004年版，第160～161页。

〔3〕 参见朱庆育：《民法总论》（第2版），北京大学出版社2016年版，第524页。

〔4〕 褚红军主编：《公司诉讼原理与实务》，人民法院出版社2007年版，第371页。

（三）经济学角度：信息不对称及其矫正限度

首先，股东查阅权的行使可以有效降低因信息不对称所带来的代理成本。经济学诺贝尔奖获得者加里·贝克尔曾说：“经济学是一种统一的方法，适用于解释全部人类行为。”〔1〕现代公司“两权分离”带来的代理成本需要设计一个合理的治理结构来解决，法律就是其中重要的一环。〔2〕少数股东在多数股东、管理层面前处于弱势地位，首先缘于双方在占有公司经营、财务信息方面的不对称，〔3〕股东知情权的作用就凸显于信息不对称的缓解。在公司内部，高度的利益相关性使股东更加愿意主动去监督管理层，监督效率也较高。〔4〕股东通过了解公司信息可以更有效率地参与公司治理，对多数股东、管理层履行更有效的合规监督，强化投资利益实现的保障。

其次，赋予股东知情权的同时也要预防股东滥用权利，并保护有限公司的独立法律人格和经营自由。由于承认和保护管理层的独立经营权是“两权分离”的制度前提，〔5〕故在防止经营者滥用经营权的同时还应确保其经营自由的最大化。若股东对公司的经营过度干涉，不仅影响公司独立人格，“两权分离”的制度根基也会因此动摇。与商业秘密、重要敏感信息等相关的会计账簿一旦落入怀有不良目的的股东之手，可能会被恶意利用，使公司在与竞争对手的竞争中处于下风，损害公司根本利益甚至影响其生死存亡。

最后，目的方面的限制使信息偏在问题的处理不至于矫枉过正，不至于动摇现代公司的基础设定。无论是认为“公司内部信息属于公司本身”的澳大利亚《2001 年公司法》，还是基于“有限责任公司与其股东之间不应当有秘密存在”理念的德国《有限责任公司法》，抑或坚持适度开放公司信息的我国《公司法》，都把适度纠偏的重任委予正当目的的限制规则。澳大利亚《2001 年公司法》更强调公司独立法人地位及“两权分离”原则，倾向于对股东查阅权设置限制，除第 173 条规定的查阅股东名册不存在实体要求外，依照第 247A 条规定，股东向法院申请查阅公司的任何文件材料时，只有行为是善意的且查阅基于正当目的，法

〔1〕 雷德雨：《论经济分析方法在社会生活中的运用》，载《哈尔滨师范大学社会科学学报》2015 年第 2 期。

〔2〕 参见张维迎：《理解公司：产权、激励与治理》，上海人民出版社 2014 年版，第 180～183 页。

〔3〕 参见刘俊海：《现代公司法（上册）》（第 3 版），法律出版社 2015 年版，第 365 页。

〔4〕 参见张维迎：《理解公司：产权、激励与治理》，上海人民出版社 2014 年版，第 213 页。

〔5〕 参见王燕莉：《论股东账簿查阅权行使之正当目的》，载《四川师范大学学报（社会科学版）》2009 年第 2 期。

院方发布允许查阅的命令。[1] 德国正好相反，根据德国《有限责任公司法》第51a条第(1)款规定，股东的知情范围涵盖所有公司事务的相关文件材料，同时该条第(2)款规定只有在股东可能将知情内容用于公司以外的目的，且由此可能给公司、关联企业造成显著不利益之时，董事可拒绝，[2]但这并不意味着董事有权直接拒绝股东请求，是否拒绝由股东会通过决议加以判定。我国《公司法》介于澳德之间，第33条区分了绝对查阅对象和相对查阅对象，对可能涉密的相对查阅对象也即会计账簿附加不正当目的限制。概括来说，尽管各国立法对公司信息持不同的开放理念，但不妨碍股东查账目的限制的规定展现其重要制度价值——调和股东与公司之间信息偏在的矛盾，避免在纠正信息不对称的过程中出现过犹不及。

三、不正当目的之规范分析

（一）一对范畴的概念界定

1.正当目的

"正当目的"是一个描述主观状态的概念，极具概括性、主观性。自带弹性的概念禀赋可为法官行使自由裁量权留有空间。[3] 我国实证法未出现"正当目的"的表述，[4]而代之以"不正当目的"一词。明文规定的"正当目的"常见于普通法系。[5] 例如，美国《特拉华州普通公司法》§220(b)规定，正当目的是"与股东的个人利益有合理联系的目的"[6]。该州判例进一步强调，"通过该目的是否与作为股东的股东利益相关来衡量，即要求查阅的正当目的是指与诉请者作为股东的利益或和地位相适切的目的"[7]。澳大利亚法院也持类似观点，认为查阅目的须与申请人的成员资格具有合理相关性。[8] 据美国判例规则，如果股

---

〔1〕 参见赵金龙、Jenny Fu：《澳大利亚股东查阅权简介》，中外商法论坛第三期"权利冲突的信息之维——论道股东知情权"会议论文，2018年于西南政法大学。

〔2〕 参见《德国股份法·德国有限责任公司法·德国公司改组法·德国参与决定法》，杜景林、卢谌译，中国政法大学出版社2000年版，第195页。

〔3〕 参见李建伟：《股东知情权诉讼研究》，载《中国法学》2013年第2期。

〔4〕 2003年《最高人民法院关于审理公司纠纷案件若干问题的规定(一)(征求意见稿)》曾提到正当目的，其中第36条第2款规定："股东请求查阅、复制公司会计账簿的，应当说明正当目的。"

〔5〕 包括美国《示范公司法》、美国《特拉华州普通公司法》、澳大利亚《2001年公司法》等。

〔6〕 苗壮：《美国公司法：制度与判例》，法律出版社2007年版，第171页。

〔7〕 Shaw v. Agri-Mark, Inc., 663 A.2d 464, 466 (Del. 1995).

〔8〕 See Knightswood Nominees Pty Ltd. v. Sherwin Pastoral Co. Ltd. 〔1989〕15 ACLR 151.

东为了估计投资价值或与其他股东进行交易而请求查阅，一般会被判定为正当目的；如果为了获得与其投资人地位不相关的个人利益或履行社会责任，则属于非经济类目的，往往会被判定为不正当目的。[1]

综合来看，掌握公司信息应该设定为股东为维护自身利益、公司整体利益所做的准备，因此与申请人的股东地位、股东利益的相关查阅目的才可称为“正当目的”。具言之，实务中的正当目的情形不外乎确认股价、要求利润盈余分配、确定公司经营和财务状况、提起股权回购之诉、提起股东代表诉讼、行使表决权、监督管理层与多数股东、申请公司清算、解散公司、调查公司合并及分立等。另外需要注意的是，股东知情权多被视为一项工具性权利，但对于获取公司信息本身可否成为正当目的，未达成一致意见。赞同者认为股东知情权也具有目的性权利之特性，查阅目的可能就在于对公司信息知情。[2] 反对者则认为，知情权的立法目的不在于该权利本身值得保护，而是为了保护股东基本权利，为了知情而行使知情权等同于将手段变为目的，无法体现保护股东基本权利这一立法目的，结果将导致目的之不正当。[3] 实则，股东知情权既是手段也是目的，股东为了解公司经营、财务信息而主张查阅即是其监督管理层、参与公司治理的方式，能否知晓真实充分的公司信息对于股东投资利益的实现影响巨大。所以，知情本身也值得保护。

2. 不正当目的

相比域外法，我国公司法采“不正当目的”的规范表达，可能在实证法上唯此一例。[4]《公司法》第 33 条第 2 款表述为：“公司有合理根据认为股东查阅会计账簿有不正当目的，可能损害公司合法利益的。”《公司法解释四》第 8 条列举“不正当目的”的具体情形。循体系解释，客观上具备第 8 条所列情形，且符合第 33 条第 2 款的“可能损害公司合法利益的”情节的，可被判定为“不正当目

---

〔1〕 参见[美]罗伯特·C. 克拉克：《公司法则》，胡平等译，工商出版社 1999 年版，第 75 页。

〔2〕 参见李建伟：《股东知情权诉讼研究》，载《中国法学》2013 年第 2 期；李建伟、姚晋升：《论股东知情权的权利结构及其立法命题》，载《暨南学报（哲学社会科学版）》2009 年第 3 期。

〔3〕 参见蔡元庆：《股东知情权制度之重构》，载《北方法学》2011 年第 3 期。

〔4〕 日本《2005 年公司法》与我国一样，都是从反面列举情形，但日本规定的是公司可以拒绝的情形，并未采用“不正当目的”这一表述方式。美国《特拉华州普通公司法》§220（c）在规定“正当目的”的同时提到，查阅股东名册或股份交易明细的，由公司证明股东基于“不正当目的”，但未就“不正当目的”给出定义，不具有参考性。

的”。[1]

（二）《公司法》第33条第2款的规范分析

以时间为轴，可将股东查阅权的行使分为诉前、诉讼和诉后三阶段，以便明晰股东与公司在不同阶段的各自权利义务。《公司法》第33条第2款关涉股东查阅权的诉前及诉讼两个阶段。“穷尽公司内部救济作为规则，少数派在诉诸法院之前，必须首先请求公司管理层对股东遭受的损害进行救济”，[2]这是对公司自治的尊重。依据《公司法》第33条第2款的设计，首先，诉前要求股东履行前置程序，即“向公司提出书面请求，说明目的”，如被明示、默示拒绝的，方能提诉进入下一阶段。其次，在诉讼阶段，举证责任如何分配是核心，关涉诉讼胜败。最后，《公司法》第33条第2款未涉及的诉后阶段，是获得裁决支持的股东获取利益后的利益正当利用规则及不当利用的法律责任。

1. 诉前阶段：股东说明目的

首先，基于比较法的考察，股东说明目的后是否还需要举证目的正当存在两种不同的立法例。一是日本法要求股东向公司提交书面请求，在股东“说明”行权的理由后即推定查阅目的正当，除非董事会有相反证据证明股东具备不正当目的，[3]日本最高法院认为股东并不对查阅目的背后的基础事实是否存在负证明责任。[4] 二是从采纳美国《示范公司法》的美国各州的判例看，美国《示范公司法》§16.02(c)所称“详细描述”(describes with reasonable particularity)实际上是“证明”(establishes)的意思。[5]

其次，依据法律解释方法推理可知，《公司法》第33条第2款的“说明目的”与日本立法例的调整模式类似，具言之，股东仅负说明目的的义务，无须承担查阅目的背后事实的证明责任。第一，从文义上看，立法者采用“说明”而非“证明”二字，可能意味着股东仅负有说明义务，而不承担目的的证明责任。多数观点认为，股东只需证明其已在书面请求中说明目的，立法未要求提供证据证明目的的

[1] 杜万华主编：《最高人民法院公司法司法解释（四）理解与适用》，人民法院出版社2017年版，第185页。

[2] [英]A. J. 博伊尔：《少数派股东救济措施》，段威、李扬、叶林译，北京大学出版社2006年版，第43页。

[3] 参见吴高臣：《股东查阅权之正当目的研究》，载《中国青年政治学院学报》2009年第2期。

[4] 日本最判平成16年(2004年)7月1日判决，民集第58卷第5号，第1214页。转引自[日]近藤光男：《最新日本公司法》(第7版)，梁爽译，法律出版社2016年版，第338页。

[5] 参见吴高臣：《股东查阅权之正当目的研究》，载《中国青年政治学院学报》2009年第2期。

正当性。[1] 文义解释方法得出的结论及多数观点是否正确，需要运用其他解释方法进行检验。[2] 第二，在体系解释上，有学者主张由“（股东）说明目的”与“（公司）有合理根据认为具有不正当目的”，体现了法律为双方履行义务设定的不同标准，可见，只要股东说明其目的就应该推定目的正当，除非公司有相反的证据。[3] 第三，在目的解释上，请求查阅的股东通常因其他股权权益受侵害而起，正因为权益受侵害的证据较难获得，股东才转而通过查阅以期获得更充足的证据，是故，在股东查阅权诉讼中很难期待股东有证据证明查阅目的背后的基础事实。从目的解释的角度，如认为股东须证明查阅目的背后的事由，股东将承担过重的证明负担，股东与公司间的利益平衡将有失衡之虞。当出现两种以上的解释意见时，应采用符合立法目的的一种。[4] 由此可见，按照目的解释、体系解释方法，多数观点更为允当。综上，股东仅负说明目的义务，无须承担查阅目的背后事实的证明责任，或者说，立法采“说明”一词，意图是实质上降低股东的证明标准。[5]

再次，既然股东仅需要承担说明义务，那么接下来的问题就是股东应该如何说明目的？具言之，股东说明目的并非不受任何约束，而应符合“具体”这一标准。[6] 早在 2008 年，《北京市高级人民法院关于审理公司纠纷案件若干问题的指导意见》（京高法发〔2008〕127 号）第 18 条即明确，具体性标准运用于案件审理。[7] 关于这一点，可从比较法中获得启示。据美国《示范公司法》§16.02(c)规定，股东就查阅目的需要说明：“以适当的明确性”来说明目的、要获知的

---

〔1〕 参见杨路：《股东知情权案件若干问题研究》，载《法律适用》2007 年第 4 期；吴高臣：《股东查阅权之正当目的的研究》，载《中国青年政治学院学报》2009 年第 2 期；施天涛：《公司法论》（第 3 版），法律出版社 2014 年版，第 269 页。也有实务界人士持相反观点，认为股东须证明查阅目的背后的基础事由的存在，如股权转让、公司未进行盈余分配等。参见潘云波、俞巍：《股东查阅公司会计账簿的正当目的及实现方式》，载《人民司法》2011 年第 6 期。

〔2〕 梁慧星教授认为，仅凭文义解释难以确定法律真意，且易拘泥于表面文字，因此须继之以论理解释。参见梁慧星：《民法解释学》（第 4 版），法律出版社 2015 年版，第 217 页。

〔3〕 参见吴高臣：《股东查阅权之正当目的的研究》，载《中国青年政治学院学报》2009 年第 2 期。

〔4〕 参见梁慧星：《裁判的方法》（第 2 版），法律出版社 2012 年版，第 164 页。

〔5〕 参见吴克坤：《股东查阅会计账簿正当目的的认定与举证责任分配》，载《人民司法（案例）》2017 年第 32 期。

〔6〕 这里所说的“具体”是目的限制层面的，不是指股东欲查阅对象的具体。

〔7〕“有限责任公司的股东就查阅公司会计账簿提起诉讼的，应当说明查阅会计账簿的具体目的、所查阅的内容与该目的具有何种直接关系。被告公司认为原告股东有不正当目的拒绝查阅的，应承担相应的举证责任。”

信息范围，以及两者间的“直接相关性”。[1] 日本公司法虽未明文规定说明目的须“具体”，但最高法院裁判要求股东说明查阅目的之具体内容。[2] 美日的经验可否援引？也即在前置程序中要求股东说明具体目的？有证据表明我国实证法的规定有对日本法的借鉴背景，[3] 因此参考日本法的规定进行解释是可行的。从利益平衡的角度，缺乏具体目的而查账的股东往往有滥权或者隐藏不良企图之嫌，对其开放查阅会有后患之忧。目的具体性使前置程序有了实质性的要求，借此筛除不说明具体目的的股东，契合上述立法精神。从制度成本的视角，股东在前置程序中向公司提出书面请求足够具体地说明了查阅目的，也方便公司做出更准确的判断，如获得公司认可，纠纷自然消弭，免除诉累。相反，在股东查阅目的不具体、不明确的情况下，公司一般会选择警惕性的抗拒立场，本可在内部解决的事情却要诉诸法院，纠纷遂起。即使进入诉讼程序，由于股东查阅目的决定相应的查阅范围，缺乏具体目的对于法院查明股东目的之正当性、确定合理的查阅范围亦十分不利。从股东的角度讲，更为具体明确地说明查阅目的，可使查阅范围覆盖欲查阅对象的全部范围，更有可能得到裁决的支持。因此，“具体”是“股东说明目的”的应有之义，不违背正当目的限制的立法本意，也与司法实践相契合。这一抽象的标准需要裁判者在个案中谨慎把握，诸如实现知情权、实现监督权、确保行使股东权利等过于空泛的理由是不能满足具体性要求的。[4] 反之，股东说明查阅目的或事由是调查高级管理人员关联交易等违法失职行为、了解公司未按期分红的原因、了解公司近期运营状况等，往往被法院认可符合“具体”标准。

最后，一个关联问题是，股东在未履行前置程序的情况下径直提起知情权诉讼，并在诉讼过程中说明查阅目的，可否视为对前置程序中的瑕疵补正？不少人持否定说，认为提诉既不能视为向公司提起了请求，亦不能在诉讼中补救此前的前置程序已存瑕疵，具体理由如下：其一，前置程序属于强制性规定，穷尽公司内部救济的制度设置体现了尊重公司自治和司法有限介入的原则；其二，若允许在

---

〔1〕 参见[美]罗伯特·C.克拉克：《公司法则》，胡平等译，工商出版社1999年版，第73页。

〔2〕 日本最判平成2年（1990年）11月8日判决，金融商事判例第20页、第863页。转引自[日]近藤光男：《最新日本公司法》（第7版），梁爽译，法律出版社2016年版，第337页。

〔3〕 参见杜万华主编：《最高人民法院公司法司法解释（四）理解与适用》，人民法院出版社2017年版，第187页。

〔4〕 参见潘云波、俞巍：《股东查阅公司会计账簿的正当目的及实现方式》，载《人民司法》2011年第6期；[日]近藤光男：《最新日本公司法》（第7版），梁爽译，法律出版社2016年版，第337页。

诉讼中对前置程序予以补救，不仅违背诚实信用原则，浪费司法资源，而且使公司陷于诉累，扰乱公司正常经营秩序。[1] 这一立场值得赞同。

2. 诉讼阶段：举证责任分配

第一，进入诉讼阶段后的焦点是举证责任分配，对于如何分配的问题有很多观点，不同观点缘于论者对我国“不正当目的”规则的不同理解，也即利益衡量的立场选择，见仁见智。有人认为法律并未明确表态，[2] 有人认为要求公司拒绝说明理由的背后含义即要求公司承担目的不正当的证明责任，[3] 有学者通过实证研究得出观点：法院多采取替代性方法也即以证明责任是否完成来替代目的正当的法律推理的结论。[4] 梳理既有文献，可以总结为4种主要观点[5]：举证责任倒置说[6]、抗辩说[7]、法律推定说[8]与各自分担说[9]。通说是德国民事诉讼法学者罗森·贝克所主张的规范说。具言之，权利构成要件事实包括权利成立要件事实、权利妨害要件事实、权利受制要件事实和权利消灭要件事实。[10] 权利成立要件事实是由主张权利存在的当事人承担本证的举证责任，除

---

〔1〕 参见陈丽华：《股东知情权前置程序存在瑕疵是否应当裁定驳回》，载《江苏法制报》2018年1月30日，第00C版；黄冠猛：《股东知情权前置程序存在的瑕疵不能通过诉讼程序救济》，载《人民司法》2011年第6期；蔡元庆：《股东知情权制度之重构》，载《北方法学》2011年第3期。

〔2〕 参见赵旭东主编：《公司法学》（第4版），高等教育出版社2015年版，第241页。

〔3〕 参见施天涛：《公司法论》（第3版），法律出版社2014年版，第269页；刘俊海：《现代公司法（上册）》（第3版），法律出版社2015年版，第369页。

〔4〕 参见李建伟：《股东知情权诉讼研究》，载《中国法学》2013年第2期。

〔5〕 此外，还有区分说认为应对公司会计账簿分类，就需要股东会决议通过的涉及利益冲突交易的账簿文件而言，由公司来证明股东有非正当目的，除此之外的账簿文件应由股东来证明自己目的正当。参见赵旭东主编：《公司法学》（第4版），高等教育出版社2015年版，第241页。由于本书关注解释论，因此不讨论应然层面的问题。

〔6〕 参见王燕莉：《论股东账簿查阅权行使之正当目的》，载《四川师范大学学报（社会科学版）》2009年第2期。举证责任倒置说认为目的正当性原本需由原告股东证明的责任，但法律将其倒置给被告公司。

〔7〕 参见吴克坤：《股东查阅会计账簿正当目的的认定与举证责任分配》，载《人民司法（案例）》2017年第32期。抗辩说认为目的正当性应由股东证明，被告公司对目的不正当的举证是对股东的抗辩。

〔8〕 参见陈盎然：《论股东知情权的司法救济》，湖南大学2007年硕士学位论文，第46页。法律推定说主张法律推定股东具有正当目的，但公司可以通过举证反驳该推定。

〔9〕 参见宋从文：《股东知情权行使与限制之维》，载《法律适用》2009年第7期。各自分担说认为不可绝对地将举证责任分配给某一方，应先由股东提出初步证据证明其目的的正当，其后再由公司对股东不存在正当目的进行举证。

〔10〕 在民事诉讼理论中，要件事实，是指能够直接引起当事人间某些权利发生或消灭的事实，即与规定该权利发生或消灭的规范的构成要件相对应的具体事实。参见[日]新堂幸司：《新民事诉讼法》，林剑锋译，法律出版社2008年版，第375页。

非法律明确规定将举证责任倒置给公司。被告对该事实的反驳属于反证,反证的证明标准是使事实恢复真伪不明的状态,不必达到高度的盖然性。权利妨害要件事实、权利受制要件事实和权利消灭要件事实是由否认权利存在的当事人提出的,因此,其须承担本证的举证责任,本证的证明标准是达到高度的盖然性。

第二,依据通说与规范说,关于不正当目的证明责任如何分配问题具体可分为,正当目的之要件事实为何及举证责任如何分配等两个层面的问题,本部分的研究表明,正当目的之限制属于权利成立要件事实。首先,股东查阅权的构成要件是否包括正当目的?这决定了"目的正当性"属于哪一种要件事实。只有解决了股东查阅权构成要件问题,才涉及下一个层面的举证责任分配问题,即要求公司证明不正当目的是否意味着法律将客观意义上的证明责任倒置给了公司?在查阅公司章程、会计报告等绝对查阅对象的诉讼中,原告只对其股东身份及主张行使知情权受阻承担举证责任,无须证明未收到公司寄送的会计报告或被公司拒绝的事实,[1]也即股东主张上述无目的限制的查阅权时仅需满足形式要求,查阅目的属于权利妨害要件事实,于此场合不予适用。在查阅会计账簿的诉讼中,股东须履行具体说明目的之前置程序,公司须对其查阅目的进行初步审查。可见,股东行使有目的限制的查阅权不仅需符合形式要求,还需要满足"目的"这一实体要求。"当事人若想获得法律上的利益,就必须证明该法律关系构成的要件事实存在。"[2]《公司法》对查阅权附加不正当目的限制规定,因此目的限制属于权利成立要件事实,《公司法解释四》起草人亦主张"出于正当目的是我国公司法对于股东行使正当会计账簿查阅权的主观要件的规定"。[3] 权利成立要件事实原则上由股东承担本证的证明责任,除非法律有特别规定。[4]

第三,法律将具有前提性的股东说明目的义务作为基础事实,当股东能够证

---

[1] 参见甘培忠、刘兰芳主编:《新类型公司诉讼疑难问题研究》,北京大学出版社2009年版,第156页。

[2] 纪格非:《事实不证自明——突破医疗损害诉讼证明困境的另一视角》,载《证据科学》2016年第3期。

[3] 杜万华主编:《最高人民法院公司法司法解释(四)理解与适用》,人民法院出版社2017年版,第184~185页。

[4] 规范说的缺陷在于难以区分权利成立要件事实和权利妨害要件事实,对此,罗森·贝克认为可通过法律规定予以区分,权利妨害要件事实作为例外规范,应当在法律上明确规定。在《德国民法典》上,凡使用"除外""不适用该规定"或"限于"以及类似词语的规范一般都是例外规范。笔者认为,《公司法》第33条第2款并非例外规定,因此不属于权利妨害要件事实。参见宋朝武:《民事证明责任原理研究》,中国政法大学2006年博士学位论文,第74页、第91页。

明其依法履行了说明义务这一基础事实时,应推定股东具有正当目的。我国《公司法》确有特别规定:对股东,仅要求履行说明目的义务,未提及目的正当与否;对公司,规定其仅可在有合理根据时认为目的不正当的前提条件下拒绝查阅请求。分析至此,不能不赞同法律推定说,应将这一特别规定解释为事实的法律推定。推定是指“如果基础事实存在,那么推定事实存在”,[1]而“事实型法律推定是指由法律规定的可以由一个基础事实推断出另外一个事实的推定”。[2]从经验法则上看,基础事实与推定事实间的或然性联系较低,但法律基于政策或者价值的考量,把推定事实的证明替换为基础事实的证明,实际上放宽了证明标准。[3] 在股东查阅权诉讼中,“由于被告相对原告的明显优势地位”,[4]所以“目的不正当”比“目的正当”更具有证明的可能性。如结合当前少数股东受压制的普遍现象,将正当目的的证明责任分配给股东更有失公允。基于上述考虑,法律将具有前提性的股东说明目的义务作为基础事实,当股东能够证明其依法履行了说明义务这一基础事实时,法律就推定股东具有正当目的。证据法上的推定是可反驳的,因此推定的事实仅是暂定的事实。[5] 法律推定说与各自分担说最大的不同在于,各自分担说认为如果股东不能完成先行的证明义务,仍不能免除公司所负有的目的不正当的举证责任。[6] 相反,事实的法律推定的适用前提是基础事实已得到证明。换言之,只有当事人对基础事实的证明使法官形成确信才能免除其对推定事实的证明责任,否则基础事实真伪不明,后果是推定规则不能适用,当事人仍需证明推定事实。[7]

第四,在不正当目的之举证中,公司承担的是本证的证明责任,也即客观意义上的举证责任。通说认为,法律推定在效力上产生的是客观证明责任转移的效力,即举证责任倒置的效力。可见,法律推定说与举证责任倒置说最后实现的法律后果相同,都将本该由股东承担的“正当目的”的证明责任倒置给公司,但法律推定说要求股东先证明基础事实。因而在正当目的之举证上,公司承担的是本证的证明责任,是客观意义上的举证责任,而非抗辩或反证。根据我国民事

---

[1] 吴宏耀、魏晓娜:《诉讼证明原理》,法律出版社2002年版,第93~94页。
[2] 宋朝武:《民事证明责任原理研究》,中国政法大学2006年博士学位论文,第89页。
[3] 参见王雄飞:《论事实推定和法律推定》,载《河北法学》2008年第6期。
[4] 陈盎然:《论股东知情权的司法救济》,湖南大学2007年硕士学位论文,第46页。
[5] 参见吴宏耀、魏晓娜:《诉讼证明原理》,法律出版社2002年版,第93~94页。
[6] 参见宋从文:《股东知情权行使与限制之维》,载《法律适用》2009年第7期。
[7] 参见宋朝武:《民事证明责任原理研究》,中国政法大学2006年博士学位论文,第90页。

诉讼法规则[1]，公司承担客观意义上的举证责任意味着，在股东证明基础事实之后，如公司无法提供充分证据证明股东符合《公司法解释四》第8条规定的不正当目的诸情形并达到高度盖然性的证明程度，则推定正当目的之要件事实成立；即使股东主动举证证明其正当目的，也不能免除公司的举证责任；即使股东主动举证的证据亦不足以支撑其正当目的之主张，公司也应承担败诉风险。质言之，股东的反证只需要达到使案件恢复真伪不明的效果即可。股东可通过证明查阅目的与其股东地位、利益有直接关联来实现对正当目的的证明责任，如证明查阅是为了调查公司股价下跌原因、调查公司会计报告的可疑之处、调查股利分配政策是否合理等。若股东能够证明或举证证明其正当目的，其意义在于积极地增强诉请被法院支持的可能性。[2]

第五，还有其他事项的举证责任分配。如欲通过诉讼查阅会计账簿，股东需向法院证明：其一，自己的股东身份；其二，自己已向公司书面请求查阅账簿并说明过具体目的，但在15日内没有收到书面答复或被公司拒绝。被告公司可就上述两项提出反证，且应对其拒绝理由即股东目的不正当承担本证的证明责任。如法院认为股东查阅对象超出其目的，可以限缩查阅范围；如公司能够证明股东查阅内容与目的无关，法院可判决股东败诉。

(三)《公司法解释四》第8条的规范分析

为了破除长久以来法院认定“不正当目的”标准模糊之困境，《公司法解释四》第8条采用以客观行为推定主观目的之方法，对《公司法》第33条第2款中“不正当目的”加以具体化、类型化。在此意义上，《公司法解释四》第8条是后者的细化与补充，具体情形并附加兜底条款的架构，使法院只要判断股东符合其中一种情形的，即判断其查阅请求具有“不正当目的”。以客观推定主观，其利在于增强抽象概念与原则规定的可操作性，但就其方法本身饱受诟病，另外，这种判断方式早已广泛运用于多部法律中，如刑法中的犯罪人主观上的故意或过失，也多由其客观行为推断而来。因此，在司法适用中，裁判者应明晓由于这种推定是或然性的、经验性的，客观行为与主观目的之间不存在必然的因果关系，

---

[1] 《最高人民法院关于适用〈中华人民共和国民事诉讼法〉的解释》第90条规定：“当事人对自己提出的诉讼请求所依据的事实或者反驳对方诉讼请求所依据的事实，应当提供证据加以证明，但法律另有规定的除外。在作出判决前，当事人未能提供证据或者证据不足以证明其事实主张的，由负有举证证明责任的当事人承担不利的后果。”

[2] 参见甘培忠、刘兰芳主编：《新类型公司诉讼疑难问题研究》，北京大学出版社2009年版，第157页。

在解释、适用推定时应审慎严格把握二者间关系的高度盖然性。例如,股东某次查阅符合不正当目的的某种情形,并不意味着下次查阅一定不存在正当的查阅目的,关键是要注意推定的逻辑以及目的的多元化。

1. 第一项:实质性竞业关系

(1)构成要件分析

《公司法解释四》第 8 条第 1 项规定:“股东自营或者为他人经营与公司主营业务有实质性竞争关系业务的,但公司章程另有规定或者全体股东另有约定的除外。”该项规定以但书为界限分为前后两句,展开分析如下:

第一,依《公司法解释四》第 8 条第 1 项的前半句可知,首先,行为主体是现任股东,但依照体系解释,前股东如欲查阅其持股期间的公司特定文件材料的,也应受本条规范的调整,只是依照《公司法解释四》第 7 条的特别规定,还需提供初步证据证明其在持股期间合法权益受损。其次,行为类型包括“自营”“为他人经营”两种,行为对象是与公司主营业务有实质性竞争关系的业务。“自营”的文义解释,是股东自己经营本公司以外的业务,不包括股东的近亲属经营,若股东的近亲属与被告公司存在竞争关系,我们认为适用第 2 项规定(下文详述之)。“为他人经营”中的“他人”,可能是自然人、法人或非法人组织,通常是公司主营业务、诉讼的竞争对手。[1] 两种经营行为类型的落脚点是“经营”二字,与此相近的表述是《公司法》第 148 条第 5 项规定的董事、高级管理人员具有竞业禁止的义务,既包括自己投资设立公司或其他企业,也包括供职于与公司有竞争关系的公司。[2] 具言之,“经营”的含义是指,参与到该公司具体经营活动,包括任职董事、监事、高级管理人员、重要项目负责人及实际控制人、控股股东等,但不包括任职普通员工。有学者指出,为了防止公司滥贴不正当目的标签,应明晰“经营”并非“投资”,如股东投资但未参与经营两家以上互有竞争关系的公司,并不当然丧失查阅权。[3] 这是有道理的,但也要注意,“经营”虽非“投资”,但若未参与竞争公司经营的股东与竞争公司利益具有高度的一致性,持股比例达到控制竞争公司的效果或对竞争公司具有实际的控制力,系竞争关系的

---

〔1〕 参见杜万华主编:《最高人民法院公司法司法解释(四)理解与适用》,人民法院出版社 2017 年版,第 186 页。

〔2〕 参见刘俊海:《现代公司法(上册)》(第 3 版),法律出版社 2015 年版,第 629 页。

〔3〕 参见刘俊海:《公司自治与司法干预的平衡艺术:〈公司法解释四〉的创新、缺憾与再解释》,载《法学杂志》2017 年第 12 期。

实际控制人,对于本公司的影响并不亚于担任竞争公司的董事等管理职务。因此,此处的“经营”包括参与竞争公司的具体经营活动与实际控制竞争公司两种情形。从时间维度上考虑,经营仅限于营业阶段,一般而言,试营业、准备营业或歇业都不在讨论范围内。至于何为“主营业务”“实质性竞争关系”,下文将讨论。最后,该项貌似类似于刑法上的行为犯,即仅要求股东存在规定的行为而不论后果,即可推定股东查阅具有不正当目的,其实不然。从体系解释的视角,《公司法解释四》第33条第2款规定的“有不正当目的,可能损害公司合法利益的”是对“不正当目的”的限缩解释,即同时要求该目的应有损害公司合法利益较大的可能性。[1] 第2项、第3项都提到“可能损害公司合法利益”“损害公司合法利益”,因此第1项将“损害或可能损害公司合法利益”之意暗含其中,属应有之义。由于体系解释不能作为解释法律的唯一或主要依据,[2] 这一结论尚需其他解释方法加以印证。

第二,《公司法解释四》第8条第1项的后半句“但公司章程另有规定或者全体股东另有约定的除外”。此前的最高人民法院《关于适用〈中华人民共和国公司法〉若干问题的规定(四)(征求意见稿)》(以下简称《公司法解释四(征求意见稿)》)第17条未出现除外规定,但考虑到实践中股东从事与公司有竞争关系的业务实为常见,如果过度限制此类股东的查阅权,将伤及无辜,最终文本加入了除外规定。遗憾的是,这一除外规定未必能够发挥预定的立法功效,原因在于:控股股东尚有约定排除前半句规定的可能,少数股东人微言轻,几乎没有可能跟全体股东约定,享受其在经营与公司主营业务存在实质性竞争关系的业务的同时保有查阅权。如此看来,除外规定可能恰恰不能保护最需要保护的少数股东,而前述体系解释方法得出的结论——考虑“是否损害或可能损害公司合法利益”似乎更符合且更能达到制定者“不可过度限制此类股东的查阅权”的立法本意。暂且不论制定者是否认为经营行为本身就具备损害公司合法利益的必然性或可能性,为避免不当限制股东查账,法院在认定时应将“是否损害或可能损害公司合法利益”作为必要考虑因素。

(2)概念界定

主营业务是会计学上的概念,是指企业为完成其经营目标而从事的日常活

---

[1] 参见杜万华主编:《最高人民法院公司法司法解释(四)理解与适用》,人民法院出版社2017年版,第185页。

[2] 参见梁慧星:《民法解释学》(第4版),法律出版社2015年版,第221页。

动中的主要活动,形式上可根据企业营业执照上规定的主要业务来判断,实质上则应主要看该项业务实际上对公司稳定利润的贡献,以及在营业收入中所占的比重。[1] 简言之,根据形式上的经营范围和实质上的财务结果综合判断法条中的主营业务。

何为“实质性竞争关系的业务”?《公司法解释四》起草人认为,“实质性竞争关系是指股东和公司之间存在利益冲突”。[2] 进言之,在什么范围内成立“竞争关系”,以及股东与公司之间存在何种情况的利益冲突可定为“实质性竞争关系”尚需进一步的解释,此处可以参考关于竞业的其他法律规定。《公司法》第148条第5项针对的是公司高级管理人员,所说的“同类的业务”是指从事与所任职公司完全相同的、同类或类似的、有竞争关系或替代关系的商品或服务。[3]《合伙企业法》第32条也有关于合伙人的竞业禁止义务规定。中国证监会2020年《上市公司收购管理办法》(中国证券监督管理委员会令第166号)第17条第1款第3项、第29条第10项、第50条第3项、第66条第10项规定,投资者、一致行动人及其控股股东、实际控制人、收购人及其关联方所从事的业务与上市公司的业务是否存在同业竞争或者潜在的同业竞争,是否存在持续关联交易均属于应当披露的内容。收购人及其关联方与被收购公司存在竞业关系的,收购人应提供避免同业竞争等利益冲突、维护公司经营独立的说明。由于“竞争关系”在经济法中也常被提及,[4]“实质性竞争关系”的认定可参考竞争法等关于地域市场、产品市场等规定。[5] 根据《反垄断法》第12条第2款的规定,考虑经营者之间是否存在竞争关系需界定“相关市场”,计有3个考量因素:商品、地域和时间。首先,界定相关商品市场,若两个及以上的商品或服务属于同一种类或在消费者看来具有可替代性,则属于“同一商品市场”,认定属于构成竞争关系的相关商品市场范围。[6] 具有可替代性意味着商品或服务之间交叉需求弹性大,具有相同或者类似的性质、用途、价格和质量等,而且理性消费者会互相替换以满

---

〔1〕 参见曾宏伟:《〈公司法司法解释(四)〉若干难点问题的理解与适用》,载《中国审判》2017年第26期。

〔2〕 杜万华主编:《最高人民法院公司法司法解释(四)理解与适用》,人民法院出版社2017年版,第186页。

〔3〕 参见刘俊海:《现代公司法(上册)》(第3版),法律出版社2015年版,第629页。

〔4〕《反垄断法》第13条表述“具有竞争关系的经营者达成下列垄断协议:……”

〔5〕 参见曾宏伟:《〈公司法司法解释(四)〉若干难点问题的理解与适用》,载《中国审判》2017年第26期。

〔6〕 参见吴高盛主编:《中华人民共和国反垄断法释义》,中国法制出版社2007年版,第34页。

足需要，依赖特定商品或服务的程度不深。[1] 例如，奥迪汽车与奥拓汽车之间由于价格等方面差距悬殊，消费者不会将其等量齐观，因此不属于“同一商品市场”。其次，相关地域市场是指“相关产品存在有效竞争的一个地理范围”。[2] 影响地域市场的因素包括运输成本、销售模式、商品特性、消费者的特殊偏好、市场进入条件、不同地域的差异等。[3] 最后，时间的变化可能会影响商品因素和地域因素。要之，采用“形式加实质”的方法综合判断公司的主营业务，再借助商品、地域和时间3个因素界定股东所经营的业务与公司主营业务在何种“相关市场”上存在竞争关系。此外，考察这种竞争关系是否表明股东与公司间存在利益冲突，是否属于“实质性”的。“实质性”要求这种竞争关系不是观念上的，而是事实存在的，且具有同一市场的，对公司主营业务影响程度较高的，可能会使公司市场竞争力下降的。“实质性竞争关系”的认定没有绝对的标准，用语的模糊性恰恰给法官提供了自由裁量的空间，“实质性”的认定还有赖于法官的个案判断。

2. 第二项：经济间谍

（1）构成要件分析

《公司法解释四》第8条第2项的表述是，“股东为了向他人通报有关信息查阅公司会计账簿，可能损害公司合法利益的”。有学者将其总结为“经济间谍”行为，[4] 不失形象化。公司为此需要证明：股东查账的目的是向他人通报；股东的经济间谍行为有损害公司合法利益的可能性。此外，由于为了向他人通报有关信息而查账，与公司合法利益可能受损之间应有法律上的因果关系，[5] 公司还需要证明因果关系的存在。该项规定着重考虑查阅目的本身，推定的成分较少，证明起来相对困难。向他人通报一般比较隐蔽，公司可以“他人”为突破口，从该他人将采取的不利于公司的行动、股东与该他人的利害关系或往来行为、该他人与公司的利害关系等寻找有利证据。效仿日本《2005年公司法》第433条第2款的规定，《公司法解释四（征求意见稿）》第17条曾经规定“股东为

---

〔1〕 参见曹康泰主编：《中华人民共和国反垄断法解读——理念、制度、机制、措施》，中国法制出版社2007年版，第25页。

〔2〕 王晓晔主编：《中华人民共和国反垄断法详解》，知识产权出版社2008年版，第86页。

〔3〕 参见吴高盛主编：《中华人民共和国反垄断法释义》，中国法制出版社2007年版，第35页。

〔4〕 李建伟：《公司法学》（第4版），中国人民大学出版社2018年版，第356页。

〔5〕 参见杜万华主编：《最高人民法院公司法司法解释（四）理解与适用》，人民法院出版社2017年版，第187页。

了向第三人通报得知的事实以获取利益”。相较而言，正式文本要求公司证明的是股东的经济间谍行为有使公司合法利益受损的较大可能性，而非股东从事该行为是为了获取利益，实则减轻了公司的证明负担。毕竟对公司而言，比起证明股东的获利目的，证明自身利益可能受损而非必然受损，不管在证据可得性上还是在证明程度上都更有利。

(2)概念界定

“他人”，此处主要指“有可能滥用信息、攫取不正当竞争优势的企业以及损人不利己的第三人，不包括被告公司的其他适格股东”[1]。证明经济间谍行为与公司合法利益可能受损之间存在因果关系的突破口在于所通报的有关信息。“有关信息”是指股东欲查阅的会计账簿中包含的公司信息，其中包含了公司商业秘密、客户信息等重要敏感信息，股东通过查账将获知的信息通报就有泄密之嫌，公司可由此主张合法利益有受损之可能。关于商业秘密，法官在认定时可以参考《反不正当竞争法》第10条第2款规定。[2]

3. 第三项：经济间谍前科

(1)构成要件分析

《公司法解释四》第8条第3项的表述是，“股东在向公司提出查阅请求之日前的三年内，曾通过查阅公司会计账簿，向他人通报有关信息损害公司合法利益的”可喻称为“经济间谍前科”。该项与第2项规定的行为类似，都是通过查账向他人通报有关信息，区别在于：一是针对的对象不同，第2项针对的是被诉的该次查阅行为，第3项则是被诉的该次查阅请求之日前的3年内曾通过查账进行的通报行为，对该次查阅行为是否具有通报的目的不作要求；二是行为后果不同，由于通报行为尚未发生，第2项仅要求公司合法利益有受损之可能，而第3项因为通报行为发生在过去，法律要求公司合法利益事实上已经受到了损害；三是推定程度不同，第2项关注该次查阅行为的动机，第3项以股东先前损害行为推定本次行权的目的不正当，后者推定的痕迹更为明显，这也正是该项的最大争议之所在。赞同者认为，以客观行为推定主观目的本身不能达到必然性的标准，如此规定是为了保护公司利益，况且域外法上也有成例。反对者则认为，不

---

〔1〕 刘俊海：《公司自治与司法干预的平衡艺术：〈公司法解释四〉的创新、缺憾与再解释》，载《法学杂志》2017年第12期。

〔2〕 即“不为公众所知悉、能为权利人带来经济利益、具有实用性并经权利人采取保密措施的技术信息和经营信息”。一般认为，商业秘密具有秘密性、实用性、经济性、保密性四特征。

同于董事、高级管理人员等，股东的经济间谍前科对于公司的影响并不巨大；而且任何一个行为都有自身的目的所在，“不能以某一次不当行为推定往后三年内的行为目的都不正当”[1]。认为有经济间谍前科的股东3年内的查阅目的都是不正当的，未免武断，此类股东为诸如调查公司管理层失职行为等正当目的而申请查阅也大有可能。反对者建议删除该项或将该情况归入《公司法解释四（征求意见稿）》第17条最后一项“能够证明股东以妨碍公司业务开展、损害公司利益或股东共同利益为目的的其他事实”，允许法官个案自由裁量。[2]

（2）概念界定

该项的“三年内”，应指从股东向公司请求查阅之日前的3年内，而非股东向公司起诉之日前的3年内；“损害”，是指通报行为对本公司合法利益造成的是事实上的而非观念上的损害；“他人”“有关信息”“公司合法利益”等概念与第2项一致，不再赘述。有观点认为，应将股东作为公司的董事、监事、其他负责人、高级管理人员和员工等身份在其他企业的包括违法犯罪行为在内的侵害行为纳入考虑范围。[3] 从解释论看，这是对先前通报行为的行为主体、损害对象和行为类型进行目的性扩张。目的性扩张是法律漏洞补充方法之一，即“为贯彻法律规范意旨，将本不为该法律条文的文义所涵盖的类型，包括于该法律条文的适用范围之内”[4]。虽然该项主要的规范意旨在于通过对股东查阅目的的适当限制，保护公司利益，防止股东滥权，但在考虑法律规范意旨时，法律的整体目的也不可忽略。保护股东查阅权与保护公司利益这两种法益之间不可偏废，与查阅目的有紧密联系的侵害行为才可适用推定。以股东的任何违法行为为由当然剥夺股东的查阅权，不合规范意旨。照此推论，出资瑕疵的股东也不得正常行使知情权，岂不荒谬？法解释不应该人为制造该项规定的法律漏洞，遵循文义解释的结果更为妥当。

---

〔1〕 杜万华主编：《最高人民法院公司法司法解释（四）理解与适用》，人民法院出版社2017年版，第188页、第202页。

〔2〕 杜万华主编：《最高人民法院公司法司法解释（四）理解与适用》，人民法院出版社2017年版，第202～204页。

〔3〕 参见陈君杰：《股东账簿查阅权“目的正当性”要件研究》，西南政法大学2017年硕士学位论文，第31～32页。

〔4〕 梁慧星：《民法解释学》（第4版），法律出版社2015年版，第280页。

4. 第四项：其他情形

为防止挂一漏万，列举式立法总会附上兜底条款，《公司法解释四》第 8 条也不例外。如前所述，从《公司法》第 33 条第 2 款、《公司法解释四》第 8 条关于“不正当目的”的规定可以抽象出“损害或可能损害公司合法利益”这一不正当目的判定标准。从体系解释看，第 4 项的行为应与前三项具有相当性，是故可将“是否损害或可能损害公司合法利益”作为客观的判定标准。如股东以为自己、他人谋取利益为目的而并不以损害公司利益为目的，但客观上可能损害公司已存的或潜在的利益的，如为了刺探用户隐私，可认定为“其他不正当目的”。〔1〕由于“正当目的”与“不正当目的”乃一枚硬币的两面，在适用第 4 项兜底条款时还可将“与申请人作为股东的地位和利益是否不具有合理的关联性”作为辅助标准。倘若股东查阅动因是为了非与其股东地位、利益相关的个人私益，如把公司信息出售给宣传广告、查询与重要敏感信息相关联的公司财产、金融和盈利状况的结算和估价方法的详细资料，也可认定为不正当目的。〔2〕为了个人私益而查账的行为给公司平添了不必要的负担，侵扰了公司的正常经营秩序。

由于会计账簿乃至原始凭证仅能反映公司经营状况之局部，与公司商业秘密并非直接相关，防止股东滥权应更多着眼于避免股东频繁不当行使查阅权。〔3〕鉴于此，有法院主张应排除股东针对通过公示可获知的信息的查阅行为，进而防止滥诉，因为股东行权过于频繁可能增加公司运营成本，也应当认定为具有不正当目的。〔4〕总之，裁判者唯有坚守不正当目的的立法精神，才能审慎把握兜底条款的适用范围。

四、不正当目的之裁判立场

“每一次发展的法律体系，都必须经过一段由司法判决以形成法律的时

---

〔1〕参见刘俊海：《公司自治与司法干预的平衡艺术：〈公司法解释四〉的创新、缺憾与再解释》，载《法学杂志》2017 年第 12 期。

〔2〕参见甘培忠、刘兰芳主编：《新类型公司诉讼疑难问题研究》，北京大学出版社 2009 年版，第 157 页。

〔3〕参见邓峰、许德峰、李建伟主编：《最高人民法院公司法解释（四）理解适用专题讲座》，中国法制出版社 2018 年版，第 162 页。

〔4〕参见杜万华主编：《最高人民法院公司法司法解释（四）理解与适用》，人民法院出版社 2017 年版，第 202 页、第 189 页。

期。"〔1〕法院如何通过解释将法律规定适用于具体个案中，决定了法律规定能否正确施行。那么，法院对《公司法》第33条第2款所涉不正当目的之规定有何见解？司法解释乃是对各级法院裁判经验的总结而形成的规则体系，相较于法律而言更具可操作性，各级法院在具体个案中如何进行解释与适用？下文将考察裁判实践立场，观察共识性裁判规则的形成。

（一）《公司法》第33条第2款的裁判规则

关于《公司法》第33条第2款，我们以《公司法解释四》施行之日为时间节点，通过北大法宝司法案例网选取了320例有效裁判书（审结时间为2006年1月1日至2018年8月31日），〔2〕排除未在判决书中体现股东说明的目的的116例，余204例组成研究样本一。样本一显示，实务界普遍认为前置程序服务于股东与公司利益平衡的立法初衷，正如姜堰宾馆有限公司与徐隽股东知情权纠纷上诉案的一审法院强调的裁判理念："既保障股东在查阅权受到侵犯时有救济途径，也防止股东滥用诉权，影响公司正常经营。"〔3〕在这一理念的指导下，绝大多数法院仅要求股东在前置程序中对其目的进行一般性的说明，同时要求拒绝股东请求的公司就股东的目的不正当承担举证责任。〔4〕

1. 股东说明目的之裁判规则

（1）股东"说明"目的之裁判规则。首先，样本一显示，法院一般有意识地区分说明义务与证明责任。如乐清市绿叶铝箔制品有限公司与戈旭东股东知情权纠纷上诉案，一审法院对《公司法》第33条第2款的"说明"和"合理根据"二词

---

〔1〕 Ehrlich E., *The Sociology of Law*, 36 Harv. L. Rev. 130 (1930), p. 134.

〔2〕 在北大法宝司法案例网站中，全文精确搜索"正当目的""会计账簿""申请"，案由和案例标题为"股东知情权纠纷"，案件类型为"民事案件"，审结时间为2006年1月1日至2017年8月31日（前者为2005年修订《公司法》施行之日，后者为《公司法解释四》施行的前一日），最后检索日期为2018年9月21日，共检索到2171例，其中，公报案例1例，参阅案例1例，经典案例4例，北大法宝推荐案例887例，其余为普通案例。从多次命中的案例中随机抽样，最终得到120例有效裁判样本，年均10例，其中裁判日期更近的所占比重更大。本书侧重考察《公司法解释四》施行后的裁判立场，因此在检索审结时间为2017年9月1日至2018年8月31日的案例尽量减少限制条件，扩大检索范围，共得762例，其中北大法宝推荐案例359例，其余为普通案例，随机抽取1/3，排除不以前置程序或不正当目的为主要争议点的、重复的、后来上诉或再审的、属于股份公司的案件计54例，最后得样本200例。

〔3〕 江苏省泰州市中级人民法院民事判决书，（2017）苏12民终2225号。

〔4〕 如赵玉红诉西安市五星商贸有限公司股东知情权纠纷案，法院认为，只需股东证明存在说明目的的行为，且该目的从字面上理解不具有明显不正当性即可，股东没有证明自己目的的正当性的义务，这与股东知情权属于股东固有的法定的权利，不得轻易限制或剥夺的法理基础相一致。参见陕西省高级人民法院民事判决书，（2017）陕民申286号。

进行区分,认为“说明”通常为解释清楚的意思,与证据法或诉讼法上的提供证据加以证明的举证责任应属不同概念,因为从文义上理解,公司法并没有要求股东对查阅会计账簿的目的正当性负担证明责任;相反,“合理根据”通常为合乎事理地把某种事物作为结论的前提的意思,应当具有提供相应证据证明结论正确的含义,因此,公司应对股东查阅会计账簿有不正当目的承担举证责任。[1] 其次,样本一还显示,法院一般不要求股东对查阅目的背后的基础事由承担证明责任。如南京道有科技实业有限公司与戎文洁股东知情权纠纷上诉案,法院认为,戎文洁要求公司出具8月左右的银行转账以证明购销合同并不损害公司利益,公司并没有提供相关凭证,在法院限定期限内亦未提供前述采购合同的履行证据,公司应承担举证不能的责任。[2] 最后,实务中也有个别法院要求股东证明目的背后的事由。如北京××技术有限公司与浙江××医疗器械有限公司股东知情权纠纷上诉案,一审法院认为原告申请查阅会计账簿的理由是被告公司的净利润与国内同类医疗器械行业的盈利水平明显背离,但原告并没有举证行业盈利水平有多少。[3]

(2)“具体”说明目的之裁判规则。在204例样本一中,排除13例认为未履行前置程序的,法院支持股东已具体说明目的的共计191例,详情如图1－1所示。[4]

---

〔1〕 乐清市绿叶铝箔制品有限公司与戈旭东股东知情权纠纷上诉案,浙江省温州市中级人民法院(2015)浙温商终字第1250号民事判决书。

〔2〕 参见江苏省南京市中级人民法院民事判决书,(2016)苏01民终5599号。

〔3〕 参见浙江省嘉兴市中级人民法院民事判决书,(2012)浙嘉商终字第329号。

〔4〕 类型一参见赵玉红诉西安市五星商贸有限公司股东知情权纠纷案,陕西省高级人民法院(2017)陕民申286号民事判决书;类型二参见王金凤、房金华等与宿迁楚霸体育器械有限公司股东知情权纠纷案,江苏省宿迁市中级人民法院(2015)宿中商终字第00382号民事判决书;类型三参见盛发公司与杨某某股东知情权纠纷上诉案,江苏省无锡市中级人民法院(2011)锡商终字第359号民事判决书;类型四参见杨帆等与汤欣股东知情权纠纷上诉案,广东省广州市中级人民法院(2018)粤01民终1777号民事判决书;类型五参见李子珍与北京飞腾房地产开发有限公司股东知情权纠纷案,北京市第三中级人民法院(2017)京03民终8312号民事判决书;类型六参见上诉人深圳兴×注塑有限公司与被上诉人香港恒×工业有限公司股东知情权纠纷案,广东省深圳市中级人民法院(2011)深中法民四终字第28号民事判决书。

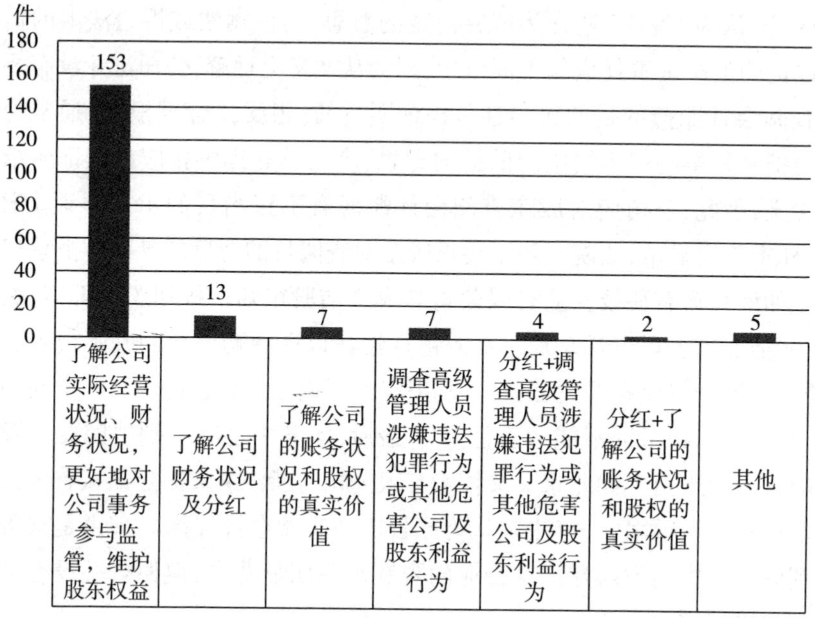

图1－1 股东说明目的类型

图1－1显示，80%的案例中股东为行使查阅权说明的目的是了解公司实际经营状况、财务状况，更好地对公司事务参与监管，维护股东权益，[1]还有了解股权价值、调查危害公司及股东利益的行为、分红等。由于符合具体性要求，最易获得法院认同履行了说明目的义务，这一点与前文见解相同。对于一般性说明的目的，法院通常这样证成支持理由："作为股东有权了解或调查"[2]"（查阅目的）与保护股东的利益具有直接关系。"[3]但也有个别法院偏离循例，从宽或从严把握目的具体的标准。例如，对于股东单纯以行使知情权为由申请查阅的，应是未达到目的具体的标准，对此有法院从宽把握，认可其说明目的义务已得到

〔1〕 例如，在苏万发与阿蒂朗丝（武汉）国际贸易有限公司股东知情权纠纷上诉案中，法院指出司法中的"正当性目的"是诚信原则在商法领域的延伸和演化，由于一般情况下公司在人、财、物等社会资源以及信息获取上相对于股东而言居于明显优势地位，对于股东行使知情权的正当目的说明义务不应克以过高要求。换言之，只要股东是出于了解公司经营状况以充分实现自身投资利益之目的而要求查阅公司会计账簿，就应当推定为具有合理性。苏万发说明的目的是"欲全面了解公司自成立以来运营及财务状况"，该目的具体明晰、正当合理。参见湖北省武汉市中级人民法院民事判决书，（2018）鄂01民终467号。

〔2〕 北京杰明照明有限公司与唐庆明股东知情权纠纷上诉案，北京市第二中级人民法院（2015）二中民（商）终字第02082号民事判决书。

〔3〕 广州第二煤矿实业有限公司与林俊锋股东知情权纠纷上诉案，广东省广州市中级人民法院（2015）穗中法民二终字第925号民事判决书。

履行。[1] 但也有从严把握的，如青岛今朝阳食品有限公司与青岛荣发城市汽车客运有限公司股东知情权纠纷上诉案，该案原告在递交给公司的书面申请中提到“贵公司一直没有向我公司报送会计报表或召开股东会审议相关财务报告，以致我公司对贵公司近几年的资产、负债及盈利情况不清楚”，一审法院不予支持，认为今朝阳公司仅以股东身份泛泛而谈查阅账簿的目的，缺乏针对性和适当性，二审法院在判决书中对股东是否履行了前置程序避而不谈，而强调公司无合理依据认为股东具有不正当目的，故推翻一审不允许查账的判决。[2] 严格来讲，该案原告在书面申请中仅说明了目的背后的基础事由，但从基础事由即可推知查阅目的是了解公司的财务状况，一审法院不应拘泥于字面表述，而应对可得而知的具体目的予以支持。若股东提出更为具体的目的，法院通常也持支持态度，推定股东目的正当。借助表 1－1 的 3 个样本，可以一窥法院对更具体的目的的认定情况。

表 1－1　法院对更具体目的的认定情况

序号	案号＊	原告说明更具体的目的	法院裁判要旨
1	(2017)京 03 民终 572 号	中投传媒公司称其了解被告瑞怡文化公司对外融资时与新引入的投资方产生重大纠纷，且投资方先期支付的投资款已花费完毕	中投传媒公司作为股东想要了解被告公司的具体经营情况，该目的正当，不构成对被告公司合法权益的损害
2	(2008)二中民终字第 14810 号	公司从未给其分红，张晨光对被告紫光公司经营情况不了解；被告公司成立初期曾向机械公司借款，机械公司还投入过设备，但被告公司均未归还，想了解上述财产的去向	张晨光要求查阅被告公司财务账簿的目的确系其作为股东为维护自身的合法权益的需要，查阅目的正当，予以支持
3	(2006)成民终字第 2232 号	因春北实业公司 2006 年准备解除职工劳动关系，收购股东(职工)股份，对公司资产进行分配	在公司将对涉及公司经营、股东利益的重大事项做出决策之际，李金喜书面要求查阅会计账簿并说明了理由

＊案件名称详见附录，下同。

在诉讼进行过程中股东还可对其目的进行说明或举证。下文分两种情况探究法院如何根据《公司法》第 33 条第 2 款对诉讼阶段的说明目的行为进行裁判。

首先，如股东在诉前阶段说明了具体目的、履行了法定前置程序，在案件审理期间为使法官形成内心确信、增强胜诉的可能性，股东还可进一步说明目的。

〔1〕 参见湖南华润煤业唐洞煤矿有限公司与湖南省煤业集团有限公司股东知情权纠纷上诉案，湖南省郴州市中级人民法院(2017)湘 10 民终 2501 号民事判决书。

〔2〕 参见山东省青岛市中级人民法院民事判决书，(2011)青民二商终字第 478 号。

南京悦策商业管理有限公司与许力力股东知情权纠纷上诉案，原告在一审中说明了要求查阅会计账簿具有正当目的——公司可能存在不规范不合法行为且可能存在个别股东损害公司利益等，二审中进一步补充说明目的——“想查一下公司租金收入有无进入公司账上”——更具体。[1] 北京颐元生物技术有限公司与荆杰股东知情权纠纷上诉案，原告邮寄给被告公司的查阅函明确说明了查阅目的是了解公司的财务状况，一审中原告陈述的查阅理由是确认公司法定代表人李东浩是否在掌控公司期间存在侵害公司资产的行为，被告公司认为变更查阅理由需要重新送达书面申请，一审法院认为公司财务状况能够反映出李东浩是否存在侵害公司资产的行为，因此原告前后陈述的查阅目的具有同一性，进而认为未变更查阅目的，支持原告查账诉求，二审维持原判。[2]

其次，如股东在向公司书面申请时未说明目的，法院是否允许诉讼中补正？前文的分析认为当股东未履行前置程序、未说明目的而提诉的，法院应坚持谨慎的介入立场，要求股东穷尽公司内部救济仍不能实现查阅权时再寻求诉讼救济。样本一显示法院对这一问题未形成统一立场，持反对态度的法院认为股东须事先向公司递交书面查阅请求，同时说明目的，否则径直提诉不符合《公司法》第33条第2款规定。[3] 持赞同态度的法院认为在书面请求中未明确查阅目的、诉讼过程中书面向公司请求或直接说明的，可以认定前置程序中的瑕疵在诉讼中得到补正。在样本一10例赞同的判决中，赞同的理由分为4类：目的不言自明，2例；[4]诉讼中已说明目的，4例；[5]起诉也是书面申请的方式之

[1] 参见江苏省南京市中级人民法院民事判决书，(2017)苏01民终3402号。类案还有南京科宁冷暖工程有限公司与吴志元股东知情权纠纷上诉案，本案的原告进一步说明其目的：被告公司的股东王宇彤于2014年6月设立两家同业公司，王宇彤的竞业行为可能会损害其利益，故要求查阅会计账簿。参见江苏省南京市中级人民法院民事判决书，(2015)宁商终字第675号。

[2] 参见北京市第二中级人民法院民事判决书，(2016)京02民终5449号。

[3] 参见杨某某与深圳市前海以能资本管理有限公司股东知情权纠纷上诉案，广东省深圳市中级人民法院(2017)粤03民终11114号民事判决书；北海动岚健身有限公司与张海龙股东知情权纠纷上诉案，广西壮族自治区北海市中级人民法院(2013)北民二终字第64号民事判决书。

[4] 参见金浦投资控股集团有限公司与郭金林股东知情权纠纷上诉案，江苏省南京市中级人民法院(2017)苏01民终7197号民事判决书；陈明与宁波雪马衬布有限公司股东知情权纠纷案，浙江省宁波市中级人民法院(2016)浙02民终4157号民事判决书。

[5] 参见深圳市万兆丰科技有限公司与李英宇股东知情权纠纷案，广东省深圳市中级人民法院(2014)深中法商终字第2649号民事判决书；北京市京门房地产开发公司与北京迎宾房地产开发有限责任公司股东知情权纠纷上诉案，北京市第一中级人民法院(2008)一中民终字第11534号民事判决书；扬州亿丰置业发展有限公司与周定寿股东知情权纠纷上诉案，江苏省扬州市中级人民法院(2017)苏10民终2907号民事判决书；沈迅伟与南京纽爱迪材料科技有限公司股东知情权纠纷上诉案，江苏省南京市中级人民法院(2017)苏01民终4998号民事判决书。

一,2 例;[1]对于前置程序瑕疵的补正符合立法原意和效率原则,2 例。[2]

2. 举证责任分配的裁判规则

法院对举证责任分配的主流做法是:股东证明自己的股东身份及有权行使查阅权,而作为被告的公司承担证明股东是否具有不正当目的之责任。但仍有个别法院混淆“正当目的”与“不正当目的”,对证据规则的理解似乎存在问题。前文指出,司法解释的制定者认为根据《公司法》第 33 条第 2 款规定在认定“不正当目的”时,一是要求该目的应有损害公司合法利益较大的可能性;二是以客观事实认定主观目的,要求有合理依据,即应符合《公司法解释四》第 8 条规定的情形。[3] 在一则公报案例中,二审法院的观点体现了第 1 项要求:“公司拒绝查阅的,应证明上诉人具有不正当目的且可能对公司合法利益造成损害。”[4]第 2 项要求中的“合理依据”意味着公司应对“不正当目的”承担证明责任,何种证明程度才谓之“合理”? 有样本裁决书认为,一方面坚持“举证必须充分,不能仅是臆测和怀疑”,[5]另一方面强调查账行为对公司合法利益的损害仅是一种可能的结果,“法院对此仅为可能性之审查,一旦公司证据的证明作用占据优势地位,法院即应当支持拒绝查阅”。[6] 早在 2006 年就有法院提出,“股东查账行为与其不正当目的的实现间应当具有因果关系,也就是说,只要股东并非通过查账实施某一行为,即便公司有证据证明该行为将对其利益造成损害,公司拒绝查阅的决定也无法得到法院的支持”。[7] 另有法院注意到正当目的之举证责任分配有推定之意,前引苏万发案的二审法院即认为,“股东基于了解公司经营状况以

---

〔1〕 参见汪琪与上饶市日达新能源有限公司股东知情权纠纷上诉案,江西省上饶市中级人民法院(2017)赣 11 民终 1867 号民事判决书;上海云清货运有限公司与李清股东知情权纠纷上诉案,上海市第一中级人民法院(2017)沪 01 民终 10001 号民事判决书。

〔2〕 参见常州金迪化工有限公司与常州化工研究所有限公司股东知情权纠纷案,江苏省常州市中级人民法院(2017)苏 04 民终 2782 号民事判决书;南京道有科技实业有限公司与戎文洁股东知情权纠纷上诉案,江苏省南京市中级人民法院(2016)苏 01 民终 5599 号民事判决书。

〔3〕 参见杜万华主编:《最高人民法院公司法司法解释(四)理解与适用》,人民法院出版社 2017 年版,第 185 页。

〔4〕 李淑君、吴湘、孙杰、王国兴诉江苏佳德置业发展有限公司股东知情权纠纷案,载《中华人民共和国最高人民法院公报》2011 年第 8 期。

〔5〕 南京大华特种带织造有限公司与南京市江北煤炭石油有限公司股东知情权纠纷上诉案,江苏省南京市中级人民法院(2015)宁商终字第 1491 号民事判决书。

〔6〕 沙峰与大丰市舒润床上用品有限公司股东知情权纠纷案,江苏省盐城市中级人民法院(2016)苏 09 民终 1295 号民事判决书。

〔7〕 广州保税区智友工贸有限公司与潘明股东知情权纠纷上诉案,广东省广州市中级人民法院(2006)穗中法民二终字第 1860 号民事判决书。

充分实现自身投资利益之目的而要求查阅公司会计账簿，应当推定为具有合理性……说明的目的是‘欲全面了解公司自成立以来运营及财务状况’，该查阅目的具体明晰、正当合理”。

样本一显示，不是所有的法院都对举证责任分配问题有清晰见解，前引许力力案的二审法院认为，“要求股东行使权利时须基于正当目的而非不正当目的，反映至举证责任分配中，对正当目的的举证由股东完成，对不正当目的的举证由公司完成”。“正当目的”与“不正当目的”是一枚硬币的两面，试问如何让股东与公司都承担客观意义上的证明责任？南宁国祥装饰有限责任公司、邹丽娜股东知情权纠纷上诉案，法院认为“当公司一方已初步证明双方经营业务存在实质性竞争关系且公司利益可能受损时，应遵循举证责任转移规则，由主张知情权的股东承担反证义务，就其不具有不正当目的以及行使查阅权不会损害公司利益进一步举证，以自证清白”，“本案中，公司在原审中提供了邹丽娜具有不正当目的的表面证据，其已初步完成己方举证责任，邹丽娜据此应承担反证义务”。〔1〕众所周知，本证与反证所要求的证明程度是不同的，本证要求达到高度盖然性，反证只需要使事实恢复真伪不明的状态，但按照该法院的观点，承担本证证明责任的公司仅需提供“初步证据”“表面证据”使推定事实陷入真伪不明，而由反证一方，即股东承担须达到高度盖然性的证明程度的举证责任，这与民事证据法的基本原理不合。

（二）《公司法解释四》第 8 条的裁判规则

在收集“正当目的”裁判样本一的过程中，我们注意到未提出不正当目的抗辩以及未证明不正当目的的案件较多，于是再次扩大《公司法解释四》出台后的样本收集范围，通过北大法宝司法案例网又得到出台后一年间的 350 例有效裁判书，〔2〕加之样本一中审结时间为 2006 年 1 月 1 日至 2017 年 8 月 31 日的有效样本 120 例，共计 470 例，筛除公司未提出不正当目的抗辩以及仅提出抗辩但未提供证据证明不正当目的的 283 例，余 187 例组成样本二，按照《公司法解释四》第 8 条所列的 4 种情形归类整理。〔3〕

〔1〕 广西壮族自治区高级人民法院民事判决书，(2018)桂民再 76 号。

〔2〕 在北大法宝司法案例网全文精确搜索“正当目的”，案例标题为“股东知情权纠纷”审结时间为 2017 年 9 月 1 日至 2018 年 8 月 27 日的案例 350 例。其中后者的 350 例中，北大法宝推荐案例 169 例，其余 181 例为普通案例。

〔3〕 审结日期在《公司法解释四》出台前的多数样本，未指明涉及不正当目的具体情形。需要比对判决书内容与 4 种情形来进行归类。对涉及 2 种情形以上的裁判样本，分别在各情形中予以体现。

1. 关于第一项"实质性竞业关系"

样本二中涉及"实质性竞业关系"的案例共计134例,占比70%以上,[1]可见司法实践中公司提出此类抗辩的居多,股东同时经营多家公司的现象较为普遍。既然司法解释文件是对以往审判经验的总结而制定,那么以《公司法解释四》出台之日为审结时间的分界点来分析实质性竞业关系的裁判结果,应有特别的发现。样本二的详情如表1-2所示。

表1-2 实质性竞业关系的裁判结果

	《公司法解释四》出台前的裁判样本个数	《公司法解释四》出台后的裁判样本个数
法院生效判决认定实质性竞业关系不成立	19	69
法院生效判决认定实质性竞业关系成立	19	27

(1)《公司法解释四》出台前的裁判

首先,如表1-2所示,可能由于缺乏统一明确的裁判依据,《公司法解释四》出台前法院提出对竞业关系认定的案例比出台后明显要少。其次,如表1-3所示,在《公司法解释四》出台前,如原告股东的近亲属投资、参与经营的公司是竞争对手,样本案例的审理法院倾向于认为基于特殊身份关系或由于共同财产利益考虑,也不允许原告查账。[2]但囿于当时的裁判规范现状,裁决书对"不正当目的"抗辩事由未予类型化。最后,如表1-4所示,在股东与公司签订竞业禁止协议的认定上,存在对立的裁判立场,导致判决结果截然相反。

[1] 包括判决书中未指明该项的,同时涉及第二、三项的裁判样本。

[2] 参见沙峰与大丰市舒润床上用品有限公司股东知情权纠纷案,江苏省盐城市中级人民法院(2016)苏09民终1295号民事判决书;其鲁与中信国安盟固利新能源科技有限公司股东知情权纠纷上诉案,北京市第一中级人民法院(2014)一中民(商)终字第7301号民事判决书;张某某与北京禄颖兰釉艺工艺品有限公司股东知情权纠纷上诉案,北京市第一中级人民法院(2012)一中民终字第2247号民事判决书。

表1－3　解释出台前对竞业关系的认定标准

认定标准	序号	案号	法院裁判要旨
宽松	1	（2014）宁商终字第1号	依据经营范围的重合即可认定具有同业竞争关系
严格	2	（2017）苏01民终4998号	综合考虑两公司经政府核准的经营范围、经营现状、经营业绩、经营地点、设立时间先后、具体经营产品或项目、原告在另一公司的任职或投资情况来认定两公司存在竞争关系
	3	（2016）苏01民终4291号	
	4	（2015）浙温商终字第619号	
	5	（2014）沪一中民四（商）终字第S1269号	
	6	（2008）一中民终字第5114号	
适中	7	（2008）一中民终字第15975号	经营范围的重合是广义上业务范围的重合，只有分析两公司具体业务是否存在重合才能判断是否对公司构成潜在的危害
	8	（2017）苏01民终3402号	经营范围相同或相似，并不一定当然表明申请股东目的不正当、有使公司合法利益遭受损害的可能性

表1－4　解释出台前对签订竞业禁止协议的认定情况

裁判观点	序号	案号	法院裁判要旨
有效	1	（2016）京03民终3220号	该协议不违反法律规定，应视为有效，股东另行成立经营范围高度重合的公司属于违约行为，对股东查账请求不予支持
	2	（2009）沪二中民三（商）终字第443号	未限定同业公司的约定，也有法院认为该约定并未违反法律规定，应视为有效，对股东具有约束力，股东违反了不得在合作期内为其他公司服务，否则视为放弃股权的约定，意味着股东请求查阅缺乏请求权行使基础，法院不予支持
无效	3	（2014）宁商终字第1号	是否签订该协议及协议是否有效与股东知情权纠纷一案无关

(2)《公司法解释四》出台后的裁判

样本二显示,《公司法解释四》出台后,法院对于竞业关系的认定趋向更严格,一般要求达到实质性的标准。具体而言,这可以从行为主体、行为方式、行为对象、除外规定等多方面展示相应的裁判规则。首先,从主体身份看,法院认为股东在被诉公司以外的竞争公司担任法定代表人、实际控制人、董事、监事、高级管理人员或持有股份[1],即符合本款规定的“股东自营或者为他人经营”。由此可推知,竞争项目的负责人、管理人员也属于“自营或为他人经营”的范畴,普通的公司职员一般排除在外。股东近亲属的实质性竞业行为可否成为公司有效的抗辩理由?样本二显示《公司法解释四》出台后,法院的裁判立场基本上没有变化,仅有1例认为原告行权与近亲属、近亲属经营的竞争公司之间无关联性。[2] 其余案例显示只要证据充分,法院都持支持公司抗辩的态度,只是有的法院将此单独作为不支持原告行权的依据,也有法院结合原告与近亲属经营的竞争公司的关系加以认定,如表1-5各举一例示之。《公司法解释四》颁布后,更值得关注的是,股东的近亲属如有实质性竞业行为,公司的抗辩事由如何援用与适用?理论上有人提出此情形应适用第二项“经济间谍”的规定,一些法院也确实是这样做的,更多的法院主张适用第一项“实质性竞业关系”的规定。

表1-5　法院对原告的近亲属竞业行为的肯定依据

序号	案号	法院裁判要点
1	(2017)皖0223民初3144号	(1)夏银祥作为润发公司的法定代表人,任职董事长兼总经理,与本案原告为兄弟关系;(2)润发公司与被告公司的经营项目中均涉及农副产品的购销,黄酒的酿造、生产、销售,基于两公司经营项目存在近似性,二者在同一市场之中存在竞争的可能;(3)基于两人的特殊身份关系,若允许查阅,将可能导致被告公司具有商业秘密性质的信息被A公司所知悉

[1] 参见徐泓喆与无锡九州石油制品有限公司股东知情权纠纷上诉案,江苏省无锡市中级人民法院(2017)苏02民终2830号民事判决书;刁元军等与呼和浩特市昌隆食品有限责任公司股东知情权纠纷上诉案,内蒙古自治区呼和浩特市中级人民法院(2017)内01民终2341号民事判决书;仁寿吉冠人造板有限公司与姚宏股东知情权纠纷上诉案,四川省眉山市中级人民法院(2017)川14民终964号民事判决书;北京昊千通汇贸易有限公司与马千里股东知情权纠纷上诉案,北京市第三中级人民法院(2018)京03民终3052号民事判决书。

[2] 参见南京金陵检测工程有限公司与白树梅股东知情权纠纷上诉案,该案二审时公司变更诉讼策略,上诉称股东符合“经济间谍”情形。参见江苏省南京市中级人民法院民事判决书,(2017)苏01民终9508号。

续表

序号	案号	法院裁判要点
2	(2017)陕01民终11671号	一审:(1)在长达10年时间内,被告金平公司的两股东均是各自独立经营的,双方各自持有一套公司印鉴,各自分别使用公司账户;(2)原告王平良曾与其近亲属注册成立了荣达公司。二审:(1)两公司经营地点都在陕西境内,经营范围有所重合;(2)原告现已不再是荣达公司股东,但其他股东均为其近亲属;(3)原告成立荣达公司是因为其在金平公司的经营受到限制,无法以金平公司名义开展经营活动

样本二显示,就主体身份可知,法院认为的“经营”包括参与经营管理和投资持股两类情形,持股未达到实际控制公司的比例也属于“经营”。多数法院强调主营业务不等同于登记的经营范围,认定时应结合实际情况考察公司已实际开展的业务。[1] 还有法院根据两公司的名称判定经营范围重合部分非两公司的主营业务,[2]不过也有法院认为,在无相反证据的情况下,可推定企业的实际经营业务与其所公示的经营范围基本一致。[3]

进一步地,可否从工商档案或营业执照登记的经营范围的重合或相近直接得出“实质性竞业关系存在”的结论?山东博仁泰康药业科技有限公司诉王芬等股东知情权纠纷案的一审、二审体现了两种截然对立的观点。一审法院对原告投资的四合公司的工商登记材料予以认定,但认为该证据无法证明不正当目的,而二审法院则认为被告公司经营的主营业务确与四合公司营业执照登记的经营范围相近,符合第一项的情形。[4] 但肯定说在样本二中寥寥可数,绝大多数法院持否定说,即认为仅凭营业执照登记的经营范围基本重合的事实,不足以

---

〔1〕 参见宁波中缝精机缝纫机有限公司、张章生股东知情权纠纷上诉案,浙江省宁波市中级人民法院(2017)浙02民终1995号民事判决书。

〔2〕 “从两公司的名称(浙江格林爱环保技术有限公司、杭州聚众营销策划有限公司)来看,化妆品(除分装)均非其主营业务。”参见史钢锋与浙江格林爱环保技术有限公司股东知情权纠纷案,浙江省杭州市滨江区人民法院(2017)浙0108民初6338号民事判决书。

〔3〕 参见南宁国祥装饰有限责任公司、邹丽娜股东知情权纠纷案,广西壮族自治区高级人民法院(2018)桂民再76号民事判决书。

〔4〕 参见山东省济南市中级人民法院民事判决书,(2017)鲁01民终8012号。孙玉琛与沈阳盛泉机电设备有限公司股东知情权纠纷案,法院也持肯定说,认为原告担任法定代表人的公司的经营范围与被告公司的经营范围几乎相同,符合第一项的规定。参见辽宁省沈阳市和平区人民法院民事判决书,(2018)辽0102民初4426号。

认定实质性竞业关系的存在，应当采用实质性标准。[1] 总结而言，法院主要从“具体性”“现实性”两方面把握实质性标准。“具体性”，即从一个更微观的视角观察竞争业务，要求公司提出更为具体的证据证明竞业关系的存在，不可泛泛而谈；“现实性”则要求股东与公司之间存在的利益冲突须现实存在。参照上引竞争法的规定可以粗略地讲，“具体性”对应“相关市场”的同一商品和地域市场，“现实性”对应“相关市场”的同一时间市场。法院通常会具体考虑公司成立时间先后，是否有划分经营范围的约定，以及表1－6所列诸因素是否同一或基本一致。

表1－6　法院对实质性标准中“具体性”的考虑因素

序号	案号	考虑因素
1	(2017)闽05民终4791号	被告公司与原告股东自营或为他人经营的公司的字号
2	(2018)京03民终380号	客户群
3	(2017)川14民终964号	产品
4	(2017)浙02民终2777号	业务市场
5	(2017)浙0282民初13276号	经营区域
6	(2018)京03民终3052号	曾参与或正在参与竞标
7	(2017)冀09民终5453号	项目

以济南新恒金科技有限公司与杨某权股东知情权纠纷上诉案为例，字号、经营地域、业务乃至住所地是否同一成为判断是否构成实质性竞业关系的依据。法院认为被告公司提交的上述三份法律文书足以证明另一家公司山东新恒金公司构成对其的不正当竞争，而杨某权作为被告的股东同时又作为山东新恒金公司的法定代表人，其对于被告公司的字号以及经营范围、地域等是明知的，但仍以“新恒金”为字号在同一地域范围成立山东新恒金公司，并与被告公司从事相同的业务、使用相同的住所地、使用与“新恒金”相关的字样及拼音，甚至直接告知客户称被告公司已变更为山东新恒金公司，可以认定山东新恒金公司明显具有攀附被告公司的主观侵权恶意，因此认定杨某权查账具有不正当目的。[2]

---

〔1〕 比如，湖南三泽投资管理有限公司与刘平高股东知情权纠纷上诉案，湖南省长沙市中级人民法院(2017)湘01民终10233号民事判决书；尚源与苏州瑞美科生物技术有限公司股东知情权纠纷上诉案，江苏省苏州市中级人民法院(2017)苏05民终10995号民事判决书；浙江恒海投资集团有限公司与肖丽君等股东知情权纠纷上诉案，浙江省宁波市中级人民法院(2017)浙02民终3812号民事判决书。

〔2〕 参见山东省济南市中级人民法院民事判决书，(2018)鲁01民终566号。

对于原告股东自营或为他人经营的公司成立在先的情况，法院一般认为，因为成立在后的被告公司对该公司的业务及原告在该公司的持股、任职情况明知或应当知情，故不能以可能同业竞争为由剥夺股东的知情权。[1] 对于两公司存在更为紧密的业务关系的，法院的裁判立场详情见表1－7。

表1－7　法院对两公司存在业务关系的认定情况

案情	序号	案号	法院裁判要旨
为避免业务冲突，已有划分经营范围的协议，而被告公司未能举证证明对方存在违反协议行为	1	（2018）沪0120民初3367号	不认定二者存在竞争关系
	2	（2017）京03民终12623号	
有业务往来	3	（2017）沪0114民初10172号	不认定二者存在竞争关系
	4	（2017）苏11民终3134号	
属于关联公司	5	（2018）鄂01民终3611号	不认定二者存在竞争关系
属于上下游关系的公司	6	（2018）冀民终4号	认定二者存在竞争关系，正是这种生产与销售的关系可能对被告公司的利益造成影响
	7	（2017）川14民终964号	不认定二者存在竞争关系
原告与被告公司的法定代表人同时是另一公司的两名股东，两公司都是被告公司的法定代表人持股90%，原告持股10%	8	（2017）辽01民终12259号	虽然两公司在主营业务的范围上基本相同，但原告作为少数股东要求查阅会计账簿不存在“有实质性竞争关系业务”的情形

“现实性”要求竞业关系在诉讼进行的当时须是事实存在的，因此会考虑同

〔1〕 参见北京三旗企业管理有限公司与张议元股东知情权纠纷上诉案，北京市第三中级人民法院（2018）京03民终2121号民事判决书；顾金平诉张家港市新斯达科技有限公司股东知情权纠纷案，江苏省张家港市人民法院（2017）苏0582民初6607号民事判决书。

类产品销售时间是否同一[1]、被告公司与原告股东自营或为他人经营的公司是否处于正常营业状态[2]、公司是否存续[3]等。江苏晟亚光电科技有限公司与范文清股东知情权纠纷案，原告范文清于2014年4月28日起担任与被告公司主要经营范围一致的徐州明远光电科技有限公司法定代表人，法院认为由于被告公司自2013年起已不再经营，没有会计、业务、经营场所，不能认定前一公司与被告公司存在实质性竞争关系，故而不认定范文清的不正当目的。[4] 安徽怡和深度供应链管理有限公司与王军股东知情权纠纷上诉案，法院指出原告实际控制的百昌公司的同类业务已整合到被告公司之中，被告公司无证据证明百昌公司现在的经营与其有实质性竞争关系。[5]

法院所要求的“现实性”还体现在：阻却原告查阅会计账簿的合理事由如仍存在，法院对原告再次提起的诉求同样不予支持，不支持理由的详情见表1－8。

表1－8　法院对阻却查阅事由仍存在的不支持理由

案情	序号	案号	不支持理由
曾有生效判决认定存在实质性竞业关系，被告拒绝原告查阅请求的理由正当	1	(2012)一中民终字第10267号	虽然请求查阅会计账簿、会计凭证的范围与前案不同，但原告未提供证据证明本案存在与前案不同的新的事实，以证明前案判决所认定的情形已经消除
原告在上诉后变更其在竞争公司的身份，试图通过变更身份规避实质性竞业关系	2	(2018)辽0102民初4426号	受让方与原告有亲属关系
	3	(2017)苏02民终2830号	转让给有亲属关系的人显然有规避的恶意
	4	(2017)宁01民终2208号	变更时间不长，没有证据证明原告不再参与公司经营

前文提及，少数股东难以与其他股东约定第一项的除外情形，因此除外规定

[1] 参见郑琳耀诉北京艾森仕食品有限公司股东知情权纠纷案，北京市大兴区人民法院(2017)京0115民初21050号民事判决书。

[2] 参见邢台市化工机电设备厂诉河北邢台蓝通电气设备有限公司股东知情权纠纷案，河北省邢台市桥西区人民法院(2017)冀0503民初1784号民事判决书。

[3] 参见曹励华诉上海木牛流马文化发展有限公司股东知情权纠纷案，上海市长宁区人民法院(2017)沪0105民初16147号民事判决书。

[4] 参见江苏省徐州市中级人民法院民事判决书，(2018)苏03民终306号。

[5] 参见安徽省合肥市中级人民法院民事判决书，(2017)皖01民终7158号。

的适用十分有限。样本二中仅有一例适用除外规定,印证了前文的推断。湖南湘商矿业开发有限公司与湖南中亚矿业有限公司股东知情权纠纷上诉案,作为原告股东的中亚公司与湘商公司经营范围相近,均是投资、经营矿产品,但经营矿产品的地点不同,且中亚公司入股湘商公司时双方就已约定前者作为股东有权利查看后者的账本,法院认可该约定符合第一项的除外规定,不认定中亚公司目的不正当。[1]

前文还提及,最终认定不正当目的还需证明有损害公司合法利益的可能性,样本二显示有法院持此立场。常瑞君诉北京方圆水木旅游规划设计院有限公司股东知情权纠纷案,法院认定存在实质性竞业关系后进一步解释道:原告一旦获悉公司会计账簿中的信息,将有可能在旅游规划设计业务竞争中处于优势地位,获取竞争利益,继而在一定程度上损害被告公司的合法商业利益。[2] 在张某某与北京禄颖兰釉艺工艺品有限公司股东知情权纠纷上诉案中,二审法院则强调,由于原告与禄展公司股东间存在特殊身份关系,若允许查阅会计账簿,将有可能导致被告商业秘密被禄展公司所知悉。[3] 另外,法院亦认可仅需证明存在可能性为已足,不要求必然或事实发生损害行为,故对于原告主张的“公司因同业竞争产生实际损害时,公司才能剥夺股东知情权”的观点,法院认为不符合第8条的立法本意,不予采纳。[4]

2. 关于第二项“经济间谍”

《公司法解释四》出台后,样本二中与“经济间谍”有关的有9例裁决。被告提出的抗辩理由包括原告查阅“为了向同行业泄露商业机密”“为了帮助案外人与本案被告打官司”“为了向案外人通报有关公司账簿信息”,[5]但都因缺乏证据而承担举证不能的后果,由此可见该项举证难度较大。[6] 被告常在抗辩中同

---

[1] 参见湖南省永州市中级人民法院民事判决书,(2018)湘11民终486号。

[2] 参见北京市海淀区人民法院民事判决书,(2017)京0108民初32172号。

[3] 参见北京市第一中级人民法院民事判决书,(2012)一中民终字第2247号;类案还有上引金浦投资控股集团有限公司与郭金林股东知情权纠纷上诉案,江苏省南京市中级人民法院(2017)苏01民终7197号民事判决书。

[4] 参见天津克文企业管理咨询合伙企业与天津高清科技有限公司股东知情权纠纷案,天津市西青区人民法院(2017)津0111民初6998号民事判决书。

[5] 乐斌与上海集大办公家具有限公司股东知情权纠纷案,上海市青浦区人民法院(2018)沪0118民初4358号民事判决书;吴久算诉鞍山亿润置业发展有限公司股东知情权纠纷案,辽宁省台安县人民法院(2017)辽0321民初2122号民事判决书。

[6] 根据判决书的表述,《公司法解释四》出台前有2个裁判样本与该项有关,下文将会提及。

时提到第二项"经济间谍"与第一项"实质性竞业关系",[1]或者在第一项不被法院支持时,上诉时将抗辩理由变更为第二项。[2] 法院一般认为被告公司须证明:第一,原告系为了向他人通报有关信息而要求查阅公司会计账簿,即存在"经济间谍"行为;第二,查阅可能会给被告公司的合法利益造成损害;第三,行为与可能受损之间存在法律上的因果关系。[3] 上引湖南中亚公司案,上诉人湘商公司未能证明上述第一项,仅提供证据证明被上诉人中亚公司与其在某起诉讼中同为被告,法院认为两公司在另起诉讼中处于同一诉讼地位,无证据证明中亚公司查阅湘商公司会计账簿是为了向他人通报有关信息,故这些证据尚不足以证明中亚公司有"不正当目的"。《公司法解释四》出台前的南京科宁冷暖工程有限公司与吴志元股东知情权纠纷上诉案,由于原告仅为竞争公司的经营管理顾问,且原告要求查阅的截止时间为案件起诉之日,而竞争公司设立时间在原告起诉之后,故该院认为被告公司未能证明原告具有将商业秘密提供给竞争对手的目的。[4] 吴亚林诉上海振华重工启东海洋工程股份有限公司股东知情权纠纷案,被告公司认为股东查阅是为了向其他案件的当事人通报相关证据,法院认为被告应当提供其他案件的相关证据而未提供,不符合诚信原则,因此认定不符合第二项"经济间谍"的情形。[5] 样本二中仅有一例被法院认定符合第二项"经济间谍"的情形,且在《公司法解释四》出台前,法院依据原告股东带人冲进被告公司经营场所并刺伤员工,以及股东所在的另一公司芳培中心再三要求解除与被告公司签订的场地租赁合同等事件,认为原告在另一公司担任法定代表人和控股股东的特殊身份足以使人相信其查账的目的就是利用同时作为被告公司股东的身份将上述材料提供给芳培中心并加以利用,进而损害上诉人的利益。[6] 据上,推断与公司存在较大的矛盾冲突的"他人"可被认定为原告股东通报公司信息的对象。

---

〔1〕 淄博市淄川土产杂品总公司与赵德勤等股东知情权纠纷上诉案,山东省淄博市中级人民法院(2017)鲁03民终2120号民事判决书。

〔2〕 参见南京金陵检测工程有限公司与白树梅股东知情权纠纷上诉案,江苏省南京市中级人民法院(2017)苏01民终9508号民事判决书。

〔3〕 参见南京金陵检测工程有限公司与白树梅股东知情权纠纷上诉案,江苏省南京市中级人民法院(2017)苏01民终9508号民事判决书。

〔4〕 参见江苏省南京市中级人民法院民事判决书,(2015)宁商终字第675号。

〔5〕 参见江苏省启东市人民法院民事判决书,(2017)苏0681民初1891号。

〔6〕 参见广州市桂岗源饮用净水有限公司与潘伟华股东知情权纠纷上诉案,广东省广州市中级人民法院(2010)穗中法民二终字第2007号民事判决书。

3. 关于第三项“经济间谍前科”

有法院早在2006年作出的判决书中写道：“股东在该次查阅申请前曾经通过借助查阅公司会计账簿的方式而损害公司利益的事实，不能作为股东该次要求查阅具有不正当目的的证据。”[1] 10余年后，第三项将3年内曾有上述行为的列为“不正当目的”情形之一。样本二中仅有一例与“经济间谍前科”近似。韦斯贝尔（厦门）阀门有限公司、刘江波股东知情权纠纷上诉案，被告韦斯贝尔公司上诉称，原告刘江波曾利用在公司的职务之便，将公司的客户、技术、设计图纸、员工等资源泄露给博艺欧公司，造成公司的严重经济损失，被告已经向法院提起损害公司权益责任之诉，该诉的审理结果关系到刘江波是否利用被告公司资源来损害被告公司的利益，从而关系到认定刘江波查阅被告公司的资料是否出于不正当目的，故要求法院中止审理本案直至另案审结，二审法院认为其未能充分举证，上诉理由不能成立。[2] 就本案，即使另案认定刘江波确如被告公司所言存在上述行为，且假设该行为发生在3年内，法院仍不能以此证明刘江波此次查阅具有不正当目的。原因在于：被告公司所称的原告行为是基于原告在被告公司的职务身份而非股东身份，且被告公司并未证明原告行为系通过查阅会计账簿完成的。诚如吴江东方大王保险箱有限公司与蔡秀郎股东知情权纠纷上诉案中，法院所言，应严格适用“经济间谍前科”情形，不能因股东曾有诸如关联交易等损害公司利益的行为而推定股东查阅具有不正当目的。[3]

4. 关于第四项“其他情形”

样本二中仅有一例适用《公司法解释四》第8条第4项规定认定了“其他情形”的成立。为适用该项，法院进行了较为充分的论证说理，值得深度关注。在温州市大众城建监理有限公司、某某股东知情权纠纷上诉案中，首先，法院指出对原告行权的目的正当性要求应高于一般股东，理由是原告的所持股权将被拍卖以清偿债务，属于即将丧失股东身份的特殊股东。其次，法院主张原告提出的“股权评估价值过低”的查阅理由不充分，认为该情况可通过其他途径救济且业已通过其他途径获得。再次，法院认为不存在原告对公司的财务状况不知情的情节，由于原告曾将股权无偿转让给其父，其间其弟曾代表其父借取公司财务账

---

〔1〕 广州保税区智友工贸有限公司与潘明股东知情权纠纷上诉案，广州市中级人民法院（2006）穗中法民二终字第1860号民事判决书。

〔2〕 参见福建省厦门市中级人民法院民事判决书，（2018）闽02民终1134号。

〔3〕 参见江苏省高级人民法院民事判决书，（2011）苏商外终字第0064号。

册和凭证，可以认定该行权行为的效力及于实际股东原告。最后，法院支持被告公司有关原告提诉是为了拖延执行程序进程的主张，认为有一定的合理性。[1]曾有法院指出，“正当目的这一规定，不仅指查账不应具有侵害公司合法权益的故意……还包括查账目的应与该权利的救济程度相适应，不得滥用的含义”。[2]回到本案，既然原告股东可以且已经由其他途径达到“评估股权价值”的查阅目的，再行查阅缺乏必要性，如允许查阅可能有放任股东滥用查阅权之嫌，据此法院认定符合第四项的其他情形，不无说服力。

在前引李淑君等这则公报案例中，法院指出“基于诚实信用原则，案件当事人理应如实陈述，并按要求提供已掌握的证据，以拒不出示不利于己的证据为手段而获得不当利益为法律所禁止，因此，公司不能以股东是为公司涉及的其他案件的诉讼相对人收集证据为由拒绝提供查阅”。公报案例可以为各级法院裁判提供重要参考，样本二显示其后的案例裁判对这一司法立场多有遵循。[3]

样本二还显示，法院普遍认为股东欲解散公司等其他理由不能成为公司拒绝查阅的合理依据，但也有个别法院偏离循例，样本二中法院对其他情形的认定情况的详情如表1－9所示。

表1－9　法院对其他情形的认定情况

案情	序号	案号	法院观点	法院裁判要旨
股东基于公司职务应当知晓公司信息或股东曾请求查阅其他公司信息	1	(2018)川01民再31号	不认定	行使知情权的前提是股东身份的存续，而是否在公司任职、任何种职务以及是否可能知晓公司财务状况，均不影响行权
	2	(2018)川06民终639号		
	3	(2017)京0102民初19862号		
	4	(2012)深中法商终字第1638号		
	5	(2012)一中民终字第15276号		

〔1〕参见浙江省温州市中级人民法院民事判决书，(2017)浙03民终4736号。

〔2〕宁丁诉北京远大会计师事务所有限公司股东知情权案，北京市海淀区人民法院(2006)海民初字第7426号民事判决书。

〔3〕例如，苏州元鑫置业有限公司与庄伟股东知情权纠纷上诉案，江苏省苏州市中级人民法院(2017)苏05民终10562号民事判决书。

续表

案情	序号	案号	法院观点	法院裁判要旨
股东有违公司规章制度	6	(2017)陕民申286号	不认定	《公司法解释四》出台前后的看法基本一致,都主张上述情形与股东行权是否具有正当性没有逻辑关联,与损害公司合法利益之间并无必然的因果联系,因此不属于不正当目的的法定情形,对原告的查阅请求法院应予支持
股东有违法犯罪记录或正在被调查	7	(2017)渝05民终5970号	不认定	
	8	(2017)京03民终4361号		
股东举报公司或管理层	9	(2017)苏10民终2907号	不认定	
	10	(2016)浙02民终4157号		
股东与公司存在劳动争议	11	(2017)苏01民终5814号	不认定	
	12	(2016)京01民终6576号		
股东欲解散公司	13	(2017)京03民终4361号	不认定	
	14	(2016)苏01民终6279号		
公司采用承包经营的经营方式	15	(2018)湘08民终18号	不认定	
股东与公司间曾发生或讼争当时正在发生的纠纷或矛盾	16	(2017)浙05民终1278号	不认定	双方曾经发生过纠纷不必然导致此次查账“有不正当目的”同时“可能损害公司合法利益”,若以此为循例,则股东与公司发生过纠纷或矛盾便可禁止知情权,将导致股东与公司地位严重不平衡,显然不合理
	17	(2016)京01民终2856号		
	18	(2015)浙温商终字第619号		

续表

案情	序号	案号	法院观点	法院裁判要旨
股东曾在任职期间私自截留公司货款	19	(2014)烟商二终字第126号	认定	是公司拒绝查阅的合理依据
股东曾利用职务便利为竞争对手谋取属于本公司的商业机会	20	(2015)豫法民提字第345号	认定	
诉讼期间未审结股东出资纠纷	21	(2009)浙甬商终字第1254号	认定	
原告与公司及其他股东之间存在利害冲突关系	22	(2017)黑01民终5851号	认定	法院在认定具有同业竞争关系的同时,认为原被告间存在大量诉讼,生效判决认定原告拿走公司丢失的会计资料并判决返还,说明原告与公司及其他股东间存在利害冲突关系

(三)样本一、样本二的实证研究小结

关于《公司法》第33条第2款的司法适用的焦点问题,也即在股东说明目的义务与举证责任分配上,多数法院的裁判立场与前文的理论推断基本一致,但在允许股东在诉讼中补正前置程序瑕疵的问题上,未形成明显的统一意见。在利益平衡理念的指导下,大多数法院对第33条第2款的解释是:前置程序中的原告股东应对查阅目的进行一般程度上的具体说明,无须证明目的背后的基础事由,被告公司担负股东具有不正当目的的证明责任;如股东表明查阅是为了解公司实际经营状况、分红、监管公司事务等,或者更具体的目的,法院一般认定股东已履行说明目的的义务,但也有少数法院偏离循例,过于严格或者宽松地把握具体目的之标准。

关于《公司法解释四》第8条规定“不正当目的”的诸具体情形之司法适用,第一项“实质性竞业关系”占据绝对的数量优势。司法解释出台前,各级法院对实质性竞业关系的认定标准差异很大,这表明在裁判依据供给不足的背景下“同案不同判”现象明显;司法解释出台后,趋向“同案同判”“类案类判”,法院普遍收紧了认定标准,侧重于从具体性、现实性两方面考量“实质性”。其中,具体性意味着不能仅以登记经营范围作为判定实质性竞业关系成立的依据,证明实质性竞业关系存在的证据应更加具体，细化到产品、经营区域等；现实性表明，竞业关系在诉讼进行这一时间过程中是否事实存在关系到实质性的认定，多数法院注意到认定主营业务应结合实际情况，需证明有损害公司合法利益的可能性。与前文的理论推断稍有不同的，不少法院主张普通股东持股未达到实际控制公司的比例也属于"经营"，认为原告股东的近亲属有竞业行为的也适用第二项。第二项证明难度较大，大部分法院不支持以股东为其他案件中被告公司的诉讼相对人收集证据为由认定构成经济间谍。第三项、第四项的适用案例极为少见，偶有发生，法院的认定标准更加严格，重视考察行为间的因果关系，比如股东基于公司职务可能知晓公司财务状况、有违法违规行为、与公司存在诉讼或其他类型的矛盾纠纷等证据都不足以作为否定原告查阅目的正当的抗辩理由。

五、不正当目的规则之反思与建构

（一）制度的偏颇与缺失

从立法技术上讲，基于会计账簿的涉密性考虑，应对查阅股东提出前置程序与实体条件的限制，其中实体条件主要是指公司的不正当目的抗辩。这一制度设置的必要性无可置疑。但问题是，现行法关于正当目的、不正当目的之制度设计不仅存在过于原则、过于抽象的偏颇，给裁判者的司法适用提出了较高的法解释要求，而且由于不应有的制度缺失，可能导致立法者苦心孤诣打造的"不正当目的"事前防御体系功亏一篑。这体现在，《公司法》第33条第2款及其后《公司法解释四》第8条都仅仅着眼于事前防弊的角度对查阅股东提出正当目的之要求或曰不正当目的之防范，此仅为事前规制机制。但就事中规则环节，没有针对信息敏感度之分类而建立起不同的查阅机制，比如对于高度敏感信息的第三方查阅等替代机制，就事后规制环节，也未对获悉信息后的股东如何正确使用信息提出基本的行权规则，比如要求仅限于此前股东说明目的的范围之内使用等，否则即会启动追责机制。尽管《公司法解释四》第11条明确了泄密股东及查阅辅助人对公司的损害赔偿责任，但这仅属于被动的事后赔偿救济，与事后的积极规制措施不可等量齐观。

域内外的实践经验都表明，股东在"了解公司经营状况"等正当目的掩饰下，可能隐藏着其他不良目的，当初查阅目的确实正当的股东也可能在事后萌生恶意，因此有必要采取措施限制获取信息的事后用途。首先，在这一问题上，域外法经验可资借鉴。面对竞业股东查阅的请求，在美国，行权股东为公司的竞争方，“仅仅依这一事实未必能证明目的不合适，尽管这可能引起怀疑，在这种情况下，一些法院对公司提供的信息的使用或流传作出了限制”。[1] 澳大利亚《2001 年公司法》第 247B 条规定，法院在授权申请人或授权他人代表申请人查阅公司信息时，得同时作出限制使用或复制所获公司信息的命令；第 247C 条规定，代表申请人查阅的人不准向澳大利亚证券和投资委员会及申请人以外的其他人披露所获得的信息。[2] 在德国，禁止其直接行使查阅权，仅允许委托负有保密义务的专业人士查阅相关信息，股东仅从专业人士处获知依照相关信息得出的查阅结果，如管理层的经营是否合规等。[3] 委派中立的检查人查阅，从而避免股东与某些重要敏感信息的直接接触，从更源头的地方阻止股东“说一套、做一套”。上述国家委托中立第三方查阅的经验，属于事中规制，严格限制获悉信息的适用对象，则属于事后规制。其次，实务中我国也有法院自发创造出类似的做法，深圳市美赛达科技股份有限公司与北京车联天下科技有限公司股东知情权纠纷上诉案，在两公司在业务上存在竞争关系、允许查阅可能会使被告公司合法利益受损的背景下，法院提到原告“美赛达公司可以通过查阅会计报告等资料或者通过中间人审计的方式了解车联公司经营情况，实现其股东知情权”。[4] 本案的创新具有重要意义，借助判决书的禁令可将目的限制贯穿于知情权诉讼的全过程，有助于实现股东与公司之间的利益平衡。

此外，《公司法解释四》第 8 条的各项规定还存在杂糅不清的问题。所谓杂糅不清，是指样本二所反映的《公司法解释四》第 8 条列举各项尤其第 1 项、第 2 项的区分界限不清，这导致被告公司抗辩时可能同时提及多项，法院在适用时也沦为泛泛而谈，有意避免指明具体适用哪一项情形。当然，实践中股东查阅的不正当目的可能同时符合多项情形。如濮阳国际经济技术合作有限公司与张某会股东知情权纠纷再审案，法院认定原告行为同时构成第 8 条第 1 项、第 2 项、第 3 项，[5]

---

〔1〕［美］罗伯特·W. 汉密尔顿：《美国公司法》（第 5 版），齐东祥等译，法律出版社 2008 年版，第 455 页。

〔2〕参见赵金龙、［澳］Jenny Fu：《澳大利亚股东查阅权简介》，中外商法论坛第三期“权利冲突的信息之维——论道股东知情权”会议论文，2018 年于西南政法大学。

〔3〕参见邓峰、许德峰、李建伟主编：《最高人民法院公司法解释（四）理解适用专题讲座》，中国法制出版社 2018 年版，第 167 页。

〔4〕北京市第三中级人民法院民事判决书，（2016）京 03 民终 3220 号。

〔5〕参见河南省高级人民法院民事判决书，（2015）豫法民提字第 345 号。

这从侧面反映出第8条所列各项存在一定程度的重叠杂糅。[1] 法规既出,裁判者只能尽量区分各类法定情形,面对杂糅多种情形的案件时需要逐一分析、判断、厘清与选择。

(二)更精确的规制

前文指出,《公司法解释四》第8条的基本立法逻辑是以客观行为推定主观目的,但从条文上看,正当目的与不正当目的似乎是两种截然对立的主观状态,构成不正当目的的情形就无正当目的的存在之可能,反之亦然。这种非黑即白的立法逻辑似乎满足了逻辑推理的周延,但忽视了社会生活的复杂性。人的主观状态是复杂多元的,股东的查账目的可能同时兼具正当与不正当,那么司法实践如何应对此类情况?理论界与实务界共有三种学说:主要目的说、正当目的限定说、利益衡量说。主要目的说主张,当可以把股东的目的分为主要目的和次要目的时,为方便起见,以主要目的为准,主要目的不正当,即使次要目的正当亦不予以考虑。[2] 反之,主要目的正当的,其他次要目的如何,在所不问。[3] 实务界多主张正当目的限定说这一观点,认为当股东查阅目的正当与不正当兼具时,查阅范围应被限于股东证明的正当目的内,且不能对公司利益造成损害。[4] 美国特拉华州最高法院将查阅目的与查阅范围紧密联系起来,也认为账簿查阅权必须为其目的所限制并准确划定范围,股东只能查阅对达到其正当目的所必需的账簿。[5] 实务界的另一观点是利益衡量说,该说主张综合考虑股东与公司双方在个案中的具体处境与利益冲突情况,两害相权取其轻。前引公报案例中,原告具有了解公司经营状况的正当目的,同时很可能具有放任公司利益遭受损害的主观故意,因此一审法院对比被告正处于标的额巨大的仲裁案件审理之中与原告的股东知情权,主张优先保护前者,该院进一步认为,原告可在仲裁案件结案后或在证明已排除查账与仲裁案件相对方项目经理的关联性后再行主张。鉴于当前股东知情权保护总体不力的现状,[6] 我们较为赞同正当目的限定说,将查

---

[1] 参见邓峰、许德峰、李建伟主编:《最高人民法院公司法解释(四)理解适用专题讲座》,中国法制出版社2018年版,第175~178页。

[2] 参见刘俊海:《现代公司法》(上册)(第3版),法律出版社2015年版,第369页。

[3] 参见于莹:《股东查阅权法律问题研究》,载《吉林大学社会科学学报》2008年第2期。

[4] 参见刘越与苏州华瑞腾航空设备有限公司股东知情权上诉案,江苏省苏州市中级人民法院(2013)苏中商外终字第0007号民事判决书。

[5] See Stephen A. Radin, *The New Stage Corporate Governance Litigation: Section 220 Demands*, 26 Cardozo L. Rev. 2005, p. 1617.

[6] 参见李建伟:《股东知情权诉讼研究》,载《中国法学》2013年第2期。

阅范围限制在正当目的之内且要求不能损及公司合法利益，具有较强的可操作性，法院无须考虑抽象主观的主次目的之区分，也不会轻易陷入利益衡量的泥潭，既能最大限度地保障股东查阅权的正常行使，又能防止股东滥权。与该公报案例的审理法院观点略有不同的是，只要股东履行了前置程序、说明了具体的目的，其目的就被推定为正当目的，除非公司能证明其不正当性，公司能在多大范围内证明其不正当性，就相应阻止股东多大的查阅范围。

（三）规则再造

1.《公司法》第 33 条第 2 款

当且仅当股东请求查阅会计账簿时才有目的正当性的要求，如请求查阅的是财务会计报告，法院认为这与商业秘密相距较远，即使存在同业竞争，也不支持公司以目的不正当为由的抗辩。[1] 反过来讲，仅从《公司法》第 33 条第 2 款的文义看，经过法院对查阅目的的严格审查，被判定不具有不正当目的股东最终只能查阅到会计账簿，这样的查阅范围是否设定得过于狭小？这可以从比较法上寻找经验。美国《示范公司法》规定股东满足形式上关于申请形式、申请时间、申请地点的要求以及 § 16.02(c)关于目的限制的三个条件，即可查阅 § 16.02(b)规定的任何董事会会议记录、股东会会议记录、公司财务记录及股东登记簿等。[2] 许多州的公司法已将列举的记录扩展到一般的公司记录，判例法也一般倾向于扩大解释。[3] 只要顺利经过目的限制的筛选，日本《2005 年公司法》允许股东查阅的范围不仅包括公司会计账簿，还包括用于制作会计账簿的会计资料，第 433 条、第 434 条还规定法院可以依申请或依职权，要求公司提交会计账簿、财务会计报表及附属明细的全部或部分。[4] 之所以允许股东查阅公司会计账簿及会计资料，是上述信息对于行使经营监督权的股东而言属于关键信息，但一旦滥权可能会对公司、其他股东造成不可估量的损害，因此对行权主体与查阅目的作严格限制。[5] 较广的查阅范围并不一定意味着对公司利益造成更大威胁，通过目的限制、查阅主体限制等手段可以达到防止股东肆意妄为的效果。

---

[1] 参见北京熊猫恒盛机械设备有限公司与上海熊猫机械（集团）有限公司股东知情权纠纷上诉案，北京市第一中级人民法院(2009)一中民终字第 10713 号民事判决书。

[2] 参见沈四宝编译：《最新美国标准公司法》，法律出版社 2006 年版，第 237 页。

[3] See La Porta & Rafael, *Florencio Lopez-de-Silanes*, *Andrei Shleifer*, and *Robert W. Vishny*, Law of Finance, Journal of Political Economy, 1998(106).

[4] 参见[日]近藤光男：《最新日本公司法》（第 7 版），梁爽译，法律出版社 2016 年版，第 384 页。

[5] 参见[日]近藤光男：《最新日本公司法》（第 7 版），梁爽译，法律出版社 2016 年版，第 336 页。

在我国，经过不正当目的限制筛选后的股东查阅范围的争论集中在“会计账簿”应否扩大解释，焦点是会计凭证包括与否。最高人民法院起草《公司法解释二（征求意见稿）》第27条[1]、《公司法解释四（征求意见稿）》第16条[2]及《北京市高级人民法院关于审理公司纠纷案件若干问题的指导意见》第19条[3]都主张包括原始凭证等会计资料。有些法院在此前的个案裁判中也予以支持，裁判说理的证成路径有：按照《会计法》第9条、第14～15条等规定，会计凭证包括原始凭证和记账凭证，“会计凭证是制作会计账簿的基础和依据”；[4]从立法目的看，公司法保障股东的知情权是为了保障股东对公司的决策、经营管理的监督、分红等权利，如不能查阅原始会计凭证，则无法准确了解、判断公司的真实财务状况，无法保障股东上述权利；[5]公司法并未禁止股东查阅会计账簿的依据即会计凭证；[6]等等。多数法院忠实于《公司法》第33条第2款的文义，不支持查阅会计凭证，理由包括：涉及公司商业秘密和重要经营信息，既无法律规定又超出公司章程的约定；[7]第33条与公司进行财务审计目的不同，实践中不应突破其所规定的“会计账簿”；[8]等等。我们倾向于《公司法解释四》的起草者所主张的谨慎地扩大解释说，为了防弊或然性的损害而一概不允许股东查阅会计凭证等公司资料，终究难免因噎废食之讥。尽管较广的查阅范围可能给公司商业秘密、重要敏感信息等利益带来更大威胁，但以客观行为推定主观目的本身已经给了公司一个较低的证明门槛，故为平衡双方利益，不仅应对“会计账簿”扩大解释，而且不能将《公司法解释四》规定的“特定文件材料”刻板地理解

---

[1] “有限责任公司股东起诉请求查阅会计账簿及与之相关的原始凭证等会计资料，公司不能证明股东查阅目的不正当的，人民法院应当判令公司在确定的地点和时间供股东查阅。”

[2] “有限责任公司的股东起诉请求查阅公司会计账簿及与会计账簿记载内容有关的记账凭证或者原始凭证等材料的，应当依法受理。公司提供证据证明股东查阅记账凭证或者原始凭证等有不正当目的，可能损害公司合法利益的，应当驳回诉讼请求。”

[3] “有限责任公司股东有权查阅的公司会计账簿包括记账凭证和原始凭证。”

[4] 祝中艳与武汉银都房地产开发有限公司股东知情权纠纷上诉案，湖北省武汉市中级人民法院（2017）鄂01民终7448号民事判决书。

[5] 祝中艳与武汉银都房地产开发有限公司股东知情权纠纷上诉案，湖北省武汉市中级人民法院（2017）鄂01民终7448号民事判决书。

[6] 参见江苏省高级人民法院民事判决书，（2011）苏商外终字第0064号。

[7] 参见长沙蓄能工贸有限责任公司与黄曦股东知情权纠纷上诉案，湖南省高级人民法院（2016）湘民再2号民事判决书。

[8] 参见陕西欣迪实业有限公司与张米花股东知情权纠纷上诉案，陕西省西安市中级人民法院（2017）陕01民终11722号民事判决书。

为仅包括“会计账簿”。弹性理解《公司法解释四》规定的“特定文件材料”,就是要求法院做出一个判断——个案中的查阅会计凭证是否为实现股东说明的正当目的所必须,比如原告查阅会计凭证是因为上次查阅后发现账簿存在可疑之处的情况下,何不支持之?〔1〕事实上,只要法院正视股东查阅权的制度本意,谨慎审查目的正当性,综合运用其他替代性措施,放开查阅范围可能带来的担忧都可获解决。例如,当法官认定不查阅会计凭证难以保障股东合法权益,但又担心公司商业秘密泄露时,可以委托专业第三人代为查阅,〔2〕杜绝原告股东直接接触敏感信息,即为已足。

2.《公司法解释四》第8条

(1)关于第一项。面对竞业股东查阅的请求,德国禁止其直接行使查阅权,允许委托负有保密义务的专业人士查阅相关信息,股东仅从专业人士处获知依照相关信息得出的查阅结果,如管理层的经营是否合规等。〔3〕在美国,行权股东为公司的竞争方,“仅仅依这一事实未必能证明目的不合适,尽管这可能引起怀疑,在这种情况下,一些法院对公司提供的信息的使用或流传作出了限制”。〔4〕德、美的做法是通过事后或间接方式化解竞业股东、公司之间的知情与保密的冲突。日本的竞争关系不仅包括现实中已形成的竞争关系,还包括不久的将来同公司发生高度盖然性的竞争关系,后者将来可能给公司造成重大损害,这一点与我国《上市公司收购管理办法》的“潜在的同业竞争”类似。如股东同母公司从事的是一体化经营,则母公司营业也应纳入实质性竞争关系的考察范畴中。日本判例认为只要证明请求查阅的股东为公司的竞争对手即可,无须证明该股东的主观恶意。〔5〕第一项的内容显然效仿日本而来,虽仅限于已形成的实质性竞业关系,但已经引发质疑。背景在于,我国《公司法》未对股东设置竞

〔1〕参见杜万华主编:《最高人民法院公司法司法解释(四)理解与适用》,人民法院出版社2017年版,第193页。

〔2〕参见蔡元庆:《股东知情权制度之重构》,载《北方法学》2011年第3期。

〔3〕参见邓峰、许德峰、李建伟主编:《最高人民法院公司法解释(四)理解适用专题讲座》,中国法制出版社2018年版,第167页。

〔4〕[美]罗伯特·W.汉密尔顿:《美国公司法》(第5版),齐东祥等译,法律出版社2008年版,第455页。

〔5〕参见最高裁判所平成21年(2009年)1月15日判决。转引自[日]近藤光男:《最新日本公司法》(第7版),梁爽译,法律出版社2016年版,第339页。

业禁止义务，[1]一般认为，司法解释不宜突破既有的上位法规则。[2] 但司法解释的起草者称，该项规定并非对股东课以竞业禁止义务，而是限制存在竞业关系事实的股东的查阅权。[3] 上述质疑的确是一个误会。实则，关于第一项的有价值的疑问应该是，将竞业行为界定为“不正当目的”情形之一是否合理？赞同者通常强调保护公司商业秘密之重要性与泄密后公司追责之难。[4] 反对者则认为：第一，此项规定或与鼓励分散投资的价值相悖。[5] 股东从事与公司相同、相关业务的经营在商业实践中常见，因股东为了更准确判断经营的方向和结果，往往倾向于在熟悉的领域内投资，[6]也确有法院认为不应因此过度限制乃至剥夺此类股东的知情权。[7] 第二，同业公司之间存在竞争关系是市场经济环境下的需要，且更加有利于企业的良性发展。[8] 第三，法律法规和被告公司章程均没有禁止股东投资具有相同主营业务的公司。[9] 第四，不如采取替代性救济措施，如要求竞业股东在事前作保密承诺，以方便公司在受侵犯时提起救济。[10] 有学者指出，实践中竞业现象普遍，该项限制规定确有易被公司滥用之风险，[11] 随意否定竞业股东的查阅请求，会打击投资者的信心，不利于资本市场的发展。鉴于此，裁判者应审慎适用该项规定，在认定竞业关系时注重对“实质性”的审查，还应考虑该实质性竞业行为有无损害公司合法利益的可能。

---

〔1〕 例如，《江苏省高级人民法院关于审理适用公司法案件若干问题的意见（试行）》（2003年6月3日）第81条明确规定：“竞业禁止不适用于公司股东、监事。”

〔2〕 参见邓峰、许德峰、李建伟主编：《最高人民法院公司法解释（四）理解适用专题讲座》，中国法制出版社2018年版，第159页。

〔3〕 参见杜万华主编：《最高人民法院公司法司法解释（四）理解与适用》，人民法院出版社2017年版，第186页。

〔4〕 参见王黛娜：《有限责任公司股东知情权若干争议问题研究》，载《时代法学》2017年第2期。

〔5〕 参见邓峰、许德峰、李建伟主编：《最高人民法院公司法解释（四）理解适用专题讲座》，中国法制出版社2018年版，第159页。

〔6〕 参见邓峰、许德峰、李建伟主编：《最高人民法院公司法解释（四）理解适用专题讲座》，中国法制出版社2018年版，第160页。

〔7〕 参见雷洪诉宁波杭州湾新区洪兆丰业置业有限公司股东知情权纠纷案，浙江省慈溪市人民法院（2017）浙0282民初13276号民事判决书。

〔8〕 参见北京德和永道投资有限公司与雷春梅股东知情权纠纷上诉案，北京市第二中级人民法院（2015）二中民（商）终字第03126号民事判决书。

〔9〕 参见朱勇立与上海宜鲜信息科技有限公司股东知情权纠纷案，上海市奉贤区人民法院（2018）沪0120民初3367号民事判决书。

〔10〕 参见王黛娜：《有限责任公司股东知情权若干争议问题研究》，载《时代法学》2017年第2期。

〔11〕 参见邓峰、许德峰、李建伟主编：《最高人民法院公司法解释（四）理解适用专题讲座》，中国法制出版社2018年版，第160页。

此外，当今公司业务范围并非单一，同一公司可能具有多元化的业务范围。若股东仅与公司众多业务之一具有实质性竞争关系，其欲行使会计账簿查阅权，则根据正当目的限定说理念，应允许其查阅不存在实质性竞争关系的其他业务的会计资料。审判实践中亦有这种观念的体现，在姜仲平与南京汇能达电力工程有限公司股东知情权纠纷案中，二审法院认为“根据汇能达公司的营业执照显示，其经营范围为‘仪器仪表销售……’来得毅公司的经营范围为‘仪器仪表……’两公司确实存在一定的业务重合。一审判决将可查阅的范围排除在两公司同业竞争资料外，符合法律规定，本院予以确认”。[1]

(2)关于第三项。前文指出，以前行为否定后行为目的之正当性的推定逻辑，不免牵强，何以认为有经济间谍前科的股东3年内再次查阅就一定具有不正当目的？难免“一日为贼、终身为贼”之讥。剥夺查阅权的手段与处罚3年内曾出现通过查阅会计账簿通报他人而损害公司合法利益的股东的目的之间缺乏相当性。股东知情权的固有权利、基础性权利的地位决定了其不可被轻易剥夺，凡有经济间谍前科即剥夺3年查账权的处罚未免过重。剥夺权利的惩罚模式固然简便易行，但公平性终究受质疑，相较之下，公司在事前或出现商业秘密被泄露的情况后采取事先防范与事后惩治措施，可能是更妥当的救济方法。从公司防弊的角度讲，大可通过章程、股东协议中约定充当经济间谍的股东应负的责任，以达到事先预防的效果。如有违反，还可通过《公司法》第20条第2款、《公司法解释四》第11条规定追究股东的赔偿责任，甚至援用股东除名制度，以股东滥用股东权损害公司利益为由将其除名。[2] 在修法之前，关于该项的审判政策建议是，法院要注意考查此次查阅申请是否符合“可能损害公司合法利益”的要件。

(3)与第9条的关系。第8条将“实质性竞业关系”“经济间谍”“经济间谍前科”等列为不正当目的之具体情形，似有剥夺具备上述情形的股东的查阅权之意，与第9条关于固有权的救济定位相悖，后者强调股东知情权是资本多数

[1] 姜仲平与南京汇能达电力工程有限公司股东知情权纠纷上诉案，江苏省南京市中级人民法院(2017)苏01民终1186号民事判决书。

[2] 参见邓峰、许德峰、李建伟主编：《最高人民法院公司法解释(四)理解适用专题讲座》，中国法制出版社2018年版，第161页。

决、主体合意都不能改变的股东固有的权利。[1] 法谚有云:“有原则恒有例外。”第9条属于一般性、原则性规定,第8条所列不正当目的具体情形属于特别规范,二者之间不应相互矛盾。固有权的属性不等于其可以不受法律限制,但限制是法定的、例外的情形,并非所有具备“实质性竞业关系”“经济间谍前科”情形的股东一概不能行权,法院在认定例外情形时必须审查“可能损害公司合法利益”的要件,唯有符合两方面的要件时才可得出结论。

六、结论

当查阅对象涉及公司商业秘密、重要敏感信息之时,限制具有不正当目的之股东行权,成为平衡公司利益与股东利益的重要器具。在我国法的语境下,无“不正当目的”是申请行权股东在主观目的层面应符合的实体要求。与股东的地位、利益相关的查阅目的即为“正当目的”,反之即为“不正当目的”。通过《公司法》第33条第2款的法解释可知,股东在前置程序中仅负有具体说明目的之义务,之后,拒绝请求的公司在诉讼过程中须就对方的查阅目的不正当承担本证的证明责任。鉴于此,厘清具体说明义务与证明责任至为关键。此外,股东如有前置程序的说明义务履行瑕疵,原则上不能在诉讼中补正。《公司法解释四》第8条以股东的客观行为推定主观目的,法律逻辑上存在有待补救之处,需要司法适用的某种调和措施。司法适用的调和立场与补救措施是必须审慎证立“可能损害公司合法利益”的要件。就第8条关于不正当目的诸具体情形的规定,存在进一步的立法修正与妥当的适用解释课题。具言之,关于第一项“实质性竞业关系”,需要结合形式和实质两个标准来认定主营业务,是否符合实质性标准则可利用商品、地域和时间要素界定“相关市场”,这与样本二中法院从具体性、现实性两方面分析有异曲同工之妙。关于第二项“经济间谍”,原告股东的近亲属有竞业行为的应适用第二项而非第一项,但由公司负责证明股东为向有竞业关系的近亲属通报而主张查阅。第三项“经济间谍前科”必须审慎适用,须特别关注查阅行为、通报行为、损害结果三者间法律上的因果关系,保证推定过程的逻辑连贯性。至于第四项“其他情形”的适用,应遵循利益平衡理念,注意是否与前三项具有相当性。

---

〔1〕 参见陈景伟:《有限公司股东固有权探析》,载《行政与法》2018年第1期;李建伟:《“实质性剥夺”股东知情权的公司意思效力研究——〈公司法解释四〉第9条的法教义学分析及展开》,载《中外法学》2018年第5期。

尽管实证法提供的裁判规则尚有进一步完善之余地,但样本分析反映出关于股东查阅会计账簿纠纷的司法裁判总体上是可以接受的,绝大部分裁决忠实于法律、司法解释的本旨,也与学界的法理主张基本相合。但毋庸讳言,几乎在每一个关键节点上仍存在同案不同判、类案不类判的现象,这与部分法院关于前置程序瑕疵、举证责任、近亲属竞业、经营方式、查阅范围等问题上概念分歧、理解偏差及错误认识息息相关。除去案外的复杂影响因素,之所以出现同案不同判、类案不类判的现象,归根结底是同法不同释的问题——对裁判规范进行法律解释的差异影响到最终裁判的结论。所以,努力统一法律解释、让各级法院适用同一法律解释的方法体系,是我国现阶段法治建设的关键点。正如博登海默所言:"正义的一个基本原则要求,法律应当以相同的方法处理基本相似的情形。"[1]回到本书主题,首先,法院不能孤立地看待股东查阅权的目的正当性问题,应整体把握"不正当目的"规则体系;其次,法院应明确定位、坚持司法有限介入原则,严格审查诉前、诉中的每个程序完成情况,准确解释、审慎适用不正当目的条款;最后,法院应将目的限制放回股东知情权的所有限制条件中考虑,动态地利用查阅目的、查阅范围、查阅方式等细节,通过委托中介机构查阅、限制查阅信息的用途或限制复制权等有效途径,以最终达成各方利益的平衡。总而言之,尽管实证法上的规定在目的限制的事后规制、目的多元化、不正当目的情形列举等方面多有考虑不周,但从法解释论的角度,法律既出,裁判者应发挥能动性,精确释法,审慎适用。唯有如此,法院方能施行符合立法本旨的裁判立场,得出正义的裁判结论。

附录:主要民事裁判文书案号索引

1. 北京市第三中级人民法院民事判决书,(2017)京03民终572号。
2. 北京市第二中级人民法院民事判决书,(2008)二中民终字第14810号。
3. 四川省成都市中级人民法院民事判决书,(2006)成民终字第2232号。
4. 江苏省南京市中级人民法院民事判决书,(2014)宁商终字第1号。
5. 江苏省南京市中级人民法院民事判决书,(2017)苏01民终4998号。

---

[1] [美]E.博登海默:《法理学——法哲学及其方法》,邓正来、姬敬武译,华夏出版社1987年版,第496页。

6. 江苏省南京市中级人民法院民事判决书,(2016)苏01民终4291号。

7. 浙江省温州市中级人民法院民事判决书,(2015)浙温商终字第619号。

8. 上海市第一中级人民法院民事判决书,(2014)沪一中民四(商)终字第S1269号。

9. 北京市第一中级人民法院民事判决书,(2008)一中民终字第5114号。

10. 北京市第一中级人民法院民事判决书,(2008)一中民终字第15975号。

11. 江苏省南京市中级人民法院民事判决书,(2017)苏01民终3402号。

12. 北京市第三中级人民法院民事判决书,(2016)京03民终3220号。

13. 上海市第二中级人民法院民事判决书,(2009)沪二中民三(商)终字第443号。

14. 江苏省南京市中级人民法院民事判决书,(2014)宁商终字第1号。

15. 安徽省南陵县人民法院民事判决书,(2017)皖0223民初3144号。

16. 黑龙江省哈尔滨市中级人民法院民事判决书,(2017)黑01民终5851号。

17. 陕西省西安市中级人民法院民事判决书,(2017)陕01民终11671号。

18. 北京市第三中级人民法院民事判决书,(2018)京03民终2139号。

19. 广东省广州市中级人民法院民事判决书,(2017)粤01民终22232号。

20. 福建省泉州市中级人民法院民事判决书,(2017)闽05民终4791号。

21. 北京市第三中级人民法院民事判决书,(2018)京03民终380号。

22. 四川省眉山市中级人民法院民事判决书,(2017)川14民终964号。

23. 浙江省宁波市中级人民法院民事判决书,(2017)浙02民终2777号。

24. 浙江省慈溪市人民法院民事判决书,(2017)浙0282民初13276号。

25. 北京市第三中级人民法院民事判决书,(2018)京03民终3052号。

26. 河北省沧州市中级人民法院民事判决书,(2017)冀09民终5453号。

27. 上海市奉贤区(县)人民法院民事判决书,(2018)沪0120民初3367号。

28. 北京市第三中级人民法院民事判决书,(2017)京03民终12623号。

29. 上海市嘉定区人民法院民事判决书,(2017)沪0114民初10172号。

30. 江苏省镇江市中级人民法院民事判决书,(2017)苏11民终3134号。

31. 湖北省武汉市中级人民法院民事判决书,(2018)鄂01民终3611号。

32. 河北省高级人民法院民事判决书,(2018)冀民终4号。

33. 四川省眉山市中级人民法院民事判决书,(2017)川14民终964号。

34. 辽宁省沈阳市中级人民法院民事判决书，(2017)辽01民终12259号。
35. 北京市第一中级人民法院民事判决书，(2012)一中民终字第10267号。
36. 辽宁省沈阳市和平区人民法院民事判决书，(2018)辽0102民初4426号。
37. 江苏省无锡市中级人民法院民事判决书，(2017)苏02民终2830号。
38. 宁夏回族自治区银川市中级人民法院民事判决书，(2017)宁01民终2208号。
39. 四川省成都市中级人民法院民事判决书，(2018)川01民再31号。
40. 四川省德阳市中级人民法院民事判决书，(2018)川06民终639号。
41. 北京市西城区人民法院民事判决书，(2017)京0102民初19862号。
42. 广东省深圳市中级人民法院民事判决书，(2012)深中法商终字第1638号。
43. 北京市第一中级人民法院民事判决书，(2012)一中民终字第15276号。
44. 陕西省高级人民法院民事裁定书，(2017)陕民申286号。
45. 重庆市第五中级人民法院民事判决书，(2017)渝05民终5970号。
46. 北京市第三中级人民法院民事判决书，(2017)京03民终4361号。
47. 江苏省扬州市中级人民法院民事判决书，(2017)苏10民终2907号。
48. 浙江省宁波市中级人民法院民事判决书，(2016)浙02民终4157号。
49. 江苏省南京市中级人民法院民事判决书，(2017)苏01民终5814号。
50. 北京市第一中级人民法院民事判决书，(2016)京01民终6576号。
51. 北京市第三中级人民法院民事判决书，(2017)京03民终4361号。
52. 江苏省南京市中级人民法院民事判决书，(2016)苏01民终6279号。
53. 湖南省张家界市中级人民法院民事判决书，(2018)湘08民终18号。
54. 浙江省湖州市中级人民法院民事判决书，(2017)浙05民终1278号。
55. 北京市第一中级人民法院民事判决书，(2016)京01民终2856号。
56. 浙江省温州市中级人民法院民事判决书，(2015)浙温商终字第619号。
57. 山东省烟台市中级人民法院民事判决书，(2014)烟商二终字第126号。
58. 河南省高级人民法院民事判决书，(2015)豫法民提字第345号。
59. 浙江省宁波市中级人民法院民事裁定书，(2009)浙甬商终字第1254号。
60. 黑龙江省哈尔滨市中级人民法院民事判决书，(2017)黑01民终5851号。

第二章

“实质性剥夺”股东知情权的公司意思效力规则*

——《公司法解释四》第9条的法教义学分析

【本章导读】 研判“实质性剥夺”股东知情权的公司意思的效力规则，或者正确理解《公司法解释四》第9条的立法意旨，都离不开公司组织法上的两个基本认知和一个司法政策的立场。认知一，是知情权的股东固有权属性，基于公司自治意思可予以限制但不容忍实质性剥夺；认知二，是公司法关于知情权规定的强制性规范属性，且属于“为避免产生严重的不公平后果或为满足社会要求而对私法自治予以限制的规范”。司法政策的立场，则是对于股东、公司自治理念的恰当尊重，以及公司法上的利益平衡理念。在以上认知及立场的基础上，有关股东知情权被限制、实质性剥夺的公司意思效力边界得以被恰当界定，其司法适用的诸多细节得以被厘清，其效力规则扩张适用的对象，则应严格解释为限制在具有与知情权相同法律属性股东权范围之内。

【本章关键词】 股东知情权　固有权　强制性规范　公司意思　实质性剥夺

---

* 本章的主要内容曾以《“实质性剥夺”股东知情权的公司意思效力研究——〈公司法解释四〉第9条的法教义学分析及展开》为题发表在《中外法学》2018年第5期，在此感谢《中外法学》杂志社的授权。

一、引言

按照处于主流地位的公司契约论理解，公司的实质是合同，公司法就是股东、董事、高级管理人员、债权人等诸利益主体相互之间合同的组合也即合同束，公司治理中的诸事务都可以通过公司章程、股东间协议、股东会决议等作出意思自治的安排，法律对此应予以充分地尊重。此即现代公司法上的公司（股东）自治之基本理念。在公司章程、股东间协议、股东会决议等自治意思载体上常有限制、剥夺股东的表决权、股权转让权、有限公司股东优先购买权、知情权等某项（些）股东权的约定条款，所有这些约定条款也即公司意思〔1〕都将面临一个效力的司法审查问题。在司法实务中，一旦股东主张行权的，公司会以先存的前述意思抗辩，纠纷遂生，审理法官必然面对此类公司意思的效力判断。这是知情权、股权转让权、优先购买权等所有类型的股东权纠纷共同面临的问题。唯有明确限制、剥夺某项股东权的公司意思的合法性边界，法院才能据此判断其效力。在最高人民法院组织起草《最高人民法院关于适用〈中华人民共和国公司法〉若干问题的规定（三）》（以下简称《公司法解释三》）、《公司法解释四》的过程中，先后设计多个条款来提出针对限制股权转让权、有限公司股东优先购买权、知情权等多项股东权的公司意思的效力规则，但最终只有限制股东知情权的公司意思的效力规则被确立，这就是《公司法解释四》第9条的规定：“公司章程、股东之间的协议等实质性剥夺了股东依据公司法第三十三条、第九十七条规定查阅或者复制公司文件材料的权利，公司以此为由拒绝股东查阅或者复制的，不予支持。”

该条规定提出，限制股东知情权的公司意思应止于“实质性剥夺”，一旦逾界，归于无效；公司以此意思抗辩的，不予支持。对此规定的文义解释可从两方面进行：一方面，允许股东通过公司章程、股东间协议等自行约定限制股东知情权的意思，另一方面，该等意思并非经由股东全体、多数的意思决定即为当然生效，其合法性仍受司法审查。进一步地，该类公司意思在内容上的效力规则，如

〔1〕 从司法实务观之，公司章程、股东间协议、股东与公司的协议及公司决议（股东会决议、董事会决议等），皆为公司、股东的自治意思载体，考虑到章程的制定、修订须经发起人会议、股东会决议，所以章程与股东会决议乃是表里关系。此处的股东间协议，指多个或者全体股东之间就公司治理、股权处分等事项达成的一致意见，效力不仅约束缔约各股东，还及于公司。此处的股东与公司的协议，指某个（些）股东与公司之间就股权处分、参与公司治理等事项达成的一致意见，效力及于缔约股东与公司。以上诸法律文件可能包含限制、排除股东知情权的条款，约束公司，据此都可视为“公司意思”。为表述简洁与叙述方便，如无特别指出，下文概以“公司意思”统称公司自治的以上诸类载体。

同其他合同条款（依照公司契约论，公司章程、股东会决议皆为一份合同）一般，适用《民法典》关于民事法律行为效力的一般性规则（如违反法律、行政法规的效力性强制规定的无效），但更重要的是公司组织法上的特殊规则，也即此处的“实质性剥夺”无效标准。质言之，来自公司组织法而非行为法（交易法）的特殊规则，精确厘定了限制股东知情权的公司意思边界。这是在数个公司法司法解释文本的起草过程中经过反复地艰难讨论达成的一处“立法成果”，也可视为我国公司法理论界与司法界的一个初步共识。但是，关于这一特殊规则的背后法理以及司法适用的一干细节，尚有诸多需要厘清之处。尤其是，这一效力规则究竟仅适用于股东知情权之一隅，还是可以扩展适用于所有类型的股东权，抑或扩展适用于与知情权具有相同权利属性的部分股东权，则是更具理论价值与实践指导意义的追问。

综上所述，下文将沿此逻辑展开：首先，对“限制股东知情权公司意思效力”规则的教义学构造基础进行剖析，只有完成这一步才能确定如何对相关的法律规范进行教义学诠释；其次，对限制股东知情权的公司意思进行类型化分析，以整合待调整对象的各种类型，进而做到精准地规范评价；再次，对“实质性剥夺”股东知情权这一特殊类型进行具体的教义学诠释，阐明其效力规则的教义结构，为司法裁判提供精细化的解释方案；最后，对“实质性剥夺股东知情权的公司意思”效力规则进行归纳，明确“实质性剥夺固有权的公司意思无效”规则扩张适用的具体情形，以期弥补在规则缺失下，类案的处理规则。

二、限制股东知情权的公司意思效力规则之教义学构造基础

在各类股东权纠纷中，几乎都会涉及公司章程、股东间协议等各种意思自治文本的限制性条款效力判断问题，但法律对相关具体的效力规则供给明显不足，截至目前唯在股东知情权上有所斩获。为何独在此一隅获得了突破？起草者认为立论根据有二：一是由股权的权利特质和知情权在股权体系中的地位所决定，二是由知情权规范的强制性性质所决定。[1] 循此思路，股东知情权的权利属性与知情权规定的规范性质，以及与此相关的公司（股东）自治的一般性边界，成为讨论限制股东知情权的公司意思的效力边界的三个前置性话题，其效力规则

---

〔1〕 参见曾宏伟：《〈公司法司法解释（四）〉若干难点问题的理解与适用》，载《中国审判》2017 年第 26 期。

的教义学构造必须先对这三个话题进行体系解读。

(一)股东知情权的权利属性之争

虽然股权属于民事权利的范畴,但作为公司组织法上的商事权利,股权有其独特的理论构成及体系,如股权的分类体系。关于限制股东知情权的公司意思效力边界的讨论,股东知情权的下列多重权利属性经常被提及,多重标准的权利定性讨论有助于深化理论认识。

1. 独立、非独立权利之辩

根据股东权的行使是否依赖于其他权利的在先行使,可以分为独立权利与非独立权利。作为一个整体概念的知情权,属于一项独立权利毋庸置疑,各国的规定也是一致的,但具体到股东查阅会计账簿权的制度设计,存在不同的立法模式。如日本等个别国家公司法规定只有在股东追究董事责任的(代位诉讼)过程中,才可以行使之,但多数国家公司法都规定为一个完全独立的制度,不依赖于其他制度的实施。我国公司法属于后者,且将其规定为一项单独股东权而非少数股东权。换言之,每一位股东都可以为任何的自益、共益之目的而主张会计账簿查阅权。

2. 手段性、目的性权利之辩

根据不同权能之间的关系,股东权可以分为手段性权利和目的性权利。股东行使知情权的本身一般而言并非目的,而是行使或者实现其他股东权的手段,故“相对于获取投资收益的分红权等而言,知情权是手段性权利”。[1] 换言之,在股东权这一复杂、丰富的权利束里,除知情权之外的其他任何一项单独股东权的行使、实现都需以知情权为前提。是故,股东知情权是一项基本的手段性权利,在此意义上也被称为“保障股东权利,保障大股东与小股东之间、股东与公司之间利益的基础性权利”[2]。在德国,股东知情权被作为股东尤其少数股东维护权益、行使其他股东权尤其对管理层监督权的基础性权利。[3]

股东知情权兼具手段性与目的性,也即基础性的属性是一个问题的两个方面。作为起点,知情权是其他股东权得以行使、实现的前提,比如股东欲实现分

---

〔1〕 朱锦清:《公司法学》(上),清华大学出版社2017年版,第398页。

〔2〕 杜万华主编:《最高人民法院公司法司法解释(四)理解与适用》,人民法院出版社2017年版,第215页。

〔3〕 See Bachmann u. a., Rechtsregeln fÜr die geschlossenen Kapitalgesellschaften, Berlin/Bosten,2012,S. 61.

红权等财产性权利、重大事项的表决权等成员权，以及提起代位诉讼等公司诉权，都首先需要了解公司的必要信息，否则无以行使。展开而论，《公司法》第149条规定董事“执行公司职务时违反法律、行政法规或者公司章程的规定，给公司造成损失的，应当承担赔偿责任”，又依第151条规定，对此等赔偿责任如公司不起诉的，适格股东可以提起代位诉讼，但股东代位起诉哪些董事呢？又依第112条第3款规定：“董事应当对董事会的决议承担责任。董事会的决议违反法律、行政法规或者公司章程、股东大会决议，致使公司遭受严重损失的，参与决议的董事对公司负赔偿责任。但经证明在表决时曾表明异议并记载于会议记录的，该董事可以免除责任。”据此可知，如股东不得查阅、复制董事会决议与会议记录（纪要），不仅难以准确界定提起代位诉讼的被告，也难以向法院提出必要的起诉证据。在这一背景下，知情权的基础性地位一目了然，股东如被实质性剥夺该权利，其他股东权也便失去了实现的基础和保障。实证研究也表明，控股股东压制少数股东的起点就是剥夺后者的知情权，而后者寻求反压制救济往往也是从知情权诉讼救济开始的。〔1〕

3. 固有权、非固有权之辩

根据股东权的渊源来自法律还是公司章程、股东间协议或者股东会决议，可以分为固有权利和非固有权利。固有权利，又称为法定股东权，是法律赋予股东的、未经股东同意不得以公司意思加以限制和剥夺的权利〔2〕；非固有权利，又称为非法定股东权，是可以由公司意思加以限制和剥夺的权利。《公司法》第33条、第97条规定的股东知情权，通说认为属于股东固有权，故不能由公司意思加以限制、剥夺。质言之，“股东的固有权虽不能称为‘天赋股东权’，但自股东依法取得股东地位或股东身份之日起当然取得，不依赖公司章程、公司决议或董事会决议的授予，也不得由公司章程、股东会决议或董事会决议剥夺、限制或妨碍。”〔3〕基于知情权的固有权属性，就其本质而言，知情权也就是股东所必不可少的权利，若被剥夺，则股东无从成其为股东。

---

〔1〕 参见李建伟：《股东知情权诉讼研究》，载《中国法学》2013年第2期。

〔2〕 参见刘俊海：《公司法学》（第2版），北京大学出版社2013年版，第133页；范健等：《公司法》（第4版），法律出版社2015年版，第273页；叶林：《公司法研究》，中国人民大学出版社2008年版，第169页。

〔3〕 刘俊海：《现代公司法》（第2版），法律出版社2011年版，第188页。

4. 共益权、自益权之辩

在日本公司法上，虽然有个别学者主张股东知情权是一种自益权，[1]或者是介于自益权与共益权之间的第三种权利，[2]但通说认为股东知情权属于一种共益权[3]。共益权属性被认为是日本公司法鼓励股东行使知情权的制度设计基础。在我国台湾地区，通说认为股东知情权具有共益权的属性，是服务于全体股东的权利。[4]“股东借由账簿阅览权之行使，可掌握公司之业务状况及财务资讯，以监督经营者之行为，故其性质上为共益权……”[5]究其股东知情权的基本属性，公允而论当为共益权，实践中主要还是为行使其他共益权的基础和前提，比如，各国实务经验表明最重要的知情权行权场合就是追究董事责任的纠纷诉讼，但也不排斥股东为自益之目的而行使。基于知情权的共益权基本属性，若任由个别股东放弃或者被实质性剥夺，则股东的整体利益有受到损害之虞。

综上所述，强调股东知情权的独立权利、基础性权利、固有权、共益权等基本属性，具有深刻的制度含义，这对于建构与理解公司法上的股东知情权制度具有重要帮助。独立权利、基础性权利的定位，证明知情权一经被剥夺，将导致整个股东权体系的实质性废止或者说难以实现；固有权的本性则直接说明知情权不能受公司意思的剥夺；共益权说明如知情权被公司意思予以剥夺，或者任由股东弃权，不仅将损害股东自己的权益，还将伤及全体股东的利益乃至伤害公司治理的基础。因此，“为避免产生严重的不公平后果或为满足社会要求而对私法自治予以限制的规范”[6]，对法定知情权不能适用民事权利处分的一般规则，而应适用公司法上的特殊规则。

(二)股东知情权规范的定性之争

裁判“实质性剥夺”条款归于无效的法律依据，是公司法中的知情权规则属于强制性规范。依据不同的设定标准，公司法规范可以有多种分类，广有影响的

---

[1] 参见[日]正井章筰：《股东会计账簿查阅权行使的问题点》，载《判例 times》1996 年第 917 期。

[2] 参见[日]高桥公忠：《会计账簿查阅权的滥用与拒绝事由》，载《九州产业大学商经论集》第 28 卷(1998 年)第 4 号，第 98 页。

[3] 参见[日]和座一清：《新版注释公司法》(第 9 卷)，有斐阁 1991 年版，第 207 页；李建伟：《股东知情权的共益权属性定位及其司法价值》，载《人民法院报》2021 年 8 月 12 日，第 7 版。

[4] 参见柯芳枝：《公司法论》(上)(增订第 6 版)，台北，三民书局 2008 年版，第 161 页。

[5] 王志诚：《股东之账簿阅览权》，载《月旦法学教室》2005 年第 37 期；刘俊海：《股份有限公司股东权的保护》(第 2 版)，法律出版社 2004 年版，第 366 页。

[6] [德]卡尔·拉伦茨：《德国民法通论》(上册)，王晓晔等译，法律出版社 2013 年版，第 42 页。

是爱森伯格提出的赋权型规则（公司采纳后才适用）、补充或任意型规则（公司未排除则自动适用）、强制型规则（公司必须适用）的三分法。[1] 进一步地，如何判断公司法规则的类型呢？首先，按照规范调整的内容分为结构性规则（调整决策权在公司机关、公司机关的代理人之间的配置、行使决策权的条件、对公司机关和代理人控制权的配置，以及有关公司机关和公司代理人行为之间信息流动等事项的规则）、分配性规则（调整对股东资产进行分配等事项的规则）和信义性规则（调整经理人和控制股东义务的规则），这些规则统称为宪章性规则；其次，再将公司区分为封闭公司与公开公司，在封闭公司中，由于宪章性规则的制定者主要通过讨价还价和审慎判断制定，所以应当允许股东自己决定自治规则，但是考虑到讨价还价能力，结构性规则和分配性规则应当以赋权型和补充型规则为主，而信义性规则应以强制性规则为主。对于公司法的强制性规范界定，我国学者多承袭民法上的任意性规范与强制性规范的二分法，公司章程的订立、修改和根据公司章程的适用都不能偏离强制性规范，也即不能排除或变更强制性规范。[2] 公司法的哪些规则可归类为强制性规范，是一个非常复杂的问题。因此，《公司法》第33条、第97条关于股东知情权的规定是否属于强制性规范，是判断公司意思能否限制、排除股东知情权的关键。从公司法规定与公司章程的关系角度，我国学者将公司法规范分为宣示性、授权性、任意性、强制性四类规范，其中宣示性规范不设定权利义务，主要表明公司法的宗旨等，如《公司法》第1条关于立法宗旨的表述，授权性规范均作出了明确表明了授权的意思，如《公司法》第37条规定的“公司章程规定的其他职权”；任意性规范则均明确规定章程另有规定的从其规定，在章程没有规定时起到补充作用，如《公司法》第71条第4款规定“公司章程对股权转让另有规定的，从其规定”；宣示性、授权性和任意性规范以外的均属强制性规范。《公司法》第33条、第97条的文义表述均未含有从章程规定或者授权章程规定的内容，所以对股东知情权规定的强制属性，学者们多持肯定态度。[3] 究其背后的法理，如学者所总结：“知情权……

[1] 参见[美]爱森伯格：《公司法的结构》，张开平译，载王保树主编：《商事法论集》第3卷，法律出版社1999年版。

[2] 参见汤欣：《论公司法的性格——强行法抑或任意法?》，载《中国法学》2001年第1期；王保树：《从法条的公司法到实践的公司法》，载《法学研究》2006年第6期；刘乃忠：《论公司法的结构》，载《广西社会科学》2007年第3期；董慧凝：《论公司法强制性规范与公司章程自由》，载《中国社会科学院研究生院学报》2007年第6期。

[3] 参见王保树：《从法条的公司法到实践的公司法》，载《法学研究》2006年第6期。

能够保证股东有效对抗管理层的机会主义和掠夺行为……如果没有了上述权利,公司管理层或(和)控股股东将肆意横行,侵吞公司和中小股东利益,最终掏空公司,导致公司破产,并且导致股东特别是中小股东对公司充满恐惧,宁可将资金存入银行也不敢投入市场,严重阻碍公司效率的提高和社会经济效益的最大化……"[1]质言之,基于知情权对股东个人利益(私益)乃至公司利益(共益)的保护的举足轻重作用,为了避免个别股东低估该权利的重要意义而事先放弃或者被实质性剥夺,法律有必要以强制性条款肯定知情权的不可放弃与不可剥夺属性。

(三)公司(股东)自治边界的一般性描述

公司(股东)自治源于私法自治,后者是民商事法律制度的基石。[2] 同民法上的其他私法自治一样,公司(股东)自治也是法律限制之下的自治,自有民法上的一般性边界,但从公司组织法的立场,厘清公司(股东)自治的边界需要独特的商法规则。限制股东知情权的公司意思效力研判背后正是公司章程、股东间协议等公司意思载体中的公司(股东)自治的边界。

1. 公司章程中的自治边界

章程是公司存续、运营的必备性、基础性规范文件,是对公司法规范的补充和细化,也是公司自治意思的基本载体,基本功能在于满足现实的各种不同需求,实现公司组织机构的适度设计建构自由和经济效益。[3] 然而,由于公司章程的制定尤其修订依赖资本多数决,多数股东易利用机会压制少数股东,剥夺后者在法律、初始章程中享有的权利,恶化其法律境遇。所以,章程中的自治意思需要直面保护少数股东利益的公司法、契约法规则之间。契约法规则就是"不违反法律、行政法规的强行性规定,不违背公序良俗"的一般性要求,除此之外还有公司组织法上的应对措施,就是设置对限制、剥夺股东权的意思的效力边界,也即"不能剥夺股东的固有权",意在设定少数股东利益保护的底线,公司自治意思如违反这些规定,自然当然无效。[4]

公司章程的自治边界能否进一步地具体化?公司组织法的立场上有三种学

---

〔1〕 顾东伟:《限制股东权利章程条款效力之探析》,载《黑龙江省政法管理干部学院学报》2008 年第 4 期。

〔2〕 参见梁慧星:《民法总论》(第 4 版),法律出版社 2011 年版,第 38 页。

〔3〕 参见赵旭东主编:《公司法学》(第 4 版),高等教育出版社 2015 年版,第 133 页。

〔4〕 参见赵旭东主编:《公司法学》(第 4 版),高等教育出版社 2015 年版,第 133 页。

术努力。一是有学者提出应该分析具体的市场环境，当这种条件近似于合同论者在论述其理论时作假设的条件，就应当尽可能地以任意性规范为主，以当事人的自由意志为准；相反，如果这时的环境并非合同论者所假设的那样，那么就应当更多地认定为强制性规范，介入更多的管制力量。二是有学者提出强制抑或自治的标准是，如在理论上能够证明需要强制的，那么公司法应该采用强制，否则应该自治。前者近似于公司契约论，后者突出“自治为主、强制为辅”的私法立场，但抽象性的悖论在于，分析具体的市场环境是否与“假设的条件”相符合，或者怎样“能够证明需要强制”的时候，似乎缺少相应的手段，这些原则本身可能是缺乏“标准”的？有人对此提出，涉及第三人的一般应该是强制性规范，涉及公司股东之间的内部关系的更多应是任意性条款。其实，上述主张作为法理上的抽象原则不乏积极的理论意义，且作为一种法律直觉的训练也是有用的，但囿于原则的抽象性和客观情况的复杂性，章程自治的边界仍然难以精细描述。三是类型化分析的方法，如有人提出了三个基本规律，即“公司内部的自治规范宽于公司外部的自治规范”“有限责任公司的自治规范宽于股份有限公司的自治规范”“公司章程的订立自由宽于公司章程的修改自由”，〔1〕或者三个标准，也即“闭锁公司章程的自治空间大于公众公司章程的自治空间”“在公司章程内容上：普通、内部事项自治空间大于基本、外部事项自治空间”“在程序上：公司章程设立的自治空间大于公司章程修改的自治空间”。〔2〕正如拉伦茨所言，类型化有利于进一步接近事物的真相，便于人们的主观理解尤其方便司法适用。但是寻求一个统一的一成不变、简便易行的标准几乎是不可能的，在每一个特定的历史时期，每一个具体的法律制度对公司章程自治自有其特定的方式，似乎没有一个绝对的标准，将来也不可能锻造出一个统一的界限，这是为文化和社会发展的多元性所必然决定的。〔3〕事实上某项单一原则无法诠释任意性、强制性规范的所有情况，上述学说主张唯结合个案的审判实践而更多依赖具体判断，难以一概而论，这也是公司章程自治的边界始终存在争议的主因。

2. 股东间协议的自治边界

司法实践中股东间协议多仅被视为合同，适用合同法规则，组织法的特性则

〔1〕王毓莹：《公司章程自治研究》，法律出版社2013年版，第152～162页。

〔2〕刘坤：《公司自治研究——以意思自治与公司章程的关系为视角》，西南政法大学2006年博士学位论文。

〔3〕参见王毓莹：《公司章程自治研究》，法律出版社2013年版，第153页。

遭到忽视。实际上,公司法上的任何利益主体(股东、董事、监事、高级管理人员、公司债权人与公司本身)中任何一对主体之间的关系都不是纯粹的此与彼的(契约)关系,而都是经由公司这一主体作为中介质(平台)而发生的关系。质言之,这是一种基于组织法关系而发生的契约法律关系,甚至很多场合下仅仅是一种组织关系(如基于公司决议而发生的内部治理事项关系)。既然如此,我们是否需要认真叩问以下问题:这一组织法中的介质关系对契约及其他法律关系意味着什么?其区别于纯粹的两个彼此孤立的市场主体之间的契约关系又在何处?但是,很多时候我们干脆遗忘/忽略了组织法关系。与交易法上的合同相比,股东间协议具有较明显的组织法特征。具言之,其一,协议的当事人股东作为一个组织体系内的成员也即公司成员,不同于行为法上的单个交易个体,具有组织法上的特殊角色,承载着特殊的组织法权利义务关系;其二,股东间协议的成立需要签署者的意思一致,由此区别于公司章程的多数决,但其内容也是针对公司内部治理如出资、公司治理、分红等事项,公司虽非协议当事人,但协议的内容指向公司这一独立主体,协议关乎当事人之间、当事人与公司之间的权利义务关系,也直接涉及董事会等公司法人机关的职权配置及行使,甚至还涉及外部第三人如公司债权人的利益,外部性效应较为明显。

股东间协议既为合同,当受合同法调整,股东的契约自由应受尊重,在此意义上股东通过协议限制、排除包括股东知情权在内的股东权,并无障碍,但作为组织法上的契约,就要受到公司组织法的规范。美国《标准公司法》第7.32条(a)款列举了有效的股东间协议的内容范围,以公司治理为中心涉及八个方面,几乎涵盖了所有的利益相关者之间的权利义务关系[1]。从判例法的经验看,可能影响股东间协议效力的具体因素有三:协议内容是否造成公司的董事会被架空从而无法正常行使职能;公司是否为闭锁性公司;协议是否为全体股东一致同

[1] 这八个事项是:(1)取消、限制董事会的自由裁量权及其他权力;(2)依据该法第6.40条的规定进行授权认可或利益分配,不论这种分配是否与股权成比例;(3)规定某些特定人担任公司的董事、高级管理人员,或者规定高级管理人员的选拔条件、挑选方式与辞退方法;(4)规定股东、董事之间关于表决权行使或表决权行使分配,或者其他关于划分表决权的行使问题,其中包含使用加权表决权或使用董事代理人;(5)规定公司与任何股东、董事、高级管理人员或雇员之间或股东、董事、高级管理人员及雇员彼此之间为转让或使用财产或提供服务签定的协议的条件和条款;(6)将所有或部分的行使公司权力、管理公司业务和事务的权力(包括对董事或股东之间存在僵局的任何问题的解决的权力)转让给一个或多个股东;(7)规定应一个以上股东的请求或发生了某一特定事件、意外的情况时解散公司;(8)有关其他管辖公司权力的行使,或公司业务和事务的管理,或公司股东、董事及公司之间或他们任何人之间关系处理。

意的产物。[1] 我国现行公司法直接规范股东间协议的条文不多，比之公司章程，股东间协议的自治边界界定更是难题，有学者尝试给出一些标准：一看协议的目的，以损害公司利益为代价而谋求个人利益、以损害第三人如公司债权人或其他股东利益为目的的约定无效；二看签署协议的股东人数，全体股东签署的，原则上承认协议（包括对公司）的有效性，部分股东签署的，则应审查协议是否会对其他股东造成负面影响，在没有负面影响时，亦应承认其效力。[2] 总体而言，关于股东间协议的自治原则探讨仍待深入，需要结合其限制的股东权利或者设定的股权义务的实际情况，分别而论。

三、限制股东知情权的公司意思之类型整合

阐明限制股东知情权的公司意思效力规则之教义学构造基础之后，需要对限制股东知情权的公司意思进行类型区分，即对限制强度进行区分。根据不同类型公司意思的特点确定公司意思的效力规则体系。

（一）三种公司自治意思

公司章程、股东间协议如对股东知情权设有自治的意思，按其内容可以分为三类：一是对知情权的行权规则具体的细化规定，包括行权的地点、时间和方式等；二是扩张、强化知情权的规定，包括扩大知情权的范围、降低行权股东的门槛等；三是限制股东知情权。一般认为，以上三类意思的效力应作区别对待，对于第一种情形，应尊重其效力，而对于后两种情形，则需要分别讨论。

1. 扩张股东知情权的意思

关于公司意思是否可以扩张股东知情权的范围，存有两种不同观点。否定论的理由有二：一是《公司法》第33条、第97条的规定是强制性规定，明确规定了股东知情权范围和方式，但并未列明公司章程可予例外规定；二是如允许股东任意扩张法定知情权的范围，可能会影响公司正常经营管理、损害公司利益。肯定论的理由也有二：一是公司有自治属性，依据公司特别的自治意思扩张股东知情权的，公司利益即使因此受损也是其同意的结果；二是章程对公司、股东、董事、监事、高级管理人员具有约束力，因此章程规定的股东知情权自治规则应受

---

〔1〕 参见王思思：《论股东间协议的法律适用——以股东间协议的性质及内容为分析起点》，载王保树主编：《商事法论集》第26卷，法律出版社2015年版。

〔2〕 参见许德风：《组织规则的本质与界限——以成员合同与商事组织的关系为重点》，载《法学研究》2011年第3期。

到尊重。限制与扩张是一组对立的范畴,基于股东知情权的固有权属性与意思自治的两面性,公司意思适当限制但不得实质性剥夺股东知情权的反面,乃是股东知情权的扩张。如将《公司法》第32条等规定理解为强制性规范,那么保障股东知情权的实现就是强制性义务规范,禁止公司意思实质性剥夺知情权也是强制性规范,但知情权的对象与实现路径却是任意性规范,公司意思对此享有充分的空间。《公司法解释四》第7条规定:“股东依据公司法第三十三条、第九十七条或者公司章程的规定,起诉请求查阅或者复制公司特定文件材料的,人民法院应当依法予以受理。”这一规定对于股东知情权的公司意思自治作出两处贡献:一是可以根据公司章程的规定查阅、复制公司特定文件,二是以“公司特定文件材料”的用语表明股东行使知情权的对象范围,并不限于《公司法》第33条、第97条列举规定的文件类型。在审判实践中,如公司章程、股东间协议等对股东知情权予以扩张的,将得到支持。前引上海松江晟阳房地产项目开发有限公司与上海曼浩投资有限公司股东知情权纠纷案,一审法院认为“基于公司自治,公司可以通过章程或股东大会决议的形式扩大股东知情权的范围”,二审法院对此予以支持。在CROWN CANOPY HOLDINGS SR诉上海和丰中林林业股份有限公司股东知情权纠纷案中,二审法院认为:“在不违反法律禁止性规定的情况下,章程的规定应认定有效,对公司、股东、董事、监事、高级管理人员等均具有约束力,股东有权依据公司章程的规定主张相应的知情权利”,[1]据此法院肯定了公司章程关于下列事项的扩张规定都是有效的:查阅公司的会计凭证;查阅子公司、分公司的会计报表、会计账簿;查阅公司的决议相关的材料等,还支持了股东依据章程规定对公司进行审计的权利。对于公司章程设定的具体知情权项目是否允许,法院一般会结合公司法立法目的及该公司个体情况进行综合考量和评判,审查原则是权衡公司利益与股东查阅之间的紧张关系,[2]目的是既保证股东了解公司经营状况的权益,又将知情权对公司正常经营的影响控制在合理范围内。

2. 限制股东知情权的意思

限制股东知情权的意思,按照限制程度影响意思效力的后果之不同,又可以分为两类。

---

〔1〕 上海市第二中级人民法院民事判决书,(2013)沪二中民四(商)终字第51264号。

〔2〕 参见邓峰、许德峰、李建伟主编:《最高人民法院公司法解释(四)理解适用专题讲座》,中国法制出版社2018年版,第221页。

(1)实质性剥夺的意思。法律允许公司意思限制法定股东知情权的限度止于“实质性剥夺”,逾越者即为无效。“实质性剥夺”一词,是对公司意思限制股东知情权深度(而非广度)的一种程度描述。限制股东知情权行使的公司意思,在内容(广度)上可以指向权利主体、查阅对象(特定公司文件资料)、行权时间、行权地点、前置程序设计等一切环节。“实质性”核心内涵在于,法律并不排斥限制股东知情权的公司意思,关键是限制的程度要有一个界分。当然,“实质性剥夺”的表述仍然过于抽象化、原则化,此意在赋权法官自由裁量,法官可以结合个案的具体情节(比如,原告股东受到压制的严重程度、行权的必要性、行使范围是否符合比例原则、公司限制意思的目的正当性、公司与股东的既往历史等)作出相应的判断。比如在德国法上,某公司章程规定每月可以在1小时内行使查阅和复制公司文件的权利或只能在周末行使查阅和复制公司文件的权利等,被认为构成了对知情权的实质性剥夺。[1] 在我国,也出现某有限公司规定股东只能查阅10年以前的会计账簿的案例,这实为实质性剥夺的典型。

(2)实质性剥夺以外的限制意思。实质性剥夺股东知情权的公司意思不受法院支持的反对解释,就是未达到“实质性剥夺”的限制措施是被容忍的,也即公司可以作出限制股东知情权的意思,前提是在法律允许的某种合理范围之内。具言之,作为固有权,法定知情权的范围限定在《公司法》第33条、第97条所规定的主体、目的和对象等,对法律规定以外的其他知情权,公司意思予以限制乃至取消的,并无不可。但法定知情权本身并非全然不受任何的限制,比如章程对行使知情权的具体规则作了细化规定,包括行使的地点、时间和方式等,某种意义上这些规定也可以理解为对知情权的限制。

(二)“两类限制”的比对分析

股东知情权可以被公司自治意思限制,同时限制的合法性边界止于实质性剥夺,那么接下来的问题就是实质性剥夺与被容忍的限制之间的界限及其判断依据何在。德国法的回答是基于忠实义务、合目的性原则、比例原则以及禁止权利滥用原则。[2] 德国《有限责任公司法》1980年修正案引入了比《股份法》更加宽泛的股东知情权(第51a条),修正案的立法理由书称,“股东的知情权是旨在保障每一位股东能够客观地行使自己的各项权利”,所以并不局限于旨在准确

〔1〕 See BayObLG WM 1988,1789,1791,OLG Hamburg GmbHG 2002,913.

〔2〕 See BGHZ135,48(50);152,339(344).

判断股东会会议议程事项所需要的内容，而是涵盖股东所有的信息利益(informationsinteressen)，其中也包括股东作为资本投入者对其入股价值的利益。该条第3款特别明确同条的第1款、第2款属于“强制性规定”，立法者认为，在有限公司中股东是企业的主人，应当不受限制地知晓企业的信息，在股东与代表公司的董事之间不应当有秘密存在，[1]只有在极其例外的场合下，董事才可以拒绝股东的知情权请求。这意味着，知情权乃是每一个股东不可剥夺的权利，即便在股东没有表决权、股利分配请求权的情况下，该权利也不受影响。由于关于股东知情权的规定是强制性的，所以章程不得剥夺之，但如果强化之，则不违反该强制性规定。

《有限责任公司法》关于股东知情权的规定如此宽泛与坚决，这在学界引起了应否对其限缩性解释的争论。有人认为，股东只有在说明其信息需求的前提下才能合理化其知情请求权，有人从有限公司资合性的角度主张对股东知情权的设定应该更加严格于人合公司。但也有学者认为，以上两种观点都是出于法律政策的考量，并未根据具体案件事实论证对知情权限制的必要性，存在与现行法律的冲突。德国学界的一个共识是，可以基于忠实义务、比例原则以及禁止权利滥用原则对股东查阅权进行一般性的限制，例如，任何一个股东都不被允许以与注重内容的重要性和所耗费成本不成比例的查阅请求权来“轰炸”管理层，同时股东对权利的主张也不得仅是出于从中作梗的目的。[2]与此相对应，法律也强调公司负有向股东开放资料、出示资料并提供必要的技术辅助的义务，故而股东可以在公司正常营业的时间与场所内查阅有关资料，如将股东的查阅时间限制在周末，则是被禁止的。[3]

“一定的财产，经由人格化而有独自的法律生命。”[4]股东的出资不能被简单地认为是财产的集合。一方面，公司具有区别于股东个人利益的团体利益，且通过其法人机关实现其意志，公司的人格独立乃是公司安身立命之本；另一方面，股东被赋予剩余价值索取权，获取投资利益也应该受到法律的确认与保护，为此而拥有对于公司经营的知情权是其间的必有含义。在此意义上，谓股东权

[1] See Lutter ZGR182,1(5ff.).

[2] 参见张怀岭：《德国法上的股东信息权》，中外商法论坛第三期“权利冲突的信息之维——论道股东知情权”会议论文，2018年于西南政法大学。

[3] See OLG Hamburg GmbHR 2002,913.

[4] 王泽鉴：《民法总则》，中国政法大学出版社2001年版，第147页。

创设之意旨在于框定公司与股东之间的距离，维持公司的人格，[1]是一种深刻的体察。在公司人格独立之前提下，股东与公司各为不同的主体，法律保障其分别拥有包括自身秘密在内的法益也就顺理成章。法律的终极原因是社会的福利，未达到其目标的法律规则不可能永久性地证明其存在是很合理的。[2] 一方面，与绝大多数的民事权利一样，股东知情权显然也不是一种无限权利，其范围与边界取决于法律在公司独立人格与股东权之间的权衡，而实现平衡的关键在于能够防止其中一方私权利的滥用伤害另一方的法益。另一方面，知情权的基本功能在于其为股东行使其他任何股东权的前提，公司法的规定表明股东知情权是一项充分的权利，对其行使正当性的要求仅仅是为防止股东滥用权利而设，以求得股东利益与公司利益的平衡，但不是权利有限性的依据。

综上，法律在给予股东知情权最大限度的保护同时，也不忘记股东行权过程中可能违背正当原则、比例原则，逾越法律的范围去滥用知情权，进而妨碍公司正常运营秩序进而损害公司权益。因此无论基于法律的规定还是公司的自治意思，对于股东知情权行使的范围予以合理的限制，不仅具有正当性基础，而且是有效率的安排。

四、"实质性剥夺"股东知情权的公司意思效力之教义学结构

上一部分梳理了公司意思调整股东知情权的类型，并对限制股东知情权的两种类型进行了比对分析，但诚如前文所述，"实质性剥夺"仍然是一个较为抽象的概念，同时前文是体系梳理，这也意味着特定类型的讨论无法充分展开。因此下文有必要基于前述结论并结合域外比较法经验与我国法的本土资源，进一步诠释"'实质性剥夺'股东知情权的公司意思无效"的法教义，得出更精细化的解释论方案，形塑其教义结构。

（一）比较法上的经验

域外公司法关于公司章程限制、剥夺股东知情权的规范模式主要有两种。一是不允许章程实质限制、剥夺股东知情权。德国《有限责任公司法》第51a条规定公司合同不得偏离本条关于股东查阅权的规定。[3] 德国学者指出，股东知

---

〔1〕 参见蒋大兴：《公司法的观念与解释Ⅰ——法律哲学 & 碎片思想》，法律出版社2009年版，第141页。

〔2〕 参见[美]本杰明·卡多佐：《司法过程的性质》，苏力译，商务印书馆1998年版，第39页。

〔3〕 参见《德国商事公司法》，胡晓静等译，法律出版社2014年版，第46页。

情权是基于股东身份而享有的固有权，除法律明文规定外，不允许章程对其剥夺或者实质限制。[1] 美国《示范公司法》§16.03(c)规定，公司章程、内部细则不得取消或者限制本节授予的查阅权。[2] 二是允许公司章程在一定限度内限制对特定资料的查阅权。我国澳门特别行政区《澳门商法典》第209条规定，股东得以书面方式要求管理层提供有关公司管理之报告书尤其与公司特定经营活动有关之报告书，该权利得受章程规定之限制；对有限责任股东，并得限定占公司资本一定百分率时(但不得高于5%)方可行使该权利。《韩国商法典》第581条第1款规定，有限公司社员持有5%以上出资始享有会计账簿查阅权，同条第2款允许章程做出允许每个社员都享有账簿查阅权的规定。日本《公司法》第433条关于会计账簿查阅权的规定精神与韩国法异曲同工。进一步地，针对某些特定文件资料的查阅权之限制方法大致有三种模式：(1)单独股东权加正当目的，又分两种情形：一是由公司承担股东查阅目的之不正当的举证责任，如对股东名册的查阅；二是由股东承担查阅目的正当的举证责任，如对董事和高级职员服务协议的查阅。(2)少数股东权加正当目的，如关于原始会计账目和簿册的查阅，课以持股比例的限制。(3)由法院决定是否给予股东查阅权，如关于子公司的会计账簿记录查阅。[3] 可见，域外法关于查阅权适用的对象范围及限制的宽严程度规定不尽一致，但有两点是共通的：一是对于会计账簿等核心资料，允许适用相对严格的限制规范；二是都不允许绝对限制也即实质性剥夺股东查阅权。

(二)我国司法的经验

从地方司法实践看，不少高级人民法院出台的审判业务文件对于限制股东知情权的公司意思的效力多持严厉的否定态度。《山东省高级人民法院关于审理公司纠纷案件若干问题的意见(试行)》(鲁高法发〔2007〕3号)第65条规定，“公司章程关于股东不得查阅公司文件的规定无效”，《江苏省高级人民法院关于审理适用公司纠纷案件若干问题的意见(试行)》(苏高法审委〔2003〕2号)第68条规定，“公司章程或股东之间关于股东不得查阅公司文件的约定无效”，《江西省高级人民法院关于审理公司纠纷案件若干问题的意见》第54条规定，“公

[1] 参见[德]托马斯·莱塞尔、[德]吕迪格·法伊尔：《德国资合公司法》，高旭军等译，法律出版社2005年版，第454页。

[2] 参见沈四宝编译：《最新美国标准公司法》，法律出版社2006年版，第237~238页。

[3] 参见张明远：《股东账簿记录查阅权比较研究》，载沈四宝主编：《国际商法论丛》第4卷，法律出版社2002年版。

司章程关于股东不得查阅公司文件的规定无效”。《上海市高级人民法院2005年上海法院民商事审判问答（之四）——关于审理股东请求对公司行使知情权纠纷案件若干问题的问答》（沪高法民二〔2005〕11号）关于“有限责任公司股东请求对公司会计账簿行使查阅权是否应受一定持股比例的限制？”的回答是，“鉴于对公司会计账簿的查阅权是股东的一项重要权利，而有限责任公司属于封闭型公司，股东人数较少，从有利于保障小股东的权益出发，不宜对行使会计账簿查阅权的股东作持股比例限制”。在上海松江晟阳房地产项目开发有限公司与上海曼浩投资有限公司股东知情权纠纷案中，一审法院指出“股东知情权属于股东固有的、法定的权利，它不得通过公司章程、股东大会决议或者其他方式限制或剥夺，否则无效”，二审法院认可这一意见〔1〕。最高人民法院制定《公司法解释四》的过程中出现了对此问题的激烈意见分歧与司法立场的反复。2012年最高人民法院公布的《公司法解释四（征求意见稿）》不涉及本条的内容。但2016年4月12日公布的《公司法解释四（征求意见稿）》第14条（固有权）的内容表述为：

公司以存在下列情形之一为由进行抗辩，拒绝股东依据公司法第三十三条、第九十七条或者司法解释规定查阅、复制公司文件材料的，不予支持：

（一）股东出资存在瑕疵；

（二）公司章程限制股东查阅、复制公司文件材料；

（三）股东间协议约定限制股东查阅、复制公司文件材料。

稍后，在2016年7月25日的《内部讨论稿》第17条（知情权的保护）表述为：

公司以存在下列情形之一为由拒绝股东依据公司法第三十三条、第九十七条及司法解释的规定查阅、复制公司文件材料的，不予支持：

（一）股东出资存在瑕疵；

（二）公司章程限制股东依法查阅、复制公司文件材料；

（三）股东间协议等约定限制股东依法查阅、复制公司文件材料；

（四）其他不合理限制股东依法查阅、复制公司文件材料的情形。

再往后，2016年10月17日的《内部讨论稿》第11条（知情权的保护）准备了两个方案：

---

〔1〕 参见上海市第一中级人民法院民事判决书，（2011）沪一中民四（商）终字第1177号。

公司章程、股东之间的协议等不合理限制股东依据公司法第三十三条、第九十七条及本规定查阅或者复制公司文件材料，以至于实质性剥夺了股东知情权的，公司以此为由拒绝股东查阅或者复制的，不予支持。

另一方案：删除本条规定。

该版本的第一选择方案基本形成了后来的条文内容。2016 年 12 月 5 日最高人民法院审判委员会原则通过的《公司法解释四》关于此条的表述进一步合理化，最终形成正式文件的条文即第 9 条的表述，变化是关于股东知情权的固有权属性的确认更为彻底。实际上，本条在起草过程中征求各方意见，最初形成两种不同意见：

否定的意见认为，知情权属于股东可以自由行使和处分的民事权利，在股东同意的情况下公司意思可以限制知情权，因此应当删除本条规定，概括其理由有三：(1)契约与公司的自由法则应予尊重。就前者，章程限制股东权的条款为股东自愿签署的，或者后加入的股东对原章程既有条款明知或者应知的，就后者，章程居于公司的宪章地位，商法思维相对民法思维更加注重禁反言、意思自治，更加相信、尊重商人的缔约能力和商事人格。总结而言，股东既然自愿签署，一定综合考量了自身的权益，也符合市场的自由法则，合同效力应当适用合同法评判，不能以公司法思维否定合同效力，尤其股东间协议属于合同的范畴，相对公司章程而言具有更大更宽泛的契约自由，故股东之间关于限权的协议如不存在法定的效力瑕疵情形，理应受到尊重。(2)权利可以放弃，法律既不应过多干涉，也不应剥夺股东放弃查账权在内的股东权的权利。(3)更具体地，对于某些特殊股东群体如瑕疵出资股东，出资瑕疵虽然原则上不影响股东权，但可以触发公司对股东权的限制甚至股东资格的剥夺，可见对这类股东的知情权限制、剥夺不应属于被禁之列。总之，限制股东查阅权的条款的正当性依据，从公司的角度看，是为了防止那些最终与公司利益背道而驰或因成本过高并严重影响公司内部事务管理和动作的强制进入行为；[1] 从股东的角度看，体现了股东的真实意思且不违反强制性法律规范的限制条款，法律效力应受到尊重。

肯定的意见则认为，知情权属于固有权，股东所必不可少的权利，为法律所保护，不允许实质性剥夺。但就如何规范公司章程与股东间协议限制、剥夺股东

---

〔1〕 参见张明远：《股东账簿记录查阅权比较研究》，载沈四宝主编：《国际商法化论丛》(第 4 卷)，法律出版社 2002 年版。

知情权的约定条款的效力，条文表述模式选择有二：一是以列举方式作出规定，上引2016年"征求意见稿"的表述即其适例；二是以概括性语言表述的方式作出规定，最终颁布的《公司法解释四》第9条属于典型范例。最高人民法院的《公司法解释四》起草小组经反复研究认为：股东法定知情权是国家公权力赋予股东的最低程度的权利，《公司法》第33条、第97条属强制性法律规范，加之知情权作为手段性权利的地位和性质，如允许股东放弃知情权或者被排除，将导致股东其他权利难以得到保障，因此无论公司发起设立时还是设立后，均应限制当事人约定排除适用。[1]

（三）"实质性剥夺"股东知情权的公司意思无效之教义构造

《公司法解释四》制定过程中的上述两派意见之争，主要集中在四个问题：股东知情权是否可放弃、资本多数决滥用是否被禁止、多数股东信义义务是否引入以及公司可否基于股东查阅"不正当目的"的抗辩。这四个问题的回答也决定了"实质性剥夺股东知情权的公司意思"无效的教义结构。展开而论，限制股东知情权的公司意思止于"实质性剥夺"还属于较为抽象的结论，欲得出更为精细化的结论以供法院参考，还需对前述四个问题予以回答，并进行体系化整合。唯有如此，才能得出体系化、精细化的解释论方案，进而在未来供立法者参考，进一步完善现在股东知情权的公司意思效力规则体系。是故，公司意思效力规则可从这多数/少数股东之间的关系、原则/例外关系两个方面进行教义学构造：被侵害的少数股东是否可以事先放弃自身权利（知情权）、多数股东的何种行为属于"实质性剥夺"、实质性剥夺无效规则是否存在例外。下文将围绕这些问题展开。

1. 意思无效的确立前提：股东不可放弃知情权的商事属性

第一，《公司法解释四》第9条中的公司意思可分为两种类型，意思效力确定的焦点在于"全体股东一致同意排除股东知情权"的意思类型。具言之，按照意思表示形成规则的不同，第9条的"公司意思"可分为两类：一是基于股东的意思一致规则形成的，包括有限公司、发起设立股份公司的初始章程以及股东间协议，这是所有的股东都赞成的公司意思；二是基于股东的多数决形成的，包括募集设立股份公司的初始章程以及所有公司的修订章程，实务中还有个别股东

〔1〕 参见杜万华主编：《最高人民法院公司法解释（四）理解与适用》，人民法院出版社2017年版，第217～218页。

与公司达成的协议等，此等公司意思并不排斥股东的意思一致但显然并不强行要求，可以视为多数股东赞成的公司意思。第9条所确立的“实质性剥夺”股东知情权的公司意思无效规则，并未区分以上两类意思，但实际上两类意思的效力证成所面临的理论争议并不一样。前一类意思效力的争议焦点在于，既然全体股东一致同意之，可否视为股东对于知情权的放弃以及知情权可否被放弃？

第二，“全体股东一致同意排除股东知情权”的公司意思类型在《公司法解释四》起草过程中存在激烈的争论，具体分为肯定说和否定说。首先，支持公司意思可以限制、剥夺股东知情权的一个有力理由是：初始章程、股东间协议、股东与公司间的协议等自治意思有此等条款的，视为股东对于知情权的放弃。股东知情权可否通过上述约定放弃？肯定派观点认为，知情权属于股东的民事权利，法律没有禁止的情况下股东得自由处分自己的民事权利，因此放弃知情权应被允许。还有人主张分别而论，至少全体股东一致签署的股东间协议、初始章程可以剥夺知情权，因为固有权仅仅是“非经本人同意”不能剥夺、限制的权利，不应给予知情权绝对的保护，既然股东本人同意限制、剥夺该权利，此种处分自由应受尊重；至于修订的公司章程，系通过多数决方式获得通过，可能会有少数股东的不同意见被表意吸收而遭忽视的情况，并非部分股东的真实意思，所以另当别论；关于个别股东与公司间的协议方式放弃知情权的，只要出于股东的真实意思，也应视为股东的自愿弃权。其次，否定派则认为，根据公司法学理，“就该章程所规范之内容，一般人得据此自由决定是否成为股东；一旦成为公司股东，当然应受章程之拘束”。〔1〕公司章程如有排除、限制知情权的条款，公司不能以股东签署章程或知晓章程内容后选择成为股东为由主张其自愿弃权。一方面，章程修订并不需要全体股东一致通过，所以至少在部分情形下章定条款并不能推定为全体股东一致同意的结果；另一方面，即便建立在全体股东一致同意的公司意思，基于共益权定位的股东知情权也不得任由权利主体放弃，理由如前所述，知情权源自公司法的强制性规范，学理上所谓“强制性规范”是指“不得通过约定予以排除或变更”的规范，包括“为避免产生严重的不公平后果或为满足社会要求而对私法自治予以限制的规范”。〔2〕

第三，基于组织法的逻辑，股东知情权是股东享有其他权利的前提，是故股

〔1〕王文宇：《公司法论》，中国政法大学出版社2004年版，第77页。

〔2〕［德］卡尔·拉伦茨：《德国民法通论》（上册），王晓晔等译，法律出版社2013年版，第42页。

东知情权不因全体股东一致同意而可以事先放弃，此一结论在司法实务中也得到法官的支持。首先，在理论上，股东弃权说能否证成，涉及商法上的特殊规则与民法上的一般规则之间的适用关系。《民法典》第125条将股权纳入民事权利体系，同时第130条规定，"民事主体按照自己的意愿依法行使民事权利，不受干涉"。第5条也规定，"民事主体从事民事活动，应当遵循自愿原则，按照自己的意思设立、变更、终止民事法律关系"。股权作为民事权利之一种，其行使自然也遵循自愿原则，但《公司法解释四》第9条关于知情权不得被剥夺、让渡、弃权的规定与民法的自愿原则相矛盾？《公司法解释四》的起草者认为不仅不矛盾，而且是对自愿原则的有益补充，这是由股权的权利特质、知情权在股权体系中的地位以及知情权规范的强制性决定的。具言之，在股东权这一复杂、丰富的权利束中，不同层次的权利之间互为目的与手段的关系，知情权则是其他股权实现的不可或缺的手段性权利，一旦被剥夺、让渡，则其他股权将陷入无法保障、实现的境地，所以民法上的自愿原则和权利处分的一般规则于此处并不完全适用，而应该立足于从知情权的特性出发，适用公司法的特殊规则，排除当事人的约定限制。[1] 这一立场显然是基于公司组织法的逻辑而展开的，也即《公司法解释四》第9条直接指向解决关于股东知情权限制该等约定的特殊效力问题，旨在确立公司组织法上的特殊效力规则。其次，在实务中，从人民法院受理的利润分配、股权转让合同解除、董事、高级管理人员侵权等案件的经验观察，股东如被认为通过章程、股东间协议等方式放弃知情权，往往会导致其后无法了解、监督公司经营，进而不仅导致收益权等自益权受损，而且导致共益权如代位诉权主张的困难甚至不可行，因为一旦股东再行主张的，公司直接以股东弃权的前述意思相抗辩，遂生纠纷。该等纠纷一经法院受理，第一个法律问题即该等约定的效力。在林阿勇诉徐州瑞丰公司股东知情权纠纷案中，判决书中写道："股东知情权是股东行使其他股东权的基础，只要具有股东资格，就应享有知情权。判决股东不能行使公司知情权必将影响股东在公司中其他权利的行使，不利于解决公司纠纷和保护股东权，也不符合我国公司制度发展的价值取向。"[2]

---

〔1〕 参见曾宏伟：《〈公司法司法解释（四）〉若干难点问题的理解与适用》，载《中国审判》2017年第26期；杜万华主编：《最高人民法院公司法解释（四）理解与适用》，人民法院出版社2017年版，第218页。

〔2〕 江苏省丰县人民法院民事判决书，（2005）丰民二初字第147号；江苏省徐州市中级人民法院民事判决书，（2006）徐民二终字第10号。

综上,基于民法和商法两重观察,知情权不可放弃的限定不是对民法自愿原则的违反,反而是有益补充,同时知情权是实现股东其他权利的前提,在组织法上少数股东的放弃也应归于无效。是故少数股东不可放弃股东知情权,否则其将无法成为真正意义上的“股东”。

2. 意思无效的情形之一:多数股东滥用表决权

第一,多数股东不得滥用表决权规则衍生于民法基本原则,即禁止权利滥用原则。《民法典》第132条规定:“民事主体不得滥用民事权利损害国家利益、社会公共利益或者他人合法权益。”禁止股东权滥用的结论首先可以从民法的基本原则中的禁止权利滥用原则推导而出。〔1〕《民法典》将禁止权利滥用原则安排在总则编第五章“民事权利”的第132条,规定“民事主体不得滥用民事权利损害国家利益、社会公共利益或者他人合法权益”,此可视为民事权利行使的基本原则。禁止权利滥用原则是指民事主体不得以不正当的方式行使权利,加害于他人,否则超过其正当界限则构成权利滥用。〔2〕权利滥用“背离权利本质或者超越权利界限”,〔3〕因此其具有违法性。禁止权利滥用原则的裁判功能在于“法律对于权利滥用行为予以否认或者限制其效力”。〔4〕权利滥用的禁止并非意在阐明公益优先的全体主义思想,而是侧重于对私权绝对性的内在制约〔5〕,即权利行使应当遵循权利的内在目的,不得逾越权利的社会性义务。〔6〕股东权乃是一项独立的商事权利,其行使必然会牵涉公司及与公司相关的利益主体,禁止权利滥用原则当然适用于其上。〔7〕就基于多数决的公司意思形成而言,此处的股东权不得滥用实际上就是股东的表决权不得滥用,可以理解为多数股东的表决自由自然受到一定的限制,而少数股东的股东权所受到的限制也被限定在

---

〔1〕参见徐国栋:《民法基本原则解释——以诚实信用原则的法理分析为中心》,中国政法大学出版社2004年版,第90页;梁慧星:《民法总论》,法律出版社2011年版,第51页;魏振瀛主编:《民法》(第5版),北京大学出版社2013年版,第25页。

〔2〕参见中国审判理论研究会民商事专业委员会编著:《〈民法总则〉条文理解与司法适用》,法律出版社2017年版,第236页。

〔3〕杨立新主编:《中华人民共和国民法总则要义与案例解读》,中国法制出版社2017年版,第490页。

〔4〕汪渊智:《论禁止权利滥用原则》,载《法学研究》1995年第5期。

〔5〕参见[日]近江幸治:《民法讲义Ⅰ民法总则》(第6版补订),渠涛等译,北京大学出版社2015年版,第15~16页。

〔6〕参见彭诚信:《论禁止权利滥用原则的法律适用》,载《中国法学》2018年第3期。

〔7〕参见刘俊海:《论公司并购中的小股东权利保护》,载《法律适用》2012年第5期。

特定的范围内，此为一枚硬币的两面。

第二，股东不得滥用表决权原则限制股东知情权的商事制定法基础是《公司法》第20条[1]，此规范也是禁止权利滥用原则在商法中的具体化。作为民法基本原则的禁止权利滥用与法律规则不同，其并非禁止某种行为的确定性命令，缺少具体的规范构成要件，在司法裁决中无法将案件事实直接涵摄于禁止权利滥用原则以确定个案法律后果。[2] 因此，禁止多数股东滥用表决权的规范依据不能仅停留在民法基本原则的挖掘上，更应该具体化至商法中的裁决规则。首先，商法兼具私法性和公法性，其作为权利社会性[3]评价的依据具有正当性。权利行使负担社会性义务将会使权利人之权利受到民法之外的规范干预，也即逸出民法的评价空间，而异化为公法式评价，但此种干预又不是纯粹的公法干预。[4] 由此股东滥用表决权的规范依据不能仅停留在民事基本法中，更应该在商法中挖掘。虽然现代商法以私法规范为其中心，但为了保障私法自治的实现，商法规范中不乏有公法规范，尤其在商事组织法中强制性规范较多。[5] 其次，股权包含多项权能（如处分权、收益权、管理监督权、救济权等），《公司法》为这些权能的行使设置了详细的规则，股东行权自然应予以遵守，并遵守该法第20条关于股东行权的底线规则。以上具体规则作为一般性的底线规则构成判断任何股东——无论其持股多少——是否滥用权利的依据。从法律规范的适用场合看，表决权的滥用与公司意思（决议）无效之间的关联性在于《公司法》第20条第1款，因而除了民法上禁止权利滥用的一般性规范外，《公司法》第20条为贯

---

[1] 《公司法》第20条规定："公司股东应当遵守法律、行政法规和公司章程，依法行使股东权利，不得滥用股东权利损害公司或者其他股东的利益；不得滥用公司法人独立地位和股东有限责任损害公司债权人的利益。公司股东滥用股东权利给公司或者其他股东造成损失的，应当依法承担赔偿责任。公司股东滥用公司法人独立地位和股东有限责任，逃避债务，严重损害公司债权人利益的，应当对公司债务承担连带责任。"

[2] 参见彭诚信：《论禁止权利滥用原则的法律适用》，载《中国法学》2018年第3期。

[3] 社会性评价更多是指股权行使的涉他性和关系性，这也决定了股权的行使必然会牵涉公司及与公司相关的诸多利益主体，这些主体构成纠纷双方之外的"社会"，"社会"群体的权益保护也需要在股东权剥夺纠纷中得以体现。

[4] 参见李宇：《民法总则要义：规范释论与判解集注》，法律出版社2017年版，第418页。

[5] 由于商事内容即商事交易行为追求的是便捷，因此在商业活动中，特定人相互之间的法律行为所产生的后果，其利害关系仅及于当事人自身，在这种情况下，应当由当事人自治自决，所以法律采取自由主义而多作任意性规定。但是，在商事交易的基础方面，其营业组织是否健全，直接或者间接地与第三人发生利害关系，影响及于社会公众利益，所以法律采取干涉主义而多作强制性规定。参见施天涛：《商法学》（第6版），法律出版社2020年版，第9～10页。

彻禁止权利滥用原则，从组织法的立场规定股东不得滥用权利，否则侵害公司、其他股东、公司债权人合法权益的，应当承担赔偿责任。该条所确立的股东不得滥用股东权利规则，是股东权利行使的基本原则，是对资本多数决等资本民主制度的补充。最后，在司法实践中《公司法》第 20 条有被当作一般性条款而被扩张适用的需求与倾向。证券监管机构对上市公司的市场监管重心不仅在于虚假陈述问题，还在于多数股东占压和挪用上市公司资金、通过担保和不公平的关联交易而掏空上市公司以及一味圈钱融资而不向投资者分配红利等。[1] 这些多数股东压制少数股东权益行为往往是从滥用表决权侵害少数股东知情权开始的。第 20 条扩张适用的领域就体现在对上述行为的法律调整。其中最典型的就是《公司法解释四》第 15 条的但书规定：“股东未提交载明具体分配方案的股东会或者股东大会决议，请求公司分配利润的，人民法院应当驳回其诉讼请求，但违反法律规定滥用股东权利导致公司不分配利润，给其他股东造成损失的除外。”此处的但书规定之所以支持股东的抽象分配股利请求权，背后的法理依据在于股东分红权源于股东平等原则的要求，其直接法律依据为《公司法》第 20 条第 1 款关于股东不得滥用权利损害其他股东利益的规定。[2] 总之，对部分股东通过掌握公司的控制权、滥用控制权操纵股东会决议，侵害中小股东合法分红权的拒不分配股利之举，法律应当进行干涉，允许后者直接向法院提起强制利润分配之诉，用强制性法律规范纠正权利滥用的行为。

第三，多数股东滥用表决权形成的公司意思无效，在《公司法解释四》起草过程中就曾被写进法律文本中，同时司法实务中也有法官支持此方案。《公司法》第 20 条另一更具有扩张效用的领域就是公司决议无效规则，这也是与本章主题契合的领域。具言之，最高人民法院面向全社会公布的 2016 年版的《公司法解释四（征求意见稿）》第 6 条曾经规定，“股东滥用股东权利通过决议损害公司或者其他股东的利益”的公司决议无效。司法实践中也早已存在以股东滥用权利为由宣告股东会决议无效的司法裁决。如在湖南盛宇高新材料有限公司与湖南胜利湘钢钢管有限公司公司决议纠纷案[3]中，原告主张出资较多的被告股东单纯依“资本多数决”之原则变相侵害了小股东的利益，该次章程的修改违反

〔1〕 参见赵旭东：《公司治理中的控股股东及其法律规制》，载《法学研究》2020 年第 4 期。

〔2〕 参见邓峰、许德峰、李建伟主编：《最高人民法院公司法解释（四）理解适用专题讲座》，中国法制出版社 2018 年版，第 287 页。

〔3〕 参见湖南省湘潭市中级人民法院民事判决书，（2015）潭中民三终字第 475 号。

法律规定，应判决无效。法院判决支持了原告的请求，认为资本多数决是公司运作的重要原则，但多数股东行使表决权时，不得违反禁止权利滥用和诚实信用原则，形成侵害小股东利益的决议。

第四，多数股东滥用表决权剥夺少数股东的知情权，该意思应归于无效，但此一限制措施并不意味着可以完全剥夺多数股东的表决权，禁止股东权滥用规则同样不得滥用。权利人违反权利禁止滥用原则的法律后果是，其行使权利后无法产生原本应有的私法效力。〔1〕权利滥用行为无法否定权利本身的正当性，因此在多数情况下对于权利滥用行为法律采取的措施是限制。限制权利行使并非消灭权利本身，只有在极为严重的情形下才会因权利滥用而剥夺权利。剥夺权利是对权利人最严厉的法律限制，其需具备手段上的必要性，即唯有剥夺权利方能充分保护相对人权益。〔2〕由此可知，剥夺表决权将使得多数股东变为"非股东"，是故司法裁决中需要有意识地防范对禁止权利滥用原则的滥用。只有在法律有明文规定时，才能限制股东表决权在特定领域的行使，显然《公司法解释四》第9条就是典型的制定法依据，因而法官依据此规范剥夺多数股东侵害少数股东知情权的表决权具有正当性。

综上所述，多数股东滥用表决权所形成的剥夺少数股东知情权的公司意思，应归于无效。此一教义规则具有民事一般法的基本原则支撑，也具有商事特别法的规范基础，在司法实务中也得到了验证，因此该教义具有正当性与可行性。

3. 意思无效的情形之二：多数股东违反信义义务

与禁止股东权滥用原则紧密相连的是公司法对多数股东的信义义务的强调，那么接下来的问题就是两者之间是何种关系？这一问题的回答不仅是划定不同制度的调整范围，更重要的是论证多数股东信义义务是否有存在的必要性和可行性。因此，后文的展开循此逻辑：首先，阐明禁止股东权滥用规则的不足之处，由此才能引申出其他规则存在的必要性（本部分的信义义务制度）；其次，需要厘清法律上信义义务的教义学内涵，并阐明多数股东负有信义义务的教义学基础；最后，展开"多数股东违反信义义务剥夺少数股东知情权做出的公司意思无效"的法教义。

---

〔1〕参见［日］近江幸治：《民法讲义Ⅰ民法总则》（第6版补订），渠涛等译，北京大学出版社2015年版，第12页。

〔2〕参见彭诚信：《论禁止权利滥用原则的法律适用》，载《中国法学》2018年第3期。

(1)禁止权利滥用原则无法完全解决“实质性剥夺”知情权的问题

首先,确定禁止权利滥用原则的规范空间,需要对决议(公司意思)进行精细化地分析。具言之,决议是指两方或者两方以上的当事人意思表示经过“多数决”形成一个意思表示的民事法律行为,其核心特征是也需要两方及其以上的意思表示,但不要求各方的意思表示达成一致才能成立,仅要求达到多数。〔1〕由此,公司决议(意思)的形成可分为三个层次:第一层是个体意思的形成与表示;第二层是公司机关集体意思的形成,即前一层次中的个体意思在公司法和章程规定的表决规则加总下形成集体意思;第三层是公司意思的形成,即符合公司法和章程所搭建之议事方法与权力构造的多数意思被认可为公司的意思。〔2〕通说认为,法律行为并不等同于意思表示,意思表示只是法律行为中的核心要素。〔3〕这表明意思表示的效力不完全等同于法律行为的效力,公司决议形成的三个层次中前两个阶段属于意思表示,最后一个阶段形成的公司意思才属于法律行为。因而前两个阶段与最后一个阶段可以进行不同的规范评价。〔4〕

其次,法律适用者对决议的特殊性重视不够,使得禁止权利滥用原则的适用范围没有被充分认识。第一,传统民法理论并未对决议这一特殊的法律行为进行结构性的拆解分析,这也就导致决议行为和意思表示未得到区分,因此股东个人的权利行使与公司意思的形成无法得以正确揭示,自然也就无法区分股东意思与公司决议的评价规则。〔5〕既有理论学说多关注决议作为法律行为的一般属性,这种法理认知进一步加剧了少数股东的弱势地位。前述传统的法理认知势必会混淆决议形成前两个阶段与最后一个阶段的效力判断。前两个阶段多数

〔1〕参见李建伟:《公司法学》(第4版),中国人民大学出版社2018年版,第89页。

〔2〕参见周淳:《组织法视阈中的公司决议及其法律适用》,载《中国法学》2019年第6期。

〔3〕参见[德]汉斯·布洛克斯、[德]沃尔夫·迪特里希·瓦尔克:《德国民法总论》(第41版),张艳译,中国人民大学出版社2019年版,第52~53页。

〔4〕意思表示与法律行为的区分不仅体现在概念层面上,也体现在法律效力层面上。意思表示的效力包括两个方面。一是形式效力,即所谓的意思表示形式约(拘)束力,据此,意思表示一旦生效,表意人就不得任意撤回、撤销或变更。就要约而论,形式效力就是要约的形式约(拘)束力。二是实质效力,也可称为意思表示的形成力,即意思表示生效后,可以与内容一致的其他意思表示共同形成一项法律行为。意思表示不发生效力的,法律行为因欠缺构成要素而不成立。意思表示发生效力的,并不意味着法律行为必然发生效力。就单方法律行为而论,一个意思表示生效即导致法律行为成立。就多方法律行为而论,须多个意思表示皆生效且达成一致,法律行为才成立。如果某种法律行为有特别成立要件,则还须符合该要件才能成立。参见杨代雄:《法律行为论》,北京大学出版社2021年版,第73页。

〔5〕参见汪青松:《信任机制演进下的金融交易异变与法律调整进路——基于信息哲学发展和信息技术进步的视角》,载《法学评论》2019年第5期。

股东仅仅是个人行权，还未形成公司意思。第二，多数股东概念中的“多数”仅仅是持股多数，很多时候“多数”股东要达到“多数”的标准，往往还需要和大股东达成一致意见，由此形成联合的“多数”股东。因此“多数”不一定指的是单个人股东的“多数”，还包括多人组成的“多数”。

是故，基于决议这一法律行为的结构性分析可知，股东滥用表决权剥夺少数股东的知情权，与经由股东意思形成的公司决议剥夺少数股东知情权属于两个不同的待调整对象，而禁止权利滥用原则主要控制的是前者。因此，在禁止权利滥用原则之外，法官仍需要确定其他规则调整剥夺少数股东知情权的公司意思效力。

（2）信义义务制度能与禁止权利滥用原则形成体系联动

法律上的信义义务是指受托人为委托人利益办事时，必须使自己的个人利益服从于委托人利益，以诚实信用的态度，忠实、勤勉地履行其法律职责。[1] 人类社会的发展需要良性的人际互动，信义关系正是衍生于充满道德意蕴的人际信任关系，而人际互动的前提则是信任的凝结。在此基础上，个人信任他人的前提则是：背信人无法在失信行为中获益，并且施信人能对背信人的行为后果施加控制。[2] 法律以国家强制力为后盾，同时又具有公开性和普遍性，其可靠性高于人际关系与感情等非制度性因素，因此法律保障机制可以保障信任凝结，从而使每个施信人具有更强的风险防控能力。[3] 是故，当信任关系经由社会需求的“筛选”而被提炼为具有法律约束力的信义关系时，法律的制度性强制自然能够很好地惩治背信、鼓励守信。[4] 语境转化，在公司组织体内如果缺乏信任，成员之间就缺乏沟通与合作，这势必会影响公司内部秩序的稳定，最终难以促成公司自治，同时还可能使公司沦为少数“寡头”谋取私利的“合法”工具。由此，在禁止权利滥用原则乏力之处，信义义务可以补足其功能缺失。

需要注意的是，此部分论证尚不充分，信义义务的功能正当不能仅停留于正面陈述，还需要从侧面的制度竞争来论证与其功能相似的制度为何不能作为调

---

〔1〕 参见王建文：《论我国构建控制股东信义义务的依据与路径》，载《比较法研究》2020年第1期。

〔2〕 参见徐化耿：《论私法中的信任机制——基于信义义务与诚实信用的例证分析》，载《法学家》2017年第4期。

〔3〕 参见徐化耿：《论私法中的信任机制——基于信义义务与诚实信用的例证分析》，载《法学家》2017年第4期。

〔4〕 参见靳羽：《美国控制股东信义义务：本原厘定与移植回应》，载《比较法研究》2021年第1期。

整工具,而这则是下一部分需要回答的问题。

(3)信义义务与诚实信用原则具有功能相似性但后者不能替代前者

除《民法典》总则编的诚实信用原则规定外,法典中涉及诚实信用的还有第142条、第466条、第500条等,从这些规范中可以归纳出一般法律原则,即在法律上的特别关联[1]中,行为人要顾及相关主体的权益,同时这一原理适用于存在或将要建立法律上的特别关联之处。[2] 基于此结论必然引发如下疑问:既然诚实信用原则可以调整那么多特别关联关系,那么作为法律行为之一的决议自然受其控制,再引入信义义务制度是否有叠床架屋之嫌?

①信义义务制度与诚实信用原则的功能相似之处

首先,从功能比较的视角看,滥觞于英美法系的信义义务与大陆法系的信赖保护乃至于诚实信用原则,都适用于特定的社会关系,即能够存在合理信任的关系,而且二者所保护的对象都是施信人,具有单向性。[3] 其次,两者都具有一定的抽象性,这决定了两者在适用时都需要通过类型化或者具体的判例参照,进而确定更为具体的教义规则。具言之,法律规范中有“规则”(rule)与“标准”(standard)的区分,“规则指具体的、事先(ex ante)适用的(行为)规范,而标准指抽象的、事后(ex post)适用的(评价)规范”。[4] 信义义务制度是一项反机会主义及中饱私囊行为的工具,这决定了此制度调整的对象无法完全被当事人事先预测并有效地展开规制。[5] 是故,最佳的调整方法是:在事后通过标准的考察来判定受托人义务的履行是否符合当事人的要求。在此意义上,信义义务的性质更接近“标准”。作为基本原则的诚实信用同样具有抽象性,法律原则是法律

[1] 存在法律上的特别关联的情况下,当事人之间在客观上有较密切的联系,主观上有较高的预见可能性,存在信赖产生的基础,因此在当事人间产生了较高的注意义务,这就是依诚实信用标准为行为之义务的由来。参见于飞:《基本原则与概括条款的区分:我国诚实信用与公序良俗的解释论构造》,载《中国法学》2021年第4期。

[2] 参见于飞:《基本原则与概括条款的区分:我国诚实信用与公序良俗的解释论构造》,载《中国法学》2021年第4期。

[3] 参见徐化耿:《论私法中的信任机制——基于信义义务与诚实信用的例证分析》,载《法学家》2017年第4期。

[4] 一般而言,所涉及的交易越复杂、变量越多、越难事先规划,标准的应用越普遍。如在涉及公司董事、高管等经理人的行为时,法律通常只能采用标准的形式评价,如相对抽象的“勤勉义务”(duty of care)或与之相关的“商业判断规则”(business judgement rule)等。参见许德风:《道德与合同之间的信义义务——基于法教义学与社科法学的观察》,载《中国法律评论》2021年第5期。

[5] 参见许德风:《道德与合同之间的信义义务——基于法教义学与社科法学的观察》,载《中国法律评论》2021年第5期。

规则的指导思想，但思想不具有法律效力，裁判依据应是更为具体的规则，[1]因而诚实信用原则的适用也必须根据具体案情的不同进行具体化。[2]

②相似之处并不能使诚实信用原则替代股东信义义务

第一，诚实信用原则仅是对个案规则的修正，而股东间的利益冲突在中国法语境下具有普遍性，因此信义义务作为制度性的构建具有必要性。具言之，多数股东与少数股东的利益冲突贯穿于公司的关联交易、资产重组、资金运用、股利分配、董事席位分配等多个公司运营环节，具有结构性特征，因而在中国法语境下股东间的利益冲突具有普遍性。[3] 虽然本章主题的研究仅仅限于实质性剥夺股东知情权，但知情权的剥夺对象是从事其他中饱私囊和机会主义行为。因此在制度构造的语境下，剥夺少数股东知情权应纳入股东信义义务的体系内。而诚实信用原则所具有的法律修正功能并非整章建制，另辟一套新的法律制度，而仅是在具体规则中为某些特殊个案创设但书，以使其能应对事实无法涵摄于规范的疑难案件。[4]

第二，两者的内涵清晰程度不同，虽然上文结论表明两者都具有抽象性，但信义义务较之于诚实信用仍然较为明确。在制度形成与演变过程中，虽然信义义务的适用范围不断变化及扩张，[5]但是其基本内涵相对而言还是较为明确，其核心内容为忠实义务和勤勉义务。比较而言，诚实信用原则除了在其理论框架下衍生出情势变更、附随义务理论、显失公平等成熟的具体制度外，其内涵仍然具有极大的不确定性和开放性。[6] 这也表明即使适用诚实信用原则需要从理念转向制度，诚实信用原则在很多时候只是法律解释的理由。具言之，每一个民法基本原则都仅代表着"一项"法律价值或法律的实质理由，若每一次司法裁决，法官都将个案背后冲突的实质理由重新权衡，不仅会降低审判效力，还可能会因为过于复杂而导致错误频出，是故一般情况下法官仅需要检验案件事实可

〔1〕 参见于飞：《基本原则与概括条款的区分：我国诚实信用与公序良俗的解释论构造》，载《中国法学》2021年第4期。

〔2〕 参见徐化耿：《论私法中的信任机制——基于信义义务与诚实信用的例证分析》，载《法学家》2017年第4期。

〔3〕 参见李建伟：《公司法学》（第4版），中国人民大学出版社2018年版，第345页。

〔4〕 参见李夏旭：《诚信原则法律修正功能的适用及限度》，载《法学》2021年第2期。

〔5〕 有学者就基于商事关系衍生的信义义务扩张至非商事领域进行了举例论证。参见徐化耿：《信义义务的一般理论及其在中国法上的展开》，载《中外法学》2020年第6期。

〔6〕 参见徐化耿：《论私法中的信任机制——基于信义义务与诚实信用的例证分析》，载《法学家》2017年第4期。

否归于规范构成要件即可。[1]

第三,引入股东信义义务控制“实质性剥夺”股东知情权的公司意思势在必行。在商法中,信义义务主要适用于基于“委托—代理”关系所产生的“受托人”对“委托人”的管理责任。[2] 如前文所述,传统公司法理论认为信义义务的承担者是董事、监事和经理等高管人员,股东除履行自己的出资义务外不再承担额外的特别义务,[3]这背后的法理逻辑在于权利义务的数量等值性[4],即信义义务的对价是法定管理权,控股股东在公司法中并不享有此权利。[5] 在公司治理中,信义义务是一种非常严格的义务,不仅是对股东权利的约束,甚至可能侵犯股东基本的自利权,[6]仅仅是多数持股并不必然导致多数股东承担信义义务。然而,在资本多数决原则下,控股股东凭借其绝对或相对多数的股权比例而拥有多数表决权,也就是事实上的“一票否决权”和“一票决定权”。在此情况下,控股股东可以控制董事的选任,整个董事会已然异化为控制股东或实际控制人的代言人,不断滑向股东一端的各种公司权力,甚至于赋予控股股东以公司决策管理权。[7] 董事会尚且如此,监事和经理的选任就更容易被控股股东所操纵,[8]进而引发公司中“权利—义务—责任”体系的异化。这些组织法中的权责配置显然是诚实信用原则无法精细化解释之处。

综上,面对“实质性剥夺”股东知情权的公司意思效力判断,适用信义义务应是补足禁止权利滥用原则缺失的优先选择,而不是诚实信用原则。多数股东对公司、对其他股东、对公司债权人负有信义义务,根本原因是在资本多数决原则下多数股东事实上以自己行为决定后者的权益,存在代理成本问题,公司法中的信义义务正是为抑制代理成本而产生的。

(4)违反信义义务的“实质性剥夺”知情权的公司意思无效

首先,在我国法律中控股股东的信义义务已经从理论逐步过渡到规范,借由

---

[1] 参见于飞:《基本原则与概括条款的区分:我国诚实信用与公序良俗的解释论构造》,载《中国法学》2021 年第 4 期。

[2] 参见施天涛:《公司法论》(第 4 版),法律出版社 2018 年版,第 398 页。

[3] 参见施天涛:《公司法论》(第 4 版),法律出版社 2018 年版,第 401 页。

[4] 参见张文显主编:《法理学》(第 5 版),高等教育出版社 2018 年版,第 135 页。

[5] 参见赵旭东:《公司治理中的控股股东及其法律规制》,载《法学研究》2020 年第 4 期。

[6] 参见刘斌:《重塑董事范畴:从形式迈向实质主义》,载《比较法研究》2021 年第 5 期。

[7] 参见刘斌:《重塑董事范畴:从形式迈向实质主义》,载《比较法研究》2021 年第 5 期。

[8] 参见赵旭东:《公司治理中的控股股东及其法律规制》,载《法学研究》2020 年第 4 期。

法律解释方法及类推适用成为裁判依据。[1]《上市公司治理准则(2018年修订)》(中国证券监督管理委员会公告〔2018〕29号)第63条[2]第1句与《上市公司章程指引(2019年修订)》(中国证券监督管理委员会公告〔2019〕10号)第39条[3]第2款第1句规定:"控股股东、实际控制人对上市公司及其他股东负有诚信义务。"虽然前述规范的效力位阶不高,但属于我国引入控股股东信义义务的规范依据,这无疑是公司法治的一次有益尝试。

其次,多数股东以压制少数股东为目的,做出的实质性剥夺少数股东知情权的决议,可判定为对信义义务的违反,由于信义义务属于强制性规范,故违反此义务所形成的决议无效。[4]根据《公司法》的规定,股东一方面应当在法律和公司章程规定的范围内行使股东权利,另一方面即使依法依章行使股东权利,亦应尊重其他股东的合法权益。就控股股东而言,在其拥有多数股份而享有资本多数决带来的控制权时,应当基于正当目的行使控制权,即对公司决策、经营施加影响时,应该是为公司和全体股东的共同利益,而不得为自己谋取不正当之利益,更不能损害公司和其他股东的利益。[5]基于同股同权原则和信义义务,控股股东应当"公平对待小股东"。但是在公司的实际运行中,却往往有不公平的现象发生。少数股东与控股股东在公司中居于不同的地位,在利益分配上有不同倾向。控股股东处于强者地位,更加关注公司的长远发展,希望公司少分或者不分利润以便有更多的资金用于未来经营;而小股东处于弱者地位,不直接参与公司的经营管理,较公司的发展而言,更关注自身可得的利润分红等现实利益。基于地位的不同,少数股东常常会受到控股股东的压制,其期待的利益常常无法实现甚至受到侵害。此外,少数股东的权利还可能受到公司管理层的侵害,由于

---

〔1〕参见傅穹、虞雅曌:《我国控制股东信义义务的司法续造》,载《上海政法学院学报(法治论丛)》2021年第3期。

〔2〕《上市公司治理准则》第63条规定:"控股股东、实际控制人对上市公司及其他股东负有诚信义务。控股股东对其所控股的上市公司应当依法行使股东权利,履行股东义务。控股股东、实际控制人不得利用其控制权损害上市公司及其他股东的合法权益,不得利用对上市公司的控制地位谋取非法利益。"

〔3〕《上市公司章程指引》第39条规定:"公司的控股股东、实际控制人不得利用其关联关系损害公司利益。违反规定的,给公司造成损失的,应当承担赔偿责任。公司控股股东及实际控制人对公司和公司社会公众股股东负有诚信义务。控股股东应严格依法行使出资人的权利,控股股东不得利用利润分配、资产重组、对外投资、资金占用、借款担保等方式损害公司和社会公众股股东的合法权益,不得利用其控制地位损害公司和社会公众股股东的利益。"

〔4〕参见钱玉林:《股东大会决议瑕疵研究》,法律出版社2005年版,第254页。

〔5〕参见朱慈蕴:《资本多数决原则与控制股东的诚信义务》,载《法学研究》2004年第4期。

董事等人选往往是由控股股东决定的,所以多数与少数股东间的矛盾也可能转化为少数股东与管理层的冲突,受到公司控股股东与管理层的双重压制。[1] 在此情形下,少数股东利益应当获得法律的适当关注与保护,避免受到公司管理层或控股股东的不当压制。“为强调产权保护理念,应将不得以股东会决议侵犯股东个体权利、不得作出降低公司法以及现有公司章程对少数股东保护水准,作为判断滥用表决权的重要因素。”[2]

综上,多数违反股东信义义务,剥夺少数股东知情权的公司意思无效。

4. 意思无效的例外情形:公司基于“不正当目的”的抗辩

一个普遍的疑问是,《公司法解释四》第 9 条不支持公司“实质性剥夺”股东知情权的意思,与第 8 条支持公司以“不正当目的”抗辩股东的查阅会计账簿申请权之间,是否存在适用上的冲突? 这需要先明确公司“不正当目的”抗辩权的立法本旨。《公司法》第 33 条第 2 款规定,有限公司有合理根据认为股东查阅会计账簿有不正当目的、可能损害公司合法利益的,可以拒绝申请,为了对极具抽象性的“不正当目的”这一主观要件提供更明确的裁判标准,《公司法解释四》第 8 条作了具体情形列举及兜底性规定。该规定的适用有三个细节需要明确:一是该抗辩仅适用于有限公司股东查阅会计账簿的场合,与第 9 条全面禁止“实质性剥夺”股东知情权规则的适用范围并不匹配,属于部分与整体的关系;二是即便股东存在与公司之间有竞业关系等第 8 条所列情形的,查阅权并未被剥夺,[3] 而仅仅赋权公司的个案抗辩;三是对“不正当目的”作合目的性的解释,“正当”与“不正当”的叠加构成了全称命题,两者的存在具有依赖性,第 8 条从反面出发以“不正当目的”对抗股东的查阅会计账簿权,借此明确“不正当目的”的举证责任在公司,依照反向解释,股东不需要自证查阅申请具有“正当目的”。如将行权股东提出的查阅申请比喻为矛,公司的“不正当目的”抗辩无疑是盾,在矛与盾的攻防之间,股东主张查阅会计账簿的普遍性,与公司以“不正当目的”抗辩的特殊性、个别性,显露无疑。

为何独在有限公司股东查阅会计账簿这一特定对象上赋权公司的“不正当

---

[1] 参见梁上上:《论股东强制盈余分配请求权——兼评“河南思维自动化设备有限公司与胡克盈余分配纠纷案”》,载《现代法学》2015 年第 2 期。

[2] 曹兴权:《股东表决权滥用的认定理路》,中国商法冬季论坛“公司决议效力之诉专题研讨会”会议论文,2017 年 12 月于海南大学。

[3] 参见李建伟:《竞业股东查阅会计账簿的目的限制研究——〈公司法解释(四)〉第 8 条第 1 项的法教义学分析》,载《北方法学》2020 年第 5 期。

目的”抗辩权?内在动因是股东与公司的利益平衡。[1] 公司法在保障股东查阅权的同时,如有基于利益平衡考量的必要,也可以在个别场合下对股东行权设置严厉限权措施,以防止股东滥权而危害公司利益。概括地说,股东不受限制地查阅公司资料的权利称为“绝对查阅权”,即任何股东得在公司营业时间内、在合理地点不需阐述理由即可查阅公司的某些资料,受到某些实质限制的查阅权则称为“相对查阅权”。在我国公司法中,有限公司会计账簿即属于相对查阅权的对象,基于会计账簿饱含核心商业秘密之考虑,若查阅权不受节制,可能将加重公司的运营成本,泄露公司商业机密,严重损害公司及其他股东利益。[2] 要之,公司的“不正当目的”抗辩,可视为对有限公司股东查阅会计账簿这一特定对象的剥夺,放在股东知情权体系上则可视为对股东知情权的个别排除,乃属一条特殊规则。可见,第8条赋权有限公司抗辩可能具有“不正当目的”情节的股东查阅会计账簿,与第9条禁止所有的公司“实质性剥夺”股东知情权之间,并不存在逻辑上的矛盾,也无价值上的冲突,适用范围也不完全匹配,属于特别法规范与一般法规范的关系。退一步说,如在特定个案中有适用上的冲突,第8条应优先适用。

总结而言,如果延伸上述理论论争的根源,多半“因为组织法(团体法)法理的缺位所致”,“组织法的理论是一把关键的钥匙。公司法首先是组织法(团体法),其次才是行为法(交易法、契约法),这是公司法学的基本坚持”[3] 自觉将公司组织法的基本范畴、法理与原则植入公司具体法治的分析,是很多论争得以消弭的关键。因此,对限制股东知情权的公司意思,法律的干预如仅限于行为法(契约法)的视野与立场,至少是不完整的,如放诸公司组织法的视野与立场,不仅全面而且会更容易获得理解。为了维护股东的基本权利,保障公司这一法律实体能够有效运营,法律为此设置了强制性法律规范,避免股东轻易弃权而背离公司制度的初衷。在这个意义上,法律关于知情权不得放弃的规定可以理解为属于公司法“公司形式法定”的一项内容,只要当事人选择了公司这一组织形式,便不得以约定加以改变。若投资人认为此项规则过度限制了其权利,可以选择其他的商事组织形式。

---

〔1〕 参见李建伟:《股东查阅会计账簿的“不正当目的”抗辩研究——〈公司法〉第33条第2款的法教义学分析》,载《当代法学》2021年第1期。

〔2〕 参见陆一婷:《浅析有限责任公司股东会计账簿查阅权的限制》,载《新会计》2013年第2期。

〔3〕 李建伟:《公司法学》(第4版),中国人民大学出版社2018年版,“第四版修订说明”。

五、“实质性剥夺”股东权无效规则的扩张适用

(一)类比与区分

公司审判实务中,股东通过公司章程、股东间协议限制、剥夺股东权的情形,不仅仅限于股东知情权,还有股东的分红权、股权转让权、股权转让优先购买权、增资优先认购权等。比如,某有限公司规定,自公司成立之日起30年内或者自股东取得股权的30年内,股东不得转让股权给任何人,或者明确规定公司成立之日起30年内任何股东不得主张分红,即使公司财务状况符合分红的法定条件。对于诸如此类限制、剥夺某类股东权的公司意思,与限制、剥夺股东知情权一样面临合法性审查问题,亟须确立相应的公司组织法上的效力规则。按照这些权利具有与股东知情权相同的固有权等基本属性与否的不同,可以分为四类权利,下文就这四个代表性权利予以展开,分别而论。

1. 股东表决权

表决权是股东参与公司经营管理的核心权利,属于固有权(无表决权股除外)。[1] 表决权能否被限制乃至剥夺?这需要深入讨论表决权的本质功能及其自由原则。表决权行使的唯一平台是股东会,属于股东投资资本市场行为的市场决策范畴,如没有法律或者股东自愿接受的特别限制,股东有权就属于股东会决策范围内的事项进行自由表决。股东的表决自由,是公司法的立法目的决定的一种客观存在。这可以从股东行使表决权进行决策时不适用商业判断规则,或者不与管理层一样地适用商业判断规则中知悉。虽然股东负有对于公司的信义义务,但即便是多数股东对公司可能控制以及由此导致了对于其他股东、公司债权人的事实利益控制,其与董事、高级管理人员等管理层对公司负有的信义义务之间仍具有显著的差异。根源在于公司独立的人格,股东控制公司必须借助于股东会这一会议平台,这意味着公司内部的表意机制与治理结构是股东控制公司发生实际效果的中介,但对于管理层而言,其本身就是公司人员,这一中介机制并不存在。而且,保护股东控制公司的利益诉求就是公司法的立法目的,但管理层控制公司的利益不仅不是公司法的立法目的,反而是公司法的限制对象。[2] 股东对于公司的投资属于绝对商行为,股东行使表决权参与公司决策的

---

〔1〕 参见李建伟:《公司法学》(第4版),中国人民大学出版社2018年版,第236页。

〔2〕 参见《公司法》第1条、第六章“董事、监事、高级管理人员的资格与义务”。

判断自有其商业逻辑,法律应当充分尊重股东作出决策时的商业逻辑,就此而言必须充分尊重其商业判断。虽然不同的股东投资于一家公司不乏共同的利益目标、必不可少的合作意向,但股东的异质性是一种客观现象,不同的利益诉求既是正常的也是需要得到尊重的,所以表决权的行使必然伴随着股东与股东之间、股东与公司之间的利益冲突。在利益冲突的背景下,能否要求股东如同管理层一样只能考虑公司利益?抑或退一步尊重公司利益优先、抑制自己利益的原则?如果答案是肯定的,后果将是荒谬的,商业将因此而荒芜。所谓资本多数决,其实就是回应上述决策困境的最佳机制,以承认股东自利为前提,这是截然不同于董事等管理层行使表决权之处。基于公司法的调整对象有组织法事项与交易法事项之分且以前者为主,[1]如果说对于交易法事项的股东表决权还有必要设置限制乃至排除措施的话,[2]那么对于公司组织内部的治理性事项的股东表决权及其行权自由原则应得到完全的维护。现行公司法没有对公司组织上的治理性事项设置任何的股东表决权限制、排除规定,如果一定说有所限制,仅仅在于权利不得滥用的普适性规则,具体表现为《公司法》第20条规定的禁止股东权滥用与不违反信义义务规则。这本身并不奇怪,乃是公司法的应有逻辑使然。

总结而言,以表决权为代表的这一类股东权,主要法律属性包括法定权利、固有权利、基本权利,至少在公司组织上的治理性事项上,法律没有明确对股东表决权进行限制,与知情权一样,法律也没有允许包括基于"全体股东一致同意"的意思予以限制的规定。所以建立于其上的效力规则是,如构成实质性剥夺的公司意思,即便建立在"全体股东一致同意"规则之上,仍然无效;"实质性剥夺"以外的其他限制措施,如经"全体股东一致同意"的,可以有效,但仅经多数决通过的公司意思,要接受《公司法》第20条规定的禁止股东权滥用与不违反信义义务规则的检验。

2. 有限公司股东的法定增资优先认购权

我国对有限公司股东的增资优先认购权采固有权说,理论基础来自这样一种法理认知:"每个股东依据此种利益分配格局所享受的利益实质上是一种契约性利益,此种利益非经该股东抛弃,则专属于该股东。"[3]这种契约性的权利

---

〔1〕 参见刘俊海:《现代公司法》(第2版),法律出版社2011年版,第5页。

〔2〕 参见《公司法》第16条、第21条、第35条以及第121条关于关联交易、关联担保等特殊交易事项决策时相关股东的表决权限制、排除的规定。

〔3〕 刘俊海:《股份有限公司股东权的保护》,法律出版社1997年版,第125页。

源自章程契约，除非以全体股东同意规定不按出资比例进行认缴的，才予以排除。在童丽芳等诉上海康达化工有限公司股东权纠纷案中，公司以超过2/3的表决权同意通过了修订章程的决议，其中规定“按照出资比例分取红利，公司新增资本时，按照股东会决议可以优先认缴出资”。童丽芳等13名自然人股东（均未投赞成票）认为该决议实际上是大股东利用表决权的优势排除并剥夺其他股东合法权益的行为，该条款内容违反法律规定应属无效，故而起诉请求确认上海康达化工有限公司通过的修订公司章程的决议无效。一审法院裁决认为公司修改章程的决议内容因为违反《合同法》第52条第5项（现《民法典》第153条第1款）之规定而归于无效，[1]二审法院对此项裁决予以维持。[2] 本案一审、二审裁决结果值得赞同，[3]但值得注意的，是裁决依据的是《合同法》第52条第5项（现《民法典》第153条第1款）之规定，也即“违反法律、行政法规的强制性规定的”合同无效，此即合同法上的合同效力一般规则，而不是公司法上的效力规则，这是因为相关公司法规范的缺位。但此处的“违法”，是指依照《公司法》第34条规定，有限公司新增资本时，股东有权优先按照实缴的出资比例认缴出资，除非“全体股东”另有约定。据此，本案的上海康达化工有限公司仅以超过2/3的表决权同意通过了修订章程的决议，事实上剥夺了股东享有的法定增资优先认购权。据此推理，未经全体股东同意而剥夺有限公司股东增资优先认购权的公司意思，是无效的。

总结而言，以有限公司股东的增资优先认购权为代表的这一类股东权，主要的法律属性包括法定权利、固有权利、基本权利，但法律明文允许基于“全体股东一致同意”的意思予以限制乃至排除。所以建立于其上的效力规则是，基于“全体股东一致同意”而实质性剥夺该类股东权的公司意思，有效；否则，非建立在“全体股东一致同意”而实质性剥夺之的公司意思，无效。

3. 股权转让权

作为一项独立的民事财产权[4]，股东当然享有《民法典》所规定的自由处分股权的权利，包括转让、遗赠等，除非法律另有规定的特定限制。《公司法》第

---

〔1〕 参见上海市浦东新区人民法院民事判决书，(2006)浦民二(商)初字第2800号。

〔2〕 参见上海市第一中级人民法院民事判决书，(2007)沪一中民三(商)终字第172号。

〔3〕 有关本案的相关评述，参见张恋华、胡铁红、沙洵：《与公司法强制性规范冲突的公司章程条款无效》，载《人民司法》2008年第8期。

〔4〕 《民法典》第125条规定：“民事主体依法享有股权和其他投资性权利。”

137条规定，股份公司“股东持有的股份可以依法转让”。据此，除了法律对于股份公司股东的股权转让权的限制外，并未授权公司意思予以限制、剥夺，在此意义上此权利为固有权。第71条规定有限公司股东可以转让其股权，但第3款规定“公司章程对股权转让另有规定的，从其规定”。据此，法律允许公司章程对有限公司股东的股权转让权作出限制，但限制有无边界则需要讨论。从“章程另有规定从其规定”的文义出发，章程似乎可在完全不限制与完全限制股权转让之间作任意设计，但完全限制可以理解为是对股权处分权的最严格限制，是否为法律所允许？不少学者提出应区分初始章程与修订章程分别而论。对于修订章程规定股东转让权受到完全限制的，意味着股东股权的处分权受到了并非源于股东同意的限制，这种限制或剥夺缺乏正当理由，[1]所以，股权处分权“未经股东同意，不得以章程或股东大会决议的方式予以剥夺或限制”。[2]换言之，在此情形下章程的“另有规定”只能以全体一致同意的合同而非多数决加以规定。[3]对于初始章程规定股东转让权受到完全限制的，因其订立遵循股东的意思表示一致原则，法律对之认同体现了对其个人财产自由处分的尊重。[4]质言之，这种尊重并非只体现在当其处分权受他者之限时，法律采否定评价的态度，也表现为当其愿意接受限制，以己之限换他人之限时，法律亦不妨碍，否则有打着维护股东处分自由的旗号、实为影响个人财产自由处分之嫌。但是，即使最有力主张初始章程完全限制的意思有效的学者，所提出的“完全限制”也是有条件的，一是限制是有期限的，比如在一个确定长的期间内限制转让，否则，比如终生绝对禁止转让也即构成了本书关注的“实质性剥夺”股权转让权的意思，是否还是有效的？需要审慎回答，至少是存疑的，依循“不得转让的财产权非财产权”的法理，丧失转让权能的股权是否还具有财产权禀赋，需要考量。二是必须自限与他限同在，也即全体股东都受到限制，否则只有部分股东的股权转让权受到限制的意思是否有效，更需要考量。

总结而言，以股权转让权为代表的这一类股东权，与股东知情权具有法定性、固有性等相同属性，并非能基于“全体股东一致同意”的意思予以剥夺的，法

---

〔1〕 参见钱玉林：《公司章程对股权转让限制的效力》，载《法学》2012年第10期。

〔2〕 刘俊海：《股东权法律保护概论》，人民法院出版社1995年版，第24页。

〔3〕 参见钱玉林：《公司章程“另有规定”检讨》，载《法学研究》2009年第2期。

〔4〕 参见陈彦晶、董惠江：《论有限责任公司章程中股权转让限制的效力》，载《黑龙江社会科学》2011年第4期。

律不予允许;对基于“全体股东一致同意”的意思予以剥夺的,法律持谨慎的立场。因为法律关于此类权利的规定属于“为避免产生严重的不公平后果或为满足社会要求而对私法自治予以限制的规范”,所以建立于其上的效力规则是,即使基于“全体股东一致同意”而实质性剥夺该类股东权的公司意思,也是无效的。

4. 股份有限公司股东的章定新股发行优先认购权

作为对比,股份公司股东不享有法定的新股发行优先认购权,依据章程享有的新股发行优先认购权的保护,就不能适用上述效力规则。在胡国强与宁波市慈溪进出口股份有限公司增资纠纷案中,原告依照本公司章程规定享有新股发行认购优先权,但后来股东大会决议进行面向职工等特定对象的三次定向增资扩股,原告均未被通知认购新股,遂以新股发行优先认购权被侵害为由起诉公司,要求实现新股优先认购权。法院裁决认为:“尽管被告公司章程规定公司股东对新股有优先认购权,但公司章程同时也规定股东大会作为公司权力机构,有权对增资或减资等公司重大事项作出决议。因此,被告上述三次增资扩股的股东会决议对全体股东具有约束力。实际上该三次股东会决议本身已排除了股东的优先认购权利,故原告不能以公司章程规定享有的优先认购权,对抗同样由公司章程规定的公司最高权力机构即股东大会作出的合法的决议。故原告主张对被告的上述三次增资扩股享有优先认购权,没有法律依据,本院不予支持。”〔1〕

本案的裁决规则与逻辑的正确性在于,股份有限公司股东不享有法定的新股发行优先权,原告依据公司章程规定享有该权利的,由于公司增资的股东大会决议与修订公司章程的多数决要求是一样的,而且增资本身也涉及章程修订,所以有效的定向增资决议合法排除了原告的章定新股发行优先认购权。上述案例的裁决,反映的是有限公司股东的法定增资优先认购权与股份有限公司股东的章定新股发行优先认购权之别,背后则是限制、剥夺股东法定权利与章定权利的公司意思效力规则上的差异。

总结而言,以股份有限公司股东的新股发行优先认购权为代表的这一类股东权,主要法律属性包括章定权利、非固有权利、非基本权利,既然其为章定权利,法律当然允许基于章定的相应规则予以限制、排除,所以建立于其上的效力规则是,以不低于公司章程授予该类股东权的多数决而限制、排除该类股东权的

〔1〕 浙江省慈溪市人民法院民事判决书,(2009)甬慈商初字第3114号。

公司意思，有效；以低于公司章程授予该类股东权的多数决而实质性剥夺该类股东权的公司意思，无效。

（二）回应与扩展

司法实践面对的上述难题，在司法解释的制定层面获得了重视与回应。例如，前引《公司法解释四》第15条支持抽象分配股利请求权的但书规定，从比较法的视角可认为是参考了域外法上的少数股东不公平损害规则的立法经验，基于公平原则认为可能存在的股东滥用股权拒绝分配股利行为对股东享有的分红权这一固有权构成了不公平对待。[1] 质言之，分红权这一股东固有权如遭受违反公平原则的损害而实质上不能获得实现的，司法就要应少数股东之诉请而强行干预之。又如，针对限制股权转让的公司章程条款的效力，最高人民法院在2016年4月12日面向全社会公布的《公司法解释四（征求意见稿）》第29条曾规定，“有限责任公司章程条款过度限制股东转让股权，导致股权实质上不能转让，股东请求确认该条款无效的，应予支持”。显然，这一规定借“过度限制股东转让股权，导致股权实质上不能转让”的用语，与正在讨论的第9条“实质性剥夺”显然是一个意思，故而借“股东请求确认该条款无效的，应予支持”的表述所确立的效力规则，与正在讨论的第9条也如出一辙。但最终未获得通过的原因，尚不得而知。

一个显而易见的事实是，截至目前唯有股东知情权这一类股东权通过《公司法解释四》第9条规定，确立了禁止“实质性剥夺”的效力规则。让人们饶有兴趣地追问是，第9条确立的禁止“实质性剥夺”的效力规则，是否可以准用于其他类型的股东权？或者说，诸如限制股权转让权、优先购买权、分红权等公司意思的效力审查标准，可否援用《公司法解释四》第9条确立的规则来处理，从而扩而广之，是否可以认为第9条由此确立了公司自治意思的一般性效力规则？这无疑是一个极其重要的公司法司法适用问题。但是上引《公司法解释四（征求意见稿）》第29条未获得通过的最终结局，又让人们对于上述命题产生了疑问。关于援用或者准用机制的成立与否，相关的探讨可以继续深入，但基于上文关于股东权的类型化分析而作的类比与区分可以看出，在法理上可以予以肯定的一点是，诸如股权转让权等具有与股东知情权一样或者类似的法定权、固有

[1] 参见邓峰、许德峰、李建伟主编：《最高人民法院公司法解释（四）理解适用专题讲座》，中国法制出版社2018年版，第287页。

权、基本权利等属性的,应适用同一的效力判断规则,其背后在于此类股东权的规定属于强制性法律规范,该强制性法律规范是再一次引用拉伦茨所说的“不得通过约定予以排除或变更”的规范,包括“为避免产生严重的不公平后果或为满足社会要求而对私法自治予以限制的规范”。

至于其他类型的股东权被限制、剥夺的公司意思的效力判断,可否适用与股东知情权一样的效力规则,则需要区分其是法定的还是章定的权利,但无论是法定的还是章定的权利,有一点是肯定的,即但凡违反法定或者章定相应的意思多数决规则的公司意思,也将被视为对该类股东权不法的实质性剥夺,不为法律所承认。

六、结论

正如哈耶克所言:“如果民主制度决定了一项任务,而这项任务又必定要运用不能根据定则加以指导的权力时,它必定会变成专断的权力。”〔1〕资合公司的民主管理中采资本多数决而不是股东平等的规则,〔2〕使得少数股东必须接受多数股东的意志安排,在各类公司意思的形成中如果“不能根据定则加以指导”却又赋予它影响各方权益的地位时,它将很可能构成对各方权利义务的不正当影响。具体到研判“实质性剥夺”股东知情权的公司意思的效力规则,或者正确理解《公司法解释》第 9 条的立法意旨,都需要回到公司组织法上的两个基本认知,还有一个司法政策的立场。基本认知一,是知情权的股东固有权本性,基于公司自治的意思可以予以限制但不容忍实质性剥夺;基本认知二,是公司法关于知情权规定的强制性规范属性,且属于“为避免产生严重的不公平后果或为满足社会要求而对私法自治予以限制的规范”。司法政策的立场,则是公司组织法上对于股东、公司自治理念的恰当尊重,以及各方利益平衡的理念,后者也是被视为起草《公司法解释四》的基本理念之一。〔3〕从广义上来说,公司治理是股东、董事、高级管理人员等各方利益整合发展的平台,同时也不可避免地发生利益的碰撞和冲突。在充分尊重私权利的当代社会背景下司法介入公司治理,就

〔1〕 [英]弗雷德里希·奥古斯特·冯·哈耶克:《通往奴役之路》,王明毅、冯兴元等译,中国社会科学出版社 2013 年版,第 72 页。

〔2〕 参见叶林:《公司民主管理的法律解释——关于中国〈公司法〉第 18 条第 2 款的解读》,载《河北学刊》2010 年第 4 期。

〔3〕 参见杜万华:《谈谈〈公司法司法解释(四)〉的若干理念》,载《中国审判》2017 年第 26 期。

是要在复杂的利益格局中维护公平正义。因而理解股东知情权是否被公司的意思限制乃至剥夺，自然离不开利益平衡、协调诸理念。无论在利益平衡的平台上还是动态实现的过程中，立法与司法立场总有一个倾向性的政策导向。比如观察日本《公司法》关于股东查阅会计账簿的制度设计，可以明显地感觉到有利于股东行权的政策倾斜导向，其制度发展方向更为重视如何鼓励股东行权，重视发挥股东查阅权对于公司管理层的牵制与监督功能，从而实现建立良好公司治理结构、保护全体股东利益的立法目标。[1] 我国现时公司立法与司法立场所采的政策导向上，知情权以及与其具有相同法律属性的诸类股东权的赋予、行使与救济，始终不能偏离坚守股东利益至上的基本立场，尤其在封闭公司更要注重倾斜保护少数股东利益的立场，如果此不成为各界的共识，那么有关股东知情权被限制、实质性剥夺的公司意思效力边界的争论，以及其效力规则适用对象的扩张问题，恐怕会一直持续下去。

附录：主要裁决文书索引

1. 上海市第二中级人民法院民事判决书，(2013)沪二中民四(商)终字第51264号。

2. 上海市第二中级人民法院民事判决书，(2011)沪一中民四(商)终字第1177号。

3. 江苏省丰县人民法院民事判决书，(2005)丰民二初字第147号。

4. 江苏省徐州市中级人民法院民事判决书，(2006)徐民二终字第10号。

5. 湖南省湘潭市中级人民法院民事判决书，(2015)潭中民三终字第475号。

6. 上海市浦东新区人民法院民事判决书，(2006)浦民二(商)初字第2800号。

7. 上海市第一中级人民法院民事判决书，(2007)沪一中民三(商)终字第172号。

8. 浙江省慈溪市人民法院民事判决书，(2009)甬慈商初字第3114号。

---

〔1〕 参见朱大明：《日本公司法中股东会计账簿查阅权的基本结构与特点》，中外商法论坛第三期“权利冲突的信息之维——论道股东知情权”会议论文，2018年于西南政法大学。

第三章

有限公司股权转让中的公司意思*

【本章导读】 在有限公司股权转让的实务纠纷中,各法院间缺乏对股权本质的准确且统一的认识,而多简单适用一般买卖合同规则调整此类纠纷,由此引发了大量理论与实践问题。本章从股权的社员权本质入手,阐明股权转让的团体法特征,维护公司章程自治的必要性以及对于其他股东的保护义务几个方面,明确公司在股权转让中的独立地位,切实维护有限公司的人合性、封闭性、自治性。进而具体分析了既有股权变动模式中的问题,既包括缺乏公司意思的股权变动模式及弊端,也包括虽明确公司地位却仅承认对抗效力的修正意思主义模式的问题,细致分析了公司认可生效模式的优越性以及行之有效的构建方案,以期完善我国的股权变动规则,有效平衡、保护各方的权益,统一权利变动规则,减少股权转让纠纷。

【本章关键词】 组织法　意思主义　公司意思　股东名册　认可生效

一、引言

一般认为,基于法律行为的股权变动,乃是股东与受让人双方之间订立股权

---

* 本章的主要内容,曾以《公司认可生效主义股权变动模式——以股权变动中的公司意思为中心》为题目,发表在《法律科学》2021 年第 3 期,感谢《法律科学》杂志社的授权。本章的合作者是钟森美。钟森美,法学硕士,供职单位:中国邮政储蓄银行总行法律部。

转让契约以及让与权利的私法行为。但在这之中公司有无自己的独立意思介入？这实为多年来股权变动模式争论的根源性问题。与此相关的一系列问题还有，在股权变动中公司是享有任何实体性权利，还是仅仅承担变更股东名册、工商登记及公司章程记载等程序性义务？公司章程对股权转让的限制性乃至禁止性规定究竟是影响股权转让合同的效力还是股权变动的效力，抑或成为公司意思介入股权转让的权源基础？股东名册的效力与工商登记的效力如何协调？如果对公司以独立意思介入股权转让持肯定立场，那么要回答的问题包括：公司介入的制度价值何在？如何建构体现公司主体地位、有助于公司意思表达的股权变动模式？

上述诸问题，基于公司法理的逻辑推理以及实证法的比较法研究都是重要的，但类型化分析既有的裁决经验及其共识性裁判规则的视角，在公司法运行20多年后的今天，也尤为重要。借此，可以更清晰地明确公司在股权转让中应有的法律地位，并由此构建一个更加符合法理和具有现实基础支撑的股权变动模式。

二、公司介入股权转让的理论基础

股权转让往往直接类推适用买卖合同一般规则，有学者主张类推不动产物权转让，以变更登记为要件；〔1〕还有学者主张股权是无形财产，由此应类推适用动产转让规则，以交付为要件并提出了确定交付标准。〔2〕现行法中公司有义务履行股东名册变更、换发出资证明书等程序性义务，无权实质介入〔3〕，因此需首先论证公司有权介入。

---

〔1〕 参见赵旭东主编：《公司法学》（第4版），高等教育出版社2015年版，第250页。

〔2〕 参见陈立斌主编：《股权转让纠纷》（第3版），法律出版社2015年版，第136页。

〔3〕 参见《九民纪要》第8条规定：当事人之间转让有限责任公司股权，受让人以其姓名或者名称已记载于股东名册为由主张其已经取得股权的，人民法院依法予以支持，但法律、行政法规规定应当办理批准手续生效的股权转让除外。未向公司登记机关办理股权变更登记的，不得对抗善意相对人。第9条规定：审判实践中，部分人民法院对《公司法司法解释（四）》第21条规定的理解存在偏差，往往以保护其他股东的优先购买权为由认定股权转让合同无效。准确理解该条规定，既要注意保护其他股东的优先购买权，也要注意保护股东以外的股权受让人的合法权益，正确认定有限责任公司的股东与股东以外的股权受让人订立的股权转让合同的效力。一方面，其他股东依法享有优先购买权，在其主张按照股权转让合同约定的同等条件购买股权的情况下，应当支持其诉讼请求，除非出现该条第1款规定的情形。另一方面，为保护股东以外的股权受让人的合法权益，股权转让合同如无其他影响合同效力的事由，应当认定有效。其他股东行使优先购买权的，虽然股东以外的股权受让人关于继续履行股权转让合同的请求不能得到支持，但不影响其依约请求转让股东承担相应的违约责任。

(一)股权转让中公司介入的必要性:股权转让的组织法特性

1. 股权的社员权特性使得其行使离不开公司意思

股权性质的学说分歧在于是否认识到其本质上是一种团体性权利。股权所有权说无法合理解释公司和股东如何同时支配同一财产,并随着法人享有独立财产权被普遍接受而逐渐废弃。股权债权说强调的两权分离是事实上而非法律上剥夺了小股东对公司的支配权〔1〕,"无法解释股东股权与公司财产权相互独立又制衡的产权结构,也无法解释股东参与公司管理、决定公司重大决策的正当性。"〔2〕至于通说独立权利类型说〔3〕的特征多可在社员权说中得到解释,仅一条或能实质形成挑战,即"一人公司的出现使公司不同于传统社团,强烈的资本性取代了人的结合性,股东地位完全取决于股东出资额"〔4〕,却过度夸大资本价值,忽视了公司独立意志,新股东取得股权也需要出资意思与公司接受意思达成一致。同时该说因未明确股权性质无法形成完整理论体系,使得股权转让等股权问题无视公司主体性,类推适用物权或债权规则,引发较多理论和实践困惑。

社员权说则充分尊重了公司主体地位,有利于公司意思表达。股权是基于成员资格而享有的成员权〔5〕,性质上是社员权〔6〕,核心在于公司与股东的关系〔7〕。其一,社员权说体现了公司是由发起人依据发起人协议成立的组织理念,发起人在公司成立后成为股东进而获得股权;其二,物权和债权属于个人法语境下权利,描述的是相互独立的个人之间的财产关系,权利行使具有较大自主性,股权行使需要受到团体规则约束,只有在团体法语境下才能得到解释〔8〕;其

〔1〕 参见史际春:《企业和公司法》(第2版),中国人民大学出版社2008年版,第103页。

〔2〕 孔祥俊主编:《民商法热点、难点及前沿问题》,人民法院出版社1996年版,第219页。

〔3〕 参见赵旭东主编:《公司法学》(第4版),高等教育出版社2015年版,第244页;周友苏:《新公司法论》,法律出版社2006年版,第232页;范健、王建文:《商法学》,法律出版社2007年版,第161页。

〔4〕 江平、孔祥俊:《论股权》,载《中国法学》1994年第1期。也有学者认为,一人公司的股东虽然只有一人,但其股权从性质上看仍不妨视为社员权,一人公司虽然否定了股东复数性,但未否定股东的社员性,而股东的社员性是社团性的核心内容,其重要性远甚于股东的复数性。一人公司是对公司社团性的发展,而非根本否定。参见刘俊海:《股份有限公司股东权的保护》(第2版修订本),法律出版社2004年版,第16页。

〔5〕 参见[德]卡尔·拉伦茨:《德国民法通论》,王晓晔等译,法律出版社2003年版,第221页;柯芳枝:《公司法论》,中国政法大学出版社2004年版,第643页。

〔6〕 参见谢怀栻:《论民事权利体系》,载《法学研究》1996年第2期。

〔7〕 参见刘俊海:《现代公司法》,法律出版社2008年版,第323页。

〔8〕 参见叶林:《私法权利的转型——一个团体法视角的观察》,载《法学家》2010年第4期。

三，“社员权是一种复合型的权利，其中既有具经济性质的自益权，也有不具经济性质的共益权”〔1〕，股权表现为资产收益权和参与决策权；其四，股东不是凭借个人意志直接对公司进行管理，而是依靠公司机关如股东会等来参与重大决策、选择经营管理人员，这亦完全符合社员权通过社团意思机构间接行使的特性。“股权是成员权，成员权须于团体内部、依团体规则行使，脱离团体则失其权能。”〔2〕股权的获得和行使都有赖于公司意思，脱离公司便无法实现其利益，其团体性特性决定了股权转让不能简单类比物权转让或债权让与。

2. 股权转让的团体法特性

首先，股权转让中的同意权与优先购买权制度并不能有效保障有限公司的人合性。传统理论一般将股权转让界定为准物权行为〔3〕，仅通过同意权和优先购买权制度来保证其他股东对人合性的期待。但“视为同意转让的规定，实际上使股东可以强制转让其股权，因为其他股东要么同意这一股东向其他以外的人转让股权，要么自己购买该转让的股权”〔4〕，同意权事实上形同虚设〔5〕；优先购买权受同等条件等因素制约使得其作用大大削弱〔6〕，“一旦其不行使优先购买权，该等其他股东甚至不得不承受与恶意受让方共同参与公司事务的最终结果。这种制度安排使我国有限公司股权具有很强的流动性，有限公司甚至不再是学术界所称的人合性公司”。〔7〕

其次，优先购买权与同意权制度对人合性保障乏力的原因在于设计制度的时候并未意识到股权转让的涉他性〔8〕，这背后更深层次的问题是公司独立人格的法理认知。股权在本质上体现出的是一种经济利益，但股权的客体既非股东出资的财产也非公司的资产，而是公司的抽象资本被法律拟制之后的抽象股份，

〔1〕 王雷：《论民法中的决议行为——从农民集体决议、业主管理规约到公司决议》，载《中外法学》2015年第1期。

〔2〕 王军：《中国公司法》，高等教育出版社2015年版，第274页。

〔3〕 如史尚宽教授认为，准物权行为谓以物权以外权利之转移、变更或消灭为直接内容之法律行为，如股东权等之让与。参见史尚宽：《物权法论》，中国政法大学出版社2000年版，第18页。

〔4〕 范健、王建文：《公司法》，法律出版社2015年版，第21页。

〔5〕 参见伍坚：《有限公司股权对外转让制度研究》，载《法学杂志》2019年第10期。

〔6〕 参见伍坚：《有限公司股权对外转让制度研究》，载《法学杂志》2019年第10期。

〔7〕 叶林：《论出资额转让协议的性质和效力——以〈中外合资经营企业法〉为例》，载《法律适用》2010年第1期。

〔8〕 股权转让在某种意义上是对股东与其他股东、股东与公司、股东与债权人之间关系所做出的一定调整。这种利益关系的调整必然会对交易之外的第三人产生影响，从而具有交易的涉他性。参见冯果、段丙华：《公司法中的契约自由——以股权处分抑制条款为视角》，载《中国社会科学》2017年第3期。

具有高度的拟制性。[1] 股权转让不同于个人法上独立个人交易行为,不仅改变股东关系,更会改变股东与公司间关系,背后所反映的是股东与公司之间动态的资本关系。“股权的转让毋宁说是纯粹的权利的转让,还不如说是身份的概况继受,与德日等大陆法系国家盛行的‘股权社员权说’一脉相承。”[2] 因此,“公司在股权转让中仅承担程序性义务”的观点,实质上是将公司作为股东财产的衍生物,股东对其财产的拥有、交易和转让仅仅需要股东的意思表示即可,缺乏对公司主体独立性的法理认知[3]。

最后,实践中有限公司股东通常都参与公司事务管理,股东意志对公司经营有重大影响,内部转让同样也会引发股权结构产生重大变化。[4] 公司意志不同于股东个人意志,也不是股东意志简单加总,而是依据规则产生的共同意志。为提高决策效率和避免出现僵局,股权结构往往经过精心设计,股东也高度重视股权结构和控制力的相对稳定,通过股东协议或章程对内部转让进行限制。控股股东变化会引发经营理念的变化,其他小股东又无力购买如此多股权,极易侵犯小股东利益[5],而有效防范大股东滥用控制权侵害中小股东利益历来是公司治理的关键,应当允许公司介入股权转让。

(二)股权转让中公司介入的可行性:公司角色的类型化

1. 公司在股权转让中的审查权:章程自治性保障

现行法规定只能通过其他股东来抵御不受信任的人,因为受制于同等条件等而制约效果往往不佳,一旦无法相互信任的股东进入公司,各股东为了维护自身利益势必加强对公司控制,进而严重影响公司正常运营和公司治理机构的意思形成,甚至引发公司解散的局面。此类风险可以通过章程预先规定有效防范。在本章搜集的95个明确记载股权转让比例的案例中,多达28个案例涉及控股股东更换,如果新股东与现存股东经营理念不合,甚至新股东是同行业竞争者,其他小股东却往往因资金不足等无力购买控股股权而被迫同意,公司、其他股东

---

〔1〕 参见冯果、段丙华:《公司法中的契约自由——以股权处分抑制条款为视角》,载《中国社会科学》2017年第3期。

〔2〕 罗培新:《抑制股权转让代理成本的法律构造》,载《中国社会科学》2013年第7期。

〔3〕 参见邓峰:《普通公司法》,中国人民大学出版社2009年版,第376页。

〔4〕 参见朱慈蕴:《公司法原论》,清华大学出版社2011年版,第211页。

〔5〕 如美国《公司法》规定,控股股东不得故意地或疏忽地将控股股份转让给意图以非法方式掠夺公司资产的人,否则就要向公司承担赔偿损失的责任。在转让控股股份时,出让人不得出卖公司资产或公司机会,否则必须将出让所得返还给公司或其他股东。苗壮:《美国公司法:制度与判例》,法律出版社2007年版,第498~499页。

利益将极易受到侵害。“在团体利益暴露在多数派的外在利益支配之下场合，更是容易诱发后者的道德风险。”[1]此类限制也有比较法上的支持，如“在美国法上，对非公开公司，也会存在股权转让的自我限制，这种限制可以保证转让不至于影响到公司的控制权。”[2]另有关资料反映，“目前在中国大陆的非公有制经济中，家族式经营的企业至少占到90%”[3]，公司通过章程对股权转让进行个性化规范有充足的必要性和现实性。有学者观察到“家族公司股权转让的限制条款，不仅包括股权买卖，还包括一切具有转让潜在可能性的情形，如质押、赠与、雇佣合同终止、股东离婚等。”[4]

作为公司自治基石的章程是公司人格独立的重要保障。股权是团体法上权利，因此股权转让应当受到章程约束。《公司法》肯定了股权转让中公司自治，[5]多数学者也肯定章程规定会影响股权转让协议或者股权转让行为效力，但采取何种措施来维护章程规定这一问题却被大多数学者忽视。对章程性质，学界存在不同认识并形成两种有力学说。自治法说主张“章程是股东为了规范公司组织形式和行为准则而设立的法律文件，不但约束章程的设立者，而且约束公司机关及新加入公司的股东，具有自治法规的性质”。[6] 英美法系大多主张契约说，公司是一系列合同，章程也是公司合同的一部分。“章程的制定是基于发起人的共同意思，章程制定后即对发起人产生约束力，具有契约的性质。”[7]自治法说将章程比作法是强调其规则属性，本质仍是股东的自由意思，“自治”一词恰彰显了自由理念。契约自由是民法的基本原则和理念，“契约”一词充分反映契约说推崇公司自治的特性。两种学说显然都强调股东意思自治，股东和公司可以通过章程的自我设计来实现最符合公司个性、有利于实现股东利益最大化的治理结构和规则。股东行使权利不得违反章程，正如有学者说“股权是社员权，必须遵循公司法及公司章程规定的规则，以促进社团利益的方式最终实现股东的自身利益”。[8] “公司章程是股东和发起人就公司的重要事务所作的

---

〔1〕 蔡立东：《公司自治论》，北京大学出版社2006年版，第169页。
〔2〕 邓峰：《普通公司法》，中国人民大学出版社2009年版，第375页。
〔3〕 蔡祖飞：《中国家族企业的管理分析》，载《现代经济信息》2012年第9期。
〔4〕 夏旭阳：《家族公司股权转让限制的法律分析》，载《法治研究》2009年第4期。
〔5〕 《公司法》第71条规定：“公司章程对股权转让另有规定的，从其规定。”
〔6〕 董慧凝：《公司章程自由及其法律限制》，法律出版社2007年版，第64页。
〔7〕 赵旭东主编：《商法学》，高等教育出版社2007年版，第213页。
〔8〕 上海市高级人民法院编：《公司法疑难问题解析》（第3版），法律出版社2006年版，第78页。

规范性和长期性安排,体现了很强的自治性色彩,可以对股权转让进行限制。”[1]虽然章程实践中存在严重的范本化、形式化问题,多数只是原封不动地复述了公司法中股权转让规定而未能切合自身所需设计,但样本案例[2]仍有少数公司践行了章程自治。

在鼓励公司通过章程强化自治的同时,作为章程执行者和守护者的公司在股权转让过程中的作用更不应被忽视。表3－1案例中多数法院认为违反章程的股权转让无效,公司有权拒绝承认受让人成为公司股东,拒绝股东名册和工商登记变更。[3] 但公司作为有着稳定运行机制的独立主体,法律应当将股权转让合规性审查权赋予公司,充分尊重公司自治,不应由法院过早介入,公司自行处理股东违反章程的行为具有正当性,这样才符合法理和商事交易效率和确定性。正如有学者所说,“为了消除股权转让上的不确定性,与其规定公司有权拒绝办理股权变更登记,莫如正面承认公司在股权转让中的审查权”。[4]

表3－1　章程对股权转让另有规定

案件名及案号	章程对股权转让另有规定	裁判观点
周希东与莱州市光远玻璃有限公司股东资格确认纠纷案,(2016)鲁06民终355号	股东因调动、退休或其他原因与公司解除劳动关系及离岗时,其出资一律按原出资额退给本人,董事会研究确定转让对象,在董事会指导下转让	转让人虽未与第三人签书面转让协议,但公司受股东委托将股权转让给第三人,转让股权并未减少公司出资,且股东已经接受转让款,转让行为有效

[1] 蒋大兴:《公司法的展开与评判:方法·判例·制度》,法律出版社2001年版,第282页。

[2] 样本案例采集来自实证研究采用的案例库,包括(1)“北大法宝”搜集案例80例,(2)“无讼案例”搜集案例30例,(3)“威科先行”搜集案例20例,(4)“中国裁判文书网”搜集案例20例。共计150例,剔除重复的38例,最终得112例。从案例的空间维度看,选取的案例遍布西藏自治区以外全国的所有省级行政区,可以充分展示全国范围内的股权转让案件的裁判思路。时间跨度为2005~2016年,其中2010年之后(含)的94例,占总数的83%;2006~2009年的15例,以上均为2005年《公司法》实施后的裁判。另有3例是2005年的,因其观点明确、说理充分而入选。

[3] 有学者也认为,股权转让违反公司章程限制性规定的,公司得以股权转让违反公司章程为由进行对抗,可拒绝股权登记要求并拒绝受让人行使股权。参见郑云端:《公司法学》,北京大学出版社2016年版,第138页。

[4] 叶林:《公司在股权转让中的法律地位》,载《当代法学》2013年第2期。

续表

案件名及案号	章程对股权转让另有规定	裁判观点
王国庆与十堰市双兴净化器有限公司股东资格确认纠纷案，(2016)鄂03民终302号	股东向股东以外的人转让其出资时，须向董事会申请，经董事会商议通过并提交股东大会，全部股东过半数同意	转让股权既未通知其他股东，更未经过全体股东过半数同意，因此该股权转让行为无效
徐州美迪胶合板有限公司诉徐州市金澄米业有限公司等案外人执行异议之诉案，(2013)徐商终字第0335号	股东持有的股金，经董事会同意，并按规定办理登记手续后，可依法转让、继承和赠与	转让行为并未经董事会同意，不符合章程规定。股权转让无效
穆荣与苏州广达科技有限公司案，(2016)苏05民终2466号	股权内部转让，应当经其他股东过半数同意	章程对于股东对内转让股权虽然设定部分限制，但并未完全阻止，限制股东还存在其他救济途径，章程有效
冯素珍等诉王志伟股权转让纠纷案，(2015)沪一中民四(商)终字第1820号	“组织机构”一章规定，股东会行使包括“对股东转让出资作出决议”等职权	股东会决议并非签署股权转让协议前提，有无决议不影响协议效力，亦不影响协议履行
山西新亨运汽车服务有限公司等诉山西必高汽车集团有限公司股权转让纠纷案，(2014)并民终字第427号	股东向股东以外的人转让出资，须经全体股东同意	章程另行规定对股权转让的禁止性、限制性条件不应和《公司法》第72条第2款的规定发生根本性冲突

2. 公司在股权转让中的保护义务

(1)保护义务的团体法依据

公司作为一个社团，股东是其社员，“成员权为团体对成员的保护义务，团体必须妥善地履行对成员的保护义务”[1]，公司应当站在社团整体利益立场上尽保护职责，作为股东权利实现的义务承担者，必须妥善保护股东利益。除了具体化权利如股东利润分配请求权、剩余资产分配请求权等外，股东享有期待对公司的控制力不被削弱、公司能够掌握在与自己经营投资理念相合的股东手中等一般性利益并受到公司保护。如有学者说“股东具有维持自己在公司的股份比

[1] 叶林：《私法权利的转型——一个团体法视角的观察》，载《法学家》2010年第4期。

例的一般性权利。具体在股权转让时,公司也应当满足其他股东按照自己既有之持股比例优先购买拟转让股权的客观要求"[1],有义务保障股权转让中其他股东利益不被侵犯。

章程反映了股东最大合意,公司和股东行为符合公司章程是对股东利益的最佳保护。"有限公司大多采取股东直接担任经营管理人员且基于相互信赖而不设置较为复杂的权力制衡模式的治理结构,股权变动势必会影响公司治理结构及经营管理模式的稳定性与可持续性。"[2]公司虽非股权转让的当事人,但不仅不能置身事外,还应当在受让人成为股东前对转让事宜进行积极审查,确保股权转让符合公司章程和公司法规定。如果公司仅在股权转让完成后被动承担程序性义务,无疑使该项满足公司经营个性需要和维护整体利益、弘扬章程自治的措施落空。

(2)保护义务的信托法依据

公司不对少数股东承担信托义务的学说当前已被废弃,公司和公司多数股东应对少数股东承担受信托义务,[3]公司应当承担信托义务维护全体股东利益。我国公司法理论深受欧美公司法影响,从许多制度设计中可以看到美国公司法的影子,如"刺破公司面纱"和"董事义务的来源"等问题。深入分析公司法规则背后的信托法观念,有助于更好地理解公司法。有学者认为"考虑到公司对财产拥有、占有上的相对独立性,公司和信托存在相似性"。[4] 股东通过让渡出资物所有权换取对公司的股权,公司实际占有管理出资物,股东享受投资收益,二者在本源上是相通的。

信托需要委托人将财产所有权转移至受托人,受益人对信托财产的影响力和受托人不可相提并论,受益人利益的维护和实现全有赖于受托人的能力和忠诚。各国信托法花费大量笔墨规定受托人的信义义务,信托法理论也对信义义务进行了不懈研究以维护受益人利益。公司处于类似信托受托人的地位,股东则类似于受益人,公司应当履行信义义务维护股东利益。董事等经营管理层作为公司意志的具体执行者,同样有义务维护公司和股东利益不受不当股权转让的侵害,公司应有权拒绝不当的股权转让。

---

〔1〕[韩]李哲松:《韩国公司法》,吴日焕译,中国政法大学出版社 2000 年版,第 271 页。

〔2〕范健、王建文:《公司法》,法律出版社 2015 年版,第 306 页。

〔3〕参见张民安:《公司法的现代化》,中山大学出版社 2006 年版,第 363 ~364 页。

〔4〕邓峰:《普通公司法》,中国人民大学出版社 2009 年版,第 349 页。

三、缺少公司介入的股权变动模式及其弊端

股权变动模式〔1〕产生争议的主要原因是，理论学说与实务观点对现行法中股东名册效力的认识不同。具体而言，权威释法文献主张通过股东记载确定公司股东，〔2〕甚至参与立法的学者也认为股权转让自股东名册变更生效。〔3〕前述观点遭到颇多质疑，其中最为直接有力的反驳是：《公司法》第73条和《公司法解释三》第23条的规定〔4〕，《公司法》第32条的表述只涉及已记载股东问题，并没有说明未记载于股东名册是否被承认为股东，"'记载于股东名册'仅是受让人'行使股东权利'的充分条件而非必要条件"〔5〕。现行股东名册制度极不完善，保管和登记没有落实具体责任主体，实践中公司并未充分重视股东名册制度对股东权益保护和公司正常运营的重大意义。本书搜集的112个案例中，明确提到公司内部置备有股东名册的仅12个，原告、被告方和法院也未一律以股东名册作为生效标准。解释论上我国现行法未明确规定股权转让生效要件或者股权变动模式，下文探讨主要是基于立法论立场而非严格基于法律规范进行解释。

（一）纯粹意思主义模式及其检讨

此模式下双方意思表示一致即发生股权变动，不要求股东名册记载与变更登记。"股东之间的股权转让，股权转让合同生效即产生股权移转之效果。唯

---

〔1〕 作者对学界现有股权变动模式进行了综述，并概括成"纯粹意思主义模式""债权形式主义模式""修正意思主义模式"。参见李建伟：《有限责任公司股权变动模式研究——以公司受通知与认可的程序构建为中心》，载《暨南学报（哲学社会科学版）》2012年第12期。为交流便利，本书沿用这些称谓。

〔2〕 参见全国人大常委会法制工作委员会编：《中华人民共和国公司法释义》（最新修正版），法律出版社2013年版，第65页。

〔3〕 参见邹国升主编：《〈中华人民共和国公司法〉释义》，中国大百科全书出版社2005年版，第108页。

〔4〕 《公司法》第73条规定："依照本法第七十一条、第七十二条转让股权后，公司应当注销原股东的出资证明书，向新股东签发出资证明书，并相应修改公司章程和股东名册中有关股东及其出资额的记载。对公司章程的该项修改不需再由股东会表决。"《公司法解释三》第23条规定："当事人依法履行出资义务或者依法继受取得股权后，公司未根据公司法第三十一条、第三十二条的规定签发出资证明书、记载于股东名册并办理公司登记机关登记，当事人请求公司履行上述义务的，人民法院应予支持。"这两条清楚表明，变更股东名册是转让股权后公司应尽的法定义务，充分论证了股东名册在股权转让过程中不是股权变动生效要件。

〔5〕 李建伟：《有限责任公司股权变动模式研究——以公司受通知与认可的程序构建为中心》，载《暨南学报（哲学社会科学版）》2012年第12期。

有经‘其他股东过半数同意’对外转让，且其他股权放弃优先购买权时，股权之对外移转才能生效”〔1〕，优先购买权只影响股权变动与否而并非股权转让协议的成立或生效要件〔2〕，该观点对实践产生了巨大影响力。

表3-2中的裁判观点均认为如果其他股东放弃优先购买权，协议生效即发生股权变动，这样看似最符合商事交易追求便捷、效率特性，实则缺乏法理支持，具体而言有以下几点理由：(1)股权是团体法性质的权利，只有在公司中才有意义，股权的义务方为公司。(2)转让协议生效仅能产生债法效果，并不能发生股权变动效果。如广东达宝物业管理有限公司与中岱公司、中珊实业有限公司股权转让合作纠纷案中，最高人民法院认为：“该协议只是使得转让人负有向受让人转让股权的义务，而没有使得受让人实际获得股权从而导致公司股权发生变化”〔3〕。(3)公司失去介入机会意味着公司的主体地位被忽视，这会使得法律和章程施加的限制落空。(4)现行法股权转让事项采个别通知形式，不必召开股东会导致公司常常会对股东转让股权事项并不知情。“一个尚未为公司认可甚至公司还不知道受让人为何人的股东难以称为‘公司股东’，受让人在行使股权的时候也极有可能遭到公司的阻碍。”〔4〕纯粹意思主义模式并不足取。

表3-2 纯粹意思主义模式

案件名及案号	裁判观点
上诉人李子微与被上诉人南京小鱼山文化传播有限公司胡宁股东资格确认纠纷案，(2016)苏01民终3112号	转让人自股权转让协议出具之日起即不具有公司的股东身份。未办理工商变更登记手续以及经过股东会决议，均不影响股权转让的效力
深圳市蒲公堂信息有限公司与投资管理公司、科汇通控股有限公司撤销权纠纷案，(2007)民二终字第32号	股权转让生效时间为协议生效时间，法律规定合同应当办理批准手续的，自批准转让之日股权转让行为生效
谢克冰与昆明三黄农业科技发展有限公司、支有苏股东资格确认纠纷案，(2016)云01民终1386号	转让人是否转让出自己的股权直接取决于股权转让协议及股东会决议的效力

〔1〕王军：《中国公司法》，高等教育出版社2015年版，第384页。

〔2〕最高人民法院在判决中也认为，股东优先购买权的行使与否不影响转让协议是否生效，而只能影响该协议是否履行。最高人民法院民事判决书，(2003)民二终字第143号。

〔3〕最高人民法院民事判决书，(2010)民提字第153号。

〔4〕李建伟：《有限责任公司股权变动模式研究——以公司受通知与认可的程序构建为中心》，载《暨南学报(哲学社会科学版)》2012年第12期。

续表

案件名及案号	裁判观点
薛梦懿等四人与西藏国能矿业有限公司龙辉矿业有限公司股权转让合同纠纷案，(2014)民二终字第205号	受让人根据合同协议取得公司股权后未办理工商变更登记，出让人再次转让股权构成无权处分
张生成、大通晟鑫墙材有限公司与杜忠炎、王化作、邵建小股权转让合同纠纷案，(2016)青民终33号	股权转让协议合法有效，股权转让事实已经形成，转让人已经将股权处分给受让人
陈伟富与刘甫杰与股权转让纠纷案，(2016)粤07民终858号	受让人自股东协议书成立生效时依法享有公司相应的股权，虽没有在工商部门办理股权变更登记手续，但并不影响股权的受让
保生因整体转让公司资产诉张家港市志翔贸易有限公司、朱平股权转让纠纷案，(2011)苏中商终字第0607号	转让合同签订后，转让股东不再享有对公司的股权，受让人取得公司的股权
胡广荣诉冯芳等股权转让纠纷案，(2015)通商初字第01012号	"自股权转让协议生效（签字）之日起双方股东身份发生置换"的约定来看，在协议生效时目标股权在双方之间已实际进行了交付
王六灿等诉王泳股权转让纠纷案，(2015)苏审二商申字第00108号	股权转让发生法律效力的时间，转让协议未作明确约定，按照一般理解是指签订该转让协议的时间。受让人通过该转让协议的意思表示获得了公司的股权
杜金洪与山东滨州鲁丰有限公司股东资格确认纠纷、股权转让纠纷案，(2014)鲁民提字第154号	转让经其他股东过半数同意，有效取得股权
谷羽诉上海厚信工业清洗设备有限公司股东资格确认纠纷案，(2015)奉民二(商)初字第2799号	股权转让协议生效，其他股东放弃优先购买权，股权发生转让

（二）债权形式主义模式及其检讨

该模式下股权变动除了转让协议生效外，还需要股权的交付。股权交付或理解为转让股东与受让人的行为，或理解为公司的程序性义务如股东名册变更、章程记载和办理工商变更登记等，公司仅负有变更登记的程序性义务。股权系无形财产，与动产不同，其在占有移转时不具有可以观察到的外观，公司登记机关登记事项中也包括股权情况，对于何为股权交付有诸多争议。如有学者主张："完整有效的股权交付应包括对出资证明书进行相应变更的股权权属变更和将参与公司管理的共益权和分配公司盈利的自益权等实际地转由受让人行使的股权权能移转两方面内容。"[1]有学者则主张，"股权的交付指股东名册的变更登记"。[2] 还有学者则考虑到法律体系的协调性和工商登记更强的公示性，提出"为避免多种公示的对抗力冲突问题，宜采工商登记要件模式"。[3] 依据交付判定标准的不同，本书将这些观点进行梳理并大致分类，具体为以下四点：

1. 支付股权转让款

因股权转让生效标准不明，该做法完全是司法实践的无奈之举。本质上是对出资之于取得股权的认识偏差，在学界罕有支持者。过去对资本信用的推崇，获得股东身份必须缴纳出资，甚至将实缴与否作为判断是否获得股东身份的依据。反映到通过股权转让获得股东身份上，将支付合同价款对受让人获得股东资格的意义等同于出资对发起人获得股东资格的意义，进而将"支付转让款"作为受让人获得股东资格的要件。此观点背后的法理逻辑是：转让协议生效后股权即移转给受让人，但价款交付前所有权却不变动，有违民法公平原则，[4]有必要通过将价款支付作为股权转让发生标志来平衡双方利益。

表 3－3 是一些支持此观点的样本案例，但该观点存在以下问题：(1) 严重违背逻辑。支付股权转让款有赖于受让人行为，而变动股权需要股东意思，二者逻辑上彼此独立。(2) 风险与利益错配。价款支付和权利变动不同步问题是全部有偿合同都会面临的，为避免转让股东利益受损一律将价款支付作为股权变动标志，无疑会破坏交易秩序，影响交易双方风险和利益的分担。(3) 适用范围具有局限性。在股权无偿转让、继承等不涉及价款支付的股权变动情形中将失去适用的空间。

---

[1] 赵旭东：《公司法实务系列之四：股权转让与实际交付》，载《人民法院报》2002 年 1 月 25 日，第 3 版。

[2] 肖龙、孙小平、王忠：《从个案谈有限责任公司股权转让的若干问题》，载《法律适用》2003 年第 9 期。

[3] 朱庆：《股权变动模式的再梳理》，载《法学杂志》2009 年第 12 期。

[4] 参见梅慎实：《上市公司股份协议转让中的误区与法律对策》，载《河北法学》1998 年第 5 期。

表3-3 支付股权转让款，股权发生变动

案件名及案号	裁判观点
曹旭彬、符式丽、曾登高与海南鑫灏房地产有限公司股权转让纠纷案，(2014)海中法民二终字第179号	签订转让股权的协议，付清股权转让款，通过转让的方式在公司内部取得了股权
黄波与武宣荣隆废渣再生利用金属有限公司股东资格确认纠纷案，(2015)来民二终字第230号	不能证实其已经按照股权转让协议履行了付款义务，故未取得荣隆公司的股权
许昌市恒顺煤炭运销有限公司、孙向阳与王皓股权转让款纠纷案，(2008)许民二终字第142号	公司在受让人未支付股权转让款的情况下，通过股权转让程序变更股东资格，侵犯了转让人的财产权利
周希东与莱州市光远玻璃有限公司股东资格确认纠纷案，(2016)鲁06民终355号	股权转让协议有效，股权转让方接受股权转让款，股权转让发生效力
上海德缘居茶艺休闲有限公司与上海汇劲信息科技有限公司股东资格确认纠纷案，(2016)沪02民终2058号	实际出资是股东对公司最重要的义务，也是认定股东身份的重要依据。受让人已经支付转让费，可以认定取得股权
梁安平诉田玉琴股权转让纠纷案，(2015)沪一中民四(商)终字第1821号	《股权转让协议书》已经股权转让双方签字生效，且受让方亦给付了股权转让款，股权已变更为受让方所有
张某某与赵某、上海新瑞禾建设工程造价有限公司、原审任某某股权转让纠纷案，(2011)沪二中民四(商)终字第292号	转让股东与受让人签订转让合同并收取股权转让款，是各方当事人真实意思表示，表明股权转让事宜已经完成，受让人已取得公司的股权

事实上，“受让人是否已履行其交付转让款的义务，仅涉及当事人之间的合同义务，与股东资格无关”[1]，未依约支付价款只是典型的违约行为，受让人承担违约责任足以保护转让股东利益。司法实践中也有不少支持违约责任的做法，如徐振贤与徐振远股东权确认纠纷申请再审案中，法院认为“没有支付股权转让款并不影响股东在公司的股东资格或身份的认定，其承担的是违约责任，而

〔1〕 范健、王建文：《公司法》，法律出版社2015年版，第268页。

不能因此否定其股东资格。”[1]因此不应以价款支付作为股权变动要件。

2. 变更股东名册

《公司法》第32条[2]明确了股东名册的作用，但是关于其在股权转让中的效力并未形成统一认识。有学者认为，“享有股东权利，应以股东名册登记为前提”[3]，审判实践中有许多裁判明确支持这种做法。

表3-4案例法院虽然认为获得股东资格需要变更股东名册，却很少仅仅依据股东名册，往往结合出资证明书、公司章程记载和变更工商登记等因素。“股东名册并不是以其记载来确定股东权本身，即股东名册不是确定谁为真正股东的‘权利所在的根据’，而不过是确定谁可以无举证地主张股东权的‘形式上资格的根据’。”[4]以股东名册为股权变动要件完全背离公司实践，股东名册在实践中也并未作为识别股东资格和权利的主要依据。由于缺乏相应的责任规范和具体可行的强制措施，股东名册的缺失在实践中成为常态或者无法真实反映股东及股权状况。在完善的股东名册制度建立前，一味强化股东名册在股权转让过程中股权变动生效要件的作用，只会增加司法的不确定性。更为重要的是，股东名册作为生效要件不利于股权受让人利益的保护。因为虽然英国和德国要求股权变动必须经过股东名册变更，但英国是通过信托理论和实践将转让股东与受让人之间的关系按照信托来处理的，而德国则是通过物权行为理论来处理转让人、受让人和公司之间的关系。[5]

---

[1] 新疆维吾尔自治区高级人民法院民事裁定书，(2015)新民申字第1394号。

[2] 《公司法》第32条第2款规定：“记载于股东名册的股东，可以依股东名册主张行使股东权利。”

[3] 王涌：《股权如何善意取得？——关于〈公司法〉司法解释三第28条的疑问》，载《暨南学报(哲学社会科学版)》2012年第12期。相同观点亦可参见古锡麟、李洪堂：《股权转让若干审判实务问题》，载《法律适用》2007年第3期。

[4] [韩]李哲松：《韩国公司法》，吴日焕译，中国政法大学出版社2000年版，第242页。我国有学者也认为，将股东记入股东名册，既是股东的权利也是公司的义务。股东名册未记载的股东，并不必然没有股东资格。范健、王建文：《公司法》，法律出版社2015年版，第269页。

[5] 参见张小妮、张宝山：《有限公司股权变动时间之反思——以股权对外转让为对象》，载王保树主编：《商事法论集》第22卷，法律出版社2012年版。在英国，股权登记之前，转让人作为受托人为受让人持有该股份。参见[英]丹尼斯·吉南：《公司法》，朱羿锟等译，法律出版社2005年版，第325页。在德国，股权变动本身是一种物权性的履行行为，有限公司股权转让要向公司申请转让登记，但该申请并非一种意思表示，而是一种无形式的声明，是必须接受的通知，登记不是进行有效股权转让的前提条件，而仅具有对抗公司的效力。参见[德]托马斯·莱塞尔、[德]吕迪格·法伊尔：《德国资合公司法》，高旭军等译，法律出版社2005年版，第253页。

表3-4 变更股东名册，股权发生变动

案件名及案号	裁判观点
夏军伟与淄博齐翔腾达化工股份有限公司股权转让纠纷二审民事判决书，(2016)鲁民终315号	股权变动的关键是公司在股东名册上记载、签发出资证明书、股权变动经工商变更登记，以上是股权变动行为
吴泓诉高静股权转让合同纠纷案，北大法宝引证码 CLI. C. 817512	股权变更登记说明出让人履行了出让股权的约定义务，并使受让人成为该公司新股东
陈金龙诉无锡二十一世纪集团有限公司股东知情权案，北大法宝引证码 CLI. C. 817437	公司出具的文件记载受让人姓名、受让股权比例，具有股东名册的效力，受让人依据该名册获得股东身份
解新势与烟台泰达铜材设备有限公司股东资格确认纠纷案，(2014)烟商二终字第294号	公司交付给受让人出资证明书和股东名册，可以认定其已认可被上诉人的股东资格，受让人实际获得股东资格

3. 变更工商登记

《公司法》规定了完成公示的股权变动产生对抗第三人的效力。[1] 学界通说是："工商登记属于宣示性的登记，仅产生对抗第三人的效力，而非股权变动的效力。"[2]是否变更工商登记不影响股权移转，司法实践中也有支持该观点的，如北京金海湖淡水养殖有限公司与胡向林股东资格确认纠纷案中，法院认为"工商登记只是公示行为，对外起对抗效力，工商登记是否变更不影响股权的取得。"[3]但也有学者主张"股权的工商变更登记具有更强的法律效力和公示性，以其作为股权权属变更的要件具有更充分的理由"。[4]

---

〔1〕《公司法》第32条规定："公司应当将股东的姓名或者名称向公司登记机关登记；登记事项发生变更的，应当办理变更登记。未经登记或者变更登记的，不得对抗第三人。"有学者分析认为，受公示成立要件主义的影响，我国公司法及其他法律历来规定股权变动以工商登记为准，但由于股权变动的实际发生与股权变动登记的脱节，常导致众多难以处理的诉讼纠纷，所以改采股权变动登记对抗第三人效力。参见尹田：《对抗要件与优先权——中国物权法的重要改革》，载渠涛主编：《中日民商法研究》第4卷，法律出版社2006年版。

〔2〕范健、王建文：《公司法》，法律出版社2015年版，第268页；刘俊海：《新公司法的制度创新：立法争点与解释难点》，法律出版社2006年版，第314页。

〔3〕北京市第三中级人民法院民事判决书，(2016)京03民终6233号。

〔4〕赵旭东：《公司法实务系列之四：股权转让与实际交付》，载《人民法院报》2002年1月25日，第3版。

表3－5中裁判规则的梳理表明，基于对工商登记具有更强法律效力的认同，司法实践中仍有许多法院将工商登记作为最终确认股权变动的标志，这与《公司法》规定的工商登记不影响股权变动的发生而仅产生对抗效力之间存在明显抵触。正如有学者所说："公司外部登记生效主义虽然对善意第三人的保护力度最大，但对受让方的利益关怀不够，且没有充分注意到股东权关系的核心在于公司与股东的关系。"〔1〕而工商登记的对抗效力也不断受到质疑，"登记对抗要件说并不能合理解释股权二重转让时后一买受人取得所有权的依据，却造成已合法成立的一系列物权变动关系被推翻，破坏了交易安全"。〔2〕"股权工商登记直接照搬了物权式的'不得对抗第三人'，第三人的范围如何界定呢，公司是不是第三人呢？股东名册登记后为何就不能对抗第三人"？〔3〕

表3－5　变更工商登记，股权发生变动

案件名及案号	裁判观点
徐强与威海市山花地毯工会委员会股权转让纠纷案，(2014)威商终字第123号	股东转让协议有效，并经过工商登记公示，受让人取得股东资格
许昌市恒顺煤炭运销有限公司、孙向阳与王皓股权转让款纠纷案，(2008)许民二终字第142号	在工商机关完成变更登记之后，股权已经发生移转
徐振贤与徐振远股东权确认纠纷申请再审案，(2015)新民申字第1394号	工商登记作为认定股权变动的标志
徐州美迪胶合板有限公司诉徐州市金澄米业有限公司等案外人执行异议之诉案，(2013)徐商终字第0335号	股东名册、工商登记未有变更，股权并未发生变动

对于此处的第三人范围，有学者指出"是相对于公司以及转让方以外的民事主体而言，仅指善意第三人，不包括恶意第三人以及具有重大过失的第三

〔1〕刘俊海：《现代公司法》，法律出版社2008年版，第323页。

〔2〕上海市高级人民法院编：《公司法疑难问题解析》(第3版)，法律出版社2006年版，第91页。

〔3〕邓峰：《普通公司法》，中国人民大学出版社2009年版，第351页。有学者主张股东名册应当具有对抗效力，将股东登记自目前的公司登记中脱离出来，合并至股东名册之中，工商登记机关不再登记公司股东及所持股份等信息，将股东名册作为单独的文件，列为公司登记之必须备案文件，股东名册记载变更具有对抗第三人效力。参见张双根：《论有限责任公司股东资格的认定——以股东名册制度的建构为中心》，载《华东政法大学学报》2014年第5期。

人"〔1〕,这是违背现实情况的。股东间的良好合作是维系有限公司正常运营的基础,股东之间的良好合作关系对新加入股东同样重要,受让人受让股权进入公司前会通过一定途径去了解公司其他股东的情况以确保他们是自己心仪的合作伙伴。倘使股东名册被定位为生效要件,工商登记被定位为对抗第三人要件,则根本不存在善意第三人的空间。有学者通过严谨论证指出:"善意第三人尽管存在逻辑上的抽象可能性,但在现实经济生活中难以具有可行性。"〔2〕更有学者直言:"(股权)善意取得的'善意'将很难达成。"〔3〕

同时在股权转让过程中没有变更股东名册记载却变更了工商登记,权利尚未发生变动却产生了对抗性,这无疑会产生逻辑悖论。而登记在册的股东可以提起派生诉讼,但若未完成工商变更登记,第三人则可通过否定其股东资格而否定其提起代表诉讼的权利〔4〕,这将根本违背在公司设立股东代表诉讼制度的初衷。总之,依据现行法,工商登记在股权转让中不具有股权变动要件的作用,其对抗效力也因存在众多问题而饱受质疑。

4. 实际行使权利

将受让人参与公司分配、实际参与公司的经营和管理作为股权转让完成的标志,是我国司法实践中比较普遍的做法,但这仅是股东行使权利的外在形式,缺乏法理的支撑,而且在学界鲜有支持者。本书梳理了一些采纳该观点的案例,如表3-6所示。

表3-6 实际行使权利,股权发生变动

案件名及案号	裁判观点
北京金海湖淡水养殖有限公司与胡向林股东资格确认纠纷案,(2016)京03民终6233号	已实际行使股东权利,履行股东义务,可以确认其获得股东资格
唐智勇与李自铭、云南金陵陵园有限公司股东资格确认纠纷案,云南省昆明市中级人民法院(2016)云01民终945号	受让人实际行使了股东权利,公司和其他股东已经以其后期的实际行为明确认可了其股东的事实,故应确认其股东资格

〔1〕 刘俊海:《新公司法的制度创新:立法争点与解释难点》,法律出版社2006年版,第314页。

〔2〕 李建伟:《公司法学》(第3版),中国人民大学出版社2014年版,第239页。

〔3〕 王涌:《股权如何善意取得?——关于〈公司法〉司法解释三第28条的疑问》,载《暨南学报(哲学社会科学版)》2012年第12期。

〔4〕 参见施天涛:《新公司法是非评说:八、二分功过》,载王文杰主编:《月旦民商法研究:最新两岸公司法与证券法评析》,清华大学出版社2006年版。

续表

案件名及案号	裁判观点
廖孟君与马宏宇、河南省新星科技有限公司请求变更公司登记纠纷案,河南省郑州市中级人民法院(2016)豫01民终2339号	受让人未实际行使股东权益,对转让的股权不享有权利
江西济民可信集团有限公司与浙江康莱特药业有限公司股东资格确认纠纷案,江西省高级人民法院(2016)赣民初1号	实际参与公司重大决策、经营管理并实际享有股东权益,可认定获得股权
赵雪红与孙仁亮、吴忠厚等股权转让纠纷案,(2014)徐商终字第0326号	确认股东资格的标准:一为形式标准,即工商部门的股东登记、公司章程和股东名册的记载等形式要件。二为实质标准,即实际出资、取得出资证明书或实际享有股东权利等实质性标准。未依法定程序履行工商变更登记等情形下,是否享有股东资格的实质条件是判定是否享有股东资格的关键

因有限公司规模小,股东常常可以参与公司的经营管理。但股东对公司行使经营管理职权时是依据董事或经理身份。股东享有权利意味着有行使和不行使的自由,但"享有股东权利是取得股东资格的结果,而不是取得股东资格的条件或原因"。[1] 同样地,受让人如果同时是公司经理,参与公司管理是其管理层职责,不能因为参与实际经营管理就直接认定股权转让发生效力,在金某某与上海哲野印刷有限公司股东资格确认纠纷案中,法院就指出"实际参与公司的经营和管理与获得股东资格并无必然因果关系"[2]。在夏军伟与淄博齐翔腾达化工股份有限公司股权转让纠纷案中,法院也认为"受让人参与公司的经营并不是股权变动行为,不能以此来认定股权已经转让"[3]。

综上,纯粹意思主义模式和债权形式主义模式都面临正当性危机,这背后反映的是股权转让的法理认知失当,没有意识到公司在股权转让中的法律地位。

---

〔1〕 胡晓静:《有限责任公司股东资格确认标准的思考》,载《国家检察官学院学报》2012年第3期。

〔2〕 上海市第二中级人民法院民事判决书,(2012)沪二中民四(商)终字第585号。

〔3〕 山东省高级人民法院民事判决书,(2016)鲁民终315号。

四、修正意思主义模式及评析

逐渐有学者肯定公司在股权转让中的地位，但如何构建一个体现公司主体地位、反映股权转让本质关系的股权变动模式，依然存在较大分歧。下文将基于立法论的视角，从评析现有承认公司在股权转让中地位的股权变动模式出发，为构建合理的公司适当介入的股权变动模式做铺垫。

（一）修正意思主义模式的缺陷

该模式的基本观点是，股权转让协议生效仅仅是股权从转让股东处移转至受让人，在将股权变动的事实通知公司完成变更股东名册记载后，才能对抗公司，完成工商登记变更后，方可对抗第三人。[1] 此模式在意思主义模式的基础上，增加了对抗公司环节，从而明确公司意志，因此可称为修正意思主义模式。[2] 为区分于公司认可生效主义模式，后文修正意思主义模式也称为公司认可对抗主义模式。样本案例如表3-7所示。

表3-7　修正意思主义模式

案件名及案号	裁判观点
山东桑莎制衣集团有限公司与上海亚仕服装服饰有限公司股权转让合同纠纷案，(2015)鲁商终字第216号	股权的行使对象是公司，股东将股权转让事实通知公司或者公司知道股权转让事实的，受让人即取得股东资格
陈家明诉玉林市银厦房地产开发有限公司股东权案，(2006)玉中民二终字第23号	行使股东权利的前提是获得公司签发的出资证明书、章程、股东名册、有关股东及其出资额的记载
郭少勇与从化玮思工业厂房建设有限公司、林锦芳股东知情权纠纷案，(2016)粤01民终62号	公司及其他股东对股东身份予以认可的，其可以在公司的内部关系中以股东的身份向公司主张相应的权利
潜江市天驰汽车大市场有限公司诉刘胜股东资格暨股权确认纠纷案，(2013)鄂潜江民初字第01986号	股东资格获得公司确认的意思表示，并不仅表现为股东名册，还广泛地表现在公司向股东发送的参加股东会会议的通知、通知股东受领公司分配的股利等

---

〔1〕参见范健、王建文：《公司法》，法律出版社2006年版，第101页。

〔2〕参见李建伟：《有限责任公司股权变动模式研究——以公司受通知与认可的程序构建为中心》，载《暨南学报（哲学社会科学版）》2012年第12期。

在肯定公司在股权转让中的作用同时，也存在差异。有的法院将公司地位等同于债权让与中债务人地位，只能接受而无权拒绝。如"股东将转让事实通知公司，受让股东即取得股东资格"。[1] 有的法院则认为股东行使权利需得到公司同意。如朱海峰等与李信宏等股权转让纠纷上诉案中，法院认为"股东身份要建立在公司对投资者身份承认的基础上"。后者注意到股权社员权属性，尊重了公司主体观念。同时承认方式不局限于变更股东名册，体现了理性、务实的态度，有利于避免股东名册置备不完善带来的种种认定麻烦。

《公司法》规定由转让股东单独通知其他股东，实践中却往往通过股东会决议进行即公司事实上已经知晓。如果否定公司独立意思，股权变动事实通知公司后方可对抗公司，第二次通知的价值何在？同时章程事实上也对受让人产生约束力，如果仅转让协议生效就发生股权变动，受让人在公司中行使权利将遇到很大障碍，也不利于章程在公司治理中发挥作用，而且受让方取得股权却不能对抗公司有违股权实质上反映股东与公司之间关系。

针对股权转让中出现的不能向公司主张的股权会造成理论和实践混乱的问题，有学者提出："股权作为一种财产权与非财产权集合的呈现权利束样态的特殊权利，必然使得其变动以效力层级模式依次在股东、公司、第三人之间发生。"[2] 甚至有学者另辟蹊径主张："应当将股权中的财产权与人身权分离，股权转让协议生效就发生财产权的变动，当公司其他股东同意出让人出让股份并放弃优先购买权时，人身权变动发生效力。"[3] 前述观点的实质是基于股权部分权能具有可分性或可转让性的法理认知。笔者主张股权权能不可单独转让，主要理由如下：

其一，股权权能分离理论缺陷。物权式思维下商法学者开始探讨股权权能分离论，实质只考虑了经济逻辑却忽略了法律逻辑，未深入分析其合理性。正如支持该观点的学者主张"公司法对股权的集成设计并不妨碍股东主动将某一权能进行暂时的分离，来达到股权效用的最大化和自身权益的最佳维护"。[4] 事

---

[1] 山东省高级人民法院民事判决书，(2015)鲁商终字第216号。

[2] 石一峰：《非权利人转让股权的处置规则》，载《法商研究》2016年第1期。类似观点亦可参见张平：《股权转让效力层次论》，载《法学》2003年第12期。

[3] 蔡元庆：《股权二分论下的有限责任公司股权转让》，载《北方法学》2014年第1期。

[4] 裴国玺：《论股权权能的分离趋势》，载《晟典律师评论》2007年第1期。

实上“权能分离”理论本身存有较大争议，“所有权权能分离论的实质是确认所有权至高无上的地位以及其他物权对所有权的依附关系，但所有权具有单一性，所有权的分离是不可能的，所有权权能分离论的唯一积极作用是再三强调所有权的地位”。[1] 我妻荣教授更明确反对“基于所有权而设定地上权或抵押权时，不是构成所有权内容的一个权能的分离，而是把浑一的内容具体化的让与”。[2] 王泽鉴教授强调“所有权具有整体性，不能在内容或时间上加以分割。在所有权上设定用益物权或担保物权，不是让与所有权的一部分，而是创设一个新的、独立的物权”。[3] “权能分离”理论解释物权体系尚有诸多质疑，而股权作为与物权存在许多差异的团体法权利，用该理论来解决前述股权转让中的矛盾更不严谨。

其二，各权能是股权不可分离的部分。《公司法》第4条对股权内容进行了概况规定，但具体内容并非独立于股权之外的权利，而是股东依据股东资格行使的各项具体权能。[4] “自益权是共益权的价值基础，共益权是自益权的实现保障。自益权与共益权有机结合而形成股权，缺少其中任何一项，均不能够称其为股权。”[5] 自益性质权能需借助共益性质权能方能真正实现股东投资目的，脱离自益性质权能的共益权能将无所指向，如果由不同主体分别拥有，由于利益诉求不同容易出现为私利而不顾公司整体利益决策，进而引发经营混乱危及公司、其他公司利益。如有学者所说，“在法律经济学的分析框架内，投票权与剩余索取权必须相匹配，否则利益和风险机制的匮乏使得他们不可能做出最优的决策。因为投票权人和剩余索取权人相分离，从而投票权人无需承担投票后果的情形，最终会诱发投票不负责任、投票敲诈等道德风险”。[6]

还有学者从财产权法定主义出发，提出“权利被类型化后，其内部权能将无

---

〔1〕 孟勤国：《论所有权能的单一性》，载《广西大学学报（哲学社会科学版）》1988年第2期。

〔2〕 ［日］我妻荣：《我妻荣民法讲义Ⅱ新订物权法》，罗丽译，中国法制出版社2008年版，第258页。

〔3〕 王泽鉴：《民法物权》，北京大学出版社2009年版，第109页。

〔4〕 参见赵旭东主编：《新公司法讲义》，人民法院出版社2005年版，第163页；刘俊海：《现代公司法》，法律出版社2011年版，第186页；钱明星：《论公司财产与公司财产所有权、股东股权》，载《中国人民大学学报》1998年第2期。

〔5〕 周友苏：《新公司法论》，法律出版社2006年版，第225页。

〔6〕 罗培新：《公司法的法律经济学进路：正当性及其限度》，载《法学研究》2013年第6期。

法分离,无法成为各自独立的单元,所以独立转让也是不可能的”。[1] 股利分配请求权等财产权利和表决权等非财产权益在法律明定为独立权利前,不能独立转让而只能随股权整体转让。试图通过股权权能分离构建股权转让多层次效力理论是违背财产权法定主义的,股权转让协议生效不能发生股权变动的法律效果而仅发生债法效力。

(二)确立股权变动中的公司认可意思为生效要件的优势

1.符合股权转让的特性

公司认可对抗主义模式下受让人利益得到了最大限度地保护,却有违“股权转让在属性上至少应包括财产权利的转移和股东身份的让渡这一双重意义”。[2] 受让人获得股权却在公司认可前不能对抗公司,获得实质性保护的仅仅是财产利益而非股东资格,二者转移是不同步的。前文已经充分论证了协议生效仅能在当事人之间产生债法效力,且股权权能是不能分离的,是不能单独转让的。同时公司成员变动忽视公司意思,试图用对抗主义维护公司主体地位,只会人为地使法律关系复杂化。而公司认可生效主义模式下,协议仅发生债法效力,转让股东有义务请求公司承认受让人成为公司股东以实现缔约目的。但经公司审查认可后受让人方能成为股东,获得股权和股东资格的时间是一致的。

2.维护公司和其他股东利益

有限公司对外承担债务的责任财产是公司资产,但股东个人信用和资产状况也是公司经营的重要信用保证,股东信用状况不良会降低公司信用,加大对外交易成本。同时完全交由股东决定,容易发生侵害公司和债权人利益的情形。如逾期尚未缴纳出资的股东之间可能发生串通,单个股东通过低价受让其他股东的股权成为控股股东,并进而修改出资期限以此来逃避履行对公司的出资义务。而且如果章程未限制,其他股东不享有同意权和优先购买权,无法阻止此种行为的发生,债权人要追究其他股东的出资瑕疵责任将面临取证方面的巨大困难。正如有学者指出,“受制于集合财产理论,公司只是接受股东指令的客体,并不能通过诉权等方式来完成对公司财产的保护,这进而导致了许多公司资产

---

〔1〕 王涌:《财产权谱系、财产权法定主义与民法典〈财产法总则〉》,载《政法论坛》2016 年第 1 期。该文中,王涌教授总结出:“财产权可转让性的逻辑内涵包括:第一,该特定财产权已被法律类型化;第二,该特定类型的财产权已被法律赋予可转让性;第三,该特定类型的财产权可通过合同转让,所包含的对世性和排他性的权素随之有效转让;第四,该特定类型的财产权的转让必然是整体转让,其内部的权能不可独立转让,除非其内部权能再被类型化。”

〔2〕 罗培新:《抑制股权转让代理成本的法律构造》,载《中国社会科学》2013 年第 7 期。

在多元主体下被控股股东或内部人掏空的时候无法取得救济”。[1] 但是如果董事会有权审查，则可以要求股东先行履行出资义务或以股权转让款冲抵所欠出资，否则不认可该股权转让。

法律和章程对全体股东具有约束力，转让股东如果为个人利益进行不当股权转让损害公司和其他股东利益，应当承担相应责任。但在认可对抗主义模式下，股权一经转让，受让人即可取得股权，转让股东也已收回投资，受让人有权请求公司认可。公司拒绝是合理维护公司及其他股东的行为，理应无须担责而应由转让股东承担违约责任，对抗模式下受让人却有权请求公司回购或指定购买人。而且公司对受让人缺乏了解，如果转让股东与受让人恶意串通约定过高股权转让款，公司进行回购将有损公司利益，或在指定购买人时需支付较大的交易成本。而公司认可生效主义模式中公司拒绝后，受让人因尚未取得股权不能对公司主张权利，应由转让股东承担违约责任，这样有利于督促转让股东实施符合法律和章程的股权转让，在实现自身利益的同时不损害公司及其他股东利益。也有学者提出，股权转让究竟是由个人决定还是由公司决定是公司自治事项，不应由法律强制个人同意模式。[2]

3. 平衡股权转让双方的利益

在认可对抗主义模式下，公司认可前仍视转让股东为股东，容易诱发一股多卖的不诚信行为，股权变动完全取决于两方意思。如果受让人已经支付了价款尚未成为股东，转让股东容易和公司串通作出不利于受让人的行为，而转让股东已履行股权移转义务而难再追究其违约责任。但认可生效主义模式下股权变动应当是转让人的请求加上公司的认可，实现了股权变动效果的公司内外部统一，受让人为了保持对转让股东的一定牵制，会根据转让股东的行为谨慎决定何时支付股权转让款，并且如果未能获得股东资格，可以追究转让股东的违约责任。

认可生效主义模式另一大优点在于使股权关系变得确定、清晰，避免出现权属争议。认可行为只能根据转让人的请求作出，既有利于转让股东股权的安全，也有利于受让人取得股权后股东资格的稳定，防止重复处分的可能性，减少股权转让纠纷，减轻法院审判压力，有利于股权和公司的稳定，最终有利于降低交易成本。

---

〔1〕 邓峰：《物权式的股东间纠纷解决方案——〈公司法司法解释（三）〉评析》，载《法律科学（西北政法大学学报）》2015年第1期。

〔2〕 参见傅穹、尹航：《有限责任公司股权转让的同意权制度研究》，载《学术论坛》2016年第8期。

五、公司认可生效主义模式的构建

(一)公司介入股权转让的适当方式

1. 股权转让事项的通知义务

《公司法》规定由转让股东单独通知公司其他股东,但实践中往往通过召开股东会形式并大都由公司通知,一方面公司作为股权的义务相对方,有义务为股东转让股权提供协助(股权转让权也是股权应有内容);另一方面公司有维护整体股东利益的责任,维护股东间信任关系,由公司通知其他股东股权转让事项更符合法理。[1] 股东承担通知义务缺乏法理基础,股东间原则上不存在权利义务关系,否则会不合理地加重股东转让股权的成本。同时公司是股东名册的保管者,最了解本公司股东情况,由公司通知其他股东转让情况最为可行,避免转让股东采取差异化通知。公司通知也有助于后续的审查顺利开展,防止股东提供虚假信息欺瞒公司。但为避免公司恶意拖延,法律应当规定由转让股东通知公司,再由公司内部成员如董事或经理承担通知义务,并规定迟延通知责任,造成转让股东损失的还应当承担侵权责任。

2. 公司对股权转让的认可或拒绝

转让协议达成后,转让股东负有请求[2]公司认可受让人成为股东的义务。请求应当采用书面形式或章程规定的其他形式,并明确说明受让方和转让股权数量。董事会应依据法律和章程进行审查并作出决定。经审查后如果拒绝认可,公司应在章程规定的期限或合理期限内将附有拒绝理由的决定以书面形式通知转让股东,超过规定期限未通知的视为认可。[3] 之所以由董事会审查是因为股东会往往难以召集,而董事因对公司负有信义义务,有义务维护公司利益和股东利益,股东之间原则上并不负担义务,股东拖延召开股东会阻碍股权转让难以追责。若转让股东同时兼任董事职务,其应当回避表决。如果发生表决权对等而无法通过该项决议,视为认可。但必须明确的是:“公司对于股权变动拒绝

---

〔1〕 参见叶林:《公司在股权转让中的法律地位》,载《当代法学》2013 年第 2 期。

〔2〕 “请求”一词并非意味着股东对公司承担义务,而只是为了尊重公司的主体地位,且公司应当严格依据法律和章程作出承认或拒绝的意思以协助股东实现股权转让的权利。

〔3〕 《日本商法典》第 204 条规定:“股东拟对外转让股份的,必须首先向公司提出转让申请,申请应当采用书面形式并写明拟定的转让相对人和股份数量。股东会全会应当在 2 周以内作出决定,如果拒绝转让,应当在 2 周以内作出决定。如果拒绝转让的,应当在 2 周以内将决定以书面形式通知转让股东,未通知的视为同意转让。”

认可的异议意思需要明示，认可接纳的意思则可以明示为之也可以默示为之”。[1] 认可方式包括将受让人情况记载于股东名册和章程，向受让人出具出资证明书、通知受让人参加股东会、参与公司利润分配等。[2] 潜江市天驰汽车大市场有限公司诉刘胜股东资格暨股权确认纠纷案[3]中，法院认为：“股东资格获得公司确认的意思表示，并不仅表现为股东名册，还广泛地表现在公司向股东发送参加股东会会议的通知、通知股东受领公司分配的股利等。”有学者进一步提出，“公司应当审查公司章程与股权转让的一致性和适当性”。[4] 若符合相关规定，则公司可以通过明示或默示方式认可受让人取得股东资格。若经过审查不符合相关规定，则公司必须通过明示方式拒绝。

（二）公司介入股权转让的适当边界

公司审查将对股权转让自由原则形成巨大挑战，并可能制造不必要的障碍危害股权转让双方当事人利益，因而公司介入应当严格依照法律和章程的规定进行。关键在于如何严格规范公司审查权的行使，合理确定适当边界。

1. 一致性审查的边界

一致性审查，指判断股权转让是否符合法律与公司章程的规定，如果股权转让与公司章程规定不一致，公司有权予以拒绝。[5] 具体而言，公司一致性审查的展开需要明确审查依据与审查对象。

一致性审查的依据应当包括章程和相关法律，章程作为审查依据应无争议，相关法律却容易忽略。例如，股东对外转让股权未履行或不适当履行通知义务，侵犯了其他股东的法定权利，公司应有权提出异议并拒绝。又如，公务员不得从事营利性活动[6]、商业银行不得成为非银行金融机构和企业的股权

---

〔1〕 李建伟：《有限责任公司股权变动模式研究——以公司受通知与认可的程序构建为中心》，载《暨南学报（哲学社会科学版）》2012年第12期。

〔2〕 有学者认为，关于股东资格获得的外部形式要素有出资证明书、股东名册、章程、工商登记。股东名册作为内部确定股东资格的标准，符合公司内部的运行逻辑，更符合其效率与成本规则，且有比较法上的经验可以借鉴。并就股东名册制度提出了可行的改进措施。参见张双根：《论有限责任公司股东资格的认定——以股东名册制度的建构为中心》，载《华东政法大学学报》2014年第5期。从商事交易对确定性的要求出发，笔者支持完善股东名册制度。但在法律明确规定变更股东名册发生股权变动效力和股东名册置备情况改善之前，不宜过度强化股东名册对取得股东资格的作用，以免司法实践无所适从。

〔3〕 参见湖北省潜江市人民法院民事判决书，（2013）鄂潜江民初字第01986号。

〔4〕 叶林：《公司在股权转让中的法律地位》，载《当代法学》2013年第2期。

〔5〕 参见叶林：《公司在股权转让中的法律地位》，载《当代法学》2013年第2期。

〔6〕 参见《公务员法》第59条规定：“公务员应当遵纪守法，不得有下列行为：……（十六）违反有关规定从事或者参与营利性活动，在企业或者其他营利性组织中兼任职务；……”

受让人[1]。

法律规定相对明确不易引发争议,而各公司章程有自身个性化的标准而差异性较大,这使章程的合理性标准亟待明确,司法实践对公司依据章程规定拒绝认可的态度不一。如山西新亨运汽车服务有限公司等诉山西必高汽车集团有限公司股权转让纠纷案中,法院认为:"'只要有一人反对,股权就不能进行转让'的章程规定和《公司法》第七十二条第二款的规定发生根本性冲突,会不合理限制股权的转让,造成股权转让行为被轻易否定。"[2]而邓忠生与株洲市建筑设计院有限公司、谢辉股权转让纠纷案中,法院认为:"转让股东和受让人之间的股权转让没有经董事会批准,股权转让不符合《公司章程》规定,其转让行为无效。"[3]还有从股权的自益权和共益权的区分出发,结合股东对章程投赞成票还是否决票,分别认定章程的效力。如江苏省南京市规划设计研究院有限公司与彭琛股权转让纠纷上诉案中,法院认为:"公司章程有关股随岗变、离职股东须转让股权的内容,体现了全体股东的共同意志,对全体股东(包括在表决时投同意票、不同意票、弃权票的股东)均有约束力。但关于强制股份转让价格,涉及股东的自益权,对投不同意票、弃权票的股东不发生法律效力。"[4]

对于股权转让权是股东固有权利,公司章程、股东大会或董事会决议均不得加以限制或剥夺的观点,不少学者持反对看法,认为"只要章程规定了股权转让的限制,无论是原始股东还是新加入的股东都应当受其约束"。[5] 比较法上"英美普通法的评价标准是合理性原则。如果股权转让限制条款没有不合理的限制或者禁止股份的自由转让,那么这种限制就是合理、有效的"。[6] 有学者则对此

---

[1] 参见《商业银行法》第43条规定:"商业银行在中华人民共和国境内不得从事信托投资和证券经营业务,不得向非自用不动产投资或者向非银行金融机构和企业投资,但国家另有规定的除外。"

[2] 山西省太原市中级人民法院民事判决书,(2014)并民终字第427号。

[3] 湖南省高级人民法院民事判决书,(2016)湘民再1号。

[4] 江苏省南京市中级人民法院民事判决书,(2013)宁商终字第1337号。

[5] 蒋大兴:《公司法的展开与评判:方法·判例·制度》,法律出版社2001年版,第282页。

[6] 张民安:《公司法上的利益平衡》,北京大学出版社2003年版,第248页。美国法上,对股份的限制可以是:赋予公司或其他人优先受让的权利;要求公司或其他人购买受限制的股份;赋予公司或其他人批准转让的权利或者禁止向特定人转让受限制的股份等。参见苗壮:《美国公司法:制度与判例》,法律出版社2007年版,第203页。某种限制性条款是否合理,实际上取决于司法的自由裁量。法院在作出某种限制是否合理的决定时,应当考虑的因素包括:公司的规模,股份转让限制的紧迫性和时间,所欲达到的目的,被有故意的股东损害的可能性,对公司可能会产生的利益或好处。参见张民安:《现代英美董事法律地位研究》,法律出版社2000年版,第552页。

作了更加精细的区分,提出"初始章程基于合同机制的存在,对个别股权予以限制或剥夺的'另有规定'应'从其规定';而在资本多数决原则下的章程修正案,未经股东同意,不得以章程或股东大会多数决予以剥夺或限制"。[1] 通过章程加强公司自治,切实发挥赋权性规则在股权转让中的价值具有更加重要意义[2],维护这些观点有助于思考章程对股权转让的合理限制,但试图依照单一标准简化对章程效力的分析是危险的。

章程限制的合理性判断应当采取类型化分析,在转让自由与章程限制的自治两个价值目标之间进行利益衡量,有效与否需要结合具体情形认定。"对于股权转让限制措施进行合法性审查,应当旨在实现平衡有限公司的人合性与资合性之间的利益冲突",[3]下文将对样本案例中出现的章程限制股权转让的情形进行具体分析。

(1)禁止股权转让的章程效力

对于章程禁止股权转让,有学者在支持的同时指出"在被绝对禁止转让之后,若股权无法正常行使,(转让股东)可向公司或其他股东行使强制购买请求权"[4],德国法亦有此类规定。[5] 更多的人持反对态度,如认为"凡财产者应具有可转让性,股权是财产之一种。公司章程禁止股权转让,因其违反公共政策条款而应作无效处理"[6],"对股份转让限制效力的评价标准是必须没有不合理地

[1] 钱玉林:《公司章程"另有规定"检讨》,载《法学研究》2009年第2期;蒋华胜:《有限责任公司股权转让法律制度研究——基于我国〈公司法〉第71条规范之解释》,载《政治与法律》2017年第10期。实际上,已经有学者对该观点提出了批评,认为原始章程和章程修正案不是不同的章程而是同一个章程,认为两者基于不同的法理,会导致同一个章程在不同阶段具有不同的性质,容易产生理论和实践的混乱。吴建斌:《合意原则何以对决多数决——公司合同理论本土化迷思解析》,载《法学》2011年第2期。

[2] 参见伍坚:《有限责任公司股权对外转让制度研究》,载《法学杂志》2019年第10期。

[3] 楼秋然:《股权转让限制措施的合法性审查问题研究——以指导案例96号为切入点》,载《政治与法律》2019年第2期。

[4] 王建文:《股权转让之公司章程限制与强制:法律依据与制度空间》,载王保树主编:《实践中的公司法》,社会科学文献出版社2008年版。

[5] 德国《公司法》规定,公司章程也可以完全禁止股份的转让。但在这种情况下,如果股东继续留在公司已成为不合理的强求的时候,则股东有退出公司的权利。参见[德]托马斯·莱塞尔、[德]吕迪格·法伊尔:《德国资合公司法》,高旭军、单晓光、刘晓海等译,法律出版社2005年版,第493页。

[6] 施天涛:《公司法论》,法律出版社2006年版,第263页。类似观点可参见刘俊海:《现代公司法》,法律出版社2008年版,第320页;叶林:《私法权利的转型——一个团体法视角的观察》,载《法学家》2010年第4期。

限制或禁止流通性,故对转让的完全禁止当然会被认定为无效。"[1]一个最基本的理念是:股东如不愿继续留在公司,必须有收回投资的途径。支持禁止者是通过公司或其他股东的强制购买义务来实现股权转让的权利,完全禁止股权转让且没有规定其他途径如公司回购条款会因不合理限制股权转让自由而无效,其他未完全封闭股东退出的章程条款则应尊重章程自治效力。[2] 即如有学者所认为,"既不允许股东转让股权,也不给予股东其他退出公司渠道的做法,是不可取的"。[3]

有些章程规定股权转让需要"在董事会指导下进行"、"经过董事会商议(同意)通过"或者"经过股东大会同意"。如在徐州美迪胶合板有限公司诉徐州市金澄米业有限公司等案外人执行异议之诉案中,公司章程规定了股权转让需经董事会同意,法院认为,未经公司董事会的同意,违反章程,股权转让协议无效。[4] 前述观点并不可取,正如有学者指出:"如果此种限制是为了使公司董事或其他股东取得同意权,则此种限制可能被认为是不合理的。"[5]股权转让权属于个人财产权,股东有处分自由,章程的此种"审批"限制无疑是变相剥夺了股东该项权利[6]。董事会很可能与股权转让双方有不同的利益诉求,将交易的否决权交由董事会将严重威胁股东的股权转让权利,甚至会导致事实上完全禁止。但若董事会只是进行股权转让安排并不具有交易的否决权,且转让价格公允,应当承认章程条款的效力。正如有学者指出:"如果公司与股东签订了股份转让限制合同,原则上应认定无效;倘若合同内容不妨碍股东收回投资,或虽限定了股东转让的期限和受让人范围,但就股东受此限制而给付股东充分、对等的给

---

〔1〕 [美]罗伯特·W. 汉密尔顿:《美国公司法》(第5版),齐东祥等译,法律出版社2008年版,第218页。

〔2〕 美国法上,对股权转让进行限制的同时往往也会对退出作预先安排,如出售—购买协议通常规定,当股东死亡或退休时,股份持有者应当出售其股份,公司或其他股东应当购买该股份。参见[美]罗伯特·C. 克拉克:《公司法则》,胡平等译,工商出版社1999年版,第635页。

〔3〕 王保树:《从法条的公司法到实践的公司法》,载《法学研究》2006年第6期。

〔4〕 参见江苏省徐州市中级人民法院民事判决书,(2013)徐商终字第0335号。

〔5〕 Robert Charles Clark, *Coporate Law*, Little, Brown and Company, 1986, p. 768; Robert W. Hamilton, *The Law of Corporations*, West Publishing Company, 1990, p. 207. 转引自张民安:《公司法上的利益平衡》,北京大学出版社2003年版,第245页。

〔6〕 参见王德山:《公司法学》,中国政法大学出版社2008年版,第148页。有学者也认为:"同样危险的是那些要求除非首先取得董事或其他股东的同意否则不得转让的限制,董事或其他股东武断地拒绝予以同意的可能性会导致此种限制无效。"参见[美]罗伯特·W. 汉密尔顿:《美国公司法》(第5版),齐东祥等译,法律出版社2008年版,第218页。

付，则合同效力应例外得到确认。"[1]

（2）禁止股权对外转让的章程效力

有限公司股权本就缺少活跃交易市场，要求股权只能内部转让无疑会极大地削弱股权流转性，降低其价值，对股东利益造成较大影响。有观点主张章程规定不得严重侵犯转让自由。如徐锐敏与杭州杭挂机电有限公司股份收购请求权纠纷上诉案，公司章程规定："公司注册资本中的权益可以而且只能转让给公司现有股东。除现有股东外，任何人不得受让公司股权。"[2]也有学者认为，章程可以禁止股权对外转让，"但为防止持多数意见股东借多数决原则剥夺少数意见股东的投资自由，应当经全体股东同意"[3]，本书赞同后者观点，股权属于股东的财产权利，只要获得股东的自由同意，就可以施加合理的限制，包括章程只允许股权进行内部转让。但在其他股东都不同意购买时，必须保障转让股东有以合理价格收回投资的权利。[4]

（3）强制股权转让的章程效力

为保障职工股东队伍稳定和公司封闭性，章程往往规定股东若离职，股权必须在内部转让或由公司收购。司法实践中有支持强制股权转让条款的，如"因法律对'公司章程对股权转让另有规定'的内容并未加以明确限制，各股东在章程中可以在解除或终止劳动关系时对其持有股权就转让条件、转让价格等事项达成契约"。[5] "公司章程中对股东身份、股权转让作出的条件性、限制性规定并没有违反法律禁止性规定。对离职股东的股份进行回购，目的在于维持公司'生命'，公司的'生命'高于股东利益"。[6] 也有法院认为强制转让条款是无效

[1] 刘俊海：《现代公司法》，法律出版社2011年版，第435页、第436页。

[2] 浙江省杭州市中级人民法院民事判决书，（2010）浙杭商终字第1526号。

[3] 朱炎生：《公司法》，厦门大学出版社2015年版，第157页。

[4] 日本《有限公司法》第19条第5项规定："不同意转让时，由股东会指定转让对象，其购买出资的价格依《商法》第204条确定。"参见徐燕：《公司法原理》，法律出版社1997年版，第344页。美国《特拉华州普通公司法》第202（C）条，如果公司对股东的自由转让所施加的限制是为了使公司和其他股东享有第一拒绝权、同意权和买断义务，则此种限制是有效的。参见张民安：《公司法上的利益平衡》，北京大学出版社2003年版，第249～250页。有学者分析指出，少数股东虽有日常检查权，但该权能为其提供多少保障，大有疑问。因此，真正应该关心的是少数股东如何在受到不公平对待时，退而求其次地收回其投资之可能。赖源河等：《新修正公司法解析》，台北，元照出版有限公司2002年版，第120页。

[5] 原告威海嘉润石化物流有限公司与被告谭福生、第三人江培海股东资格解除、股权转让纠纷案，山东省威海经济技术开发区人民法院（2014）威经技区商初字第155号民事判决书。

[6] 邓忠生与株洲市建筑设计院有限公司、谢辉股权转让纠纷案，湖南省高级人民法院（2016）湘民再1号民事判决书。

的，如付政明与阿克苏市公交有限公司公司盈余分配纠纷案，法院认为："股东权具有财产权与身份权的双重属性，非经权利人的意思表示或法定的强制执行程序不能被变动。公司章程仅能对股东主动转让股权时做出不同于公司法的规定，而不能强制股东转让其股权"。〔1〕"股东权的整体处分权非经股东同意不得以资本多数决予以强行处分是民事权利保护的应有之义。"〔2〕

学界不乏反对观点，"强制离职股东转让股权，只要转让股权的价格公平合理，不属于对股东财产权的剥夺，属于章程可以剥夺的股权的整体处分自由"。〔3〕有学者则运用法经济学的观点分析认为，"在公司权利配置理论的框架下，公司照章收回处分或者转让特定股东所持股权，并非公司单方强制处分股东私权的非法侵权行为，而是属于行使约定的合同权利的行为"。〔4〕此类条款将对股权转让自由产生巨大的危害，需要区分初始章程和公司存续过程中依照特别多数决产生的章程修正案。初始章程经全体发起人认可体现了充分合意，应当尊重当事人的财产处分自由。章程修正案却只需要2/3以上同意，极易出现大股东在公司发展前景较好时，滥用表决优势将小股东进行剔除，侵害股东对投资回报的合理信赖。有学者提出，"当修改条款涉及股东及其他主体私法性质的权利处分时，则应将章程解释为合同才能获得是否有效的公正评价，因为未经权利人同意不得损害其合法权益，也不得为其设定义务，是民商法意思自治原则的基本要求"。〔5〕该观点殊值赞同，但章程具有自治法规的性质，有必要考虑存在一些特殊情形下股东即使不同意也应当服从章程安排〔6〕。同时法律对股东

---

〔1〕新疆维吾尔自治区阿克苏地区中级人民法院民事判决书，(2014)阿中民二终字第271号。

〔2〕江苏省高级人民法院民二庭：《审理有限责任公司治理结构案件中的三个基本问题》，载《人民司法》2007年第7期。

〔3〕范黎红：《公司章程"侵权条款"的司法认定及救济——以"强制离职股东转让股权"之章程条款为例》，载《法律适用》2009年第1期。

〔4〕吴建斌、赵屹：《公司设限股权转让效力新解——基于江苏公司纠纷案件裁判的法律经济学分析》，载《南京大学法律评论》2009年第1期。

〔5〕郭富青：《公司创制章程条款：性质·空间·有效性》，载王保树主编：《商事法论集》第25卷，法律出版社2015年版。

〔6〕英美法上，只要这些强制转让条款是本着善意的原则并从公司整体利益的出发制定的，就会得到法律的认可。但必须注意以下两点：(1)这些条款在用语上不能过于绝对，否则很可能得不到法院的支持。(2)这些条款必须做出一些限制以表明该条款的目的是促进公司作为一个整体的利益，而并非仅仅是为了某些股东的利益。See A. J. Boyle L. L. M., S. J. D, *Gore-Browne on Companies*, 43rd ed., Bristol, Jordan & Sons Limited, 1984, p. 165. 转引自章晓琴：《有限公司转让限制制度研究》，载王保树主编：《商事法论集》第10卷，法律出版社2006年版。

身份有特殊要求而股东丧失该身份时,股权也应当进行强制转让。[1] 实践中一些公司确有将股东与职工身份捆绑的现实需要。如"人力资本在公司运营中起核心作用的公司,将股东资本出资与人力劳动紧密相连"[2],有利于公司职工队伍稳定性,增进公司凝聚力和可持续发展。正如张秋生与株洲市建筑设计院有限公司股权转让纠纷上诉案中,法院认为:"作为一家技术型企业,吸收本公司职工为股东,初衷是为了引进技术人才,稳定职工队伍,促进公司可持续发展。但对于辞职离开公司的股东,公司的态度是否定的,人才流失对公司的影响是负面的。公司从其自身特点出发,为其本身发展设置的,只要不违反法律禁止性规定就是合法的。"[3]只有基于股权激励等特殊情况,股东对公司的经营需要有较大影响而非仅作为单纯的财务投资者时,该类章程规定才有效。原则上公司不能在股东反对时通过修改章程去强制股权转让。[4]

(4)限制股权内部转让的章程效力

现行法对内部转让并未施加任何限制,但事实上内部转让也会使股权结构发生重大变化却容易被忽略,应通过章程进行必要限制[5],以确保公司其他股东持股比例的平衡避免公司僵局。"当股东之间相互转让出资是出于恶意时(如为了使某股东控制该公司),更易造成对其他股东利益的损害,从而影响该公司的健康发展。"[6]实践中也有章程对内部转让采取了限制措施,如穆荣与苏州广达科技有限公司案中,法院认为:"公司章程规定'股东之间相互转让股权,

---

〔1〕 如财政部《有限责任会计师事务所审批办法》第7条规定,申请设立事务所的发起人应当在事务所执业。如果事务所采取有限公司形式,则职工股东在离职时就应当转让其股权。参见范黎红:《公司章程"侵权条款"的司法认定及救济——以"强制离职股东转让股权"之章程条款为例》,载《法律适用》2009年第1期。美国法上也有类似的规定,"公司作出股份转让的限制,如果是为了遵守有关制定法的规定,为了确保那些希望退休的股东在不破坏公司事务的情况下对他们的投资进行清算,则此类限制是有效的"。参见张民安:《公司法上的利益平衡》,北京大学出版社2003年版,第249~250页。

〔2〕 范黎红:《公司章程"侵权条款"的司法认定及救济——以"强制离职股东转让股权"之章程条款为例》,载《法律适用》2009年第1期。

〔3〕 湖南省株洲市中级人民法院民事判决书,(2010)株中法民二终字第72号。

〔4〕 如有学者认为,根据典型的契约安排,公司有权购买股东的股份,即使股东不愿意出卖自己的股份,只要发生契约所规定的某些事件如股东不再被公司雇佣,则公司享有买回权。参见张民安:《公司法上的利益平衡》,北京大学出版社2003年版,第245页。有学者认为"特定情况下强制转让股权,将特定情事与具体后果直接挂钩,大大提升了可预见性,属短期契约,遵守其约定通常不会违背合同各方的意愿,而且不会产生负的外部性等代理成本,'契约应予遵守'应予奉行。"参见罗培新:《抑制股权转让代理成本的法律构造》,载《中国社会科学》2013年第7期。

〔5〕 参见朱慈蕴:《公司法原论》,清华大学出版社2011年版,第211页。

〔6〕 赵旭东主编:《公司法学》,高等教育出版社2003年版,第301页。

应当经其他股东过半数同意。'修改后的章程对于股东对内转让股权虽然设定部分限制,但并未完全阻止,因此而受到限制的股东还存在其他救济途径,章程是有效的。"[1]有学者持相反的态度:"公司章程对股东间转让出资有限制性规定,不得高于向股东之外的第三人转让出资的条件"[2],并有比较法上支持[3]。本书赞同章程对内部转让的限制不得高于对外部转让,限制的正当性在于维护股东间信任关系和公司封闭性。尽管内部转让可能导致股权结构发生变化,引起股权比例失衡,但可以通过其他股东同比例受让等方式予以解决。如果章程对股权内部转让的限制高于对外转让的限制,将会形成有利于股权对外流转的局面,无疑将严重打破有限公司的封闭性,不利于公司其他股东购买拟转让的股权,不利于股东之间的信任关系,维护和促进公司的稳定发展。

(5)限制同意权和优先购买权的章程效力

"同意权和优先购买权对于公司其他股东具有重要价值,它构成阻止外人进入公司的屏障。"[4]但实践中一些公司为简化对外转让程序以吸引更多投资者,通过修改章程取消对外转让时的同意权和优先购买权。支持的观点认为"公司章程(可以)规定,股东将股权转让给股东以外的人无须其他股东过半数同意,或者其他股东不享有优先购买权"。[5] 反对的观点则主张为保护弱势股东利益和维护公司人合性,不应当允许章程取消优先购买权和同意权,"公司法设定的限制性规定是一种基本要求或最低条件。公司章程可以作出严于公司法限制性条件的规定,但不能宽于或低于公司法设定的条件。"[6]有学者提出:"优先购买权作为股东的法定权利,未经股东同意,不得以公司章程或股东会多数决

[1] 江苏省苏州市中级人民法院民事判决书,(2016)苏05民终2466号。

[2] 周友苏:《新公司法论》,法律出版社2006年版,第286页。相同观点还可参见廖斌主编:《公司法专题比较研究》,中信出版社2005年版,第152页;奚庆、王艳丽:《论公司章程对有限公司股权转让限制性规定的效力》,载《南京社会科学》2009年第12期。

[3] 如《法国商法典》第47条规定,公司章程可对股东之间的转让作出限制。章程设置的限制,必须遵守第45条的程序性规定,但可以降低该规定的多数标准和缩短相关期限。参见《法国商法典》,金邦贵译,中国法制出版社2000年版,第107页。

[4] 李建伟:《公司法学》,中国人民大学出版社2014年版,第243页。

[5] 王德山、张长利主编:《公司法实训教程》,法律出版社2016年版,第116页。

[6] 古锡麟、李洪堂:《股权转让若干审判实务问题》,载《法律适用》2007年第3期;奚庆、王艳丽:《论公司章程对有限责任公司股权转让限制性规定的效力》,载《南京社会科学》2009年第12期;但也有学者认为《公司法》规定的不是最低限制,而是最高限制。公司章程规定对外转让的条件,应以不超过《公司法》之规定为限。王艳丽:《对有限责任公司股权转让制度的再认识——兼评我国〈公司法〉相关规定之进步与不足》,载《法学》2006年第11期。

原则对股东优先购买权予以限制或剥夺。”[1]

章程不得预先排除同意权和优先购买权。主要理由如下：一是作为抵御不受欢迎受让人的利器，其他股东只有在知晓受让人情形时，才具备判断是否放弃优先购买权的事实基础，预先放弃欠缺现实基础，优先购买权尚未产生，股东缺乏对受让人的了解也根本无从作出判断。[2] 二是失去优先购买权保护后股权对外转让将失去其他股东制约，不被信任受让人将很容易进入公司，进而破坏股东间信任关系，影响公司正常发展，更有违有限公司封闭性特性。事实上如果其他股东确实也希望引入新股东，完全可以在股权外部转让时通过放弃行使优先购买权来促使转让顺利进行，我国台湾地区“公司法”即不允许公司章程对股东优先购买权进行变更。

2. 适当性审查的边界

适当性审查，是指股权转让虽然符合法律或公司章程的规定，但可能招致公司遭受较大风险时，公司可以予以拒绝。[3] 相较于一致性审查存在章程和法律作为明确依据，适当性审查存在更大不确定性。若股权出让人与受让人之间股权变动效力发生与否将取决于非合同当事人的公司的态度，这会对双方当事人之间的合同自由构成巨大的威胁与破坏，尤其会严重威胁受让人的利益。[4] 因此，下文的展开首先要论证适当性审查的合理性，进而根据其存在的合理性基础探明边界。

章程制定者无法预料所有事情并加以防范，因此仍会出现符合章程和法律规定却会损害公司整体利益的情况，特别是当下很多公司未充分发挥章程的作用。在出现股东意图通过股权转让损害公司利益时，优先购买权因“同等条件”规则的种种局限性，预设的规范功能在实践中大打折扣，难以真正维护股东间信任关系和抵制不受欢迎受让人，此时由公司董事会通过适当性审查来维护公司和其他股东利益就显得尤为必要。有学者借鉴《上市公司收购管理办法》规定

---

〔1〕 潘福仁主编：《股权转让纠纷》（第2版），法律出版社2010年版，第97页。类似观点还可参见虞政平：《公司意思自治的法律空间》，载《人民司法》2010年第19期。

〔2〕 约翰·密尔曾指出长期契约中自由意志的局限性：个人是自身利益的最好法官，但这一原则的例外情形是：个人试图在当前作出一项不容更改的判断，即在某一未来甚或长远的期间内持续地做某事，并且本人没有任何权利撤销这一约定时，我们就不能假定这一契约是他们自愿达成的，否则将十分荒唐。参见罗培新：《公司法的合同路径与公司法规则的正当性》，载《法学研究》2004年第2期。

〔3〕 参见叶林：《公司在股权转让中的法律地位》，载《当代法学》2013年第2期。

〔4〕 参见李建伟：《有限责任公司股权变动模式研究——以公司受通知与认可的程序构建为中心》，载《暨南学报（哲学社会科学版）》2012年第12期。

的上市公司可采取的限制股权转让的应对措施[1]，提出“当欠负债务的股东转让股权的，公司有权要求股东先行偿还债务，或者要求股东以股权转让款抵偿债务，否则公司有权拒绝转让”。[2]

《公司法解释三》第 18 条[3]规定了瑕疵股权转让后的出资责任承担。由于出资义务是股东对公司最基本的义务，股东的出资构成公司正常运营的物质基础。如果瑕疵出资股东尚未缴纳出资，或者规定分期缴纳出资的股东逾期尚未缴纳出资，转让股东将股权对外转让，与其等股权转让完毕之后公司另行起诉转受让双方承担出资的连带责任，立法上莫不如承认公司有权要求转让股东先行履行缴纳出资义务或者由受让人用股权转让款进行冲抵，否则股权不得进行转让。而且认可公司有权在瑕疵出资股权转让时进行催缴，也有利于受让方知悉股权转让标的的信息，减少瑕疵股权转让纠纷的发生。

考虑到适当性审查潜在的巨大风险性，董事会在进行审查时应当尽到对公司的注意义务[4]和忠实义务[5]，同时应当明确向转让股东说明拒绝理由。有学者还提出，“如果董事会在同等条件下同意了一个股东的出让要求，而拒绝了另一位股东，那么董事会就是滥用职权。相关的股东可以要求董事会同意其转让要求”。[6] 也即董事会作出决策时应当平等对待转让股东，也不得歧视受让人，否则受歧视的股权转让双方有权向法院寻求救济。

---

[1] 《上市公司收购管理办法》(2020 年修订)第 79 条第 1 款规定：“上市公司控股股东和实际控制人在转让其对公司的控制权时，未清偿其对公司的负债，未解除公司为其提供的担保，或者未对损害公司利益的其他情形作出纠正的，中国证监会责令改正、责令暂停或者停止收购活动。”

[2] 叶林：《公司在股权转让中的法律地位》，载《当代法学》2013 年第 2 期。

[3] 《公司法解释三》第 18 条第 1 款规定：“有限责任公司的股东未履行或者未全面履行出资义务即转让股权，受让人对此知道或者应当知道，公司请求该股东履行出资义务、受让人对此承担连带责任的，人民法院应予支持；公司债权人依照本规定第十三条第二款向该股东提起诉讼，同时请求前述受让人对此承担连带责任的，人民法院应予支持。”

[4] 从国外法律及其司法实践来看，可将董事、高级管理人员注意义务的一般标准概括为如下三个方面：(1)善意；(2)应当尽处于相似位置的普通谨慎人在类似情况下所应尽到的注意义务；(3)须合理地相信其行为是为了公司的最佳利益。MBCA § 8.30，§ 4.01 of PCG. 转引自施天涛：《公司法论》(第3版)，法律出版社 2014 年版，第 413 页、第 414 页。

[5] 忠实义务，是指公司的权力行使者作为诚信义务人必须在行使其职权的时候，善意地从事行为，并出于对公司利益的考虑，而不是仅仅促进其自己或者其他人的利益。忠实义务的本质是要求董事等高管人员不能将自己的私利，置于与公司利益(公共或集体利益)相冲突的位置或情形。邓峰：《普通公司法》，中国人民大学出版社 2009 年版，第 460 页。

[6] 董慧凝：《公司章程自由及其法律限制》，法律出版社 2007 年版，第 155 页。

(三)股权转让双方的救济路径

1. 对转让股东的救济

如果董事会拒绝决定有正当依据,且转让股东没有提出无异议,那么应有收回投资的其他途径。[1] 但是如果转让股东质疑章程合法性,则其有权请求法院对章程进行效力审查,而公司章程是通过股东会议进行修改的,转让股东有权提起决议无效之诉。如果董事会的适当性审查违反商业判断规则,不合理地限制股权转让,那么转让人就有权请求法院判决公司认可该股权转让并承担侵犯股东依法转让股权的责任。董事会未在合理时间内作出是否认可决议,转让股东也有权诉请法院责令公司限期认可或拒绝。值得注意的是:“司法应尊重公司团体自治和决策,处理好依法干预与公司自治之间的关系。人民法院不能以司法权取代公司正常的商业判断。”[2]

2. 对股权受让人的救济

如果因为转让股东怠于或拒绝等情况未及时向公司提出请求,致使受让人利益受损,转让股东应承担违约责任。受让人因尚未获得股权而无权向公司提出认可请求,公司也不能主动认可,但受让人应有权基于违约向法院请求股东履行其移转股权的义务,而请求公司认可行为“具有人身属性,强制履行会限制其人身自由,有悖于公共政策”。[3] 当然法院不能强制转让股东进行请求,但可判决受让人有权自行请求公司认可股权转让。[4] 如果股权转让不符合《公司法》

---

〔1〕 可借鉴以下立法例:比利时《公司法》规定,在公司拒绝转让的情况下,转让人可以诉至法院。如果拒绝无理,其成员必须在法院规定期限内以法院规定的价格寻找新的买受人。奥地利《公司法》规定,如果公司无理拒绝同意,法院有权批准股份的转让,但是,公司以相同的条件另外提出买受人的情况除外。参见[英]迈恩哈特:《欧洲九国公司法》,赵旭东等译,中国政法大学出版社1988年版,第195页。转引自章晓琴:《有限公司转让限制制度研究》,载王保树主编:《商事法论集》第10卷,法律出版社2006年版。现代英美法系,法庭往往最愿意采取由公司或公司其他股东以公平合理的价格购买持异议股东的股份的方式,这是一种最符合公司、公司大股东和小股东利益的方式。参见张民安:《公司法上的利益平衡》,北京大学出版社2003年版,第267页。

〔2〕 李国光、王闯:《审理公司诉讼案件的若干问题》,载最高人民法院民事审判第二庭编:《民商事审判指导》2005年第2辑,人民法院出版社2006年版。

〔3〕 叶昌富:《论强制实际履行合同中的价值判断与选择》,载《现代法学》2005年第2期。

〔4〕 类似的做法参见原《最高人民法院关于适用〈中华人民共和国合同法〉若干问题的解释(二)》(以下简称《合同法解释二》)第8条规定:“依照法律、行政法规的规定经批准或者登记才能生效的合同成立后,有义务办理申请批准或者申请登记等手续的一方当事人未按照法律规定或者合同约定办理申请批准或者未申请登记的,属于合同法第四十二条第(三)项规定的‘其他违背诚实信用原则的行为’,人民法院可以根据案件的具体情况和相对人的请求,判决相对人自己办理有关手续;对方当事人对由此产生的费用和给相对人造成的实际损失,应当承担损害赔偿责任。”

及公司章程的规定,公司拒绝登记应当认定股权转让合同履行不能,不发生股权变动效果。公司拒绝有正当依据不承担任何法律责任,股权受让人如果不知道或不应当知道章程限制,可以合同目的不能实现为由解除合同,并向转让股东主张违约责任,但知晓章程限制规定则不得行使瑕疵担保请求权。

六、结论

由于股权转让具有组织法特性,法院不能简单地类推适用物权或债权转让规则解决股权转让纠纷。法律允许章程另行规定来维护股东之间的信任关系和满足公司的经营需要,因而股权转让也应当符合相关的限制。股东是公司成员,公司应当站在团体的整体利益角度对全体股东进行保护,在股权转让过程中同样负有义务保护其他股东利益,法律应当承认公司有权审查股权转让,审查合格的应予认可,不合格有权拒绝。转让协议仅产生转让股东请求公司认可受让人为公司股东的义务和受让人支付股权转让款的义务。为更好维护转让双方、公司及其他股东利益,应当以转让股东的请求而作出的公司认可受让人的行为为股权变动行为,建立公司审查与认可生效主义模式。同时为维护股权转让自由,董事会的审查范围不是任意的,而应当依据法律、章程进行一致性审查。特殊情形下,董事会基于善意和公司整体利益考虑,还有权在适当性审查以后拒绝认可可能会损害公司整体利益的股权转让。若转让人认为拒绝决定侵犯了自己的权利,则有权诉请法院进行司法介入。如果法院的拒绝转让裁判是合理的,那么公司应当为转让股东另行指定其他购买人或由公司回购股权。转让股东怠于请求公司认可,受让人有权以根本违约为由向转让股东主张违约责任或者诉请法院判决由受让人自行请求公司对股权转让予以认可。但是如果受让方知道股权转让存在限制,则无权要求转让股东承担违约责任。

附录:主要民事裁判文书案号索引

1. 吉林省高级人民法院民事裁定书,(2016)吉民申 190 号。

2. 重庆市第一中级人民法院民事判决书,(2010)渝一中法民终字第 2496 号。

3. 重庆市第一中级人民法院民事判决书,(2010)渝一中法民终字第 3206 号。

4. 浙江省杭州市中级人民法院民事判决书，(2010)浙杭商终字第1526号。

5. 吉林省高级人民法院民事裁定书，(2016)吉民申190号。

6. 内蒙古自治区赤峰市中级人民法院民事判决书，(2015)赤商终字第143号。

7. 新疆生产建设兵团第(农)八师中级人民法院民事判决书，(2010)兵八民二终字第138号。

8. 江苏省南通市中级人民法院民事调解书，(2006)通中民二终字第0317号。

9. 无锡市崇安区人民法院民事判决书，(2012)崇商初字第0182号。

10. 最高人民法院民事判决书，(2003)民二终字第143号。

11. 最高人民法院民事判决书，(2010)民提字第153号。

12. 新疆维吾尔自治区高级人民法院民事判决书，(2015)新民申字第1394号。

13. 江西省宜春市中级人民法院民事判决书，(2014)宜中民二终字第113号。

14. 北京市第三中级人民法院民事判决书，(2016)京03民终6233号。

15. 上海市第二中级人民法院民事判决书，(2012)沪二中民四(商)终字第585号。

16. 山东省高级人民法院民事判决书，(2016)鲁民终315号。

17. 山东省高级人民法院民事判决书，(2015)鲁商终字第216号。

18. 湖北省潜江市人民法院民事判决书，(2013)鄂潜江民初字第01986号。

19. 山西省太原市中级人民法院民事判决书，(2014)并民终字第427号。

20. 湖南省高级人民法院民事判决书，(2016)湘民再1号。

21. 江苏省南京市中级人民法院民事判决书，(2013)宁商终字第1337号。

22. 浙江省杭州市中级人民法院民事判决书，(2010)浙杭商终字第1526号。

23. 江苏省徐州市中级人民法院民事判决书，(2013)徐商终字第0335号。

24. 威海经济技术开发区人民法院民事判决书，(2014)威经技区商初字第155号。

25. 湖南省高级人民法院民事判决书，(2016)湘民再1号。

26. 新疆维吾尔自治区阿克苏地区中级人民法院民事判决书，(2014)阿中民二终字第271号。

27. 湖南省株洲市中级人民法院民事判决书，(2010)株中法民二终字第72号。

28. 江苏省苏州市中级人民法院民事判决书，(2016)苏05民终2466号。

第四章

有限公司章程限制股权转让条款的效力*

——基于《公司法》第71条第4款的解释论

【本章导读】 由于缺少精细化、体系化的规范群调整限制股权转让章程条款的效力，导致此问题在理论与实践中一直争议不断。2018 年最高人民法院发布 96 号指导性案例，试图解决这一问题，但在“有法可依”的问题解决后，争论并未随之消弭，反而激起更多。“章程得限制股权转让”的教义学构造基础在于：首先，章程是公司根据国家赋予的“公司自治立法权”而制定的，因此其在效力上具有国家强制力保障。其次，股权转让具有涉他性和关系性，章程限制股权转让可以有效地维护公司的人合性。再次，公司认可生效的股权变动模式为章程限制股权转让提供法技术支撑，这使限制措施具有可行性。最后，股权转让权属于股东固有权，是故限制应具有界限。实证研究表明，限制股权转让条款的效力判断在实务中存在合法性原则适用简单，同时欠缺完备的合理性审查，因此限制股权转让条款效力的司法审查体系应在合法性与合理性两方面进行优化。在制定法规则缺失的背景下，基于股权转让权的固有权属性，可以类推适用“实质性剥夺股东知情权无效”规则，控制限制条款的效力。

---

* 本章合作者梁政超，法学硕士，供职单位：北京市通商律师事务所上海分所。感谢何健博士生的大讨论与修改意见。

【本章关键词】 章程条款 股权转让 限制转让 禁止转让 合法性标准 合理性标准

一、引言

根据《公司法》第71条第4款“公司章程对股权转让另有规定的，从其规定”，有限公司章程是否能够限制甚至禁止股东转让股权，公司法似将其完全视为公司自治范畴。然而法谚有云：“一切规定，莫不有其例外。”只有规范体之间的原则/例外关系得到妥当安排，法律规范的科学性才能得以彰显。[1] 因此，虽然公司自治为公司制度设计的基本原则，但其应有边界。前揭规定显然未明确公司章程限制股权转让的边界。单就第71条第4款的字面意思，似可得出有限公司章程可任意限制乃至禁止股东转让股权的结论。不过，对此不无反对意见。原因在于，公司法应否介入有限公司通过初始或者修订章程限制乃至禁止股权转让，一方面涉及公司自治的边界厘定，另一方面也关涉司法介入公司自治的界限。当前学界的争议焦点问题有：(1)限制股权转让的章程条款效力如何认定，以及应否区分初始章程与修订章程、外部转让与内部转让以适用不同的标准？(2)章程可否强制股东向公司、其他股东转让股权？(3)禁止或者实质性禁止股权转让的章程条款效力？具体而言：

1. 初始章程与修订章程的效力区分

有学者认为，章程的性质不因初始抑或修订而有所差异，这是因为不同于契约条款，章程事项不以取得相关股东的同意为生效要件。[2] 但有学者认为，第71条第4款的适用应区分初始章程和修订章程，前者由全体股东、发起人制定并采取全体一致同意规则，存在契约机制，章程修订则通过多数决方式作出，与个别股东的意思无关，除股东全体一致同意修改章程的情形外，以合同原理解释章程修正对股东的约束力缺乏正当性基础。进一步说，关于股权转让的程序性规定中的“另有规定”，不直接涉及作为私权性质的股权，可谓与股东个别意思无关，初始章程和修订章程皆可“另有规定”；但对于股权处分权的“另有规定”，属于对股东私权的处分，初始章程可以“另有规定”，但未经股东同意，不得以章

〔1〕 参见易军：《原则/例外关系的民法阐释》，载《中国社会科学》2019年第9期。

〔2〕 参见王湘淳：《股权对外转让限制规则：阐释与再造——〈中华人民共和国公司法〉第七十一条之研究》，载《大连理工大学学报（社会科学版）》2018年第6期。

程修正、股东会决议等方式剥夺、限制股权处分权。〔1〕也有意见认为，对原始股东，章程条款具有股权转让合同的约束力；对修改章程表决中投反对票的股东，章程中的强制条款对该股东不生效力；对通过受让股权而继受取得股权的股东，不应推定其同意接受章程条款的约束。〔2〕还有学者提出，初始章程和修订章程在自治边界上本应有不同标准，有限公司股东的协议、初始章程对股权转让的安排只要不违反强制性法律规定，原则上应有效；但修订章程对股权转让的安排不得违背法律的基本精神、不得以侵害股东股权为代价限制股权转让。〔3〕

2. 内部转让与外部转让的场景区分

有学者认为，第71条第4款授权公司章程对内部转让进行限制，但该限制规定不能违背法律的强制性规定和公司法关于内部自由转让的原则。如果内部转让的限制条件高于外部转让，就违背了公司法理；该款也适用于外部转让，章程可以在公司法基础上提高限制条件，但不能违反法律、行政法规的强制性规定或者公共政策，如一概禁止股权的外部转让，应被认定无效。如跳出股权转让个例来看公司章程条款的效力性审查，法律负有对章程条款进行合法性审查的职责。对于限制股东权利类条款的效力审查，不能拘泥于条款的自身逻辑，而应从更高的公共政策角度解释，凡具备可转让性财产权的转让都不应受到法律之外的禁止性规定所限，如章程规定实质上构成了对股权转让的禁止，因违反公共政策而应作无效处理。〔4〕

3. 强制转让与禁止转让的区分

有学者认为，有限公司章程关于股权转让的规定纯属股东之间基于契约自由的制度安排，不涉及他人利益维护问题，只要未触犯公共政策，就应认可其效力。因此禁止股权转让，或是强制股东在特定情形下向公司、其他股东转让股权的规定，应认定为属于股东的自愿性制度安排，并未违反强制性规定及公司法的基本精神、原则；当然，若章程彻底剥夺股权转让自由权，应基于股权转让自由的

〔1〕参见钱玉林：《公司章程对股权转让限制的效力》，载《法学》2012年第10期。

〔2〕参见闫志旻、李学泉：《有限公司章程中强制转让条款的效力分析》，载《人民司法》2009年第21期。

〔3〕参见宁金成：《有限责任公司设限股权转让效力研究》，载《暨南学报（哲学社会科学版）》2012年第12期。

〔4〕参见李建伟：《公司法学》（第4版），中国人民大学出版社2018年版，第249～250页。

最低限度要求,给予股东以合理对价退出公司的救济权。[1] 关于限制股权转让章程条款的效力审查,有学者认为,股权转让限制不仅必须具有合法性,即不得违反法律、行政法规的强制性规定,还要满足合理性标准,即不得不合理地限制股权的自由流动性,最基本的测试就是考察限制是否为特定的企业充分需要。对于绝对地禁止转让,应当认定为无效,理由包括财产的可转让性、出售股权是股东的基本权利、有限责任公司人合性;对于就股权转让放弃任何限制,其符合股东的需要,也满足公司法所要追求的价值取向,且不违背法律的基本原则,应当被允许。[2]

2016年4月12日,最高人民法院发布《公司法解释四(征求意见稿)》第29条曾经规定:"有限责任公司章程条款过度限制股东转让股权,导致股权实质上不能转让,股东请求确认该条款无效的,应予支持。"但该条款未进入最终通过的司法解释文本。由此可知,最高人民法院对此问题的态度也颇为踌躇。2018年最高人民法院发布的96号指导案例"宋文军诉西安市大华餐饮有限公司股东资格确认纠纷案"(以下简称96号指导案例),涉及禁止外部转让、限制内部转让(公司改制一年后、经董事会批准)、人走股留等限制方式,"裁判要旨"指出"公司法等法律强制性规定"可以对有限公司初始章程限制股权转让有所限制,但未涉及修订章程的情况。

综上所述,理论学说上的分歧和司法实务中的混乱,根本原因在于第71条第4款过于抽象,缺少体系化、精细化的规范群调整限制股权转让的章程条款的效力。由此,下文将沿此逻辑展开:首先,解析96号指导案例背后的裁判规则,并对此裁判规则的调整范围进行反思,从中提炼指导案例规则无法解决"限制股权转让的章程条款效力"中的问题,也即反思特别规则调整一般纠纷的不足,然后对其中三组核心概念进行教义学诠释,以确定讨论基础;其次,考察"章程得限制股权转让"规则的教义学构造基础,阐明此规则存在的必要性与可行性,并划定其运行的宏观界限,为微观的教义学规则构造做铺垫;再次,通过章程限制股权转让条款的效力实证研究,梳理大多数法官的裁判取向,凝练解决问题的实务方案,发现有待完善的空间;最后,解析最高人民法院

[1] 参见王建文:《有限责任公司股权转让限制的自治边界及司法适用》,载《社会科学家》2014年第1期。

[2] 参见陈彦晶、董惠江:《论有限责任公司章程中股权转让限制的效力》,载《黑龙江社会科学》2011年第4期。

的裁判立场并结合实证研究的结果，构建章程限制股权转让的司法审查标准。

二、96 号指导案例评析与基础概念界分

关于有限公司中限制股权转让的章程条款效力问题，立法暂付阙如，司法解释最终也未持已有之见地，导致对此课题的讨论缺乏规范基准。退而求其次，最高人民法院 2018 年发布的 96 号指导案例，因其对法律适用的权威性和普遍性，〔1〕其中的裁判规则可资充作探讨的起点和参照。唯鉴于指导案例是以个案裁判的形式存在，若法院适用由此抽象的裁判规则，尚需考察蕴含该规则的案件事实，以明确该规则的生成逻辑与适用范围。因此，有必要首先对 96 号指导案例予以考察。此外，对该问题的讨论也将涉及"初始章程 vs 修订章程""内部转让 vs 外部转让""限制转让 vs 禁止/实质性禁止转让"几组概念的教义学诠释，以厘定话题畛域。

(一)96 号指导案例评析

1. 案情与争点

96 号指导案例的标签是"初始章程"和"股权转让限制"。西安市大华公司由国企改制而来，其章程内容涉及禁止股权外部转让、限制股权内部转让、强制股权内部转让三类实体性股权转让限制措施，〔2〕而程序性限制是股权转让需经全体股东签名通过。原告宋文军与被告大华公司解除劳动合同并申请退股，后以公司的回购行为违反法律规定等为由，请求法院确认其股东资格。

本案主要争议焦点是，"人走股留"的章程条款是否违反了公司法的禁止性规定。法院认定不违反法律禁止性规定，应为有效，裁判理由是：

(1)初始章程的约束力与股东同意。法院认为："有限公司章程系公司设立时全体股东一致同意并对公司及全体股东产生约束力的规则性文件，宋文军在公司章程上签名的行为，应视为其对前述规定的认可和同意，该章程对大华公司及宋文军均产生约束力。"此处"公司设立时"的表述可理解为对初始章程约束

---

〔1〕　参见杨知文：《非指导性案例的"指导性"与案例指导制度的发展》，载《清华法学》2021 年第 4 期。

〔2〕　大华公司章程第三章"注册资本和股份"第 14 条规定，公司股权不向公司以外的任何团体和个人出售、转让。公司改制一年后，经董事会批准后可在公司内部赠与、转让和继承。持股人死亡或退休经董事会批准后方可继承、转让或由企业收购，持股人若辞职、调离或被辞退、解除劳动合同的，人走股留，所持股份由企业收购……

力的强调，而“全体股东一致同意”的表述则可以理解为以股东之意思表示作为公司章程效力来源。

（2）有限公司的封闭性、人合性与公司自治。法院认为：“基于有限责任公司封闭性和人合性的特点，由公司章程对公司股东转让股权作出某些限制性规定，系公司自治的体现。……大华公司章程将是否与公司具有劳动合同关系作为取得股东身份的依据继而作出‘人走股留’的规定，符合有限公司封闭性和人合性的特点，亦系公司自治原则的体现。”此处以公司的封闭性、人合性作为有限公司限制股权转让的正当性理由，并承认章程规定“人走股留”属于公司自治。

（3）区分限制性规定与禁止性规定。法院认为：“大华公司章程第十四条关于股权转让的规定，属于对股东转让股权的限制性规定而非禁止性规定，宋文军依法转让股权的权利没有被公司章程所禁止，大华公司章程不存在侵害宋文军股权转让权利的情形。”此裁判理由可以理解为，禁止性规定侵害股东的股权转让权，第71条第4款的“另有规定”并非赋予公司无限制的自由，其意思自治当以不得禁止股东依法股权转让为界。

2. 案例评析

指导案例兼具规范与事实的双重属性，[1]因此其裁判要点是法院审理同类案件应当参照适用的规则。本案裁判要点表述为：“国有企业改制为有限责任公司，其初始章程对股权转让进行限制，明确约定公司回购条款，只要不违反公司法等法律强制性规定，可认定为有效。有限责任公司按照初始章程约定，支付合理对价回购股东股权，且通过转让给其他股东等方式进行合理处置的，人民法院应予支持。”鉴于上述裁判要点的阐发是基于具体的案件事实，96号指导案例对于同类案件审理的指导意义还需要结合个案展开讨论。

就案件事实而言，大华公司改制为有限公司时，员工宋文军为自然人股东，当时股东人数为107人。在本案中，案涉公司由国企改制形成，不存在对持股或者转股负有特殊要求的创始人与投资人，也不存在以有限公司、合伙或者信托形式持有公司股权的员工持股计划（Employee Stock Ownership Plans）。公司员工宋文军通过出资2万元成为自然人股东，直接持有公司股权。同时，案涉章程也

〔1〕 参见李建伟：《分期付款的股权转让合同解除权的特殊性——兼评最高人民法院第67号指导性案例的约束性规范》，载《清华法学》2019年第1期。

未区分不同类型股东以适用不同限制措施。本案裁判要点首句即是“国有企业改制为有限公司”,此为其他案件参照适用本案裁判要点的前提条件,抑或仅是对于本案的事实陈述?通过裁判理由中“有限公司章程”“有限责任公司封闭性和人合性”等表述,以及未对国有企业改制的有限公司,较之于一般的有限公司的特殊性进一步说明和强调可以得出:96号指导案例的裁判规则对所有有限公司章程限制股权转让纠纷案件具有普遍的适用性,而非仅针对“国有企业改制为有限公司”。还需要注意的是,“有限责任公司封闭性和人合性”部分的裁判理由属于“基本案情”与“公司章程条款有效性”的勾连通道。随之而来的问题是,如在其他案件中“基本案情”一端发生变化,将影响对“有限责任公司封闭性和人合性”的判断。这可能导致限制股权转让措施字面表述相同的公司章程条款,在公司股东类型、股东人数、股权结构等“基本案情”不同之时,出现不同或者相互矛盾的效力认定结论。因此,96号指导案例中的抽象裁判规则,尚不具备普遍适用的规范资格,尚需要结合待决案件的具体案情,以决定参考适用的空间。96号指导案例的裁判理由中值得思考与商榷之处具体有三:

(1)修订章程的效力范围是否需要独立讨论及其效力与初始章程有何关系。裁判理由第一项与裁判要点都强调了初始章程的约束力,未提及修订章程的约束力,原因是案涉公司章程即为大华公司初始章程,法院自当围绕当事人案件事实审理,无须节外生枝地评论与案情无涉的修订章程效力问题。然而,确有必要对初始章程和修订章程予以区分,由二者之区分衍生出的疑问有:其一,章程的效力基础,是其作为规范公司组织和行为的内部自治性规范,还是全体股东一致同意的?其二,未经全体股东一致同意的修订章程,是否仅对赞成股东产生约束力,而对反对股东不产生约束力,抑或对所有股东不产生约束力?其三,若修订章程对反对股东不产生约束力,章程何以成为公司组织运行的自治性基础,何以避免少数股东机会主义行为?就本案而言,似以“有限公司章程系对公司及全体股东产生约束力的规则性文件”作为裁判理由即谓具足,初始章程的约束力与股东同意两项裁判理由,可能其意在增强论证的妥当性。

(2)以股东基于劳动合同关系获取股东资格,来论证有限公司的封闭性和人合性,具有局限性。裁判理由第二项认为,原告股东资格的取得原因在于原告与大华公司具有劳动合同关系,并试图通过有限公司的封闭性、人合性论证“人走股留”条款的合法性。但是,有限公司的封闭性、股东之间的人身信任关系都不是某种确定的标准，其程度需要根据各个公司的具体情况来判断。就本案而言，其一，案涉公司股东有107人，该公司2004年5月由国企改制为有限公司的商事登记信息显示仅有18人，其中宋文军认缴出资额5万元，持有3.33%股权。由此推断大华公司通过股权代持等形式规避了公司法关于有限公司股东人数的限制，大华公司的股权结构较为分散，股东人数众多，就封闭性而言其程度是较低的。其二，案涉公司属于餐饮行业，案情显示原告并非公司的控股股东、核心员工，将其股东身份与员工身份进行捆绑，对于一家餐饮行业的企业并无必要。裁判理由未对案涉公司的封闭性、人合性与案涉限制措施进行程度判断，属于复杂问题的简化处理，并可能导致有限公司章程条款仅因有限公司存在较低的封闭性、人合性，进而难以被认定为其违反公司法的禁止性规定。另外，裁判理由第二项将有限公司章程条款限制股权转让认定为公司自治的范畴，裁判理由第一项又以全体股东一致同意论证初始章程的约束力属于对公司章程效力来源契约说与自治法说的杂糅并用。整体而言，以有限公司的封闭性、人合性作为裁判理由论证限制股权转让条款的效力，为值得参照的裁判路径，但96号指导案例仅以原告与大华公司之间的劳动合同关系是其获取股东资格的原因来论证有限公司的封闭性和人合性，显然不够充分。

（3）区分限制性规定与禁止性规定。裁判理由第三项以禁止股权转让作为有限公司意思自治的界限，可以得出第71条第4款的“另有规定”，以不得禁止股东依法股权转让为界限的结论。此裁判理由值得肯定，但将案涉公司章程第14条认定为限制性规定而非禁止性规定，则值得商榷。第14条除“人走股留”条款之外，完全禁止外部转让，对内部转让附以期限及董事会同意的限制，且未规定董事会批准的条件及董事会拒绝批准后股东的救济途径，股东可能因未经董事会同意而无法实现股权内部转让，从而导致其股权完全被公司锁定。裁判理由仅考虑“人走股留”条款的限制性、禁止性转让效果，而未考虑第14条作为整体是否实质禁止股权转让，即认定其为限制性规定而非禁止性规定，可能导致实质禁止股权转让的章程通过分拆获得合法性。[1] 另外，裁判理由虽未明示，却暗含以下解释，禁止性规定，是指禁止股权外部转让与内部转让，而不是指禁止股权外部转让或内部转让。此种解释可能导致实质上禁止股权外部转让的公

〔1〕 参见楼秋然：《股权转让限制措施的合法性审查问题研究——以指导案例96号为切入点》，载《政治与法律》2019年第2期。

司章程条款因被认定为并无禁止转让效果而被认定为有效。同时,裁判理由也没有说明过度限制、导致实质性禁止股权转让的章程条款属于禁止性规定,还是属于限制性规定。“过度限制、导致实质性禁止”这一概念处于禁止与限制之间的“灰色地带”,存在一定的模糊性,其在司法实践中也通常是争议焦点之所在。裁判理由未对此予以分析,使有限公司章程条款限制股权转让之效力问题,未随96号指导案例的发布而得以彻底解决。

(二)核心概念的教义学内涵及争议

1.初始章程与修订章程

初始章程,是指有限公司成立之时,全体股东依据公司法的规定,一致同意并通过的公司章程;修订章程则是指有限公司成立后,全体或者部分股东依据相应的议事程序和表决规则,对初始章程内容予以修订之后所形成的公司章程。第71条第4款仅规定“公司章程”,而未区分初始章程与修订章程,对于此处应否区分初始、修订章程并在公司自治边界上适用不同标准,存在不同的理论主张。

第一种理论主张坚持契约说,认为对股权转让作限制性规定的章程原则上应为初始章程,若通过修订章程做此规定,需取得全体股东的一致同意。[1] 此种理论主张认为,采取资本多数决规则对股权转让予以限制或剥夺缺乏正当的理由,容易导致“多数人(股)暴政”,[2] 并认为取得个别股东的同意是治愈章程修正欠缺合同机制的方法。[3] 但有学者认为,以合意原则为初始章程的效力基础、以多数决原则为修订章程的效力基础,将导致公司章程在不同阶段具有不同性质,易导致理论与实践的混乱。[4]

第二种理论主张也是坚持契约说,与第一种理论主张不同的是,其认为不宜对未经全体一致同意的修订章程做整体的效力判断,而是应区分投赞成票的股东与未投赞成票的股东,对于前者,修订章程可对其产生约束力,对于后者,则不能产生约束力。[5] 作为参考,美国《标准公司法》第6.27条与美国《特拉华州普

〔1〕 参见王建文,前揭书,第91页。

〔2〕 参见宋智慧:《资本多数决:异化与回归》,中国社会科学出版社2011年版,第83页。

〔3〕 参见钱玉林,前揭书,第108页。

〔4〕 参见吴建斌:《合意原则何以对决多数决——公司合同理论本土化迷思解析》,载《法学》2011年第2期。

〔5〕 参见《民商法大咖热辩:股东会决议限制股权转让的效力》,载https://mp.weixin.qq.com/s/FQOcrJPSlb4AjRVq7ob6lA,最后访问日期:2021年10月30日。

通公司法》第202条皆规定，股份转让限制对采取该限制之前公司发行的股份不具有约束力，除非此等股份的持有人为股份转让限制合同一方当事人，或者对股份转让限制投赞成票；[1]澳大利亚《公司法》第140条第2款规定，除非公司成员书面同意，否则在其成为公司成员之后对股权转让施加或者增加限制的公司修订章程，对其不具有约束力。[2] 但是，我国公司法上对决议效力是整体评价，因此认定公司章程仅具有"部分约束力"缺乏实定法基础；[3]此外，公司通过修订章程限制股权转让，通常需要约束全体股东，方能实现维护其封闭性以及股东之间的人身信任关系的目的。若股东可以通过不投赞成票而不受修订章程约束，可能导致公司设置股权转让限制措施的目的落空，或者产生少数股东机会主义行为。[4]

第三种理论主张认为，初始章程和修订章程在公司自治边界上应适用不同标准。具体而言，初始章程对股权转让的安排只要不违反法律强制性规定，原则上应为有效；但修订章程对股权转让的安排不得违背法律的基本精神、不得以侵害股东股权为代价对股权转让予以限制。[5]

第四种理论主张坚持自治法说，其认为股权对外转让受初始章程限制并非仅因股东的合意，亦因章程作为公司自治法，在其自治范围之内对公司成员具有约束力，后者方是公司法上的限制。[6] 章程作为自治性规范，可以基于多数决原则将其效力覆盖至赞成股东与反对股东，认定未经全体一致同意的修订章程无效或者对于未投赞成票的股东不产生约束力，既无实定法基础，也缺乏可操作性。

2. 内部转让与外部转让

内部转让和外部转让是就股权受让对象是否为有限公司既有股东所作的区分，如受让对象为既有股东，则为前者，否则即为后者。第71条第4款未明确规定是否应当区分内部转让与外部转让以适用不同的限制标准。有学者认为，章程就股权内部转让不能违背股东间自由转让出资的基本原则，不可设置

---

〔1〕 See Model Business Corporation Act (2016 Revision), § 6.27(a); Del. GCL § 202(b).

〔2〕 See Corporations Act 2001 (Cth) s 140(2).

〔3〕 参见《民商法大咖热辩：股东会决议限制股权转让的效力》，载仟律网，https://mp.weixin.qq.com/s/FQOcrJPSIb4AjRVq7ob6IA，最后访问日期：2019年9月7日。

〔4〕 参见楼秋然，前揭书，第143页。

〔5〕 参见宁金成，前揭书，第15页。

〔6〕 参见王湘淳，前揭书，第58页。

比股权外部转让更加严格的限制。[1] 作为参考，法国《商事公司法》第 47 条第 2 款规定："公司章程可以对内部转让加以限制，但应低于对外部转让的限制。"[2]

此外，对于内部转让，另一理论争议是强制内部转让的章程条款是否在公司意思自治之范围之内？即在特定例外情形之下，有限公司是否可以强制股东将其股权转让给公司、其他股东。此类条款规定的例外情形通常包括退休、辞职、调离或者解除劳动合同等，因此又被概称为"人走股留"条款。"人走股留"条款主要存在于两类公司：一类是高新技术公司。除投资人之外，此类公司的股东通常是该公司核心员工，离开公司之后有较大可能性从事竞业业务，因此公司通过此类条款减轻同业竞争对于公司的负面影响。另一类是实行国企股份制改造的公司，尤其是在实行员工持股计划的公司。员工持股计划建立了一种按劳分配与按资分配相结合的新型利益制衡机制，其将职工利益与企业利益相关联，当持股员工不再与企业存在雇佣关系时，这种关联和平衡即被打破，员工继续持股将难以再为企业创造经济效益。96 号指导案例中的大华公司由国企改制为有限公司，其章程即规定"人走股留"条款。

对于这一理论争议，有学者认为，第 71 条第 4 款仅适用于前三款所述的非实体处分权范围内的事项，即经股东同意转让股权的情形，而不能适用于股东是否进行股权转让这一实体权利。[3] 违背离职股东意愿强制其转让股权，是对其股东财产权利的限制甚至剥夺。此外，解聘等促成因素极易被控股股东或者董事滥用。因此，这种"人走股留"条款不在公司意思自治范围之内。也有学者认为，在提供合理对价的情况下，强制股东将其股权转让给公司、其他股东，作为一种股东退出机制，应当归属为对股权的整体处分自由进行的限制。[4] 因此，此类章程条款限制的是权利的行使而非权利的享有，有限公司有权设置此类章程条款。此外，以契约说解释公司章程法律性质，可将此类条款视为附生效条件的合同，如果条件成就，股东即应当按照合同约定转让其股权，此并非公司单方强

〔1〕 参见周友苏：《新公司法论》，法律出版社 2006 年版，第 286 页。

〔2〕 李建伟：《公司法学》（第 4 版），中国人民大学出版社 2018 年版，第 249 页。

〔3〕 参见闫志旻、李学泉，前揭书，第 82～83 页。

〔4〕 参见范黎红：《公司章程"侵权条款"司法认定及救济——以"强制离职股东转让股权"之章程条款为例》，载《法律适用》2009 年第 1 期。

制处分股东私权的侵权行为。[1]

对此问题，96号指导案例以有限公司的封闭性、人合性判定案涉“人走股留”条款在公司自治范围之内，并承认其有效性。但如前所述，96号指导案例抽象的裁判标准需要结合各个案件的具体事实加以适用。因此，本书对第71条第4款的分析包括强制股权内部转让之情形，下文将结合裁判实践实证分析强制内部转让章程条款的效力问题。

3. 限制股权转让、禁止股权转让与实质性禁止股权转让

限制股权转让即有限公司章程就股权转让施加了公司法规定之外的其他限制；禁止股权转让即章程明文规定不得转让；实质性禁止股权转让则，是指章程虽未明文禁止，但却通过施加一些明显不可能达到的条件限制股权转让，从而实现禁止转让的效果。三者在限制效果上为一种递进关系。有限公司章程是否可以禁止股权转让？在96号指导案例之前，此问题亦存在理论争议。

第一种理论主张认为，公司章程虽具有涉他性，但关于股权转让的规定纯属股东之间基于契约自由的制度安排，并不涉及他人利益维护问题，故而只要未触犯公共政策，就应当认可其效力。[2] 此种主张以章程法律性质契约说为基础，将禁止股权转让认定为基于股东契约自由的自愿性制度安排，根据逻辑推理可以得出未经全体股东一致同意的修订章程或者是全部无效，或者是对投赞成票的股东有效、对未投赞成票的股东无效。此外，禁止股权转让这种章程条款本身是否未触犯公共政策，亦值得另外讨论。

第二种理论主张认为，凡具备可转让性的财产权的转让都不应受禁止，如章程规定实质上构成了股权转让的禁止，其因违反公共政策而应作无效处理。相较于股东契约自由，此种观点更注重股权作为财产权的可转让性，法律对禁止股权转让的公司章程的合法性审查，应该从更高的公共政策角度进行解释，[3] 而违反公共政策的章程条款，其效力瑕疵无法仅因股东同意而得到救济。

第三种理论主张认为，限制股权转让的公司章程条款的效力问题可借鉴实质性剥夺股东知情权问题处理思路，根据“章定”抑或“法定”，将股东权利划分

---

〔1〕 在公司权利配置理论的框架下，公司照章收回处分或者转让特定股东所持股权，并非公司单方强制处分股东私权的非法侵权行为，而是属于行使约定的合同权利的行为。参见吴建斌、赵屹：《公司设限股权转让效力新解——基于江苏公司纠纷案件裁判的法律经济学分析》，载《南京大学法律评论》2009年第1期。

〔2〕 参见王建文，前揭书，第87页。

〔3〕 参见李建伟，前揭书，第250页。

为固有权与非固有权。对于章定的非固有权,法律明文允许基于"全体股东一致同意"的意思予以限制乃至排除;对于以股权转让权为代表的这一类股东权,对基于"全体股东一致同意"的意思予以剥夺的,法律持谨慎立场。因为法律关于此类权利的规定属于"为避免产生严重的不公平后果或为满足社会要求而对私法自治予以限制的规范"[1],所以建立于其上的效力规则即使是基于"全体股东一致同意"而实质性剥夺该类股东权的公司意思,也是无效的。[2]

如前所述,96 号指导案例裁判理由第三项区分了公司章程对股东转让股权的限制性、禁止性规定,并以禁止股权转让作为有限公司意思自治的界限,算是对章程可否禁止股权转让这一理论争议的司法回应,但未明确回答"过度限制、导致实质禁止股权转让"或者变相禁止股权转让的章程条款是属于禁止性规定,还是属于限制性规定。对于变相禁止股权转让的章程条款,广东省高级人民法院呈送最高人民法院的《股权转让纠纷的调研报告》指出,公司章程"不能造成股权转让极度困难或根本不可能,更不能禁止股权转让",变相禁止股权转让的章程条款亦是无效的。在 96 号指导案例中,案涉章程条款完全禁止股权外部转让,对于内部转让则以期限及董事会同意进行限制,未经董事会同意,其股权将完全被公司锁定。此种情形是否构成变相禁止股权转让?如构成,96 号指导案例裁判理由第三项可以理解为将变相禁止股权转让的章程条款归入限制性规定,此种理解将过于限缩禁止性规定的适用空间;如不构成,96 号指导案例未回答变相禁止股权转让的章程条款的效力问题,仍待以后的司法裁判予以解决。

三、"章程得限制股权转让"的教义学构造基础

在明晰指导性案例存在的规范评价难点与核心概念的教义学内涵后,需要阐明"章程得限制股权转让"的教义学基础,以为"章程得限制股权转让"的解释论与立法论方案提供教义学构造的方向。具体而言,首先,教义学基础的阐明需从法教义的核心词展开,即明确"作用对象"章程的法律性质与"被作用对象"股权转让可能产生的不当影响,这两层考察意在确定章程得限制股权转让的必要性。其次,在法技术层面考察章程得限制股权转让的管道,如果仅存在必要性,而该教义无法得到法技术的支撑,那么其将被束之高阁。这一层次意在确定章

---

〔1〕［德］卡尔·拉伦茨:《德国民法通论》(上册),王晓晔等译,法律出版社 2013 年版,第 42 页。

〔2〕参见李建伟:《"实质性剥夺"股东知情权的公司意思效力研究——〈公司法解释四〉第 9 条的法教义学分析及展开》,载《中外法学》2018 年第 5 期。

程限制股权转让的可行性。最后，教义学基础的界定不能仅从正面的“确定”讨论，还需要从反面的“限度”明确范围，这一层次意在确定章程限制股权转让的适当性（适当的范围何在）。综上，下文将以“限制依据的属性（必要性）—限制目的的正当（必要性）—限制技术的配合（可行性）—限制转让的界限（适当性）”的逻辑脉络展开“章程得限制股权转让”的教义学构造基础。

（一）限制依据的属性：公司章程性质的教义学归类及其效力来源

《公司法》第71条第4款仅规定有限公司可以通过章程对股权转让进行限制，未如美国《特拉华州普通公司法》一般区分公司设立证书（certificate of incorporation）与章程细则（bylaws），也未规定股东之间或者股东与公司之间的合同是否可以限制股权转让。[1] 在“涉章纠纷”中，章程性质的教义学归类是法院进行法律解释的起点，它涉及章程的成立与生效、决定有效的章程具有何种约束力等基本的问题。[2] 因此，关于公司章程法律性质的讨论，于此处具有重要的法理价值，是后续问题展开讨论的逻辑前提。

第一，在学理上，公司章程法律性质的相关学说主要包括契约说与自治法说。首先，契约说认为，章程是公司与其成员之间的一种协议，也是成员与成员间的一种协议。[3] 契约说主要流行于英美法系，如澳大利亚《公司法》第140条第1款规定，公司章程（constitution）与《公司法》可替代规则（replaceable rules）在公司与其成员之间、公司与其董事和公司秘书之间、公司成员与成员之间，具有法定合同的效力。[4] 契约说以契约当事人之意思表示作为公司章程之效力来源，基于合同相对性原理，其对股东与公司具有约束力，但其不能约束第三人。[5] 例如，在Hickman诉KRMSA案中，英国高等法院认为，组织章程构成公司与其成员之间的契约，但不构成公司与公司以外的人之间的契约，因此，公司

〔1〕 See Del. GCL § 202(b).

〔2〕 参见吴飞飞：《论公司章程的决议属性及其效力认定规则》，载《法制与社会发展》2016年第1期。

〔3〕 参见胡果威：《美国公司法》，法律出版社1999年版，第152～153页。

〔4〕 See Corporations Act 2001 (Cth) s 140(1)(a). 澳大利亚《公司法》以公司章程取代了规定公司外部事务的组织大纲（Memorandum of Association）与规定公司内部事务的组织章程（Articles of Association）；其部分可替代规则仅适用于私人公司（proprietary company），部分规则对于私人公司属于可替代规则、对于公开公司（public company）属于强制性规则，对《公司法》可替代规则的违反不属于对《公司法》的违反。

〔5〕 董事与公司秘书并非契约当事人，澳大利亚《公司法》第140条第1款通过法定合同的形式将董事与公司秘书排除于第三人之列。

以外的人不得依据组织章程行使其权利。[1] 其次，自治法说则认为，章程是公司根据国家赋予的"公司自治立法权"而制定的关于公司组织和行为的自治法规。[2] 相较于契约说，自治法说更为强调公司作为具有独立法人地位的企业组织的意思自治，并以其作为公司章程之效力来源。因此，章程不论公司成员的个别意思如何，都可以根据公司成员的一般意思而变更。[3]

第二，公司章程的教义学归类差异衍生出章程限制股权转让的主要理论争议。例如，应否区分初始、修订章程，并在公司自治边界上适用不同标准？第71条第4款未区分章程类别，根据《公司法》第23条、第43条可知，初始、修订章程之区别有二：一为制定主体，二为制定机制。前者由全体股东一致同意制定，后者则由股东会通过资本多数决的表决机制议决通过。初始章程由全体股东制定，构成股东之间平行一致的合意，依据契约说解释其效力来源并无障碍。公司成立之后，初始章程作为内部自治性规范，又可以依据自治法说解释其效力来源。与此不同，修订章程的通过适用决议规则，[4] 故而仅具有公司内部自治性规范的性质。[5] 契约说以全体股东一致同意作为有限公司章程限制股权转让的效力来源，并认为未经全体股东一致同意的修订章程或者无效，或者仅对同意的股东有效；自治法说则以公司意思自治作为限制股权转让章程条款的效力来源，因此有限公司得通过修订章程限制股权转让，且此种限制对未投赞成票的股东也具有约束力。

第三，自治法说较之于契约说更具说服力。首先，契约说"一刀切"地排除修订章程修改对于反对股东或者全体股东的约束力，并非防止资本多数决滥用的唯一手段，且过于限缩有限公司意思自治之空间。刻意区分初始章程与修订章程并适用不同的效力基础理论，尚缺乏实定法的基础，且容易导致司法实践的混乱。其次，自治法说更契合公司的法人属性。和所有的社团、财团一样，章程属于公司的"宪法"。章程是法人人格的自然派生，属于公司组织存在的依据和边界。如果不存在独立的法人人格，企业就是以合同为基础的，如合伙以合伙协

[1] See Hickman v. Kent or Romney Marsh Sheepbreeders'Association [1915].

[2] 参见李建伟：《公司法学》（第4版），中国人民大学出版社2018年版，第107页。

[3] 参见[韩]李哲松：《韩国公司法》，吴日焕译，中国政法大学出版社2000年版，第341页。

[4] 参见吴飞飞：《论公司章程的决议属性及其效力认定规则》，载《法制与社会发展》2016年第1期。

[5] 参见钱玉林，前揭书，第107页。

议为基础。[1] 因此，有限公司章程限制股权转让，应当回归多数决原则，可以通过股东会2/3以上资本多数决作出修改公司章程限制股权转让的决议，且该决议若不存在效力瑕疵，自然约束全体股东包括未投赞成票的股东。反对股东可以通过决议无效、不成立或者可撤销之诉维护其权利，也可以援引《公司法》第20条禁止股东权利滥用的一般性规则对抗股东权益侵害行为。最后，若少数股东之反对即可否认公司章程之约束力，章程何以成为公司组织运行的自治性基础？具体可分两点作答，一是初始章程的制定行为并非共同行为，其通过不需要全体发起人的一致同意。《公司法》第23条针对有限责任公司初始章程规定"股东共同制定公司章程"，但共同在解释上并不等于一致同意。[2] 二是任何非发起股东的投资者试图进入公司，必须首先接受章程的制约。即使新人对章程存在意见，也必须先接受章程的约束，在取得公司的社员身份后，仍需严格依照章程的规定，通过一定的程序才能对章程予以修订。先前股东设定的公司程式对后续股东有约束力，背后的法理逻辑是公司人格独立，而章程是人格独立的衍生。[3] 在此意义上，将第71条第4款修改为"全体股东对股权转让另有约定的，从其约定"，或许更符合股东意思自治之逻辑。

综上，公司章程得限制股权转让的法理证成，需要明确作为限制依据的章程之教义学属性。通过前文的论证可知，公司章程自治法说的解释选择更契合公司人格独立的商法属性，该说应作为后续问题展开的逻辑前提。

（二）限制目的的正当：股权转让触及有限公司人合性的稳定

第一，在比较法上，"封闭公司"的教义学规则与我国有限公司的教义学规则相近，存在有限公司人合性的制度体现。我国将公司区分为有限公司与股份有限公司，而美国分为封闭公司与公众公司。虽然两国分类体系并不对应，但有限公司与封闭公司在股权流转性方面异曲同工。封闭公司的股权转让并无公开市场之存在，其通常通过公司章程、公司细则或股东协议等设置股份转让限制与买断机制，由公司、其他股东以一定价格购买转让股东之股权。为解决封闭公司治理的特殊问题，美国部分州公司法为封闭性公司设立特则，赋予治理更大的灵活性。例如，美国《特拉华州普通公司法》第341～356条对封闭公司进行了特殊

〔1〕 参见邓峰：《普通公司法》，中国人民大学出版社2009年版，第117页。

〔2〕 参见吴飞飞：《论公司章程的决议属性及其效力认定规则》，载《法制与社会发展》2016年第1期。

〔3〕 参见邓峰：《普通公司法》，中国人民大学出版社2009年版，第118～119页。

规定，根据第342条对封闭公司的定义，封闭公司应当满足：(1)股东人数不超过30人；(2)公司所有已发行股份应当受到一项或多项第202条规定的股份转让限制条件的限制；(3)公司不得公开发行股份。[1] 可见，股权转让限制乃是封闭公司的强制性要求之一，此与我国公司法上关于有限公司的要求基本类似。这些规则都蕴含有限责任公司人合性的制度。

第二，有限公司的人合性可以从内部关系和外部关系两个维度理解。我国学界多以维护有限公司的人合性来论证章程限制股权转让的正当性，裁判实践中法院也常将确保有限公司的人合性作为第71条第4款的规范目的。但是，何为有限公司的人合性？却仍是模糊不清的问题。一般认为，依公司信用基础之为股东信用或者公司财产而将公司分为人合公司、资合公司及人合兼资合公司。据此，有限公司的股东以认缴出资额为限对公司债务承担责任，自然属于资合公司。但通说却认为有限公司同时兼有资合与人合的双重性质。[2] 事实上，所谓有限公司的人合抑或人合性描述，是一种不自觉地望文生义——将"股东之间的人身信任关系"附会为"人合性"。[3] 公司的人合性应该包括两层含义：一是内部关系方面。各个股东之间通常有某种人际关系，这往往是建立在股东之间相互信任的基础之上。[4] 参考英美法系的区分标准，有限公司与封闭公司最为相似，作为介于传统公司与传统合伙之间的企业组织，其股权转让无公开市场之存在，此种法律特征应该以"封闭性"来概括；进而，由公司的封闭性则衍生出股东之间较为密切的人身信任关系，并以此作为股东之间合作的基础。此种合作基础可能源于能力、品质、声望，甚至可能仅是主观感情状态，但并不等同于责任承担方式。[5] 因为外人的进入可能会影响甚至破坏公司既有的封闭性、股东之间密切的人身信任关系。二是对外关系方面。人合性意味着资本在公司对外的信用占比较小，股东个人的信誉与公司信用的关系更为紧密。[6] 在人合性比重高的有限公司，甚至完全依赖公司股东的个人信用。公司人合性形成的主要原因是，公司的股东对公司债务承担无限连带责任，公司资不抵债时，股东应以个

[1] See Del. GCL § 342(a).

[2] 参见赵旭东主编：《公司法学》(第4版)，高等教育出版社2015年版，第54页。

[3] 参见李建伟：《公司法学》(第4版)，中国人民大学出版社2018年版，第16页。

[4] 参见陈彦晶：《有限责任公司股权转让限制制度研究》，法律出版社2017年版，第9页。

[5] 参见王湘淳，前揭书，第54页。

[6] 参见施天涛：《公司法论》(第4版)，法律出版社2018年版，第68页。

人的全部财产清偿公司债务。[1] 有限公司股东虽然承担有限责任，但由于其人数有限和具有封闭性，因此也具有一定的人合性。因此，在人合性的对外关系理解上，股东个人信用及财产状况将直接影响公司的债务清偿能力是核心要点。[2]

第三，在人合性较强的有限公司中，股东转让股权可能会对公司的稳定发展造成不利影响。随着公司经营的持续，有限公司内部成员的人际关系往往也会发生变化。一个或者多个股东退休或死亡，或者原来彼此之间很友好的股东可能产生仇恨等原因，都可能会使公司面临新人涌进的问题。[3] 然而有限公司股东转让股权不仅是股东个人的财产让渡，其势必伴随股东资格的变化。[4] 对于公司而言，股东转让股权背后隐藏的是资本关系的变化，其势必会对公司的人合性造成冲击。因此，有限公司的人合性要求严格限制将股权转让给非股东，以维系股东之间基于熟知和信任而建立起来的良好合作关系。[5] 是故限制股权自由转让的本质并不是对股东转让的财产性权利的自由予以限制，而是对股东资格的限制，以免不受欢迎的商业合作伙伴的侵扰，并将其作为一种控制公司的手段，使之成为建立有效控制权体系的基础。[6]

（三）限制技术的配合：股权变动模式为章程限制股权转让提供管道

第一，有限公司股权变动之所以需要通知公司并取得公司的认可，是因为股权与公司相伴而生，股权的行使必然会对公司产生不同程度的影响。具体而言，首先，股权是股东基于其股东身份和地位而享有的对于公司的权利，在组织法上，公司是股东行使股东权利之义务主体。正如债权人转让债权应当通知债务人一样，[7]股东转让股权也应当通知公司，否则公司可以其不知股权转让为由拒绝承认受让人的股东身份。其次，股权作为一个整体性权利而具有流转性，股东转让股权是将股权之资产收益权能与参与管理权能进行整体转让。作为独立法人的企业组织，公司可以通过股东会等组织机构形成独立的公司意志。而参

〔1〕 参见赵旭东主编，前揭书，第54页。

〔2〕 参见陈彦晶：《有限责任公司股权转让限制制度研究》，法律出版社2017年版，第10页。

〔3〕 参见陈彦晶，前揭书，第25～26页。

〔4〕 参见罗培新：《抑制股权转让代理成本的法律构造》，载《中国社会科学》2013年第7期。

〔5〕 参见陈彦晶，前揭书，第24～25页。

〔6〕 参见钱玉林：《股权转让行为的属性及其规范》，载《中国法学》2021年第1期。

〔7〕 参见《民法典》第546条第1款规定："债权人转让债权，未通知债务人的，该转让对债务人不发生效力。"

与管理权能的转让,势必将影响公司独立意志之形成,并可能导致公司利益之损害。最后,在有限公司通过章程限制股权转让之时,对于违反章程限制的股权转让合同,公司应当拒绝将受让人记载于股东名册,从而维护公司内部自治性规范之约束力。因此,区别于债权让与,股权转让不仅需要通知公司且需要取得公司的认可,公司介入股权转让具有组织法上的法理基础。

第二,股权转让合同生效不等同于股权变动,这使公司意思介入在法技术上具有可操作性。有限公司为何可以介入股东的股权转让?股份公司又可否介入股东的股份转让?对于股份公司,有学者认为应区分上市公司、非上市公众公司〔1〕及非公众股份有限公司,应允许后者通过章程对股份转让设定限制条件。〔2〕在股权转让意思自治限度方面,有限公司与各类型的股份公司不同。这除了封闭性、人身信任关系等因素影响之外,还与不同类型公司股权变动模式存在紧密的联系。基于法律行为转让有限公司股权的情形之中,转让人与受让人签订股权转让合同,约定转让人将股权以一定对价转让给受让人,合同的成立与生效遵循法律行为的一般规则。合同生效后在双方当事人之间产生债之效力,公司非该法律关系当事人,不介入该合同的成立与生效。但是,合同生效能否等同于股权变动,一直以来存在不同的股权变动理论主张,主要有债权形式主义、纯粹意思主义、修正意思主义等。〔3〕修正意思主义主张,股权转让合同生效即在转让人与受让人之间产生有限公司股权变动的效果,但不能完全忽视公司意思的参与,唯有通知公司并取得公司的认可,受让人才得对公司主张股权。〔4〕《九民纪要》第8条规定:“当事人之间转让有限责任公司股权,受让人以其姓名或者名称已记载于股东名册为由主张其已经取得股权的,人民法院依法予以支持,但法律、行政法规规定应当办理批准手续生效的股权转让除外。”这一规定确认了公司内部股东名册变更记载的对内公示及对抗效力。但在实践中,部分公司并未置备完整的股东名册,在此情况下受让人应当通过其他证据证明其受让股权已

---

〔1〕　参见《非上市公众公司监督管理办法》(2003年修订)第2条规定:“非上市公众公司是指有下列情形之一且其股票未在证券交易所上市交易的股份有限公司:(一)股票向特定对象发行或者转让导致股东累计超过200人;(二)股票公开转让。”

〔2〕　参见甘培忠、欧阳泽蔓:《股份有限公司章程限制股份转让法律问题分析》,载《法律适用》2015年第2期。

〔3〕　参见李建伟:《公司认可生效主义股权变动模式——以股权变动中的公司意思为中心》,载《法律科学(西北政法大学学报)》2021年第3期。

〔4〕　参见李建伟:《公司法学》(第4版),中国人民大学出版社2018年版,第240~243页。

得到公司的认可，如公司已签发新的出资证明书、公司已变更公司章程记载、通知受让人参加股东会等。唯此理解，修正意思主义模式是妥适的。

第三，不同于有限公司，股份公司介入股份转让具有技术上的障碍与法理念的实质差异。基于《公司法》第139～140条规定，股份公司股权变动采债权形式主义，以股权转让合同生效为前提，记名股票以背书或者法律、行政法规规定的其他方式为股权变动的生效要件，无记名股票以交付为股权变动的生效要件。[1] 就上市公司与非上市公众公司而言，股份的自由转让都是其固有特征，且上市公司无法介入其股票的上市交易。就非公众股份公司而言，其股份未公开发行，也无公众股东，与有限公司也存在一定的相似之处。有学者认为，该类股份公司可以设置限制股份转让的章程条款，但该种限制无法扩张适用于无记名股票。

综上，公司意思介入的必要性使公司认可生效主义的股权变动模式具有正当性，而公司章程作为公司人格的衍生，在股权变动前后，公司往往是通过章程表达其意思，因此公司认可生效主义的股权变动模式使"章程得限制股权转让"具有可行性。

（四）限制转让的界限：股权转让的固有权属性

1. 股权流转自由

股权流转自由具有重要意义，这是在构造"章程得限制股权转让"教义时必须重点关注的要点。具体而言，其重要性表现在以下方面：第一，股权流转自由为股东提供了退出机制，避免因股东之间的不合导致公司生产经营的停滞甚至解散。公司是社会主义市场经济中的重要主体之一，它在创造社会财富、提高就业率和提升生产力水平等方面发挥重要作用，这些功能的发挥无疑保障社会经济的平稳运行。资本维持原则是公司法中的重要原则，即在公司成立后股东不能抽回资本。同时，组织法理论隐含了组织内部成员契约的关系性，即关系维持的长期性。[2] 但组织体背后的股东是一个个独立的利益主体，在长期关系的持续中难免会萌生对公司组织运营的不满，此时大股东和小股东之间往往容易产

〔1〕 参见《公司法》第139条第1款规定："记名股票，由股东以背书方式或者法律、行政法规规定的其他方式转让；转让后由公司将受让人的姓名或者名称及住所记载于股东名册。"第140条规定："无记名股票的转让，由股东将该股票交付给受让人后即发生转让的效力。"

〔2〕 参见冯果、段丙华：《公司法中的契约自由——以股权处分抑制条款为视角》，载《中国社会科学》2017年第3期。

生矛盾。如果不为股东提供退出机制,保障股权的自由流转,公司必然会陷入僵局,严重时甚至走向解散。[1] 第二,股权流转自由能够最大限度地反映财产的价值。在市场经济条件下,交换的过程是一个相互为对方提供产品或服务以满足自身利益需求的过程,即交换可以促使资源向能够最有效利用它的人手中转移,从而实现资源的优化配置。[2] 这对于有限责任公司股东的股权而言同样重要。任何财产的价值主要包括使用价值和交换价值,在使用价值相同的条件下,交换价值越高,财产的价值就越高。可以说,财产的转让性和流通性本身就是财产价值的固有特征。[3] 股权转让的价值不仅在于股权的流通性越强,其市场价值体现就越高,也在于股权转让保障了股东退出公司的自由,这意味着如果章程完全"锁定"或者"封闭"了股权,将会严重减损其价值。

2. 股东固有权

以是否受到法律之外的剥夺或限制为标准,股权的权能可分为固有权与非固有权。前者是指股东依法享有而不得以公司章程或公司决议予以剥夺的权利。就股权转让权而言,《公司法》第 137 条对于股份公司的规定,未授权公司意思予以限制或剥夺,故而股份公司股东的股权转让权属于固有权,第 71 条第 4 款规定使有限公司股东的股权转让权似乎难以归属为不得以章程剥夺或限制的固有权。问题是,论者指出,按照商业惯例或具有一般理性与伦理观念的商事主体来判断,某种股东权利体现了对公司的本质要求与通常股东的核心利益,也应理解为固有权。[4] 有限公司股东资产收益的实现主要通过股利分配请求权与股权转让权,后者使股东可以在外部市场上变现投资收益,亦使股东在利益受损、与其他股东合作基础丧失等情形下,可以通过退出公司以获得投资收益,而无须被公司"锁定"或者"封闭"其投资行为。因此,对于股权转让权的剥夺将实质性地损害股东利益的本质。

综上,一端是有限公司的封闭性、股东之间密切的人身信任关系,另一端是股权作为财产权利的可转让性,以及股权转让权作为固有权不得以章程予以剥夺,有限公司限制股权转让的章程条款的效力判断,就是此二者之间的平衡艺术。

---

[1] 参见杨靖、张敏:《股东之间利益冲突与退出公司机制的反思》,载《法律适用》2012 年第 2 期。
[2] 参见王利明:《论合同法组织经济的功能》,载《中外法学》2017 年第 1 期。
[3] 参见施天涛:《公司法论》(第 4 版),法律出版社 2018 年版,第 13 页。
[4] 参见刘俊海:《现代公司法》(第 3 版),法律出版社 2015 年版,第 276 页。

四、章程限制股权转让纠纷的实证分析

实证研究的样本来自无讼案例网站。对引用《公司法》第71条第4款的裁判文书进行检索,案由选择"与公司、证券、保险、票据等有关的民事纠纷",最后检索日期为2019年9月8日,检索到裁判文书198例。后以"有限责任公司""公司章程"作为关键词进行限缩,并剔除章程重复《公司法》第71条规定或者降低《公司法》第71条限制标准的案例,剩余的有效裁判文书95例,组成研究样本。[1] 其中,有17例法院未对章程条款效力进行认定,剩余的78例中,法院认定章程限制股权转让条款有效的有75例,认定无效的有3例。

(一)类型化实证分析

1.禁止股权外部转让

在95例样本中,与外部转让相关的案例计68例,其中章程规定股权"不可""不允许""不能"对外转让的计7例。在7个样本中,法院认定章程条款有效的有6例,另有1例认定无效。对于此类案例,可依章程限制程度进一步区分为完全禁止外部转让、存在例外情形及提供退出机制三类。

其一,完全禁止外部转让的有3例。此类案例中章程条款不仅禁止外部转让,且未规定例外情形或者提供股东退出机制。其中2例的公司章程禁止外部转让,法院仅依据第71条第4款认定其效力,未做进一步分析。[2] 在另一例付丽娟与刘建等股权转让纠纷案(以下简称付丽娟与刘建案)中,章程同时禁止外部转让与内部转让,一审、二审法院都认为该规定不违反法律禁止性规定,且依据第71条第4款认定此章程条款有效。[3]

其二,禁止外部转让但同时提供股东退出机制的有1例。此类案件中章程条款保证股东可以退出公司。在徐锐敏与杭州杭挂机电有限公司股份收购请求权纠纷案中,修订章程禁止外部转让,但同时规定股东有权利要求公司回购其股权。法院认为该章程条款"目的在于保障少数异议股东在无人受让股权情形下仍有退出公司的实现途径……该内容约定也未违反我国公司法的强制性规定,

---

〔1〕 载https://www.itslaw.com/search?searchMode=judgements&conditions=regulation%2B1000011412%2B13%2B,最后访问日期:2019年9月8日。

〔2〕 参见新疆维吾尔自治区奎屯市人民法院民事裁定书,(2017)新4003民初1792号;吉林省长白县人民法院民事判决书,(2018)吉0623民初100号。

〔3〕 参见河南省焦作市中级人民法院民事判决书,(2015)焦民三终字第00355号。

应当认定有效。"[1]

其三,禁止外部转让但设有例外情形的有3例。此类案例中章程条款规定有禁止转让的例外情形,但不保证股东可以退出公司。在梁桂新、方锦荣与公司有关的纠纷案中,章程规定的例外情形是"向公司现任高层管理人员转让";[2]在苗伟财、王新军等与河南济煤投资有限公司等股东资格确认纠纷案(以下简称苗伟财与济煤投资公司案)中,章程规定的例外情形是"股东有意愿且公司经营正常时,公司可按原始股本金额支付股东,对股权予以回收",[3]也即股东无权要求公司回购其股权。法院未对上述案例中的章程条款效力进行认定。赵阳、昆明仟龙营养食品科研开发有限公司公司决议效力确认纠纷案(以下简称赵阳与仟龙公司案),是此类案例中法院否认相关章程条款效力的唯一案例。本案中,修订章程规定的例外情形是"经本公司持有股权100%比例同意",一审法院认为该条款有效,裁判理由是"经符合表决权比例要求而通过的股东会决议对股东对外转让股权作出限制以及据此修改公司章程并不违反法律规定,不足以认定侵害了原告的股东权利";二审法院则认为无效,裁判理由是"禁止股东对外转让股权的同时,并未规定任何救济途径,严重损害了股东对其股份对应财产权的基本处分权"。[4]

作为比对,在赵阳与仟龙公司案中,以100%股东同意为例外情形的禁止外部转让的章程条款被认定为无效,而在付丽娟与刘建案中,完全禁止外部转让与内部转让的章程条款却被认定为有效。在省级高级人民法院颁布的指导意见中,江苏省高级人民法院否认公司章程禁止股权转让之效力,[5]而浙江省高级

---

〔1〕 章程规定,股东要求转让股权但无任何现有股东愿意受让股权的,由公司回购,回购价款按回购日上一年度经审计机构审计确定的公司净资产计算。参见浙江省杭州市中级人民法院民事判决书,(2010)浙杭商终字第1526号。

〔2〕 广东省佛山市中级人民法院民事判决书,(2017)粤06民终6927号。

〔3〕 河南省济源市人民法院民事判决书,(2018)豫9001民初825号。

〔4〕 此外,裁判理由认为,在形成该项内容时,本案上诉人赵阳并未参加股东会表决,事后也未进行追认。参见云南省昆明市中级人民法院民事判决书,(2017)云01民终2233号。

〔5〕 参见《江苏省高级人民法院关于审理适用公司法案件若干问题的意见(试行)》(苏高法审委〔2003〕2号)第60条规定:"公司股东违反章程规定与他人签订股权转让合同的,应认定合同无效,但存在下列情形之一的除外:(1)章程的该规定与法律规定相抵触的;(2)章程的该规定禁止股权转让的;(3)经股东会三分之二以上有表决权的股东同意的。"

人民法院则认为在不与公司法抵触的情况下，章程可以禁止股权转让。[1] 这些相左的指导意见使得有限公司章程条款限制股权转让的效力认定更加复杂。根据前引96号指导案例裁判理由第3项对限制性规定与禁止性规定的区分，可以得出的结论是：（1）完全禁止股权外部转让与内部转让的章程条款，侵害股东股权转让权利，应属于无效条款；（2）完全禁止股权外部转让的条款，虽要求股权只能内部转让，将极大削弱股权流转性，但公司意思在此仍应受到尊重，需要考虑是否提供股东退出机制、股权转让价格是否为合理价格等因素，来判断此条款为限制性规定还是禁止性规定；（3）对于存在例外情形的禁止外部转让条款，需要考虑章程条款设置的其他条件和程序等是否过于严苛、股权转让是否仍然难以实现、是否提供其他救济途径等因素，判断此种例外情形能否为股东提供收回投资的途径、此种条款为限制性规定还是禁止性规定。

2. 限制股权外部转让

95例样本中，限制股权外部转让的计有61例，占比将近2/3，其中有56例涉及章程条款的效力认定，但没有一例出现法院否认案涉章程条款效力的情况。依据章程限制股权外部转让的具体方式，可将此类案例区分为股权转让期限限制、优先购买权限制、股权转让价格限制、同意限制（包括董事会同意限制、股东会或其他股东同意限制、持股会同意限制等不同类型），部分案例涉及多种限制方式的组合运用。

其一，设有股权转让期限限制的样本计有9例。此类案例中，章程通常是以公司成立之日为限制起算之日，限制期限则包括1年、2年、5年不等。例如，在初秀珍、曹宝莉与长春万和物业管理有限公司公司决议纠纷案（以下简称初秀珍、曹宝莉与万和物业案）中，案涉章程以“公司成立满2年”与“董事会同意”限制转让股权，法院认为此种限制“不违背相关法律禁止性规定”，并承认其效力。[2] 在杨小丽与丁继忠股权转让纠纷案中，案涉章程以“公司设立之日起……连续工作满5年”限制转让股权，法院认为此种限制“是股东的一致意思表示，对股东具有约束力”，且“未违背法律法规的强制性规定”，并承认其效力。[3]

---

〔1〕 参见《浙江省高级人民法院民事审判二庭关于公司法适用若干疑难问题的理解》（浙法民二〔2002〕21号）第9条规定：“公司章程在不与公司法抵触的情况下，若其限制或禁止股权转让，应视为股东对股权转让作了特别约定，股权转让合同应遵循章程的规定，否则其效力不应被确认。”

〔2〕 参见吉林省长春市南关区人民法院民事判决书，（2017）吉0102民初2010号。

〔3〕 参见四川省成都市金牛区人民法院民事判决书，（2015）金牛民初字第1248号。

在有限公司成立初期,股东持股比例与股权结构的改变,或是吸收新股东的加入,可能动摇公司的稳定性与股东之间的合作基础,因此,此类章程条款的效力通常为法院所承认。

其二,在剔除章程重复第 71 条第 3 款有关优先购买权的规定之后,设有优先购买权限制的样本计有 11 例。此类案件中,章程额外赋予优先购买权的主体包括其他股东、公司等。例如,在戴登艺与南京扬子信息技术有限公司纠纷案中,案涉章程规定了公司、主要经营者、其他经营者、内部其他股东、外部自然人或法人的股权转让优先顺序。[1] 在张俊秀与唐韶华股权转让纠纷案(以下简称张俊秀与唐韶华案)中,修订章程规定"股东转让出资应先由公司按不超过150%价格回购",法院认为章程是"对公司、股东等均具有约束力",且被告"在修改后的公司章程中签字……作为股东应遵守公司章程"。[2] 赋予其他股东、公司对股东转让股权的优先购买权,并未剥夺转让股东退出公司的权利,其他股东仅是通过购买其股权以阻止外人加入公司;除非公司章程另有规定或者全体股东另有约定,转让股东可以不同意转让股权。[3] 此类章程为转让股东提供退出机制,若不存在其他类型限制如股权转让价格过低,法院通常承认其效力。

其三,设有股权转让价格限制的样本计有 23 例。股权转让价格限制一般出现在股权转让顺序限制或者强制股权内部转让的案例中。由于在强制股权内部转让的案例中,存在法院认定章程条款无效的另外 2 例判决,且章程条款都对公司回购股权的价格进行了规定,我们将在强制股权内部转让部分对这一类案例进行分析。

其四,赋予董事会同意权的样本计有 17 例。例如,上引初秀珍、曹宝莉与万和物业案中,案涉章程规定"公司成立满 2 年后股东转让股权需经董事会同意"。[4] 此类章程条款对股东股权转让进行了较为严苛的限制。首先,此类章程条款通常不对董事会同意权的行使设置客观标准,股东权益可能因董事的恣意和滥权而受到损害;其次,区别于优先购买权限制,其并未提供退出机制,若董

---

〔1〕 参见江苏省南京市中级人民法院民事判决书,(2016)苏01 民终 1070 号。

〔2〕 青海省格尔木市中级人民法院民事判决书,(2017)青 2801 民初 281 号。

〔3〕 参见《公司法解释四》第 20 条规定:"有限责任公司的转让股东,在其他股东主张优先购买后又不同意转让股权的,对其他股东优先购买的主张,人民法院不予支持,但公司章程另有规定或者全体股东另有约定的除外。其他股东主张转让股东赔偿其损失合理的,人民法院应当予以支持。"

〔4〕 吉林省长春市南关区人民法院民事判决书,(2017)吉 0102 民初 2010 号。

事会作出不同意对外转让的决议，股东将面临被公司锁定的风险。[1]

其五，设有股东会、其他股东同意限制的样本计有28例。除上引赵阳与仟龙公司案外，其余的案例法院均认定此类章程条款有效。就股东会同意限制而言，此类章程条款通常赋予股东会对股东对外转让股权作出决议的权利，同时以资本多数决作为股东会表决方式。例如，在夏亚珍与邬益帆股权转让纠纷案中，法院结合《公司法》与公司章程的规定，认为“股东向股东以外的人转让出资应当经全体股东过半数同意，并在股东会上由代表过半数表决权的股东表决通过”。[2] 就其他股东同意限制而言，存在2/3以上股东同意、全体股东一致同意等门槛，但更有意义的区分标准为：是否存在退出机制。例如，在朱庆杰与李祥红、马庆怀股权转让纠纷案中，案涉章程虽要求全体股东一致同意，但同时规定了与第72条第2款相类似的推定同意规则，[3] 此类章程并未对股权对外转让建立实质性壁垒。反之，上引赵阳与仟龙公司案中，案涉章程并未规定推定同意，在全体股东一致同意未能实现之时，股东也将面临被公司锁定的风险。

其六，设有持股会同意限制的样本计有5例。此5例是甘肃省长城矿业有限公司的串案，该公司章程规定“持股会会员股东须向持股会提交申请”。[4] 在职工间接持股、持股会直接持股的情况下，间接持股职工若未支付完全的指定对价，限制股权转让本身就是对该系争股权权利义务范围的自由设定。[5] 根据96号指导案例裁判理由第3项，可以得出最高人民法院倾向于承认限制性规定的效力，此与司法实践中的各级法院的裁判立场一致。在样本中的56例判决中，并无法院否认限制股权外部转让章程条款的效力。但要注意的是，除完全禁止股权外部转让的章程条款之外，禁止外部转让与限制外部转让之间并无明确的界限，尤其存在例外情形的禁止外部转让，也可被解释为限制外部转让。因此，对于文义上的限制性规定需做实质判断，若限制条件和程序导致股权实质上不能转让，应被解释为变相禁止股权转让，进而否认其效力。具言之：(1)限制股权转让期限的无限制延长，将使章程条款由限制性规定转向禁止性规定，此为量

〔1〕 参见楼秋然，前揭书，第144页。

〔2〕 浙江省宁波市中级人民法院民事判决书，(2016)浙02民终907号。

〔3〕 章程规定，不同意转让的股东应当购买该转让的股份，如果不购买该转让的股份，视为同意转让。参见安徽省淮南市中级人民法院民事判决书，(2015)淮民二终字第00051号。

〔4〕 甘肃省兰州市中级人民法院民事判决书，(2017)甘01民终226号。

〔5〕 参见《民商法大咖热辩：股东会决议限制股权转让的效力》，载仟律网，https://www.fadoudou.com，最后访问日期：2021年10月30日。

变到质变。(2)对于赋予优先购买权的章程条款,若属“同等条件”下的优先购买权,此类章程条款限制的仅是股东对于受让方的选择权,其股权利益未受到侵害,应当承认此类章程条款的效力;若属于优先购买权与股权转让价格限制相结合,则需要判断股权转让价格是否合理,下文在强制股权内部转让部分对股权转让价格限制继续分析。(3)对于赋予董事会、股东会或者其他股东同意权的章程条款,应当判断其是否为股东提供退出机制。若并未提供退出机制,且限制措施过于严苛的,其赋权行为本身构成对股东股权转让权的剥夺。例如,股东人数较多、股权较为分散的有限公司,以全体股东一致同意作为股东转让股权的条件就构成了变相禁止股权转让。此外,此种同意权本身也受到法律限制,结合《民法典》第132条进行解释,董事、股东不得滥用章程赋予的同意权损害他人合法权益。因此,即使此类章程条款本身有效,董事、股东的行权行为构成权利滥用的,也应受到否定性评价。

3. 限制股权内部转让

95例样本中,涉及章程限制股权内部转让的共计65例,其中有52例同时涉及章程禁止或限制股权外部转让,且大多数章程并未对内、外部转让进行区分,故有重复性统计。例如,在苗伟财与济煤投资公司案中,案涉章程表述为“股东所持股份不可转让”,即属此类。

在同时限制股权内、外部转让的案例中,大多数章程通常对外部转让设置更为严苛的限制标准。例如,在万代芬与重庆耀程物流(集团)有限公司等股权转让纠纷案中,案涉章程对内部转让仅设置了“转让后,转让人和受让人应向董事会报告,并办理手续”。此种程序性设置并未构成任何实质意义上的限制,但对外部转让则设置了“经全体股东过半数同意”、“其他股东享有优先购买权”及“只能转让其所认缴的现金部分”等组合式限制措施。[1] 例外地,也存在章程对内部转让设置更严苛的限制标准,在刘地柒与重庆市万平屠宰有限公司等请求变更公司登记纠纷案中,案涉章程对外部转让重复了《公司法》第71条第2款、第3款的规定;对内部转让则规定“须征得其他股东同意”。[2] 虽然有学者认为章程不可就股权内部转让设置比股权外部转让更加严格的限制,但内部转让所导致的持股比例与股权结构的改变、公司控制权的转移或者原有股东的退出,对

〔1〕 参见重庆市第五中级人民法院民事判决书,(2017)渝05民终8495号。

〔2〕 参见重庆市梁平区人民法院民事判决书,(2018)渝0155民初2968号。

公司所造成的不利影响可能并不弱于股权外部转让。因此，就维护有限公司股东之间的人身信任关系而言，可能无须区分内、外部转让的章程条款以适用不同的限制界限，这与司法实践中法院的主流意见一致。

4. 强制股权内部转让

95 例样本中，计有 24 例涉及章程强制股权内部转让，其中有 13 例的章程将强制股权内部转让与限制股权转让价格相结合，此种结合导致了其中 2 例的章程条款效力被否定。

强制股权内部转让，触发事由一般是股东因调离、解聘、离职、辞职、退休等离开公司，此类章程条款又称为“人走股留”条款。在股东同时为公司员工的情况下，此种限制将股东权利与员工身份进行绑定，其效力通常被法院所承认，符合所谓的有限公司“人合性”预设。例如，在其中一例判决中，法院认为“在职持股，人走转股、退股”的规定不违反法律的强制性规定，属公司意思自治的范畴，是全体股东意思自治的结果。[1] 其他的触发事由还包括违法、违反章程等。例如，在付丽娟与刘建案中，章程在完全禁止股权内部转让与外部转让的同时，也对强制股权退出进行了规定，除调离公司之外，触发情形还包括“不履行本章程规定应尽义务”等，[2] 该章程规定不被法院认定为违法，对全体股东均有约束力。

章程在赋予公司、其他股东优先购买权或者规定“人走股留”时，通常会规定股权转让价格。在 95 例样本中涉及股权转让价格限制的计 29 例，价格计算方式包括以所有者权益确定股权转让价格、以实收资本确定股权转让价格及由董事会、股东会或全体股东确定股权转让价格等。分类统计结果详情是：

其一，以转让股权对应的所有者权益确定股权转让价格的计 14 例。没有法院否认此类章程条款的效力。例如，在崔文与齐国华股权转让纠纷案中，章程规定“股权转让价格：按公司上一年度末财务报表中所有者权益数额进行转让”。[3] 《公司法》将编制财务会计报告规定为公司法定义务，且规定公司编制

---

[1] 参见河南省南阳市中级人民法院民事判决书，(2017) 豫 13 民终 4966 号。

[2] 章程规定，股东有下列情形之一者，必须办理股权退出和转让：(1) 不履行本章程规定应尽义务的；(2) 调离本公司的；(3) 因病、死亡以及违法而丧失民事行为能力的；(4) 违反本章程规定给公司造成经济损失或严重影响的，并经 2/3 以上股东表决通过的。参见河南省焦作市中级人民法院民事判决书，(2015) 焦民三终字第 00355 号。

[3] 北京市朝阳区人民法院民事判决书，(2017) 京 0105 民初 66029 号。

的财务会计报告应当接受法定的外部审计。[1] 在公司的资产负债表中，所有者权益是指公司资产减去负债之后，由所有者享有的剩余权益，包括公司资本、资本公积、盈余公积和未分配利润。资产负债表显示的所有者权益可以作为股东股权价值的参考，但其作为账面价值并不等同于股权实际价值。一是资产负债表反映的是会计期末公司资产、负债和所有者权益，在股权转让之时，公司资产、负债自上一会计期末之后的变化将导致资产负债表显示的所有者权益存在滞后性，并与股权实际价值相背离；二是第三人向股东收购股权的价格通常高于账面价值。因此，在账面价值低于股权实际价值或者股权交易价值时，此种价格计算方法将限制股权转让、减损股东权利。

其二，以转让股权对应的公司注册资本确定股权转让价格的案例计有 3 例。法院对于此类章程条款的效力认定存在分歧。在郝富民与招远市黄金机械总厂有限公司请求公司收购股份纠纷案中，案涉章程规定在触发股权内部转让强制之时“返还股本”，原告主张“股本”是指股权实际价格，被告则主张是指注册资本，法院将其认定为注册资本，并认为章程对原告具有约束力。[2] 与此不同，在邓忠生与株洲市建筑设计院有限公司等股权转让纠纷案（以下简称邓忠生与建筑设计院案）中，案涉章程表述为在触发股权内部转让强制之时“按公司上一年度末账面净资产结合股权比例确定股本受让价格，但不高于股本原始价格”，一审法院认为“不得高于股本原始价格”违反了公司法的基本原则，且不利于保护股东的合法权益，二审法院认为没有违反法律禁止性规定，再审法院认为公司将按不高于股本原始价格回购的股权溢价转让盈利，违背股权平等原则以及股东会议设定回购规则的初衷与真实意思，并结合股东协议价格以及公司回购后再转让股权的溢价幅度确定股权转让价格。[3] 此种价格计算方法较之前者显然更严苛，这是因为：(1)在股东实际出资额高于注册资本之时，其溢价计入资本公积；(2)在公司存续过程中可能存在应当计入资本公积的其他收入、从税后利润中提取的盈余公积及剩余的未分配利润。除公司没有资本收益且从未盈利的例外情形，注册资本通常小于所有者权益数额，此类章程条款将侵害计入资本公积的股东权益。

---

〔1〕 参见《公司法》第 164 条规定：“公司应当在每一会计年度终了时编制财务会计报告，并依法经会计师事务所审计。财务会计报告应当依照法律、行政法规和国务院财政部门的规定制作。”

〔2〕 参见山东省招远市人民法院民事判决书，(2017)鲁 0685 民初 825 号。

〔3〕 参见湖南省高级人民法院民事判决书，(2016)湘民再 1 号。

其三,章程赋予董事会、股东会或全体股东确定股权转让价格的有个例。在样本中,章文萍与天长市中天实业有限公司股东资格确认纠纷案是法院介入公司自治最明显的案例。本案中,一审法院认为,关于股东资格丧失后的股权转让,章程条款规定在股东未办理或拒绝办理股份转让手续时,强制性用公司公积金按股东会议通过的股权转让指导价进行收购,该规定剥夺了股东的权利,违反法律禁止性规定,认定为无效,并认为股权应当以合理的市场价格转让,或协商确定股权转让价格,协商不成的,应当进行评估。[1] 值得商榷的是,判决只承认了市场价格、协商价格及评估价格,但有限公司股权转让并无公开市场,这些价格如何确定?实际上,由股东会确定股权转让价格可否视为评估价格的变种?本案中,股东会确定的价格为出资的115.76%,另在张俊秀与唐韶华案中,章程规定的价格为股东出资的150%,但后者的效力为法院所承认。

对于限制股权转让价格的章程条款,96号指导案例裁判要点"支付合理对价回购股东股权"的表述,可以理解为最高人民法院对股权转让价格的合理性要求。"合理对价"是平衡股东与公司利益的关键环节,有限公司的封闭性使其股权转让并无公开市场,确定其股权的合理价格更为困难,《公司法》无法对股权转让价格进行限定,国家税务总局发布的《股权转让所得个人所得税管理办法(试行)》(国家税务总局公告2014年第67号)[2]是以股权对应的净资产份额、初始投资成本或取得该股权所支付的价款及相关税费、相同或类似条件下同类行业的企业股权转让收入、相同或类似条件下同类行业的企业股权转让收入等价格判断股权转让价格是否明显偏低;[3]同时,其第13条规定,公司章程限

---

[1] 法院认为,公司章程条款第一部分是股东资格的取得、丧失条款,规定以公司员工身份为条件,股东同公司终止或解除劳动关系,即丧失股东资格,该规定符合有限公司的"人合性"特点,合法有效;第二部分是股东资格丧失后股权的转让条款,规定在股东未办理或拒绝办理股份转让手续时,强制性用公司公积金按股东会议通过的股权转让指导价进行收购,该规定剥夺了股东的权利,违反法律禁止性规定,应当认定无效。参见安徽省滁州市中级人民法院民事判决书,(2016)皖11民终2596号。

[2] 此部门规范性文件已于2018年被国家税务总局公告2018年第31号文修改部分内容,但本书所涉及的部分条款未修订,特此说明。

[3] 参见《股权转让所得个人所得税管理办法(试行)》第12条规定:"符合下列情形之一,视为股权转让收入明显偏低:(一)申报的股权转让收入低于股权对应的净资产份额的。其中,被投资企业拥有土地使用权、房屋、房地产企业未销售房产、知识产权、探矿权、采矿权、股权等资产的,申报的股权转让收入低于股权对应的净资产公允价值份额的;(二)申报的股权转让收入低于初始投资成本或低于取得该股权所支付的价款及相关税费的;(三)申报的股权转让收入低于相同或类似条件下同一企业同一股东或其他股东股权转让收入的;(四)申报的股权转让收入低于相同或类似条件下同类行业的企业股权转让收入的;(五)不具合理性的无偿让渡股权或股份;(六)主管税务机关认定的其他情形。"

制股权转让可以成为股权转让收入明显偏低的正当理由。[1] 因此，有限公司章程确定的股权转让价格低于股权对应的净资产份额，亦可能被认定为合理价格，法院在判断其是否为合理价格时，可以考虑以下因素：(1)受限股东的实缴出资情况；(2)限制价格与上述判断标准之间的差值；(3)受限股东是否通过股利分配等方式获取股权的经济利益；(4)价格限定是当事人对未来股权价值的合理预期，还是为维护封闭性与人身信任关系设置的惩罚性措施；[2] (5)若为惩罚性措施，受限股东是否存在过错，是否损害公司利益等。

（二）裁判存在的主要问题分析

1. 对合法性原则的简单适用

除96号指导案例之外，在95例样本中仅有28例的法院裁判理由对案涉章程为何有效或者无效进行分析，或从正面认定其"符合法律规定"，或从反面认定其"未违反法律规定""未违反法律法规的强制性规定""未违反公司法及相关法律的强制性规定"等。96号指导案例属于后者，即以"不违反公司法的禁止性规定"认定案涉公司章程应为有效。但是，大多数的判决存在简单适用合法性原则的缺陷。具体表现为：(1)以第71条第4款论证章程条款有效，属于粗放论证。法律赋予有限公司就股权转让另作规定的权利，并不等同于放弃对章程限制性规定的合法性司法审查。96号指导案例以禁止股权转让作为公司自治的界限，也证明法院应对章程条款属于限制、禁止抑或实质性禁止股权转让进行分析。(2)以"未违反法律规定"等论证章程条款有效，存在逻辑错误。《公司法》未对章程的效力认定设定标准，《民法典》第143条规定"不违反法律、行政法规的强制性规定、不违背公序良俗"可作参考。从逻辑推理言之，以"违反法律、行政法规的强制性规定与公序良俗"为A，以"法律行为无效"为B，"A→B"可以推理出"非B→非A"，而不能推理出"非A→非B"，即不能以"未违反法律、行政

[1] 参见《股权转让所得个人所得税管理办法（试行）》第13条规定："符合下列条件之一的股权转让收入明显偏低，视为有正当理由：（一）能出具有效文件，证明被投资企业因国家政策调整，生产经营受到重大影响，导致低价转让股权；（二）继承或将股权转让给其能提供具有效力身份关系证明的配偶、父母、子女、祖父母、外祖父母、孙子女、外孙子女、兄弟姐妹以及对转让人承担直接抚养或者赡养义务的抚养人或者赡养人；（三）相关法律、政府文件或企业章程规定，并有相关资料充分证明转让价格合理且真实的本企业员工持有的不能对外转让股权的内部转让；（四）股权转让双方能够提供有效证据证明其合理性的其他合理情形。"

[2] 参见楼秋然，前揭书，第148页。

法规的强制性规定与公序良俗”推理出“章程有效”。[1] (3)以“强制性规定”作为判断章程条款效力的依据存在概念模糊。公司法规范可以区分为强制性规范与任意性规范，前者是指私法主体不得以其意思自治排除适用的法律规范，[2]并非违反强制性规范都将导致章程的效力瑕疵，因此以效力性规定和管理性规定对强制性规定进行区分，[3]《民法典》第153条第1款对此规定，“违反法律、行政法规的强制性规定的民事法律行为无效，但是该强制性规定不导致该民事法律行为无效的除外”。因此，需要结合强制性规定的规范目的是否在于对意思自治的否定，判断其对公司章程效力的影响。(4)在认定章程条款无效的案例中，法院引入法律基本原则进行论证。例如，邓忠生与建筑设计院案，一审法院以“违反了《公司法》的基本原则”认定章程条款无效，而在章文萍与中天公司案中，二审法院以“违反《中华人民共和国合同法》规定的自愿原则”认定章程条款无效。正如卡纳里斯所言：“原则并非规范，因而不能不经中介地适用，而是必须首先使之要件固化或者说‘规范化’。”[4]司法实践中适用法律基本原则进行裁判，通常是将其作为“理由叠加”，与具体法律规范同时适用，以增强裁判理由说服力。但存在具体法律规范时适用基本原则，属于法技术上的冗余；不存在具体法律规范时，基本原则作为“法律的理由”而非“法律本身”，应谨慎适用、充分说理。

2. 对章程限制股权转让的过度包容，以至于缺乏合理性审查

样本显示，有限公司的封闭性、“人合性”也是一项经常为法院使用的理由。第71条第2款、第3款作为缺省性规则对有限公司股权外部转让的限制，第4款对于公司意思自治的授权，以维护公司的封闭性与股东之间密切的人身信任关系为其规范意旨。但是，所有的有限公司都有一定程度的封闭性与人身信任关系，法院在使用此项理由之时，或是简单提及有限公司具“人合性”，或是认为限制措施有助于维护“人合性”，而未对案涉公司封闭性与人身信任关系的具体程度展开分析。此种缺陷与合法性原则的简单适用相结合，导致司法实践中对于限制股权转让的章程条款效力认定上过度包容。

---

〔1〕 因此需要用排除的方式规定所有无效的情形；《民法典》第143条以“不违反法律、行政法规的强制性规定”为民事法律行为有效要件，实值商榷，于此不做引用。

〔2〕 参见胡田野：《公司法任意性与强行性规范研究》，法律出版社2012年版，第109页。

〔3〕 参见张谷：《略论合同行为的效力——兼评〈合同法〉第三章》，载《中外法学》2000年第2期。

〔4〕 于飞：《民法基本原则：理论反思与法典表达》，载《法学研究》2016年第3期。

前已指出,95 例样本中认定章程限制股权转让无效的仅有 3 例,诸多对股权转让施加极严苛限制的章程条款仍被认定有效。具言之:(1)部分完全禁止股权转让的章程条款被认定有效,96 号指导案例虽区分股权转让限制与禁止,却未涉及章程条款是否产生实质禁止股权转让的问题。(2)就赋予董事会、股东会或者其他股东同意权类型案件而言,此类章程条款通常并不规定同意权行使的客观标准,从而可能导致同意权的滥用,但法院未对权利行使是否构成权利滥用进行认定。(3)就强制股权内部转让类型案件而言,法院通常并不区分"公司是否有权利强制股权内部转让"与"强制股权内部转让是否构成权利滥用",因此在依据"人合性"法理论证公司有权利强制股权内部转让之后,未对转让价格是否为合理价格进行分析。(4)法院仅以股权转让限制措施有助于维护有限公司的"人合性"来论证其合法性,并不妥当。这是因为,第一,《公司法》第 71 条规范意旨:一是维护有限公司的封闭性与股东之间密切的人身信任关系;二是维护有限公司股东转让股权的自由。第 71 条第 2 款以推定同意、第 3 款以"同等条件"对其他股东进行限制,可见对于外部转让股权,《公司法》缺省性规则仅是限制股权转让对象,而未剥夺股东退出公司的权利。股东转让股权的利益,与公司维护其封闭性与"人合性"的利益,犹如天平之两端,法院在判断限制措施的效力之时不可偏废。第二,即便以"人合性"为论证理由,也不应忽视部分限制措施对"人合性"之破坏。例如,股东之间人身信任关系丧失的,"人合性"将推导出允许股东通过转让股权退出公司的结论,[1] 而股权转让限制措施可能导致股东在发生此种情形之时难以退出公司,进而恶化现有股东之间的人身信任关系。可见,"人合性"不必然推导出限制措施的有效性,适度的股权转让自由反而有利于维护股东之间的人身信任格局。

3. 效力认定理由的杂糅不清

仅 28 例的法院裁判理由对案涉章程条款为何有效或者无效进行分析,除合法性之外,多数判决以"全体股东一致同意"或"公司自治"进行理由叠加。裁判理由的杂糅,在增强判决说服力的同时,又衍生何者具有决定性的问题。以 96 号指导案例为例,裁判理由第 1 项是初始章程的约束力与股东同意;第 2 项是有限公司的封闭性和"人合性"与公司自治;第 3 项是属于限制性规定与未侵害股

---

〔1〕 参见张其鉴:《我国股权转让限制模式的立法溯源与偏差校正——兼评〈公司法司法解释(四)〉第 16～22 条》,载《现代法学》2018 年第 4 期。

权转让权利。若第1项理由中的“初始章程的约束力”具有决定性，则修订章程即使符合有限公司的封闭性、“人合性”的特点、属于未侵害股权转让权利的限制性规定并且得到全体股东一致同意，也为无效。此种结论无法与公司法通说相协调：若第1项理由的“股东同意”具有决定性，则修订章程符合有限公司的封闭性、“人合性”的限制股权转让条款，也难以对反对股东产生约束力；若第2项理由具有决定性，如上文所述，此种理由可能导致对章程限制股权转让的过度包容；若第3项理由具有决定性，则未侵害股权转让权利的限制措施，即使未经全体股东一致同意，也对全体股东产生约束力。〔1〕

此外，以“全体股东一致同意”作为理由，与以“公司自治”作为理由之间存在矛盾之处。以个人法与团体法对私法进行区分，前者主要是规范自然人权利和义务的法律，后者是社会成员结成社团所遵循的特别私法，直接以个人法语境下生成的概念解释团体法中的问题，例如，以个人法上的合同自治解释团体法中的章程自治，并不妥当。〔2〕个人法上的意思自治，是基于偶然的、间断的、个别性的交易关系而发生的，因此强调非经当事人明确的意思表示不得为其设定义务或限制权利；团体法上的意思自治，则是基于经常的、持续的、概括性的信任关系，团体成员必受团体自治的限制。就公司而言，作为具有独立法人地位的企业组织，不应将公司意思等同于股东意思。股权转让不仅关涉股东私人权利，也涉及公司股权结构与控制权，应当属于团体法的调整范畴。因此，虽然初始章程需要“全体股东一致同意”，但在公司成立之后不应再以股东个别性同意取代公司意思，经公司表决机制通过的修订章程对反对股东具有约束力。对反对股东的保护，应考量修订章程是否对股东权利施加“不合理”的限制，是否违反团体对成员的公平保护义务。

总之，对于有限公司限制股权转让的章程条款，法院应当衡量公司维护封闭性、股东间密切的人身信任关系之利益与股东转让股权自由之利益，并以章程有权限制但不能禁止、实质性禁止股权转让作为裁判原则，放弃以契约说解释章程法律限制，以及以全体股东一致同意作为裁判理由叠加的说理方式。

---

〔1〕 参见楼秋然，前揭书，第141页。

〔2〕 参见叶林：《私法权利的转型——一个团体法视角的观察》，载《法学家》2010年第4期。

五、限制股权转让条款效力的司法审查体系构建

(一)司法解释制定中尝试的调整方案及未来可行的补救措施

对于限制股权转让的章程条款效力评价,《公司法解释四(征求意见稿)》第29条规定:“有限公司章程条款过度限制股东转让股权,导致股权实质上不能转让,股东请求确认该条款无效的,应予支持。”虽然正式文本删除了此条款,但在对公司章程限制股权转让进行类型化实证研究之后,对此条款具体内涵的分析,仍然有助于理解最高人民法院对于此类案件法律适用的倾向性标准。由此,下文先对《公司法解释四(征求意见稿)》第29条的规定进行教义学分析,阐明其预设的规范功能,依此明确最高人民法院的司法政策立场,进而在规范缺失的情况下,以此为指导,确定限制股权转让章程条款效力控制的调整方案。

1. 章程不当限制股权转让的标准:“过度限制”与“实质上不能转让”

第一,司法实务中,存在一些地方法院颁布的审判业务文件尝试对限制股权转让的章程条款进行效力评价,设定统一的判断标准,但因标准仍过于抽象,导致法官在审判中仍需要进行自由裁量。在《公司法解释四(征求意见稿)》之前,也有地方法院对限制股权转让的章程条款效力进行规定,如浙江省高级人民法院将不与公司法抵触的限制或禁止股权转让的章程条款,视为股东对股权转让所作出的特别约定。[1] 不同于以上表述,《公司法解释四(征求意见稿)》未明确区分限制、禁止股权转让,而统一表述为“过度限制”,并以“实质上不能转让”对“过度限制”进行界定。此种表述方式,使得法院需要结合有限公司的具体情况与章程条款的具体内容进行判断,而不能机械地依赖章程条款的文字表述。例如,在赵阳与仟龙公司案中,案涉章程表述为“本公司股东持有的股权不允许对外转让,对外转让行为无效,但经本公司持有股权100%比例同意的除外”,这在形式上为禁止股权对外转让,但若将其表述转换为“经本公司持有股权100%比例同意,本公司股东持有的股权允许对外转让”,则可以归属为经过其他股东同意的限制类型。

第二,《公司法解释四(征求意见稿)》中的“过度限制”和“实质上不能转让”的具体含义界定,需要结合相关裁判进行分析。首先,应判断限制措施是否

〔1〕 参见《浙江省高级人民法院民事审判二庭关于公司法适用若干疑难问题的理解》第9条规定:“公司章程在不与公司法抵触的情况下,若其限制或禁止股权转让,应视为股东对股权转让作了特别约定,股权转让合同应遵循章程的规定,否则其效力不应被确认。”

过度严苛。除完全禁止股权内外部转让的极端情形之外，此种判断并无适用于所有有限公司的统一标准。以章程规定股权转让需要“全体股东一致同意”为例，在股东人数较少的有限公司与股东人数较多的有限公司之间，取得其他所有股东同意的难易程度显然不同。其次，应判断是否存在退出机制。即使存在过度严苛的限制措施，若章程提供了合理的退出机制，股权不能转让的命题也就不存在。即便主张有限公司有权禁止股权转让的学者也承认，若是章程彻底剥夺股权转让自由权，则应基于股权转让自由的最低限度要求，给予股东以合理对价退出公司的救济权。[1] 因此，在章程赋予公司、其他股东优先购买权或者规定“人走股留”等情形下，需要判断股东能否以合理对价退出公司。换言之，在章程确定的股权转让价格明显低于股权实际价值且无正当理由的情况下，即使存在退出机制，股东财产权利也受到侵害，此时可以认定为实质上不能转让。

2. 股权转让合同双方的救济途径：“确认该条款无效”的功能分析

（1）“确认该条款无效”为股东的救济途径

第一，涉及章程限制股权转让的纠纷中，案涉股权转让合同有效，但未经公司认可不得对抗公司及其他第三人。上引苏浙两省高级人民法院的审判业务文件亦是在认定股权转让合同效力之时提及章程限制措施。但是，《公司法解释四（征求意见稿）》第29条仅规定“确认该条款无效”作为股东的救济措施，而未提及关联的股权转让合同效力。虽然《公司法解释四（征求意见稿）》第27条规定损害优先购买权的股权转让合同无效，但最高人民法院对《公司法解释四》第21条的解读为“对此类合同的效力，公司法并无特别规定，不应仅仅因为损害股东优先购买权认定合同无效、撤销合同，而应当严格依照合同法规定进行认定”。[2] 就章程限制股权转让而言，以契约说解释公司章程法律性质，第三人并非该公司契约之一方当事人，而以自治法说解释，章程也仅是公司内部自治性规范。因此，股权转让合同的效力不应仅因为违反章程规定而无效，而应当遵循合同法的一般规则，生效合同在双方当事人之间产生债之效力，但当事人无法以未经公司认可的股权转让合同对抗公司、其他第三人。

---

〔1〕 参见[德]托马斯·莱赛尔、[德]吕迪格·法伊尔：《德国资合公司法》（第3版），高旭军等译，法律出版社2005年版，第493页。

〔2〕 《最高法举行适用公司法若干问题的规定〈解释〉发布会》，载国务院新闻办公室网，http://www.scio.gov.cn/xwfbh/qyxwfbh/Document/1562030/1562030.htm，最后访问日期：2021年10月30日。

第二,“确认该条款无效”的表述,与章程法律性质自治法说的逻辑一致,即初始章程和修订章程均对全体股东产生效力。如前文指出的,依章程法律性质契约说可以推导出未经全体股东一致同意的修订章程,对于赞成股东可以产生约束力,对于反对股东则不能产生约束力。如此,反对股东的救济途径应表述为“确认该条款对其无效”。但司法裁判通常不区分修订章程对于赞成股东与反对股东的效力之别,如在吴晓玲与南京扬子信息技术有限公司股东资格确认纠纷案中,法院即指出:“如果公司依照法定程序修改的章程条款只约束投赞成票的股东而不能约束投反对票的股东,既违背了股东平等原则,也动摇了资本多数决的公司法基本原则。”[1]《公司法解释四(征求意见稿)》对章程仍做整体的效力判断,使得契约说对于修订章程的效力存在解释上的困境。

(2)“确认该条款无效”为受让人的救济途径

股权处分行为需经公司认可,公司法允许有限公司对股权转让做出合理限制,对于“过度限制股东转让股权,导致股权实质上不能转让”的章程条款,转让股东可以请求法院“确认该条款无效”,而受让人的救济路径为何?在股权转让合同与股权处分行为二分的前提下,受让人可以依据有效的股权转让合同要求转让股东承担违约责任,违约行为包括未通知公司、未尽力督促公司认可、未请求法院确认限制措施无效进而导致股权未能依约交付等。但是,向转让股东主张违约责任,并不能保证受让人成为股东,受让人能否直接向公司主张股东资格?囿于股权转让合同的相对性,受让人的债权请求权不可针对公司,在公司恶意不认可股权转让时,其又无法以股东身份请求公司履行义务。《九民纪要》的立法者释义对此予以回应,认为出让人、受让人都有权要求公司办理登记。[2]那么,受让人是否可以请求法院确认过度限制股权转让的章程条款无效,并请求公司登记股权?囿于债的相对性,其请求权基础为何?对此,有学者建议可借鉴债权人代位权以突破债的相对性。其背后的法理逻辑在于:首先,转让股东未尽力督促公司认可、未请求法院确认限制措施无效进而导致股权未能依约交付,构成迟延履行,怠于行使权利;其次,对于保全债权的必要性,在不特定债权或金钱债权中,代位权行使须以债务人无资力为必要,在特定债权或其他与债务人资力无关的债务中则无此要求。《最高人民法院关于适用〈中华人民共和国合同法〉

[1] 江苏省南京市中级人民法院民事判决书,(2016)苏01民终字第1603号。

[2] 参见最高人民法院民事审判第二庭编著:《〈全国法院民商事审判工作会议纪要〉理解与适用》,人民法院出版社2019年版,第136~137页。

若干问题的解释(一)》(以下简称《合同法解释一》)(已失效)曾将代位行使的权利限定于“具有金钱给付内容的到期债权”,〔1〕但债权人代位权制度的规范目的在于债务人责任财产的保全,而构成债务人责任财产者,不限于债权,物权及物上请求权、形成权、诉讼法上的权利或者公法上的权利等均包括在内。〔2〕但是,受让人通过代位之诉请求法院确认“该条款无效”并请求公司认可股权变动,与我国代位权之诉的法理是否相合,尚需商榷。实务中,受让人依据股权转让合同、以出让人和公司作为共同被告向法院起诉,要求过户股权即可。代位之诉的建议在此意义上相当于舍近求远。

3. 规则缺失下可行的救济路径:“实质性剥夺无效”的类推适用

《公司法解释四》并未提供限制股权转让的章程条款效力的裁判规则,但其关于章程限制股东知情权条款的裁判规则,能否类推适用?《公司法解释四》第9条首次提出“实质性剥夺”这一法律概念,并以此作为公司意思限制股东知情权(固有权)的自治边界。〔3〕我们认为,《公司法解释四(征求意见稿)》的“过度限制股东转让股权,导致股权实质上不能转让”的表述,与第9条的“实质性剥夺”的表述显属同义,所确立的效力规则也是相同的。在《公司法解释四(征求意见稿)》第29条未获通过的前提下,“实质性剥夺”效力规则可否类推适用于限制股权转让的章程条款效力判断上,值得探讨。

首先,需要判断股东知情权与股权转让权在权利属性上是否具有同质性。《公司法》规定的股东知情权,通说认为属于独立权利、手段权利、固有权利,不能由公司意思加以剥夺或限制,且不允许股东放弃知情权,故而有了第9条禁止公司“实质性剥夺”的规定。股权转让权与股东知情权具有法定性、固有性等相同属性,一方面《公司法》第71条第4款允许公司章程限制之,另一方面96号指导案例则确立了此种限制不得为侵害股东股权转让权利的禁区。由此可知,两类权利皆为可以限制、但不可实质性剥夺(禁止)的股东固有权。法律对于此类固有权利的保护,乃属于“为避免产生严重的不公平后果或为满足社会需要而

〔1〕《合同法解释一》(已失效)第13条规定:“合同法第七十三条规定的‘债务人怠于行使其到期债权,对债权人造成损害的’,是指债务人不履行其对债权人的到期债务,又不以诉讼方式或者仲裁方式向其债务人主张其享有的具有金钱给付内容的到期债权,致使债权人的到期债权未能实现。”

〔2〕参见韩世远:《合同法总论》(第4版),法律出版社2018年版,第443~444页。

〔3〕参见《公司法解释四》第9条规定:“公司章程、股东之间的协议等实质性剥夺股东依据公司法第三十三条、第九十七条规定查阅或者复制公司文件材料的权利,公司以此为由拒绝股东查阅或者复制的,人民法院不予支持。”

对私法自治予以限制的规范”。[1] 总之,股权转让权或者股东知情权等股东固有权,不可以“全体股东一致同意”的意思予以剥夺。[2]

以“实质性剥夺”作为公司自治与司法介入的界限,具有一定的抽象性,意在赋予法官自由裁量的权力。个案裁判中,法官尚需将抽象的“实质性剥夺”标准结合个案的具体情形,例如,公司的封闭性与股东间的人身信任关系程度、是否限制全体股东而非限制部分股东、公司限制意思的目的正当性、修订章程是否存在股东压制、限制措施是否符合比例原则等,进而作出精确的司法裁判。

(二)章程限制股权转让的合法性标准

“实质性剥夺”作为抽象性标准,在司法实践中的具体适用可以合法性标准与合理性标准进行解释。前者是从静态角度判断章程限制股权转让效力,属于传统且基础的标准,后者是从动态角度反思公司章程限制股权转让条款的效力。[3]

1. 不违反法律、行政法规效力性强制性规定

前文指出,现行裁判实践对合法性原则的简单适用,主要表现为简单地以不违反法律、行政法规强制性规定来认定案涉章程条款应为有效。我们不反对以法律、行政法规效力性强制性规定作为合法性判断标准,但其应当作为合法性判断之起点,而非终点。

《公司法》第 71 条的任意性规范属性,使得关于限制措施的效力并不能直接适用公司法的强制性规定。但是,对于有限公司的初始章程,《公司法》第 23 条要求“股东共同制定”,此为效力性强制性规定;而对于修订章程,《公司法》第 41 条要求股东会决议“必须经代表三分之二以上表决权的股东通过”,结合《公司法解释四》第 5 条规定,不足 2/3 通过比例的修订章程决议,公司股东、董事、监事等可以提诉主张决议不成立,基于此的修订章程也不具备成立要件,无须效力认定。此外,《公司法解释四(征求意见稿)》第 6 条规定的决议无效事由包括“股东滥用股东权利通过决议损害公司或者其他股东的利益”,此为《公司法》第 20 条禁止权利滥用原则的规范化,可以推导出“股东滥用股东权利通过决议损

[1] [德]卡尔·拉伦茨:《德国民法通论》(上册),王晓晔等译,法律出版社 2013 年版,第 42 页。

[2] 参见李建伟:《“实质性剥夺”股东知情权的公司意思效力研究——〈公司法解释四〉第 9 条的法教义学分析及展开》,载《中外法学》2018 年第 5 期。

[3] 参见杨信:《有限责任公司股权转让限制问题研究》,中国社会科学出版社 2017 年版,第 209 页。

害公司或者其他股东的利益”为修订章程的无效事由。遗憾的是,此规定亦未被《公司法解释四》所保留。这些立法缺陷,与司法实践中极少出现法院以违反法律、行政法规强制性规定为由认定公司章程条款无效,存在直接的关联。

有学者认为,司法实践中强调的不得违反法律法规的强制性规定主要表现在不得违反公司法确立的股权平等原则,不得损害股东的核心权益。[1] 但将法律基本原则解释为法律、行政法规效力性强制性值得商榷,法律规范是对一个事实状态赋予一种确定的具体法律后果的规定。[2] 在具体案件事实符合法律规范中的抽象构成要件之时,产生法律规范中的抽象法律效果,此即德沃金所称的规则全有或全无(all or nothing)的适用方法。至于原则,则需要权衡各种原则在具体案件中的分量,以决定最终的适用。《公司法》第71条第4款允许章程对股权转让另作规定,是公司自治原则的体现,股权平等原则等其他原则需要与之进行权衡。若是股权平等原则在权衡过程中获胜,还需要经由下位原则具体化为规则,具体案件中得到适用的仍然是规则而非原则。因此,作为合法性判断起点的法律、行政法规效力性强制性规定,并不包含《公司法》《民法典》等确立的基本法律原则。

2. 不违背公序良俗原则

首先,章程条款未违反法律、行政法规的强制性规定,还不能得出有效的结论,尚需不违背公序良俗原则。因为《民法典》第8条规定,“民事主体从事民事活动,不得违反法律,不得违背公序良俗”;第153条第2款规定,“违背公序良俗的民事法律行为无效”。股东共同制定初始章程,属于意思表示平行一致的多方法律行为,修订章程的股东会决议也为《民法典》第134条第2款确定为法律行为。因此,除法律、行政法规的强制性规定之外,公序良俗原则也是对章程条款进行合法性判断的依据。

其次,作为合法性审查工具的公序良俗原则具有抽象性,法院在适用时存在自由裁量的空间。私法奉行“法无禁止即自由”,但由于具体禁止性规范总是不足,需要兜底性质的条款,公序良俗就是在权利产生阶段弥补禁止性规范不足的概括条款,目的在于通过宣告法律行为无效来否定权利,此即所谓“内容审查”。[3] 而概括条款,是指具有裁判功能,可以直接作为法官裁判工具的法律规

---

〔1〕 参见赵莉:《公司章程限制股权转让的合理性审查》,载《法学杂志》2012年第9期。
〔2〕 参见徐国栋:《民法基本原则解释》,中国政法大学出版社1992年版,第42页。
〔3〕 参见于飞,前揭书,第95页。

范。以规则与原则对规范进行区分，区别于平等、自愿等原则，公序良俗原则作为概括条款应当属于规则而非原则。具体而言，《民法典》第153条第2款以“民事法律行为违背公序良俗”为抽象构成要件，以“法律行为无效”为抽象法律效果，在构成要件满足之时，法律效果确定地发生。但与一般的规则不同，概括条款的适用在抽象构成要件部分需要进行权衡，[1]即法官需要考量所有情形以确定民事法律行为是否违背公序良俗。公序良俗属于不确定概念和一般条款，其内涵和外延均不确定。[2] 因此通常需要借助司法判例的类型化进行界定。遗憾的是，样本中并无引用公序良俗来认定章程条款判决。

再次，当股权流通机制被公司章程剥夺，而无法律、行政法规的强制性规定进行调整时，可适用公序良俗原则否定该章程条款的效力。在学理上，“对股份转让限制效力的评价标准是必须没有不合理地限制或禁止流通性，故对转让的完全禁止当然会被认定为无效。”[3]有学者认为，禁止股权转让的公司章程彻底否定了股东通过股权转让退出公司的法律通道，貌似重视股东间的人合性，实则违反了公序良俗。[4] 剥夺财产流动自由，在传统财产法上通常被认为违反公共政策，虽较之于公众公司，封闭公司股权不具有高度流转性的特征，但退出权对于少数股东而言，仍具有重要价值，[5]剥夺退出权将使得少数股东利益处于多数股东控制之中，易产生股东压制现象。依循“不得转让的财产权非财产权”的法理，公司章程完全剥夺股权转让权能且未提供退出机制，使得丧失转让权能的股权难以具有财产权特征，在无法律、行政法规强制性规定可以适用的情况下，当以违背公序良俗认定无效。

最后，对于内容不明确的限制股权转让条款，法院能否以违背公序良俗否认其效力？英国判例法抽象出来的法律规则是，由于股东默认享有可以根据自己的意思把股票转让给任何人的权利，章程中含糊不清的措辞或模棱两可的含义，

---

[1] 参见刘亚东：《民法概括条款适用的方法论》，载《政治与法律》2019年第12期。

[2] 参见梁慧星：《民法总论》（第5版），法律出版社2017年版，第206页。

[3] [美]罗伯特·W. 汉密尔顿：《美国公司法》（第5版），齐东祥等译，法律出版社2008年版，第218页。

[4] 参见刘俊海，前揭书，第466页。

[5] 德国公司法规定章程也可以完全禁止股份的转让。但在这种情况下，如果股东继续留在公司已成为不合理的强求的时候，则股东有退出公司的权利。参见[德]托马斯·莱塞尔、[德]吕迪格·法伊尔，前揭书，第493页。

并不足以剥夺这个权利。[1] 我国并无类似法律规则，对于此类章程条款，可采狭义解释的方式解决，以限缩其对受限股东的负面影响。

（三）章程限制股权转让的合理性标准

1.组织法上的合理性标准

第一，司法实务中，法院很少能通过合法性标准否定限制股权转让的章程条款效力。依据司法裁判的逻辑，有限公司限制股权转让章程条款未违反法律、行政法规效力性强制性规定，且未违背公序良俗，即可得出有效的结论。但裁判实践中极少出现法院依照合法性标准认定章程条款无效，究其主要原因在于：一方面，此类规定通常指向行为法上的效力评价，[2] 而忽略组织法上的效力评价规范；另一方面，与本主题有关的组织法效力评价规范供应不足。《公司法》关于初始章程“股东共同制定”与修订章程“必须经代表三分之二以上表决权的股东通过”的规定，属于程序性的效力性强制性规定，但也仅限于此。比如《公司法》及司法解释均未明确作出否定禁止股权转让的章程条款效力这样的实体性的效力性强制性规定。最高人民法院发布的96号指导案例裁判理由第3项区分限制性规定与禁止性规定，倾向于认为如章程条款完全禁止了股权转让，就是封锁了股东通过股权转让退出公司的法律通道，即使经过合法的决议程序亦是无效。

第二，未完全禁止股权转让的章程条款效力，并不因通过行为法上的合法性审查而获得法律承认，除此之外仍需通过组织法的合理性标准审查。具体而言，最高人民法院倾向于认为“过度限制股东转让股权，导致股权实质上不能转让”的章程条款无效。公司章程作为规范公司组织和行为的内部自治性规范，存在于契约法与组织法的交汇之处，其效力始终受到契约法与组织法的双重约束。《公司法解释四(征求意见稿)》第29条规定可为最高人民法院确立作为特殊规则的组织法标准。质言之，对章程条款进行合法性判断之后，尚需以组织法上的合理性标准对其效力进行认定。如前所述，除股东共同制定的初始章程之外，经代表2/3以上表决权的股东通过的修订章程也可以限制股权转让，且对于全体股东皆有约束力。但在组织法上的合理性测试上，初始章程与修订章程的效力认定应否适用不同标准？组织法提供的回答是合理性标准要求，也即公司章程

[1] 参见[英]保罗·戴维斯、[英]莎拉·沃辛顿:《现代公司法原理》(第9版)，罗培新译，法律出版社2016年版，第982页。

[2] 例如，《九民纪要》以交易标的禁止买卖、交易方式严重违法、交易场所违法等作为判断“效力性强制性规定”的因素。

不得侵犯股东合理期待(reasonable expectations)。所谓合理期待,是指股东加入公司时,以及伴随公司发展而产生的,基于其股东身份对于资产收益以及经营管理等权能享有的合理投资预期。就初始章程而言,股东基于彼此之间的人身关系或者资金信赖共同设立公司,初始章程乃是基于股东之间的共同投资预期;就修订章程而言,需要考虑随着公司发展而产生的股东对于信任风险和收益的修改或者补正,修订章程如损害股东对于确保股权流动性的投资预期,其条款就会欠缺合理性。[1] 修订章程的资本多数决规则使得多数股东可能对少数股东实施股权压制,需要考虑少数股东的合理期待并为其提供救济渠道,而非"一刀切"地否认未经全体股东一致同意的修订章程的效力。

第三,裁判实践中极少有法院否定限制、禁止股权转让的章程条款的效力,并对此类条款持过度包容的态度,这是因为法院通常仅进行合法性审查,而较少进行合理性审查。虽然公司法未明确规定股权转让限制的合理性标准,但"合理性"在法律上并非无迹可循。以股权转让价格为例,96 号指导案例即提出公司回购股东股权的"合理对价"要求;税务部门对于明显偏低的股权转让价格,则需要进行合理性审查,判断其是否有正当理由,包括是否受国家政策等合理外部因素影响、公司章程规定的限制性股权转让价格是否合理且真实等。较之具有明确性的合法性标准,抽象性的合理性标准赋予法官极高的自由裁量权。

第四,司法实践中合理性标准的适用,也有比较法可资参考。美国《标准公司法》第 6.27 条在两个方面对合理性标准进行了规定,其中(c)款规定,股权转让限制被允许的目的包括:(1)维持公司法律地位,当其法律地位依赖于其股东人数或者身份;(2)保持联邦或者州公司法下的豁免;(3)任何其他合理目的(reasonable purpose)。[2] 第 3 项作为兜底性质的条款,使得具有合理性的任何其他目的被法律所允许,合理目的可以理解为合理性标准要求的一个要素。(d)款列举了股权转让限制可能采取的方式,包括:(1)规定公司、其他股东或第三人对受限股份的优先购买权;(2)规定公司、其他股东或第三人对受限股份的购买义务;(3)规定受限股份转让需要取得公司、其他股东或第三人的同意;(4)禁止受限股份转让给特定人。[3] 对于第 3 项与第 4 项,要求不能"明显不合

〔1〕 参见冯果、段丙华:《公司法中的契约自由——以股权处分抑制条款为视角》,载《中国社会科学》2017 年第 3 期。

〔2〕 Model Business Corporation Act (2016 Revision), § 6.27(c).

〔3〕 Model Business Corporation Act (2016 Revision), § 6.27(d).

理”（manifestly unreasonable）。在判例法上，Lawson v. Household Finance Corp.、Greene v. E. H. Rollins & Sons, Inc. 以及 Tracey v. Franklin 三个重要案例确定了对股权转让限制进行审查的基本原则。首先，整体上公共政策（public policy）以及普通法传统严格禁止对股权转让施加不合理的限制措施，该类措施的合理性取决于是否有利于促进公司的福利或公司目标。[1] 其次，合理性不仅需要符合感性常识，还需要符合商业理性的要求，即使在股东共同对限制措施表示同意之时，也仍然需要理性的目的，而不能仅出于某些无法解释的欲求（unexplained desire）或直觉使股权转让性受限。[2] 最后，即使是相同的限制措施，在不同的公司之中也会出现不同的效力认定，股权转让限制措施的实际效果需要结合各公司的具体情况予以综合判断。

2. 不违背诚实信用原则

结合以上，参考与借鉴美国公司法上的合理性审查因素，在我国可以引入诚实信用原则，作为有限公司限制股权转让章程条款效力审查的合理性标准。

第一，作为行为标准的诚实信用原则高于公序良俗原则，因此在适用顺位上诚实信用原则居后。与公序良俗原则一样，诚实信用原则作为概括条款亦是对私法自治的限制，亦可作为赋予法官自由裁量权和克服成文法局限性的工具。但区别于公序良俗，诚实信用是在权利行使阶段弥补禁止性规定不足的概括条款，目的在于否定既存权利的某个具体行使行为，但权利仍然存在，在调整行使方式符合诚信要求之后，权利仍得继续行使，此即所谓“行使审查”。[3] 作为区分，拉伦茨认为：“公序良俗只是一个最低标准，根据法秩序下人们共同生活中被普遍接受的社会伦理标准，该最低要求必须为每一个人设立；而诚信要求则超越其上，因为它以特别关联为前提，也就以信赖的最小值、即在参与者之间达到忠实合作准备的最小值为前提。”[4] 因此，作为行为标准，诚实信用高于公序良俗；就适用顺序而言，对权利的“行使审查”应当以该权利通过“内容审查”为前提条件，公序良俗原则先于诚实信用原则而得到适用。

第二，有限公司股东之间存在法律上的特别关联，对已经通过公序良俗原则

〔1〕 See Lawson v. Household Finance Corp., 152 A. 723(1930); Greene v. E. H. Rollins & Sons Co., 22 Del. Ch. 394, 2 A. 2d 249, 25(1938).

〔2〕 See Tracey v. Franklin, 67 A.2d 56(1949).

〔3〕 参见于飞，前揭书，第95～96页。

〔4〕 Larenz, Lehrbuch des Schuldrechts, Band Ⅰ, Allgemeiner Teil, 14. Aufl. 1987, S. 127f.; 参见于飞：《公序良俗原则与诚实信用原则的区分》，载《中国社会科学》2015年第11期。

检验的章程条款，在权利实现过程中进行诚实信用原则的检验。此种检验，可以分为两种情形：(1)情形之一，为有限公司股东行使公司法上的固有权，参与制定初始章程或者修订章程，此种权利本身并不违背公序良俗，但此种权利的行使行为可能违反诚实信用。以修订章程为例，有限公司可以通过股东会2/3以上资本多数决修订章程限制股权转让的决议，股东尤其多数股东表决权的行使须不构成权利滥用，否则适用诚实信用原则将导致决议效力被否定。[1] 作为参考，《公司法解释四(征求意见稿)》第6条规定的决议无效事由的第1项即为"股东滥用股东权利通过决议损害公司或者其他股东的利益"。(2)情形之二，为有限公司通过章程条款赋予公司、董事会、股东会或者其他股东等介入股权转让的权利，如优先购买权、同意权等。在章程条款通过合法性、合理性审查之后，此种权利即已经现实存在，但权利主体的具体行使行为仍受到合理性标准的约束。以章程赋予股东会确定股权转让价格的权利为例，股东会行使其权利不得违反诚实信用原则，否则章程条款本身的效力虽未受到否定，但股东会确定股权转让价格的行为将受到否定，其应当根据诚实信用原则再次行使章程条款所赋权利。值得商榷的是，在章文萍与中天公司案中，章程赋予股东会此种权利，股东会以出资的115.76%作为股权转让指导价，法院未援引诚实信用原则对权利进行"行使审查"，而直接以违反法律禁止性规定为由认定章程条款无效，且未说明章程条款所违反的法律禁止性规定究竟为何。

3. 禁止权利滥用与信义义务的适用

第一，在学理上，限制股权转让的章程条款应受禁止权利滥用原则与信义义务约束。首先，"判断行使权利行为是否构成滥用，并不是以违反善良风俗为准，而是以是否违反了诚实信用为准。"[2] 前述两种情形，皆为涉及诚实信用原则的典型表现，即"禁止权利滥用"。行使公司法上的股东固有权或者章程条款赋予的权利，违反禁止权利滥用，其结果为具体权利行使被法律所禁止。《公司法》第20条作为禁止权利滥用的具体化，明确规定"公司股东不得滥用股东权利损害公司或者其他股东的利益"。其次，《公司法》第147条进一步要求"董事、监事、高级管理人员对公司负有忠实义务和勤勉义务"。第147条为董事、监事、高级管理人员信义义务的共通性规定，第148条是对董事、高级管理人员忠

---

〔1〕 有学者认为《公司法》第20条第1款的规定是关于股东行使表决权的诚实信用原则的规定。参见朱慈蕴：《资本多数决原则与控制股东的诚信义务》，载《法学研究》2004年第4期。

〔2〕［德］迪特尔·梅迪库斯：《德国民法总论》，邵建东译，法律出版社2000年版，第144页。

实义务的具体规定。就忠实义务而言，在英国判例法下，其内容区分为禁止利益取得规则(no profit rule)与禁止利益冲突规则(no conflict rule)，前者是指信义义务人不得利用其信义地位或因其信义地位产生的知识或机会取得私人利益，[1]后者是指信义义务人不得将其信义义务与其私人利益或者其他义务产生现实或者潜在的冲突。[2] 就勤勉义务而言，美国《标准公司法》第8.30条将其概括为三个标准：一是善意(in good faith)，二是处于相似位置的人在类似情况下所应尽到的注意(with the care)，三是合理地相信其行为是为了公司的最佳利益(reasonably believes to be in the best interests of the corporation)。[3] 就董事、高级管理人员对公司负有的信义义务，在Smith & Fawcett Ltd.案中，案涉封闭公司章程规定"董事可随时以其绝对和不受控制的自由裁量权拒绝登记任何股份转让"，法院未否认该自由裁量权的存在，而是认为董事行使其自由裁量权必须善意(bona fide)、相信其行为是为了公司的利益(in what they consider is in the interests of the company)。[4] 我国《公司法》第147条亦是明确董事、监事、高级管理人员对公司负有信义义务。因此，董事行使章程赋予的介入股权转让的权利，自然受信义义务之约束。

第二，在规范上，应引入"股东压制"范畴，作为信义义务构建的基础。《公司法》第20条确立了禁止股东权利滥用原则，但未明确规定股东是否负有类似于董事、监事、高级管理人员的信义义务。实践中我国法上的股东压制可分为三类：一是对少数股东的法定单项股权的侵害；二是对少数股东的某种利益的侵害；三是长期的复合性股东权益的侵害行为。如有的学者建言，面对中国式股东压制，有必要承认封闭公司股东之间负有信义义务，并将《公司法》第20条确立为股东压制的一般性救济规则。[5]

第三，在确立有限公司董事、监事、高级管理人员、股东负有信义义务且不得滥用权利之后，司法实践中对有限公司限制股权转让的章程条款进行的合理性审查，可以根据以下步骤进行：(1)判断董事、股东行使权利是否善意。此处的善意，并非仅指主观上的善意，也指客观上的善意，因此，信义义务人是否具有客观上

[1] See Chan v. Zacharia [1984] 154 CLR 178, 198 -199.

[2] See Nuncio D'Angelo, *Commercial Trusts*, 52 Lexis Nexis Butterworths, 2014.

[3] See Model Business Corporation Act (2016 Revision), § 8.30.

[4] See Re Smith & Fawcett Ltd. [1942] Ch.304.

[5] 参见李建伟：《股东压制的公司法救济：英国经验与中国实践》，载《环球法律评论》2019年第3期。

的善意,需要由法院进行客观的研判,信义义务人关于其主观意图或者信念的陈述则仅供法院参考。[1] (2)判断董事或者股东行使权利是否为了公司整体利益(the benefit of the company as a whole)与合理目的(proper purpose)。公司的整体利益,在传统公司法上又被表述为股东的整体利益(the interests of the shareholders as a whole),即公司利润最大化,法院应当判断信义义务人采取限制措施是否为实现公司整体利益,通常情况下,自利(self-interest)、保持控制权(maintaining control)被认为不具有合理目的。因此,章程赋予多数股东而非公司、其他股东对于转让股权的优先购买权,可能因不具有合理目的而被认定为无效。(3)判断有限公司限制股权转让的措施,是否为实现公司整体利益所必要。即使信义义务人采取限制措施具有合理目的,法院仍需研判限制措施与合理目的之间是否合比例,在实现公司整体利益的同时,是否最小限度地限制股东个体利益。例如,在股东已经负债且唯一财产为有限公司股权之时,信义义务人行使同意权应当对所涉股东合理利益进行考虑,如其他股东为了阻止第三人进入公司,可以自己购买。

第四,违反信义义务后的责任承担形式不仅限于损害赔偿和不法得利的归入,还应纳入权利行使的限制规则。关于董事违反信义义务之法律后果,《公司法》第 148 条第 2 款规定了公司归入权,第 149 条规定了损害赔偿责任;对于股东,第 20 条第 2 款规定了损害赔偿责任。除损害赔偿与所得归入之外,违反信义义务是否存在其他责任形式?如前所述,有限公司董事、股东之间存在法律上的特别关联,其董事权力、股东权利的行使需经过诚实信用原则的检验,若违反信义义务,滥用其权利介入股权转让,其权利的具体行使行为将受到否定性评价。例如,公司法规定的公司决议瑕疵事由不包括股东滥用表决权利,但"征求意见稿"第 6 条则将"股东滥用股东权利通过决议损害公司或者其他股东的利益"作为决议无效事由,作为对《公司法》第 20 条救济机制的探索性扩张,虽然最终未获通过,但司法实践中屡有运用。[2] 这一规定尝试性地肯定了少数股东可以援引禁止股东权利滥用原则,对多数股东权利的具体行使行为进行否定,具有进步意义。在《公司法》未规定股权转让限制合理性标准的前提下,以诚实信用原则项下的禁止权利滥用规则以及董事、股东的信义义务,作为引入合理性标准的通道,对过度限制、禁止及实质性禁止股权转让章程条款无效和董事、股东

[1] The Bell Group Ltd. (in liq) v. Westpac Banking Corporation [No.9] [2008] WASC 239 [4466].

[2] 参见李建伟:《决议行为特殊效力规则的民法解释》,载《法学杂志》2021 年第 7 期。

行使章程条款赋予的权利介入股权转让的行为无效进行区分，是现行法律框架下可以选择的路径。

六、结论

现代公司法的股权转让限制规则平衡了两项冲突的公司原则：公司所有者利益的自由流动与公司满足参与者需要的私人安排。[1] 我国《公司法》第71条第4款的规定，即授权有限公司以意思自治在股权流动性与有限公司封闭性、股东之间密切的人身信任关系之间寻求平衡。关于章程限制股权转让条款的效力边界，公司法未提供裁判标准，96号指导案例以“禁止性规定”“侵害股权转让权利”作为章程条款的无效事由，某种意义上扮演了裁判规则的提供者。《公司法解释四（征求意见稿）》以“过度限制股东转让股权，导致股权实质上不能转让”为公司自治之边界，尽管该条款未获通过，但此可反映出最高人民法院对于股权转让限制条款进行合理性审查的倾向性意见，也是笔者赞同的裁判标准。

为探寻公司意思自治之边界，并理解“过度限制”与“实质上不能转让”之概念，通过95例样本实证分析，以形式上的禁止股权外部转让、限制股权外部转让、限制股权内部转让以及强制股权内部转让等做类型化研究，建议司法实践中关于有限公司限制股权转让章程条款之效力认定，放弃章程法律性质契约说的论证思路，一方面肯定修订章程对于反对股东的约束力，另一方面避免简单认可限制措施对于赞成股东的约束力。

由于此类章程条款存在于契约法与组织法的交汇之处，受到行为法与组织法的双重约束，因而，司法裁判的法律适用应循两个阶段，循序渐进。首先，适用契约法对于法律行为效力认定的一般规则进行效力判断：（1）违反法律、行政法规的效力性强制性规定的章程条款无效；（2）违背公序良俗原则的章程条款无效，完全禁止转让股权、剥夺股东退出公司权利的章程条款，即使全体股东一致同意亦是无效。其次，对于通过契约法检验的章程条款，还应以组织法进行效力判断，即“过度限制股东转让股权，导致股权实质上不能转让”的章程条款为无效规则，或者类推适用股东知情权相关的“实质性剥夺”无效规则。

据此，司法裁判的法律适用有四个关键环节：（1）结合公司的具体情况，包

---

〔1〕 See Jonathan Macey and Maureen O'Hara, *Stock Transfer Restrictions and Issuer Choice in Trading Venues*, 55 Case Western Reserve Law Review 608 (2005).

括公司的封闭性与股东之间的人身信任关系程度、股权转让限制期限、股权转让价格是否为合理价格、股权转让限制措施是否具有合理目的、修订章程是否侵害股东合理预期等合理性审查因素，行使自由裁量权；(2)认定过度限制转让股权的章程条款无效，股东可以请求法院确认该条款无效，如价格明显偏低且无正当理由的股权转让价格限制条款；(3)章程条款赋予董事会、股东会或者其他股东介入股权转让权利的情况下，对于股权分散、人数众多的有限公司，以"全体股东一致同意"限制股权转让实质上构成了过度限制；(4)认可通过契约法与组织法双重检验的章程条款的效力，但章程条款本身有效不等同于权利行使行为有效，比如章程条款规定股权转让需要董事会同意、其他股东过半数同意或者股权转让价格由董事会或者股东会确定，此类章程条款通常不构成过度限制，但如果董事与封闭性公司股东作为信义义务人，其权利滥用行为侵害股东股权转让权利的，受限股东可以主张限制行为无效，并要求违信人赔偿损失。

附录：样本案例相关裁判文书案号索引

1. 吉林省长春市南关区人民法院民事判决书，(2017)吉 0102 民初 2010 号。
2. 四川省攀枝花市中级人民法院民事判决书，(2018)川 04 民终 97 号。
3. 四川省成都市金牛区人民法院民事判决书，(2015)金牛民初字第 1248 号。
4. 湖北省荆门市中级人民法院民事判决书，(2015)鄂荆门中民二终字第 00226 号。
5. 四川省攀枝花市中级人民法院民事判决书，(2018)川 04 民终 94 号。
6. 宁夏回族自治区银川市中级人民法院民事判决书，(2018)宁 01 民终 771 号。
7. 四川省攀枝花市中级人民法院民事判决书，(2018)川 04 民终 95 号。
8. 甘肃省兰州市中级人民法院民事判决书，(2017)甘 01 民终 221 号。
9. 广西壮族自治区桂林市中级人民法院民事判决书，(2016)桂 03 民终 608 号。
10. 广西壮族自治区玉林市中级人民法院民事判决书，(2016)桂 09 民终 2164 号。
11. 安徽省淮南市中级人民法院民事判决书，(2015)淮民二终字第 00051 号。
12. 河南省南阳市中级人民法院民事判决书，(2017)豫 13 民终 4966 号。

13. 浙江省宁波市中级人民法院民事判决书，(2016)浙02民终907号。

14. 河南省济源市人民法院民事判决书，(2018)豫9001民初825号。

15. 江苏省南京市中级人民法院民事判决书，(2016)苏01民终7484号。

16. 北京市朝阳区人民法院民事判决书，(2017)京0105民初66029号。

17. 四川省米易县人民法院民事判决书，(2017)川0421民初1038号。

18. 河南省信阳市中级人民法院民事判决书，(2015)信中法民终字第604号。

19. 四川省米易县人民法院民事判决书，(2017)川0421民初1034号。

20. 海南省临高县民事判决书，(2015)临民二初字第74号。

21. 广东省深圳市福田区人民法院民事判决书，(2014)深福法民二初字第6923号。

22. 云南省昆明市中级人民法院民事判决书，(2017)云01民终2233号。

23. 山东省招远市人民法院民事判决书，(2017)鲁0685民初825号。

24. 四川省成都市金牛区人民法院民事判决书，(2015)金牛民初字第1247号。

25. 福建省三明市中级人民法院民事判决书，(2018)闽04民终100号。

26. 黑龙江省伊春市友好区人民法院民事判决书，(2016)黑0704民初59号。

27. 广东省深圳市中级人民法院民事判决书，(2017)粤03民终8664号。

28. 重庆市梁平区人民法院民事判决书，(2018)渝0155民初2968号。

29. 北京市顺义区人民法院民事判决书，(2018)京0113民初13761号。

30. 北京市顺义区人民法院民事判决书，(2018)京0113民初13783号。

31. 四川省攀枝花市中级人民法院民事判决书，(2018)川04民终92号。

32. 湖南省株洲市芦淞区人民法院民事判决书，(2015)芦法民二初字第126号。

33. 四川省攀枝花市中级人民法院民事判决书，(2018)川04民终86号。

34. 浙江省杭州市滨江区人民法院民事判决书，(2016)浙0108民初1906号。

35. 湖南省高级人民法院民事判决书，(2016)湘民再1号。

36. 新疆维吾尔自治区奎屯市人民法院民事裁定书，(2017)新4003民初1792号。

37. 上海市闸北区人民法院民事判决书，(2014)闸民二(商)初字第402号。

38. 河南省焦作市人民法院民事判决书，(2015)焦民三终字第00355号。

39. 四川省成都市金牛区人民法院民事判决书，(2015)金牛民初字第1246号。

40. 四川省攀枝花市中级人民法院民事判决书,(2018)川04民终90号。

41. 广东省佛山市中级人民法院民事判决书,(2017)粤06民终6927号。

42. 安徽省砀山县人民法院民事判决书,(2017)皖1321民初1363号。

43. 湖北省宜昌市中级人民法院民事判决书,(2015)鄂05民终字1044号。

44. 北京市第三中级人民法院民事判决书,(2018)京03民终930号。

45. 安徽省淮南市潘集区人民法院民事判决书,(2015)潘民二初字第00020号。

46. 江西省赣州市中级人民法院民事判决书,(2017)赣07民终2377号。

47. 甘肃省兰州市中级人民法院民事判决书,(2017)甘01民终219号。

48. 广东省广州市中级人民法院民事判决书,(2014)穗中法民二终字第665号。

49. 江苏省南京市中级人民法院民事判决书,(2016)苏01民终1070号。

50. 青海省格尔木市人民法院民事判决书,(2017)青2801民初281号。

51. 甘肃省兰州市七里河区人民法院民事判决书,(2015)七民初字第20352号。

52. 浙江省杭州市下城区人民法院民事判决书,(2016)浙0103民初2184号。

53. 安徽省滁州市中级人民法院民事判决书,(2016)皖11民终2596号。

54. 河南省南阳市中级人民法院民事判决书,(2017)豫13民终4967号。

55. 甘肃省兰州市中级人民法院民事判决书,(2017)甘01民终220号。

56. 四川省成都市金牛区人民法院民事判决书,(2015)金牛民初字第1245号。

57. 四川省米易县人民法院民事判决书,(2017)川0421民初1032号。

58. 湖北省荆门市中级人民法院民事判决书,(2017)鄂08民终1232号。

59. 北京市第三中级人民法院民事判决书,(2018)京03民终913号。

60. 甘肃省兰州市中级人民法院民事判决书,(2017)甘01民终227号。

61. 山东省聊城市中级人民法院民事判决书,(2018)鲁15民终1590号。

62. 四川省攀枝花市中级人民法院民事判决书,(2018)川04民终88号。

63. 甘肃省兰州市中级人民法院民事判决书,(2017)甘01民终226号。

64. 新疆生产建设兵团第十师中级人民法院民事判决书,(2017)兵10民终134号。

65. 重庆市第五中级人民法院民事判决书,(2017)渝05民终8495号。

66. 上海市徐汇区人民法院民事判决书,(2014)徐民二(商)初字第12号。

67. 吉林省长春市中级人民法院民事判决书,(2018)吉01民终360号。

68. 四川省米易县人民法院民事判决书，(2017)川0421民初1035号。

69. 贵州省高级人民法院民事判决书，(2016)黔民终284号。

70. 吉林省长白县人民法院民事判决书，(2018)吉0623民初100号。

71. 陕西省宝鸡市中级人民法院民事判决书，(2017)陕03民初126号。

72. 云南省安宁市人民法院民事判决书，(2015)安民初字第865号。

73. 内蒙古自治区呼伦贝尔市中级人民法院民事判决书，(2018)内07民终74号。

74. 湖南省怀化市中级人民法院民事判决书，(2016)湘12民终1494号。

75. 北京市第三中级人民法院民事判决书，(2018)京03民终961号。

76. 山东省威海市中级人民法院民事判决书，(2015)威商终字第358号。

77. 吉林省吉林市中级人民法院民事判决书，(2015)吉中民三终字第92号。

78. 北京市第三中级人民法院民事判决书，(2018)京03民终905号。

79. 北京市第三中级人民法院民事判决书，(2018)京03民终916号。

80. 江苏省泰州市高港区人民法院民事判决书，(2013)泰高商初字第259号。

81. 四川省成都市中级人民法院民事判决书，(2015)成民终字第5778号。

82. 宁夏回族自治区银川市中级人民法院民事判决书，(2018)宁01民终2419号。

83. 北京市顺义区人民法院民事判决书，(2018)京0113民初13760号。

84. 广东省佛山市中级人民法院民事判决书，(2018)粤06民终7471号。

85. 江苏省扬中市人民法院民事判决书，(2018)苏1182民初18号。

86. 广东省广州市中级人民法院民事判决书，(2018)粤01民终10526号。

87. 四川省成都市金牛区人民法院民事判决书，(2015)金牛民初字第1244号。

88. 江苏省南京市中级人民法院民事判决书，(2016)苏01民终1603号。

89. 广东省江门市中级人民法院民事判决书，(2016)粤07民终915号。

90. 山东省济南市中级人民法院民事判决书，(2018)鲁01民终2562号。

91. 湖北省荆门市中级人民法院民事判决书，(2017)鄂08民终1231号。

92. 江苏省泰州市中级人民法院民事判决书，(2015)泰中商终字第00051号。

93. 北京市第三中级人民法院民事判决书，(2018)京03民终929号。

94. 江苏省东台市人民法院民事判决书，(2016)苏0981民初7289号。

95. 北京市朝阳区人民法院民事判决书，(2017)京0105民初66015号。

第五章

股东派生诉讼前置程序*

【本章导读】 股东派生诉讼规则设计中的任一环节，都需要考虑股东权益的救济与公司人格独立的维护，鼓励诉讼与遏制滥诉。其中，前置程序乃是维护公司独立人格、尊重公司自治、体现公司意思参与的关键环节。公司意思在前置程序中的表达是核心制度，这涉及公司对于股东请求的处理、法院对于公司决定的审查以及前置程序的豁免三个问题。实证研究发现，目前的董事会、监事会的交叉请求制在司法实践中的应用较为混乱，导致了前置程序过滤不必要诉讼、尊重公司自治的应有功能难以发挥，沦为了停留在法律规定层面的一道程序。考虑到我国公司治理结果现状，宜将请求对象统一规定为具有监督职能的监事会，同时也能进一步强化监事会的职能，在此基础上引入不起诉理由书，使制作不起诉理由书成为监事会的法定义务。关于前置程序的豁免，应以现有规定为基础进行类型化分析，既包含常见的公司利益已经受损、公司即将遭受重大损失、即将经过诉讼时效等情形，也应当允许因履行无意义、无适格请求对象情形适用豁免规则。

【本章关键词】 股东派生诉讼　前置程序　公司决定　不起诉理由书

---

* 本章合作者张梦瑶。张梦瑶，法学硕士，供职单位：中信金融租赁有限公司业务管理部。

一、引言

“公司应当被视为以进行营业为目的的虚拟实体。”[1]公司在法律上有其独立的人格，当产生诉讼纠纷时，其可以并且应当以自己的名义参加诉讼。但是当侵权来自公司内部，即对于那些控制公司的董事、监事、高级管理人员的侵权，继续由“公司”直接来追究这类侵权人的责任显得尤为困难。考虑到公司意思形成与执行的特殊性，其很容易受到控制股东或者管理层的干预[2]，“公司”极可能作出不起诉决定，此时公司事实上已失去起诉能力。通常情况下，董事、高级管理人员代表公司做出意思表示和行为，但当其意思表示或者行为不当时，在本质上就丧失了代表能力或资格，而公司的所有者——股东以实质标准暂时在争议事项上接管了代表能力或者资格，相应地由股东以公司的名义向董事或者管理层起诉。[3] 这也就是公司法上的一项“天才的发明”[4]——股东派生诉讼[5]。

“股东派生诉讼是股东通过司法制度约束董事履行他们对公司的义务的一种方法。这种非公共的法律执行（private enforcement）方法是成熟市场经济里不可或缺的解决公司代理人和委任人之间利益冲突的机制之一。”[6]作为一项能够促进公司民主治理的措施，派生诉讼在司法实践中发挥了重要作用。[7] 股东派生诉讼对于保护中小股东的利益，平衡股东和管理层之间利益冲突，以及规范公司治理都发挥了很大的作用。但同时也应当看到，股东派生诉讼作为一项特殊制度设计，并非也不应成为常态机制[8]，否则将“剥夺公司管理者基于商

---

〔1〕 Robert W. Hamilton, *Corporations*, West Publishing Co., 1982, p.66.

〔2〕 参见李建伟：《公司法学》（第4版），中国人民大学出版社2018年版，第90页。

〔3〕 参见邓峰：《普通公司法》，中国人民大学出版社2009年版，第399页。

〔4〕 Robert C. Clark, *Corporate Law*, Little, Brown & Company, 1986, p.639.

〔5〕 关于这一概念的提法，我国学界有股东派生诉讼、代表诉讼与代位诉讼等不同称谓，相比之下前一个更为恰当，原因在于：其一，该制度源于英美法的“derivative suit”“derivation action”，直译过来即为股东派生诉讼，英美法的“representative suit”则包括派生诉讼以及集团诉讼；其二，派生诉讼更能反映该制度的本质，即股东代位公司提起诉讼，兼具代表性与派生性之特征；其三，“代表诉讼”的用语可能与我国法上的诉讼代表人制度相混淆，造成误会。参见黄辉：《现代公司法比较研究——国际经验及对中国的启示》（第2版），清华大学出版社2020年版，第260页。

〔6〕 郁光华：《公司法的本质》，法律出版社2006年版，第73页。

〔7〕 See Lewis, Donald B., *In Restrained Praise of the Derivative Suit*, 12 Litigation 3 (1985－1986).

〔8〕 参见胡滨、曹顺明：《股东派生诉讼的合理性基础与制度设计》，载《法学研究》2004年第4期。

业判断为公司利益正当行使管理公司的权力"[1]。因此,应谨慎对待派生诉讼,既要鼓励诉讼以保护中小股东合法权益,又要维护公司或者管理层的自治权力,前置程序应运而生,通过为股东提起派生诉讼设置程序"阻碍",以有效保护公司的经营自主权,在履行该项程序要求前,股东就很有可能无法提起该派生诉讼。[2] 前置程序的设置体现了股东派生诉讼作为一种替代性以及非常规救济制度的根本特征。

前置程序的主要内容是:股东在向法院提起诉讼之前必须"穷尽内部救济",只有公司没有或者怠于提起诉讼,股东才能够代位公司,以自己的名义提起诉讼。一方面,前置程序的设置反映了派生诉讼的基本定位与前提规则——公司具有独立于股东的主体地位[3],有权自主选择是否通过诉讼救济,该诉权原本就属于公司;[4] 另一方面,前置程序能一定程度上防止股东滥诉,提早过滤掉不必要的诉讼,从而节省司法资源和成本。[5] 而问题在于如果前置程序设置过严,很有可能抑制股东提起派生诉讼的积极性和可能性。因此,作为派生诉讼的第一步,前置程序一开始就面临复杂的利益衡量问题。

按照我国的法律规定,董事会或者监事会是股东履行前置程序中的请求对象,也是代表公司做出起诉与否的决定机关;公司在收到股东的起诉请求后,有一定的决定期间;情况紧急时,可不履行前置程序。

派生诉讼的根本目的是维护公司利益,而前置程序则是给予公司内部解决纠纷的最后机会,为实现这样的制度目的,在前置程序的设计当中必然包含三个基本问题:(1)股东向谁提出请求?(2)公司如何处理股东请求?公司的决定产生何种效力(包括对股东和法院等)?(3)何种情形下股东请求义务应当被豁免?这是前置程序设计中最重要的三个问题,形式上表现为立法是鼓励派生诉讼还是限制派生诉讼,实质上则反映出股东、公司、被诉行为人、法院相互之间的复杂关系以及各方利益的平衡。

而我国法的具体问题则表现为:董事会与监事会交叉请求的规定能否在实践中发挥效用?公司在收到股东请求之后做出的决定,是否能够对派生诉讼的

---

〔1〕 黄辉:《股东派生诉讼制度研究》,载王保树主编:《商事法论集》第 7 卷,法律出版社 2002 年版。

〔2〕 参见施天涛:《公司法论》(第 4 版),法律出版社 2018 年版,第 472 页。

〔3〕 See Cox & Hazen, *Corporations*, Vol. 2, Op. Cit., 891.

〔4〕 参见范健、王建文:《公司法》(第 5 版),法律出版社 2018 年版,第 290 页。

〔5〕 参见胡宜奎:《股东代表诉讼中的公司参与》,知识产权出版社 2017 年版,第 33 页。

提起以及进程产生实质影响？“情况紧急”具体包含哪些情形？是否能够涵盖实践中前置程序履行不能或者履行无意义的情形？本章将通过对样本裁判文书的实证分析，尝试解答以上问题。

股东派生诉讼制度作为舶来品，能否在我国的法律环境中良好运作，又能否很好地实现其本身的制度目的〔1〕，需要通过司法审判效果来检验。由此，本章以“股东派生诉讼”“股东代表诉讼”“前置程序”为关键词，审理时间设置为2006年1月1日至2014年7月1日，分别在“北大法宝”、“中国裁判文书网”以及“Westlaw China”中进行检索，通过剔除〔2〕、去重、筛选〔3〕，最终获取102个司法裁判样本。通过对司法裁判的分析来发现作为派生诉讼重要启动步骤的前置程序在应用中的实施效果，探究实然问题，在更有针对性地予以解决的同时，进一步优化前置程序的相关设计。

二、前置程序的制度价值

在解决具体问题前，必须考虑前置程序的目的，即在股东派生诉讼中法律为何要为股东起诉设定这样一个“障碍”。

首先，利益平衡，即前置程序能在股东派生诉讼中有效地平衡各主体间复杂的利益关系。正如有学者所言，派生诉讼是一个解决争端的制度，其在尽可能维护公司股东与管理层平衡的前提下，为中小股东和董事会间的利益矛盾与冲突提供便捷、公正以及较为经济的解决方式。派生诉讼在给予股东救济保护之时，也需要维护管理层的正常经营决断以及公司本身的权益保护，而前置程序则为其提供这样一种平衡机制。

其次，公司自治，即前置程序能够最大限度地维护公司自治，确保公司独立

---

〔1〕股东派生诉讼制度一方面可以维护公司的利益，进而间接保护中小股东的合法权益，彰显法律的公平与正义；另一方面也可以对公司股东与管理层形成威慑与制约，从而规范公司治理。参见傅穹、曹理：《股东派生诉讼提起权滥用防止研究》，载《当代法学》2006年第2期。

〔2〕剔除原因包括：（1）再审案件，由于再审案件主要是书面审理，裁判文书中所记载案件事实和相关信息有限，因此未纳入样本选择；（2）并非股东诉讼案件，在裁判文书中仅仅提到在其他案件中涉及股东派生诉讼纠纷，如上海市高级人民法院民事判决书，（2011）沪高民一（民）终字第20号；（3）仅仅涉及诉讼法上的程序事项，如在江苏省高级人民法院民事裁定书，（2011）苏商终字第0063号中，案件纠纷虽为股东派生诉讼，但是裁判文书本身却是关于管辖权异议。

〔3〕由于案件本身的差异以及法院在裁判文书书写方面的个体性差异，因此不同的裁判文书中记载的案件信息和裁判思路不尽相同。本书筛选研究样本时主要选择那些案件事实记载较为全面、裁判思路清晰展现的裁判文书。

的法律人格。股东的诉权派生于公司,具有他益权性质,前置程序的设置由股东派生诉讼的性质决定,其给予公司解决内部纠纷的机会。[1] 因此,派生诉讼应当被谨慎对待为一种特殊的救济措施,只有在"穷尽内部救济"(no other road to redress)时才能被启动。[2] "派生诉讼是无奈之下的选择。"[3]归公司所有的权利不能当然地让渡,须有法定的表意程序,前置程序的履行便是相应表意程序的完成。[4] 当股东履行前置程序之时,公司能够了解到欲提起诉讼的原因以及被诉行为的具体指向。即使公司最后没有根据股东请求采取措施,前置程序本身也有益于公司治理,"请求最起码使董事会去思考和重视原本未注意的一些问题。"[5]即使被诉主体事实上控制着公司,也不能排除公司自己起诉的可能性,同时公司也有权经过调查之后做出合理的不起诉决定。事实上,先诉请求表面上是一种程序性的补充安排,而根本性、实质性的原因是:公司的起诉决定权本质上是一种商业决定。[6] 前置程序的价值在于凸显了派生诉讼的制度设立同样应当致力于维护公司独立法人主体地位这一基本前提。[7]

最后,司法效率,即前置程序能够节约诉讼资源,实现司法经济。"就公司治理而言,股东诉讼并不是股东权益保护的唯一选择,只有仅当市场方式和内部治理方式用尽的情况下,通过诉讼救济才是有效率的。"[8]公司自身可以通过诉讼外的方式实现对于董事、高级管理人员的责任追究,如和解抑或解聘被诉人员。[9]

---

〔1〕 参见甘培忠、刘兰芳主编:《新类型公司诉讼疑难问题研究》,北京大学出版社 2009 年版,第 369 ~370 页。

〔2〕 See *Demand on Directors and Shareholders As a Prerequisite to a Derivative Suit*, 73 Harv. L. Rev. 748 (1959 -1960).

〔3〕 胡田野:《公司法律裁判》,法律出版社 2012 年版,第 451 页。

〔4〕 参见陈洪、张娇东:《股东代表诉讼制度可诉性补强研究》,载《法律适用》2016 年第 6 期。

〔5〕 Carol B. Swanson, *Juggling Shareholder Rights and Strike Suits in Derivative Litigation: The ALI Drops the Ball*, 77Minn. L. Rev. 1350(1992 -1993).

〔6〕 See Davis, Kenneth B. Jr., *Forgotten Derivative Suit*, 61 Vand. L. Rev. 397 (2008).

〔7〕 有学者认为派生诉讼忽略了公司的独立人格,实际上派生诉讼本身并没有突破公司法的这一原则,反而整个派生诉讼的进行都以股东人格独立为前提与基础。参见樊云慧:《英国少数股东权诉讼救济制度研究》,中国法制出版社 2005 年版,第 80 页;蒋大兴:《公司法的观念与解释 Ⅲ——裁判逻辑 & 规则再造》,法律出版社 2009 年版,第 8 ~9 页。

〔8〕 周林彬:《股东若干问题初探》,载王保树主编:《实践中的公司法》,社会科学文献出版社 2008 年版。

〔9〕 参见刘俊海:《公司法学》(第 3 版),北京大学出版社 2020 年版,第 182 页。

同时,前置程序也能够过滤不必要的诉讼。[1]

三、股东启动前置程序的请求对象

前置程序请求对象的选择,对于整个股东派生诉讼来说至关重要,它是前置程序以及整个派生诉讼发挥作用的重要前提,同时也影响派生诉讼案件的审理质量。[2] 前置程序的请求对象设置是否恰当,并不仅仅是一种立法技术,更是在综合考量多种因素后作出的价值选择,其与各国不同的公司治理结构紧密相连。由此,本部分的展开首先需要确定请求对象选择的考量因素,然后考察比较法的立法经验,并反观中国本土的司法经验,最终得出妥当的理论回应。

(一)前提:选择请求对象的考量因素

1. 谁是公司利益的最佳代表者

在股东派生诉讼制度中,公司既是利益的直接受损者也是法院裁决后果的承担者。在确定请求对象时,必须充分考虑谁能够充分代表公司,站在公司的立场做出最为恰当的选择。因此,请求对象应具备以下两方面要素:一是源于公司内部;二是能够代表公司做出意思表示。

第一,请求对象必须源于公司内部,是公司自治的基本需求。只有公司内部人才可能真正关心公司利益,并站在公司立场对股东的请求加以评判,将请求对象定位于公司以外的独立机构或者第三人恐欠缺正当性。

第二,能够代表公司做出意思表示意味着请求对象应为公司的机关。公司有别于自然人,公司意志只能通过公司机关形成和表达。[3] 公司意志并不完全独属于某一权力机关,而是出现了分化的现象,股东会、董事会以及监事会等都能够代表公司,形成公司意思,并各自发挥着不同作用。[4] 从利益代表角度来说由股东会作为请求对象似乎更具合理性,但存在以下问题:作为非常设机构,

---

〔1〕 参见胡宜奎:《股东代表诉讼诉权的权利基础辨析——兼论我国股东代表诉讼制度的完善》,载《政治与法律》2015年第9期。

〔2〕 参见沈贵明:《股东代表诉讼前置程序的适格主体》,载《法学研究》2008年第2期。

〔3〕 参见朱慈蕴:《公司法原论》,清华大学出版社2011年版,第131页。

〔4〕 参见王丹:《公司派生诉讼论》,中国政法大学2011年博士学位论文,第101页。也有学者认为"股东会的构造旨在帮助公司整体地形成意思,按照这一逻辑,股东提起代表诉讼应当考量股东会的意思"。蒋大兴:《公司法的观念与解释Ⅲ——裁判逻辑 & 规则再造》,法律出版社2009年版,第30~31页。

股东会是否能够及时对公司事务和诉讼作出反应？对于并非经常性参与公司管理与经营的股东来说，他们是否了解被诉行为给公司所带来的损失？他们是否能够真正地从公司整体利益出发，在起诉与不起诉之间作出正确的决定？正如有学者所指出的“公众公司的股东会根本不是（而且从来也不是）一个合格的决策机构”。[1] 即使是在股东人数较少、规模较小的公司，也许股东普遍对公司事务具有很好的了解，但却往往因更易受到被诉股东或者被诉人的控制，处理决定的公正性是值得怀疑的。相较于股东，由董事会或者监事会作为请求对象来代表公司利益更具正当性，至于谁更适合抑或二者都适合，这都有待实践检验，很大程度上取决于具体的法律实施环境。

2. 能有效区隔于被起诉者

在选择请求对象之时，除了考量公司利益的代表以及公司意思的形成，还应当注意被起诉者的身份与来源。既然是代表公司作出起诉与否的决定，请求对象就应当具有一定的独立性，至少不能是被起诉者本身，不能去期待被起诉者对自己提出诉讼。否则前置程序将彻底沦为一个“需要被履行”的形式，并无任何实质意义。为维护公司利益并尽可能保证作出决定的公平性，要求请求对象与被起诉者之间不存在利害关系，这样作出的决定才可能被法院考虑和认可。

请求对象与被起诉者之间的隔离距离则是另一个值得注意的问题。一方面，只有保持一定距离，请求对象才可能真正代表公司作出是否起诉的公正决定；另一方面，距离也不能过远，要尽可能地保障请求对象对被诉行为具体状况的了解，以使其具有针对性地作出处理的能力。

考虑到股东派生诉讼中的侵权现象大部分发生自公司内部，即公司董事违反忠实义务或者勤勉义务，在存有外部董事、独立董事或者董事会成员较多的情况下，董事会或有可能作出公正处理，但在缺乏独立董事、外部董事或者公司规模较小、董事会成员较少的情况下，董事会作为请求对象似并不妥当，监事会或是一个更好的选择。

（二）经验：不同公司治理模式下规范设计的比较法考察

“公司治理宗旨就是要重构公司权利的分配与行使关系”[2]，不同国家在权

---

[1] 施天涛：《公司法论》（第4版），法律出版社2018年版，第476页。

[2] 梅慎实：《现代公司法人治理结构规范运作论》，中国法制出版社2001年版，第576页。

力配置与公司内部机构设置上各有特点。而公司治理模式的不同也关涉派生诉讼中的请求对象,作为英美法系代表的美国是董事会,而作为大陆法系代表的日本则是监事会。除了公司治理模式的差异外,更深层次的原因是各国不同公司治理理念。

1. 以董事会为主体的美国法经验

美国《示范公司法》中规定:"每一起案件中,原告在提起派生诉讼之前必须首先向董事会提出要求。"[1]将董事会作为请求主体主要出于以下两点考虑:其一,在公司的经营管理和市场决定方面,董事往往比一般股东具有更强的能力与参与度,而且对公司来说,是否提起诉讼本身也是一项经营决定,既有公司利益与损失的衡量,也有对于公司商誉等方面的考量。[2] 其二,美国法上的董事会不仅仅是决定公司管理与经营重大事项的机构,同时也具有监督职能。尤其是在公众公司,董事会的一项基本职责就是对具体负责公司经营管理的高级主管进行总体上的监督与检查。[3]

该制度设计的必要性在于,美国董事会具有十分广泛的权力,是公司业务与经营的管理机构,美国《特拉华州普通公司法》以及1984年美国《示范公司法》中将董事会的权限表述为"公司的一切权力应当由董事会行使或在董事会的授权下行使,公司的业务和事务应当依照董事会的指导进行管理"。[4] 在此种公司治理结构背后隐藏的治理理念是,"当公司遭受损失时,由作出决定的机构自己决定是否进行责任追究,法官并不干涉公司的经营事项"[5]。只有了解公司内部经营管理事务的机构才有能力且有权力针对公司的内部事务做出决断。作为公司经营管理机构的董事会自然也就成为决定起诉是否符合公司最佳利益的公正判断者。

该制度设计的可行性在于,董事会内部的结构能够对董事会的成员作出有效监督,尽可能保证董事会做出有益于公司的决定。在美国,公众公司在董事会内部设立委员会已经成为一种重要的发展趋势,其中最为常见的有审计委员会、

---

〔1〕 [美]罗伯特·W.汉密尔顿:《美国公司法》,齐东祥等译,法律出版社2008年版,第408页。

〔2〕 参见王丹:《公司派生诉讼论:理论基础与制度构造》,中国法制出版社2012年版,第251页。

〔3〕 参见美国法律研究院通过并颁布:《公司治理原则:分析与建议》(上卷),楼建波等译,法律出版社2006年版,第104页。

〔4〕 [美]罗伯特·W.汉密尔顿:《美国公司法》,齐东祥等译,法律出版社2008年版,第176页。

〔5〕 C. Hale, *What's Right with the Rule in Foss v. Harbottle*?, 2 Co. Fin. Insolvency L. Rev. 219, 225(1997).

薪酬委员会以及提名委员会，而股东派生诉讼中所涉及的委员会则是为了解决诉讼问题临时所设，这些委员会多由不隶属于管理层的外部董事构成。〔1〕同时在董事之中有内部董事和外部董事之分〔2〕，而外部董事中既不在公司任职也不与公司存在利害关系的作为独立董事，而越来越多公众公司建立了由多数独立董事构成的董事会。〔3〕独立董事在经济和个人关系等方面具有非常高的独立性，因此也非常适合担当监督公司管理层的责任，从而降低代理成本。独立董事能够比较客观公正地行使监督权力，处理公司管理层的利益冲突问题，而在美国独立董事的比例高达80%。〔4〕

总之，美国法中董事会的监督职能是其作为请求对象理论基础，而董事会的内部结构又为其适当性提供了现实可能。也正是因为请求对象与侵权者往往源于同一机关，所以在美国法上尤其关注董事会的独立性问题以及处理股东请求时的“结构性偏见”。

2. 以监事为主体的日本法经验

《日本商法典》中规定的请求对象是公司监事，〔5〕和美国法中集经营与监督职能于一体的董事会不同，日本公司在内部机构设置上行使监督职能的是监事〔6〕，而董事会则是专门负责公司经营的机构，由此监事也便成为派生诉讼中请求对象的最佳选择。

日本学者认为，虽然董事会能够基于选任与解任董事的权力来对董事进行监督，但是如果要求董事对于同为董事的他人作出行为评判，很可能出现互相不评判的倾向。而作为业务监督机构，监事会中的成员包含两类：一是不从事其他专职工作而在公司业务时间专职履行监事职责的常任监事；二是未曾担任过公

〔1〕 参见[美]罗伯特·W. 汉密尔顿：《美国公司法》，齐东祥等译，法律出版社2008年版，第239页。

〔2〕 划分的标准是是否在公司任职，在公司任职的董事为内部董事，不在公司任职的董事为外部董事。

〔3〕 参见苗壮：《美国公司法》，法律出版社2007年版，第137页。

〔4〕 参见黄辉：《现代公司法比较研究——国际经验及对中国的启示》（第2版），清华大学出版社2020年版，第170页。

〔5〕 参见《日本商法典》第267条规定，“股东如欲起诉，必须先以书面形式请求公司提起追究公司董事的诉讼，通常由监事作为公司代表起诉董事”。黄来纪、[日]布井千博：《中日公司法比较研究》，上海社会科学院出版社2004年版，第158页。

〔6〕 在日本《公司法》中，无论是设置监事会还是监事的公司，即使存在多名监事，每一个监事也能够独立行使监督权，更加强调监事个体职权的行使。参见[日]神田秀树：《公司法的理念》，朱大明译，法律出版社2013年版，第84页。

司或者子公司的董事、会计、执行官、雇员的监事，即外部监事，这类人员应当占监事会的半数以上。[1]"监事可以随时要求董事、经理等报告业务经营情况，或调查公司的业务财产状况。"[2]和董事会对董事执业时的内部监督不同，日本法上监事会的监督职责是相对比较独立的，其从保护公司以及全体股东的利益出发，具有比较客观独立的立场。[3]监事不仅能够对董事行为的合法性进行监督，也能够对其适当性与合理性进行审查。可见，在日本《公司法》中，监事会不仅是经营事务的监督机构，而且在其人员构成上也充分考虑了利害关系的因素，以便达到有效的监督效果。

（三）反思：来自中国司法实践的基本经验

如前文所述，请求对象的设置必须要考虑到被诉者与请求对象之间的关系，以保证其有可能真正代表公司并从公司整体利益出发作出公正的决定。那么，目前公司法规定的交叉请求制是否真的像立法者构想的那样完美无缺，可以实现请求对象与被告之间的有效隔离？在实践中又是否被有效遵守？又是否能够涵盖各类情况的发生？在无法涵盖时，前置程序是否还能继续发挥效用？这些问题都是前文理论预设与比较法经验无法回答的，需要再次回到中国本土实践中去找寻答案。

1. 派生诉讼案件中被告身份的非单一性

被告的来源，见表5-1。

表5-1　被告的来源

被告的来源	案件数量/件	占比/%
仅为公司内部人	78	76.5
仅为公司外部人	17	16.7
公司内部以及外部人	7	6.7

被告的身份，见表5-2。

---

〔1〕　参见[日]落合诚一：《公司法概论》，吴婷等译，法律出版社2011年版，第122~125页。

〔2〕　刘敏编著：《实践中的商法：司法解释解读·典型案例分析·商事审判专论》，北京大学出版社2011年版，第493页。

〔3〕　参见吴建斌：《现代日本商法研究》，人民出版社2003年版，第430页。

表 5－2　被告的身份

被告的身份	被告数量/个	占比/%
仅为公司股东	41	22.7
董事兼公司股东	10	5.5
监事兼公司股东	5	2.8
执行董事、董事长、经理①兼公司股东	52	28.7
仅为董事	23	12.7
仅为监事	7	3.9
仅为执行董事、董事长或经理	43	23.7
总计	181	100.0

注:本章仅对被告为公司内部人的案件进行了被告身份的分类整理。

①在裁判样本中,有些文书并未表明被告的具体身份,而是使用“法定代表人”的称谓,而根据我国《公司法》第 13 条的规定“公司法定代表人依照公司章程的规定,由董事长、执行董事或者经理担任,并依法登记。公司法定代表人变更,应当办理变更登记”,因此在统计时将“法定代表人”归为“执行董事、董事长或经理”一项。

在派生诉讼的案件中,侵权人主要来自公司内部,而在既有公司内部侵权人又存在公司外部侵权人时,其实质也就是公司内部人的相关行为导致公司利益受损。在公司内部人中,执行董事、董事长或者经理所占比例又最大,如将具有股东身份的被告也纳入计算,数量达 95 个,所占整个样本比例高达 52.4%,而具有董事身份的被告数量也达 33 个,占比 18.2%,这也就意味着被告来自董事会的数量共 128 个,占比 70.6%。这是因为公司执行董事、董事长、经理或者董事事实上掌管公司的具体经营事务,更容易利用公司为自己牟取利益或者侵害公司利益。“被股东委以经营重任的经营者有可能恶意利用其广泛的职权,作出有违股东利益(全体股东的长期利益)的经营决策(股东和经营者之间的委托代理问题)。”〔1〕在被告为公司内部人时,和公司董事相比,公司监事成为被告的情况并不算多,仅有 12 个,占比 6.6%。股东派生诉讼案件还是以公司董事为主。

股东派生诉讼原本是为了追究董事、监事以及管理层的责任,在我国台湾地区就规定股东代表诉讼的被告仅为董事,而在美国,任何危害公司利益者都可以成为被告〔2〕。根据我国《公司法》第 151 条的规定,除此之外的“他人”也能够成

〔1〕［日］落合诚一,前揭书,第 93 页。

〔2〕参见李建伟,前揭书,第 372 页。

为被告，“他人”在逻辑上指除董事、监事、高级管理人员以外的，对公司利益造成损失的人，而在实践中，当被告身份仅为股东之时，如追究其对公司的出资责任，法院则倾向于将其认定为我国《公司法》第151条中的“他人”，认为其可以成为适格被告。而在被告仅为公司外部人的情况下，被告多为与公司签订合同的相对人。

对于外部侵权人，探讨公司内部哪个机构来作为请求对象，似乎没有太大意义。但是派生诉讼的被告更多的是来自公司内部，统计中被告具有董事身份的高达73.4%，被告具有股东身份也达到了50.0%以上。由此，如果将请求对象设置为董事会或者股东会，其中立性和公正性值得怀疑。

2. 原告履行前置程序时具体请求对象的混乱

原告履行前置程序的具体请求对象情况如表5-3所示。

表5-3　原告股东履行前置程序的具体请求对象

被告身份①	请求对象	案件数量/件	占比/%
主要为董事②	监事会或监事	29	47.5
	董事会	3	4.9
	清算组	2	3.3
主要为监事	监事会或监事	1	1.6
既有董事又有监事	监事会或监事	1	1.6
主要为股东	公司③	4	6.6
	监事会或监事	5	8.2
	董事会	3	4.9
	清算组	1	1.6
主要为公司外部人	董事会以及监事会或监事	3	4.9
	公司	6	9.8
	监事	3	4.9

注：①统计时，以被告的主要身份为划分标准，被告既是董事又是股东时，将其归为董事；被告既有公司内部人又有公司外部人时，按照公司内部人的具体身份进行划分统计。

②包括执行董事、董事长以及经理。

③裁判文书中，并未表明具体的请求对象，而是采用了“公司”的用语，因此本章在统计时也采用了这一用语，将请求对象为“公司”的单独划为一类。

这一部分的统计基础为裁判文书样本中已经履行前置程序的案件，共61件。通过对前置程序的请求对象进行统计，一方面可以反映出原告股东的选择倾向,另一方面也反映了法院对于股东履行前置程序的态度。依照我国《公司法》第151条的规定,当被告为董事或者其他高管时,应当以监事会或监事为请求对象,而当监事为被告时,应以董事会为请求对象,但对于被告为“他人”时,法条并未明确。但实践中的情况并非如此,根据表5-3,被告主要为董事时,监事为请求对象的案件数量为29件,占比47.5%,但是以董事会为请求对象的案件只有3件。也就是说,即使被告中有公司董事,在原告向公司董事会请求后,法院也认定原告已经履行了法定书面请求义务。不仅如此,当被告为监事时,原告股东向监事会提起诉讼请求也最终被法院认可。这意味着,在案件的实际审理中,只要向公司的机关、董事会或者监事会递交了书面申请,法院都倾向于认定原告股东履行了前置程序,即使是在前置程序的履行未按照公司法上的规定严格进行的情况下亦是如此。当请求对象为被告所属的机构时,或者就是被告本身时,此时原告股东履行前置程序变得毫无意义,一方面请求对象往往会作出不予起诉的决定或者怠于起诉,另一方面难以有效保障公司的真正独立意思。从这个意义上来说,前置程序在实践中并未真正发挥其限制诉讼的效用,[1]存在明显的形式化特征。

当被告为股东或者公司外部人时,也就是我国《公司法》第151条中的“他人”,无论原告股东向董事会还是监事会,在实践中都能够被认为已经履行了前置程序。统计数据显示,大多数是将监事会或监事作为请求对象,案件数量为42件,占比68.9%。

3. 对现行交叉请求制的质疑

我国《公司法》第151条规定的交叉请求机制,看似设计完美,但在实践中并未促进前置程序发挥其应有的效用。

其一,请求对象设置混乱是导致前置程序形式化的原因之一。正如实证统计显示,派生诉讼中被告身份会时常重合,在股东人数较少的有限公司中,被告往往既是股东也是董事,或者既是股东也是监事;一个案件中往往具有多个被告,被告中很有可能既有来自公司内部的股东或者董事,又有来自外部的。在这些情形下,原本意在隔离利害关系的交叉请求制就彻底丧失意义。结果往往是,只要股东向董事会或者监事会中的任何一方完成了书面请求,法院就认定为前置程序已经履行了。如此一来,前置程序沦为一个纯形式的程序性义务而已。

---

〔1〕 参见李建伟,前揭书,第373页。

其二，监事侵权时，将董事会设为请求对象欠缺合理性。当公司监事被起诉时，事由往往有二：一是单纯的监管不力或不当，对于董事损害公司利益的行为没有起到监督作用；二是监事本身实施被诉行为，监事非旦没有起到应有的监督作用，反而实施了损害公司利益的行为（单独实施或与被监督者共同实施）。[1]而根据统计数据尚未发现被告仅为监事的案例，监事往往是与董事一同作为被告，或者具有其他身份。这也就意味着在监事涉案的派生诉讼中往往有董事的参与，而此时如果股东将请求递交给董事会，得到的回复往往是否定的。无论是监督失职还是监事直接参与被诉行为，董事都很有可能是被诉行为的重要参与者，此时再要求董事会这样一个"被监督者"追究"监督者"的责任，显然无法真正从公司角度出发作出公正决定。此外，在我国目前监事会功能还有待加强的公司治理环境下，将起诉监事的权力交由董事会，那么无疑会进一步限制监事会的监督职能。

其三，当被告既有董事，又有监事时，原告股东的请求对象为哪一方并不明确。我国《公司法》规定的交叉请求制无法有效应对此种情形。而前述实证统计显示，在有限公司中，股东往往兼任董事或者监事，而更为重要的是，在规模较小的公司当中，被诉行为涉及董事和监事两方并不少见。在这些情况下，交叉请求制失去了价值。结果往往是，法院为了更好地保护中小股东的权益，在法律没有明确规定的情况下，以一种更加宽容的心态来对待原告股东的起诉，只要向任何一方请求，前置程序的履行即被视为完成，难免也会导致前置程序的形式化。

（四）回应：前置程序中请求对象的归一化处理

1. 将交叉请求制简化为以监事会为请求对象

考虑到交叉请求制非但没有带来预期的效果，反而造成了请求的混乱，请求主体单一化具有现实必要性。再结合我国实际情况，将请求主体简化为监事会更为妥当。

虽然董事会最为了解公司的经营管理事务，但是如果将其作为请求对象在我国存在明显不妥。前述统计显示，被告大多来自公司董事会内部，而有限责任公司董事会的规模往往较小，董事之间的利益关系较为复杂，此时期望董事会作出公正的决定并不现实。此外，"根据我国法律，公司法定代表人在诉讼中代表公司，因此，若法定代表人拒绝执行董事会决议，公司的损失也很可能难以得到

[1] 参见沈贵明，前揭书，第63页。

救济。"[1]而美国则不然，其派生诉讼中近八成为公众公司，封闭公司仅占有很小的一部分，而在涉及封闭公司的案件中只有三成的案件被肯定。[2] 同时这些公众公司中，董事会往往能够实现对董事的有效控制和监督。反观我国，虽然在上市公司中引入了独立董事制度[3]，但是该制度的功能发挥却有待考察。因此，将董事会作为请求对象事实上难以满足独立性要求。

监事会（或执行监事）是我国公司法中专门行使监督职权的机关，这项职权使他们能够从公司权益的角度出发要求公司管理者停止侵权、纠正行为，同时也能够以公司的名义提起诉讼。[4] 根据2005年《公司法》，监事会的组成强化了监事会的独立性；规定了监事会的会议召开与记录问题，完善了议事方式与表决程序；在公司与董事、经理之间的诉讼中，监事会或者监事有代表公司的权力；监事会也可以代表公司聘请相关的专业机构，以便更好地履行职责。[5]

将请求对象设为监事会的优势在于：监事会作为法定监督机关，与董事（主要被诉对象）存在一定距离，具有作出公正处理的可能性，以及对被诉行为作出调查的实际能力，更深层次的原因是在股权高度集中的现实环境中，监事会比董事会更适合判断起诉是否符合公司利益。

虽然有学者指出，我国公司中的监事会在实践中发挥的作用有限[6]，但是现实是，监事会是我国现有公司治理结构中唯一能够对董事行为进行恰当监督

---

〔1〕 李小宁：《公司法视角下的股东代表诉讼》，法律出版社2009年版，第290页。

〔2〕 根据美国学者Thompson和Thomas针对特拉华州1999年以及2000年的股东派生诉讼研究，在137个案件中，公众公司有108个，封闭公司有26个，并且他们认为在特拉华州派生诉讼对于封闭公司在公司治理方面所起的作用十分微弱。See Robert B. Thompson & Randall S. Thomas, *The Public and Private Faces of Derivative Law Suits*, 57 Vand. L. Rev. 1762－1767(2004).

〔3〕 根据《关于在上市公司建立独立董事的指导意见》，"各境内上市公司应当按照本指导意见的要求修改公司章程，聘任适当人员担任独立董事，其中至少包括一名会计专业人士（会计专业人士是指具有高级职称或注册会计师资格的人士）。在二零零二年六月三十日前，董事会成员中应当至少包括2名独立董事；在二零零三年六月三十日前，上市公司董事会成员中应当至少包括三分之一独立董事"。

〔4〕 参见胡滨、曹顺明，前揭书，第102页。

〔5〕 参见赵旭东主编：《公司法学》（第4版），高等教育出版社2015年版，第302页。

〔6〕 有学者指出："《公司法》首次将监事会确立为法定常设监督机关，但其固有的制度缺陷导致实践中监督功能的失效。其一，数据调查显示，大约3/4的上市公司监事会成员均来自控股股东，难以期待其代表中小股东利益；其二，监事会的主要职责是财务监督和业务监督，二者均须具备较高的专业素养，而我国目前监事会成员大多难以胜任；其三，监事会并不过问董事及高管的聘任及薪酬，无法在关键领域发挥监督作用。"王保树：《上市公司独立董事制度的若干问题研究》，载徐明：《上市公司独立董事制度理论和实证研究》，北京大学出版社2007年版；傅穹、曹理：《公司治理模式：全球一体化与中国本土化的相互渗透》，载《国家检察官学院学报》2012年第1期。

的机关。如果将起诉的决定权赋予董事会，很可能导致董事会以此来制衡监事会，并进一步削弱监事会的职能。[1] 至于监事会职能的发挥问题，则可以通过"强化监事会的专业化与扩充其职能"[2]来解决，同时将起诉与否的决定权以及代表公司起诉被诉董事的权力交予监事会本身也能起到强化监事会的监督职能的效果。

2. 仍待解决的现实问题

在肯定请求对象简化为监事会方案的同时，也有必要针对现实问题切实增强其可操作性，尤其在监事会职能弱化的中国法实践中。监事会如何才能对关涉公司经营业务的事项作出更加合理有效的处理，以及如何才能突破董事会的压制进而充分发挥自己的监督职能，都是需要解决的现实问题。

首先，监事会的监督职能需要进一步强化。监事会监督职能的强化，本质上就是加强监事的独立性。当然独立性应是相对的，完全绝对的独立反会使监事会沦为摆设。我国《公司法》关于监事会职权的规定并不完善，用词也较为含糊，如第54条规定监事"可以列席董事会会议""发现公司经营情况异常，可以进行调查"，"可以"二字该如何理解？如果将该项权利规定为监事所必须履行的义务，是否能更好督促监事行使职权。此外需要不断思考和解决以下问题，即如何在合法性评价之外，引入对董事行为的合理性评价，以及如何加强个体监事相对于监事会的独立性。

其次，提高监事对公司经营业务的参与度。若监事的个人素质普遍不高，就很难对公司业务上事情进行处理。[3] 而派生诉讼中前置程序的特殊性就在于起诉之前让公司对内部的经营事务作出处理。要保证监事会处理股东起诉要求的科学性与合理性，监事也就必须能够以监督者的身份参与公司的具体业务之中。一方面可以提高监事的任职资格，另一方面要加强监事个人的专业素养，可以要求监事具有经营或者与公司所在行业的专业知识，如此监事才能更好地行使自己的监督职能，加强对董事行为的监督，增强对于是否起诉被诉行为的判断

---

〔1〕 参见陈群峰：《试论我国股东派生诉讼前置程序规则的完善》，载《人民司法》2013年第9期。

〔2〕 龙卫球、李清池：《公司内部治理机制的改进："董事会—监事会"二元结构模式的调整》，载《比较法研究》2005年第6期。

〔3〕 参见王彦明、赵大伟：《论中国上市公司监事会制度的改革》，载《社会科学研究》2016年第1期。

能力。[1]

最后,有效预防股东通过起诉全部监事来规避前置程序。如果股东在草拟起诉书之时,将所有监事全部起诉,那么在法定请求对象仅为监事会时,就不存在适格的请求对象,而股东履行前置程序的义务就会被轻易规避了。对此,法院可以通过诉前对起诉材料的审查来确定适格的被告,使那些没有初步证据证明涉案的监事免于被诉。只有确实所有监事均涉案或者只存在一名执行监事而该监事涉案,原告股东的请求义务才能够被豁免。

四、前置程序中的公司意思表达

前置程序的设置目的之一是尊重公司自治,在股东起诉之前能够竭尽公司内部的救济,尽可能地寻求公司内部的处理与解决,以避免不当干预。由此,公司起诉与否的意思表达,不仅关乎股东权利的保护,还涉及法院对于公司意思的处理。

(一)公司对于股东提起诉讼请求的处理

1. 公司的意思需要被程序化地表达

如前文所述,前置程序设置的最重要目的就是给予公司意思表达并作出决定的机会。"如果有可能的话,股东应当设法先让公司自身来主张这一请求权。"[2]那么公司的意思具有哪些表现形式呢?公司意思与股东诉求的冲突如何协调?公司意思怎样才可能得到尊重?

其一,公司在收到请求之后,有可能作出多种情况的处理,并不具有一致化的趋向。公司在股东请求起诉之后,可能作出如下几种反应:(1)决定自己起诉,如在北京艺进娱辉科技投资股份有限公司监事会王鑫等损害公司权益案中,公司就通过召开监事会作出了起诉决定,此时公司就成了诉讼的原告,而诉讼的性质也转变为直接诉讼;(2)决定不起诉,此时公司有可能是由于受到董事等侵权人的控制拒绝提起诉讼,也有可能是"善意地认为诉讼不符合公司的最佳利益"[3];(3)未作出任何表示,而在我国现有的规定下,此种情况在实践中发生

---

〔1〕 参见施天涛:《让监事会的腰杆硬起来——关于强化我国监事会制度功能的随想》,载《中国法律评论》2020年第3期。

〔2〕 蒋大兴:《公司法的观念与解释Ⅲ——裁判逻辑 & 规则再造》,法律出版社2009年版,第12页。

〔3〕 黄辉:《中国股东派生诉讼:理论分析与实践前景》,载王保树主编:《实践中的公司法》,社会科学文献出版社2008年版。

得最多。

其二,公司拒绝股东请求后,才能够真正意义上开启派生诉讼的审理程序。当公司作出合理的不起诉的决定之时,应当被适当性地认可。在司法实践中,派生诉讼多发生于股东人数较少的有限责任公司,股东起诉很有可能是出于对公司经营权或者控制权的剥夺,并不完全是为了公司整体利益。股东与公司毕竟是不同的法律主体,同样会出现利益不一致,而且在成本较大或者对董事等主体的责任追究公司获益不明显时,公司的不起诉决定应当得到尊重,股东的起诉并非完全符合公司利益。存在以下几种情况:(1)收益小于成本,或者说不足以偿还成本,尤其是在被告董事没有足够的资金来补偿公司损失时;(2)董事或者其他高管被诉,管理层的注意力被过度分散,不利于公司的持续运营;(3)公司的公众形象受到了负面影响,如商业信誉下降、客户关系出现中断、公司内部信息的被迫公开等;(4)核心职员可能因公司陷入诉讼而离职,致使公司的人力资源受损。〔1〕

其三,公司决定应当在充分调查研究的基础上审慎作出。考虑到侵权者一般来自公司内部,公司也是诉讼的最迫切关心者,有关经营管理者是否侵害公司权益的资料或者证据大多存在于公司当中,因此公司有能力也有立场针对股东提起诉讼的请求开展调查并进行处理。〔2〕 而调查研究的方式可以表现为询问相关当事人、阅读与被诉行为相关的文件资料以及对诉讼的成本和利益进行分析统计。只有建立在充分调查基础上的公司决定,才能够真正地体现出公司对于诉讼开启与否的态度,才能够真正地做到以公司利益为核心,进而才有可能在案件的审理中产生针对原告股东主张的抗辩效果。从股东方面来说,如果公司的不起诉决定理由翔实而充分,那么理性的股东很有可能放弃诉讼。从这个意义上来说,公司决定的作出也能够有效地过滤与筛选不当诉讼。

2. 公司表达意思的手段:作出起诉与否的决定

根据域外法经验,公司作出起诉与否的决定,并不是随意或者直接漠视的,而应经过调查取证、认真研究,类似规定在形式与程序上保证了公司意思表达的适当性与代表性。其中典型的例子如美国法上由独立董事所构成的特别诉讼委员会的调查制度与日本法上不起诉理由书的规定。

---

〔1〕 参见樊云慧,前揭书,第121~122页。

〔2〕 参见周剑龙:《日本公司法制现代化中的股东代表诉讼制度》,载《南京大学学报(哲学·人文科学·社会科学版)》2006年第3期。

(1)特别诉讼委员会的调查决定。如果董事会中的多数成员均参与了被诉行为,而此时股东再向董事会发出请求,就很难令人相信董事会会对股东的请求作出公正而合理的决定,前置程序中"竭尽内部救济"的目的也就无法实现。[1]因此,通过实践的发展,当股东向董事会请求提起诉讼之时,对股东请求的审查以及是否提起诉讼的决定作出,实质上由董事会中的"特别诉讼委员会"负责。所谓特别诉讼委员会,是在董事会收到股东的派生诉讼请求之后,指定与将要受到控诉的不适行为无利害关系的董事组成一个特别委员会,对于股东提出质询的有关董事的不适行为作出调查,并就调查的结果作出为了公司最大利益而不批准该诉讼的决议。[2] 特别诉讼委员会的设置是为了调和股东宣称有据起诉的请求以及公司希望摆脱无意义的诉讼以及浪费不必要的诉讼资源、时间、成本的需求之间的矛盾。[3]

特别诉讼委员会通常由非被告董事构成,以保持委员会的外部完美性以及整体性,其职权主要体现在:①针对股东提出的请求作出针对性的调查;②对于诉讼是否作出符合公司最佳利益的独立判断;③将调查的结果制作成书面文件,并记载作出判断的理由以及依据。[4] 特别诉讼委员会通常会在收到请求之后召集证人、检查书面证据、发布详细报告[5],进而作出是否起诉的决定。

公司的意思在这里由获得董事会授权的特别诉讼委员会作出。从委员会的人员选择到委员的具体职权设置都反映了公司意思需要被表达的思想,也正是因为人员的相对独立性以及调查的充分性,才使特别诉讼委员会具有代表公司表达是否起诉意思的正当性。同时,这也是法院愿意相信特别诉讼委员会决定的基础,美国《示范公司法》中规定如果公司"在进行合理调查后善意地认为继续该派生诉讼程序不能实现公司最大利益,法院可以按照公司的申请不予受

---

[1] 参见蔡元庆:《股东代表诉讼中公司的地位和作用——以美国特别诉讼委员会制度为中心》,载《中外法学》2006 年第 4 期。

[2] 张民安:《公司少数股东的法律保护》,载梁慧星主编:《民商法论丛》第 9 卷,法律出版社 1998 年版。

[3] See Lewis & Donald B., *In Restrained Praise of the Derivative Suit*, 12 Litigation 3 (1985 - 1986).

[4] See Dent & George W. Jr., *Power of Directors to Terminate Shareholder Litigation: The Death of the Derivative Suit*, 75 Nw. U. L. Rev. 109 (1980 - 1981).

[5] See Steinberg & Marc I., *Use of Special Litigation Committees to Terminate Shareholder Derivative Suits*, 35 U. Miami L. Rev. 2 (1980 - 1981).

理”。[1]

这项制度在美国得到大范围的运用与尊重的原因主要有二:其一,董事会中独立董事的存在以及特别诉讼委员会的结构,在人员方面能够一定程度上实现中立性;其二,美国法实践中对于公司内部经营判断的尊重,要求竭力把法院挡在公司内部事务的门外,这是派生诉讼中前置程序的一个非常重要的功能。如果公司的经营决策符合一般商业判断规则,而且董事也尽了勤勉忠实职责,法院也不会轻易插手公司的内部事宜。[2]

(2)不起诉理由书的制作与通知。在最新修改的日本《公司法》中,原有不规定公司通知义务的做法被摒弃,同时新增不起诉理由书的规定。日本《公司法》第847条之三规定:“自依第1款规定请求之日起的60日内,股份有限公司未提起特别责任追究之诉的,收到提出该请求的最终全资母公司等的股东或成为有关该请求的特别责任追究之诉被告的发起人等提出的请求时,须及时以书面形式或法务省令规定的其他方法,向提出该请求的人通知未提起特别责任追究之诉的理由。”[3]在日本《公司法》实践中,如果股东欲提起针对董事或者其他管理层的派生诉讼,那么公司监事应当对股东的请求进行处理与判断,若最终作出了不予起诉的决定,那么监事需要制作不起诉理由书,并将该理由书交由原告股东与董事。股东在收到该理由书之后,再进一步考虑是否继续提起派生诉讼。[4] 公司接到股东的请求之后,监事作出判断的期限为60日,被诉人以及公司必须在此期限内利用解除制度,[5]提供证明不合法解除的相关证据资料,根据请求回复具体不起诉的理由。[6] 也就是说,在这次修改中,监事会具有将决定通知股东以及董事的义务,拒绝的决定不再是任意的,而是成为一种法律上的强制义务,并且股东和董事具有知悉监事会作出决定的理由和事实依据的权利。同时,不起诉理由书的制作,需要公司内部具有良好的管理规范与监督秩序,借此才能够比较快速地、合理地对股东请求作出处理。

---

〔1〕 沈四宝编译:《最新美国标准公司法》,法律出版社2006年版,第85页。

〔2〕 参见陈群峰,前揭书,第103页。

〔3〕 吴建斌编译:《日本公司法:附经典案例》,法律出版社2017年版,第450页。

〔4〕 参见徐浩:《日本公司监事制度的演变及启示》,载《日本研究》2011年第1期。

〔5〕 解除制度是指“当追究责任的诉讼是为了该股东或第三者的不正当利益,或以损害公司利益为目的时,则该股东不得提起诉讼”。平力群:《交易成本与公司治理——以日本股东代表诉讼制度改革为中心》,载《南开日本研究》2013年第1期。

〔6〕 参见平力群,前揭书,第239页。

理由书上记载的事项也被法律以条文的形式确定下来，主要包括：(1)公司进行调查所采用的具体方法，其中包含判断所依据的事实资料；(2)被诉者是否具有责任的判断；(3)如果决定不起诉，不起诉的具体理由。[1] 记载事项的特定化与具体化，能够促使监事会为了作出判断以及使不起诉理由书更加具有说服力，进而积极地进行调查研究，监事会的不起诉决定也不再仅仅具有形式化的意义。

"不起诉理由书制度的宗旨在于'在提出先诉请求的股东等主体要求后，股份公司就相关事件的调查结果以及最终作出不起诉决定的判断过程进行公开，从而防止职员间相互串通阻碍起诉的情形；同时，也可以为股东代表诉讼的顺利进行收集必要的诉讼资料'。"[2]

3. 司法实践中公司意思表达的缺位

(1)公司收到股东请求后的处理(如表5－4所示)

表5－4　公司收到请求后的处理情况

公司的处理	案件数量/件	占比/%
接到通知未作为	49	80.3
拒绝起诉未说明理由	8	13.1
拒绝起诉并说明理由	3	4.9
决定起诉	1	1.6

如表5－4所示，接到股东请求后，80.3%的公司没有作出任何积极行为，如召开董事会、监事会或者实际进行调查等；明确回复股东请求的公司仅12个，且多数只是表明不起诉，并未说明不起诉的理由。这充分表明在前置程序中公司的作用非常有限，通常并未对原告股东的请求进行处理，公司是否起诉的意思并不能完全展现，即使公司拒绝起诉并说明理由，法院在审理中也并不予以认可。

仅有3个公司在拒绝起诉时说明了理由，理由的说明却十分简略。例如，在安徽甲置地有限公司与徐继刚等借款合同纠纷上诉案中，监事表示："难以履行监事职权，不会提起诉讼"[3]；又如，"基于公司当时的状况及用章的审批程序，

---

[1] 参见[日]高桥均：《股东代表诉讼的理论与制度改进》，梁爽等译，法律出版社2013年版，第86页。

[2] [日]高桥均，前揭书，第86～87页。

[3] 江苏省高级人民法院民事判决书，(2012)苏商终字第0166号。

公司无法根据股东的要求提起诉讼，向通和置业、富沃公司和广夏创业追索公司的巨额应收债权”[1]。而在香港艺传国际有限公司与四川广播电视台合作合同纠纷上诉案中，公司给原告股东的回复较为详细，即“贵公司来函所描述的相关事实与实际情况严重不符。贵公司代位提起诉讼不符合我国法律的相关规定，如贵公司坚持起诉，由此带来的一切后果由贵公司自行承担”[2]。但是该案中公司的回复在审理中只作为证明原告股东已经履行了前置程序的证据使用，法院并未对公司作出该决定的原因和内容进行审查，案件的审理结果为原告股东因证据不足而败诉。

在全部样本裁判中，仅有1个公司在收到股东请求后作出了起诉决定，在北京艺进娱辉科技投资股份有限公司监事会王鑫等损害公司权益案中，公司通过召开监事会决定对侵权人提起诉讼，一审法院以公司监事会不能成为股东派生诉讼的原告为由裁定驳回起诉，而二审法院则认为监事会能够代表公司提起派生诉讼，撤销了一审裁定[3]。

同时，公司收到诉讼请求后，意思表达得并不明显，在西安点石投资管理有限公司、西安天元房地产开发有限责任公司与西安交大博通资讯股份有限公司、西安交通大学城市学院、西安交通大学损害公司利益责任纠纷案中，涉诉公司未设监事会，仅设监事一名，而原告股东向公司监事发出书面请求后，监事明确表示不起诉，并在请求书上注明“本人拒绝起诉”，而法院也因此认定了原告股东已经履行了前置程序。[4]

(2)未规定公司的通知义务所带来的问题

前文实证研究表明，面对诉讼请求，多数公司并未积极地作出决定，而是直接漠视不理，但在股东提起诉讼后，多半公司在案件审理中却提出抗辩，表明自己不同于原告股东的诉讼立场[5]。公司明确拒绝的决定也往往是随意作出的、不加调查的，最多也只是通过召开监事会或者董事会进行表决。公司作出决定

[1] 最高人民法院民事调解书，(2008)民二终字第123号。

[2] 最高人民法院民事判决书，(2011)民四终字第15号。

[3] 参见北京市第一中级人民法院民事裁定书，(2009)一中民终字第14727号。

[4] 参见最高人民法院民事裁定书，(2012)民二终字第95号。

[5] 根据对统计裁判的分析，司法实践中存在公司实际并不到庭参加诉讼的情形，在这种情形下被告多为公司的法定代表人或者实际控制人，同时也存在公司虽到庭但是并未明确表明自己的立场。而在公司清楚地表明自己立场的裁判中，公司多半是支持被告，或者同意被告的抗辩理由和质证意见。参见何廷财：《公司在股东派生诉讼中的法律地位构建——基于我国经济实践和司法裁判的双重分析》，华东政法大学2013年硕士学位论文，第28～30页。

的流程以及公司对股东和董事的通知义务的立法缺失,严重影响了前置程序的价值。

其一,对于公司来说,意思无法真正表达。一方面,即使公司作出的决定是基于翔实的调查和认真的判断,这样的决定也无法在审理中被法官采纳。另一方面,缺乏对公司决定效力以及通知义务的规定,加剧了公司对这一程序的漠视,法院对公司决定不予考虑和不重视也就在情理之中,这些决定本身也缺乏信服力。

其二,对于股东来说,履行前置程序更像是基于法律规定而必须为之的一个流程。股东并不十分关心公司的调查以及是否能够真正合理地解决内部纠纷,其看重的是董事、高级管理人员的责任是否能被追究,从而确保自己的合法权益。这也是由派生诉讼的诉讼结果并不直接归属于原告股东决定的。

4. 不起诉理由书制度的借鉴与运用

(1)引入不起诉理由书的现实考量。前置程序除了提供给公司一定的思考时间,更是使公司通过调查等活动作出公正决定并有时间为应诉作出充足的准备,这期间的调查应当被充分重视。[1] 不起诉理由书的引入可以赋予前置程序更多实在价值。

对于股东来说,有权请求公司将起诉与否的理由公开,并且有权听取公司的解释,便于收集证据并决定下一步行动。[2] 而对于公司来说,同样也是受益的,既可以就此开展针对被诉行为的调查,也可以帮助强化自身的监督体系。[3]

在司法实务中,前置程序通常因为法院的漠视而被彻底地形式化。目前司法实践中公司意思表达缺位,法院也根本不关心公司内部是如何对待以及如何处理原告股东的起诉请求的。在案件受理时,法院往往只在乎前置程序这一法定程序有没有被履行。

不起诉理由书能够有效解决前置程序形式化的问题。[4] 通过立法规定将公司内部处理加以强化,不仅能够将公司内部意思以一定载体表现出来,也能够以一种较为强势的方式督促公司内部去履行这样的一个义务。另外,也只有经

---

〔1〕 参见[日]高桥均,前揭书,第 85 页。

〔2〕 参见张杨:《股东代表诉讼不起诉理由书制度对监事行为的形塑》,载《中国政法大学学报》2020 年第 5 期。

〔3〕 参见周剑龙,前揭书,第 46 页。

〔4〕 参见朱大明、孙慧:《论我国股东代表诉讼前置程序的完善——以不起诉理由书制度为中心》,载《证券法苑》2019 年第 26 卷。

过认真调查、审慎决定，出具的不起诉理由书才具有被法院考量的价值，反过来，在后续审判中法院对于这样一份不起诉理由书的尊重也是监事会积极形成不起诉理由书的动力。不起诉理由书的采纳对于强化公司意志的表达、使公司决定得到法院尊重、充分发挥股东派生诉讼的功能具有重要的理论价值和现实意义。

（2）不起诉理由书的具体适用。美国的特别诉讼委员会制度目前在我国还不具有坚实的构建基础，在其他配套措施（如独立董事制度）还不够完备的情况下，强行引入该制度也会略显突兀。除此之外，特别诉讼委员会在某种程度上承担着对于董事的监督职能，也面临着与我国现有的监事、独立董事制度如何协调的问题。相比之下，我国公司的监督制度与日本更具相似性，引入不起诉理由书制度，也能够在最少的变革成本下完善派生诉讼的前置程序，从而改变司法实践中公司过于消极作出决定以及公司决定被法院忽视的局面。

首先，将制作不起诉理由书规定为法定义务。当公司决定不起诉时，应当制作不起诉理由书，并交由原告股东。同时理由书记载应当具备一定的形式，可以将监事的具体意见、调查活动的开展、作出判断的具体理由等规定为必要记载事项。如果监事会或监事收到通知之后，未在规定期间内制作理由书，将有可能被追究法律责任，避免公司方消极处理。

其次，理由书的制作应当建立在调查的基础之上。如果监事未作出调查就径直作出是否起诉的决定，那么不起诉理由书上便不会具有任何实质的内容。只有在充分调查之后，监事作出的决定才能够具有说服性。这一点也和我国公司法中规定的监事职权能够契合。[1]

最后，关于调查独立性的问题，该问题也引起了日本学者的关注。“具体而言就是委托中立的第三人，如律师、执业会计师、学者等专家，进行具体的调查活动，监事作出的调查结果也必须经过上诉中立第三人的评估。”[2]需要指出的是，即使调查活动是由第三方具体开展的，具体的意见以及判断仍应当由监事作出，在不设监事会的公司由监事作出，在设立监事会的公司则需要召开监事会进行表决。监事会的监督职能并不会因为外部调查机构的介入而被削弱。

（二）公司决定对于司法裁判的影响

如果公司基于调查，作出了不予起诉被诉行为人的决定。就必须面对以下

---

〔1〕 参见我国《公司法》第54条第2款，该款规定：“监事会、不设监事会的公司的监事发现公司经营情况异常，可以进行调查；必要时，可以聘请会计师事务所等协助其工作，费用由公司承担。”

〔2〕 ［日］高桥均，前揭书，第88页。

问题:法院对公司决定的态度和处理方式,即公司决定的效力问题。是否起诉的关键在于是否对公司真正有益,但完全交由公司来决定也并非合理,法院同样具有作出价值判断的中立性和能力。此外,关涉公司利益的问题以及是否追究被诉行为的责任问题在诉讼进行过程中也能够变得明朗起来。这也正是法院对于公司决定进行司法审查的正当性。

1. 公司的不起诉决定应当具有阻却诉讼的效果

根据我国《公司法》第 151 条的规定,即使公司不认同追究董事责任的要求,也不能有效地阻止股东向法院提起派生诉讼。[1] 但是,先诉请求的意义和价值绝不是仅停留在程序的完成,而是更具有实体抗辩的意义,以维护公司自治。所谓实体抗辩效果,通常表现为公司作出不起诉理由书能够阻却派生诉讼继续推进,即在诉讼开始之初,如果公司提出抗辩称已经经过调查作出不起诉决定,同时法院按照一定的标准审查认为该决定具有合理性,就应驳回原告的诉讼申请。

首先,股东的实体利益和诉讼权利均不会因为公司决定具有阻却诉讼的效果而受到损害。一方面,公司如果经过认真调查作出了不起诉决定,其决定基础应是维护公司利益,股东权益将间接受到保护。另一方面,“即便作出不起诉决定,一般情况下股东仍然可以继续诉讼,例外时公司不起诉的决定被认定具有合理性”,[2] 而且股东同样可就公司决定的形式或者内容向法院提出抗辩。作为中立与公正的审判者,法院对于双方当事人的利益平衡与公司利益的保护具有可信赖性。

其次,不起诉理由书的引入,一方面,使公司调查的进行和决定的通知成为一项法定义务,避免股东的先诉请求被公司无视;另一方面,监事会或者公司的决定有必要的资料和事实依据,公司决定有被尊重和采纳的正当性。

最后,赋予公司决定的阻却效果能够尽快地结束诉讼,提高派生诉讼的司法效率。公司也可以尽早地从所困诉讼中解脱,被诉董事、高级管理人员也可以尽早地回归管理经营公司的日常事务。

2. 美国法上司法审查的具体标准:商业判断规则在派生诉讼中的应用

不起诉是否符合公司利益并非在诉讼一开始就显而易见的,同时董事的责任是否成立很多情况下在诉讼结束前尚不清楚。因此,是否构成“不当诉讼”最

---

[1] 参见蔡元庆:《董事的经营责任研究》,法律出版社 2006 年版,第 314 ~318 页。

[2] Grimes v. Donald, 673A. 2d 1207, 1209(Del. 1996).

终需要法院认定,[1]即由法院来审查公司事前判断的正当性,而关键在于确定审查的具体标准以及在多大范围内接受公司决定。

在美国法上,不起诉决定由董事会作出,起诉与否取决于公司管理者对于适格请求的态度看法,同时会考虑整体成本计算以及胜诉概率等,从根本上来看,这是属于董事会内部商业判断的范畴[2]。相应地,法院能够多大程度上尊重公司决定取决于商业判断规则是否适用以及适用范围大小。

运用商业判断规则判断公司董事的商业决定是否应被法院尊重,包含了三个标准,一是董事人员的独立性,二是董事决定的合理性,三是该决定与公司利益的一致性。[3] 同时,和勤勉义务、忠实义务用来判断是否存在违反义务行为不同,作为一个司法审查标准,商业判断规则主要用来判断是否需要承担责任。[4] 在没有相反证据证明不符合商业判断规则的情况下,行为推定受到商业判断规则保护,而且在适用商业判断规则审查公司决定时也只针对程序而不涉及决定内容本身。然而,在判例法发展过程中,对于派生诉讼是否适用商业判断规则,法官表现出不同的观点与态度。

在 Auerbach v. Bennett 案[5]中,股东认为公司不当向外国政治者提供金钱帮助,并以此向法院提起派生诉讼,而经过调查之后诉讼委员会认为股东起诉不当,“诉讼违背了公司最佳利益”。法院持有的观点是:“诉讼委员会提出终止诉讼的请求是基于法律的、道德的、商业的、公共关系的抑或财政的等多方面因素的考量,法院对此进行审查并不适当。”本案明确了司法审查与商业判断规则之间的关系,即公司作出的不起诉决定受到商业判断规则的保护,法院只审查涉案公司诉讼委员会的独立性和调查的适当性,既不介入决定的结果也不介入作出决定的过程。[6]

---

[1] 参见[日]神田秀树:《公司法的理念》,朱大明译,法律出版社2013年版,第98~99页。

[2] 参见[美]罗伯特·C.克拉克:《公司法则》,胡平等译,工商出版社1999年版,第534页。

[3] 商业判断规则被表述为“高级主管或董事在作出一项商业判断时符合下述条件的,即履行了本节中规定的诚信义务(注意义务):(1)与该商业判断的有关事项没有利益关系;(2)所知悉的有关商业判断的事项的范围是高级主管或董事在当时情况下合理相信是恰当的;(3)理性地相信该商业判断是为公司最佳利益作出的”。美国法律研究院通过并颁布:《公司治理原则:分析与建议》(上卷),楼建波等译,法律出版社2006年版,第160页。

[4] 参见何尧德:《现代公司民事责任制度研究——以股东和经营管理者为重心》,法律出版社2011年版,第208页。

[5] Auerbach v. Bennett, 47 N.Y.2d 619, 393 N.E.2d 994, 419 N.Y.S.2d 290(1979).

[6] 参见[日]高桥均,前揭书,第140页。

但在之后的 Zapata Corp. v. Maldonado 案中，Zapata 的原告股东认为公司董事没按日期行使股票期权，以董事违反了忠实义务以及证券法律为由提起派生诉讼。为了避免利益冲突，Zapata 公司中的被告董事任命了由两名新的外部董事组成的诉讼委员会，该委员会最终作出不予起诉的决定。[1] 特拉华州最高法院舍弃了原来的诉讼委员会决定受到商业判断规则保护的做法，虽然公司有权通过特别诉讼委员会来终止派生诉讼，但是必须在特定条件下行使，即"两步准则"。"第一步，公司应当证明诉讼委员会的独立性、进行了善意而充分的调查以及决定的合理性；第二步，如果满足了第一步的证明要求，法院可以运用'自己的商业判断'来决定终止诉讼是否符合公司的最佳利益。"[2]

3. 中国司法实践的规则：以公司利益为核心

"一步走"还是"两步走"的区别在于法院审查界限的差异，是完全尊重董事自身的判断还是主张司法的介入。而在我国，是否在派生诉讼中应用"商业判断规则"，是否将法院判断排除在公司意志之外，是一个值得探索的问题。

由于目前公司的决定大多并非出于审慎的考量，我国司法实践中法院并未审查公司决定，但法官在派生诉讼案件审理中关注核心点也是"公司利益"，即法官以符合公司利益为出发点，运用自身理性代替公司作出商事判断或说是利益衡量。

有的被诉行为被认定为公司正常经营行为，在湖广商会株式会社诉姚仁均等董事损害公司利益纠纷案中，法官的观点为："被告姚仁均在签署房地产买卖合同等协议时，使用惠宁公司公章的行为符合通常商业做法，同样不存在违反公章使用规定的情形。"[3]

---

[1] See Zapata Corp. v. Maldonado, 430 A. 2d 779 (Del. 1981).

[2] Lucey & Laurel J., *Off the Bench and into the Boardroom: Judicial Business Judgment after Zapata*, 70 Geo. L. J. 1027 (1981 -1982).

[3] 上海市第一中级人民法院民事判决书，(2008) 沪一中民五(商) 初字第 181 号。该案主要案情为：原告湖广商会株式会社与被告劳防用品厂共同投资成立了宁惠公司，被告姚仁均担任公司的法定代表人、董事长及董事，宁惠公司于 2006 年 10 月 25 日获得购买奉贤区工业区 58 号土地使用权的指标，此时的宁惠公司已进入清算程序。当时，一方面，宁惠公司以其名义与相关土管部门签订国有土地使用权出让合同等协议；另一方面，由南桥镇农工商联合社实际支付土地出让金、包干费等费用，并通过签订房地产买卖合同的形式，向南桥镇农工商联合社转让购置奉贤区南工业区 58 号土地使用权的机会，被告姚仁均作为宁惠公司的法定代表人及董事长，负责并签署了相关的协议。原告认为，被告姚仁均在未经中外方股东开会明确操作方案的基础上，代表公司作出转让购买土地使用权机会的决定违反了董事的忠实和勤勉义务，损害了公司利益，并因此提出派生诉讼。法院经审理认为，被告的做法虽有不妥，但符合公司即将解散的实际情况，原告的主张不能获得支持。

也有的争议事项本身被认定为公司内部事宜，以维护公司自治，如“在转让过程中是否有低价出售给××公司和江苏××公司损害××集团利益的情形、是否通过价格差异等手段谋取私利给××集团和××造成损害，均属于××集团内部处置的问题”。[1] 某些情况下，法院甚至兼顾公司长期利益，如“万森公司作为独立的法人，依法享有经营自主权，其经营过程中，并非每项策略均能使公司获得利益，也有可能为了万森公司长远的利益，而作出暂时的让步”。[2]

即使有证据证明被诉行为，法官经过综合考量，为了维护公司利益也可能驳回原告诉讼请求，在张科与张晨公司实际控制人、高级管理人员损害公司利益赔偿纠纷案中，法官就作出驳回原告诉讼请求的裁定，认为：“本案的诉讼利益涉及两人之间对公司资产的掌控，在股权结构未明晰及新的股东未确定的情况下，如径行裁处，不能排除有可能对新股东或公司利益的损害。而且，从鼎域公司目前状况上看，公司已停滞经营，亦不属于不立即提起诉讼将会使公司利益受到难以弥补的紧急情况。”[3]

上海市高级人民法院指出，派生诉讼案件的审理应当综合考量各种因素并以公司利益为核心审理要点，不仅强调了审理时注意公司整体所受到的实际损害，也应当关注被诉人的行为是否严重违背了公司法的精神，以及被诉行为与损

[1] 上海市浦东新区人民法院民事判决书，（2009）浦民二（商）初字第8162号。该案的主要案情为：原告与十名自然人被告于2006年共同出资成立了××集团，后原告因职务侵占罪被判入狱，十名被告股东在此期间未通知原告召开股东大会，通过了设立集团全资子公司并将原告的股权转让给××公司和江苏××公司的决议，并在之后签订了股权转让协议，完成了股权转让。原告认为十名被告转让股权的行为系恶意串通，损害公司利益的行为。

[2] 福建省厦门市中级人民法院民事判决书，（2010）厦民终字第444号。该案的主要案情为：2001年7月，林万平、林万强、钟平文与张荐华共同发起设立了万森公司。原告林万平持有万森公司49%的股份，是万森公司的最大股东。万森公司与周洪梅签订了43份《商品房买卖合同》，将其所持有的43个车库以每个5万元的价格销售给周洪梅。而根据厦门市国土资源与房产管理局官方网站公布的房地产市场信息，按面积计算，当时所售车库的市场价格应为169，380.6元。周洪梅系被告林万强（万森公司法定代表人）与其妻子何玉珠在福州投资设立的福建三强投资贸易有限公司的办事人员和有关人员。原告以万森公司股东林万强等人操控万森公司与利害关系人合谋，非法将万森公司名下的不动产以远远低于市场价格的名义转让过户至利害关系人名下，而不收取款项，损害万森公司利益为由提起诉讼。

[3] 北京市海淀区人民法院民事裁定书，（2008）海民初字第23873号。此案中，被告系公司实际控制人，涉案公司由被告和其他两名股东出资设立，其他两名股东随后去世，去世之前两人分别担任公司执行董事与监事。后其中一名股东的继承人，起诉被告霸占公司财产、损害公司利益，提起股东派生诉讼。法院经审查认定，目前股权并未完成继承或者登记事项，公司也实际上并不存在可以作出处理的机关，公司的利益未来走向并不明显。

害结果之间的因果关系[1]。

从目前的司法实践操作来看,法官不仅能够从公司的利益角度衡量与确定诉讼的价值,也能够对公司的商业经营行为进行合理界定,即法院具备公司经营事项实质性判断的能力,这就为法院在引入不起诉理由书后进行实质审查奠定了实践基础。

运用商业判断规则对公司决定作出程序上的形式审查还是内容上的实质审查在美国法上有不同意见。而结合实际情况,对于尚未具体确立商业判断规则的我国来说,针对由监事会代表公司作出的不起诉理由书,应由法院"以公司利益为核心"进行实质审查。

商业判断的核心理念是,董事会具有广泛的公司管理权,这种权力的理性行使能够排除司法审查[2],并能够提供强有力的推定[3],董事会之下的特别诉讼委员会的决定同样受到该规则保护。而在不起诉理由书的制度架构下,监事会的决定有别于一般的管理权行使,照搬适用商业判断规则显得过于牵强。与其说是尊重公司管理权,不如说是为了维护公司利益。况且"以公司利益为核心"的司法审查也最符合我国司法实践,法官有能力、有经验进行实质审查,这里的实质审查内容既包含监事会作出决定人员的独立性,也包含决定书内容是否有利于公司。

实质审查更有利于平衡派生诉讼中的各方利益,面对如此复杂的利益冲突,最公正、最有效的裁判者当数法院。[4] 如果仅对公司的不起诉决定进行形式审查,那么只要监事会在调查和理由书的记载事项方面做得比较完善,法院很有可能就此驳回股东的诉讼请求,这与派生诉讼本身的复杂性与争议性不符。为充分发挥派生诉讼在保护中小股东利益方面的作用,法院应对公司的不起诉决定保持必要的警惕与怀疑,一是不起诉理由书引入初期的实施效果有待考察,二是相比公司单方面决定,法院经过审查作出的裁决也更加具有独立性、公正性,不

---

[1] 《上海市高级人民法院关于审理涉及公司诉讼案件若干问题的处理意见(一)》(沪高法[2003]216号)中指出:"应查明公司的利益是否受到实际损害;被告是否实施造成权利义务关系严重失衡的不当行为;公司利益受到的损害与被告的不当行为之间是否存在因果关系;有关交易的相对人被列为共同被告的,应审查其是否为非善意;公司是否因为不当行为人所控制而不能以自己的名义提起诉讼。"

[2] 参见刘迎霜:《股东对董事诉讼中的商业判断规则》,载《法学》2009年第5期。

[3] 参见朱羿锟:《董事问责:制度结构与效率》,法律出版社2012年版,第95页。

[4] 参见钱卫清:《公司诉讼:司法救济方式》,人民法院出版社2006年版,第10页。

必因此过于担忧股东的利益在股东派生诉讼中得不到应有的保障。

五、前置程序适用的豁免

股东派生诉讼总是在鼓励诉讼和限制诉讼、保护股东权利和维护公司利益之间徘徊[1]，作为一种诉讼机制，最终是通过程序正义来实现实体法上的正义目标[2]。前置程序是通过公司参与达到防止滥诉的最为有效的措施之一，[3]但是前置程序的履行也并非任何情况下都能够完成，前置程序的豁免也正是出于保护原告股东的利益考量。前置程序是否应当被履行，直接成为法院受理条件之一，如果前置程序的履行不是必需的，那么原告股东的一纸诉状将直接启动股东派生诉讼。

（一）作为抑制诉讼与鼓励诉讼调节器的豁免条款

1. 美国法上由“请求徒劳”(the futility exception)到“请求必需”的发展

（1）“请求徒劳”应用的一般原则

在美国法实践中，如果请求注定没有意义，那么经法院认可后，前置程序的履行义务可以被免除。“原告应当穷尽一切可能的救济，以使自己的不公平损害得到纠正，包括向公司请求，当其认为其请求是无意义的或者是被忽视的，那么其必须有充分的证据表明，先诉请求是徒劳的”[4]，“如果没有履行，原告须证明控制公司的被告一定会阻止公司的起诉”[5]。

那么，构成“请求徒劳”的客观标准是什么？传统上，法院已接受一个原则，若董事会并非独立，与被诉行为联系紧密，正式请求的要求便可以得到豁免，但对于如何运用这一原则却经常意见相左。[6] 如果作为被告的多数董事直接参与了公司的自我交易或者篡夺了公司机会时，多数法院会免除股东的请求义

---

[1] 参见刘凯湘：《股东代表诉讼的司法适用与立法完善——以〈公司法〉第152条的解释为中心》，载《中国法学》2008年第4期。

[2] 参见李建伟：《关联交易的法律规制》，法律出版社2007年版，第360页。

[3] 参见杨勤法：《公司治理的司法介入——以司法介入的限度和程序设计为中心》，北京大学出版社2008年版，第206页。

[4] Stocker & Edward E., *Derivative Suit: Its Limitations and a Suggestion*, 29 Geo. L. J. 365 (1940－1941).

[5] Janet Dine, *Company Law*, Mac Millan Press Ltd., 239 (1998).

[6] 参见美国法律研究院通过并颁布：《公司治理原则：分析与建议》（下卷），楼建波等译，法律出版社2006年版，第583页。

务。[1] 也就是说，董事会的独立性会成为法院在审视是否免除请求要求时一个重要的考量因素，而董事会的成员是否涉及被诉行为或者是否具有利害关系又成了独立性的考量因素。但是原告股东单方面地声称多数董事受到控制并不能使法官信服，董事对被诉行为的赞成也不能决定请求的免除，原告需要证明针对案件特定事实董事因为参与被诉行为而无法作出判断。另外，在美国特拉华州，原告股东一旦向董事会提出请求，则事后不得以董事会不独立为由主张请求徒劳而豁免前置请求程序。[2]

实践中，法院通常将先诉请求的审查与董事会的决定联系在一起。如果请求被认为是徒劳的，那么董事会的决定将不具有阻却诉讼的效果；如果请求是必需的，法院则会在更大程度上尊重董事会的决定。这也就意味着董事会阻止诉讼的权力是由先诉请求是否免除来决定的，法院将请求徒劳建立在董事会无法考虑股东的请求基础之上。原告似乎也更乐于发起"请求徒劳"的诉求。[3] 而法院在诉讼的开始阶段对于是否免除请求的考虑一般出于："(1)董事是否具有无利害关系以及独立性；(2)被诉交易是否出于一个有效的商业判断。"[4]

(2)美国法学会(American Law Institute, ALI)的《分析与建议》中的请求必需

即使法官可以根据个案判断免除原告股东的先诉请求义务，但同时也存在对于原告很容易绕过正式请求，从而架空整个前置程序的担忧，导致前置程序的其他价值和目的落空，尤其是通过司法以外手段解决公司内部纠纷的经济性。[5]

ALI的《分析与建议》中删除了"徒劳例外"，并以"难以弥补的损害"来代替。其理由主要为：其一，书面请求是否必要与围绕董事会决定的审理相比，是十分复杂但却是无关紧要的，只会减缓案件审理的速度；其二，向董事会提出请求并不增加原告的负担，反而能够促使董事会及时地为解决争议创造条件；其

---

〔1〕 参见[美]罗伯特·C. 克拉克，前揭书，第533页。

〔2〕 参见林少伟：《股东代表诉讼：世界与中国》，华中科技大学出版社2019年版，第190页。

〔3〕 *Discovery in Federal Demand-Refused Derivative Litigation*, 105 Harv. L. Rev. 1037 (1991-1992).

〔4〕 Coffee & John C. Jr., *New Myths and Old Realities: The American Law Institute Faces the Derivative Action*, 48 Bus. Law 1412 (1992-1993).

〔5〕 See Hoffmann & Christopher M., *Kamen v. Kemper Financial Services, Inc.: The Scope of the Demand Requirement in Shareholder Derivative Actions under the Investment Company Act of 1940*, 47 Bus. Law 1342 (1991-1992).

三，请求必需化能够使司法审查的标准变得清晰和统一，正式请求问题与司法审查毕竟是两个截然不同的问题，关注的重点也并不一致，而有些州的做法却是将审查的实体标准与请求的必要性联系在一起。[1] 同时，美国《示范公司法》也与ALI的《分析与建议》一样，规定了股东的事先请求为必需[2]。

简化豁免理由并将其归化为“难以弥补的损害”，这样的变化实质上是缩限了股东提起派生诉讼的任意性，在前置程序中更为关注公司的意志，而并非鼓励绕过公司的经营机构直接向法院起诉。除此之外，还有一个更为重要的原因是法院审查的重点应当围绕被诉行为以及公司作出的处理，而不是股东是否必须履行请求公司起诉的强制义务。

此外，一个不容忽视的事实是，和其他国家不同，美国派生诉讼具有非常突出的两个特点：一是多发于公众公司，股权结构较为分散，作为请求对象的董事会丧失独立性的可能也并非一般常态，因此请求徒劳的情况并不时常发生；二是派生诉讼的数量远远超过其他国家，严格限制原告股东的起诉条件，在一定程度上也能够达到限制滥诉的目的。

2. 日本法中的“无法恢复损害之虞”

“日本公司法规定，除不及时起诉将对公司产生无法恢复损害之虞等情形，原告股东在提起代表诉讼之前须以书面或电磁方式向公司提出起诉请求。”[3] 作出此项规定的深层原因在于，日本立法者试图通过对于原告股东请求义务的强制，来达到抑制不断出现的滥诉之目的。

日本于1993年通过对商法的修改不仅扩大了原告股东的范围，同时也降低了诉讼费用，股东提起派生诉讼的障碍得以减少，于是派生诉讼的案件开始大幅提高，此外索赔金额也近乎天价。由此所造成的负面影响是，滥诉的增加严重影响了公司的正常经营与决策，董事开始变得十分谨小慎微。[4] “在法修订前，平均每年只发生0.25件，而法修订后1994年年末为145件，1995年年末为174件，1996年年末为188件，1997年突破200件达到219件，到1998年已突破了

---

〔1〕 参见美国法律研究院，前揭书，第585~587页。

〔2〕 美国《示范公司法》§7.42中规定股东只有向公司书面请求之后才能启动派生诉讼。参见沈四宝，前揭书，第84页。

〔3〕 罗勇：《探析我国股东代表诉讼的前置程序——以“股东书面请求制度”为中心》，载王保树主编：《中国商法年刊》2012年卷，重庆大学出版社2013年版。

〔4〕 参见平力群，前揭书，第221页。

240 件,虽然其后件数有所降低,但到 2001 年每年都在 200 件左右。”[1]因此,在日本学者看来,若任意放纵派生诉讼的提起和发生,就不能为市场主体构建一个相对可以自由决定自身发展与经营事务的市场环境,反而会带来不必要的决策压力。[2]

3. 中国法中的“情况紧急”

派生诉讼总在保护公司经营管理自主权与对中小股东的权利救济方面试图达到平衡,豁免条款的适用也同样反映了这二者之间的考虑,是抑制诉讼还是鼓励诉讼？豁免条件的严格既可以降低股东提起派生诉讼的随意性,也可以抑制不必要的诉讼。但是如果事实中的派生诉讼并未被随意提起,或者说派生诉讼的案件数量比较少,那么,此时的豁免情况的适用就不需要那么严苛。美国法或者日本法在前置程序的豁免的适用态度均持抑制诉讼的价值取向,这与不断上升的派生诉讼案件的数量息息相关。而中国也采用了类似的处理方法,但是同样的规定是否符合中国的具体司法实践则是需要被检验的。

而我国《公司法》第 151 条中的规定似乎与《分析与建议》中的规定更为相似,舍弃了“请求徒劳”的应用,同日本法类似,将豁免的范围限定为“情况紧急、不立即提起诉讼将会使公司利益受到难以弥补的损害”。这就严格限制了豁免的适用情形,也意味着即使股东请求注定是徒劳的,仍然需要向公司提出诉讼申请。但这样严苛的规定是否与我国实际发生的派生诉讼的数量以及派生诉讼应用的具体环境相匹配,尚待实践中检验。此外,对于什么是第 151 条中的“情况紧急”和“难以弥补的损害”也无法从法律条文中得到解答。

司法实践中法官对这一规定却进行了“创新”,对于豁免的应用远远大于条文的规定。为了更好地反馈与规范司法审判,司法解释有必要对实践中豁免情形进行整理和统一。

(二) 中国法的“情况紧急”在司法实践中的不适应性

1. 派生诉讼的总体数量偏少

以“北大法宝”为检索库,以“代表诉讼”“派生诉讼”为关键词进行裁判文书内容检索,分别获取民事裁判 334 篇、116 篇,共 450 篇。而再观之其他类型的公司诉讼,以“股东资格认定”为关键词在“北大法宝”中进行全文检索,获得的是

[1] 小林秀之『新会社法とコーポレートガバナンス(委員会設置会社 VS 監査役設置会社)』(中央経済社,2006 年)218 頁。

[2] 参见平力群,前揭书,第 227 页。

4051篇民事裁判文书，以“虚假出资”为关键词，获得的是1294篇裁判文书。虽然如此粗略搜索准确性有待提升，也不一定能够和实践情况完全吻合，但是至少仅从数字上来看大体可以得出，相比其他类型的公司诉讼，自2006年引入派生诉讼以来，派生诉讼数量并不多，甚至可以说是很少的。而根据学者的研究，在对2006年和2007年北京市各级法院受理的公司诉讼的460件案件统计中，派生诉讼仅有11件。[1]

与此形成鲜明的对比，“经常扮演非诉讼文化原形的日本，现在已经成为代表诉讼领域内的世界领先者”[2]，在美国更是如此，这也就不难理解这两个国家严格控制豁免情形的发展趋势了。但考虑到派生诉讼整体数量上的差异，在设计前置程序的豁免规定时，或应当适时地放宽，而不能一味地要求股东履行请求义务，这样只能让更多的公司利益得不到及时救济，抑制派生诉讼的功能。

2. 派生诉讼多发于规模较小的有限责任公司

(1)涉案公司的类型(如表5-5所示)

表5-5 涉案公司的类型

公司类型	公司数量/个	占比/%
有限责任公司	100	98
股份有限公司	2	2

注：这里的“涉案公司”仅指股东派生诉讼中利益受到侵害、怠于起诉的公司，而不包括作为侵权人或者合同相对人，以及因其他原因参加诉讼的公司。

不同于美国绝大多数案件都是针对股份有限公司[3]，在102个样本裁判中，有限责任公司占到绝对多数，达到98%，仅有2个股份有限公司。与公众公司或股份公司不同，有限公司股东大都希望实际参与公司经营事务，自身收益与公司收益直接相关，股东也将自己区别于普通的投资人。[4]“封闭式公司的股东，是相互了解的少数人，对公司的运营持有强烈关心的人，对公司多出资，就成为了大股东，所以该大股东也亲自实施公司的经营。”[5]一方面，有限公司的股

---

〔1〕 参见甘培忠、刘兰芳，前揭书，第361页。

〔2〕 丹·W.普尼亚克：《亚洲地区的股东代表诉讼：一个复杂的现实》，王瑞、唐博超译，载王保树主编：《商事法论集》(第22卷)，法律出版社2012年版。

〔3〕 参见黄辉：《中国股东派生诉讼制度：实证研究及完善建议》，载《人大法律评论》2014年第1期。

〔4〕 参见[美]罗伯特·C.克拉克，前揭书，第641页。

〔5〕 [日]落合诚一，前揭书，第47页。

东对于损害公司利益的行为或现象更加敏感;另一方面,有限公司的股权更加容易集中,控股股东或者公司管理层操控公司的情况更加普遍,中小股东利益受到间接损害的可能性比较大。因此,有限公司股东更加倾向于发起股东派生诉讼。这就要求在进行相关理论研究以及制度改良时考虑到有限公司的封闭性、人合性等特征。

(2)有限公司的股东人数(如表5-6所示)

表5-6　有限公司的股东人数

股东人数	公司数量/个	占比/%
1~2人	39	39.0
3~5人	28	27.0
6~7人	5	5.0
情况不明	29	29.0

注:本书仅对涉案公司中有限公司的股东人数进行统计,一方面在整个涉案公司中有限公司占绝大多数,对其进行股东人数统计具有代表意义;另一方面股份公司的股东权较为分散,股东人数并不能确定,对其统计并不能对股东派生诉讼的研究产生实质性的影响。

根据样本裁判文书中所披露的信息,有71个文书清楚记载了涉案公司的股东人数,而公司股东人数为1人或2人的最多,有39个,其中1人公司有2个,而2人公司多达37个。公司股东人数为3~5人的公司个数较多,其中3人公司为18个,4人公司为7个,而5人公司为3个。公司股东数为6人或7人的公司个数最少,仅有5个。由此说明,涉及股东代表诉讼的案件中,股东人数多为少数,其中2人公司最多。

对于股东人数较少的有限公司,被告与股东身份上经常重合,股东欲提起股东派生诉讼的难度加大,履行前置程序往往没有意义。而在股权比较集中的有限公司,更容易出现"一股独大"情形,股东与董事、监事之间的关系也十分紧密,对于股东的诉讼请求也往往是否定的,"请求徒劳"在实践中并非个案。因此,一味强制要求股东履行请求义务,反而在变相为股东行权制造障碍。

3. 未履行前置程序时法院裁判的差异

经过对样本裁判中未履行前置程序的情形进行具体分析,总结出其特点:

第一,以公司损失为核心审慎认定。在41个未履行前置程序的样本裁判中仅有4个法院认为属于"情况紧急"情形进而适用豁免规定,且法院倾向于根据现有公司收益受损的情形来判断。该项规定作为立法赋予法院审理案件的自由裁量权,过于谨慎地判断并不利于公司利益的维护。法官整体围绕着"现有损失大小—未来损失扩大"这一基本思路,具体来说在综合考虑现有损失大小、救济急迫性、未来损失是否继续扩大及扩大可能性的基础上谨慎认定"情况紧急,损失难以弥补"。例如,在深圳市华信恒丰投资有限公司诉金德管业集团有限公司湖南分公司等合同纠纷案中,被告系涉案酒店(庆云公司)原公司股东和经营管理人,原告与被告签订了股权转让协议,但是被告却迟迟不肯移交酒店管理权,法院通过涉案标的额、原告以及公司现在的损失巨大等角度,认定了此时属于"情况紧急"。[1] 又如,在长乐市冬雨贸易有限公司与黄淑平等商标转让纠纷上诉案中,法官出于公司停产以及公司被被告控制的现状,认定属于"情况紧急",事实上处于停产的公司在诉讼进行之时已经在遭受着巨大的损失。[2]

第二,在公司不存在适格请求对象时,法院对于其是否应适用豁免态度不一。支持的如在公司没有监事,且公司唯一的执行董事和法定代表人因非法侵占公司财产被诉时,法院认为:"在日新公司无监事任职的情况下,股东显然无法提起向监事书面申请的前置程序,也不能向该执行董事提起申请,主张公司执行董事侵犯公司利益,故无论徐力生是否系日新公司监事,其已满足股东派生诉讼的条件,有权以自己的名义提起诉讼。"[3]不支持的如在公司因吊销营业执照而被解散,但是未成立清算组,此时也不存在一个适格的请求对象,因为董事会与监事会在此时都是不存在的,而清算组也没有成立,法院却作出了驳回原告起诉的裁定。[4]

第三,在请求无意义时,部分法院肯定了豁免的适用。当然,即使存在被诉人实质控制公司,原告股东提起请求显然得到的答复是否定的,有的法官仍然会严格适用我国《公司法》第151条的规定,认为只有"情况紧急"下才适用豁免,公司即使处于被诉人的控制之下,前置程序仍然需要履行。[5] 而在部分裁判中,法院通过具体判断,在认定履行前置程序无意义的情况下,豁免原告的书面请求义务,多数是因为公司受被告控制。例如,在(株)圃木园控股诉上海福生

---

[1] 参见湖南省株洲市芦淞区人民法院民事判决书,(2011)芦法民二初字第372号。
[2] 参见福建省高级人民法院民事判决书,(2006)闽民终字第403号。
[3] 江苏省宿迁市中级人民法院民事判决书,(2011)宿中商终字第0132号。
[4] 参见浙江省杭州市中级人民法院民事裁定书,(2010)浙杭商终字第890号。
[5] 参见广东省高级人民法院民事裁定书,(2008)粤高法立民终字第118号。

豆制食品有限公司等财产损害赔偿纠纷案中，原告与两被告公司共同出资设立公司，但是两被告却设法转移公司资产，要求公司为其支付个人款项，损害公司利益，同时公司的董事长以及总经理是两被告公司的实际控制人，原告与被告之间在诉讼之前也经过多次交涉，但最终无果。原告在提起派生诉讼之时，提出此属于"情况紧急"，无须履行前置程序的主张，而法院在裁判之时认定了该种情形属于"履行无意义"，事实上也是适用了"情况紧急"的规定。[1] 又如，在上海恒生电讯工程有限公司与叶某、上海恒生智达电子系统集成有限公司及其他与公司有关的纠纷案中，法院认为："田某某虽被免去了董事、总经理职务，但是仍是恒生智达公司的法定代表人，由其代表公司来向叶某提起诉讼几乎是不可能的，通过恒生智达公司内部救济途径无法实现该公司的权益救济，在此情况下，恒生电讯公司以情况紧急、不立即提起诉讼将会使公司利益受到难以弥补的损害为由，代位公司对叶某提起诉讼，符合法律规定，作为本案原告适格。"[2]

第四，当原告同时是公司股东和监事时，在以公司董事为被告时，法院对于能否豁免也观点不一。有法院认为，原告可以以监事身份代表公司起诉，也可以以股东身份直接起诉[3]。有的法院认为即使公司仅设监事一名，原告在为监事时也必须履行书面请求义务，却没有对监事已经作为原告起诉被告董事的事实加以认可，最终因为原告没有履行前置程序而作出不予受理的裁定。[4] 也有法院认为，是否需要履行前置程序，要根据原告的选择而定，如果原告强调其股东身份，则不能免除其请求义务，前置程序仍然需要被履行。[5]

可以看出，在原告股东与监事身份重合之时，法院做法并不一致，但是总体上法院并未在意此类案件的特殊性，即要求股东向自己进行请求存在时间上与

---

〔1〕 参见上海市第二中级人民法院民事判决书，(2010)沪二中民四(商)初字第80号。

〔2〕 上海市第二中级人民法院民事判决书，(2012)沪二中民四(商)终字第236号。

〔3〕 参见上海市第一中级人民法院民事判决书，(2009)沪一中民三(商)终字第905号。在董业民与王成海等控股股东、实际控制人、董事、监事、高级管理人员损害公司利益赔偿纠纷上诉案中，原告为公司股东兼监事，同时被告人系公司法定代表人，此时法官认为此种情况比较特殊，未履行前置程序提起派生诉讼符合法律规定。

〔4〕 参见上海市浦东新区人民法院民事裁定书，(2008)浦民二(商)初字第3260号。在杨××等诉于×损害股东利益赔偿纠纷案中，原告股东有两名，其中一名原告是公司唯一监事，法院认为此时前置程序的履行具有可能性，只有另外一名原告股东向该监事书面请求，才符合案件的受理要件，该案的裁判观点值得肯定的地方在于并没有机械地适用我国《公司法》第151条的规定，同时也考虑到了前置程序履行的可能性以及尽可能地维护公司自治。

〔5〕 参见广东省广州市中级人民法院民事裁定书，(2010)穗中法民二终字第2152号。

资源上的浪费。况且即使认为此时监事可以代表公司提起直接诉讼也并不具有说服力,在诉讼已经开始的情况下,裁定驳回并要求重新提起直接起诉才实质上有采用“迂回”的方式达到相同目的之嫌,不妨在确认案件事实的基础上,直接受理案件。

(三)豁免应用的扩大化与类型化取向

从派生诉讼的本质来说,股东诉讼结果最终归属于公司,股东收益的方式也要依赖于公司的整体获利,包括股价增值等。但从经济性的角度来说,股东是缺乏十足动力的。

基于此,中小股东是否发起派生诉讼取决于发起成本、发起效力以及最终效果等综合因素,而这又都取决于立法规定和司法态度。[1] 虽然前置程序的设置总体上体现为抑制派生诉讼的随意性,但应适当考虑其与激励作用之间的平衡。加上我国现有派生诉讼的案件数量较少,以及派生诉讼多发于规模较小的有限公司的客观事实,对于前置程序的豁免应当持放宽态度,同时对豁免的适用情形进一步地予以规范化、类型化,以求在股东权利保护与公司自治维护之间达到一个很好的平衡。2019 年颁布的《九民纪要》已经注意到这一点,其第 25 条指出:“根据《公司法》第 151 条的规定,股东提起代表诉讼的前置程序之一是,股东必须先书面请求公司有关机关向人民法院提起诉讼。一般情况下,股东没有履行该前置程序的,应当驳回起诉。但是,该项前置程序针对的是公司治理的一般情况,即在股东向公司有关机关提出书面申请之时,存在公司有关机关提起诉讼的可能性。如果查明的相关事实表明,根本不存在该种可能性的,人民法院不应当以原告未履行前置程序为由驳回起诉。”该条增加了公司治理失灵情况下豁免前置程序的情形。[2] 这一规定能够有效排除先前司法实践中对于前置程序僵硬的理解与适用。[3] 本部分将根据前述司法实证研究及理论探讨对前置程序豁免提出完善建议。

1.“情况紧急”的标准化适用

“情况紧急”的判断应当包含以下因素:“首先,应当认定公司的董事、监事、高级管理人员、股东或者第三人对公司的权益已经造成了损害,或者上述人员已

〔1〕 参见平力群,前揭书,第 26 页。

〔2〕 参见最高人民法院民事审判第二庭编著:《〈全国法院民商事审判工作会议纪要〉理解与适用》,人民法院出版社 2019 年版,第 210 页。

〔3〕 参见葛伟军:《股东代表诉讼的制度架构及其完善》,载《证券法苑》2020 年第 28 卷。

经存在严重违反法律、行政法规和公司章程的行为，而该行为即将损害公司权益；其次，对该损害的控制具有紧迫性，如果不及时制止，将使公司利益的损害后果进一步扩大；最后，即将发生的损害后果无法挽回。”[1] 法律所欲实现的目的是解释法律的最高准则，以此为出发点和立足点，方能得其要领。[2] 前置程序作为抑制与鼓励诉讼的调节器，而避免不当限制的豁免程序应尽可能还原引入股东派生诉讼之本意，即强化对公司董事、监事、高级管理人员的约束机制和责任强化机制，以应对其不履行职责甚至损害公司利益的问题；[3] 加上我国现有派生诉讼的案件数量较少，以及派生诉讼多发于规模较小的有限公司的客观事实，对于前置程序的豁免应当采取进一步放宽的态度，将公司即将遭受重大损失纳入“情况紧急”认定的范畴。

在实践中，法院也试图给情况紧急总结出一个具体的适用条件，如江苏省高级人民法院规定诉讼时效即将超过作为股东可以径直发起派生诉讼的情形之一，“对提请公司董事会和监事会代表公司提起诉讼可能超过诉讼时效的，股东可以直接代表公司利益向人民法院提起诉讼”[4]。

具体来说，“情况紧急”应当包括以下几种情形：(1)公司利益已经受到损害，并有继续扩大之势，如被诉行为人正在转移公司重要财产、涉案交易正在履行且交易本身使公司利益不断受损、公司无法正常经营等；(2)如认为不立即受理该代表诉讼案件，将会使公司利益受到难以弥补之损害[5]，不仅仅包括已经遭受巨大损失，这种损失如果尚未发生但却是已经可以预见的，应当允许股东直接提起派生诉讼，如被告很有可能即将泄露属于公司的商业秘密，虽然秘密在起诉时尚未泄露，但是一旦泄露公司的损失将是无法挽回的；(3)即将超过诉讼时效，如果股东起诉时马上面临着经过诉讼时效的危险。

2.“履行无意义”的个案判断

“履行无意义”虽与美国法上的“请求徒劳”类似，且美国有将请求规则确定化和统一化的意见，但其对我国并不具有太大借鉴意义。美国的派生诉讼多发

---

[1] 师安宁：《股东代表诉讼前置程序的除外情形》，载《人民法院报》2009年12月13日，第7版。

[2] 参见梁慧星：《论法律解释方法》，载《比较法研究》1993年第1期。

[3] 参见曹康泰：《关于〈中华人民共和国公司法（修订草案）〉的说明——2005年2月25日在第十届全国人民代表大会常务委员会第十四次会议上》，载《中华人民共和国全国人民代表大会常务委员会公报》2005年第7期。

[4] 《江苏省高级人民法院关于审理适用公司法案件若干问题的意见（试行）》（一）。

[5] 参见刘俊海：《现代公司法》（上册）（第3版），法律出版社2015年版，第410页。

于公众公司，在董事结构上也并不单一，并且外部董事制度较为完善，即使董事控制公司，也存在股东请求被重视的可能性。而我国的派生诉讼多存在于规模较小的有限责任公司，董事或监事多具有股东身份，他们控制公司的情形更为常见。即使在引入不起诉理由书的前提下，如果监事会中的多数成员涉及被诉交易，在自己有利害关系的情况下，他们很难代表公司的意思，让他们作出符合公司利益的决定似乎不太可能，即使不起诉理由书是在经过调查之后作出的，也很有可能只是徒有形式。此外，这里还有一个节约时间和成本的考虑，如果明知股东的请求一定会被监事会拒绝，却还要求其代表公司起诉不免多此一举。因此，法官不妨根据个案具体事实来判断是否属于履行无意义，进而免除股东的先诉请求义务，而不能不加考虑地将未履行前置程序诉讼请求"一刀切"地驳回。

履行无意义主要包括：(1)监事会的内部监事都悉数成为被告；(2)被诉行为人事实上控制了作为请求对象的监事会或者监事；(3)监事会完全否认被诉交易的存在。[1] 其中实际控制应当根据案件的具体情况来判断，多发于以下情况，一是被告作为法人，而监事是由被告任命或指派的；二是监事同时是公司股东，同时从被诉交易中获取了个人利益，但是不能仅因为其在股东会投了赞成票便否定其独立性。在这些情况下，监事的独立性丧失，很难作出公正的判断。如果监事会的成员中只有一个或者极少数丧失了独立性，股东的请求义务同样不能因此免除，除非公司监事只有一个。

3. 无适格请求对象时的请求豁免

(1)法人机关设置不完整

实证分析已经表明，涉诉公司类型多为有限责任公司，其绝大多数股东人数偏少，且多存在法人机关设置不完整的情形。董事会(执行董事)基本上都有设置，但同为必设机关的监事会(监事)则不然，由于其职能未得到应有的重视，实践中存在缺位的情况。在目前交叉请求的安排下，这种情形多见于董事为被告、公司又没有监事的裁判中。公司法人机关的设置完整与否是公司内部治理的问题，不能仅因为机关不完整而否定股东提起派生诉讼获得救济权，而且这也非股东所能控制或改变的客观情况，让股东去承担此种不利并不公正。因此，在公司没有监事会(监事)时，应当豁免前置程序。

---

[1] 参见谢文哲：《公司法上的纠纷之特殊诉讼机制研究》，法律出版社2009年版，第191页。

(2)公司依法解散之后,成立清算组之前

在公司处于清算之时,股东仍能履行前置程序,清算组代表公司处理清算过程中的实务,履行前置程序的请求对象应当为清算组,这也符合司法实践操作。但在公司已经解散却没有成立清算组时,则出现请求对象事实上的缺位。此时对前置程序履行进行豁免是合理的,公司已经解散且并未运营,事实上并不存在监事会或监事,如果继续机械地要求股东履行前置程序,只能导致公司与股东权益无法得到救济。

(3)原告股东同时具有监事身份

派生诉讼中经常会出现原告身份的重合,并多体现为兼有股东和监事双重身份。有的法官认定豁免前置程序履行,而有的法官则认为取决于原告以何种身份起诉,以股东身份起诉时仍要履行前置程序。事实上,有必要根据案件具体情况来判断:①如果公司设置了监事会并且监事人员较多时,而欲提起派生诉讼的监事只是其中一个或者很少一部分,那么为了尊重公司的独立法人地位,此时原告应当视为公司股东而非监事,前置程序仍然需要履行。②如果公司仅仅存在一个监事,而此监事又提起了派生诉讼,那么原告的意思足以代表公司的监事机关,此时要求原告自己向自己请求实属"多此一举",原告的前置程序履行应当因此得到豁免。[1] ③如果案件中存在多名原告,除了具有监事身份的原告之外,还存在其他原告股东,此时原告向监事或者监事会请求存在可能性,监事或者监事会还是会具有代表公司作出处理的可能性,因此此时的请求义务不宜豁免。倘若监事或监事会认为应当起诉,那么可以以公司的名义向法院提出直接诉讼。

六、结论

股东派生诉讼作为法律移植的产物,应尤为强调观察本土化实施效果,不能只停留在立法层面,[2]而要重视实践反馈。目前的董事会、监事会交叉请求制在司法实践中的应用较为混乱,导致前置程序过滤不必要诉讼、尊重公司自治的应有功能难以发挥,沦为停留在法律规定层面的一道工序。考虑到我国公司治理结果现状,将董事会(执行董事)设置为请求对象欠缺正当性,宜将请求对象

---

[1] 参见朱慈蕴:《股东派生诉讼的前置程序研究——"紧急情况"之外是否存在可豁免情形》,载《政法学刊》2010年第3期。

[2] 参见朱芸阳:《全球化与本土化互动中的股东派生诉讼》,法律出版社2015年版,第2~8页。

统一规定为具有监督职能监事会，同时也能进一步强化监事会的职能，规范公司治理。在此基础上引入不起诉理由书，使制作不起诉理由书成为监事会的一项法定义务，对于整个前置程序的功能发挥具有重要作用，经过充分调查作出的决定，能真正体现公司意思并有得到法院认可的机会，体现穷尽内部救济思维。当然，不能机械地适用前置程序，而有必要进一步完善豁免规定，以现有规定为基础，进行类型化分析，既包含常见的公司利益已经受损、公司即将遭受重大损失、即将经过诉讼时效等情形，也应当允许因履行无意义、无适格请求对象情形适用豁免规则。最后，是否豁免还要结合个案情况而定。

附录：样本主要裁判文书

1. 江苏省高级人民法院民事判决书，（2012）苏商终字第0166号。
2. 最高人民法院民事调解书，（2008）民二终字第123号。
3. 最高人民法院民事判决书，（2011）民四终字第15号。
4. 北京市第一中级人民法院民事裁定书，（2009）一中民终字第14727号。
5. 最高人民法院民事裁定书，（2012）民二终字第95号。
6. 上海市第一中级人民法院民事判决书，（2008）沪一中民五（商）初字第181号。
7. 上海市浦东新区人民法院民事判决书，（2009）浦民二（商）初字第8162号。
8. 福建省厦门市中级人民法院民事判决书，（2010）厦民终字第444号。
9. 北京市海淀区人民法院民事裁定书，（2008）海民初字第23873号。
10. 湖南省株洲市芦淞区人民法院民事判决书，（2011）芦法民二初字第372号。
11. 福建省高级人民法院民事判决书，（2006）闽民终字第403号。
12. 上海市第二中级人民法院民事判决书，（2012）沪二中民四（商）终字第236号。
13. 江苏省宿迁市中级人民法院民事判决书，（2011）宿中商终字第0132号。
14. 浙江省杭州市中级人民法院民事裁定书，（2010）浙杭商终字第890号。
15. 广东省高级人民法院民事裁定书，（2008）粤高法立民终字第118号。
16. 上海市第二中级人民法院民事判决书，（2010）沪二中民四（商）初字第

80 号。

17. 上海市第一中级人民法院民事判决书,(2009)沪一中民三(商)终字第 905 号。

18. 上海市浦东新区人民法院民事裁定书,(2008)浦民二(商)初字第 3260 号。

19. 广东省广州市中级人民法院民事裁定书,(2010)穗中法民二终字第 2152 号。

第六章

股东双重派生诉讼制度*

【本章导读】 如何保护少数股东权益历来是公司治理研究中的核心问题。在以单一制企业为立法蓝本的公司法制中，股东派生诉讼制度可谓是保障少数股东对抗控制股东压制、防止公司管理层专断经营的"最后一道防线"。但在企业集团化的背景下，囿于企业集团的复杂控制关系和层级股权结构的阻隔，单一层次的股东派生诉讼已无用武之地，母公司股东（尤其是少数股东）因子公司直接受损而遭受间接损害时无法采取行之有效的救济措施。比较法提供的解药是由股东代表诉讼制度衍生而来的双重代表诉讼制度。但受制于我国立法、司法解释规范供给的缺失，双重代表诉讼制度长期缺位，实证研究发现这形成了较为明显的法律漏洞与妨碍公司正义实现的黑洞。本章以此为背景，通过对极个别的支持性司法裁判案例的实证研究，分析了引入双重代表诉讼制度的现实需求，详细研讨了该制度的具体规则构成，最后对我国公司法上的规范表达提出了可行性方案。

【本章关键词】 股东双重派生诉讼　营商环境优化　股东权穿越　制度构建　规范表达

---

* 本章合作者黄中原。黄中原，法学硕士，供职单位：北京市第一中级人民法院申诉审查庭。

一、引言

2005年公司法修正案引入股东派生诉讼制度，初衷在于为股东（尤其是少数股东）提供维护公司及自身合法权益的“武器”，以制止董事、监事等高级管理人员对公司的侵害行为，[1]当时就确立单重抑或双重派生诉讼引发争议，最终的立法方案搁置了双重派生诉讼制度。时隔10多年后，这一修法课题又被提起，最高人民法院公布的《公司法解释四（征求意见稿）》又一次设计了相应规范，[2]但最终未获通过。时至今日，公司法面临又一次重大修订，双重派生诉讼的入法议题又一次被提起。[3]法律制度的设计都需要基于特定的纠纷场景预设，以此为模板确定法律调整的对象。在设计股东派生诉讼时，立法者以单一持股架构的公司为模板进行制度构建，这十分契合2005年之前的公司纠纷特点。[4]然而，随着生产经营活动过程中公司规模的不断扩张，为实现扩大市场范围、拓宽融资渠道等目标，公司往往会以股权或协议为纽带设立从属公司或者控制其他公司，然后通过子公司或者其他从属公司不断地延伸控制链条，最终形成多重持股结构。在多重持股结构的公司中，依据股东派生诉讼的启动要求，并受制于法人人格独立原理的限制，子公司权益受损时只有母公司才有诉权。如果此时母公司怠于行使诉权，对子公司被侵害的事实漠不关心，子公司的权益只能被他人侵害而无法获得救济。由此可知，依据股东派生诉讼保护子公司的权益需要依靠母公司积极行权。然而现实情况是母公司控股股东掌控着母子公司一切事务，侵害子公司权益的主体可能就是母公司的控股股东与高管层。因而，基于单一持股结构设计的股东派生诉讼制度在回应子公司权益保护问题上乏力。若子公司权益遭受侵害而无法获得有效的救济，基于母子公司之间的投资

---

[1] 参见刘凯湘：《股东代表诉讼的司法适用与立法完善——以〈公司法〉第152条的解释为中心》，载《中国法学》2008年第4期。

[2] 参见《公司法解释四（征求意见稿）》第31条规定：“公司法第一百五十一条第一款、第二款所称的‘董事、高级管理人员’、‘监事会’、‘监事’包括全资子公司的董事、高级管理人员、监事会、监事。公司法第一百五十一条第三款所称的‘他人’，是指除公司或者全资子公司的董事、监事、高级管理人员以外的其他人。”第35条第2款规定：“股东因公司的全资子公司利益受到损害，依据公司法第一百五十一条提起诉讼，请求被告向全资子公司承担民事责任的，应予支持；请求被告向公司承担民事责任的，不予支持。”

[3] 参见中国法学会商法学研究会编：《“〈公司法〉修改巡回论坛”演讲与论辩辑要》，“公司法修改巡回论坛”第二场2021年9月，北京。

[4] 参见樊纪伟：《我国双重代表诉讼制度架构研究》，载《华东政法大学学报》2016年第4期。

关系，子公司利益的损失最终会造成母公司全体股东（尤其是少数股东和非控股股东）投资损失。[1]

比较法中已有不少立法例引入了股东双重派生诉讼（double representative suit）[2]作为应对股东派生诉讼的补充。[3] 所谓股东双重派生诉讼，是指在公司集团的母子公司架构中，当子公司的利益遭到损害，且母公司与该子公司均拒绝起诉追偿时，由母公司股东以自己名义提起的，将诉讼利益归属子公司的派生诉讼。[4] 该制度最早可追溯到19世纪末，在过去100多年里在美国经由判例得到丰富发展，并成为其他国家参考、借鉴的样本。比如日本经过长期的讨论与探索之后，先于2005年修订公司法承认特殊情形下的"隐形的"多重派生诉讼，后于2014年修订公司法正式确立双（多）重派生诉讼制度，是为以成文法形式确立该制度的代表。[5] 其被认为是公司重组、集团化发展运作中保护少数股东的"最后一道防线"。[6] 随着母子公司经营模式的普及化，建构有效的股东双重派生诉讼制度是保护母公司少数股东和母子公司利益的客观需要。[7]

在我国司法实务中，为救济子公司权益，已经有母公司的少数股东开始尝试"启动"双重股东派生诉讼。2019年6月10日，随着最高人民法院法槌落下，广东南博教育投资有限公司、LEI Lie Ying Limited损害公司利益责任纠纷案（以下简称广东南博案）[8]也尘埃落定。本案堪称我国股东双重派生诉讼司法实践"教科书式"案例：原告广东南博教育投资有限公司，系持有母公司22.8%股权的股东，被告为LEI Lie Ying Limited（持有母公司70%股权的股东）、劳瑞德公

---

[1] 参见樊纪伟：《我国双重代表诉讼制度架构研究》，载《华东政法大学学报》2016年第4期。

[2] 学界称谓不一，有"双重派生诉讼""双重代位诉讼""双重股东派生诉讼""二重代位诉讼"等，这与股东派生诉讼的称谓之争实属同源。鉴于股东派生诉讼更能反映该制度的本质，即股东代位公司提起诉讼，兼具代表性与派生性之特征，所以本书取"双重派生诉讼"，以与"股东派生诉讼"契合。

[3] 参见王淼、许明月：《美国特拉华州二重代表诉讼的实践及其对我国的启示》，载《法学评论》2014年第1期；樊纪伟：《日本多重代表诉讼制度及其启示》，载《法学杂志》2016年第7期。

[4] 参见王淼、许明月：《美国特拉华州二重派生诉讼的实践及其对我国的启示》，载《法学评论》2014年第1期。

[5] 参见樊纪伟：《日本多重代表诉讼制度及其启示》，载《法学杂志》2016年第7期。

[6] 参见沈贵明：《二重派生诉讼适格原告要件的构建》，载《法制与社会发展》2015年第2期。

[7] 参见樊纪伟：《日本多重代表诉讼制度及其启示》，载《法学杂志》2016年第7期。

[8] 参见最高人民法院民事裁定书，(2019)最高法民终521号。

司,第三人为母子公司。[1] 原告以两被告合谋侵占、套取子公司利益为由,明确以母公司股东身份代表子公司提起股东双重派生诉讼,请求两被告赔偿子公司遭受的损失。一审法院以原告与本案无直接利害关系,且以非子公司股东身份提起派生诉讼于法无据,裁定驳回起诉。原告不服一审裁定,向最高人民法院提起的上诉意见明确提出"公司控股股东不仅能够控制公司本身,无疑还能够控制公司的独资子公司,公司控股股东侵害独资子公司的利益时,如果不将我国《公司法》第151条中的公司理解为包括公司及其全资子公司在内,则无法通过诉讼对子公司利益进行救济",同时还提及最高人民法院在2016年4月12日发布的《公司法解释四(征求意见稿)》曾有股东可代表公司所设全资子公司提诉的相关规定。[2] 但是,作为本案审判机关的最高人民法院援引2017年《民事诉讼法》第119条第1项[3]"起诉必须符合下列条件:(一)原告是与本案有直接利害关系的公民、法人和其他组织……"之规定,认定原告与本案无直接利害关系,且指出现行法上的股东派生诉讼仅限于本公司股东代表公司起诉,从而裁定驳回上诉、维持原裁定。与此同时,终审裁定作出前最高人民法院主动对上诉人可采取的救济途径予以释明。[4] 在事实上,这也就暗示上诉人能以母公司股东身份就母公司遭受的损害代表母公司提起派生诉讼。然而问题在于,母公司遭受的仍是间接损害,即便能跳过2017年《民事诉讼法》第119条的"狙击",相关损失的评估、举证也是一大难题,且子公司的直接损失如果由母公司受偿,也与法理不合。

与本案相关联的还有两案:一是母公司案外少数股东(持有母公司7.2%股权)以母公司为被告提起知情权诉讼,主张查阅复制母公司及子公司相关文件

---

[1] 其中子公司为涉外经济学院,系猎鹰实业公司(母公司)全资举办的民办非企业单位(非营利性法人),其投资者不称为"股东"而称为"举办者"。法院审理参照适用我国《公司法》及其司法解释的规定,将其视作全资子公司对待。

[2] 参见《公司法解释四(征求意见稿)》第35条第2款,该款规定:"股东因公司的全资子公司利益受到损害,依据公司法第一百五十一条提起诉讼,请求被告向全资子公司承担民事责任的,应予支持;请求被告向公司承担民事责任的,不予支持。"

[3] 现为《民事诉讼法》(2021年修正)第122条第1项。

[4] "如广东南博公司认为猎鹰实业公司作为涉外经济学院的举办者,对于其股东LEI Lie Ying Limited的相关行为导致猎鹰实业公司遭受损失,进而致使广东南博公司遭受损失,其未采取措施而存在过错,可以猎鹰实业公司股东的身份,依照《公司法》等法律法规及相关司法解释的有关规定,依法向猎鹰实业公司主张权利。"

资料[1]；二是该少数股东以广东南博案之被告抽逃子公司出资为由对其提诉，要求被告承担相应赔偿责任，但也均未获得成功[2]。尤其在后案中，虽为抽逃出资纠纷，但两级法院采取的裁判思路与前案完全一致，最高人民法院的释明也采同样的说辞。与广东南博案形成鲜明对比的是陕西海航投资案，终审法院认定“因公司的全资子公司利益受到损害，母公司的股东依据公司法第151条提诉的，应予支持”[3]，使本案成为实务中支持股东双重派生诉讼的少有样本，后文将有详细分析。

就裁判结果而言，广东南博案是典型的双重派生诉讼反对案例，这也反映最高审判机关持否定论的司法立场。但问题是，以广东南博案中广东南博教育投资有限公司、案外少数股东为代表的，在母公司中受欺压的少数股东能否通过最高人民法院所指明的其他途径获得救济？不无疑问。对此，陕西海航投资案是否能为我们解决这一难题带来一线生机？令人不无期待。因此，在多重持股结构公司逐渐增多的当下，如何破解母子公司权益保护的难题并实质性地解决股东派生诉讼“失灵”的问题，可以说是刻不容缓。这些难题的解决就必然涉及股东双重派生诉讼制度是否需要引入以及如何引入等方面的问题。

由此，下文将依照此逻辑展开：首先，阐明我国公司集团化发展背景下，公司及少数股东权益现实保护需求以及控股股东滥权现象频发的客观现实，以此证成股东双重派生诉讼制度功能的必要性；其次，对司法裁决经验进行实证分析，以此阐明该制度在我国运行的可行性；最后，从比较法经验中提炼股东双重派生诉讼的共识性教义结构，并确定其未来在公司法体系中所可能入法途径与规范表达。

二、股东双重派生诉讼不能缺位的三个语境

对一个制度是否具有引入必要性的讨论，离不开该制度所欲保护的群体及

---

〔1〕 参见陈正仙与湖南猎鹰实业有限公司股东知情权纠纷案，湖南省长沙市岳麓区人民法院(2017)湘0104民初8658号民事判决书、湖南省长沙市中级人民法院(2018)湘01民终4192号民事裁定书。本案一审判决驳回诉请，上诉中因上诉人（原审原告）死亡被裁定撤销原判，驳回起诉。

〔2〕 郑子犇、LEI Lie Ying Limited股东出资纠纷案，参见湖南省高级人民法院(2017)湘民初46-3号民事裁定书、最高人民法院(2019)最高法民终425号民事裁定书。本案原告为前注中已身故股东股权的受遗赠人。

〔3〕 王永凡、党鹏、海航控股集团有限公司与赵小海及陕西海航海盛投资有限公司、陕西皇城海航酒店有限公司损害公司利益责任纠纷案，参见陕西省高级人民法院(2016)陕民终255号民事判决书。

所欲遏制的违法主体的特点解析，唯有完成此一分析，才能确定该制度的教义学构造基础，即平衡多方主体之间的利益。股东双重派生诉讼的功能一方面体现在通过诉讼对子公司受侵害利益给予补偿，最终实现对母公司和母公司股东的救济；另一方面，通过双重派生诉讼的威慑作用，对子公司内部控制的不当行为发挥有效抑制机能。[1] 由此可知，股东双重派生诉讼背后是公司、少数股东和多数股东这三方利益主体之间的利益博弈。是故，进一步展开双重派生诉讼的必要性理论研究需要在这三者的语境下进行。

（一）股权结构集中语境下的多数股东滥权现象频发

第一，我国公司长期存在股权结构集中的现象。我国公司或为国家控股，或为私人控股，包括上市公司在内亦存在很多绝对或相对控股的现象。[2] 在相当长的一段时期内"一股独大"是证券市场中所特别关注的特定概念[3]。在有限责任公司中，投资合作更多地发生在"熟人社会"，是故家族型企业占了很大比例。[4] 因此，我国股权结构高度集中现象十分突出，大股东通常控制着的公司内部治理机构。[5]

第二，在公司集团化发展下股权结构集中的现象更为普遍，这使母公司更容易支配子公司，影响其决策自主性。随着我国公司集团化的快速发展，子公司在集团内部往往构成母公司的实质性主要资产，同时母公司的绝大部分业务也置于子公司中进行操作；而子公司的重大事项决策和日常经营管理，主要由母公司的控股股东（实际控制人）以及由其实际选任的董事、高级管理人员实施，母公司的其他股东往往被排斥在子公司的治理之外，显然这类少数股东的权益在实质层面受到限制。[6] 虽然母子公司是"命运共同体"，但母公司的股东（主要是少数股东）对子公司却并不直接具有经营管理的权利，因此少数股东的"股权缩小"问题十分突出。[7]

第三，在股权结构集中的集团公司中，母公司多数股东具有滥权的空间。公

[1] 参见樊纪伟：《我国双重代表诉讼制度架构研究》，载《华东政法大学学报》2016 年第 4 期。

[2] 参见李建伟：《公司制度、公司治理与公司管理》，人民法院出版社 2005 年版，第 118 页以下。

[3] 参见施天涛：《公司法论》（第 4 版），法律出版社 2018 年版，第 326 页。

[4] 参见张学文：《封闭式公司中的股东信义义务：原理与规则》，载《中外法学》2010 年第 2 期。

[5] 参见赵旭东：《公司治理中的控股股东及其法律规制》，载《法学研究》2020 年第 4 期。

[6] 参见王建文：《论我国股东知情权穿越的制度构造》，载《法律科学（西北政法大学学报）》2019 年第 4 期。

[7] 参见董新义：《股东对公司所控股公司的知情权》，载《财经法学》2021 年第 3 期。

司股东、高管层等作为公司的利益相关者，均会谋求自身利益的最大化。在母公司内，股东的投资额、持股比例各不相同，其对公司的实际控制能力存在差异，因此各股东在公司管理层选任和经营决策等重大事项中具有不同的影响力。一些大股东或控股股东为实现自身利益最大化，经常回避披露不利信息、擅自改变公司资金用途、肆意重组并购，此类违反信义义务的行为致使不知情的股东行使各项权利出现困难。最终，公司被大股东操控，少数股东的受益权受到损害，甚至完全被剥夺。[1] 因为母公司存在通过企业结构的调整来分割所控股的子公司，或者通过设立另外的所控股公司对业务部分进行概括式的转移，或者通过另外设立所控股公司从事不当行为等侵害控股公司股东权利的行为。[2] 母公司多数股东甚至可以通过多数表决权足以替换子公司董事，进一步操纵子公司董事会。[3]

第四，股东双重派生诉讼的缺位使少数股东的权益缺少"最后一道屏障"的保护。为保护股东权益，公司法确认了许多股东权利，如表决权、知情权等。股东对公司日常生产经营的监督主要是通过表决权与知情权的实施间接实现的，即掌握公司生产经营中的动向，通过表决权的行使替换掉违信的董事或公司其他高管。在母子公司架构下，母公司系子公司股东。尽管母公司对子公司享有上述的股东权利，但母公司的股东并不能"穿越"母公司直接享有在子公司股东大会上的表决权、享有对子公司的知情权，也无法在子公司股东大会上直接行使更换董事的权利。因此，作为母公司的股东并不能有效对子公司董事进行监督。虽然母公司的股东可以向母公司提出请求，要求母公司来追究子公司董事的责任，但如果母公司的股东属于中小股东，实际上仍然无法左右母公司股东大会的决议。[4]

综上所述，一方面，公司股权结构普遍集中，加之公司集团不合时宜地跃进式膨胀，控制公司集团中的控股股东与实际控制人滥权、强化少数股东保护一直是公司治理的头号挑战；[5]另一方面，由于公司立法迟迟未确立双重派生诉讼

---

〔1〕 参见董新义：《股东对公司所控股公司的知情权》，载《财经法学》2021年第3期。

〔2〕 参见董新义：《股东对公司所控股公司的知情权》，载《财经法学》2021年第3期。

〔3〕 参见傅穹、虞雅曌：《我国控制股东信义义务的司法续造》，载《上海政法学院学报（法治论丛）》2021年第3期。

〔4〕 参见樊纪伟：《我国双重代表诉讼制度架构研究》，载《华东政法大学学报》2016年第4期。

〔5〕 参见赵旭东：《公司治理中的控股股东及其法律规制》，载《法学研究》2020年第4期；朱慈蕴：《资本多数决原则与控制股东的诚信义务》，载《法学研究》2004年第4期；李建伟：《股东压制的公司法救济：英国经验与中国实践》，载《环球法律评论》2019年第3期。

制度，司法实践基本上亦不予承认，客观上造成了母公司的少数股东在子公司利益遭受管理层等主体侵害后束手无策的法律困境，这成为我国公司集团法制的“阿喀琉斯之踵”。

（二）营商环境优化语境下的少数股东保护

任何一项具体制度的思考都无法与时代背景及语境相脱离。就当下而言，优化营商环境无疑是公司法治最显著的时代背景。尤其是针对190个经济体的商业法规和产权保护而发布的世界银行年度《营商环境报告》，被视为全球范围内最全面、最权威的评估报告，[1]在该报告中的排名对于一国吸引外资具有“风向标”的意义。[2] 近年来的世界银行报告显示，中国营商环境持续优化，排名持续大幅跃升。2019年世界银行将中国列为过去一年中营商环境改善度最高的10个经济体之一，并将中国列为东亚及太平洋地区改革首位和全球第二，从而几乎认可了中国在全部相关领域所进行的改革。其中，作为营商环境一级评估指标的“保护少数投资者”的改善是一大亮点：较2018年上升36位，位列全球第28位，成为拉动中国排名提升的主要力量（见图6-1）。[3]

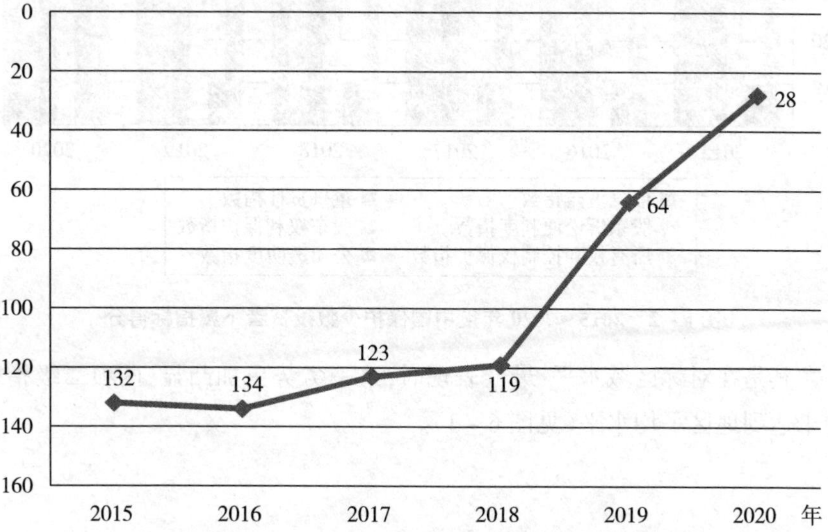

图6-1　2015～2020年度中国保护少数投资者指标排名

[1] 参见石楠、崔岩：《营商环境指标体系文献综述》，载《中国市场监管研究》2019年第1期。

[2] 参见薛峰、罗培新：《关于世界银行全球营商环境评估的几个问题》，载《中国工商报》2018年5月10日，第8版。

[3] 如无例外说明，本章节图表数据均源于世界银行历年营商环境报告。

如对保护少数投资者指标下属的二级评估指标进一步分析可以看到，近年来在股东权利保护、所有权和控制权保护以及董事责任等领域均取得重要突破［此与2019年及时施行的《最高人民法院关于适用〈中华人民共和国公司法〉若干问题的规定（五）》（以下简称《公司法解释五》）明确不公平关联交易、股东任意解除董事职务等规则息息相关］。但也应当承认，保护少数投资者的成效并不完美，其中仍存在短板和不足，即在董事责任和股东诉讼中的劣势（见图6－2）。

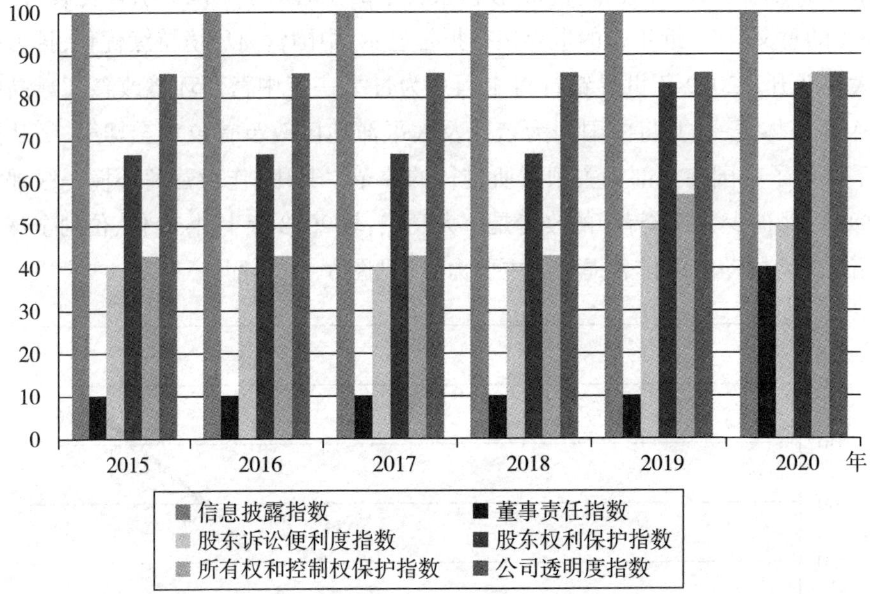

图6－2 2015～2020年度中国保护少数投资者下属指标得分

尤其是在对标区域水平、最佳表现时，这一劣势更加凸显，两项二级指标甚至均未达到地区平均水平（见图6－3）。

指标	北京	东亚及太平洋地区	经合组织高收入经济体	总体表现最佳者
披露指数(0－10)	10.0	5.9	6.5	10(13 经济体)
董事责任指数(0－10)	4.0	5.2	5.3	10(3 经济体)
股东诉讼便利度指数(0－10)	5.0	6.7	7.3	10(吉布提)
股东权利指数(0－6)	5.0	2.0	4.7	6(19 经济体)
所有权和管理控制指数(0－7)	6.0	2.4	4.5	7(9 经济体)
公司透明度指数(0－7)	6.0	2.6	5.7	7(13 经济体)

图 6－3　2020 年度中国保护少数投资者下属指标得分比较

资料来源：截图源于世界银行官网，https://chinese.doingbusiness.org/zh/data/exploreeconomies/china#DB_pi，最后访问日期：2019 年 12 月 21 日。

同时在全球前十大经济体的排名中，两项二级指标均排在倒数第二位，与其他二级指标相比劣势明显，与我国当前的经济体量极不相称（见图 6－4）。

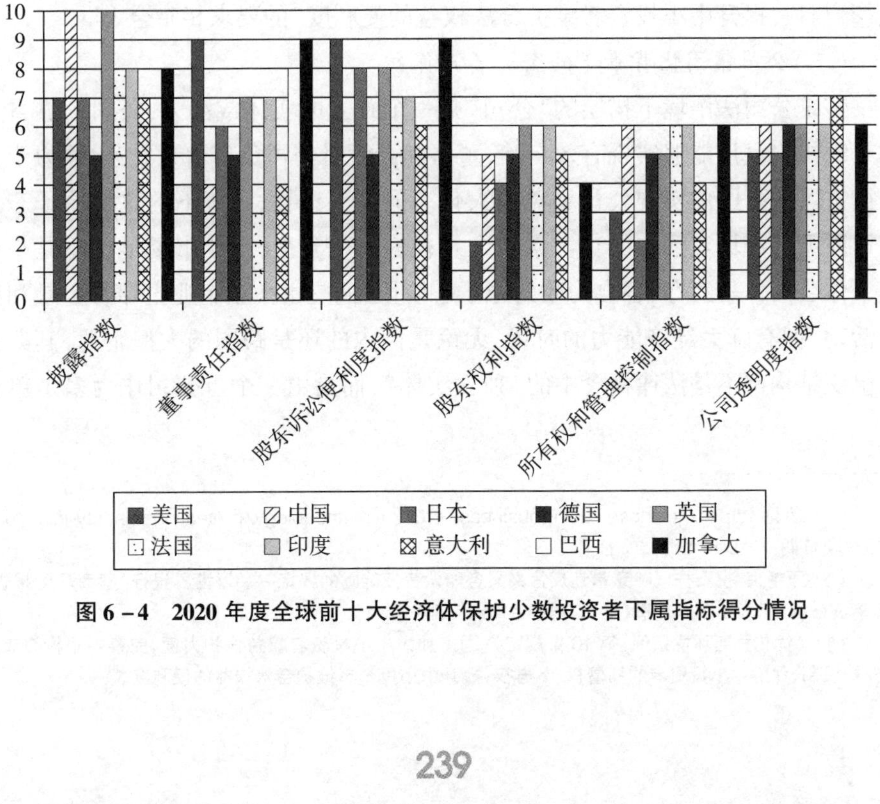

图 6－4　2020 年度全球前十大经济体保护少数投资者下属指标得分情况

当然，营商环境是一个复合性概念，董事责任指数与股东诉讼便利度指数更像是一个量化的经济学指标，想要通过法律制度完善来实现优化营商环境的目的，首先要把相关的经济指标转化为法律概念。按照世界银行官方网站对于董事责任程度指数和股东诉讼便利度指数的方法论介绍，两项二级指标的法律内涵是指股东对企业自我交易提诉及问责，以及股东在诉讼中获取证据和法律费用分担情况。[1] 本书关注的以股东权穿越为核心构造的双重派生诉讼制度，不仅在微观层面聚焦于追究不法管理层的损害赔偿责任，更在深层次指向立体公司架构中少数股东被缩减之权利的回复——除了代表诉权外，还有知情权和表决权的穿越行使。这无疑是对上述两项指标所做的最好法律注脚。

由此可见，在优化营商环境的背景下谈少数股东保护，实质上就是要解决“现行的董事责任制度既不被营商主体在市场实践中所认可，也未能在法律层面形成完善的投资者权益保障机制”的问题。[2] 虽然2005年修订的《公司法》已经确立股东派生诉讼制度，但仍面临前置程序规定形式化、豁免情况认定标准不明确、诉讼激励不足、诉讼实践不活跃等问题，在此背景下，能够进一步延展制度空间、激活制度活力的双重派生诉讼更应引起足够的重视，这无疑也与《优化营商环境条例》（中华人民共和国国务院令第722号）“保障中小投资者的知情权、参与权，提升中小投资者维护合法权益的便利度”的要求相暗合。[3]

（三）公司集团化背景下的企业资产保护

传统公司法语境下描绘的“公司”是一个独立的实体或法人，公司依靠自身的组织机构设计能够实现有效自治，董事和高管对公司负有信义义务，致力于在法律许可的范围内实现公司利益最大化。但是，公司法语境下的这种原子态的公司原型与市场实践中的真实景象大相径庭。事实上，当今市场早已不是小规模个体公司你争我夺、各自为政的原子态阶段，而是由大型企业主导着金融和商业活动、拥有巨大经济能力的时代，无论是国内的还是跨国的大型企业，其典型的组织结构都不是法律概念中的“独立实体”，而是由一个母公司作为多个单独

〔1〕 参见 https://chinese.doingbusiness.org/zh/methodology/protecting-minority-investors，最后访问日期：2019年12月21日。

〔2〕 王艳梅、祝雅柠：《论董事违反信义义务赔偿责任范围的界定——以世界银行〈营商环境报告〉“董事责任程度”为切入点》，载《北方法学》2019年第2期。

〔3〕 《优化营商环境条例》第16条规定：“国家加大中小投资者权益保护力度，完善中小投资者权益保护机制，保障中小投资者的知情权、参与权，提升中小投资者维护合法权益的便利度。”

设立的子公司的唯一或控制股东而形成的公司集团。[1]

我国市场经济发展的历程虽然短暂，但形形色色的公司集团却迅速崛起。我国公司集团既发轫于国有企业，也以国有企业最为集中，以目前的96家央企为例，有85家以公司集团形式出现，这从企业名称中即能反映出来。[2] 在这些公司集团中，由于层级过多所引发的集团母公司对子公司管理失控问题，一直是国资监管的心腹大患，"有报告表明，多数央企目前层级为5~9级，最多的达到11级"，[3]已经披露的案例则显示由于集团内控机制缺失，子公司频繁滥用自身所具有的转投资职权，各种名为投资实为谋私的行为屡见不鲜，大量国有资产被蚕食于无形之中。[4] 众所周知，母子公司之间的控制层级越多，相应的代理链条就会越长，这不仅会带来效率的低下，还会弱化母公司对下层的约束，甚至会产生子公司管理层的道德风险。国企集团长期存在的所有者缺位以及内部人员缺乏流动性问题，不仅加剧了机会主义风险，更使内部人控制现象屡屡发生。[5] 再加上经过国企股份制改革，集团母公司自身往往不从事具体经营业务，而将企业核心资产逐级下沉至重要子公司、孙公司，使形式上居于被控股地位的子公司、孙公司事实上掌控了国有资产。[6] 由此，国有资产的流失往往不在于母公司，而多发于子公司、孙公司之中。母公司管理层往往借由"多级法人"的存在以及母公司管控力的削弱，获得对子、孙公司的控制权，然后通过看似合法但实则不正当的关联交易将国有资产一步步转移到小团体控制的子、孙公司中，甚或是直接将优质资产或业务剥离出来，并将之注入到自己所掌控的法人实体中，从而达到掏空母公司资产、中饱私囊的目的。[7]

诚然，在金字塔式的公司持股结构涌现、公司模型层级化态势蔓延的趋势

---

〔1〕 See John H. Matheson, *The Modern Law of Corporate Groups: An Empirical Study of Piercing the Corporate Veil in the Parent-Subsidiary Context*, 87 North Carolina Law Review, 1091 - 1156, (2008 -2009).

〔2〕 参见国资委央企名录，载 http://www.sasac.gov.cn/n2588035/n2641579/n2641645/index.html，最后访问日期：2021年10月16日。

〔3〕 王成饶：《国企层级过多折射出哪些问题?》，载《国资报告》2016年第11期。

〔4〕 参见李建伟：《企业集团的控制机制与公司治理——以母子公司制为中心》，载《人大法律评论》2004年第1期。

〔5〕 参见李建伟：《企业集团的控制机制与公司治理——以母子公司制为中心》，载《人大法律评论》2004年第1期。

〔6〕 参见桑均尧、汪星明：《完善国有企业母子公司监事会工作机制》，载《国有资产管理》2014年第5期。

〔7〕 参见赵万一主编：《公司治理的法律设计与制度创新》，法律出版社2015年版，第383页。

下，强势的母公司股东之影响力会随着层级的纵深而扩展，从而引发过度控制子公司、侵害子公司及利益相关者。但是，现实中国有资产流失的教训却呈现与之相反的态势，当母公司的核心资产脱壳于自身而主要集中于子、孙公司中时，集团母公司事实上沦为一具空壳，失去管控的子、孙公司的管理层就犹如脱缰的野马，肆意啃噬国有资产的青苗。[1] 正因如此，在公司集团化浪潮下预防母公司"空心化"、保护国有资产免遭侵吞，就必须加强集团母公司的管控能力。[2] 而在国有企业实质所有者缺位的情况下，发挥母公司少数股东的监督作用、强化对子公司管理层的控制将成为关键一环。于此而言，双重派生诉讼的确立对于我国当下具有特别深刻的现实意义：双重派生诉讼无疑能在一定程度上弥补由于公司集团的层级化、立体化所带来的难题，帮助母公司股东打破层级障碍，直接追索子、孙公司不法管理层之责任，从而将财产的控制权最终回溯至真正的财产所有人手中。

不独于此，民营公司集团中大量存在的公司间的交叉持股乃至控制现象也不断昭示出公司法上典型公司形态的"单一模型"所面临的种种危机：各种利益冲突往往超越个体公司的边界，变得更加隐蔽和间接，使关联交易变得极为便利。"从委托代理理论的视角看，关联交易成为支配股东（代理人）以隐蔽行动盘剥少数股东（委托人）、转移资产和利润的康庄大道。"[3] 但由于特殊的历史文化因素，家族企业占据了我国民营企业的重要部分，"一股独大"也是极具中国特色的上市公司股权结构模式。[4] 在这一特殊背景下，在封闭型公司内部治理中出现的种种问题，诸如内部人的控制、股东压制、控制权私利攫取等，都会在

---

〔1〕 参见石少侠等：《建言〈公司法司法解释（四）〉（草案）》，载中国民商法律网，http://www.civillaw.com.cn/zt/t/? id =31408，最后访问日期：2019 年 12 月 26 日。

〔2〕 参见王娜：《基于国企集团化改制背景的母公司"空心化"问题及对策》，载《消费导刊》2018 年第 8 期。

〔3〕 Bernard S. Black & Conrad S. Ciccotello, *Law and Tunneling*, 37 Journal of Corporation Law, 1 -49 (2011).

〔4〕 有学者提出在东亚地区有盛行家族企业的传统，"如韩国的财团（Chaebol）、日本战前的财阀（Zaibatsu）、东南亚地区的华人企业集团（CFBs）、印度的 Business house 等"，参见王河森、王明琳：《制度环境、企业扩展与家族企业集团化成长》，载《杭州师范大学学报（社会科学版）》2016 年第 8 期。还有学者统计在我国上市公司中，家族企业比重已占 1/3 以上，这些公司的最终控制人多采用通过关联企业集团的金字塔结构来实施超额控制。参见王俊秋、张奇峰：《法律环境、金字塔结构与家族企业的"掏空"行为》，载《财贸研究》2007 年第 5 期；陈星：《论我国上市家族企业治理问题与公司法的完善》，载《东南大学学报（哲学社会科学版）》2014 年第 S2 期。

控制股东大权总揽的股份公司治理中重新上演。[1] 而以上种种因素的叠加更使少数股东在面临控制股东盘剥时束手无策——本来要利用股东派生诉讼制度挑战控制股东的决策权威、追究不法管理者之责，已如蚍蜉撼树，如再为控制股东添上一件“子公司法人格独立”的铠甲，无疑是将少数股东逼入“赶人入穷巷，穷巷狗咬人”的绝境之中。这不仅是少数股东的重大不幸，也将是公司法制与营商环境的一处硬伤。

新一轮公司法的修订为双重派生诉讼制度的确立带来了契机。为加强产权保护工作，进一步优化营商环境，并推动公司法治现代化，作为公司集团化场景下适用典型的规则之一，以股东权跨越行使为核心的双重乃至多重派生诉讼制度不仅被寄望给予“国企蛀虫”以威慑，保护国有资产免遭流失，还能有效应对少数股东于多层级法人架构下对抗不法管理者的难题，矫正控制股东股权的异化，并唤醒人们对于当前公司立法中关联企业和公司集团规制缺漏的重视。据此而言，双重派生诉讼自应进入立法者的修法视野，成为新一轮公司法修订的重要议题之一。

三、股东双重派生诉讼裁决经验的实证分析

（一）样本说明

法律的生命在于实践。一项法律制度的好坏需要通过司法实践来检验，同样，一项制度是否具有引入的必要性也需要通过司法“市场”的检验。鉴于此，采用实证研究方法分析近年来我国股东双重派生诉讼的相关案例，从中寻求引入的现实必要性。

鉴于双重派生诉讼和普通派生诉讼之必要性以及与损害公司利益的关联性，我们分别以“全文：《中华人民共和国公司法》第一百五十一条”“案由：损害公司利益责任纠纷”为限定条件，以“股东派生诉讼”“双重/多重派生诉讼”“双重/多重代表诉讼”“双重/多重股东代位诉讼”“全资子公司”“股东的股东”等关键词在中国裁判文书网、无讼案例网、北大法宝网及其他法律搜索引擎进行线上搜索，同时在公司法案例著述中进行典型案例收集。筛选到420个案例，得到与本章主题直接相关的10个典型案例，样本案例如表6－1所示。

[1] 参见汪青松：《股份公司股东异质化法律问题研究》，光明日报出版社2011年版，第164页。

表6-1 受支持的股东双重派生诉讼案例样本一览

序号	样本名称	裁判文书号
样本1	詹德懿等诉陈蔡春咏等董事损害公司利益、公司知情权、公司盈余分配权案	(2004)汕中法民四初字第66号
样本2	江文宏与吴金辉财产损害赔偿纠纷案	(2008)沪二中民五(商)初字第21号
样本3	张鑫与SDT-Holding S. A.等与公司有关的纠纷案	(2009)一中院初字第21号
		(2012)津高民四终字第1号
样本4	黄少联、黄惠珍与中山市惠振制衣有限公司、黄英伟与公司有关的纠纷案	(2013)中中法民四初字第3-2号
		(2013)粤高法立民终字第439号
样本5	乔俊与王有斌、南京广厦(集团)万杰置业有限公司损害公司利益纠纷案	(2014)宁商初字第150号
		(2015)苏商终字第00009号
		(2015)宁商初字第175号
		(2016)苏民终568号
样本6	江苏南通二建集团长信建设工程有限公司诉上海沙家浜铮友实业有限公司等股东出资纠纷案	(2014)金民二(商)初字第1930号
		(2015)沪一中民四(商)终字第929号
		(2015)沪高民二(商)申字第275号
样本7	王永凡、党鹏、海航控股集团有限公司与赵小海及陕西海航海盛投资有限公司、陕西皇城海航酒店有限公司损害公司利益责任纠纷案	(2014)西中民四初字第00244号
		(2016)陕民终255号
样本8	盛世游艇会(香港)有限公司与盛世游艇会(中山)有限公司、黄孔光损害公司利益责任纠纷案	(2017)粤2071民初21628号
样本9	杨桂平与江苏开元众鑫玩具有限公司损害公司利益责任纠纷案	(2013)句后商初字第0142号
		(2014)句商初字第402号
		(2015)镇商终字第00403号之一
		(2017)苏1183民初137号
		(2018)苏11民终35号
样本10	广东南博教育投资有限公司、LEI Lie Ying Limited损害公司利益责任纠纷案	(2017)湘民初43号
		(2019)最高法民终521号

之所以最终仅选取10个案例作样本,有多方面的原因。首先,符合实质要求的股东派生诉讼本身的案例数量非常有限。[1] 其次,由于缺乏立法依据,对于想要代表子公司提起派生诉讼的母公司股东无疑存在巨大的障碍,甘冒"法律之大不韪"的当事人无疑是极少数的。最后,一些符合形式要求但不满足实质条件的案例被排除在外,比如,2014年第11期《最高人民法院公报》案例"林承恩与李江山等损害公司利益纠纷案",[2]形式上看被告母公司股东利用实际控制全资母、子公司的机会,伙同他人剥夺了子公司的商业机会,但实际上该商业机会不专属于母、子公司所有,即便受损也只是母公司利益受损,因而本案实为股东派生诉讼,不能纳入样本。

由于样本数量有限,我们将采取合并分析与个案分析相结合的方式对样本案例展开研究,以求充分挖掘全部样本的研究价值。合并分析是按照相关裁判要素对样本的统计学分析,试图从中寻找双重派生诉讼在司法实践的"中国特色"。个案分析分为两部分,一是失败的教训,在总结失败之缘由的同时,对个案是否存在其他典型替代救济措施加以探讨,大致采取"一案一救济"的方式;二是成功的经验,通过分析仅有的两个成功样本,探究其之所以能获得法院认可的原因所在,并分析其在现行法上的妥适性。以上两种方式的并用,有利于充分挖掘有限样本的研究价值,发现双重派生诉讼制度在司法实践的"生存"现状,并审视其他替代救济方式的实际效果。

(二)合并分析

1.案由分析

从"案由"来看(见表6-2),除了样本6为股东出资纠纷外,其余案由均为损害公司利益纠纷(其中样本1稍有特殊,原告同时提起的还有知情权、盈余分配权诉求)。至于损害了谁的利益?可以从"起诉理由"一探究竟:全部都是因子公司利益直接受损从而间接损害母公司抑或母公司股东利益而提诉(样本7、9也是全资子公司直接受损、间接影响到母公司利益,只不过原告的诉由没有提及)。可见,此处"损害公司利益"实际上是指直接损害子公司利益,而母公司股东则基于该损害以其自身名义为子公司受损利益得到救济而提诉,其双重派生诉讼的性质毫无争议。

---

〔1〕 有学者发现,股东派生诉讼制度确立后的5年间,符合实质要求的有效样本仅为60例。参见黄辉:《中国股东派生诉讼制度:实证研究及完善建议》,载《人大法律评论》2014年第1期。

〔2〕 参见最高人民法院民事判决书,(2012)民四终字第15号。

表6－2　受支持的股东双重派生诉讼案例案由概况

序号	起诉理由	主张为了谁的利益	诉讼请求利益归属	案由
样本1	损害子公司利益,剥夺原告知情权	子公司和自身	子公司和股东自身	董事损害公司利益、知情权、盈余分配权纠纷
样本2	侵占公司财产,给公司造成严重损失,同时侵害了原告权益	子公司和自身	子公司	财产损害赔偿纠纷
样本3	恶意串通、转移子公司核心技术、客户资源及商业利润,从而使母公司无法取得任何收益	母公司	母公司	侵害公司利益纠纷
样本4	擅自转让子公司的土地和房产,严重损害原告及母公司合法权益	母公司和自身	子公司	损害公司利益纠纷
样本5	利用身份之便,串通他人非法转移和侵吞子公司资产,直接损害母公司合法权益,亦间接损害原告合法权益	母公司和自身	开庭前主张归自己;开庭后主张归子公司	损害公司利益纠纷
样本6	控股未实际出资,却在名义上享有子公司权益,甚至派员控制子公司,严重损害参股母公司的合法权益	母公司和自身	子公司	股东出资纠纷
样本7	损害母公司利益	母公司	一审:母公司 二审:子公司	损害公司利益责任纠纷
样本8	共同侵害子公司利益,造成子公司的资产损失,也给原告造成巨大的经济损失	子公司和自身	股东自身	损害公司利益责任纠纷

续表

序号	起诉理由	主张为了谁的利益	诉讼请求利益归属	案由
样本9	损害了母公司的利益,也损害了股东的合法利益	原审:母公司和自身; 重审及二审:母公司和子公司	原审:母公司; 重审及二审:子公司	损害公司利益责任纠纷
样本10	滥用控股股东地位,任意出让子公司的质权利益,套取子公司资金,严重损害子公司利益	一审:子公司 二审:子公司	一审:子公司 二审:子公司	损害公司利益责任纠纷

再结合数个样本案例中的“起诉理由”与“主张为了谁的利益”来看,声称为母公司利益而提诉的有6例,声称为子公司利益提诉的有4例,但真实的诉请(“诉讼请求利益归属”)相较于上述声称之目的却有所变化,原声称为母公司利益而提诉的原告纷纷要求将诉请利益归属于子公司,只有样本3始终主张诉请利益归于母公司。为什么出现这种情况?我们猜测其主要目的在于“伪装”——现行法不支持双重派生诉讼,对子公司遭受的损害,作为母公司股东的原告无权越过母公司直接代表子公司行使相应诉权,于是通过“曲线救国”的方式,即假借自己提起的是“作为母公司股东为了回复母公司利益损失”的普通派生诉讼,实则还是维护子公司受损的利益,可谓之“假普通,真双重”。在母、子公司均被母公司多数股东、子公司管理层控制的情况下,母公司少数股东此番良苦用心,确属无奈之举。

2.诉讼当事人分析

从诉讼当事人看(见表6-3、表6-4),10个样本的原告均为母公司股东,被告可以分为五类:母公司其他股东,频次最高(8例);子公司(6例),以及子公司董事高管(名为2例,实有6例,其中有5例与母公司其他股东重合);此外,还有子公司交易对手(3例),以及子公司的控股股东(1例)。再联系被告在子公司的任职情况进行观察,除2例不详外,作为被告的母公司其他股东都在子公司中有任职(担任法定代表人、董事长/执行董事的有6例,其中又有3例在母子公司兼任),这说明母公司其他股东与母、子公司管理层存在高度重合关系。换言之,母公司其他股东处于在事实上掌控母、子公司的地位。与之相对应的是原告的任职情况:在母公司任职的有5例,在子公司任职的有4例,同时任职的有1例。

表6-3 受支持的股东双重派生诉讼案例原告概况

序号	持股比例	母公司任职	子公司任职
样本1	—	不明确	已离任董事
样本2	50%	不明确	无任职
样本3	—	不明确	法定代表人兼任董事长、总经理，后被撤职
样本4	—	不明确	董事
样本5	35%	监事，后被撤职	无任职
样本6	30%	监事	无任职
样本7	40%	董事	无任职
样本8	20%	董事	无任职
样本9	40%	副董事长	董事长
样本10	22.8%	不明确	不详

表6-4 受支持的股东双重派生诉讼案例被告概况

序号	身份	持股比例	母公司任职	子公司任职
样本1	母公司其他股东；子公司	—	不详	法定代表人、董事长兼总经理
样本2	母公司其他股东；子公司交易对手	50%	不详	董事长、法定代表人
样本3	母公司其他股东；子公司；子公司交易对手	—	不详	不明确
样本4	母公司其他股东；子公司	—	不详	法定代表人
样本5	母公司其他股东；子公司	65%	法定代表人、执行董事	法定代表人、执行董事
样本6	控股母公司；子公司	—	法定代表人	法定代表人、董事长
样本7	母公司其他股东；子公司董事高管	60%	董事、总经理	董事、总经理

续表

序号	身份	持股比例	母公司任职	子公司任职
样本8	子公司；子公司董事高管	—	不详	董事长、监事
样本9	母公司其他股东	60%	法定代表人、董事	董事
样本10	母公司其他股东；子公司交易对手	70%	不详	不明确

若从“持股比例”看，除3例不详外，其余7例的原告持股比例均低于50%，主要集中在20%～40%，与之对比的是作为被告的母公司其他股东的持股比例，除样本6外均高于50%。由此做实一个基本事实：原告都是母公司少数股东，被告则是母公司多数股东。申言之，双重派生诉讼表面上是对子公司管理层的讨伐，实际上却是一场母公司少数股东与多数股东（尤其把控着子公司、母公司管理职位的控股股东）之间的对决。

3. 母子公司分析

从母公司的组织形式（见表6－5），除2例不详外，其余8例的母公司全部是有限公司；结合母公司“股东构成”看，除样本1之外，有6家由2名股东组成，另有1家由3名股东组成。这说明发生双重派生诉讼案例的母公司具有较强的封闭性。

表6－5　受支持的股东双重派生诉讼案例母公司概况

序号	组织形式	股东构成	股权分布
样本1	中国台湾地区股份公司	13名股东	不详
样本2	中国香港股份公司	原告；被告	原告50%；被告50%
样本3	瑞士注册公司	不详	不详
样本4	中国香港注册公司	不详	不详
样本5	有限责任公司	原告；被告	原告35%；被告65%
样本6	有限责任公司	原告；涉案股东；案外股东	原告30%；涉案股东47%
样本7	有限责任公司	原告；被告	原告40%；被告60%
样本8	中国香港注册公司	原告；案外股东	原告20%
样本9	有限责任公司	原告；被告	原告40%；被告60%
样本10	有限责任公司	原告；被告；案外股东	原告22.8%；被告70%

从子公司组织形式看(见表6-6),子公司全部是有限公司(样本10中“子公司”为母公司全资举办的民办非企业单位,在审理中被法院视作子公司对待)。结合子公司“持股比例”分析,有8家为全资子公司,其余的样本5为母公司绝对控股,样本6为母公司参股。整体上说,母、子公司都以有限公司为主,且全资子公司占据绝对多数。

表6-6 受支持的股东双重派生诉讼案例子公司概况

序号	组织形式	股东构成	股权分布
样本1	台商独资;全资子公司	母公司	100%
样本2	港商独资;全资子公司	母公司	100%
样本3	外商独资;全资子公司	母公司	100%
样本4	港商独资;全资子公司	母公司	100%
样本5	非全资子公司	母公司;案外股东	母公司绝对控股(90%)
样本6	非全资子公司	母公司;涉案股东	母公司参股(48.98%)
样本7	全资子公司	母公司	100%
样本8	港商独资;全资子公司	母公司	100%
样本9	全资子公司	母公司	100%
样本10	民办非企业单位(法人);全资举办	母公司	100%

另外,母子公司的涉外性特征需要引起注意。样本中涉外母子公司占据样本的半数(5例,此外样本10也有涉外因素,被告多数股东为中国香港注册公司)。这是否可以说明涉外母子公司更容易发生多数股东操控子公司、损害子公司利益的情况?尚需进一步研究。这种情况出现的原因可能是,利用境内外公司法规则、地理位置等方面的差异,给少数股东寻求救济制造更大的法律障碍。

4.诉讼地位与立场分析

从“诉讼地位”看(见表6-7),有5例的母公司被列为第三人(此外样本4开始未列入,后原告要求追加为第三人,但法院未审核),被列为被告的0例(样本8一开始未被列入,后要求追加为被告,但被法院拒绝)。子公司在诉讼中以被告身份居多(6 例),接着是第三人身份(4 例)。这说明在当前司法实践中作为公司的诉讼地位比较尴尬,不存在统一的做法,但从中也能看出一些端倪:母公司常作为第三人或者不列为当事人,子公司常作为被告出现,偶尔充当第三人参与诉讼。

表 6-7　受支持的股东双重派生诉讼案例母子公司的诉讼地位

序号	子公司诉讼地位	母公司诉讼地位
样本 1	被告	未列入
样本 2	第三人	未列入
样本 3	被告	第三人
样本 4	被告	开庭前未列入;开庭后主张应当追加为第三人
样本 5	被告	第三人
样本 6	被告	第三人
样本 7	第三人	第三人
样本 8	被告	开庭前未列入;开庭后主张应当追加为被告,未获准
样本 9	第一次未列入; 重审时列为第三人	未列入
样本 10	第三人	第三人

从“诉讼立场”看(见表 6-8),第一类是明确表示反对或者以不予回复行为表示反对原告诉请,母公司 6 例,子公司 8 例;第二类是不明确表态的,母公司 2 例,子公司 1 例;第三类是支持原告诉请(包括提供文件或支持起诉)的,母公司 2 例,子公司 1 例。综合来看,多数案例的原告无法得到母公司、子公司的支持。

表 6-8　受支持的股东双重派生诉讼案例母子公司的诉讼立场

序号	诉讼请求利益归属	子公司诉讼态度	母公司态度
样本 1	子公司和自身	拒绝	未提及
样本 2	子公司	拒绝	请求未予回应
样本 3	母公司	拒绝	拒绝
样本 4	子公司	拒绝	未提及
样本 5	开庭前主张归自己 开庭后主张归子公司	拒绝	拒绝

续表

序号	诉讼请求利益归属	子公司诉讼态度	母公司态度
样本6	子公司	拒绝	拒绝
样本7	一审：母公司 二审：子公司	未明确拒绝， 不提供证据	不提供证据
样本8	自身	拒绝	对于请求可以提供自身所掌握文件
样本9	原审：母公司 重审及二审：子公司	支持	未明确拒绝——董事未答复； 监事支持原告自行提起
样本10	一审：子公司 二审：子公司	拒绝	拒绝

结合前述“诉讼请求利益归属”情况分析，还会发现一些有意思的现象：样本1、4、5、6的原告将子公司列为被告，却同时要求将诉请利益归属于子公司；样本3原告将母公司列为第三人，同时主张将诉请利益归属于母公司，但母公司并不领情，对原告持反对立场（同样的情形还出现在样本10）。表面上看，之所以出现“告你是为了你好”的现象，正说明直接受到损失的的确是子公司，只不过这些诉讼都以普通派生诉讼之名、行双重派生诉讼之实，至于母公司的不领情，则是母公司的意思已被多数股东操纵的自然结果。

5. 前置请求程序履行情况分析

从“前置请求程序的履行情况”看（见表6－9），根本没有进行诉前请求的仅2例（其中样本3被法院主动豁免），主张情况紧急需要豁免的有1例（样本10未获审核），未提及诉前请求履行情况的有2例，其余5例都提及了履行前置请求程序，其中仅向母公司方面发出请求的3例，向母、子公司方面均发出请求的有2例（样本8仅发函要求提供相关文件资料，未明确提出起诉请求，也因此被认定为“前置请求程序尚未完全履行”，后被作为法院驳回起诉理由之一）。综上来看，原告依照普通派生诉讼程序提起双重派生诉讼时普遍有首先寻求内部救济（或主张豁免）的意识，但具体做法不一：有些原告是重点进攻，仅向母公司层面发出请求，且通常穷尽了能向母公司层面相关机构发出请求；有些原告则全面出击，向母、子公司同时请求救济，但针对性打了折扣（如样本2、8只向母公司发出请求，未对其具体董事或者监事机构发出请求）；样本中未发现单独向子公司层面发出请求的案例，这说明原告实际上对子公司保持着界限意识，不轻易甚至尽力避免逾越母公司直接与子公司沟通。

表 6-9　受支持的股东双重派生诉讼案例前置请求程序的履行情况

序号	是否履行请求前置程序
样本 1	无
样本 2	先向母公司请求,再向子公司监事机构请求
样本 3	紧急情况,被法院豁免
样本 4	未提及
样本 5	未提及
样本 6	向母公司、母公司董事长及母公司监事发函
样本 7	向母公司董事长发函反映问题;向母公司监事会主席致函要求提诉;向母公司法定代表人致函要求提供相关凭证
样本 8	分别致函母公司以及子公司董事长要求提交子公司相关文件资料
样本 9	先后分别书面发函给母公司董事会、监事,请求就侵害公司利益的行为提诉
样本 10	主张情况紧急,但法院未提及

6. 裁判分析

从"裁判理由"看(见表 6-10),认定原告主体不适格的有 7 例、适格的有 3 例,认定没有直接利害关系的有 3 例,认定未履行前置请求程序的有 2 例,认定子公司损失就是母公司损失的有 2 例。可见"主体不适格"与"无直接利害关系"构成审判实践中双重派生诉讼推进的实质性障碍。

表 6-10　受支持的股东双重派生诉讼案例裁判理由

序号	裁判理由
样本 1	(1)非适格原告,母、子公司适格 (2)不是子公司股东,无权要求子公司向其分配红利
样本 2	非适格原告,母公司适格
样本 3	(1)一审:非直接损害,不符合股东派生诉讼第三款 (2)二审:无法证明母公司有损害(回避了直接间接)
样本 4	(1)一审:a. 非适格原告,母公司适格;b. 与本案无直接利害关系 (2)二审:a. 非适格原告,母公司适格;b. 与本案无直接利害关系

续表

序号	裁判理由
样本5	(1)一审:非适格原告 (2)二审:股东可为维护自己直接出资的公司利益提起股东派生诉讼,原告主体不适格,母公司适格
样本6	(1)一审:非适格原告,母公司适格;无权越过母公司行使母公司在子公司的权利 (2)二审:出资款的来源并不影响出资款的性质;子公司股东资格解除和股东权利限制应当由子公司自行决定 (3)再审:无权越过母公司行使权利,主体不适格;解除股东资格不属于股东派生诉讼范围;出资款的来源并不影响出资款的性质
样本7	(1)一审:原告主体适格;全资子公司的损失就是母公司的损失 (2)二审:母公司股东以自己名义代全资子公司提诉符合法律规定;诉讼利益归属子公司
样本8	(1)原告主体不适格:目前我国法律并没有关于股东双重派生诉讼的规定,股东派生诉讼只限于公司直接股东 (2)前置请求程序尚未完全履行
样本9	(1)原审:未完全履行前置请求程序 (2)重审及二审:子公司利益直接受损,其唯一股东利益也必定受到侵害,在履行前置程序前提下,原告主体适格
样本10	(1)一审:与本案没有直接利害关系,其诉讼主体不适格 (2)二审:没有直接利害关系;非适格原告,母公司适格

从"裁判结果"看(见表6－11),最终驳回全部请求的有4例,最终驳回起诉的有4例,仅有样本7、9的原告获得支持。

表6－11 受支持的股东双重派生诉讼案例裁判结果

序号	裁判结果
样本1	驳回全部诉讼请求
样本2	驳回全部诉讼请求
样本3	(1)一审:驳回全部诉讼请求 (2)二审:驳回上诉,维持原判

续表

序号	裁判结果
样本4	(1)一审:裁定驳回起诉 (2)二审:驳回上诉,维持原判
样本5	(1)一审:裁定驳回起诉 (2)二审:驳回上诉,维持原判
样本6	(1)一审:驳回全部诉讼请求 (2)二审:驳回上诉,维持原判 (3)再审:驳回再审申请
样本7	(1)一审:支持原告诉讼请求(数额有变动)诉讼利益归属母公司 (2)二审:撤销原判,诉讼利益归属子公司
样本8	裁定驳回起诉
样本9	(1)原审:裁定驳回起诉 (2)重审:支持原告诉讼请求,诉讼利益归属子公司(数额有变动) (3)二审:撤销原判,诉讼利益归属子公司(数额有变动)
样本10	(1)一审:裁定驳回起诉 (2)二审:驳回上诉,维持原裁定

综合以上,大可描绘出审判实践中双重派生诉讼的基本轮廓。

第一,从发生场合看,基本上发生在封闭性较强的母、子公司之中,其中子公司为全资、绝对控股子公司,母公司多有涉外性。

第二,从原、被告双方看,原告基本上是母公司少数股东,被告多为与母、子公司管理层存在高度重合关系的母公司多数股东。

第三,从实现方式上看,“曲线救国”路线图明显——借普通派生诉讼之名,行双重派生诉讼之实,所以案由上基本表现为以损害公司利益纠纷为主。

第四,从诉讼地位看,母、子公司的诉讼地位难以统一。母公司通常作为第三人或者不列入当事人,子公司多以被告出现,偶尔充当第三人。

第五,从诉讼立场看,原告多陷于“孤立无援”之境,不会得到母公司、子公司的支持,这反映了母、子公司为被告所控制的现实状态。

第六,从前置请求程序的履行看,大多数原告具备寻求内部救济的程序意识,同时由于立法上的障碍,原告对子公司保持着一定界限意识,不轻易逾越母公司直接与子公司沟通。

第七,从裁判结果看,“主体不适格”“无直接利害关系”构成双重派生诉讼的两项实质性障碍,法院支持原告诉请的概率低。

(三)个案分析

1. 失败原因的总结

(1)内部救济路径说

以样本4[1]为例。原告黄少联、黄惠珍,系香港惠振厂(母公司)股东兼中山惠振制衣有限公司(全资子公司)董事,被告为中山惠振制衣有限公司、黄英伟(母公司股东兼任子公司法定代表人)。两原告以子公司及其法定代表人未经母公司股东会授权、也未经子公司董事会决议的情况下违反公司章程规定,擅自转让子公司的土地和房产,严重损害了原告及母公司合法权益为由提诉,主张两被告停止转让诉争房地产的行为并要求确认转让行为无效。一审法院认为原告并非子公司的股东,而是母公司的股东,并不符合股东派生诉讼的主体条件,同时认为两原告不论是作为子公司的董事还是作为母公司的股东均与本案处理结果无直接利害关系,故主体不适格,遂驳回起诉。二审法院认为原告既非子公司股东又非子公司执行董事,遂以同样理由认定其无权提起股东派生诉讼,亦无权提起股东直接诉讼,驳回上诉,维持原裁定。

本案可以作为以内部救济路径说为替代救济途径的典型案例加以分析。本案的子公司董事会由两名原告、一名自然人被告共三名成员组成,被告为董事长、法定代表人。此种情形下,如若子公司章程无例外规定,原告似可通过子公司内部途径寻求救济:两名原告有权在董事长不履行职责的情况下召集主持董事会会议;还可按照法定议事方式和表决程序对董事长实施的擅自转让行为作出董事会决议,要求董事长停止该行为,并由公司对该行为予以追诉。但由此又会产生一个问题:由于被告为子公司董事长、法定代表人,不可能代表公司以公司名义来起诉自己,该公司未设监事会、监事,[2]此时两原告能否以公司名义起诉被告并代表公司参加诉讼呢?

必须指出,此种救济路径实则窒碍难行。首先,该路径遭遇独具中国特色的唯一法定代表人制度的障碍,按照《民事诉讼法》第48条规定,法人由其法定代表人进行诉讼,又依照《公司法解释四》第23条规定,对于侵害公司利益的董

---

〔1〕 参见黄少联、黄惠珍与中山市惠振制衣有限公司、黄英伟与公司有关的纠纷案,广东省高级人民法院(2013)粤高法立民终字第439号民事裁定书。

〔2〕 来源:企业信用信息公示系统查询。

事、高管应当由监事会或者监事以公司为原告提诉，由监事会主席或者监事代表公司进行诉讼。对于侵害公司利益的监事或者他人则应当由董事会或者执行董事以公司为原告提诉，由董事长或者执行董事代表公司进行诉讼。据此，两名原告仅仅作为子公司董事，虽可能推动子公司作出对被告提诉的董事会决议，却无权代表子公司以原告名义提诉（此时应由监事会主席、监事代表子公司提诉）。其次，遭遇事实层面的困难，子公司印章当由法定代表人掌控，在缺少公司印章的情况下，两名原告欲以子公司名义对被告提诉在事实上缺乏可操作性，甚至连立案都无法开展。[1]

之所以选择本案作为内部救济路径失败的典型案例，是因为本案的特殊性在于两名原告在子公司董事会席位中占据多数，从而有实现子公司内部救济的可能性，这一条件对于母公司少数股东而言已是可遇不可求，但尽管如此，本案的内部救济仍然不可行。举重以明轻，本案尚且如此，更遑论那些在子公司董事会无任职或占据少数席位的母公司少数股东了。

实则，确立双重派生诉讼制度并不排斥内部救济的可适用性。恰恰相反，内部救济具有独特的制度优势以及适用的优先性，穷尽内部救济本来也就是双重派生诉讼适用的基本条件之一。就本案而言，寻求内部救济和普通派生诉讼均不可得，若不肯认母公司少数股东享有双重代表诉权，救济路径便就此止步了。

(2)普通派生诉讼路径说

以样本5[2]为例。原告乔俊系持有兆润公司（绝对控股母公司）35%股权的股东兼任母公司监事（后被撤职），被告广厦万杰公司（子公司，母公司持股90%）以及王有斌（持有母公司65%股权的股东兼母公司法定代表人、执行董事，同时为子公司法定代表人、执行董事）。第三人为兆润公司。原告以被告利用身份之便，串通他人非法转移和侵吞子公司资产，直接损害母公司合法权益，亦间接损害原告合法权益为由，主张被告向子公司返还侵占利益，同时向原告赔

〔1〕 参见杜万华主编：《最高人民法院公司法司法解释（四）理解与适用》，人民法院出版社2017年版，第552页。

〔2〕 参见乔俊与王有斌、南京广厦（集团）万杰置业有限公司损害公司利益纠纷案，江苏省南京市中级人民法院（2015）宁商初字第175号民事裁定书；江苏省高级人民法院（2016）苏民终568号民事裁定书。

偿相应损失。[1] 两名被告均提出了原告诉讼主体不适格的抗辩:“乔俊提起的诉讼是股东代表诉讼,但在本案中已经变成了股东代表的代表诉讼,乔俊不具备主体资格。”一审法院认定原告既非子公司股东,又非子公司监事,其无权代表子公司提出股东派生诉讼,遂驳回起诉。二审中原告提出的上诉意见是:被告王有斌已经实际控制母、子公司,原告提诉是作为少数股东的唯一救济途径,符合法律规定及法理原则;同时母、子公司存在法人人格混同情形,属于“一套人马,两块牌子”。被上诉人、第三人则针锋相对:“原告提起的并非股东代表诉讼,而是股东的股东代表提起诉讼。公司法并没有授予股东有穿透公司多重结构的诉讼权利。”二审法院认为,上诉人的诉讼主张之实质是认为子公司的合法权益受损而提起的股东派生诉讼,但现行法仅规定股东可为维护直接出资的公司利益而提起派生诉讼,上诉人的诉讼主体不适格,遂裁定驳回上诉。

诚如审理法院认定的,原告提起的是股东派生诉讼。鉴于此,将本案作为以普通派生诉讼为替代救济途径的典型案例加以分析。如依文义解释,股东派生诉讼中的“股东”仅限于公司之股东,且按照诉的利益原则,[2]“公司”仅限于利益直接受有损失的公司。原告以自己名义针对子公司受损利益主张救济已被两级法院否认的情况下,如采取股东派生诉讼进行救济,可能的方式有:

一是以自己名义提起股东派生诉讼。原告以母公司利益受有直接损失为由,以母公司股东身份提起代表母公司的诉讼,主张被告对相关损失予以赔偿。此时,原告首要解决的问题是如何举证证明母公司受有直接损失,原告能够证明的是“王有斌侵占广厦万杰公司的资产,同时间接损害了兆润公司的利益”,被告亦抗辩“即便公司有损失,也是广厦万杰公司的损失”。显然,直接受有利益损害的确是子公司,母公司遭受的是间接损失,在此情形下原告代表母公司提起维护母公司利益的派生诉讼显然不具有诉的利益。

二是双重诉讼模式:以自己名义提起股东派生诉讼,再以母公司名义提起股东派生诉讼。原告以被告未勤勉尽责导致母公司利益受到损害为由,以母公司股东身份提起代表母公司的诉讼,迫使被告再以母公司名义另行提起一个代表子公司的诉讼,也即先后提起两个派生诉讼,潜在的逻辑演变为:“被告对母公

[1] 一审庭审中,原告明确其提起的系股东派生诉讼,第二项诉请的内容亦为股东派生诉讼的一部分,利息应归入广厦万杰公司后再分配给兆润公司,兆润公司再分配给乔俊。二审法院据此认定乔俊是要以自己名义代表子公司提起派生诉讼。

[2] 参见张卫平:《诉的利益:内涵、功用与制度设计》,载《法学评论》2017年第4期。

司负有勤勉义务,在子公司遭受其董事损害时有义务要求子公司自行提诉,在子公司不提诉时就有义务以母公司名义提起派生诉讼,否则即是未尽勤勉之责"。[1] 然而此逻辑不能成立,因为母公司董事是否提出该派生诉讼属于母公司的管理问题,母公司的经营管理人员拥有决定权,且该商业决断应被径直给予尊重。[2] 此外,被告作为母、子公司董事对母、子公司分别负有忠实勤勉义务自不待言,然而违反对于子公司的忠实义务与违反母公司的勤勉义务并非同一问题,原告想要证明被告违反勤勉义务还存在如下困难:第一,被告违法行为、子公司所受损害等均聚集于子公司层面,取证上存在困难;第二,勤勉义务属于抽象性条款,"它可以包括无数的且并没有完全包括的行为准则",[3] 该条款本身的可适用性在司法实践中备受挑战;第三,在证明被告怠于起诉与母公司损害之间存在因果关系确实艰难,因为母公司的损害实际上仅因被告违反对子公司忠实义务带来的间接后果,在此情况下难以证明二者间的直接因果关系。还有,法院也很难支持这种强迫母公司的董事提起派生诉讼的请求,因为这属于商业决策范围,司法干预自然恪守谦抑原则,否则司法干预不是最好的选择,甚至可以说"后患无穷",毕竟"强扭的瓜不甜",如果母公司董事敷衍了事地提诉,不仅母公司股东的利益得不到维护,循"一事不再理"规则,还可能让子公司的其他股东丧失提诉机会。

三是以母公司名义提起派生诉讼。本案的特殊之处在于:第一,原告在母公司中任职监事;第二,所涉标的涉及被告职务侵占,后来的相关生效判决也确认被告实施了侵害子公司利益的不法行为。[4] 这些因素也为案件出现转机埋下了伏笔——该判决生效后,原告以母公司监事的身份代表母公司提起派生诉讼,

---

[1] 《公司法》第 147 条规定:"董事、监事、高级管理人员应当遵守法律、行政法规和公司章程,对公司负有忠实义务和勤勉义务。"

[2] 参见王原生:《日本公司法修正纲要中的多重派生诉讼制度》,载王保树主编:《商事法论集》第 24 卷,法律出版社 2014 年版。

[3] 叶金强:《董事违反勤勉义务判断标准的具体化》,载《比较法研究》2018 年第 6 期。

[4] 参见王怀林、南京广厦(集团)万杰置业有限公司合资、合作开发房地产合同纠纷案,江苏省高级人民法院(2018)苏民终 1383 号民事判决书:"可以认定万杰公司原法定代表人王有斌与王怀林为了从万杰公司获取更大利益,虚构金鼎达公司合作投资以及王怀林受让投资权益的事实,并试图借用合法的民事程序实现其意图,上述行为实际损害了万杰公司以及万杰公司其他股东的合法利益,一审法院认定本案构成虚假诉讼,并无不当。"

主张不法董事向子公司返还侵占利得,历经一审、二审之后,原告最终获得支持。[1] 之所以获此结果,实出偶然,本案的原告在子公司具有特殊任职是诸多母公司少数股东不具备的条件;即便有此职位,在母公司多数股东欺压之下也差点不得周全。[2] 需要注意,后来获得的救济实际上是监事以母公司的名义提起维护子公司利益的派生诉讼,这与法律规定的监事有权以母公司名义提起维护母公司自身利益的直接诉讼,是两回事,事实上扩大了监事的权限,不无法官造法之嫌[3]:前者,监事作为诉讼代表人参加的是公司派生诉讼,后者,监事作为诉讼代表人参加的是公司自己的诉讼;前者,针对的是子公司不法管理层,后者,针对的则是母公司自己的不法管理层;前者,救济的是子公司直接遭受的损害,后者,则是为了维护母公司直接利益。后来的法院之所以支持原告以监事身份代母公司提起派生诉讼,一方面固然是出于维护监事机构的法定监督职责完整之立法旨趣,另一方面前述虚假诉讼生效判决所起到的作用可能更为关键:被告作为多数股东恶意侵占公司利益、肆意欺压少数股东的行径暴露无遗,使法院不得不从维护个案正义的角度扩大监事权限。

前述三种方式,可谓已经穷尽了母公司股东在现行制度下以股东派生诉讼获得救济的所有可设想途径。第一种方式难以突破母公司所受损失仅为间接损害之桎梏,无法达成救济目的。被视为双重派生诉讼制度之完全替代手段的第二种方式囿于取证困难,勤勉义务适用障碍加之因果关系证成艰难,事实上并不完美,[4]以至于无法起到救济作用。至于第三种方式,实属法院为寻求个案正义、扩大监事权限的造法之举。由此观之,在双重派生诉讼之制度设计背景中,普通的股东派生诉讼只能充当一个无效的替代者。

---

〔1〕 参见南京兆润投资发展有限公司与被告王有斌、王怀林等损害公司利益责任纠纷案,南京市浦口区人民法院(2016)苏0111民初8586号民事判决书、江苏省南京市中级人民法院(2017)苏01民终7525号民事判决书。

〔2〕 原告的监事资格为被告通过股东会决议免除,所任命新监事随后提出撤诉请求,但被法院驳回。

〔3〕 参见《公司法》第53条规定:"监事会、不设监事会的公司的监事行使下列职权:……(六)依照本法第一百五十一条的规定,对董事、高级管理人员提诉";《公司法解释四》第23条规定:"监事会或者不设监事会的有限责任公司的监事依据公司法第一百五十一条第一款规定对董事、高级管理人员提诉的,应当列公司为原告,依法由监事会主席或者不设监事会的有限责任公司的监事代表公司进行诉讼。"

〔4〕 参见[日]高桥均:《股东代表诉讼的理论与制度改进》,梁爽等译,法律出版社2013年版,第97页。

(3)股东知情权之诉路径说

以样本1[1]为例。论者多以我国双重派生诉讼之司法实践肇端于“江文宏案”,实际上样本1要早得多,甚至早于股东派生诉讼制度的确立。[2] 本案原告詹某、方某,系隆国公司(母公司)的13名自然人股东之二,同时系嘉隆公司(全资子公司)已离任董事,被告为嘉隆公司(全资子公司)及陈某(母公司股东兼任子公司董事长、总经理)。两原告以被告陈某违反公司章程和有关公司管理法规,损害公司利益,剥夺原告知情权为由提诉,请求判令被告陈某停止损害子公司利益,[3]排除其对原告行使子公司知情权的妨碍,同时判令子公司结清红利20万元给付两原告。本案的争议焦点之一即是两原告是否有资格对子公司法定代表人陈某损害子公司的行为提诉。法院否定了两原告的起诉资格,认为陈某作为子公司的董事、高管应对子公司负有忠实义务,即使陈某的行为违反了相应义务,有权利对其提诉的是受到侵害的子公司自身及作为嘉隆公司直接投资者的母公司,因而原告的起诉缺乏法律依据。

鉴于本案原告提出其知情权被剥夺,并主张对子公司行使知情权,因此将本案作为以知情权诉讼为替代救济途径的典型案例加以分析。公司法及相关司法解释比较周详地规定了股东对公司享有的知情权诉权,但知情权下的“股东”“公司”与股东派生诉讼的“股东”“公司”含义相同,难以将其扩张解释为包含“母公司股东”或“子公司”,据此而排除了母公司股东行权穿越到子公司的意思。本案两原告均为母公司股东而非子公司股东,自然无权针对子公司主张查阅权,原审法院即认定“二人作为已离任董事,对当前子公司主张知情权无法律依据,且无实质意义。”但当真没有意义吗?又或者说,知情权之诉的意义仅在于获取公司信息吗?众所周知,知情权之诉不在于直接获得损害赔偿,而在于其工具性、手段性价值——获取信息、收集证据,进而为后续寻求实质性救济做铺垫,“股东知情权在股东权利体系与公司治理结构中扮演着重要而又特殊的功

[1] 参见詹德懿等诉陈蔡春咏等董事损害公司利益、公司知情权、公司盈余分配权案,广东省汕头市中级人民法院(2004)汕中法民四初字第66号民事判决书。

[2] 本案于2005年8月9日审结,适用1993年《公司法》。

[3] 法院在开庭时曾要求两原告明确诉讼请求,原告明确此处公司利益系指嘉隆公司利益,同时提出“恢复两原告被取消的董事身份”,然而其相关陈述被法院认定为:“与原请求相矛盾及超过原请求内容”,对此法院未予审议。

能，它既是一项基本股东权，同时也是行使其他股东权的前提与基础”，[1]比如，母公司股东对于子公司直接损失的计算需以阅览子公司账簿为前提，即为适例。从本案来说，母公司股东行使知情权的穿越主张因无法突破现行法之框架而未获支持，知情权之诉路径不通。但其背后蕴含的现实需求——获取子公司相关信息，行使双重派生诉讼权利寻求最终救济，不能被视而不见。

（4）决议效力瑕疵之诉路径说

以样本3[2]为例。原告张鑫，系Sino公司（母公司）股东，同时兼任自动化公司（全资子公司）法定代表人，后被撤职。被告为SDT公司（母公司股东）、自动化公司、传感器公司（资产转移接收第三方）。第三人为Sino公司。原告以三被告恶意串通、转移子公司核心技术、客户资源及商业利润，从而使母公司无法取得任何收益为由，代表母公司提诉，诉请三被告停止侵权并连带赔偿第三人母公司之损失。一审法院认为该诉讼主张属于侵权之诉，原告所提为普通派生诉讼，认定原告作为母公司股东享有诉权，但就母公司利益受损的认定上给出了否定意见：“依据《公司法》第152条第3款之规定，其损失应理解为给公司的利益造成直接的损失。”二审法院对此问题未作回应，而以相关事务属于企业内部管理事务范畴、无充分证据证明侵权事实的存在，以及母公司明确否认自身利益遭受损失为由驳回了上诉。

鉴于原告曾在一审过程中额外提出的确认撤销原告相关职务的免职书、董事会决议无效的请求，原审法院均以不属于本诉内容为由要求原告另案起诉，因此将本案作为通过决议效力瑕疵之诉寻求救济的典型案例加以分析。

首先，针对以母公司名义下发的免职书，该份文件能否被解释为母公司股东会决议？对此，一审法院认为“该行为属于企业内部管理行为，不属于本案审理范围”，二审法院也认为“该诉讼请求指向的客体系企业管理行为，不属于人民法院审理范围”。也即免职书未被认定为母公司股东会决议，而被视作一种企业内部管理行为。换言之，该文件仅仅是母公司作为子公司唯一股东就子公司相关事务所做出的指示。如此一来，该免职书的可诉性遂成问题。

其次，针对子公司董事会决议，原告作为被该决议免除职务者是否有资格主

[1] 李建伟：《股东知情权诉讼规则的核心：各方权责利的动态平衡》，载《中国审判》2017年第26期。

[2] 参见张鑫与SDT-Holding S. A. 等与公司有关的纠纷案，天津市高级人民法院（2012）津高民四终字第1号民事判决书。

张该决议无效、不成立？依《公司法解释四》第 1 条，股东、董事、监事等有权请求确认相关公司决议无效、不成立，但该条文中的“董事”是否包括被决议除名董事？“等”字又能否理解为包含母公司的成员？不无争议。若按照第 2 条对于股东提起撤销决议之诉时“应当在起诉时具有公司股东资格”的要求作体系解释，第 1 条中“董事”不包括被决议除名的董事在内，此时原告无权针对子公司董事会决议提起不成立、无效之诉。[1] 事实上，司法解释的制定者对于该条的解读也有模糊不清之处：“本条所列举的适格原告仅包括起诉时具有股东、董事、监事资格的人。但是对于起诉时已经不具备相应身份者，其诉讼资格未作明确规定，既没有明确许可也没有明确予以排除。”[2] 至于提出撤销决议之诉，似乎更不可能，一则原告并非子公司的股东，主体不适格，二则已过除斥期间，法院不予受理。[3] 再说，该决议系根据前述免职书所作，无论免职书能否被认定为决议，该董事会决议都是遵照子公司唯一股东的指示行事，也不存在因越权而无效的情形。总之，就本案而言，原告通过决议瑕疵之诉难以寻求救济。

(5)异议股东回购之诉、司法解散公司之诉路径说

以样本 2[4] 为例。本案即是谈及我国双重派生诉讼实践必会提到的“江文宏案”。原告江文宏，持有媚若诗公司(母公司)50% 股权，被告吴金辉，持有母公司 50% 股权且为蔻薇尔公司(全资子公司)董事长、法定代表人，另一被告嘉慈公司为子公司之交易相对人，第三人为蔻薇尔公司。原告以被告吴金辉担任子公司董事长期间侵占公司财产，给公司造成严重损失，同时侵害了原告权益为由要求其向第三人进行赔偿，同时主张子公司交易相对人对赔偿承担连带责任。本案的争议焦点即为原告的诉讼主体适格问题。审理法院认为，原告所指利益遭受直接损害者实为子公司，因此只有作为子公司唯一股东的媚若诗公司才具有提起派生诉讼的主体资格，原告作为母公司的现任股东而非子公司的股东，无资格代表子公司提诉。

---

[1] 参见《公司法解释四》第 1 条：“公司股东、董事、监事等请求确认股东会或者股东大会、董事会决议无效或者不成立的，人民法院应当依法予以受理”；第 2 条：“依据公司法第二十二条第二款请求撤销股东会或者股东大会、董事会决议的原告，应当在起诉时具有公司股东资格”。

[2] 杜万华主编：《最高人民法院公司法司法解释(四)理解与适用》，人民法院出版社 2017 年版，第 30 页。

[3] 参见《最高人民法院关于适用〈中华人民共和国公司法〉若干问题的规定(一)》(以下简称《公司法解释一》)第 3 条：“原告以公司法第二十二条第二款、第七十四条第二款规定事由，向人民法院提诉时，超过公司法规定期限的，人民法院不予受理。”

[4] 参见江文宏与吴金辉财产损害赔偿纠纷案，上海市第二中级人民法院(2008)沪二中民五(商)初字第 21 号民事判决书。

在10个案例样本中，本案可谓最标准化的双重派生诉讼，与本案相关的话题是关于江文宏有无其他救济路径？可以探讨的可能路径有二，一是异议股东回购之诉。通常来说，“出卖公司厂房”当属公司的主要财产转让事项，如属于母公司行为，当由母公司权力机构做出决议，母公司股东享有表决权，相应地，如属子公司行为，母公司对于全资子公司的该等处置行为享有表决权（决定权），但在母公司被架空或因股东冲突无法决策时，母公司股东便只能眼睁睁看着子公司主要财产被贱卖而束手无策，本案的情形即是如此。厂房出卖虽属于子公司主要财产转让事项，但本案的此项决定非由母公司股东会做出，且由于回购请求权行使主体为“对股东会相关事项决议投反对票的股东”〔1〕，原告作为母公司股东无法在子公司的股东会中行使表决权，也就无从谈起投出反对票，自然无权主张母公司回购自己的股权。由此逻辑也可以看出，在子公司处置重大资产之际，如果母公司无所作为，母公司股东只有反对的自由，而没有投反对票的权利，其权利事实上是被缩减了。〔2〕二是司法解散公司之诉。现行法上的司法解散公司之诉仅限于出现公司僵局的情形，〔3〕本案原告、被告各持股50%，因案涉事实而交恶，不可能在母公司股东会层面做出有效决议，可谓陷入僵局。但问题是，即便江文宏以母公司陷入公司僵局为由提起解散之诉，先不论“陷入公司僵局”的事实能否被支持，〔4〕在母公司对外有投资时，其解散程序的发起就存在疑问，按照我国有关法规规定，在子公司寇薇尔公司未因解散、破产而被注销之前，母公司不得解散。可见，司法解散公司之诉的救济路径在本案行不通。

综上所述，在相关救济方式均因存在“硬伤”而无法奏效的情况下，如司法不允许原告采取对制定法突破程度较小且相对经济便捷的方式来寻求救济，只能让母公司少数股东保护母公司的合法权益的诉讼目的落空。本案之所以被称

---

〔1〕《公司法》第74条规定：“有下列情形之一的，对股东会该项决议投反对票的股东可以请求公司按照合理的价格收购其股权：……（二）公司合并、分立、转让主要财产的。”

〔2〕此即学者主张的股东权缩减问题。参见楼建波、姜雪莲：《对母公司股东的保护——以日本公司法修改纲要为中心》，“第三届两岸民商法前沿论坛”会议论文，2013年于北京航空航天大学；王原生，前揭文，第175页；［日］神田秀树：《公司法的精神》，朱大明译，法律出版社2016年版，第185页。

〔3〕参见《公司法》第181条以及《最高人民法院关于适用〈中华人民共和国公司法〉若干问题的规定（二）》第1条。

〔4〕法院理应对解散公司保持谦抑性，当前的司法立场正是如此。透过下列条款可见一斑，《公司法解释五》第5条规定：“人民法院审理涉及有限责任公司股东重大分歧案件时，应当注重调解。当事人协商一致以下列方式解决分歧，且不违反法律、行政法规的强制性规定的，人民法院应予支持：……（六）其他能够解决分歧，恢复公司正常经营，避免公司解散的方式。”

为标准化的双重派生诉讼案,理由有三:从诉讼理由看,由于子公司利益被其不法高管串通第三方恶意侵害,母公司股东基于维护子公司直接受损利益而提起的诉讼;从诉讼利益归属看,原告主张将诉讼利益完全归属子公司;从前置请求程序的履行看,原告首先向母公司发函,要求母公司主动维护子公司合法权益,母公司未予答复,而在子公司被不法高管控制的情形下,寄希望于子公司自行对违法高管提诉也不现实,从第三人的庭前陈述也证实了这一点。尽管如此,原告还是做了最后的努力,即提请子公司监事机构提诉,但也杳无回音,足证其已穷尽了内部救济。尽管如此,最终还是因为母子公司两层法人身份"外壳"的存在被否定诉讼主体资格。人们的普遍疑问是,江文宏们的救济路径到底何在?

2. 成功范例的经验

(1)样本7[1]的例证

案情简介:本案称得上是我国双重派生诉讼获得支持的第一案。原告赵小海系持有海航投资(母公司)40%股权的母公司股东兼董事。被告王永凡(先后担任母公司总经理、子公司董事总经理)、党鹏(先后担任母公司总经理、子公司董事总经理)、海航控股(持有母公司60%股权的股东兼董事),第三人为海航投资(母公司)、皇城酒店(全资子公司)。原告为了维护第三人母公司利益以自己的名义提诉,同时主张二自然人被告对母公司造成的损失分别予以赔偿并由法人被告对此承担连带责任。一审法院将原告主体是否适格、二自然人被告是否损害公司利益、应否赔偿第三人母公司的损失作为本案争议焦点。首先,就原告主体是否适格,一审法院循了原告的思路:原告主张母公司利益受损、证明自己已经履行前置请求程序、以母公司股东名义提起,进而认定原告具备起诉资格,并将二被告所造成的(子公司)损失直接作为母公司的损失加以列明,最终基本上支持了原告的诉请(赔偿数额有所减少)。如果说一审法院只是从财产所有权关系角度含蓄地认可了双重派生诉讼,二审法院则表现出对于双重派生诉讼毫无保留地支持,判决书写道:"股东因公司的全资子公司利益受到损害,有权依据公司法第151条提诉。"在认定被上诉人具有股东身份且全面履行了前置请求程序后,二审法院认为原审原告主体适格,最终判决两上诉人向子公司[2]承

[1] 参见王永凡、党鹏、海航控股集团有限公司与赵小海及陕西海航海盛投资有限公司、陕西皇城海航酒店有限公司损害公司利益责任纠纷案,陕西省西安市中级人民法院(2014)西中民四初字第00244号民事判决书与陕西省高级人民法院(2016)陕民终255号民事判决书。

[2] 二审中,被上诉人(原审原告)将诉请利益归属由母公司改为子公司。

担赔偿责任。

关于本案，原告本想借普通派生诉讼之“名”、行双重派生诉讼之“实”，但审理法院出乎意料地直接认可了双重派生诉讼的合法性，对于原告来说实属意外之喜，二审法院是否受到当时正在起草中的司法解释倾向性意见的影响，[1]不得而知。此外，在胜诉利益归属问题上，二审法院支持将胜诉利益归于子公司，理由有二，一是子公司的损失不能等同于母公司的损失。“从质的层面而言，皇城酒店的损失必然会形成母公司的损失，但从具体的数量上讲，对于子公司，该损失是直接损失，对于母公司却是间接损失，二者不具有同一的关系。将子公司的损失直接判归母公司，不仅与现行规则不符，更会对子公司的财产所有权造成直接侵害。”二是会造成母、子公司之间的财产混同。“全资子公司实质上是一个一人公司，母公司是该一人公司的唯一股东。如果将子公司的应得的损害赔偿直接归属于母公司，必然会造成将应当归属于子公司的财产以法律判决的方式直接划归于其唯一股东所有的情况，形成一人公司与其股东之间实质上的财产混同，亦与现行法律规定相悖。”判决书载明的这一段，也正是双重派生诉讼的初衷所在：恢复子公司财产损失，维护子公司利益。由是言之，“当公司控制人在侵害公司又拒绝提诉时，法律拟制的公司人格受到实质性的破坏，此时由公司所有权人使用必要的手段使公司人格恢复，这恰恰是对公司独立人格制度的保护而非侵害。”[2]作为跨越了母、子公司双重法人格架构的双重派生诉讼制度也是这一论断的生动体现，因为财产利益的独立正是公司法人人格独立的基础。

(2)样本9[3]的例证

案情简介：本案原告杨桂平，系持有天爱公司（母公司）40%股权的股东，同时为天骄公司（全资子公司）法定代表人，被告众鑫公司系持有天爱公司（母公司）60%股权的股东，第三人为天骄公司（全资子公司）。原告以母公司将子公司承包经营权出租于被告，被告违约并侵害母公司利益、进而损害股东合法利益权益为由，主张被告将应当归属于母公司的利益及时归还母公司。一审法院认

---

[1] 本案二审期间，恰逢《公司法解释四（征求意见稿）》公布，该征求意见稿载有双重派生诉讼的规定。

[2] 王丹：《公司派生诉讼论：理论基础与制度构造》，中国法制出版社2012年版，第93页。

[3] 参见杨桂平与江苏开元众鑫玩具有限公司损害公司利益责任纠纷案，江苏省句容市人民法院(2013)句后商初字第0142号民事裁定书、江苏省镇江市中级人民法院(2015)镇商终字第00403号民事裁定书、江苏省句容市人民法院(2017)苏1183民初137号民事判决书、江苏省镇江市中级人民法院(2018)苏11民终35号民事判决书。

定原告未完全履行前置请求程序,判决驳回诉讼请求,后被二审法院裁定撤销原判,发回原审法院重审。[1] 发回原审的一审法院认为被告未依约履行承包协议的行为直接侵害了第三人利益,同时也侵害了唯一股东即母公司利益,被告作为母公司占股60%的多数股东地位,导致母子公司均无法向其提诉,在已履行相关前置程序情况下,原告以母公司股东身份提诉,符合法律规定。二审法院对此意见持赞同观点:"天骄公司系天爱公司的全资子公司,天骄公司利益受损则必然导致天爱公司利益受损……杨桂平……有权以天爱公司股东的身份向众鑫公司提诉。"

本案与样本7类似,同样属于表面上是以母公司股东名义代表母公司提起的普通派生诉讼,实为为了挽回子公司直接损失的双重派生诉讼。两级受诉法院采取了相同的裁判思路:从实质上的利益归属角度间接认可了双重派生诉讼。[2] 在全资子公司情形下,子公司利益受损必然会造成唯一股东母公司的损失,在此意义上如果还坚持僵化的股东派生诉讼结构、固守彻底的法人格独立思维,最终利益受损的仍然是求救无门的少数股东。

有研究者指出,"陕西海航投资案"中法院支持双重派生诉讼的理由存在两大硬伤:一是"剥夺了子公司法人资格",二是"欠缺法律依据",并有"擅自造法之嫌"。对于第一点理由,因持形式主义与实质穿透主义观点之不同而见仁见智,前文已经反复指出,双重派生诉讼制度的初衷是为了回复子公司所受损失,保证其财产利益的完整性,就此意义来说,双重派生诉讼不是对于子公司法律人格的剥夺,恰恰相反,是对其独立人格的维护与尊重。此间道理,就好比法人人格否认规则并不意味着对公司法人独立人格的彻底否定,而是对公司独立法人人格制度的完善,此中的辩证法不再赘述。但是,前述二审法院关于财产利益归属问题的分析殊值赞同,从中也正印证了我们的价值判断。对于第二点指责,必须承认,在我国现行法律制度下,二审法院通过扩大解释的方法将股东派生诉讼的主体从子公司股东扩展到子公司股东的股东,确有"造法之嫌",但某种意义上又属于"创造性破坏"之举。总之,尽管争论不已,但上述两案是司法审判实践中少有的肯定双重派生诉讼的有益探索,当无异议。

---

〔1〕 重审时,原告追加子公司为第三人,并将诉请利益归属由母公司改为子公司。

〔2〕 本案的特殊情形在于,母公司和被告签订了承包经营合同,原告可以按照《公司法解释五》第1条、第2条规定以母公司受到关联交易损害为由提起派生诉讼,但实际受损害的仍是合同的第三方也即子公司。

（四）一个结论

通过典型个案对现存各项救济制度的可行性分析表明，以在子公司任职的方式寻求内部救济存在法律层面和现实操作层面上的困难，难以达到目的；而在遭遇母子公司双重独立法人人格特殊架构时，试图通过提起两个甚至多个股东派生诉讼来维护母公司股东权益的做法往往因缺乏直接利害关系、母公司损失难以计算等原因难以实现，普通派生诉讼实在难以称得上是双重派生诉讼制度的有效替代者；股东知情权诉讼并非严格意义上的救济措施，但是母公司股东穿越行使知情权的现实需要也从侧面反映了确立双重派生诉讼的现实意义和制度需求；决议效力瑕疵诉讼救济则对原告资格、诉讼时限、诉讼事由有着较为严格的限制，相关文件不具有可诉性、原告无起诉资格等都是此种救济方式的"拦路虎"；就异议股东回购请求权诉讼和司法解散请求权诉讼而言，试图寻求退出或者干脆消灭母公司的极端方式并不足取，一是在法律层面受到诉讼事由的严格限制，二是司法政策对于极端方式采取极为保守的态度，三是退股评估对于股权回购也是难题，退股股东利益难以彻底维护，同时动辄退股脱身恐怕也并非原告初心所愿，再者母公司的涉外性特征也可能给原告寻求此等救济带来事实上的阻碍。

综上对样本案例的详细分析我们不难发现：尽管双重派生诉讼在我国的司法实践中的"生存"环境堪忧，但是仍顽强生长，且在最近几年有逐渐增多趋势。而审视其他替代救济路径，往往因为事实或者法律上的种种限制因素而难以有效维护母公司股东在子公司层面的间接利益。相比之下，经由个别审判机关实践检验的双重派生诉讼，直接跨越母公司代表子公司行使诉权，不仅为遏制母公司多数股东滥用控制地位欺压少数股东提供了制度保障，而且最终维护了子公司法人人格的独立、完整，产生了良好的司法效果。可以说引入双重派生诉讼制度是对司法实践现实需求的呼应，具有极强的现实意义。

四、股东双重派生诉讼的制度引入与制度构成

（一）美、日的司法及立法经验

双重派生诉讼被称为"披着二重外衣的一般代位诉讼"[1]，表达虽然直白，

〔1〕 王志诚：《二重代位诉讼之法制建构——兼顾实体法与程序法之思考》，载《东吴法律学报》2011年第1期。

但也表明双重派生诉讼与普通派生诉讼在法律上的同源性，其实质是由单一派生诉讼衍生而来。因此，对股东双重派生诉讼具体规则构建的讨论应以普通派生诉讼为原型和基础展开。[1] 需要注意的是，由于二者又存在极大不同，尤其普通派生诉讼基础关系只有一层，始终没有突破单一制、原子态的公司结构，但双重派生诉讼则适用于立体化、链状的公司构造中，因而牵涉利益主体更广、基础关系更为复杂。如固守普通派生诉讼的适用要件，双重派生诉讼绝不可能获得很好的发展——前文"裁判理由"分析中，母公司股东屡战屡败的教训，即为例证。因此，需要针对双重派生诉讼的特殊性对其适用要件进行妥善调整，从而实现制度协调与实践需求的动态平衡。同时，由于该制度的"舶来品"特性，有必要了解他山之石，方得为其本土化吸取有益经验。

1. 美国的司法经验

美国判例法上的双重派生诉讼制度主要由三方面要件构成：一是损害要件，即子公司的利益受有损失；二是原告适格要件，这是对作为当事人的母公司股东提出的要求；三是请求要件，即是作为对派生诉讼的限制所设置的前置请求程序。以下分而述之。

（1）损害要件。无损害则无救济，只要子公司权利遭受不法侵害，进而导致母公司及其股东受有间接利益损失的，符合条件的母公司股东即可提起双重派生诉讼。[2] 同时此种利益损失并不限于子公司内部人员对子公司利益的侵害，还包括母公司控股股东、母公司、交易相对人给子公司所造成的损害。以1944年 Goldstein v. Groesbeck 案[3]为例，母公司股东 Goldstein 即以母公司控股股东及多名董事、高级管理人员违反《公共事业控股公司法》规定，与母公司下属的4家公共事业运营子公司签订合同为由，代表4家子公司提起双重派生诉讼。至于交易相对人侵害子公司利益的案例相对较少，法院往往出于保障交易安全与尊重商业判断的考虑，适用更为严格的审查标准。

（2）适格原告。对于双重派生诉讼的原告，美国判例法经历了对"同时持股""继续持股"要件的调整。就"同时持股"，1988年 Sternberg v. O'Neil[4]案

---

[1] 参见沈贵明：《二重派生诉讼适格原告要件的构建》，载《法制与社会发展》2015年第2期。

[2] 参见王淼、许明月，前揭文，第119页。

[3] See Goldstein v. Groesbeck, 142 F. 2d 422 (2d Cir. 1944).

[4] See Sternberg v. O'Neil, 550 A. 2d 1105 (Del. 1988).

中，特拉华州最高法院出于实质正义的考虑，承认母公司股东提起双重派生诉讼的权利，并打破了相关成文法中关于“同时持股”的规定，[1]母公司股东只需在被诉侵权行为发生时持有母公司股权即享有诉权，不再要求其在所诉称的错误行为发生时持有子公司股权。就“继续持股”，主要调整是针对“转化型双重派生诉讼”[2]的情形做出的，典型案例是1992年Rales v. Blasband案[3]、2010年Lambrecht v. O'Neal案[4]。Rales案中上诉法院认为，规定持股要件的目的在于保证原告对公司利益保持一定的“代表性”，并防止滥诉的出现。同时该法院类推Sternberg v. O'Neil案的判例规则认定：Blasband通过股份交换而获得母公司的股份，其对原公司享有足够的间接经济利益，因而其具备相应的提诉资格。较之Rales v. Blasband案，Lambrecht v. O'Neal案论证更深一步：在普通派生诉讼过程中，原告所在公司被并购，随后成为收购公司（母公司）股东，被告据此提出原告丧失诉讼资格，纽约南区地方法院支持了被告的观点，驳回了原告的起诉；之后上诉中，特拉华州最高法院就地方法院所提出的法律认证问题进行了论证，[5]最终认定不能将二重派生诉讼视为两个诉讼的合并，并且要求两个诉讼都必须满足程序要件，因为该要件将会使“二重派生诉讼实质上不可能被提起。”[6]由此确立了原告股东在公司发生股份交换等并购行为时，虽然不满足继续持股要求但仍然具有起诉资格的例外规则。

此外，对于母子公司的控制力强弱问题，美国法院最初只在全资母子公司范围内才允许提起双重派生诉讼，后来随着控股公司的大量出现，法院开始将持股

[1] 参见美国《联邦民事诉讼程序法》第23.1条规定：在股东派生诉讼中，原告股东必须证明在被诉交易发生时是公司的股东，或者已依法从当时的股东手中受让了股份而成为该公司股东；美国《特拉华州普通公司法》第327条规定：在公司股东提起的派生诉讼中，应当在诉状中写明，原告在被起诉的交易进行时是公司股东，或者原告的股份是在交易之后依法转移给自己的。

[2] 即最初提诉时是单一的股东派生诉讼，后来在诉讼期间因股份交换或并购导致公司被合并，原告变为该公司控股公司的股东，从而转化成双重派生诉讼。

[3] See Rales v. Blasband, 634 A. 2d 927 (Del. 1993).

[4] See Lambrecht v. O'Neal, 3 A. 3d 277(Del. 2010).

[5] “原告在合并前是被收购公司的股东，而合并后成为收购公司的股东，根据特拉华州法律，若该原告提起二重派生诉讼，是否必须满足‘在被收购公司发生不当行为时，原告持有收购公司的股份，同时收购公司持有被收购公司的股份’的条件？”

[6] 王淼、许明月，前揭文，第122～123页。

比例要求降低,[1]逐渐将实际控制力因素纳入考虑范围。[2]

(3)请求要件。通常情况下,在公司利益受损时应当先由公司直接采取措施维护自身利益,唯在正常救济途径被阻塞或者行之无效的情况下,股东派生诉讼才有必要提起,即所谓的"竭尽公司救济"。判例法坚守这一原则,要求原告股东履行双重的前置程序,即分别向母、子公司提出追究不法侵害人责任的请求,典型案例包括 1917 年 Holmes v. Camp 案[3]和 1944 年 Goldstein v. Groesbeck 案[4]。

有原则即有例外,美国法院将"请求无益"作为诉前请求程序的例外情形。关于该例外的确定,要求法院在运用自由裁量权时必须对董事的非关联性和独立性进行调查。[5] 请求无益要件在双重派生诉讼中同样适用,前述 Rales v. Blasband 案中法院明确了起诉请求的无益性审查基准,即合并后公司的董事会须为合并前公司的行为承担责任,到了 Lambrecht v. O'Neal 案,承审法院仅仅将母公司董事的独立性问题以及是否妥当执行商业判断作为认定基准,这为确立双重派生诉讼前置请求的例外规则产生了深远影响。

2. 日本的立法经验

2005 年日本《公司法》第 851 条的规定,被解读为"原告股东在股东派生诉讼中,即便由于股份交换或转让成为全资母公司的股东,也可以继续保有原告资格,向子公司的董事追究责任",体现了"隐形的多重派生诉讼"特征。[6] 此前,日本学界已经就双重派生诉讼讨论日久,背景是:1993 年三井矿山股东派生诉

---

[1] See Carlin v. Brownfield,1985 Ohio App. LEXIS 8141, (Ohio Ct. App. 1985)案,母公司持有子公司 98% 的股份,在 Craftsman Finance & Mortgage Co. Inc. v. Brown,64 F. Supp. 168, 176 (S. D. N. Y 1945)案中,母公司持有子公司 50% 股份。

[2] See Pessin v. Chris-Craft Industries, Inc., 181 A. D. 2d 66, 72(N. Y App. Div. 199)案中,虽然未达到全资控股,但由于母子公司均被不法行为人控制,法院允许原告提起双重派生诉讼。

[3] See Holmes v. Camp, 180 A. D. 409, 167 NYS. 840 (1917).

[4] See Goldstein v. Groesbeck, 142 F. 2d 422 (2d Cir. 1944).

[5] 又称为刘易斯测试(Aronson Test),由特拉华州最高法院在审理 Aronson v. Lewis, 473 A. 2d 805 (1984)案时确立。

[6] [日]高桥均:《股东代表诉讼的理论与制度改进》,梁爽等译,法律出版社 2013 年版,第 92 页。日本《公司法》(2005 年)第 851 条第 1 款:"提起责任追究等之诉的股东或依第 849 条第 1 款规定作为共同诉讼人参加有关该责任追究等之诉的股东,在该诉讼进行过程中,即使丧失股东资格的,其也可在下列情形下继续诉讼:(一)该人因该股份有限公司的股份交换或股份转移,取得该股份有限公司全资母公司股份的;(二)该人依因合并该股份有限公司成为消灭公司的合并,取得因合并设立的股份有限公司、合并后存续的股份有限公司或其全资母公司股份的。"

讼案，承审法院确认当全资子公司财产遭受损害时，其损害应当视为母公司的损害；[1]1997年日本解禁了单纯持股公司。[2]一时间企业集团化经营成为社会浪潮，“股东权缩减”问题和母公司股东追究子公司董事责任问题被相继提出；尤其是受2008年全球经济危机影响，日本实体经济衰退、企业国际竞争力不足，国内要求变革公司法制的呼声愈加强烈。[3]于是，日本学界提出有必要确立双重派生诉讼来追究子公司不法管理层的赔偿责任。[4]历经两年多的酝酿、讨论之后，2014年修订公司法案以成文法形式引入双重派生诉讼制度。该制度在日本法上的构成要件如下：

（1）前提条件。但书条款对提诉请求做出两个限制：一是对原告提诉请求的主观限制。即不能在主观上有提诉的恶意，须基于维护子公司合法利益起诉，以防止滥用诉权损害公司全体股东利益。二是母公司受到实际损害限制。[5]这一限制属于加重规定，主要是出于维护企业集团整体利益与维护母公司股东利益的一致性考虑，如母子公司之间或者集团内部兄弟公司之间出现了非公平交易，该子公司虽可能受有损失，但对于整个集团而言，相关利益不过是“从左手换到右手”，整体利益未受损失，甚至集团内部分公司的利益呈现上升态势。故而，若全资子公司的母公司并未遭受实质损失，此时就有必要立法限制双重派生诉讼的提起。[6]

（2）适格原告。适格原告限定为：①最终全资母公司的股东；②连续持有最终全资母公司股份6个月以上（公司章程可以规定少于6个月）；③持有1%以上最终全资母公司表决权或已发行的股份（可在公司章程中规定低于1%的持股比例）。[7]关于母公司的界定，使用了“最终全资母公司”的概念，即指子公

〔1〕参见日本最高裁判例1993年9月9日民集47卷7号4814页。

〔2〕参见樊纪伟：《我国双重代表诉讼制度架构研究》，载《华东政法大学学报》2016年第4期。

〔3〕参见崔文玉：《日本公司法最新修改之简述——以2012年〈公司法制纲要〉为视角》，载《河北法学》2013年第4期。

〔4〕参见王原生，前揭文，第171页。

〔5〕日本《公司法》第847条之三第1款但书规定：“……但是符合下列情形之一时，不在此限：（1）特定责任追究之诉以谋取股东或第三人的不正当利益，或者以该股份公司或该最终全资母公司等造成损害为目的时；（2）因已成为该特定责任原因的事实并未给最终全资母公司等造成损害时。”参见《新订日本公司法典》，王作全译，北京大学出版社2016年版，第364页。

〔6〕参见王原生，前揭文，第180页。

〔7〕参见日本《公司法》第847条之三第1款。

司的完全控股母公司,且在该母公司之上不再有完全控股母公司。[1] 对母公司作“最终性”限制,还是出于减少双重派生诉讼的目的——在子公司存在其他少数股东时,可以寄希望于少数股东提起更为直接、层级更少的派生诉讼。[2]

(3)被告范围。被告范围较为严苛,仅限于对重要全资子公司的损失负有损害赔偿责任的子公司经营管理层。[3] 关于全资子公司“重要”的界定,是指在所诉行为发生时,其账面财产份额占到最终全资母公司财产总额20%以上者,只有这样的责任才被称为“特定责任”。[4] 但对子公司的限制并不包括“最终性”,也即未对子公司的层级做出限制,对于最终完全母公司股东来说,可以对不同层级的重要全资子公司不法管理层提起派生诉讼,是为多重派生诉讼。

(4)前置程序。为了保证内部救济得以优先适用,日本法规定原告首先应当向全资子公司提出对其不法董事进行追诉的申请,等待期为60天,子公司期满未提诉或拒绝提诉的原告股东可以代替其提出追责诉讼。请求程序设有例外情况,即如因等待期的存在可能会使子公司发生无法恢复的损害时,原告可径行起诉,不受60天等待期的限制。[5] 同时日本《公司法》还确立了与请求程序相配套的不起诉理由书制度,要求全资子公司在拒绝追诉请求时,必须尽快以法定方式将拒绝理由及时告知请求人,该不起诉通知书内容的法定要求主要包括调查方法、调查结论以及拒绝理由,此外还应当将相关证据材料一并列明。[6]

(二)我国法的制度选择建议

结合美国、日本法上关于双重派生诉讼制度的分析可知:首先,在制度构建路径上,存在判例法、成文法两种引入方式。其次,在具体规则的构建上,都以普通派生诉讼为蓝本而创制,均包含提诉前提、适格原告、被告范围、前置程序等主要内容,在这些具体规则的设计上允许存在诸多差异,如前置请求的范围、方式等。就后者,后文专项逐一探讨,此处先讨论前者也即我国法的引入路径问题,

---

〔1〕 参见樊纪伟:《日本多重代表诉讼制度及其启示》,载《法学杂志》2016年第7期。

〔2〕 参见王原生,前揭文,第178页。

〔3〕 具体来说包括重要全资子公司的董事、发起人、设立时的董事、设立时的监事、会计参与人、监事、执行役、会计监查人、清算人等主体。参见王作全,前揭书,第363~364页。

〔4〕 参见[日]近藤光男:《最新日本公司法》(第7版),梁爽译,法律出版社2016年版,第325页。

〔5〕 参见日本《公司法》第847条之三第7款规定:“股份公司在第1款所规定请求之日起的60日内未提起特定责任追究之诉时,已提出该请求的最终全资母公司等的股东,为了股份公司,可提起特定责任追究之诉。”

〔6〕 参见平力群:《日本股东代表诉讼制度的缺漏及其修改动向》,载《日本问题研究》2014年第3期。

对此需要在两个维度上做出选择。

1.判例抑或制定法

我国当前已经确立了案例指导制度,[1]对于指导性案例的性质、效力还存在诸多争议,如在指导性案例的地位上,有学者提出其“既不同于判例在普通法系中的法源地位,也不同于判例在民法法系中被作为非法源来对待的境遇,而是走的中间道路”,因此应当将其作为“准法源”;[2]而有学者则认为指导性案例是作为与法律、司法解释不同性质的法源而存在的,指导性案例通过先例式比对和推理实现同案同判效果,而法律、司法解释则通过命令方式达到同案同判效果。[3] 如对于指导性案例“应当参照”[4]效力的理解上,学界也是见仁见智。[5] 但相对统一的看法是,我国的案例指导制度与英美法系中的判例在正当性、法源地位和操作方法上均有根本性的不同。具体而言,旨在统一司法见解的指导性案例,其在参照适用时所参照的仍然是案例背后含有特定解释内容的法律,因此其应当作为“辅助型的规范性法源”[6]而存在。据此,本书认为还是应当遵循制定法的法律传统,对于双重派生诉讼制度的引入而言,首先通过立法方式确立该项制度,继而将案例指导制度作为对“制度新规则”的辅助和补充,通过发布典型的双重派生诉讼司法裁判案例对该制度的适用要点加以明确。

---

〔1〕 2010年11月26日,《最高人民法院关于案例指导工作的规定》(法发〔2010〕51号),2015年5月13日,《〈最高人民法院关于案例指导工作的规定〉实施细则》(法〔2015〕130号)。参见李红海:《案例指导制度的未来与司法治理能力》,载《中外法学》2018年第2期。

〔2〕 参见雷磊:《指导性案例法源地位再反思》,载《中国法学》2015年第1期。

〔3〕 参见泮伟江:《论指导性案例的效力》,载《清华法学》2016年第1期。

〔4〕 2010年《最高人民法院关于案例指导工作的规定》第7条规定:“最高人民法院发布的指导性案例,各级人民法院审判类似案例时应当参照。”2015年《〈最高人民法院关于案例指导工作的规定〉实施细则》第9条规定:“各级人民法院正在审理的案件,在基本案情和法律适用方面,与最高人民法院发布的指导性案例相类似的,应当参照相关指导性案例的裁判要点做出裁判。”第10条规定:“各级人民法院审理类似案件参照指导性案例的,应当将指导性案例作为裁判理由引述,但不作为裁判依据引用。”

〔5〕 “事实上的拘束力说”,参见陈兴良:《案例指导制度的规范考察》,载《法学评论》2012年第3期;“不应仅仅从立法权威性的角度来论证指导性案例规范拘束力,同案同判是司法内在的构成性义务,‘指导性案例’的‘案例性’相对于‘批复’的‘命令性’,意味着最高人民法院希望通过一种相对比较间接的方式实现对下级法院日常司法审判和实践推理过程,从而实现最高人民法院的司法行政管理功能与通过审级制度和裁判机制的政策制定功能的分离。”参见泮伟江:《论指导性案例的效力》,载《清华法学》2016年第1期。

〔6〕 参见章程:《论指导性案例的法源地位与参照方式——从司法权核心功能与法系方法的融合出发》,载《交大法学》2018年第3期。

2. 司法解释抑或公司法

在确定以制定法方式引入双重派生诉讼制度的前提下,还有公司立法与司法解释的选项问题。众所周知,五个司法解释都属于事实上的立法性司法解释,承载有增设公司法实体制度(新设司法裁判规则)之功能。若采司法解释方式引入双重派生诉讼,可通过对现行普通派生诉讼的诉讼主体范围做扩大解释来实现:其一,扩大原告范围。即将《公司法》第151条中的股东解释为包括“母公司的股东”在内。通过此种方式使得诉讼仍以子公司为基础,尤其是在胜诉利益的归属上会更加符合常理。但是由此可能会造成不合理的结果,因为母公司股东提起双重派生诉讼的判断是以母公司类型为准,若母公司为有限责任公司,而子公司为股份有限公司时,就会出现“普通派生诉讼劣后于双重派生诉讼的不合理情形”——母公司提起普通派生诉讼要受到相应的限制,而母公司股东提起双重派生诉讼则无须受到持股时间和持股比例的限制,这无疑是不合理的。同时通过扩大原告的范围进行解释,这可能会让原告股东向母公司寻求内部救济成为法律上的不必要选项,从而使“穷尽内部救济”的原则落空。其二,扩大被告范围。①把《公司法》第151条的董事、高级管理人员扩大解释为包括子公司的相关人员在内;②把《公司法》第151条第3款的“他人”解释为包括子公司的经营管理层在内。但是,如果通过扩大被告范围的方式来确立双重派生诉讼制度,那么就使得整个诉讼基础从子公司转移到母公司,此时就应当把母公司的利益遭受损害作为起诉的前提要件,且最终诉讼利益也应当归属母公司。根据前文的实证分析以及对基础理论的讨论,这很可能在实践中产生不合理的结果:一方面,母公司所受间接损害难以证明;另一方面,利益归属与诉讼目的之间也存在矛盾。[1]

事实上,最高人民法院曾经试图做出选择。最高人民法院于2016年4月12日发布的《公司法解释四(征求意见稿)》就直接对被告范围进行扩大解释,将公司不法经营管理者扩展至包括子公司不法经营管理者在内。然而这一尝试无疑是失败的,如果说前述可能产生的不良影响只是小磕小碰,那么对司法解释功能与界限的突破就是此种引入方式的致命性缺陷。正如有论者所言,司法解释的功能在于对原有法律规范的明确、充实与完善,从而增加法律规定的可操作性,但任何权力都存在扩张的本能,司法解释也是如此,对法律框架的突破往往造成

〔1〕 参见蔡元庆、黄海燕:《多重代表诉讼制度的价值及导入路径》,载《法治社会》2017年第6期。

了法律体系的破坏。[1] 而对普通派生诉讼的诉讼主体范围进行扩大解释的司法解释无疑会破坏现有法律体系。首先，对现行公司法法律框架的破坏。当前我国公司法以单一公司为立法蓝本，尽管允许子公司的设立，但并无关联企业、企业集团的明确概念，公司集团法制付之阙如。若通过司法解释引入双重派生诉讼，就相当于法外造法，在单一公司的法律框架内横空造出公司集团这一“怪物”。再者，从股东派生诉讼的现行规则来看，其明确规定有权提起派生诉讼的为符合相应条件的“公司的股东”，而没有对“公司股东的股东”进行授权，按照通常的文义解释，将“公司的股东”扩大解释为“公司股东的股东”实属牵强。其次，违背公司法立法初衷。公司法之初衷在于保护相关主体合法权益、维护社会经济秩序、促进社会主义市场经济发展，那么市场主体透过多层次的投资结构进行商业实践的活动就应当被尊重，公司法人人格之独立仍是当前公司法之基础，在没有出现法人人格否认的情况下，司法解释就不应轻易否定这种多层次的投资结构安排，否则就会挫伤市场活力。[2] 最后，这一做法也给公司法实践带来混乱。仅仅对诉讼主体做扩大解释，而不对相关配套措施同步改进，很容易让派生诉讼的司法实践产生混乱。比如在前置请求程序中请求范围、顺序如果不明确，就会造成诉讼当事人的茫然无措和司法实践的杂乱无章。

综合以上，公司立法确立双重派生诉讼的优势明显，通过新设条款可以使双重派生诉讼在很大程度上摆脱既有制度的束缚，从而激发制度活力，提升制度的立法品阶。日本通过全新条款确立双重派生诉讼制度的先例提供了良好的范例。在时机选择上，事不宜迟，在当前公司法启动新一轮大修的背景下，应该搭乘东风便车一举完成良法善治，可谓千载难逢。

（三）双重派生诉讼的基本制度构成

为了探讨双重派生诉讼的适用要件，首先，需要梳理公司法关于普通派生诉讼的诸要件（见表6－12）。[3]

---

〔1〕 参见胡岩：《司法解释的前生后世》，载《政法论坛》2015年第3期。

〔2〕 参见杜万华，前揭书，第589页。

〔3〕 参见《公司法》第149条、第151条；《公司法解释一》第4条；《公司法解释四》第23条、第24条、第25条、第26条；《公司法解释五》第1条、第2条。

表 6－12　受支持的股东双重派生诉讼案例普通派生诉讼要件

项目	要件
起诉前提	1. 公司董监高失职造成的公司损失 2. 以及他人造成的公司损失
原告资格	1. 有限公司股东 2. 起诉时已连续持股 180 日且单独或合计持有 1% 以上股份的股份公司股东
被告范围	1. 公司董监高 2. 他人（指控股股东、实际控制人及其利害关系人等）
前置程序	交叉请求 + 书面请求 + 30 天等待期
	豁免：情况紧急不立即起诉会使公司利益受到难以弥补之损害，无须等待直接起诉
公司诉讼地位	第三人
其他人加入	符合原告资格 + 一审法庭辩论终结前申请
诉讼合理费用补偿	部分/全部诉讼请求得到支持

其次，结合前文对美国、日本法的分析，主要针对起诉前提、原告资格、被告范围、前置程序四要件在双重派生诉讼中的适用展开讨论。

1. 起诉前提

(1)母子公司的股权关系。如前所述，双重派生诉讼中的母子公司是狭义的，也即必须形成直接的持股关系，否则，单纯以协议、人事安排等方式实现对另一公司事实上控制的公司不属于此处的母子公司之列。此等限制，与普通派生诉讼一脉相承，普通派生诉讼中尽管对原告权利究竟属于自益权抑或共益权有分歧，[1] 但该权利属于股东权自无异议。正是由于股东权的剩余权性质，才使得公司所受直接损失最终会由其股东间接承受。也正因如此，立法者才打破民事诉讼法中“利害关系人”对于“原告提诉必须具有‘直接利益’”的要求，以诉讼

〔1〕 学界通常将其性质界定为共益权：股东提起派生诉讼的诉讼原因并非属于起诉股东，而是属于公司整体；派生诉讼胜诉的利益归属于公司，公司利益免遭损失也间接使公司股东受益。参见刘俊海：《股份有限公司股东权的保护》（第 2 版），法律出版社 2004 年版，第 315 页；也有学者从“派生性”视角，认为其权利来源于股东自益权。参见邓峰：《普通公司法》，中国人民大学出版社 2009 年版，第 399 页；[日]高桥均，前揭书，第 224～226 页。

担当理论承认了股东在普通派生诉讼中的“正当当事人”地位，[1]原告股东诉权的“派生性”在双重派生诉讼中进一步延伸到子公司层面。即便如此，母公司股东对子公司利益受损具有间接利益依然是通过股份连锁——母公司股东持有母公司股权，母公司持有子公司股权——实现的。

（2）母公司对子公司持股方式不限。在前述股权投资关系中，对于母公司的持股方式在所不问，直接持股自应允许，间接持股亦无不可——母公司的持股比例在这里适用穿透计算规则。此举旨在打破我国现行法中对控股股东直接控股的限制，从而将双重派生诉讼的层级由双重延展至多重。因为直接持股的限制无疑会将公司集团中大量存在的通过间接控股、合并控股形成的母—孙公司乃至母—曾孙公司排除在外，这明显与事实不符，尤其是与我国国有企业集团的实际情况相去甚远。在此意义上，双重派生诉讼也内含多重派生诉讼的意思。2016年最高人民法院《公司法解释四（征求意见稿）》也仅限定为“全资子公司”，而未对其层级数加以限制，因而此处的全资子公司应当属于多层支配关系下最终控制的全资子公司，即需要按照穿透计算的规则对母公司的持股比例进行合并计算。举例言之：①X公司持有Z公司100%的股权；②X公司持有Y公司100%的股权，同时Y公司又持有Z公司100%的股权；③X公司持有A公司100%的股权，同时持有B公司100%的股权，而A公司持有Z公司50%股权，B公司持有Z公司50%股权。上述三例，X公司均为Z公司的全资母公司。

（3）母公司控制子公司，但不限于全资控制。双重派生诉讼中是否要求母公司对子公司达到控制的程度，曾在美国判例中发生较大争议。“但是大多数判例认为双重派生诉讼应该限制在母公司对子公司至少拥有事实上控制利益的情形”[2]。而之所以做出这一限制，主要考虑在保持子公司人格独立与维护母公司股东投资利益之间寻求平衡。如果母公司未形成对子公司的充分控制，后者的经营管理层就可能动辄得咎，自主经营权限无法得到保障。再者此时子公司自身治理结构未被异化，通过内部途径或者普通派生诉讼足以解决内部人控制问题，将其纳入双重派生诉讼实无必要。在母公司充分控制子公司的场合下，子公司的治理结构可能已经严重异化，其公司机关被操纵甚至停摆，通过正常的途径无法弥补子公司所遭受的损失，此时就需要母公司股东借助双重派生诉讼

[1] 参见李峣：《论诉讼担当的制度缘由》，载《法学杂志》2016年第3期。

[2] 美国法律研究院通过并颁布：《公司治理原则：分析与建议》（下卷），楼建波等译，法律出版社2006年版，第560页。

维护子公司利益。[1]

如此一来,确立该种控制的标准是一个重要问题。依据控股程度一般可以分为全资、绝对或者相对控股,还有学者提出“充分控股”标准,也即对于非全资控股是否适用留待司法机关个案判断,从而“为充分发挥双重派生诉讼制度的功能留下发展空间”。[2] 如按照前述“全资控股”标准,将双重派生诉讼的范围仅限定在全资母子公司之间,量化标准简单可辨,也能够保证子公司其他股东优先行使普通代表诉权,避免让公司法的制度变得过于复杂。[3] 最高人民法院2016年《公司法解释四(征求意见稿)》以及日本《公司法》对于“最终完全母公司”的规定,想必就是出于这一考虑。但是,这种“一刀切”的标准将限制双重派生诉讼的适用范围,导致可能被恶意利用的法律漏洞:当存在人事连锁、安排利害关系人同时持股时,普通派生诉讼可被轻而易举地规避掉,又无双重派生诉讼可资适用。以样本5为例:母公司持有子公司90%股权,另10%由母公司多数股东(亦是被告)的常年合作对象所持有,此外母公司的多数股东兼任母子公司法定代表人,在子公司另一股东不提起普通派生诉讼的情况下(有私下利益交换亦未可知,母公司多数股东与另一被告以串通方式侵占子公司财产,后被认定为虚假诉讼[4]),母公司的少数股东就落入求救无门之境。可见,不能机械地以全资控股作为认定母公司充分控制的标准,更不能走得更远——效仿日本采用“最终全资母公司”标准,否则将挤压双重派生诉讼的制度空间,甚而使其成为中看不中用的“花瓶”。

根据前述分析,本书认为可以通过两个层次来认定母公司对于子公司的控制标准:

首先是股权控制的形式标准,即以母公司对子公司的持股比例作为依据,只要合并持股比例能够达到控股标准即可认定构成充分控制。具体来说包括三类:全资母公司(合并持有子公司100%股权者)、绝对控股母公司(合并持有子公司超过50%但不足100%的股权者)、相对控股母公司(合并持有股权低于50%但依赖该股份表决权仍然足以控制子公司者)。作为第一层次的判断标准,

---

[1] See Phillip I. Blumberg, *The Law of Corporate Groups: Procedural Problems in the Law of Parent and Subsidiary Corporations*, *Little, Brown and Company Limited*, 1983, p.354.

[2] 沈贵明,前揭书,第109页。

[3] 参见樊纪伟:《我国双重代表诉讼制度框架研究》,载《华东政法大学学报》2016年第4期。

[4] 参见王怀林、南京广厦(集团)万杰置业有限公司合资、合作开发房地产合同纠纷案,江苏省高级人民法院(2018)苏民终1383号民事判决书。

相对简单可行，可以迅速作出判断，但又不能止步于此。因为还存在参股公司（合并持有股权低于50%且依赖该股份表决权不足以控制子公司者），虽然参股公司无法满足股权控制的要求，但若其通过协议或者人事安排在事实上控制子公司，仍不能将其排除在双重派生诉讼之外。[1] 样本6就是典型一例：母公司持有子公司48.98%（参股公司），剩余51.02%由绝对控股母公司（亦为被告）持有。参股公司的多数股东虽不是被告，却同时兼任参股公司、子公司法定代表人、董事长，同时与绝对控股母公司存在特殊关系。[2] 在此种情形下，不能仅从形式上判断，还要考虑参股公司与子公司之间的人事连锁，因为母公司的少数股东不可能从母、子公司内部求得救济，也不可能指望子公司的另一股东提起普通派生诉讼（实际上另一股东正是被告），否则其最终投资受益权将遭到损害。

由此，需要确定第二层次的判断标准：实质控制。具体来说包括三类：一是人事标准，以母公司所占董事席位数、母公司是否为最多数股东为主要依据；[3] 二是财务经营标准，主要针对母子公司之间是否存在合同安排进行判断，具体包括有无股东协议、特许经营协议、承包经营协议、债权融资协议等；三是其他安排，如有无表决权信托、表决权代理以及人事上的亲属关系等。[4] 当然，正如论者所言，公司实际控制权在性质上属于事实上的权力，更易受偶然事件和变化的影响，[5]逻辑上也难以通过一一列举穷尽。这一看法不无道理，同时也借鉴域外在“关联企业法”中所采取的合并财务会计报表的做法。[6] 我国《企业会计

〔1〕 参见李诗鸿：《试论双重派生诉讼的理论构架》，载顾功耘主编：《中国商法评论》2007年卷，北京大学出版社2007年版。

〔2〕 参见江苏南通二建集团长信建设工程有限公司诉上海沙家浜铮友实业有限公司等股东出资纠纷案，上海市金山区人民法院（2014）金民二（商）初字第1930号民事判决书、上海市第一中级人民法院（2015）沪一中民四（商）终字第929号民事判决书、上海市高级人民法院（2015）沪高民二（商）申字第275号民事裁定书。

〔3〕 参见［韩］金大渊：《控制从属公司中的代表诉讼》，载韩国《商事法研究》2000年第2号。

〔4〕 参见徐来：《实际控制人法律制度研究》，西南政法大学2011年博士学位论文，第126～127页。

〔5〕 参见郭富青：《论公司实际控制权：性质·渊源·法律导向》，载《甘肃政法学院学报》2011第1期。

〔6〕 如德国“康采恩（企业集团）的会计报表”制度，还有英国公司法为“合并会计报表”的需要而引进、扩大了母子公司概念。参见吴越：《公司集团治理规制模式的选择》，载黄来纪等主编：《企业集团的公司法制建设研究》，中国民主法制出版社2016年版。此外我国台湾地区“关系企业”专章中的“编制关系企业合并营业报告书及合并财务报表的披露义务”（我国台湾地区“公司法”第369条之12第2项），参见廖大颖：《关系企业之法规范与公司治理》，载《中正财经法学》2013年第6期。

准则第33号——合并财务报表》(财会〔2014〕10号,以下简称《会计准则33号》)的相关规定对实质控制标准尽可能予以可操作性化处理:纳入母公司财务报表的子公司可以适用双重派生诉讼。《会计准则33号》按照"实质重于形式"的原则对"控制"进行了全方位的界定,并以此为基础,规定母公司应将其"控制"的全部子公司都纳入合并报表的范围。[1] 因而,通过合并报表确定的公司集团范围内的母子公司都可以纳入双重派生诉讼的射程之内。因为一般来说,合并报表能够比较全面地反映母公司所实际掌控的经济资源,"相较于法律标准更加注重经济实质面"。[2]

由此,对母公司的"控制性"进行形式标准和实质标准两个层次的判断,实质标准中尤其注重对是否纳入合并财务报表的考量。如此,双重派生诉讼并不以全资控股为限制,符合形式标准的三类母公司得直接划归适用之列,不合形式标准的也将会在充分考量母子公司事实关系的基础上对母公司有无"控制性"做出个案判断。

(4)母公司需满足同时持股要求[3]。在确认母公司对子公司充分控制的前提下,论者普遍认为无须对母公司的持股时间再作限制:一方面这将限缩该制度的适用范围,另一方面此项限制的直接作用在于对原告(母公司股东)资格的限制,在母公司对子公司已构成充分控制关系的情况下,二者之间不存在利益相反的诉求动因,再施加此种限制既无必要也无意义。[4] 事实上,日本法未对母公司的持股时间做出限制,而对于遵循"同期所有权"规则的美国法来说,这一问题显得十分重要。有学者指出,在普通派生诉讼中,母公司享有代表诉权的前提就在于所诉行为发生时其已经持有子公司的股权,很难想象如不要求母公司

〔1〕 参见《会计准则33号》第7条规定:"合并财务报表的合并范围应当以控制为基础予以确定。控制,是指投资方拥有对被投资方的权力,通过参与被投资方的相关活动而享有可变回报,并且有能力运用对被投资方的权力影响其回报金额。本准则所称相关活动,是指对被投资方的回报产生重大影响的活动。被投资方的相关活动应当根据具体情况进行判断,通常包括商品或劳务的销售和购买、金融资产的管理、资产的购买和处置、研究与开发活动以及融资活动等。"第21条规定:"母公司应当将其全部子公司(包括母公司所控制的单独主体)纳入合并财务报表的合并范围。如果母公司是投资性主体,则母公司应当仅将为其投资活动提供相关服务的子公司(如有)纳入合并范围并编制合并财务报表;其他子公司不应当予以合并,母公司对其他子公司的投资应当按照公允价值计量且其变动计入当期损益。"

〔2〕 刘燕:《会计法》,北京大学出版社2009年版,第371页。

〔3〕 此处讨论的是母子公司架构已经形成情况下的双重派生诉讼,对于股份交换、股份转移转化形成的双重派生诉讼,后文再讨论。

〔4〕 参见沈贵明,前揭文,第112页。

满足同时持股要求——母公司没有代表诉权的情况下却允许母公司股东提起双重派生诉讼，这明显不太合理。〔1〕我们认为，母公司在受诉行为发生时持有子公司股权理应作为提起双重派生诉讼的前提。

2. 原告资格

（1）母公司股东对母公司的持股比例。基于原告股东诉权性质的争议，派生诉讼出现"代表性"与"派生性"的分野："代表性"基于管理公司的共益权，前提是股东取得对公司的代表权；"派生性"则基于股东自益权，是由于公司价值下降而导致股东权益的受损。这种理论和权利依据的不同导致了诉讼门槛的高低不一：大陆法系普遍对原告股东做出了持股比例的要求，英美法系则无此限制。〔2〕我国公司法与大陆法系类似，区分公司组织形式的不同做出相应限制，将有限公司的代表诉权设计为单独股东权，股份公司的代表诉权设计为少数股东权，后者的主要立意在于防止股东恶意提诉，避免对公司正常经营产生干扰。〔3〕

与我国略有差异，日本公司法理论渐趋认为代表诉权属于单独股东权，且以鼓励诉讼为目的，在普通派生诉讼的改革进程中逐渐取消了原告持股比例的限制。〔4〕然而，在引进双重派生诉讼的过程中立法者却为原告设置了持有最终完全母公司1%以上有表决权股份的限制。〔5〕官方的解释是：这样做并非为了防止滥诉，而是因为母公司股东并不是全资子公司股权的直接持有者，二者之间还有母公司的存在，而仅仅是"通过母公司与全资子公司间接地发生关系"，这就与普通派生诉讼有很大的不同，需要将母公司股东的双重代表诉权限制为"少数股东权"。〔6〕这更多地反映出日本对初引入双重派生诉讼制度的谨慎态度。日本立法者真正的目的可能是想将原告限定在与母公司利益有重大利害关系的

〔1〕参见王志诚，前揭文，第26页。

〔2〕参见邓峰、许德峰、李建伟主编：《最高人民法院公司法解释（四）理解适用专题讲座》，中国法制出版社2018年版，第402页。

〔3〕参见刘凯湘：《股东代表诉讼的司法适用与立法完善——以〈公司法〉第152条的解释为中心》，载《中国法学》2008年第4期。

〔4〕参见［日］前田庸：《公司法入门》（第12版），王作全译，北京大学出版社2012年版，第335页。

〔5〕日本《公司法》第847条之三第1款，参见吴建斌：《日本国公司法：附经典案例》，法律出版社2017年版，第449页。

〔6〕参见王原生，前揭文，第178页。

主体中,从而使诉讼更具有价值。[1] 我国有学者指出,这种最低持股比例的限制不仅无法有效阻止毫无根据的普通派生诉讼,反而会阻碍少数股东维护公司及自身利益的能动性。[2] 而在双重派生诉讼中,如简单套用现行法关于持股比例的限制,也即依据母公司的类型对原告持股比例做出不同限制,将会更加不合理。[3] (见表6-13)

表6-13　受支持的股东双重派生诉讼案例持股比例限制

子公司	母公司	母公司普通代表诉权	母公司股东双重代表诉权
有限公司	有限公司	不受持股比例限制	不受持股比例限制
有限公司	股份公司	不受持股比例限制	单独或合并持有1%股权
股份公司	股份公司	单独或合并持有1%股权	单独或合并持有1%股权
股份公司	有限公司	单独或合并持有1%股权	不受持股比例限制

这些主张具有一定的合理性,但也要对相关问题进行必要的澄清,尤其针对关于“母公司股东有诉权而子公司股东无诉权”的担忧(主要针对表6-13的第四种情况),有学者认为母公司股东的双重派生诉讼提诉条件,不应当优先于子公司其他少数股东的普通派生诉讼提诉条件。此观点有待商榷,因为双重派生诉讼的存在前提就在于“子公司及其股东无法起诉或者怠于起诉”,母公司股东不需要、事实上也无法在经济实质层面上与子公司股东在起诉的“持股比例”上进行比较。此外,前置程序的存在足以有效地保证子公司及其股东采取自救措施的在先性。同时设置持股比例限制主要是为了防止滥诉,体现对新兴制度应保持适当谨慎的态度,并实现与原有制度的良好衔接。我们同意部分学者的建议:双重派生诉讼中母公司股东对母公司的持股比例要件仍需保留,且与现行法对普通派生诉讼的规定保持一致。[4]

(2)持股时间的要求。一是母公司股东对母公司的持股时间。与前述持股比例问题类似,当前在两大法系对普通代表诉权持股时间的限制也存在两种立法例:一为大陆法的“时间段”模式。如日本要求连续6个月持有公开公司股份

〔1〕 参见黄积虹、王喆:《股东双重派生诉讼制度研究》,载《云南大学学报(法学版)》2015年第5期。

〔2〕 参见樊纪伟:《公司法实施中的双重代表诉讼制度确立与构建》,载《天津法学》2019年第2期。

〔3〕 参见沈贵明,前揭文,第111页。

〔4〕 参见樊纪伟:《我国双重代表诉讼制度架构研究》,载《华东政法大学学报》2016年第4期。

的股东享有诉权，而非公开公司则无持股期限要求。[1] 二为英美法的"同期所有权"模式，即同时持股和继续持股要求。不仅要求原告在所诉行为发生时具备股东资格，还要求其在诉讼的整个期间保持股东身份。美国法在对"同期所有权"的突破中确立了双重派生诉讼制度，日本在引入双重派生诉讼制度时，则与原有制度保持一致，维持了连续持股6个月的要求。

我国现行法对于普通代表诉权的持股时间限制区分公司类型作了区别规定，在立法模式与内容上与日本一致。有学者认为这种"时间段"模式虽便于操作，但双重派生诉讼制度作为代表诉权的扩张适用。为了防止持股条件太过宽松造成诉讼的不当扩散，应当确立更为严格的规则，考虑引入"同期所有权"规则，要求母公司股东在所诉行为发生时以及诉讼整个过程中均应当持有母公司股权。[2] 这一提议有所不妥，因为"二重代位诉讼制度之本旨，系借由行使从属公司之权利，直接使利益归属于从属公司，使得控制公司及其股东间接获得保障。因此控制公司股东持有股份或将资本注入控制公司之时点为何，对于从属公司之保护而言，其实并非重点。"[3] 此外"时间段"模式的确立是为了排除投机诉讼的提起，这其实与"同期所有权"防止购买诉讼的目的不谋而合，且其内在包含了继续持股的要求。[4] 因而，与现行法限制模式保持一致，继续对母公司股东持股时间做出限制即可。

二是股份转换情形下的原告资格问题。由于程序简便、成本低廉、高效便捷，股份转换制度成为当前企业并购的重要选择。[5] 通过两种方式都可以实现股东身份的瞬间"穿越"转移，形成完全的母子公司关系。在这种情形下股东与公司之间的关系便需要经由母公司来实现控制，因而保护母公司股东权益的需

---

〔1〕 参见［日］近藤光男，前揭书，第314页。

〔2〕 参见王淼、许明月，前揭书，第125页。

〔3〕 王志诚，前揭文，第26页。

〔4〕 "股东在诉讼过程必须具有股东的身份，股份的转让将导致原告资格的丧失、诉讼程序的终结。这可以看作是'同时持股原则'的继续。"引自刘凯湘，前揭文，第159页；"连续持股可理解为，自提诉请求之日起6个月前开始到法庭辩论终结之日为止，连续持有相应的股份。"引自王原生，前揭文，第179页。

〔5〕 股份转换，包括股份交换和股份转移。股份交换是指经目标公司与拟控股公司各自股东会决议，按照确定的交换比率强制性地将目标公司所有股份换为拟控股公司股份，从而实现拟控股公司对目标公司的全资控股；股份转移则是指原公司股东会通过决议新设一家公司，并强制性地将其股东所持有的全部股份移转给新设公司，从而成为其全资子公司，原公司股东也自动成为新设公司股东。参见楼晓、冯果：《论股份交换制度在我国的推进与适用》，载《法学评论》2008年第6期。

求便格外地高。[1] 普通派生诉讼的适用将面临以下两大挑战：①原公司股东针对原公司管理层的不法侵害提起普通派生诉讼期间，因为股份转换成为母公司股东，而丧失了原公司的股东资格，此时原告可能会丧失起诉资格。②侵害原公司利益的行为发生在股份转换之前，原公司股东本来拥有对原公司不法董事的代表诉权，但由于股份转换而失去了原公司股东资格，也可能丧失起诉资格。

尽管股份交换制度在我国尚未确立，但现行立法已经为该制度在我国境内的推行预设了一定的制度适用空间，且已有股份交换的实践。[2] 因而在此背景下，我国也会面临前述两大挑战：第一个挑战实为原普通派生诉讼在形式上转换为双重派生诉讼的问题，第二个挑战实为是否允许提起双重派生诉讼的问题。针对挑战一，如股份交换并非出自股东自身的意愿，且只是公司组织结构的变更，可以借鉴日本"诉讼推进权"的规定，认定其仍具有派生诉讼的原告资格。[3] 因为很明显，此时如不允许原告继续派生诉讼，将违反正义与衡平的理念。针对挑战二，需要考虑双重派生诉讼中持股时间上的特殊性，具体包括两方面：其一，此时母公司对子公司的持股时间不应作"同时持股"的限制，也即不要求母公司在所诉行为发生时持有子公司股权，因为在"转化型双重派生诉讼中"只是变更了公司的组织结构，而并不变更股东实质同一性。[4] 事实上美国判例也是在股份交换情形下将"直接利益"放宽为"间接利益"，从而打破了"同时持股"的限制，肯定了原告对子公司董事享有的诉权。[5] 其二，在母公司股东持股期限的认定上应当按照连续计算的规则进行。假设原公司通过股份交换成为新公司的全资子公司，原公司的股东 A 直接转化为新公司的股东。如新公司是股份公司，A 提诉时应连续持股满 180 日。此时，该期间应从持股原公司的时间点起算，因为发生股份交换并非股东 A 的自愿行为，股东 A 持有母公司 Y 的股份实际上是持有 X 公司股份的延续，重新计算显属不妥。

---

〔1〕 参见[日]神田秀树、朱大明：《日本公司法中的股份交换与股份转移制度》，载《清华法学》2015 年第 5 期。

〔2〕 参见楼晓、冯果，前揭文，第 41 页。

〔3〕 参见周剑龙：《日本公司法制现代化中的股东代表诉讼制度》，载《南京大学学报(哲学・人文科学・社会科学版)》2006 年第 3 期。

〔4〕 参见崔甲龙：《双重派生诉讼股东双重派生诉讼制度的研究》，中国政法大学 2012 年博士学位论文，第 124 页。

〔5〕 参见前文 Sternberg 案、Rales 案。

3. 被告范围

(1)子公司限于“重要子公司”吗？日本《公司法》在双重派生诉讼制度中还对子公司施以“重要性”限制，即只有股权的账面价值占到母公司账面价值总值的1/5以上的子公司才能适用双重派生诉讼制度。这样规定的原因在于非重要子公司的经营管理层级别较低，是故“不存在对他们提诉懈怠的可能性”。[1] 还有学者提出，非重要子公司的经营不会对母公司股东造成重大影响，尤其是在公司集团内部往往存在多级子公司的情况下，一些远离集团核心的子公司即使因管理层控制公司而利益受损，其所遭受的侵害对于母公司而言是不重要、不紧迫的，这时没必要赋予母公司股东介入子公司经营的监督权。[2] 关于此点，似乎更是一个法政策的选择问题。如果子公司仅仅因为经营管理层级别较低就被排除在双重派生诉讼的适用范围之外，显然在法理上与逻辑上都未必充分与周延，而且母公司董事是否存在监管懈怠的可能性也不是由子公司的规模大小、重要性来决定的。相反，若子公司在母公司账面价值中占比较小，母公司董事反而更容易懈怠——因为提诉所获得的工作收益可能与之付出的成本不相匹配。虽然此种情况下母公司股东提起双重派生诉讼的积极性也会降低，但仍不能基于子公司为非重要子公司、母公司股东最终受到的损害较小的逻辑，而不给予保护，反而应当将之纳入双重派生诉讼的范围。此外，结合前述对于“全资控股”的反对意见，这一做法也会限制双重派生诉讼的适用范围。因此，我们不建议采取日本法对子公司所作的“重要性”限制。

(2)“他人”范围应当限缩。对于普通派生诉讼的被告范围问题，美国采取自由模式，但凡侵害公司权益者，皆可被列为派生诉讼的被告。而日本法采取限制模式，将派生诉讼的被告限制为公司内部人，范围相对狭窄。[3] 我国《公司法》更类似于美国，除了第151条第1款、第2款规定的公司董监高，还有第3款规定的“他人”。关于“他人”范围的界定，除已在相关司法解释中明确的“清算组成员”“控股股东”“实际控制人”“关联交易合同相对方”之外，学界还有争议。[4] 鉴于这一问题对于普通、双重派生诉讼而言系属同源，因而普通派生诉

---

〔1〕 王原生，前揭文，第179页。

〔2〕 参见［日］前田雅弘：《親会株主の保護》，载《Jurist》1439号(1012年)。

〔3〕 参见林少伟：《中国大陆股东代表诉讼——实施现状及发展趋势》，载《月旦法学杂志》总第59卷。

〔4〕 主要为“狭义解释”和“广义解释”之争，参见刘凯湘，前揭文，第160页。

讼的争议也适用于双重派生诉讼。

“他人”范围之界定，需要从派生诉讼的衡平法性质、经营监督功能以及司法介入的界限等几个方面做并行考量。首先，从产生背景以及实际运作情况来看，派生诉讼作为“最后一道防线”，一直表现为救济公司人格独立、资本多数决等相关制度不合目的性的对应性安排，具有明显的衡平法性质。其次，从其价值功能定位来看，派生诉讼的制度价值在于阻却公司内部控制人不当行为，其功能在于实现股东对公司经营层的监督。最后，从司法介入的界限来看，要维护公司利益就必须做成本收益分析，考虑司法成本以及代替公司做商业判断可能会产生的错误成本。[1] 基于以上分析，我们认为，我国引入派生诉讼的初衷就是为了强化对公司经营管理层的责任追究，事实上该制度也是平衡股东所有与经营者控制之间的一种机制。[2] 因而需要对双重派生诉讼中的“他人”进行适当限制，将其限制在“享有类似的公司管理权限者”以及“与公司经营层具有一致利益者”。在制度建构的路径上，在双重派生诉讼的公司法条款中仍保留“他人”的规定，对于“他人”的限缩宜通过司法解释进行。

4. 前置程序的设计

如前所述，派生诉讼作为公司法核心制度不合目的性的矫正安排，具有居次地位与补救性质，因而必须通过前置程序的设置来保护公司的正常经营活动免受恶意派生诉讼的滋扰。在公司集团背景下的母子公司架构中，公司结构更趋复杂、立体，干扰因素也随之成倍增加，双重派生诉讼更需设置前置程序以求利益平衡。

(1) 请求范围。在普通派生诉讼中，前置程序要求“穷尽内部救济”。同理，双重派生诉讼也应将这一原则贯彻到底。然而，在对“内部”的理解上，美、日存在显著差异，在美国，“内部”不仅指子公司内部，母公司董事会也被纳入“内部”的范围，原告须同时向母子公司董事会分别提出申请，均遭拒绝时才能提诉；[3] 在日本，“内部”仅限于子公司范围之内，原告原则上仅需向子公司的董事会提出请求，在遭到拒绝时即可提起双重派生诉讼。[4] 基于双重派生诉讼中原告诉讼利益的“间接性”与“层级性”，美式方案更为合理，即母公司股东须履行双重

---

〔1〕 参见蔡立东：《论股东派生诉讼中被告的范围》，载《当代法学》2007 年第 1 期。

〔2〕 参见钱玉林：《〈公司法〉第 151 条的漏洞及其填补》，载《现代法学》2015 年第 3 期。

〔3〕 参见前文 Holmes 案、Goldstein 案。

〔4〕 参见王作全，前揭文，第 7 页。

的前置程序，分别向子公司和母公司提起救济请求，唯当二者均不可行时，方能以自己名义提起双重派生诉讼。同时在接受申请的机关上，应当以子公司为界作区分处理：在寻求子公司内部救济时，适用于“交叉请求规则”，接受申请机关应当根据被申请人不同而相应变化，防止不法侵害人与子公司接受申请机关勾结逃避责任；寻求子公司外部救济时，接受申请机关应当为母公司董事会，而不包括母公司监事机关。因为公司监事的代表诉权仅限于本公司，[1]更何况与董事会相比，其商业判断的专业性可能较为欠缺。同时从母公司提起派生诉讼的便利性以及节省原告诉讼时间成本角度考虑，向母公司董事会发出请求即为已足。

(2)请求顺序。如规定了请求的先后顺序——要求母公司股东先向子公司接受申请机关提出请求，待其明确拒绝或逾期未予答复之后，再向母公司董事会发出请求并等待其做出回应——对于原告来说显然不公平，因为双重派生诉讼本身就是为了子公司利益提起，如此大费周章，既耗费原告精力，挫伤其诉讼的积极性，也可能因拖延导致相关证据材料的灭失，甚至给子公司造成难以弥补的损失。为此，有学者曾提出“请求+通知”的规则，即母公司股东在向子公司接受申请机关发出请求的同时，要求其向母公司董事会发出通知。[2] 问题是，与其花费同样的流程和精力，还不如同时向母公司董事会发出正式请求，毕竟“通知”不同于正式请求，只有知会的意思而无明确提诉的请求，不符合“穷尽母子公司内部救济”的要求。鉴于此，必须“同时、分别”向母公司和子公司提出请求，这样既能缩短请求时间，简化请求流程，也能保证用尽内部救济手段，与派生诉讼“非常救济”和“通常规则例外”的特征也相契合。

(3)股东请求回复规则。有关派生诉讼的诸多实证研究表明，我国派生诉讼前置程序陷入失灵、形同虚设的境地——面对股东请求，公司疏于调查甚至不予答复，股东也是为了完成程式化的需求，对于公司是否回复不抱期待。[3] 如不设法解决前置程序的形式化问题，其本应具有的过滤诉讼、缓解结构性冲突的功能就无法发挥作用。有学者分析，前置程序的形式化既是因为对股东书面请求缺乏规范，也是因为接受请求机关的制度安排不够明确具体，最重要的则是缺

---

〔1〕 详见上文对样本5的分析。

〔2〕 参见沈贵明，前揭文，第117～118页。

〔3〕 参见龚博：《股东派生诉讼前置程序实证研究》，载《湖南科技学院学报》2016年第6期。

乏对股东请求回复的明确规制。[1] 美国法针对股东提诉请求的回复问题高度关注，结合其自身公司组织架构设置了特别诉讼委员会制度，该委员会通过独立、公正的调查所做出的不起诉决定可以阻断派生诉讼的继续，从而最大限度发挥商业判断规则的功效，充分保障公司基于自身利益的决策自由。[2] 日本为了实现前置请求程序的设计功能，在双重派生诉讼制度中设置了不起诉理由书制度，赋予监事经调查决定不起诉时、依法定内容和方式回复股东请求的职责。[3] 我国的公司组织架构与日本相似，可以在双重派生诉讼前置程序的构建中，借鉴不起诉理由书制度，确立股东请求回复的规则。具言之：①接受申请机关所做决定属于公司行为，因而必须依法律或公司章程规定的程序，以决议或者其他的方式来保障该拒绝起诉行为的正当性与合法性；②接受申请机关在收到股东请求之后，在经过相应的调查与决策程序后，如果决定拒绝其起诉请求的，应当及时将该决定通知股东；③对于前述决定应当以书面或电子方式告知股东，同时还要明确相关决定内容中必须包括公司调查的情况与公司做出不起诉决定的理由。[4] 如此一来，将不起诉的决定书面通知股东就成为接受请求机关的一项强制性责任，这样股东就能够更好地判断是否应当继续提诉。更重要者，对此项强制性义务的违反，可能会成为追究公司经营者怠于履责（违反勤勉义务）的依据。因此，这一规则的确立可以督促接受申请机关慎重对待股东的请求，从而在一定程度上活化前置程序，使其真正发挥其功能。

综合以上，公司法关于双重派生诉讼的条款设计要点包括：

1. 双重派生诉讼的提起必须以母公司对子公司形成充分控制为前提。首先，母公司要在受诉行为发生时与子公司形成持股关系；其次，母公司对子公司直接或者间接持有在所不问，持股比例采合并计算规则；最后，控制标准采取先形式后实质的判断模式，全资母公司、绝对控股母公司、相对控股母公司以及符合纳入财务合并报表等实质判断标准的参股公司均纳入母公司范围。这意味着：①双重派生诉讼在单纯以人事安排、协议安排实现控制的公司之间不能适

---

〔1〕 参见朱大明、孙慧：《论我国股东代表诉讼前置程序的完善——以不起诉理由书制度为中心》，载蒋锋、卢文道主编：《证券法苑》第 26 卷，法律出版社 2019 年版。

〔2〕 See Michael Dooley & Norman Veasey, *The Role of the Board in Derivative Litigation: Delaware Law and the Current ALJ Proposals Compared*, The Business Lawyer, Vol. 144(2), 1989, p. 508.

〔3〕 参见日本《公司法》第 847 条之三第 4 款；日本《公司法实施细则》第 218 条。

〔4〕 参见朱大明、孙慧，前揭文，第 208 ~210 页。

用；②子公司可以是多级子公司，多重派生诉讼是允许的；③双重派生诉讼不限于全资母、子公司之间；④除股份交换情形外，母公司应当在受诉行为发生时持有子公司股权。

2. 母公司股东的持股比例与持股时间要件，适用现行法关于普通派生诉讼的规定。

3. 在股份交换完成前，被合并公司股东享有对原公司普通代表诉权；在股份交换完成后，之前已向原公司提起普通派生诉讼的被合并公司股东享有派生诉讼的继续推进权；在股份交换完成后，被合并公司股东依然有权就合并前原公司所受损害提起双重派生诉讼，且其持股时间自其持有被合并公司股份之日起计算。

4. 双重派生诉讼的被告范围为"子公司的董监高"以及"他人"，司法解释可以对"他人"范围进行限缩。子公司无须是母公司的"重要子公司"，不对子公司在母公司中的资产比重提出门槛要求。

5. 应当按照交叉请求规则确定子公司接受申请机关；母公司股东提起双重派生诉讼之前应该同时、分别向母公司董事会与子公司接受申请机关提出提诉请求；接受申请机关在做出不起诉决定时，应以书面或电子形式及时对股东请求做出回复。

五、结论

股东双重派生诉讼是在公司集团化背景下的母子公司架构中产生的，是为解决立体公司架构下股东权缩减问题而发展出的应对规则，对于我国当下优化营商环境语境下少数股东权益之保护、保护企业资产免遭不法侵害都具有重要的制度价值。从我国司法实践来看，不断涌现的双重派生诉讼案例正说明该制度的巨大现实需求，但由于现行法的制度供给缺失导致母公司股东在（全资）子公司利益受损时的求救无门，暴露出现行公司法上相关制度供给显著不足的弊端，双重派生诉讼制度之构建于我国而言更具有强烈的现实需要。由 Eisenberg 教授首倡的为保护股东权而产生的"穿越性"（pass-through）权利，后被发展为股东权穿越理论，与我国当下司法实践中盛行与推崇的"穿透式审判思维"暗通款曲。该理论以解决股东权缩减问题为初衷，具有鲜明的现实主义面向，其同时坚持的利益平衡价值取向，不仅为双重派生诉讼揭示的穿越之本质提供了基本的价值依托，还为双重派生诉讼具体规则的构建划定了界限，完全可依据穿越理论证成双重派生诉讼之正当性,并以此为指引完成双重派生诉讼的立法建构。

在当前公司法即将迎来新一轮修订的契机下,探讨双重派生诉讼制度的引入问题既显必要,更合时宜,可谓水到渠成。关于条款设计与具体规则构建,首先要做好对相关法律术语含义的界定,然后以既有的普通派生诉讼为基础并做出妥善的调整。准此,对公司法相关条文做如下调整。

一是将现行《公司法》的第216条之第2项、第3项分别调整为:

控制股东,是指其出资额占有限责任公司资本总额百分之五十以上或者其持有的股份占股份有限公司股本总额百分之五十以上的股东;出资额或者持有股份的比例虽然不足百分之五十,但(1)依其出资额或者持有的股份所享有的表决权已足以对股东会、股东大会的决议产生重大影响;或(2)依协议、其他安排能够支配公司行为的股东。

前述出资、持有股份行为均可通过间接方式实施。

(三)实际控制人,是指虽不是公司的控制股东,但通过非股权投资关系、协议或者其他安排,能够实际支配公司行为的人。

二是在第151条后增设一条,暂列为第×××条:

第×××条　子公司的董事、监事、高级管理人员有本法第一百四十九条规定情形的,有限责任公司之母公司的股东以及股份有限公司之母公司连续一百八十日以上单独或者合计持有公司百分之一以上股份的股东均有权依照本法第一百五十一条规定的条件和程序,分别、同时书面请求母公司董事会或者不设董事会的有限责任公司之母公司执行董事与子公司的接受请求机关向人民法院提起诉讼。

相应接受请求机关收到前款书面请求后均拒绝提起诉讼,或者自收到请求之日起三十日内均未提起诉讼,或者情况紧急、不立即提起诉讼将会使子公司利益受到难以弥补的损害的,前款规定的股东有权为了子公司的利益以自己的名义直接向人民法院提起诉讼。

本条第一款接受请求机关在收到书面请求后应当及时回复,拒绝提起诉讼的应当制作不起诉决定书,将其调查情况、不起诉理由以书面方式告知提出请求股东。对母公司接受请求机关自收到请求之日起三十日内未予回复且未提诉的,提出请求股东可另行直接提起诉讼。对子公司接受请求机关自收到请求之日起三十日内未予回复且未提诉的,提出请求股东可在诉讼中一并追究其失职责任。

他人侵犯子公司合法权益，给子公司造成损失的，符合本条第一款规定的母公司股东可以依照前两款的规定向人民法院提诉。

本条所称母公司，应符合本法第二百一十六条第（二）项之规定。

三是在相应的公司法司法解释文件增加如下内容的规定：

1. 公司法第一百五十二条第四款所称的“他人”，是指虽不是子公司董事、监事、高级管理人员，但是实际享有类似董事、监事、高级管理人员的权力与地位的人，或者与公司发起人、清算人、控制股东、实际控制人以及公司经营层具有一致利益的人。

2. 公司股东依据公司法第一百五十一条提起派生诉讼，应当在整个诉讼过程中符合该条所规定的起诉条件，但在诉讼过程中因股份交换失去股东身份的除外，前述股东可继续享有诉讼资格。

3. 股份交换完成后，因公司合并失去被合并公司股东身份的，该等股东有权依公司法第一百五十二条的规定，就合并前被合并公司所受损害提诉。若合并公司为股份有限公司的，前述股东的持股时间自其持有被合并公司股份之日起计算。

附录：案例索引

1. 广东省汕头市中级人民法院民事判决书，（2004）汕中法民四初字第66号。

2. 上海市第二中级人民法院民事判决书，（2008）沪二中民五（商）初字第21号。

3. 天津市高级人民法院民事判决书，（2012）津高民四终字第1号。

4. 广东省高级人民法院民事裁定书，（2013）粤高法立民终字第439号。

5. 江苏省高级人民法院民事裁定书，（2016）苏民终568号。

6. 上海市第一中级人民法院民事判决书，（2015）沪一中民四（商）终字第929号。

7. 陕西省高级人民法院民事判决书，（2016）陕民终255号。

8. 广东省中山市第一人民法院民事裁定书，（2017）粤2071民初21628号。

9. 江苏省镇江市中级人民法院民事判决书，（2018）苏11民终35号。

10. 最高人民法院民事裁定书，（2019）最高法民终521号。

第七章

公司对外关联担保合同效力 *

【本章导读】 理解违反《公司法》第16条规定的议决程序的公司关联担保合同效力及其责任分担的裁判规则，需要四个维度的综合性思维：一是交易法(行为法)与组织法(团体法)的规范适用关系；二是民法的实质正义观与商法的追求效率价值的协调，民法的越权代表规则与商法的决议被否定后对于以决议为依据而为的外部交易行为效力影响规则的关系处理；三是对于关联担保涉及的所有利害关系人(包括担保公司、担保公司少数股东、担保公司债权人及交易债权人)之间利益冲突的多层次、多视角的衡量；四是对《公司法》第16条规范的本旨探究及其实现的司法裁判路径选择。借此可以发现长期以来违规公司关联担保合同效力及其责任承担的司法裁判尺度不一、裁判思路不一的根源所在，并得以进一步检讨《九民纪要》、《最高人民法院关于适用〈中华人民共和国民法典〉有关担保制度的解释》(以下简称《民法典担保解释》)相关规范的成败得失。本章关于公司关联担保纠纷的裁决实证，涵盖2005年公司法修订之前、2005年公司法修法之后到《九民纪要》出台之前，以及《九民纪要》《民法典担保解释》出台后的三个历史阶段，对诸阶段的案例总体数据分析与重点个案的裁判逻辑分析，可以展现出多年来违规公司关联担保合同效力认定及责任承担裁判的动态发展趋势，厘清裁判思路的变化过程及其动因，归纳出裁判面临的新问题及最新发展动向。这一切均以《公司法》第16条立法意旨的本源性定位及其制度价值

* 本章的合作者陈琼婷。陈琼婷，法律硕士，供职单位：广州市南沙区人民政府。

的精准实现而展开。

【本章关键词】 公司关联担保 合同效力 越权代表 审查义务 审慎审查

一、引言

信用授受是金融发展的核心，担保乃是资金融通的基础性制度配置，因而在一个国家、地区的社会经济生活中担保的作用举足轻重。显而易见，公司不仅是为自己担保的主流主体，也是为他人提供担保的最重要主体。然而，担保并非普通的商事活动，公司为他人提供担保往往无对价而且背负较高的法律风险，一旦转化为现实损失，这无疑会损害公司自身及其诸利害关系人之利益。因而，无论是就稳定担保秩序与控制担保风险的宏观层面论，还是平衡担保公司与债权人利益的中观层面而论，抑或保护公司利益及其诸利害关系人利益的微观层面而论，担保法律风险的防控都是必须深入讨论的话题。信用授受者依赖担保这一工具保障债权周全。其中，关联担保利弊均可视，在降低担保费用和提高担保效率的同时，亦面临无对价却承担高风险的处境。尽管有不少公司因关联关系或为取得商业机会而提供担保谋求利益，但在关联担保中不乏多数股东、实际控制人以公司担保名义，掏空公司资产以中饱私囊，转移风险进而损害公司以及其上诸利害关系人的利益。有数据显示，自2018年起公开披露对外提供担保的上市公司突破2000家，2019年涉及上市公司的违规担保案件被披露的就有61起。[1]

1993年《公司法》对公司对外担保采审慎且严厉的立场。该法第60条规定："董事、经理不得以公司资产为本公司的股东或者其他个人债务提供担保"。2005年《公司法》修正案在"总则"中增设第16条予以一般性规范，尤以关联担保为规制中心。展开而论，关联担保的对象指向公司股东、实际控制人，特设为其担保只能由股东会（含股东大会，下同）决议作为议决程序，同时为了避免多

〔1〕 参见吴晓璐：《违规担保成资本市场一大"毒瘤"，最高法统一裁判标准从源头遏制》，载《证券日报》2019年12月21日。《证券日报》报道与东方财富choice数据显示，"2016年至2018年，存在担保情况的上市公司分别有1745家、1933家和2087家，截至2019年上半年，有2129家上市公司存在担保情况。2019年涉及上市公司的违规担保案件共61起，其中有42起被法院判决上市公司应承担责任，占比68.8%。"

数股东、实际控制人控制股东会决议,立法者设立公司法上唯一的表决权回避规则。这一双重规制意在维护公司决议的独立性与真实性,具有强制性规范的属性,且保护公司少数股东的意向非常明显。但是,该条款未规定违反上述规范的法律后果,也即如未经股东会决议或者决议效力被否定,是否会影响关联担保合同的效力?此种规范设计无疑给法律适用造成了较大的不确定性,导致司法裁判不一。十几年来,审判机关一直谋求解决这一问题,希望提供一个确定且统一的裁判规则。最高人民法院于2019年颁布的《九民纪要》和2020年颁布的《民法典担保解释》就是这些努力的集大成者。前者引入越权代表规则,确定公司法定代表人越权担保适用越权代表规则的裁判思路,以审查债权人的注意义务为切入点来确定相对人的善恶意,从而对关联担保合同效力进行类型化调整。后者基本沿袭这一裁判思路,只是增设了一些特殊公司类型、特殊关联情形,比如对一人有限公司、上市公司、公司分支机构对外担保等的情形,从而更具有问题导向和针对性。

十几年来,虽然国内私法学界关于公司对外关联担保合同效力的学理分析与实证研究可谓汗牛充栋,但研究中心始终不离《公司法》第16条的规范分析路径,其研究路径大致可以分为以下五种:

一是法律规范属性分析说。有学者从法律规范的性质出发,结合原《合同法》第52条第5项(现《民法典》第153条)规定将第16条归类为管理性强制规范,[1]从而得出违反第16条的关联担保合同效力不受影响的法律后果。也有学者主张第16条是效力性强制规范,不遵循该规范必然导致担保合同无效。还有学者指出无法整体定义第16条的规范属性,该条既体现强制性又体现了任意性,即第1款非关联担保条文为任意性规范,而第2款关联担保条文为效力性规定。[2] 实际上,一旦将第16条认定为管理性强制规范,该条款存在的合理性便会遭受质疑和批判,进而可能会导致该规定的本来立法价值遭到无视。

二是内部规范解释论。有学者认为第16条规制的对象仅为公司内部治理行为,即公司真实意思表示形成机制的法律规定,无涉于外部交易人,因而

---

〔1〕 参见赵德勇、宋刚:《关于公司对外担保的法律问题》,载《理论探索》2007年第2期。

〔2〕 参见马更新:《公司担保中决议形成程序与合同效力认定间牵连关系探析》,载《法学杂志》2020年第6期。

债权人并无审查义务。[1] 再者,在缺乏公司内部决议公示制度的背景下,债权人审查难度较大,若对此硬性要求势必增加交易成本从而损害交易安全。类似地,有观点认为公司担保事项的决议属于内部规范章程而不具有对世效力,若对债权人强加章程审查义务,将导致交易成本扩大不利于经济活跃。相反的观点则认为,第16条恰恰是给予公司决议外部化的效力,以确保公司担保得以真实地展现股东的意愿,是一种法定化的限制和决议外部化[2]的趋势,法定代表人不顾公司决议而签署担保合同的行为是越权行为。类似地,有人认为公司决议具有"溢出效应",[3]决议效力并非仅仅局限于公司内部,因担保涉及交易相对人,公司担保的法定限制使得决议对担保合同外部法律关系产生影响。

三是法定限制理论说。有学者指出第16条不仅仅对公司担保的表意机关做了规制,更是对表意程序的限制,是对法定代表人意思表示的整体立法规制。还有学者指出,第16条是对公司担保的决议机构和程序的立法规制,而非仅为公司的内部性规范,法律一经公布则推定当事人知悉,交易债权人应注意到此既有规定,对公司章程和决议有审慎审查义务。[4] 不可否认的是,担保非普通商事安排,担保涉及公司整体资产的安全,第16条的特别设置足以显示其特殊性和重要性。该条首先对法定代表人的权限进行了立法规制,其次第2款、第3款对于关联担保的规定更体现了立法规制性和强制性,与之相对应,对非关联担保则为意定限制。

四是越权代表解释论。越权代表理论是目前司法解释采用的学说,同时这也是学术界最大公约数的解释方案。不少人认为,规范属性的分析思路因其二分的不周延性存在缺陷而缺少说服力,因而有民法学者提出,违反公司法决议制度的行为基本能概括为法定代表人的越权代表行为,即在未经公司决议的情况下,直接对外签订担保合同,危及公司整体权益的行为。[5] 所以,对于公司担保问题大可不必在规范性质上机械分类,应以违反《公司法》第16条的外观行为表象作为切入点进行考察,将思考的重心放在《民法典》第504条(原《合同法》

---

[1] 参见钱玉林:《公司法第16条的规范意义》,载《法学研究》2011年第6期。

[2] 参见李建伟:《公司非关联性商事担保的规范适用分析》,载《当代法学》2013年第3期。

[3] 梁上上:《公司担保合同的相对人审查义务》,载《法学》2013年第3期。

[4] 参见赵旭东主编:《公司法学》(第4版),高等教育出版社2015年版,第221页。

[5] 参见高圣平、范佳慧:《公司法定代表人越权担保效力判断的解释基础——基于最高人民法院裁判分歧的分析和展开》,载《比较法研究》2019年第1期。

第50条)规定的越权代表行为的规范之上,进而解决法律效果问题。《九民纪要》引入了越权代表的分析思路,《民法典担保解释》沿袭之。越权代表的思路将关注点转向了对债权人"善意"的认定与考察,重点在于考察交易债权人是否知道或者应该知道越权代表、是否存在善意、是否有值得保护的信赖利益。这便回到了民法判断善意的标准问题。但是,何为善意,对交易债权人的注意义务要求到达何种程度,才能适用外观主义对其进行善意保护,这既是学界颇有争议的地方,也是实务界判断不一的领域。

五是担保合同相对人的审查义务说。公司对外担保并非一般的经营活动而是特殊的商事安排,只有专门以担保为业的担保公司和开立担保函的金融机构才可以将担保作为常规业务。除此之外,对于普通公司而言,担保并非日常经营行为。因此,对于无须支付对价的债权人,法律规定其应负有更高的注意义务并充分履行其审查义务。审慎的形式审查义务自《九民纪要》之后逐被普遍认同。有学者更是指出,越权代表规定是解读公司担保效力难题的要点,违反决议规定的担保合同并非必然无效,应当从合同另一方当事人角度出发来考察——法律不保护对越权行为明知或者应知、主观非善意却依旧投机签订担保合同的交易债权人。[1] 债权人的审查义务限于一种形式审查,审查应结合公司决议效力与区分公司种类不同而进行界定。诚然,赋予交易债权人审查义务也是风险分配的一种手段,然而如果不对关联担保与非关联担保的注意义务进行区分,关联担保的特别立法规制性就不能得到突出。

综上所述,在《九民纪要》和《民法典担保解释》先后颁布的背景下,亟须反思既有的理论学说与实务观点,从中提炼出各方共识,进而展开关联担保合同效力认定规则的体系化研究,以提供说服力强的解释论方案与可行性高的立法论方案。由此,本章将首先对公司关联担保规则进行"静态"规范分析,然后对相关规范进行"动态"实证分析,即从纸面上的法律到行动中的法律,双重考察的目的在于进一步聚焦当前关联担保合同效力认定案件中的争议点;其次,在应然的价值层面阐明前述实然层面问题背后的利益格局,并展开利益衡量分析,确定利益衡量的支点,进而基于此支点在第五部分对关联担保合同效力规则进行教义学诠释;最后,在立法论和解释论层面提出规范优化与规范适用的完善建议。

---

〔1〕 参见梁上上,前揭文,第26页。

二、公司关联担保立法演变与形成中的争议回顾

（一）立法变迁再回顾

1. 1993年《公司法》的立场

1993年《公司法》第60条第3款禁止公司董事、经理以公司资产对外设立担保。对此存在两种解释：一种观点认为，这是对公司本身的权利能力范围的限制；[1]另一种观点则认为，这仅仅是对董事监事的个人行为限制。[2]《最高人民法院关于适用〈中华人民共和国担保法〉若干问题的解释》（法释〔2000〕44号，以下简称《担保法解释》）（已失效）第4条规定："董事、经理违反《中华人民共和国公司法》第六十条的规定，以公司资产为本公司的股东或者其他个人债务提供担保的，担保合同无效。除债权人知道或者应当知道的外，债务人、担保人应当对债权人的损失承担连带赔偿责任。"中国证监会在2000年、2005年多次发文，[3]以强硬态度否认上市公司关联担保的权利能力，进而防控金融风险。此后更是多次发文[4]规制上市公司担保事项，其旨在表明公司资产具有独立性，不得违规为股东自身债务担保。这无疑是防止控股股东、管理层利用上市公司担保谋求个人利益，对其担保能力进行限制，以维护公司及少数股东的利益，防止公司之间多重担保危及金融市场秩序的稳定。在此背景下，通过当时引发广泛关注的"中福实业公司担保案"，[5]最高人民法院作为二审法院表现出公司担保需受限制的强硬态度，其认为1993年《公司法》第60条第3款是对公司董事会、董事的禁止性规定，体现了金融市场错综复杂的担保乱象下立法严防严控金融风险的决心。因债权人事前曾获取中福实业公司章程，理应知道其中存在对董事担保的限制规定，明显具有过错，因此担保合同无效，中福实业公司承担

---

〔1〕 参见江平主编：《新编公司法教程》，法律出版社1994年版，第210页。

〔2〕 参见张平：《对〈公司法〉第60条和〈担保法〉解释第4条的解读》，载《法学》2003年第3期。

〔3〕 参见中国证监会《关于上市公司为他人提供担保有关问题的通知》（证监公司字〔2000〕61号）（已失效）第2条："上市公司不得以公司资产为本公司的股东、股东的控股子公司、股东的附属企业或者个人债务提供担保。"

〔4〕 参见国务院批转证监会《关于提高上市公司质量的意见》（国发〔2005〕34号）、中国证券监督管理委员会、中国银行业监督管理委员会《关于规范上市公司对外担保行为的通知》（证监会〔2005〕120号）、中国证券监督管理委员会、国务院国有资产监督管理委员会《关于规范上市公司与关联方资金往来及上市公司对外担保若干问题的通知》（中国证券监督管理委员会公告〔2017〕16号），上述通知仅限于规制上市公司担保行为，且侧重关联交易。

〔5〕 参见最高人民法院民事判决书，（2000）经终字第274号。

与其过错相对应的1/2的还款责任。

2.2005年《公司法》的立场

2005年《公司法》第148条第1款第3项延续1993年《公司法》第60条第3款的规定，将董事、高管未经董事会或股东大会同意、私自将公司资产为他人提供担保的行为列入禁止性行为。但第一章“一般规定”的第16条奠定了公司对外担保的基础规范，其肯定公司担保能力，否定法定代表人决定对外担保的权利，〔1〕着力将过去的实体性禁止转为公司担保决议的程序性限制。但第16条仍然为不完全法条——在法律后果部分，关于违反该条的合同效力问题仍处于空白状态。

第16条就公司对外担保的规范结构建立在关联担保与非关联担保之二分，且以关联担保为规范重心。关联担保被定义成公司为股东、实际控制人的债务提供的担保，对照第216条的规定可知，第16条的射程范围未涵盖对公司经营管理具有较高话语权的董监高以及其他与公司具有关联关系的人员。循此逻辑，公司为董监高等关联人提供的担保仍属于非关联担保，受该条第1款调整。〔2〕两类担保的程序规范区别主要有二：(1)决议机关的二选一机制与唯一制。非关联担保的决议机关，公司章程得在董事会、股东会之中二选一，关联担保只能是股东会，这一区分设计的意图被解读为，多数股东、实际控制人对董事会有较大影响，比如多能控制董事会的多数席位，排除董事会为决议机关，立意即在此，实际上第16条第1款不过是对一般决议规则的重复提示，〔3〕第1款起到了提示作用以及转向第2款特殊规则的承接作用。(2)关联股东表决回避制。关联担保的议决权限定在股东会，但基于关联担保基本上都为多数股东、实际控制人提供担保的现实背景，必须切断资本多数决赋予的多数股东影响乃至决定股东会决议的通道，故关联股东的表决权回避制应声落地。

两类对外担保的类型化区分的规范模式设计，透露出第16条的立法意旨——首要在于保护担保公司的少数股东利益，实现这一立法意旨的规范机制

〔1〕参见华德波：《论〈公司法〉第16条的理解与适用——以公司担保债权人的审查义务为中心》，载《法律适用》2011年第3期。

〔2〕至于上市公司为董事提供担保的，第124条关于关联董事回避表决的规定可资适用，可视为对第16条第1款的补充规范。

〔3〕参见施天涛：《〈公司法〉第16条的规范目的：如何解读、如何适用?》，载《现代法学》2019年第3期。

在于以公司内部治理为切入口，赋予决议机关与程序强制性规定的属性，以起到风险警示作用——引导公司对担保事项给予特殊的重视，引导债权人等外部关系人乃至全社会意识到公司对外担保这一行为的特殊性，使其成为一个“公共性话题”，从而实现公司内部治理与法律外部强行性规范的交叉控制。

3.2019年《九民纪要》确定的司法政策立场

如果从行为规范与裁判规范的分类视角看，第16条提供了清晰可行的行为模式，但其不完整性在于，仅对行为进行了法律指引却未直接规定违反该规定的法律行为后果。公司对外担保合同效力判断于是成为悬疑问题，多年来学说上聚讼纷纭，实务上一直无法得出统一的裁判规则，甚至同一家法院同一时期对于同类案件的裁判结果大相径庭，成为危及司法公信力和当事人预期的一个制度缺口。裁判标准游离不定的根源在于规范不足以及规范理解适用的分歧，实务界有人谓之“天下苦第十六条久矣”，可谓一言道破无奈。

最高人民法院2019年11月发布的《九民纪要》试图澄清其中的裁判误解，形成统一的裁判立场。《九民纪要》作为一定时期内的民商事审判的指导性文件，立意于对某一司法问题的司法立场进行阐明，既是对于特定问题的司法裁判困境背景与问题的描述性语言，同时又提供具有规范与指引意义的裁判规则。尽管就后一种功能而言比司法解释文本的规范性程度稍弱，但也起到了一定的正向作用。就其制度框架与基本逻辑而言，《九民纪要》跳出了既往关于第16条强制性规范的区分模式，确立以越权代表规则为核心来认定违反第16条的担保合同效力的模式，同时顺带明确了各方当事人基于过错的责任分配。展言之，首先，第17条将公司对外担保合同效力认定规则框定于越权代表架构之中；其次，第18条指明越权代表下相对人的“善意”认定标准设定为形式审查义务，以期其事前审查股东会决议，未提及章程的审查；再次，第19条规定了无须决议的若干例外情形，涉及专业担保公司、金融公司、公司直接或者间接控制的公司、公司之间相互担保以及达到多数表决权的股东签字同意等情形；复次，第20~21条规定越权担保的民事责任分担，即适用担保法及其司法解释关于担保无效的责任规定，公司因承担责任遭受损失的，请求法定代表人赔偿；最后，第22条指出上市公司对外担保须公开披露担保决议信息，债权人据此签订担保合同的，视为善意。可以认为《九民纪要》为公司对外担保合同效力判断及责任承担、权利救济提供了全方位的裁判方案。这有助于减少因各级法院审判尺度不统一造成的裁判不确定性，增加裁决的可预期性，但仍存在一些尚待解决的问题。

4. 2020 年《民法典担保解释》补充的裁判规则

《九民纪要》与《民法典担保解释》分别颁布于《民法典》颁布前后，后者首先要遵循《民法典》的规定，同时也担负了承袭与发展前者的任务，以及在形式上将司法政策文件提升为正式司法解释文本的任务。具体而言，《民法典担保解释》对《九民纪要》的内容发展可以总结如下：

（1）越权担保的效力与责任的明晰。首先，《民法典担保解释》第 7 条明确公司对外担保合同效力争议，应以《民法典》第 61 条、第 504 条作为裁判依据。这就在《九民纪要》确认公司对外担保适用越权代表审判思路的基础上，改变了《九民纪要》中"如相对人非善意时担保合同无效"的观点，转采"相对人非善意时担保合同不对公司发生效力"的观点。其次，界定相对人的善意为不知道或者不应知道法定代表人无代表权，其中对公司决议尽到形式审查义务的可谓善意。反之，如相对人知道、应当知道决议系伪造、变造的，即为恶意。最后，第 7 条试图厘清实践中争议较大的担保合同无效责任承担问题。该条规定公司承担的赔偿责任适用担保合同无效的规定，也即根据担保人、相对人的过错程度分为若干情形进行认定。

（2）无须决议的例外情形之修正。《民法典担保解释》第 8 条删除了《九民纪要》无须决议的企业互相担保情形，同时将"为直接、间接控制的公司担保"限缩到"为全资子公司提供担保"。同时，该条还排除上市公司排除适用以下两条款，即上市公司担保不适用表决权的股东签字同意规则，以及为全资子公司担保亦需要股东大会决议。《九民纪要》颁布后，有法院依据其第 19 条认定某公司曾在企业年度报告中公示担保事项，可以证明其与另一家公司互相担保的关系，以此无须决议授权而认定担保合同有效。[1] 这极易令债权人动辄引用公司互相担保的事由而避开股东会决议，此时《公司法》第 16 条的规范目的随即落空。

（3）上市公司担保信息披露义务的强化。第 9 条细化上市公司担保事项的规定，确立以公开披露对外担保事项为准的审查路径。股东大会通过对外担保决议之后，上市公司应及时对外公告，相对人有义务审查且有权利信赖该担保公

---

〔1〕"本案中郑州华晶公司的企业年度报告对外公示其曾多次为豫星公司的债务提供担保，中原小贷公司另提供证据证明豫星公司曾于 2018 年 4 月为郑州华晶公司向张保莲的借款提供担保，足以证明郑州华晶公司与豫星公司之间存在着相互担保的商业合作关系。"参见河南省高级人民院民事判决书，（2020）豫民终 59 号。

告内容。如未审查公告，担保合同不对上市公司发生效力，上市公司免于承担担保责任，且无须承担赔偿责任。这与《九民纪要》第22条规定相比有较大区别，凸显了对公众投资者利益的保护。

（4）其他类型公司对外担保的补白。第10～11条新增一人公司、公司分支机构对外担保的规范，首先，肯认一人公司对外担保的能力，同时与一人公司特殊的人格否认规则相适应，不仅保护了担保债权人的利益，还更进一步地保护了一人公司的其他债权人利益。其次，针对开立保函和提供保函之外的非专业担保，金融公司以及担保公司的分支机构以自身名义对外担保，都需获得公司的个别授权，目的在于加强对其担保的风险控制。

总体而言，《民法典担保解释》在《九民纪要》的基础上保持了司法政策的连续性，但与之不同的是，对债权人审查义务的标准表述为“合理审查”。在问题导向的原则下，《民法典担保解释》针对公司对外担保这一长期困扰司法实践的重点疑难问题提供裁判规则，建构了一个更为宏大的框架体系，对重点疑难的问题的覆盖较为完整且具有针对性，这有利于解决裁判尺度不一的顽疾。

（二）现有规范存在的逻辑问题

1. 关联方主体界定不周延

《公司法》第16条所指涉的关联方与第121条所涵盖的关联方存在范围不一致，即关联方主体界定不周延的问题。首先，第216条界定关联关系时，不仅列举性地规定了董监高属于关联方主体，还原则性地将“任何可能导致公司利益转移的关联关系”作为兜底条款。《上市公司信息披露管理办法》（证监上字〔2021〕182号）“附则”第62条以概括加列举的形式规定关联自然人、关联法人的范围，上市公司层面的规则口径较为细致，对关联关系的判断倾向于实质认定，辐射范围更为广泛，将董监高及其他具有转移公司利益可能性的关系人均涵盖其中。其次，相比之下，第16条界定对外关联担保的关联方的范围仅限于股东与实际控制人，由此带来的问题是：公司为董监高及其近亲属等利害关系人提供的担保，有无必要受第2款、第3款的调整，抑或适用第1款非关联担保的规范？这一问题的解答对于存在内部人控制的公司如国企等更具有实际意义。因为董监高作为管理层有较大权力空间影响公司的内部决策，其中产生的利益纠葛与冲突不容忽视。若由第16条第1款调整，因为并无关联董事表决回避制度（上市公司除外，见第124条），是故制度缺口显而易见。由此引申出一个问题：

这是否意味着第 16 条对关联方范围的界定存在不周延的现象？对此问题,《民法典担保解释》未予回应。

我们认为,上述提问的答案是适用第 1 款。对于非上市公司来说的制度漏洞填补,公司法修订案应该适用扩大关联方范围,将公司董监高等管理层及其利害关系人(如近亲属)与股东、实际控制人并列进入公司对外关联担保的关联方,扩大关联表决规避的范围由股东大会扩及到董事会,以有效规制管理层操纵公司对外担保。

2. 债权人审查范围和内容仍有不明之处

《九民纪要》整体概括了债权人“善意”的认定标准——债权人须遵守形式审查规则,《民法典担保解释》则表述为合理审查,侧重于相对人对公司决议文件的审查,整体关注决议形成和决议审查。在法律逐渐精细化和体系化的当下,对交易债权人的审查义务的内容和标准细化,有利于债权人和法院参照适用,并以此为标准,形成一整套操作模式框架,从而有助于消除法律适用中不确定性和分歧。

3. 回避《公司法》第 16 条的效力性强制规范问题

《民法典担保解释》基本延续了《九民纪要》关于越权担保的裁判思路和路径,只是往前有了进一步的挖掘和延伸,使得公司担保面向更具广度和针对性。遗憾的是,虽然其有区分关联担保与非关联担保,但仅泛泛提及《公司法》第 16 条限制了法定代表权限,仍未区分关联担保与非关联担保背后代表权限制的本质差异。《民法典担保解释》最后的落脚点是二者的相对人审查义务均在公司决议文件,未能真正彰显二者的差异性,这反而容易让人产生混淆公司内外部关系的错觉,最终导致体系思维上的混乱。申言之,两份文件均未明确关联担保是严格的法定代表权限制,与非关联担保相比未做出代表权限制范围上的区分以凸显不同规范的强制力差异。第 16 条第 1 款的任意性在于公司内部能够根据公司章程记载的自治意思决定决议机关,进而可以在担保金额上限与程序上做出多元限制,而第 2 款、第 3 款展现出严格的内部决策控制。关联担保的法定限制则意味着关联担保事项不在法定代表人的概括代表权限范围之内,需要获得股东大会的授权。如果司法解释文件能够明确第 16 条的公司对外担保规定属于效力性强制规范,继而凸显对于关联担保与非关联担保代表权限制的本质区别,以效力性强制规范引出法定限制,从而课以相对人的审查义务,这对从根源上厘清立法逻辑和裁判思维、统一裁判思路具有重要意义。

三、公司关联担保合同纠纷裁决的实证分析

（一）案例总体数据分析

1. 案例样本介绍

我们在“无讼”案例中以“公司法第十六条”为关键词检索出13,071篇裁判文书。从裁判年份上看，案例数量从2014年开始急剧增长，单个年度案例数量实现了从上百件到上千件的飞跃（其中2015～2020年分别为：1305件、1573件、1711件、1879件、2467件、2043件）。如从地域看，案件主要集中在东南沿海经济发达区域，前三名的浙江省、江苏省、广东省分别为1683例、1462例、1126例。从法院层级上，48.6%的样本案件为基层法院办理，中级法院占比36.7%，高级法院占比9.9%，最高人民法院占比2.0%。

就公司关联担保案件论，在中国裁判文书网、北大法宝以“公司担保”“关联担保”“为股东担保”“为实际控制人担保”“公司法第16条”为关键词进行搜索，时间跨度为2015～2020年，去掉非关联担保案例与数据库重复出现的案例，并限定在“高级法院”“判决”的范围之中，得到公司未经合法程序提供关联担保案例207件，均为高级法院的生效判决，按照年份（2015～2020年）排列的具体数量为23件、32件、28件、41件、47件、36件，如表7－2所示，其中有167件即占比80.7%的案例是法定代表人基于公司未做出担保决议即无决议情形下做出的担保，公司普遍主张不承担担保责任。

2. 关联担保合同效力认定

在207个样本案例中，如表7－1所示，68.6%案例的法院认定关联担保合同有效，认定担保合同无效的仅占比20.8%，另有近10.6%的案例认为关联担保合同效力不归属于公司，并对关联担保合同效力问题不予直接评价。此外，在近80.6%的样本案例中，关联担保合同的签订是在公司未做出关联担保决议的时候，诉讼中公司多以未做出决议或不知情为由而拒绝担保责任。由此折射出法公司治理的普遍性现状——公司治理不规范，经营管理不合规，管理层合规意识薄弱等问题。因为从整体上看，大部分争议还处于公司未针对关联担保做出决议的“初级”问题，而不是决议程序不规范的问题，比如法定代表人私盖公章擅自以公司名义对外提供担保。

表 7－1　裁判结果

合同效力	案件数量/个	比例/%
有效	142	68.6
无效	43	20.8
合同效力不归属于公司	22	10.6
合计	207	100.0

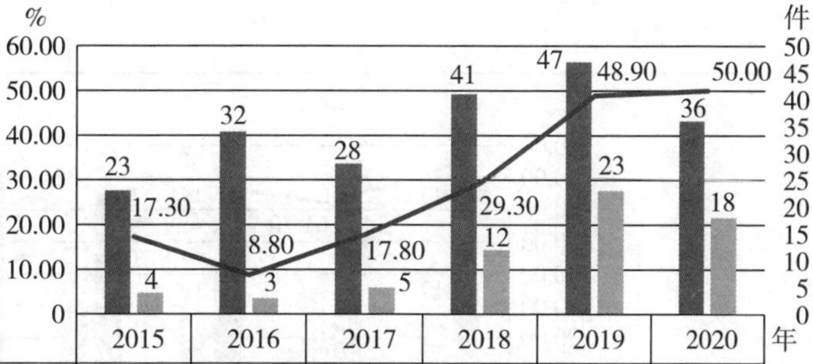

	2015	2016	2017	2018	2019	2020
案件总量/件	23	32	28	41	47	36
无效或不发生效力/件	4	3	5	12	23	18
二者占比/%	17.30	8.80	17.80	29.30	48.90	50.00

图 7－1　判决合同无效或者合同不对公司发生效力的数据分析

表 7－2　公司决议数据分析

是否形成决议	案件数量/个	比例/%
有决议	40	19.3
无决议	167	80.7

3. 关联担保合同裁判路径选择

如表 7－3、图 7－2 所示，约 51.6% 的样本案例以规范属性分析作为裁判依据，认定第 16 条为非效力性强制规范，违反第 16 条规定并不直接导致担保合同无效，也即推导出关联担保合同有效，公司承担担保责任。但随着时间推移，采用规范属性分析的案例逐渐减少，从 2015 年约 73.90% 占比到 2019 年 42.50%，2020 年则降低为 27.70%。2020 年的数据如此剧烈降幅，要归因于《九民纪要》的越权代表裁判思路指引，直接转向越权代表的裁判路径。样本中也有 39.1% 的案例不以第 16 条为裁判根据，而是直接认为法定代表人的签字盖章行为直接推定为公司的真实意思表示；与之相反，约 32.3% 的样本案例适用越权代表的规则，违反第16条被认定为法定代表人的越权代表行为。

表7－3　裁判路径分析

裁判路径	案件数量/个	比例/%
规范属性分析	107	51.6
法定代表人越权代表	67	32.3
盖章签字推定为公司真实意思表示	81	39.1

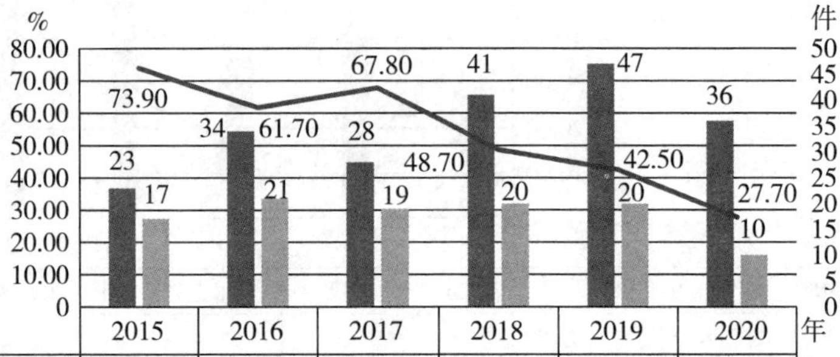

	2015	2016	2017	2018	2019	2020
案件总量/件	23	34	28	41	47	36
规范属性分析/件	17	21	19	20	20	10
二者占比/%	73.90	61.70	67.80	48.70	42.50	27.70

图7－2　规范属性数据分析

4. 交易债权人的审查义务认定分析

如表7－4、图7－3所示，207个样本案例中，有93件（44.9%）的样本案例认为交易债权人有审查义务，其中29件（占此类案件的31.2%）指明债权人负有形式审查义务；反之，7.8%的样本案例明确提出无审查义务，因为第16条为公司的内部规定不能约束债权人；有98件未涉及债权人审查义务（占比最高，47.3%）。从时间跨度看，认定有审查义务的样本比例从2016年始有所增长，从2015年（39.10%）、2016年（11.70%）、2017年（28.00%）、2018年（46.30%）、2019年（46.80%）再到2020年（88.80%），呈现一种波动增长趋势。此表明相对人负有审查义务逐渐达成裁判共识，2020年的剧升还是要归因于《九民纪要》的颁行。

表 7－4　相对人的审查义务情况分析

审查义务	案件数量/个	比例/%
有审查义务（其中指明形式审查义务的）	93(29)	44.9(31.2)
无审查义务	16	7.8
未涉及审查义务	98	47.3

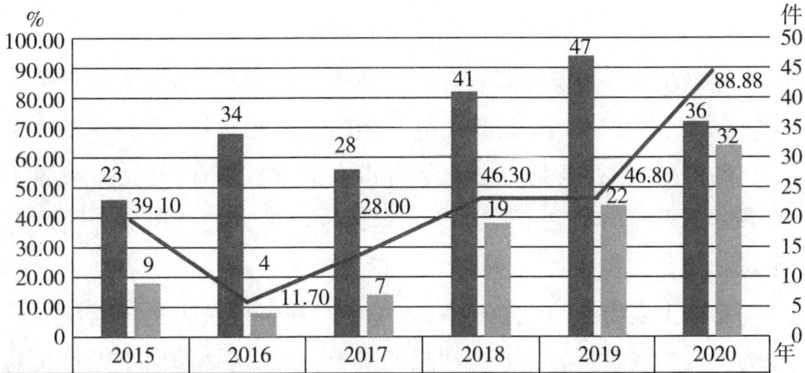

	2015	2016	2017	2018	2019	2020
案件总量/件	23	34	28	41	47	36
审查义务分析/件	9	4	7	19	22	32
二者占比/%	39.10	11.70	28.00	46.30	46.80	88.88

图 7－3　相对人的审查义务数据概览

5. 公司承担责任分析

如表 7－5 所示，在 207 个样本案例中，有近 62.8% 的判例支持债权人的请求，令公司承担关联担保责任；有近 12% 的判例在认定担保合同无效、不发生效力之后，令双方按照 2000 年《担保法解释》（已失效）第 7 条规定处理，也即在确认提供担保的公司存在过错时，应当承担不超过债务人不能清偿部分的 1/2 的赔偿责任，而非只要相对人不为善意，公司就能理所当然地免除责任；[1] 另有 4.8% 的案例未对双方的责任承担予以说明；只有 20.3% 的案例认为公司不承担任何责任，其中包括不承担担保责任和赔偿责任。

〔1〕 还需注意，不少法院即使在援引 2000 年《担保法解释》第 7 条时，也未明确区分公司承担的到底是担保责任还是赔偿责任。

表7-5 公司承担责任分析

责任承担	案件数量/个	比例/%
公司承担担保责任	130	62.8
公司不承担责任	42	20.3
适用《担保法解释》第7条	25	12
未对责任承担予以说明	10	4.8

（二）关联担保合同效力认定的争点总结

1.关联担保合同效力认定的裁判逻辑

在确认关联担保合同有效的裁决中，裁判尺度不一主要集中在以下几个方面：（1）《公司法》第16条的规范属性的定位和辨析，该条款设立是基于何种立法目的？（2）债权人是否必然负有审查义务？若有，其义务来源于何处？审查义务的边界何在？（3）第16条究竟通过何种方式与担保合同效力产生联结和牵连？

早在十多年前，北京市高级人民法院在一份判决书中指出，《公司法》第16条为不完整法条且为非效力性强制规范，法庭选择倾向于保护交易债权人对表见代表的信赖，而直接否定了公司内部决议的外部拘束力，并表达了若担保合同无效即会危及交易安全的担忧。[1] 随着这一判例成为最高人民法院公报案例，对其后的很多法院判决影响巨大。一段时期内的担保合同被认定为有效的比率较高，同时关于第16条的规范属性分析成为裁判主流逻辑。彼时法院的普遍裁判思路是：基于案件事实，识别并指明该条款的规范性质，进而判定关联担保合同效力不受第16条的影响。概言之，关联担保合同效力似乎取决于法官认定第16条的规范性质的角度和分析。如果法官仅仅局限于对法条的规范性分析，就容易导致法律适用的不稳定性。回顾过去，可以更好地做好现在，把握未来。下文对过去盛行一时的代表性裁判进路与观点逐一辨析。

（1）内部治理性规范说。该观点认为第16条仅为公司内部管理规定，该规范仅是对内部意思形成机制的法律表述，不对外产生效力，关联担保合同的效力

---

〔1〕 参见中建材集团进出口公司诉北京大地恒通经贸有限公司、北京天元盛唐投资有限公司、天宝盛世科技发展（北京）有限公司、江苏银大科技有限公司、四川宜宾俄欧工程发展有限公司进出口代理合同纠纷案，北京市高级人民法院（2009）高民终字第1730号民事判决书，载《最高人民法院公报》2011年第2期。

亦不受影响,因此违反第 16 条第 2 款、第 3 款不必然影响合同效力问题。[1] 这一裁判进路与观点经不住推敲,原因是:

其一,决议并非仅为公司内部意思形成机制。《民法典》第 134 条第 2 款规定决议为法律行为,学理上的意思形成机制说在立法论、解释论上应予摒弃。内部治理规范说显露了裁判者背后根深蒂固的内部外部的区分思路,[2] 认定决议是公司的内部运作管理,是否有决议或决议的具体内容均是内部形成的意思表示,不产生外部效力。然而,截然内外二分不仅过于简单片面化,而且违反组织法与行为法之关系原理。

其二,公司内外意思并不存在绝对的二分。公司内外部法律关系从来不是泾渭分明的,公司内部决议也并非对公司外部交易合同不产生影响。公司决议之于公司外部交易行为的效力影响机制,在制定法上有两个通道。一是《民法典》第 85 条规定,营利法人的机关做出的决议因违法违章而被诉撤销后,"但是,营利法人依据该决议与善意相对人形成的民事法律关系不受影响。"《公司法解释四》第 6 条规定,"股东会或者股东大会、董事会决议被人民法院判决确认无效或者撤销的,公司依据该决议与善意相对人形成的民事法律关系不受影响。"换言之,决议效力被否定后是否影响外部交易合同的效力,应区分相对人善恶意而定。二是《民法典》第 504 条规定的越权代表规则,"法人的法定代表人或者非法人组织的负责人超越权限订立的合同,除相对人知道或者应当知道其超越权限外,该代表行为有效,订立的合同对法人或者非法人组织发生效力。"据此,如公司决议对于法定代表人的代表权限有约束的,仍然区分相对人的善恶意而对公司发生不同的效力。既然为法律明文规定,应当推定为全社会

---

〔1〕 "润升置业公司为润升房地产公司提供保证担保是否经过股东会或股东大会决议,系公司内部行为,对外不影响担保合同效力的认定。"参见河南省高级人民法院民事判决书,(2015)豫法民二终字第 96 号;"但该条款并未明确规定公司违反上述规定对外提供担保导致担保合同无效,且股东会或股东大会决议系公司内部决议程序,不得约束第三人。"参见福建省高级人民法院民事判决书,(2015)闽民终字第 258 号;"该条款是关于公司内部控制管理的规定,不应以此作为认定合同效力的依据,是否违反不影响公司对外合同的效力,且根据公司管理的经验法则,公司何时以何种形式召开股东会是公司内部管理事务,其已超出了交易相对人的判断和控制范围,故即使担保人未向债权人出具股东会决议,担保合同(担保条款)也应具有法律效力。"参见广西壮族自治区高级人民法院民事判决书,(2019)桂民终 551 号;"(《公司法》第 16 条)是对公司内部管理的规定,而并非针对公司对外担保的担保合同效力的强制性规定,对担保合同的效力无约束力。"参见四川省高级人民法院民事判决书,(2017)川民申 1127 号。

〔2〕 参见胡旭东:《公司担保规则的司法续造——基于 145 份判决书的实证分析》,载梁慧星主编:《民商法论丛》第 50 卷,法律出版社 2012 年版。

明知，此时公司决议乃是公司实施外部法律行为的授权基础和来源。

事实上，从组织法的视角，组织的内部决议（决定）对于外部交易行为效力的影响机制，或谓溢出效应，随处可见。比如，《合伙企业法》第25条规定："合伙人以其在合伙企业中的财产份额出质的，须经其他合伙人一致同意；未经其他合伙人一致同意，其行为无效，由此给善意第三人造成损失的，由行为人依法承担赔偿责任。"显然这是一项效力性强制规范，明白无误地规定合伙人内部的意思表示会影响合伙人对外财产份额出质合同的效力。组织内部法律行为可以影响外部法律行为的效力而不仅局限于内部，乃是组织法的一个基本常识，第16条只是其中适用的一个著例而已。

其三，所谓的"内外二分"原则，将公司法的法律规范作用大大减弱以至于被架空。一味地以内部规定界定公司对外担保决议的立法规范，必将无法起到对担保交易双方的警示和监管作用，公司自身必然淡化担保决议决策的程序要求，债权人自然也不会主动审查决议，那么第16条所建构起来的担保规制框架必然无从发挥作用，立法意图无法实现，其对公司担保立法监管的初衷自然也落空。〔1〕

总之，内部治理性规范说曾经是过去十多年的主流裁判观点，但遗憾的是其体现了思维二分的惰性，在逻辑上有失周全，裁判者终究也未正确处理组织法上的法律行为（决议）与行为法上的法律行为（契约、此处指担保合同）之间的关系。所幸《九民纪要》和《民法典担保解释》对裁判思路做出了调整，有效地制止了内外二分说的蔓延。

（2）非效力性强制规范说。样本中超过51.6%案例认为第16条属于非效力性强制规范，〔2〕仅1.7%的案例认为属于效力性强制规范。多数判决结合原《合同法》第52条第5项（现《民法典》第153条第1款）和最高人民法院《合同法解释二》（已废止）第14条，认为第16条是针对于公司内部事务的管理性强制规范，以此为由切断第16条的外部效力，进而径直认定法定代表人越权担保合同有效。〔3〕

---

〔1〕 参见高圣平、范佳慧，前揭书，第78页。

〔2〕 比如重庆市高级人民法院民事判决书，（2016）渝民终558号；陕西省高级人民法院民事判决书，（2017）陕民终996号；湖南省高级人民法院民事判决书，（2017）湘民终755号；四川省高级人民法院民事判决书，（2018）川民初54号等。

〔3〕 "（《公司法》第十六条）是对公司的管理性强制规定，并非效力性强制规定，即使违反该规定不影响公司对外担保的效力。"参见安徽省高级人民法院民事判决书，（2015）皖民二终字第00851号。

非效力性强制规范说的本质，是法官强行将此价值判断应用于对第16条的法解释之中，无视该条的组织法上的价值含义，得出的判决结果往往暴露出对第16条的价值理解错位，背离公司担保决议前置制度的立法意图。正如批评者所指出的，如此盲目地将一切条文都塞入原《合同法》第52条第5项（现《民法典》第153条第1款）的二元体系框架之中，必将导致法律适用的混乱。[1] 诚然，第16条究竟属于强制性规范中的管理性抑或效力性规范，区分难度较高，司法实践中的认识也很难统一。2009年《最高人民法院印发〈关于当前形势下审理民商事合同纠纷案件若干问题的指导意见〉的通知》（法发〔2009〕40号）甚至尝试提出多种考虑因素供法院参考分析以便识别规范，但终究治标不治本。难题的根源在于规范二元区分本身的局限性，效力性强制规范与管理性强制规范架构不明确，边界模糊不清，使得无数法官陷入识别和判定的旋涡之中，难以做出筛选甄别形成统一结论。具体到第16条，有学者提出私法领域与管理性规范无涉，管理性规范适用于行政机关与相对人之间的法律关系，[2] 以此观点试图扭转二元区分的思维定式。与最高人民法院《合同法解释二》第14条相比，《民法典》第153条第1款实际上着意于扭转以往对强制性规定区分类型的思维定式，放弃规范分类而采用另一种简化的思路，"违反法律、行政法规的强制性规定的民事法律行为无效。但是，该强制性规定不导致该民事法律行为无效的除外。"回到第16条，无论不宜于对第16条进行规范分类也罢，还是效力性、管理性规范二分本身已渐被淘汰也好，非效力性强制规范说可以休矣。我们认为，第16条本身就是法律的强制性规范，蕴含公司决议前置的集体意思形成机制[3]与民主自治治理的法律逻辑，司法裁判应给予公司治理和民主决策应有的尊重。公司对外关联担保合同是否有效，应联动适用《公司法》《民法典》等相关规定，需要体系化地综合认定，简单的规范归类不仅于事无补，而且增加了人们的混乱认识。

（3）有无审查义务的争议。对此问题，法院裁判大致分为"肯定说""否定说"两种。"肯定说"总体上认为关联担保中债权人确有审查义务，若不能证明其缔约时审查过公司的关联担保决议，则不能认定为善意；相反，"否定说"认为

---

〔1〕 参见石冠彬：《论公司越权担保的认定标准及法律效果》，载《法商研究》2020年第2期。

〔2〕 参见刘俊海：《公司自治与司法干预的平衡艺术：〈公司法解释四〉的创新、缺憾与再解释》，载《法学杂志》2017年第12期。

〔3〕 参见王泽鉴：《民法总则》，中国政法大学出版社2001年版，第185页。

债权人不负有审查义务。具言之，否定说认为若债权人负有审查义务，对担保总额、债务人在公司的具体身份、章程和股东名册审查都存在难度，不仅没有操作可行性，更无必要，因此不以承担审查义务为要点。[1] 采否定说的实务判例多从不同层面表述债权人不承担审查义务观点，总结其主要论点不外乎强调章程效力的内部属性。由于章程对公司担保的限制不具有对世效力，并不能为公司以外的第三人设定义务，因此债权人不具有审查章程义务。否定说的软肋在于，一般而言公司章程是不具有外部效力，也不能为公司外的第三人设定义务，在这一点上诚然也能为《民法典》第61条第3款的规定所支持，但问题在于，对外担保事项议决权的分配不是哪一家公司章程所任意规定的，而是第16条规定的。对于非关联担保，公司章程仅仅只能在法定的董事会、股东会之中二选一；对于关联担保，公司章程没有任意规定的权利，只能由股东会这个公司机关做决议。第16条作为《公司法》这部狭义“法律”的强制性规定，更是“总则”的一个条款，面向全社会而制定，如该等事项不能产生内外合一的法律约束力，而仅仅产生所谓的内部约束力，其法理依据何在？否定论者从来没有论证过。

在肯定说的内部，不同法官对审查义务的边界亦有不同理解，大部分法官坚持形式审查义务说，至于形式审查义务的具体程度，不同法官采取的标准不同。有法官认为审查义务的标准是一般理性人的认知的标准，即一般人对公司担保交易相关资讯知道或者应当知道的认定标准。有的法官则采更为弹性的标准，根据债权人不同的身份以及职业知识进行弹性界定，担任过公司的董事、监事、高管的债权人，或者在上市公司担任过要职，其审查义务自然更为严格审慎。后来的《九民纪要》《民法典担保解释》确认债权人负有审查义务，前者表述为形式审查，后者表述为合理审查，其间的差异后文再根据债权人的类型化而展开。

2. 司法裁决中存在的主要问题

（1）裁判尺度不一。第一，关联担保合同的效力认定尺度不一。由于第16条未明确其被违反后的法律效果，也即公司决议效力被否定后担保合同效力应如何界定，导致法官须进一步解释规范。在2015年最高人民法院的一则公报案例中，法院不仅强调了第16条属于管理性强制规范，而且进一步以内部程序规

---

〔1〕 参见钱玉林：《公司担保中债权人“善意”的认定》，载《扬州大学学报（人文社会科学版）》2013年第5期。

定和公司属于组织法为由，阻却决议对外的影响力。[1] 而后，在2017年的一则审判监督案例中，最高人民法院持完全相反的观点，认为债权人巢菊风负有一定的审查义务以确保恒基公司真实的担保意思表示，否则，担保合同因此无效。[2] 上述两个案件"同案不同判"非常明显。第二，审查义务的有无及其标准认识不一。过半数的样本案例中，法院不认同附加交易债权人以审查义务，要么明确债权人不应负有审查义务，要么对该问题不予涉及或回应。44.9%的样本案例倾向于认定交易债权人承担审查义务，其中超过三成的此类判决指明债权人负有形式审查义务。为何债权人不负有审查义务？有法院认为，法定代表人的签字与公司印章具有权利外观，债权人只需审查签章即可，如斯即能认定为表见代表。有的法院要求债权人审查股东会决议，但对于审查公司章程与否，又存在认识分歧，可见对审查的范围和边界亦未达成一致。这也是影响认定关联担保合同效力的主要因素之一。

(2)缺乏对第16条的体系性、目的性解释。在样本案例中，超过51.6%的样本案例裁判理由涉及对第16条的规范属性定性，却又未解释其属于非效力性强制规范的原因。引人关注的是，不少案例明显受到前引最高人民法院公报案例裁判进路的影响，陷入强制性规范的二分难题。但众所周知，我国现阶段的法院判决书普遍存在说理不强的现象，以致论证其为何不是效力性强制性规范的分析显得过于敷衍，有失严肃。如前所述，二元分类思维实则掩盖了关联担保的实质核心问题，不仅纠结于强制性规范分类而无法获得裁判尺度的统一，而且局限于对强制性规范的机械性分类，忽视了第16条本身的体系性与目的性解释。

(3)对被担保交易债权人利益保护的明显偏向。如从利益衡量的视角观察，法院对债权人的倾斜保护过度，而对公司及其少数股东利益保护不足，这是审判实践中的一个突出问题。超过68.5%的样本案例中，法院认定担保合同有效，以所谓公司内部决议不得对抗外部主体、内部管理规定不约束第三人、公司

〔1〕"第一，《公司法》第16条的规定属于管理性规范，违反该规定不构成《合同法》第52条第5项规定的无效情形；第二，《公司法》属于组织法，第16条实质是公司内部控制程序，不能以此约束交易债权人，不对合同效力产生直接影响，"参见最高人民法院民事判决书，(2012)民提字第156号，招商银行股份有限公司大连东港支行与大连振邦氟涂料股份有限公司、大连振邦集团有限公司借款合同纠纷案，载《最高人民法院公报》2015年第2期。

〔2〕参见巢菊风、常州恒基置业有限公司民间借贷纠纷案，最高人民法院(2017)最高法民申3542号民事裁定书。

自己过错不得惩罚他人、保护交易安全等貌似公允的种种理由，不认可公司提出的各种抗辩事由。正如批评者指出的，若过分强化保护交易相对方，无论是从整体看还是从长远看都将不利于交易安全，这凸显"司法裁判商事外观原则适用的绝对化"[1]，即对债权人商事外观利益的倾向保护。这显然是借保护交易安全与不利于交易效率提高为由，凸显其一味忽视担保公司及其少数股东利益的狭隘思维定式，忽视了法律设立担保制度的意义，无法防控公司控制人肆意以公司名义对外提供担保，致使公司承担巨大的资产债务风险。从整体上看，此种裁判逻辑长此以往既不利于债权人形成理性谨慎交易的商事习惯，也不利于培养塑造公司以内部民主理性议决进行决策的制度习惯。由此可知，若法院无视第16条确立的公司对外担保的正确议决程序价值以及促进、培养良性担保文化的良苦用心，不啻于目光短浅的杀鸡取卵之举，也是就事论事的权宜之计。所以，应摆脱对担保债权人过度保护倾向的思维惯性，回到审慎平衡担保公司与被担保债权人间利益的正确轨道上来。

（4）认定公司不承担担保责任的法律依据表述不一。样本显示，如果不认定关联担保合同有效，那么又分为担保合同不对公司发生效力与担保合同无效这两种后果表述。《九民纪要》第17条的表述为债权人善意的，合同有效；反之，合同无效。《民法典担保解释》第7条则表述为担保合同对公司发生或不发生效力。应该说，后者更为严谨与科学，因为这符合越权担保的效力规则与后果归属规则的话语体系。再者，从债权人有无审查义务的视角，如从债权人未尽审查义务进而判定合同无效，法理依据不足。

（5）"去公司法化"倾向。从裁决说理来看，不少样本判决书截然分割开各部门法之间的关系，坚定地认为公司法属于组织法，仅仅规定公司内部的关系，或者避开《公司法》第16条内涵而径直引用原《合同法》规范作出判决。这种裁判逻辑完全忽视《公司法》作为一部法律（狭义）的强制性规定的裁判规范，盲目认定法定代表人签字签章就代替公司内部决议，或者以其为非效力性强制性规定为借口。公司是通过公司法完成公司"内部的权威和管理"进行资源配置，这便是"生产的制度结构"。[2] 诚然公司法调整公司担保资源配置的决策权利和程序的规划，乃是公司担保制度规则体系的核心；同时，公司对外担保合同效力

〔1〕 李游：《公司越权担保效力判定路径之辨识》，载《河北法学》2017年第12期。

〔2〕 [美]科斯、诺思、威廉姆森等：《制度、契约与组织——从新制度经济学角度的透视》，刘刚等译，经济科学出版社2003年版，第69页。

自然也受合同法、担保法规范的调整，具体来讲就是公司法上的决议制度、合同法上的越权代表制度与担保法上的担保责任担保规则组成的规范体系。所以，关于公司对外担保合同效力认定及相应责任承担的裁判，需要有机适用公司法、合同法、担保法提供的规范体系调整。在这一规范体系中，公司法规范乃是特殊规范，需要优先适用，故而不得直接“穿透”《公司法》第16条而径直判定合同效力。[1] 遗憾的是，商事裁判竟然呈现“去公司法化”，重合同法、担保法的倾向，将《公司法》第16条的核心价值悬于空中。这种裁判路径显然忽略了公司法对公司内部民主决议的意思形成的理性价值，错失了对公司法上的决议制度、合同法上的越权代表制度与担保法上的担保责任制度的有机衔接机遇。

四、公司关联担保裁决中价值判断的组织法逻辑

分析至此，公司对外关联担保合同效力认定及其责任承担中的裁判核心问题一目了然，即《公司法》第16条的规范意义、规范价值与规范目的的追问。进言之，公司法作为公司的基本组织法，为何单独在“总则”部分特设条文规范公司担保交易决议程序的前置制度？而对于其他交易不设此制度？其特殊设计的根本意图何在？为何不将关联担保事项直接规定在诸如第37条、第46条股东会、董事会的职权条款之中？这些问题值得从立法论的角度深入探究。

（一）公司关联担保的教义结构

细察《公司法》第16条的本质，其规范内容不外乎是通过决议程序前置，防止公司法定代表人违规越权担保而导致公司及其少数股东、债权人等利害关系人利益受损，即通过正当的决议程序控制公司对外担保的巨大风险。因此，对公司关联担保立法论的考察，需要明晰其教义结构在宏观与微观层面的表达。

1. 宏观的体系安排：公司对外担保规范的单独规制

首先，《公司法》在“总则”部分另辟蹊径，设第16条予以单独规范，具有特殊性。公司担保并不属于《公司法》第43条、第103条列举的需要经过绝对多数决表决程序的重大事项，也即适用普通多数决即可通过。再根据第37条、第46条对股东会、董事会的职权规定，均未涉及公司对外担保。由此可知，此种规范安排使对外担保与其他任何交易事项都得以明确区分开来。

---

〔1〕 参见施天涛：《〈公司法〉第16条的规范目的：如何解读、如何适用？》，载《现代法学》2019年第3期。

其次，从公司法的篇章结构来看，公司对外担保的规范虽以股东会、董事会议决程序为核心，却未出现在第二章、第四章“组织机构”之中，与股东大会、董事会等其他规范并列，而唯独放在了“总则”一章。此种体例安排更足见其特殊性。因为，正如观察者所言，这一结构安排的法条设置在某种程度上扩大了法条的约束范围，即公司担保决议前置制度并非仅仅约束公司董事、股东等人员，而是基于法律公示性而对普通的市场交易者均有约束力。〔1〕

综上所述，第16条的设计并非着意于公司内部组织机构的调整和规范，而是通过在“总则”章的设置扩大约束范围，并产生外部拘束力。立法者对公司对外担保这一非典型交易的特别规制之决心，能在法条所处的特殊设计结构中彰显出来。

2. 微观的技术落实：公司对外担保事项中内部决定权与外部代表权的配置

首先，法定代表人有概括授权的代表权，即有权决定公司内外日常经营运作的一切商事行为。对外以公司名义为意思表示的权利称为法定代表权；对内的经营事务决定权称为经理权。该项经理权，借用我国台湾地区“民法典”第554条的规定，“经理人对于第三人之关系，就商号或其分号，或其事务之一部，视为其有为管理上之一切必要行为之权。”也即除法律另有限制外，享有经营管理公司所需要的一切权力。

其次，一般情况下，公司日常经营的大小事务不可能均由股东会、董事会表决决定。公司通常借由法定代表人的对外概括代表权（对外签章决定权）与对内的经理权为日常经营行为。在公司运营逐渐商事化、趋同化、程式化的背景下，法定代表人内外权限有着扩张的趋势。若公司日常经营过程中的大小事务都须经过董事会、股东会决定，那么必定影响公司运营效率。

再次，法定代表权人的内外经理权、代表权并非无所限制。上述权力的行使仍然受到法律、行政法规以及公司章程、公司决议的限制。一旦超过法定、章定的权限，则需要公司特别授权，否则即不具有完备的代表权，法定代表人的行为则对公司不具有约束力。〔2〕在立法者眼中，《公司法》第16条规定的公司对外担保（注意区别于公司为自身债务提供的担保）事项，不属于非专业担保公司日

〔1〕参见刘贵祥：《公司担保与合同效力》，载《法律适用》2012年第7期。

〔2〕参见朱锦清：《公司法学》（修订本），清华大学出版社2019年版，第252页。

常运营事项,而属于该类公司极其特殊的经营事项。[1] 质言之,此类事项对于非专业担保公司属于特殊的颇具风险的且事关公司股东利益和资产安全的商事决定。由此形成了将公司对外担保行为独立开来特殊规制的区分格局,即公司一般的日常经营活动,凭借公司的意思自治在章程中自行安排,而公司对外担保则由《公司法》第 16 条特殊规制,包括对决策机构和程序强制规定。[2]

最后,《公司法》第 16 条的规定对于法定代表人具有两重意义。一则意味着公司签署对外担保合同时,如无公司决议的个案特别授权,法定代表人无代表权限——这就是《九民纪要》《民法典担保解释》发掘出来的公司对外担保合同效力认定的"越权代表规则"来源;二则之所以此事法定代表人无对外代表权限,根源于法定代表人在公司内部对于对外担保事项无决定权。关于此点,《公司法》第 148 条第 3 项的规定更加清楚无误。其规定董事、高管不得违反公司章程的规定,未经股东会、股东大会或者董事会同意,以公司财产为他人提供担保。那么公司对外担保事项的议决权在何人手中？第 16 条予以了清楚无误的回答:非关联担保的议决权在董事会或者股东会,公司章程可以且仅得二选一;关联担保的议决权仅在股东会。

综上所述,《公司法》通过第 16 条与第 148 条,完成了公司对外担保事项内部决定权与外部代表权的立法构造。这一构造既与《民法典》第 61 ~ 62 条及第 504 条关于法人组织的法定代表人代表权的一般性规定形成区分,即特别规范与一般规范的关系;同时也形成关联,即法定代表人的内外决定权、代表权的一般性授予及其例外限制(或者说排除)。

(二)司法裁决中多重价值选择的误区及矫正

每一份判决书背后的裁判理由都涉及争议法律问题的价值判断,这映射法院对相关法律规范本质价值的理解,以及对案涉多重价值选择之中最终做出的权宜选择。所以,法院对利益冲突一方的保护倾向,也都能从其裁判进路中得以觉察。反之,在多重价值选择之中,如果法院未能准确地把握协调各方利益冲突方法,这将会使纠纷进一步陷入困局而无法做出妥适性判决,同时也将无法发挥法院在社会信用授受和担保融资方面的积极导向作用。[3] 但无论如何,法律追

---

〔1〕 参见叶林、周伦军等:《未经决议的公司担保:合同效力与解释路径》,载《人民司法(应用)》2016 年第 31 期。

〔2〕 参见高圣平、范佳慧,前揭书,第 72 页。

〔3〕 参见罗培新:《公司担保法律规则的价值冲突和司法考量》,载《中外法学》2012 年第 6 期。

求精细化裁决的目标不应凌驾于法律的基础价值和本来立法目的之上。

1. 妥当地理解：交易安全指向的是诸利益主体

首先，审判实务中，不少裁判者动辄以所谓的“保护交易安全”作为倾斜性保护担保债权人的立足点，但此种论证逻辑本身存在明显的片面性。如有裁决书严正指出：“如仅以未召开股东会作为合同无效的依据，会给公司动辄以未召开股东会等为由主张合同无效的不诚信行为留下制度缺口，最终危害交易安全，不仅有违商事行为的诚信规则，更有违公平正义。”[1] 乍看之下，该项说辞不无道理，但实际上这一说辞背后，法官对交易安全的指向范围已经暗含了先入为主的价值选择——直接将担保债权人的信赖利益保护等同于保护交易安全。此种裁判背后的逻辑是只要保障担保债权人的交易安全，就等于实现了交易安全。循此逻辑，其认为哪怕附加于担保债权人身上可以简易判断的审查义务，也势必影响交易效率和稳定性。因为这易于出现公司事后找借口逃避担保责任的承担，从而不利于交易安全。

其次，若在公司对外关联担保中，法院秉持债权人交易安全观，则会使公司承受巨大的交易风险。这需要先认真地讨论一个问题：所谓的交易安全究竟指向的是被担保债权人的交易安全，抑或担保交易所有参与人的交易安全环境，以及更大范围内的利害关系人的交易安全概念？即在公司对外担保语境下，“交易安全”的内涵为何。有学者早就提出，交易安全并非仅仅指向债权人的交易信赖利益，亦指向公司集体利益安全，需考虑整体的经济效益，“兼顾静态安全和动态安全”。[2] 在债权人交易安全观下，如公司内部未经合法决议程序、外部因法定代表人越权担保，此时公司不得不承担巨大的资产风险。债权人交易安全观无疑意味着对公司的交易安全可以置之不顾，只需要考虑保护担保债权人的交易安全。这是否合乎交易安全制度设计的本意？进一步地，尤其在关联担保场合下，担保公司背后的全体（抑或少数）股东、债权人甚至是雇员的利益集合体的交易安全能否被熟视无睹？在更大的范围内，如果任由公司承担无偿、单务、被控制人任意决定的对外担保交易中的巨大风险，最后是否会使所有公司畏惧担保交易从而竞相不对外提供担保、从而扼杀整个担保制度的活力？这是否是更为巨大的制度风险？或者说对于整个市场交易安全风险的南辕北辙式追

〔1〕 浙江省高级人民法院民事判决书，（2017）浙民终77号。

〔2〕 孙鹏：《交易安全及其民商法保护论略》，载《法律科学·西北政法学院学报》1995年第5期。

求、实为毁灭性的破坏。

再次，妥当的交易安全观应该兼顾债权人、公司及公司背后各方当事人的利益。倘若指向单项交易的担保债权人的交易安全，裁判将倾向于认定关联担保合同有效，以保护某个具体交易的相对人的合理预期；倘若着意于公司层面的各个利益关系人的利益格局以及整个担保交易市场的大格局，则司法裁判对于担保合同之于公司发生效力的认定将倾向于审慎。诚然，公司作为一个商事组织，如其自愿对外担保，自然风险自担，这是不言而喻的。所以在正常情况下，公司对外提供担保的风险会有内部治理机制进行控制，如公司"风险控制部""法务合规部"等职能部门的评估，以及法人机关的讨论与议决等。但在关联担保的场合下，控制人事实上可以决定一切程序，债权人通常知悉此一情况，但不妨碍其装作一副善意不知情的姿态。如果此时法律与法官以一种愿者上钩，哀其不幸、怒其不争之立场应对，公司利益在诸方当事人的"围观"下活活受损，最后损害的是全体（抑或少数）股东、债权人与雇员的利益，这显然是不公平的。保护交易安全没有错，但关键要回答是谁的交易安全。若仅仅把交易安全局限于担保债权人的交易信赖，明显失之偏颇，兼顾担保公司的利益，方能激发市场经济活力，真正维护市场交易安全。

最后，司法实务中不乏有清醒认识的裁判者，有样本案例显示法官更有全局性的交易安全观。在查明债权人未审查决议且债务人私刻公司印章的事实、明显具有利用公司转嫁债务风险的意图后，有法官认为应该考量公司本身的资产利益。[1] 诚然，交易安全的范围应该包含交易双方的安全，至少亦包括公司本身的交易安全，也即同时应关照公司利益。公司作为拟制主体极易被多数股东、实际控制人利用，而成为债务转移受偿的对象。更进一步地说，法院亦需考量整个商事担保的市场交易安全。如果公司随意被利用而为对外担保且即为有效，那么整个市场经济和金融市场的安全又应如何关照？这都是上述案例所展现的较为明显的审判思维漏洞和价值偏向。

2. 误区的矫正：审查义务是对担保债权人利益保护过枉的纠偏

第一，公司对外担保交易的债权人应做两层理解。样本案例分析显示，在衡量担保合同债权人和公司利益之间的冲突时，大部分法官优先选择债权人优位

---

〔1〕"该过程显示出黄继东与王洪涛清算债务并要求提供担保，具有向担保人转嫁债权不能受偿风险的意图，不能被认定为善意第三人。"参见河南省高级人民法院民事判决书，(2018)豫民终824号。

的立场，偏向担保债权人的利益维护。实际上公司对外担保涉及的利益关联方有两类债权人：一是单个担保交易的被担保债权人，二是公司组织的既有债权人群体。二者的利益冲突在于，对前者的保护危及公司本身资产安全，从而伤害后者的利益。

第二，公司纠纷背后的利益格局是多元的，债权人利益仅是其中一元。《公司法》第1条规定："为了规范公司的组织和行为，保护公司、股东和债权人的合法权益，维护社会经济秩序，促进社会主义市场经济的发展，制定本法。"据此规定，可以认为公司法保护的利益是多重的而不是单一的，故而利益衡量是为常态；另外，多重利益之间可能存在某种强弱程度差异的利益顺位排序，《公司法》第1条所定义的第一顺位是公司，第二顺位是公司股东，第三顺位才是公司债权人。可以认为在大多数情形下债权人劣后于公司及其股东，其中的差序格局应为司法解释及司法裁决所遵循。比如，《民法典担保解释》着力于细化和完善上市公司担保规则，意在保护上市公司的中小投资者和整个金融市场的稳定。当然，这一差序格局并不意味着为保护哪一方或者优位主体的利益，就可以牺牲其他方、劣后主体的利益。此一格局关系的梳理只是针对公司对外担保合同纠纷裁判现状，强调判决偏向担保债权人利益的偏颇之处。从上引一些高级人民法院判决书的文字中能够感受到法院对担保债权人母爱般地呵护，其对债权人的利益偏向非常明显，相应地弱化对债权人的注意能力要求甚至低于普通商人的水平。实际上，法院如此襁褓般地保护既显失公平，也不利于培养商人们的风控合规水平。

综上所述，课以担保债权人负有审慎审查义务，是平衡单个担保债权人与公司及其股东、既有债权人群体的折中点和突破点。法院应扭转倾向于偏重单个担保债权人一隅的局面，避免利益偏向滋生的另一制度缺口，同时应致力于多元法益的周全权衡与妥善关照，发挥裁判调整纠纷解决所涉利益的衡量作用。

3. 质疑的回应：交易成本不会因审查义务的配置而骤增

有裁决认为，课以担保债权人审查义务会增加交易成本，进而冲击交易安全。[1] 诚然，由担保债权人承担审查义务势必会在某种程度上增加其缔约成本，债权人关注公司担保是否具有真实的意思表示，需审查相关决议、章程等。

---

〔1〕"该规定（《公司法》第16条）实质系内部控制程序，不能以此增加交易相对方的责任或冲击交易安全。"参见黑龙江省高级人民法院民事判决书，（2019）黑民终536号。

但是,交易成本的计算不能拘泥于单笔交易之一隅,更不能局限于某一方当事人之算计,而是要放在整个担保交易市场来考察。

第一,在利益单极和利益整体格局的比较下,审查义务仅针对交易债权人,若把视角放大到整个交易市场中,债权人谨慎审查却是非常必要的,且是其能够担负的范围而非过于繁重的任务。尤其对于绝大多数的银行债权人而言,更是如此。此种审查义务的配置可以免除后期公司否认担保带来的巨大风险。可见即便对于担保债权人而言,审查义务的成本与收益也是匹配的。同时由此带来的一大收益是,对全社会而言,这可以避免造成解决法庭争议和市场担保无序局面的更大成本,通过警示和强调担保风险,能够降低社会整体协商交易成本。[1]

第二,符合商事交易惯例与常理。假定双方处于担保交易中,一个理性的商人自然会对合同另一方尽到基本的注意义务,评估交易风险从而做出审慎的决策,以控制商业交易风险。担保的交易成本通常大于普通商业交易,银行等金融机构尚有复杂的审查程序如个人身份证件以及资产证明等,债权人亦需做出相应的审查义务,不能因有交易成本而否认整个担保制度的设计。

第三,一旦审查模式常规化,即能通过章程和决议的层层指引,[2]将交易成本限缩在一定范围之内。比如,关联担保交易或许能形成一种商事自觉的惯例,即公司与债权人签订关联担保合同时,公司主动提供决议材料,债权人常规式地合规审查,一旦形成成熟的体系化工作指引,自然能够将交易成本控制在一定范围之内。

综上所述,某些法院的增加交易成本论并以此拒绝课以债权人审查义务,经不住推敲。

(三)立法规制中的价值判断逻辑及技术落实

《九民纪要》《民法典担保解释》指引的越权代表裁判进路体现了对不同价值和利益的衡量,试图扭转一段时期以来公司对外关联担保合同裁判的种种偏向,更好地平衡多方利益。实际上,关于公司关联担保的立法规制价值取向及其调整机制,还需要深入探讨。

1. 立法规制的价值考量:组织法逻辑下的利益格局

在谈及禁止性规定与私法行为效力关系时,苏永钦教授认为,应以法益作为

---

〔1〕“该规定(《公司法》第16条)实质系内部控制程序,不能以此增加交易相对方的责任或冲击交易安全。”参见黑龙江省高级人民法院民事判决书,(2019)黑民终536号。

〔2〕参见郭志京:《中国公司对外担保规则特殊性研究——兼论民法商法思维方式的对立统一》,载《当代法学》2014年第5期。

衡量标准，将该立法规定背后的法益价值与该法律行为涉及的法益进行分析比较，判断哪一种法益应给予较高的法律评价。[1] 具体到公司关联担保纠纷中，《公司法》第16条之所以对关联担保的议决机关设置特殊要求，目的是缓解被担保股东与其他股东、担保债权人与既有债权人之间的多重利益冲突。这之中一边是公司整体的经济利益和资产安全，另一边是担保债权人的交易信赖或者说担保交易的“交易安全”，立法者显然是想求取两者的利益平衡。关于此点，上文已经充分展开论证，由此不再赘述。

2. 利益衡量的技术支点：公司签约的代表权与相对人的审查义务

(1)法定代表人的表意和公司真意间的不一致。首先，就任何一项交易而言，公司内部的意思形成过程和外部的意思表示过程是相对分离的。这种分离预示着法定代表人有违法操作牟利的空间，公司真实的意思表示未必能被法定代表人真实表达。毋庸置疑，相对人对此被推定为明知，不得理所当然地认定代表人行为即公司行为而获得确信，否则也就不存在无权代表的问题。其次，公司对外担保并非法定代表人一般概括代表权所涵盖的事项，而属于法定的例外事项，需要股东会、董事会决议授权才能获得代表权，其签署的担保合同的法律效果才可归属于公司。毋庸置疑，担保债权人对此被推定为明知，于此场合下不得理所当然地认定代表人行为即公司行为而获得确信，这就是第16条的对世效力与外部拘束力，“公司担保制度一旦上升到立法层面就大大扩张了其约束的效力范围，因此具有普遍适用的效力。”[2]

(2)债权人审查义务作为缓解利益冲突的技术关口。解决法定代表人的表意和公司真意间的不一致的支点，就是课以债权人审查义务。作为狭义法律条款，《公司法》第16条关于公司担保决议程序前置的规定具有公示性和对世性，一经发布就推定全社会均应知晓，这就是附加给债权人审查义务的依据。所以，一旦法定代表人的代表行为和公司真实的意思表示发生冲突，构成越权行为无疑，影响担保合同效力的本质在于法定代表人代表权限存在瑕疵；此时担保合同是否对公司发生效力，却不由公司、法定代表人的意愿决定，而取决于债权人尽到审查义务与否。可见，债权人审查义务作为法律设计的一项利益平衡机制，起到缓解法定代表人的表意和公司真意间不一致引发的冲突，也即以审查义务作

[1] 参见苏永钦：《私法自治中的经济理性》，中国人民大学出版社2004年版，第44~45页。
[2] 赵旭东主编：《公司法学》（第2版），高等教育出版社2006年版，第201页。

为公司内部决议和对外代表的有机衔接，体现担保决议制度的设计本意。

五、公司关联担保合同效力规则的教义学诠释

《九民纪要》《民法典担保解释》将公司担保效力认定规则框定在越权代表规则体系之中，形成一整套裁判进路，问题导向清晰且具有针对性，然而其构架的是“情景式标准”，[1]担保合同签署时相对人应事前注重对决议等文件的形式审查。在搭建框架的同时，关联担保合同效力认定的细节尚存在不甚明确的问题，标准并未完全明晰可控，因此须对认定规则与审查义务的相应标准更为精细化地分析。

（一）越权代表规则的逻辑框架

1.越权代表裁判进路的形成及教义学结构

首先，在越权代表的教义学结构中，担保合同生效与否的关键在于债权人善意与否。样本数据显示，超过81.6%的案例争议焦点均在于公司未就关联担保事项召开股东会形成决议，明显违反《公司法》第16条第2款规定。既然绝大部分案例中的公司并未形成决议，实属法定代表人擅自签署关联担保合同，并无决议授权。如何裁判此类担保合同的效力？实务中存在多种裁判进路。《九民纪要》《民法典担保解释》的选择是：将《公司法》第16条第2款解释为越权担保规则，适用《民法典》第504条的越权代表规则，从而将公司担保纠纷问题转化为越权代表问题，构造出“越权担保——表见代表制度——审查债权人主观善意”的一整套审判思路与架构。[2] 在这一进路中，债权人的主观状态是否为善意，是决定担保合同对公司生效与否的最关键因素。

其次，公司关联担保合同生效需特别判断，法定代表人是否有合法授权与债权人善意与否。进言之，公司关联担保合同的生效，不仅符合《民法典》第143条规定的民事法律行为的一般生效要件，还需要两个特殊要件：一是股东会形成有效决议，此为有公司真实的意思表示；二是包括法定代表人在内的经办人基于决议的授权以公司名义签订担保合同。两个要件的实质是，法定代表人有无合法授权：如有，构成有权代表，担保合同自然约束公司；否则，构成无权代表，适用

---

〔1〕 参见李建伟：《公司决议的外部效力研究——〈民法典〉第85条法教义学分析》，载《法学评论》2020年第4期。

〔2〕 参见周伦军：《公司担保的法律解释论》，载陈洁主编：《商法规范的解释与适用》，社会科学文献出版社2013年版，第274页。

越权代表规则。能否对公司产生效力,要视债权人善意与否而定:如为善意,构成表见代表,担保合同仍然约束公司;否则,担保合同不对公司产生效力。这就是越权代表的规制体系。

最后,基于这一裁判进路指示,法院在审理公司关联担保案件时首先要审核适格的法人机关有无形成决议(决议成立),以及该决议符合法律、行政法规、公司章程规定的有效要件与否,也即有权机关做出决议且不存在决议不成立、无效或可撤销的瑕疵情形。循此逻辑,如存在有效的公司决议作为法定代表人的签约授权基础,此为有权代表,担保合同的效力自然无须争议;反之,则接下来的裁判关注点只有一个——债权人善意抑或恶意?

2. 债权人的善恶意及其判断

(1)善恶意的法律意义:担保合同是否对公司产生效力

《民法典》第504条关于越权代表的规定表明法律意在保护善意而非恶意的相对人。由此引发的一个焦点问题是,如何不保护?即"不保护"的规范内涵为何。首先,学理上有观点认为,债权人恶意不应直接认定为合同无效,而是类推无权代理的规定,恶意则效力待定,是否有效取决于公司最终是否追认。[1]但事实上,难以想象公司愿意事后对担保事项予以追认,毕竟担保不是一个互惠、双务、有偿的贸易合同。其次,这一学说对实务有所影响。有法院认为:"对于无权代表,由于其法律关系在主体、内容、目的、效果等方面与无权代理的特征近似,在法律未对无权代表做出明确规定的情形下,应当类推适用为无权代理的相关规定。"[2]这段说理表明,该法院采用类推适用的裁判思路,对无权代理与越权代表法律关系的近似性(其目的和效果存在的共通性)分析之后,选择了类推适用,随即认定越权代表行为不对公司发生效力。实证研究表明,在约10.4%的样本案例中,审理法院秉持债权人非善意时越权代表行为对公司不发生效力、公司无须承担责任的观点。最后,需要明确的是,越权代表行为是否对公司发生效力,与关联担保合同是否有效是两个层次的事情,前者的核心在于是否对公司产生效力,[3]也即产生合同责任(担保责任);但根据《民法典担保解释》第7条的规定,一旦债权人为非善意,公司自不承担担保责任,但要根据《民法典担保

---

〔1〕 参见朱广新:《法定代表人的越权代表行为》,载《中外法学》2012年第3期。

〔2〕 参见湖南省高级人民法院民事判决书,(2019)湘民再638号。

〔3〕 参见高圣平:《公司担保中相对人的审查义务——基于最高人民法院裁判分歧的分析和展开》,载《政法论坛》2017年第5期。

解释》第 17 条的规定承担相应的过错赔偿责任。具言之：

其一，债权人为善意时，担保合同对公司发生效力。《九民纪要》以债权人"善恶二分"原则来"判断合同有效无效"。与之相区别，颁布于《民法典》之后的《民法典担保解释》采"对公司发生效力"（而非合同有效）的表述，这精准地适用了《民法典》第 504 条越权代表确立的越权代表效力归属规则。此处适用效力归属效果不仅与民法典更为契合，而且也更为准确。盖因为越权代表规则并不能直接影响合同是否具有法律效力，而是判定合同效力归属的规则，[1] 但这并不意味着第 16 条对关联担保合同的效力毫无影响，通过越权代表规则关于相对人善意的判断，进而决定担保合同是否对公司发生效力，以及公司是否承担责任。

其二，债权人非为善意时，担保合同对公司不发生效力。债权人非善意包括"明知"恶意以及存在"应知"过失的情形，债权人非善意则担保合同对其不发生效力。《民法典担保解释》第 7 条规定，所谓担保合同"不对公司发生效力"仅仅意味着公司不承担担保责任，并不代表公司不承担任何法律责任。此时适用《民法典担保解释》第 17 条关于担保合同无效的规定，区分公司、债权人的有无过错而决定是否承担赔偿以及份额，唯在确认公司作为担保人不存在过错时，才能免于承担赔偿责任。

（2）善恶意的判断

公司承担担保责任与否、承担过错赔偿责任与否及其份额大小，均取决于对债权人是否善意的判断。善恶意乃是一种认知状态评价结果，[2] 是关于某一方当事人对于某项交易是否具有合理信赖的基础条件的一种研判。在此意义上，每一项交易的任何一方相对人的"善意"都具有特定的含义，指向某种特定的情景。《九民纪要》第 18 条关于相对人对于法定代表人超越权限一事的主观状态定义为"不知道"或"不应当知道"。需要指出，此处"或者"的表述存在一定的不严谨性，可能会将非善意相对人与恶意相对人之间的界限在某种程度上混淆。正如上文所述，交易相对方负有一般交易人认识限度内的合理审查及注意义务，"应当知道而由于过失不知道"不能成为免责事由，允许过失相对人受表见代表

---

[1] 参见钱玉林：《寻找公司担保的裁判规范》，载《法学》2013 年第 3 期；马更新，前揭书，第 36 页。

[2] 参见石一峰：《私法中善意认定的规则体系》，载《法学研究》2020 年第 4 期。

制度保护，有违立法本意，所以有学者建议将"'不知道'应改为'没有义务知道'"，[1]不无见地。因为这一表述意味着对相对人"善意"认定的扩张，有违表见代表的本意。之后《民法典担保解释》第7条改为"相对人不知道且不应当知道法定代表人超越权限"，"且"字的表达更为审慎严谨。总而言之，应尽可能将过错包括明知故意以及应知而不知的过失状态，如债权人知道且应当知道越权代表的事实时仍然投机签订担保协议的，属于非善意的债权人，法律对其不予保护。

"相对人不知道且不应当知道法定代表人超越权限"的表述，意味着《民法典担保解释》第7条将善意定位于相对人对法定代表人越权代表的情况主观上不知道且不应知道的认识状态。析言之，第一，何为"知道"，知道是一种已然的事实状态，债权人在此状态下具有归责的事由。第二，何为"应当知道"，《德国民法典》第276条第2款规定"疏于尽交易上必要的注意者，即为有过失地实施行为。"[2]简言之，即相对人负有商人通常意义上的必要注意义务，由于其疏忽大意或过于自信导致的过失，当事人仍应承担相应法律责任而具有归责事由。可见，在签订担保合同时，作为商事主体的债权人理应承担商人的必要审查义务。

3. "举重以明轻"：越权代表规则的扩展适用

实证研究表明，在关联担保合同纠纷案件中，不少公司的董事、经理、副总经理或公司前高管，暗中肆意拿取公司印章对外签订关联担保合同。这属于非法定代表人或并不是非法人组织的负责人等以公司名义订立担保合同，本应适用《民法典》第171～172条及《公司法》第148条第3项、第4项，其对外签订担保合同也须遵循《公司法》第16条的规范。在越权代理的情形下，除非相对人有充足理由相信行为人具有代理权构成表见代理，代理行为才有效。诚然，《公司法》设置的担保制度凸显的是对代表权的法定限制[3]，公司法定代表人尚且无当然概括权限提供担保，则举重以明轻，公司法定代表人以外的人则更无权限行使对外担保行为，其对外担保权自然同样受到限制。担保行为非法定代表人能单独决定，则公司代理人更无法单独决定，其代理权限理应同样予以法定限制。

---

[1] 刘俊海：《公司法定代表人越权签署的担保合同效力规则的反思与重构》，载《中国法学》2020年第5期。

[2] 《德国民法典》，陈卫佐译，法律出版社2006年版，第38页。

[3] 参见周伦军：《公司对外提供担保的合同效力判断规则》，载《法律适用》2014年第8期。

概言之,《公司法》第16条的规范射程涵盖法定代表人以及总经理、副总经理等负责人(公司代理人)。

因此公司总经理等授权代理人对外签署担保合同时,理应遵循举重以明轻的法理逻辑。针对越权代理违反公司决议规定的担保行为,对于非法定代表人以外的代理人的权限的审查需更为审慎。债权人除了审查代理人是否有签订担保合同的本身代理权之外,亦应审查《公司法》第16条所规定的关联担保决议,确认代理人具有对外担保的代理权限的正当性和合法性。善意的认定适用《民法典担保解释》第7条关于善意的规定,否则仅有代理人和公司签章不符合表见代理的外观特征,这是对担保领域越权代理相对人善意的要求与越权代表的要求实现并齐统一,如此才能体现法律规范的体系和完整性。根据举重以明轻原则以及越权代表和无权代理结构上的相似性,关涉公司担保的主体行为都应当适用《公司法》第16条以及《民法典担保解释》第7条,即总经理、副总经理和公司高管等授权代理人归属于上述规定的适用主体,理应与法定代表人一同受《公司法》第16条约束限制,某种程度上是对《公司法》第16条进行扩张解释,扩大其主体的适用范围,以此认定担保合同效力以及责任承担问题。即如此方能更全方位地规范公司担保行为,稳定担保经济秩序和公司整体经济利益。

(二)债权人审查义务标准的类型化分析

前文指出,《九民纪要》《民法典担保解释》都肯定债权人接受公司提供的对外担保时负有审查义务,那么审查义务的边界应如何把握?审查的标准为何?审查的对象为何?显然这些问题都需要进一步地探讨。有学者指出,只有加深理解公司组织的社团性和科层性,[1]理论研究才能科学地界定审查的边界、标准与对象范围,使债权人审查的交易成本控制在一定范围内,不至于影响交易效率,并有助于司法裁判路径的形成。

1. 债权人"审慎的形式审查"标准

《民法典担保解释》一改《九民纪要》的"形式审查"表述,而采"合理审查"的表达,亦表明其倾向于比形式审查某种程度上更高的要求。合理审查也即审慎的形式审查,必然需要一定程度覆盖到决议等书面文件的合法性和真实性的审查,同时也需要考察章程对担保的规定,以及审查决议是否与章程规定比例相

---

〔1〕参见吴越、宋雨:《公司担保合同中相对人审查义务的边界》,载《甘肃社会科学》2020年第4期。

匹配，这样才能彰显审慎性。至于章程和决议是否因伪造而虚假以及股东签字签章的真实性问题，则不在覆盖范围之内。在资讯搜索技术和信息公示平台较为成熟多元的背景下，信息不对称情况已大为改善，债权人的注意能力客观上被提高。债权人自然被附加稍高的审查要求，这符合未来信息社会的司法趋势。

"审慎的形式审查"区别于实质审查。审慎的形式审查并非以实质审查为目标所展开的无限追踪细究，也非无关痛痒的概括形式审查，而是排查风险的合法合规控制。审慎的形式审查并不苛求债权人去检验决议是否伪造或者变造，股东签章的真伪，以及相关程序瑕疵等。一方面，实质审查难度较大，不仅过于苛刻，也难具有可操作性和合理性，且验证签章真伪等问题须耗费巨大交易成本，过重的审查义务和过高的交易成本令债权人难以负担；且决议是否为伪造、变造，印章是否为伪造，签名是否为伪造变造等问题需要专业鉴定机构做出识别，债权人也难以掌握公司决议做出的真实场景。另一方面，决议是否具有瑕疵需由法院做出最后的认定，[1]而在这之前决议的效力应被推定有效。

2. 债权人的审查对象范围

(1)识别关联担保

在关联担保合同的签订过程中，债权人不仅要审查公司法定代表人的基本信息以确保其享有一般代表权，还要进一步识别债务人是否与公司存在关联，是否为其股东或实际控制人。该身份识别决定了债权人审查关联担保义务的程度。相对人可通过查询商事登记簿确定以上信息，但关于公司实际控制人的身份识别，则可能存在很大的难度，因为在具体识别过程中可能需要更多的信息资料。众所周知，某些公司的持股关系非常复杂，不宜过于苛责，但债权人至少需通过股东名册和章程确认债务人是否为公司股东，否则不为善意。事实上，对担保对象的身份识别也属于商事交易人的理性经验判断。在签订担保合同时，相对人理应对担保公司与债务人之间关系进行合理的背景调查，否则，会被认为缺乏商事经验或者缺少谨慎而不构成善意。经验表明，上市公司大多具有规避风险的商业常识，在签订担保合同前期的身份信息确认中，一般来说，[2]其会组织对合同相对方进行一定的背景调查从而进行风险控制。如此，法院无须考虑债权人是否真实识别担保对象，债权人也不得以不知为由抗辩。

---

〔1〕 参见马更新，前揭书，第35页。

〔2〕 参见吴越、宋雨：《公司担保合同中相对人审查义务的边界》，载《甘肃社会科学》2020年第4期。

(2)不可回避的问题:对公司章程的审查

值得注意的是,《九民纪要》《民法典担保解释》都淡化了对公司章程的审查,呈现重点关注决议而忽略章程的趋势。其中,《九民纪要》第18条明确了非关联担保情形下债权人无须主动审查章程,只要审查决议即可认定债权人为善意。有人认为此规则忽视了对章程规定的代表权限制,“重法律轻章程、重明知轻应知、重恶意轻过失的思维,既未尊重章程对决议机关的理性选择,也未体谅《公司法》鼓励章程自治的良苦用心,更未深刻领悟私法自治理念。”[1]诚然,公司章程一经登记,关于代表权限制的规定仍可对抗相对人,但《公司法》第16条第1款即鼓励章程对担保问题进行自治规定,公司章程一经登记亦可为公众查询,上市公司章程更需公开披露,第三人不能以此抗辩。[2] 这一主张显然对债权人的形式审查提出了更高的要求,认为公司法赋予了公司章程对公司担保具体事项自治规定的权利,那么,交易债权人就有义务将章程作为了解担保交易信息的重要途径和窗口,无视债权人对章程审查的做法是错误的。有人以查询章程的难度和成本问题作为不予审查的论据,实则缺乏说服力和正当性。审判实践中,有法院强调债权人对上市公司章程的审查义务,[3]因为这可以随时在巨潮资讯网详细查阅到公示信息,否则,法院认定债权人因未尽到主动审查上市公司章程的义务而不为善意。[4]

《九民纪要》第16条,一方面对公司关联担保的决策机构设严格限制,另一方面亦赋予公司自治权予以缓和,公司可以根据自身情况通过章程对担保单项或者总体金额进行限制,以及配以相应的决议机关。第16条第1款的规定也同样适用于第2款的关联担保,债权人理应注意决议是否符合章程规定的限额、机关等要求。章程经商事登记予以公示,更意味着债权人难以推脱审查义务。因此在签订关联担保合同时,交易债权人应主动获取并查阅公司章程相关条款,重点审查公司章程规定的决议机构、程序与限额等细节,据此向公司索要适格的决议。展言之:

---

〔1〕 刘俊海:《公司法定代表人越权签署的担保合同效力规则的反思与重构》,载《中国法学》2020年第5期。

〔2〕 参见赵旭东主编:《公司法学》(第4版),高等教育出版社2015年版,第222页。

〔3〕 “该章程已在巨潮资讯网上备案公示,并可当庭查询。故而对瀚辉公司而言,随时可以查询并知晓慧金公司章程对担保所作限制性规定。”参见上海市高级人民法院民事判决书,(2019)沪民终274号。

〔4〕 参见北京市高级人民法院民事判决书,(2019)京民申4070号。

第一，对章程禁止担保条款的审查。实务中有不少公司章程规定本公司不对任何第三人提供担保，这在全资子公司颇为常见。债权人索要、查询到章程的此类规定，仍然接受该公司的担保，必为恶意；如果未尽索要、查询义务，则为未尽到审慎的形式审查义务，亦不为善意。

第二，对章程关于担保决议出席数、表决权数比例的审查。如果章程对担保决议的股东会、董事会的出席数、通过数提出最低要求的，应为特殊规定。债权人须有意识地尊重该自治规定，并依照此规定去核对股东会、董事会决议内容与会议记录、股东名册、出席签字人数或者表决同意的人数，简单计算表决数量，否则不为善意。

第三，对章程关于担保金额限制的审查。针对单项担保金额而言，公司章程可能有以下两种情形：限定单项担保金额但未提及决议机关；限定单项担保金额且配以决议机关。针对关联担保而言，决议机关唯一化，债权人仅关注担保金额即可，决议通过的单项担保金额一旦超过上限，即转化为对法定代表人的签约代表权限制。债权人签订担保合同时索要、查询公司章程，理应注意到章程关于担保限额的规定，否则不为善意；超限额部分认定为越权担保。

一个难题是，如果公司章程规定的是担保总额限度，比如，一个会计年度内的担保总额上限，此时若某项担保决议或者担保合同超过了该限额，应该如何处理？我们认为，由于债权人无法深入公司内部具体考察公司此前的担保金额以及累计是否超过，因此公司不得以超越章定担保总额为由进行抗辩。与之类似，《公司法》第121条规定，上市公司在一年内担保金额超过公司资产总额30%的，应由股东大会做出决议，并经出席会议的股东所持表决权的2/3以上通过。据此，债权人是否需向法定代表人索取，或者通过上市公司公告等渠道查询该上市公司财务报表的资产总额，以考察某项担保是否在一年内累计超过了公司资产总额30%？这涉及对第121条的法律规范性质定性问题，可以进一步讨论。需要注意的是，无论如何，债权人需要证明事前对公司公开的财务数据进行了简单审查，否则难谓善意，但这并不要求其深入公司内部细究财务数据。上市公司之所以有此特殊规定，一方面是因为其章程是面向社会公众公开披露的，具有易得性，另一方面涉及社会公共利益的法益保护，对上市公司的对外担保合同效力认定尤需谨慎。

（3）对决议存在事实及内容的审查

决议既然是公司对外担保的意思基础，无论关联担保抑或非关联担保，均须满足形成有效决议的要件，那么债权人首先要审查决议存在的事实，这乃是自然的事情。有判决指出，明知对方公司需要履行必要的担保审查手续而未主动审查，即为债权人的过错，其不属于善意相对人。[1]

审慎的形式审查要求债权人不仅对是否存在决议进行审查，还需通过形式审查排查出决议的明显瑕疵。对决议内容的审查主要为确认其是否存在决议不成立、无效或可撤销等效力瑕疵情形。决议瑕疵分为内容瑕疵与程序瑕疵，债权人的审查重点在于后者，也即审查决议的基本形式与内容框架是否具备。这又可以细化为两方面：第一，有无决议不成立的事实，如决议未付予表决、未达到法定章定的最低出席数或表决权数，即为决议不成立的情形；第二，内容框架上是否存在明显的错误或瑕疵。展言之，主要有三个细节：

一是决议的基本形式要件问题。有法院认定，担保人决议缺乏会议日期和与会人员名单以及表决情形记载的基本要件，甚至欠缺落款日期，亦不满足公开披露要求，显然债权人未审查并识别出决议的基本形式问题，不属于善意相对人。[2] 由此可见，担保决议应具有决议的基本形式要件，载明会议时间、人员出席与表决状况、公告日期等，须有公司印章和股东签字等基本形式要件；否则，债权人根据欠缺以上诸多要件的公司决议而签署担保合同，不构成善意。

二是决议股东、董事的签字签章问题。如果决议的签字签章有明显瑕疵，造假明显，债权人理应及时审查识别，否则，难谓善意。首先，债权人应确认章程记载的股东、董事（以及有条件获悉股东名册的，看其记载的股东）是否与股东会决议签章的股东相一致，核对其姓名、名称，确保签章的基本对应即可；反之，若缺失股东签名签章，则不为善意。[3] 其次，无须确保股东、董事签章的真实性。实践中常见伪造股东、董事的签章签字等问题，公司据此请求法院认定担保合同无效。一般而言，法律仅要求债权人对决议的签字符合形式要求以及加盖公司印章即可，无须确保其真实性，此属于实质审查的范畴。真实性与否须专业鉴定机构鉴定等渠道方可确定，不宜将此过重的审查负担课在债权人身上。

三是关联股东、董事的表决权回避问题。依照公司法，关联担保议案的表决涉及关联股东回避以及上市公司关联董事回避问题。那么在核对决议文件载明

---

[1] “因德清金融服务公司明知步森公司作为上市公司为关联公司提供担保需要履行相关手续，但未审慎审查相关材料存在过错。”参见浙江省高级人民法院民事判决书，(2019)浙民终298号。

[2] 参见深圳市罗湖区人民法院民事判决书，(2018)粤0303民初13372号。

[3] 参见山西省高级人民法院民事判决书，(2017)晋民终563号。

的股东、董事身份及签章外，债权人是否需要大概计算表决权数量是否达到要求，将关联股东、董事代表的表决权数减除？抑或需要形式审查关联股东、董事是否参与了表决？应该说，计算一项决议是否符合多数决规则是一个相对复杂的事情，涉及多项信息，对于债权人而言难度较大。而决议是否获得了多数决通过应该在决议文件中予以体现，这是不言自明的事情。因为如果一项决议未获得多数决通过，就无以形成“决议”（消极决议），既然公司提供了决议文本，那就意味着有了一份积极决议，所以，再要求债权人计算该决议是否符合多数决规则，实属多此一举，也过于苛责。但是，既然明知是关联担保，那么债权人理当注意关联股东、董事有无参与表决，这符合前述的审慎的形式审查之义。在某个关联担保案中，关联股东参与了股东会决议表决，法院认为债权人并未经过查询工商登记中公示的股东名单，是为未履行必要审查义务，不为善意，该决议不具有必要的形式要件。〔1〕 也有法院指出，对于不应参与表决的股东表决或者在决议上盖章等问题，如债权人发现其参与表决，可以在简单计算表决权时将其及时减除即可。〔2〕 这意味着债权人的审查义务包括表决权数量的简单计算，但法院在审判时则仍可采实质判断，最终综合考量关联担保合同效力。

一个有难度的问题是，担保对象为公司实际控制人、隐名股东的，如采实质穿透规则，对应的名义股东理应回避表决，但由于隐名股东身份存在隐蔽性，致使外部人的考察难度较大，尤其是完全隐名的场合下，公司、其他股东也不知晓隐名股东的存在，此时更不能苛责作为外部人的债权人。类似的情形还有其他的程序瑕疵如会议召集通知时间不符合规定、召集方式不当、出席人数及其资格不符合要求、无代理权的人员出席会议并表决、表决票数计算数据偏差、股东董事签章是否真实等。前述内容都是交易债权人难以觉察的程序瑕疵。由此，债权人只要审查决议文本与法律、章程的要求一致即可，避免陷入实质审查的泥淖。

---

〔1〕 “山东鲁港公司作为专业融资租赁公司，通过查询工商登记公示信息即可知唐山冀东之星公司并非济南广汇之星公司的股东，而庞大集团系被担保的公司，均无权参加济南广汇之星公司关于为庞大集团担保的股东会表决。案涉股东会决议存在的问题是显而易见的，是可以通过形式审查予以查明的问题，山东鲁港公司并未尽到必要的注意义务。由于案涉股东会决议尚不具备股东会决议最起码的形式要件，推定山东鲁港公司系明知该情形，而与济南广汇之星签订《共同还款承诺协议》。”参见山东省高级人民法院民事判决书，(2020)鲁民终949号。

〔2〕 参见广东省高级人民法院民事判决书，(2018)粤民终1090号。本案中，南星公司作为被担保股东仍参加了表决，但法院在剔除其表决权数量之后，认为剩余表决权数量比例仍符合法律和章程要求，因此认为其表决瑕疵无实质影响。

(4)对上市公司对外担保的特殊审查规则

《九民纪要》注意到并凸显了上市公司与非上市公司之区分,并设计了不同规则,这一区分具有法律依据、现实意义与可操作性。这一做法获得司法实务的支持。最高人民法院在一份判决书中指出,债权人了解上市公司的决议内容和程序仅需要付出较低的交易成本,却能够有助于担保交易的稳定性。[1] 具体来说是指债权人有充足的渠道审慎核查对方公司是否为上市公司,以及有能力主动查询债务人是否属于上市公司已公开披露的控股子公司。《九民纪要》第22条规定要求上市公司须主动将担保决议通过事项进行信息披露,债权人在查阅该上市公司公告之后,才可与上市公司签订担保合同,或在洽谈担保合同时,以上市公司担保公告为基准签订担保合同。《民法典担保解释》进一步斟酌文字与总结经验,关于上市公司担保的特殊性在规范内涵上发生较大变化,这显现出立法者对系统性金融风险的清晰管控意图,从而实现保障股资本市场健康发展之立法目的。其具体内容总结为:

第一,债权人有义务审查上市公司担保公告。此程序是上市公司与非上市公司的最大区别。上市公司对外担保属于公开信息披露事项。此前《上海证券交易所股票上市规则》(2020年12月修订,上证发〔2020〕100号)第9.11条、《深圳证券交易所股票上市规则》(深证上〔2018〕556号)第九章均特意设立特殊交易事项的信息披露规则。这意味着上市公司的合规对外担保必须予以公告,《民法典担保解释》第9条要求债权人接受上市公司提供担保前应审查其公示的担保公告,确保能在公开的渠道查询到,才得以签订合同,担保合同才得以对上市公司发生效力。这就确立了以审查公告为核心的审查义务。为什么重公告而非决议的审查?一个合理的解释是,上市公司担保公告更直观更具有公信力,债权人有理由相信:既然公司已发布公告,那么其内部已有决议作为对外担保的正当授权;再则,实践中上市公司往往以年度担保计划方式由年度股东大会审议批准,在年度担保计划方案中的授权范围内的担保事宜则无须单独重复提交股东大会、董事会审议,但仍需逐项公告。

第二,债权人仅审查决议未审查公告,不为善意,担保合同不对上市公司生效。首先,实务和规范存在不同的立场。最高人民法院2019年的某个判决书认

〔1〕“相对人可以通过很低的交易成本了解到上市公司法定代表人是否有权自行决定对外担保以及公司股东大会重大决议事项。”参见最高人民法院民事判决书,(2019)民终1524号。

为，即使上市公司不履行公开披露的义务，也不影响债权人的合理信赖，因为公司不披露不公开非其能预见和控制的事项范围。该观点弱化了上市公司公开披露担保事项的义务，从而降低了相对人审查上市公司对外披露的担保公告的要求，并将其界定为预见不能的事项。[1] 与之相反，《民法典担保解释》第9条第2款规定，即使上市公司已做出担保决议，债权人审查了该担保决议亦不构成善意，仍强调债权人须在查阅公告之后再签订担保合同。其次，对比上引的最高人民法院裁决与《民法典担保解释》的规定，后者更具有合理性。因为审查公告并非债权人预见不能或审查不能的事项，其完全能在签订合同之前就要求公司出示担保公告材料，或者自行通过网络公开渠道进行查阅。债权人具有也应当具有审查担保公告的注意义务，否则不为善意。担保公告而非公司决议是审查的核心，债权人仅审查决议不构成善意信赖。这是与非上市公司对外担保的审查义务的最大差别所在。最后，进一步地，第9条第2款规定债权人未根据上市公司公开披露的关于担保事项已经董事会或者股东大会决议通过的信息而与上市公司订立担保合同的，担保合同不对上市公司发生效力，且不承担担保责任或者赔偿责任。与之形成对比，担保人为非上市公司的情形下，仍有可能因存在过错承担部分赔偿责任《民法典担保解释》（第7条、第17条）。

第三，上市公司控股子公司担保，亦须审查决议公告。此前，《上海证券交易所股票上市规则》第9.1条、《深圳证券交易所股票上市规则》第7.8条将披露义务的主体扩张为上市公司及其控股子公司，也即控股子公司提供担保属于公司重大事项，亦须遵守公司担保决议及信息披露程序，确保担保事项符合公开程序。上述规定属于"软法"，难以成为裁判依据。《民法典担保解释》第9条第3款将上市公司控股子公司与新三板公司纳入上市公司担保制度规范范围，都适用信息披露制度。这意味着在与公司签订担保合同时，债权人应及时核查判断该公司是否为上市公司的控股子公司，若是，须审查股东会关联担保决议公告，体现了对上市公司严监管的要求。

此外，《民法典担保解释》第36条规定上市公司差额补足等增信措施一旦被认定为属于公司担保情形范围内，一并按照上市公司担保规则处理。

综上所述，与非上市公司相比，债权人对上市公司对外担保的审查义务具有

---

〔1〕"虽然上市公司对外担保必须对社会公众披露，但涉案《保证合同》签订后担保人应履行而未履行该义务，是债权人在合同签订时无法预见、不能预见的事项，不影响其基于善意信赖与担保人签订保证合同。"参见最高人民法院民事判决书，（2019）最高法民终1529号。

特殊性,其要求也更为严苛。

(5)几类特殊情形的审查义务

其一,对一人公司关联担保的审查。《公司法》第16条第3款规定的关联股东回避为其提供担保决议的规定,如适用于一人公司,考虑到其只有一个股东的现实,显然决议无法做出。所以长期以来,关于一人公司能否为股东提供关联担保,存在理论争议,[1]司法实践的做法也不一。《民法典担保解释》第10条肯定了一人公司关联担保的能力,但仍要求一人公司为股东担保事项依法做出决议。此前有高级人民法院判决认为公司股东只有一人,无须决议,要求决议无实质意义,[2]《民法典担保解释》的规定符合维护一人公司人格独立性的要求,相应的债权人亦须审查其是否做出担保决议,其特殊性仅在于,"一人公司因承担担保责任导致无法清偿其他债务,提供担保时的股东不能证明公司财产独立于自己的财产,其他债权人请求该股东承担连带责任的,人民法院应予支持。"

其二,公司分支机构提供担保的效力审查。分支机构未被《民法典》界定为非法人组织,其能否对外担保?《九民纪要》回避了该问题,《民法典担保解释》第11条正面回应并确认了分支机构的担保能力。债权人的审查义务在于:须确认担保人是否为分支机构,其是否获得本公司股东会合法授权以自身名义对外担保,债权人若未识别和审查出以上情形,则不为善意。至于金融机构、担保公司的分支机构提供对外担保事宜,《民法典担保解释》第11条第2款、第3款根据其不同的业务类型分别详细规定。

3. 债权人的善意推定与举证责任分配

《民法典担保法解释》第7条第3款对债权人、担保公司的举证责任进行了简明分配。如何证明以及证明什么,亦是事关担保合同效力、责任分配的关键因素。法定代表人在外代表公司法人,基于越权代表规则和保护相对人合理信赖的框架,法院应先推定越权代表行为有效及相对人善意。相应地,公司须有初步证据证明公司对外担保未经有效决议的许可授权、或(以及)对债权人非善意进行初步举证,即债权人主观存在过错的证据,明知或者应知公司未经过决议等事实。这是因为,若先由债权人主动举证证明自身善意且不存在主观过错,则需要划定不知道或不应当知道法定代表人超越权限的疑点,逐个举证难度较大;相

---

[1] 参见郑仲超:《一人公司为股东提供担保的效力及规制》,载洪艳蓉主编:《金融法苑》第92辑,中国金融出版社2016年版。

[2] 参见四川省高级人民法院民事判决书,(2018)川民终41号。

反，先推定债权人善意，由公司提出法定代表人超越权限的若干证据，而债权人再举证证明表见代表的外观，显然更为合理、高效且具有针对性。

具体到举证内容，由于《九民纪要》《民法典担保解释》规定了相对人的审查义务，基于“谁主张，谁举证”的证据规则，公司只要初步举证证明公司未经有效决议此一事实，就初步完成举证责任；债权人需要根据公司的初步证据进行回应，且举证证明自己尽到法律要求的形式审查义务，自证清白以示“代表权外观”[1]，包括签订关联担保合同时已就公司章程、股东名册或股东会记录及提供担保的决议文件等进行审查，证明决议文件外观上具有真实性、有效性。二者间的举证质证，法院借此重在查明两个关键事实：第一，有无有效决议存在的事实；第二，债权人是否尽到审慎的形式审查义务。若前者是，此为有权代表，则担保合同效力归属于公司；如前者否，则为越权代表。进一步看后者，如后者是，则为表见代表，担保合同效力仍然归属于公司；如后者否，则债权人非为善意相对人，担保合同效力不归属于公司。

4. 非善意债权人的类型化区分

通过对关联担保合同债权人的审查义务、范围的精细化研究，进而可以尝试非善意相对人的类型化总结，有助于审理法院快速识别非善意相对人，进而促进裁判的统一。

（1）明知或应知决议无效的，为非善意债权人。债权人知道或者应当知道公司决议存在《公司法》第22条第1款规定的内容违反法律、行政法规的情形，属于非善意相对人。当然，公司法并未禁止、限制公司关联担保，所以担保事项本身不存在导致决议内容违法违规的情形。而且根据《民法典》第85条规定，只要相对人有充足证据证明其善意，那么决议的无效也不影响与善意相对人的法律关系。此处只是强调，法律不保护非善意的相对人。

（2）明知或应知决议不成立的，为非善意债权人。决议不成立是指由于存在重大程序瑕疵以致决议不具备外观的情形。[2] 在关联担保的情境下，决议不成立包括股东会未召开会议，或会议未表决关联担保事项、会议出席人数和表决数量不符合最低数等，股东被伪造签字签章也属之，这些瑕疵都能够从决议文本中较为明显地展现出来。实证研究显示，在超过81.6%的样本案例中，公司未

---

〔1〕 杨代雄：《公司为他人担保的效力》，载《吉林大学社会科学学报》2018年第1期。

〔2〕 参见李建伟：《公司诉讼类型化专题24讲（一）：公司大数据实证分析与裁判规则评述》，法律出版社2021年版，第48页。

就关联担保事项召开股东会,也就是无关联担保决议,法定代表人私自越权与债权人签订担保合同并加盖公司印章。决议不成立,即意味着公司未形成关联担保的意思表示,法定代表人无授权基础,构成越权担保行为,明知或应知该情形的债权人为非善意相对人。

(3)明知或应知决议可撤销的,为非善意债权人。根据《公司法》第22条第2款所指,决议可撤销的瑕疵包括决议程序违法违章和决议内容违章。股东会决议涉及人员众多,事务繁杂,存在较多的不可控的因素,难以保证决议程序完美契合于法律、章程的规定,轻微的程序瑕疵在不影响决议反映的公司真意的前提下,不应影响法定代表人的代表权授予,也不影响其对外担保合同的效力。《公司法解释四》第6条亦规定,决议撤销后,也不影响公司与善意相对人的法律关系,所以一旦相对人被认定为善意,决议可撤销的瑕疵问题也不影响依据该决议而形成的担保合同效力,至于公司与非善意相对人的担保合同效力,依照反对解释,应该受到影响,该影响机制到底如何,尚需进一步讨论。[1]

(4)未审查公司决议及相关章程条款或者上市公司公告的,非善意债权人。债权人在缔约关联担保合同时应自觉根据《公司法》第16条及《民法典担保法解释》等规定,主动请求公司提供章程、决议、股东名册(如有必要)并查阅之,否则为非善意相对人;担保人为上市公司的,应该查阅上市公司担保公告,否则亦认定为非善意。在企业互相担保、上市公司控股子公司提供担保、一人公司担保等特定情形下,债权人亦需主动审查章程、决议等,不能仅凭公司印章、法定代表人签章而径直签约。

(5)明知或应知决议材料存在违法情形的,非善意债权人。违法情形包括但不限于决议被伪造或变造、伪造变造公章、无权代理股东冒签决议等情形。一旦债权人知情,或因这些违法形式过于明显,公章明显不规范、决议缺页造假迹象明显、决议缺少股东签字签章等一般理性人理应察觉而未察觉的,不认定为善意。

六、公司关联担保立法规范与裁判规则的完善建议

(一)立法规范的完善

1.限缩无须决议的例外情形

样本案例中有判决书指出,决议并非公司做出决策的唯一方式,而仅仅是民

[1] 参见李建伟:《公司决议的外部效力研究——〈民法典〉第85条法教义学分析》,载《法学评论》2020年第4期。

主决策的形式之一。[1] 这表明公司担保事项的决议是可以替代的。《九民纪要》第19条列出了可替代公司决议的四项例外情形，“存在下列情形的，即便债权人知道或者应当知道没有公司机关决议，也应当认定担保合同符合公司的真实意思表示，合同有效：(1)公司是以为他人提供担保为主营业务的担保公司，或者是开展保函业务的银行或者非银行金融机构；(2)公司为其直接或者间接控制的公司开展经营活动向债权人提供担保；(3)公司与主债务人之间存在相互担保等商业合作关系；(4)担保合同系由单独或者共同持有公司三分之二以上有表决权的股东签字同意。”时隔一年后，《民法典担保解释》对以上例外情形有所限缩，第8条规定：“下列情形之一，公司以其未依照公司法关于公司对外担保的规定作出决议为由主张不承担担保责任的，人民法院不予支持：(一)金融机构开立保函或者担保公司提供担保；(二)公司为其全资子公司开展经营活动提供担保；(三)担保合同系由单独或者共同持有公司三分之二以上对担保事项有表决权的股东签字同意。上市公司对外提供担保，不适用前款第二项、第三项的规定。”相比之下，两个法律文件有两处变化：第一，后者删除了前者的第3项，例外情形由4项缩减为3项；第二，前者的第2项、第4项，不得使用于上市公司。比之《九民纪要》，《民法典担保解释》及其此前的征求意见稿均删除“公司与主债务人之间存在相互担保等商业合作关系”这一情形，就是综合考量了公司企业之间相互担保所涉及金融风险和复杂的债务问题，以及该表述如“等商业合作关系”过于宽泛模糊足以涵盖太多情形，该等例外情形容易成为公司相互投机担保损害公司和少数股东利益的工具。此条款时隔不到一年即被决定删除，意味着最高人民法院对无须机关决议的例外情形采取了更为审慎周全的态度，也对例外豁免情形呈现限缩趋势。

目前，受到质疑的是《九民纪要》第19条第4项也即《民法典担保解释》第8条第3项，也即“担保合同系由单独或者共同持有公司三分之二以上有表决权的股东签字同意”即可、法定代表人据此而签署的担保合同可以认定有效的规定。这被视为采实质性判断标准，理论界的质疑理由主要有三：(1)此规定凸显了民法的实质思维倾向，无视公司决议作为组织法上的法律行为对于组织架构和内部治理的重大价值，与公司现代治理模式背道而驰。贸然以签字表决等实质判

---

〔1〕“召开股东会或股东大会对公司担保事项进行决议只是贯彻执行公司资本民主制度的形式之一，而非唯一的形式。”参见江西省高级人民法院民事判决书，(2019)赣民终383号。

断的形式代替公司内部决议行为,这实质是民法思维的体现,难免导致“公司独立人格的无视”。[1] 诚然,股东会作为公司权力机关,意在以决议形成公司独立意思表示,价值就体现在公司权力机关能够以有别于个别股东的意思表示而召开会议做出决议的民主形式,这是公司独立人格的表现。若认同以数个股东书面同意形式代替召开股东会作出决议的模式,决议所承载的正当程序价值荡然无存。(2)签字同意的形式侵害了未签字同意的股东的参与权利,忽视了异议股东的诉求表达,使决策过程呈现不透明化,危害了民主决策机制。(3)客观上提供了大股东相互通过交错搭配以规避法律的灰色空间。由于失去了股东会的共同商讨和表决的公共空间,数个股东之间权利私相授受,亦容易让他们相互帮助获得“三分之二以上对担保事项有表决权的股东签字同意”文件,牟取个人不法利益,侵害少数股东、公司既有债权人利益,且有助长担保债权人与不法股东里应外合之意,如此则完全违背了股东会决议前置制度的价值目标。比如,样本中已经出现了担保债权人恶意利用上引条款的操作,其具体手法是:在没有公司决议的前提下让公司盖章提供担保,然后分别再找数个股东就同一笔债务提供担保,“数个股东”所持表决权数恰恰加总达到了“三分之二以上对担保事项有表决权的”要求。如此隐蔽而老练的操作手法,是对公司决议前置制度的娴熟规避,也是对上述例外情形规定的操弄。

目前上市公司对外担保不适用该项情形,是基于上市公司涉及公众利益的综合考量而做出的谨慎选择。但理论界的持续质疑在于,如果说此等规定不适宜适用于上市公司,又如何适用于非上市公司呢?这在法理上缺乏有力的解释。我们建议,应该删除《九民纪要》第 19 条第 4 项、《民法典担保解释》第 8 条第 3 项的规定,部分股东避开股东会决议的签字同意不能成为公司对外担保效力的背书,只审查部分股东签字同意的担保合同的债权人也不应认为其主观上构成善意。至此,立法者可以保留《民法典担保解释》第 8 条第 1 项、第 2 项的规定,同时删除上市公司与非上市公司的差别,将无须决议的例外情形限缩在金融机构、专业担保机构提供的专业商事担保,以及公司为全资子公司提供担保这两种情形。

2. 明确公司对外担保的议决权归属与代表/代理权限

将公司对外担保合同效力认定规则框定于越权代表的教义中,实属司法解

[1] 石冠彬,前揭书,第 146 页。

释在解释论上对于现行公司法规定变通的权宜之计。法定代表人是否以公司名义对外签署担保合同的背后是,公司对外担保事项的决定权。公司法修订可以考虑将公司关联担保列入股东会的权限清单,非关联担保列入董事会的权限清单,以与现行《公司法》第16条、第148条第3项交相呼应,形成完整的规范体系。

约定权一旦明确,即可推定出两个结论:一是在公司内部,法定代表人无对外担保的商事交易决定权;二是在公司外部,如无有效决议授权的前提下,法定代表人无代表权。法定的唯一的代表人制度是我国公司法的重大特色,但不同于公司法对股东会、董事会和监事会权责法定的立法模式,法定代表人的基本权限职责在公司法中其实并不明确。《公司法》仅在第13条规定法定代表人由谁担任以及商事登记的要求。长久以来,法定代表人的职责似乎成为只可意会不可言传之物。具体到公司对外担保,立法者经过十几年来的艰难探索,最后将《公司法》第16条的担保合同效力裁判规则归结为越权代表。之所以产生争议,盖由于人们对于法定代表人代表权限的"不可言传"也即不明之故;之所以能够达成大多数人的共识,也要归功于人们对于法定代表人的代表权限的"可意会"部分。若能对法定代表人在公司对外担保事项上的代表权明确限制,困惑人们已久的越权代表问题自然迎刃而解。

在此基础上尚需进一步明确,既然在无有效决议授权的前提下,法定代表人没有签署对外担保合同的代表权,那么其他高管、员工自然亦然,此为举重以明轻。实际上,在没有有效决议授权的前提下,任何经办人不得代表/代理公司签署对外担保合同。

3. 明确不对公司生效的担保合同的责任归属

在对外担保合同签署的代表权、代理权规则明确后,同时需要明确经办人越权签署担保合同的责任归属。在《民法典担保解释》第7条规定的"不对公司发生效力"的基础上,应进一步明确越权的经办人(法定代表人、高管、其他受权人员等)的个人责任,也即由越权的经办人承担相应的担保责任或者赔偿责任,或者经办人与公司承担连带赔偿责任。而不是目前司法解释规定的由公司承担赔偿责任并向有过错的经办人追偿。

4. 统一关联方的定义

在样本案例中,存在这样一种情形:法院将公司为管理层债务担保认定为关联担保并适用关联担保规则,即依照《公司法》第21条、第216条第4款的界定。

这种情形确属于关联交易,但依照《公司法》第 16 条第 2 款、第 3 款的规定并不适用本书讨论的关联担保规则。前文业已指出,如果立法者将公司为董监高及其利害关系人的债务担保纳入关联担保的范围,可以实现与《公司法》第 21 条、第 216 条第 4 款的衔接,统一关联关系、关联方及关联及交易的定义,有利于法律适用的统一性。前文介绍到,《九民纪要(征求意见稿)》第 19 条曾将"与公司有关联关系的主体提供担保"纳入《公司法》第 16 条第 2 款、第 3 款的关联担保范围之内,后遭删除,这是基于法律效力位阶的考量,与《公司法》第 16 条的规定保持一致,否则有违司法解释的本分。基于上文的分析,我们建议扩大关联担保的关联方主体范围,保证非关联股东的决定权,保护公司利益。

此外,上市公司的关联担保规制,还应结合《公司法》第 124 条的针对关联董事表决回避规定以及证监会的规章规定,进行合规审查,避免管理层得以利用制度缺口而操纵公司为其本人及其利害关系人提供担保。

5. 重视发挥独立董事的内控功能

根据 2001 年证监会发布的《关于在上市公司建立独立董事制度的指导意见》(证监发〔2001〕102 号)第 5 条、第 6 条规定,独立董事对重大关联交易负有特殊的勤勉义务与注意义务,关联担保达到一定担保金额即属于重大关联交易,受重大关联交易规则调整,独立董事需进行审慎商业判断以维护公司利益。2020 年证监会发布的《独立董事促进上市公司内部控制工作指引》第 5 条亦强调独立董事对公司担保议决程序全流程地监督和把控,关注董事会、股东大会对于担保审批权限的区分,防止僭越审批权限而影响决议的合法合规性。最重要的是,在注册制背景下信息披露是证券监管的重中之重,尤其在关联担保情形下独立董事更应保证上市公司公开的关联担保公告内容的真实准确性,以及公告所基于的股东大会决议的内容真实合法以及程序合规。在公司未按期披露时应及时尽职协调督促,因为这关涉担保债权人的信赖利益以及善意的判断,也是认定担保合同效力及分配责任的重要支点。总之,重视独立董事在公司担保事项中的内部控制作用,确保关联担保本身的正当性和程序的公正性,有利于担保制度的精细化,实现规范公司对外担保的立法目标。

(二)裁判进路的两处修正

1. 区分两类担保的代表权限

样本案例鲜有明确区分关联担保、非关联担保中法定代表人代表权限制的不同,实际上两类的法定代表人的代表权限存在差异。如上所述,关联担保是强制式的立法规制，任何人都应知晓法定代表人自身无关联担保的内部决定权、外部代表权，理应获得股东会决议的授权加持。但非关联担保是立法规制基础上的意定限制，也即公司章程可以在法定的股东会、董事会之间作二选一的选择，如选择后者，该公司不设董事会仅设执行董事的，依照《公司法》第13条规定，该执行董事即为法定代表人；又依照《公司法》第40条、第50条等规定，如公司章程没有另外规定的，执行董事行使董事会的职权。如此一来，执行董事/法定代表人对于非关联担保享有内部决定权、外部代表权，其自己决定且代表公司签署的非关联担保合同有效，对公司产生约束力。

2. 善意判断的多层次差异化考量

担保债权人对公司股东会决议的审查是展现善意的基本外观形式，但无法真正证明其善意；所谓形式审查义务的履行与否事实上仅仅先简单筛选和排查出非善意的债权人，也即可以认定债权人的非善意，却无法实质上证明债权人的善意。关于债权人非善意的认定，不同类型的债权人的注意能力差异化问题应作为考量依据。从样本案例的实证分析数据看，约4%的法院倾向于认为金融机构、银行从业人员负有更高的注意义务，如有法院明确对中信银行这样的专业金融机构的性质进行考量而附加其更高层次的注意义务标准。[1] 最高人民法院也在一份判决中提出，案中上市公司决议未经公开披露且董事会、股东大会“两会”间隔时间过短，不符合法律召集程序规定，而债权人作为专业的金融机构有更完备的内部控制指引，应当知晓更多审核程序，具有更为审慎周全的审查义务。[2] 我们支持法院对债权人善意的判断结合其身份、职业等特征，金融机构作为金融行业内的主要主体，对担保法律规范和行业细则与指引更为熟知，具备成熟专业知识，知悉与掌握更多的审查路径，理当承受高于一般人的注意义务。

概言之，善意的认定本身应秉持主客观相结合的多层次综合判断，实现认定标准与注意能力的匹配性。不少学者秉持区分标准的观点认为，单一标准不足以适应错综复杂的商事环境和多元化的商事主体，理应时刻具有区分意识，针对具体个案实际情况考量审查义务的标准尺度，不仅注重民、商主体的区分，更注

---

〔1〕“中信银行作为专业的金融机构，应当知晓《公司法》和行业监管部门的相关规定。中信银行对于乐视网债务加入的承诺应加强合法合规性的审查。因此，中信银行应当知道乐视网出具的函件既未经股东大会决议亦未经董事会决议。”参见北京市高级人民法院民事判决书，（2017）京民初86号。

〔2〕参见最高人民法院民事判决书，（2019）最高法民终11号。

重商事主体中金融机构与非金融机构的区分。[1] 一言以蔽之，裁判有必要强调对主体身份的识别，根据相对人的实际能力、知识经验和专业水平进行综合判断，对其的审查标准随其专业能力较强而有所严格，注重不同债权人的能力、经验上的差异。与此相适应，这要求裁判关联担保合同纠纷的法官也应具有丰富的商事审判经验，能够把握和应对复杂的商事交易情形与背景对债权人善意认定提出的挑战。

七、结论

十几年来，公司对外关联担保合同效力的认定一直是理论与实务中的焦点问题。违反《公司法》第16条规定的议决程序的公司关联担保合同效力及其责任分担为何是研究的重点与难点，围绕着《公司法》第16条的解释方案就多达五种。面对如此繁芜复杂的理论与学说，审判法官往往无所适从。正如最高人民法院杨永清法官所言："天下苦秦久矣，法院苦16条久矣。"为了应对关联担保合同相关的审判难题，最高人民法院在《民法典》生效前后分别颁布了《九民纪要》与《民法典担保解释》，以期助益法官统一裁判路径，保障同法同释。前述举措的初衷虽好，但是新设规范仍存在关联方主体界定不周延、债权人审查义务范围及内容不明、回避《公司法》第16条的规范属性界定等问题，显然这些新规"治标不治本"。实证研究表明，公司对外关联担保裁判规则无法统一的根源性问题在于，以民法思维去审视并处理商事纠纷。具体而言，公司对外关联担保裁决纠纷中，法官的裁判思维与路径呈现出"去公司法化"，重合同法、担保法的倾向，缺乏对《公司法》第16条的体系性、目的性解释，由此导致对被担保交易债权人利益保护的明显偏向。规范分析和实证分析所透露出的法教义适用分歧问题，需要回归至公司关联担保的立法初衷对法教义进行反思，即在组织法的框架下对效力认定规则进行价值辨析，认真对待对外担保交易背后的多元利益格局，对《公司法》第16条进行精准的价值探究。商法理念的贯彻需要回归至规范技术层面。具体而言，在立法论层面，为遏制公司滥保现象，立法者可以限缩无须决议的例外情形，即删除上市公司与非上市公司的差别，将无须决议的例外情形限缩在金融机构、专业担保机构提供的专业商事担保，以及公司为全资子公司提

〔1〕 参见尚法、王建文等：《未经决议的公司担保：合同效力与解释路径》，载《人民司法（应用）》2016年第31期。

供担保这两种情形。同时立法者可以考虑将公司关联担保列入股东会的权限清单，非关联担保列入董事会的权限清单，以此与《公司法》第16条和第148条第3项形成呼应。在《民法典担保解释》第7条规定的“不对公司发生效力”的基础上，立法者应进一步明确越权的经办人的个人责任。统一关联关系、关联方及关联及交易的定义。重视独立董事在公司担保事项中的内部控制作用，确保关联担保本身的正当性。在解释论层面，区分关联担保与非关联担保的代表权限，同时债权人审查义务中的善意认定应秉持主客观相结合的多层次综合判断，实现认定标准与注意能力的匹配性。

附录：样本主要案例索引

1. 河南省高级人民院民事判决书，(2020)豫民终59号。
2. 北京市高级人民法院民事判决书，(2009)高民终字第1730号。
3. 广西壮族自治区高级人民法院民事判决书，(2019)桂民终551号。
4. 四川省高级人民法院民事判决书，(2017)川民申1127号。
5. 重庆市高级人民法院民事判决书，(2016)渝民终558号。
6. 陕西省高级人民法院民事判决书，(2017)陕民终996号。
7. 湖南省高级人民法院民事判决书，(2017)湘民终755号。
8. 四川省高级人民法院民事判决书，(2018)川民初54号。
9. 安徽省高级人民法院民事判决书，(2015)皖民二终字第00851号。
10. 最高人民法院民事判决书，(2012)民提字第156号。
11. 最高人民法院民事裁定书，(2017)最高法民申3542号。
12. 浙江省高级人民法院民事判决书，(2017)浙民终77号。
13. 河南省高级人民法院民事判决书，(2018)豫民终824号。
14. 黑龙江省高级人民法院民事判决书，(2019)黑民终536号。
15. 湖南省高级人民法院民事判决书，(2019)湘民再638号。
16. 上海市高级人民法院民事判决书，(2019)沪民终274号。
17. 北京市高级人民法院民事判决书，(2019)京民申4070号。
18. 浙江省高级人民法院民事判决书，(2019)浙民终298号。
19. 山西省高级人民法院民事判决书，(2017)晋民终563号。
20. 山东省高级人民法院民事判决书，(2020)鲁民终949号。

21. 广东省高级人民法院民事判决书，(2018)粤民终1090号。
22. 最高人民法院民事判决书，(2019)民终1524号。
23. 最高人民法院民事判决书，(2019)最高法民终1529号。
24. 四川省高级人民法院民事判决书，(2018)川民终41号。
25. 江西省高级人民法院民事判决书，(2019)赣民终383号。
26. 北京市高级人民法院民事判决书，(2017)京民初86号。
27. 最高人民法院民事判决书，(2019)最高法民终11号。
28. 广东省深圳市罗湖区人民法院民事判决书，(2018)粤0303民初13372号。

第八章

公司决议撤销之诉的裁量驳回 *

【本章导读】 裁量驳回制度是《公司法解释四》中针对因程序瑕疵提起公司决议撤销之诉的细化裁判规则，其规定如因公司决议的程序瑕疵轻微且没有造成实质影响，法院的自由裁量对该决议不予撤销。裁量驳回制度的根本价值在于明确了程序瑕疵与程序价值间的空隙，避免对程序瑕疵的绝对形式化认定，引导裁判者对程序瑕疵进行实质判断，以矫正决议撤销之诉异化所产生的一系列问题，即在进行个案衡量的基础上合理判定决议效力，保障公司自治的实现，并严格控制司法介入的渠道。决议作为一种法律行为的极大特殊性在于，程序之于决议具有多种类、多层次的法律价值，程序瑕疵成为影响决议效力的原因之一，所以对程序瑕疵的实质性判断需要以程序价值为基础，程序价值不仅是裁量驳回法定要件的解释基础，也是个案裁量的价值源泉。同时裁量驳回制度适用的正当性也在于决议撤销前后的利益衡量，利益衡量作为裁量驳回制度的理论基础，更是保证制度正确适用的最终检验石，容忍程序瑕疵、维持决议的效力以能实现位阶更优、总量更大的利益为前提，利益衡量不仅是在理论层面的价值比较，更会在个案中依具体情况展开。

【本章关键词】 公司决议撤销之诉　裁量驳回　轻微瑕疵　实质影响　利益衡量

---

* 本章合作者何秉泽、梁屹。何秉泽，法学硕士，工作单位：北京市海淀区人民法院；梁屹，中国政法大学博士生。

一、引言

《公司法解释四》重塑了决议瑕疵的效力体系，其中第4条规定："股东请求撤销股东会或者股东大会、董事会决议，符合公司法第二十二条第二款规定的，人民法院应当予以支持，但会议召集程序或者表决方式仅有轻微瑕疵，且对决议未产生实质影响的，人民法院不予支持。"据此，公司决议存在程序瑕疵的，可予以撤销，而"若决议的召集程序、表决方式轻微瑕疵且对决议未产生实质影响"的，可不予撤销。这就是公司决议撤销之诉的裁量驳回制度。

裁量驳回制度的意义不仅在于填补立法空白，更是对现有决议规范体系与理论体系的完善。作为一类独立的法律行为，公司决议追求程序正当的内在逻辑在于：组织法上多人意思的形成需要借助程序规则，以此使决议成为团体意思，进而保障组织的自治性与组织性，[1]若程序存在瑕疵，不仅有违程序中蕴含的内在价值，而且影响决议的效力。然而在实务中，决议程序瑕疵的存在并不必然影响程序的内在价值。在瑕疵的"客观认定"与程序的"内在价值"之间尚存在一定空间。若程序瑕疵尚未触及决议的价值底线，保有决议效力符合实质正义。由此，裁量驳回制度的本质是阻断仅依程序瑕疵的客观存在便作出决议效力受损的论断，主张回归实质性判断，即以瑕疵程度结合瑕疵的实际影响力作为判断决议效力的标准。

"轻微瑕疵"与"对决议未产生实质影响"既是裁量驳回制度的适用要件，也是"瑕疵"与"价值"间存在空隙的现实表象。由于规范表述具有抽象性，司法适用可能缺乏统一的认定标准。因此，基于规范适用的视角，首先需要明确裁量驳回制度的内在规范逻辑，在此基础上进行合理的法律解释，以确保法律适用的妥当性。

目前，对于决议撤销之诉的裁量驳回制度研究主要集中在立法论层面，一般认为裁量驳回具有两方面的制度理性。一是决议瑕疵程度轻微不会影响实体正义或决议结果。[2]　此类观点从瑕疵的程度与效果上分析，认为程序以保障实体

---

〔1〕　参见王湘淳：《论公司意思独立的程序之维》，载《中外法学》2021年第4期。

〔2〕　参见李建伟：《公司决议效力瑕疵类型及其救济体系再构建——以股东大会决议可撤销为中心》，载王保树主编：《商事法论集》第15卷，法律出版社2008年版；钱玉林：《股东大会决议瑕疵的救济》，载《现代法学》2005年第3期。

权利的行使及决议的形成为主要目的，但决议程序瑕疵不必然对实体权利、决议结果造成不良影响。所以当瑕疵并没有造成实体性影响时，司法应做出豁免撤销的处理。二是决议撤销之后所实现的利益小于维持决议效力的效益。[1] 此类观点聚焦于决议撤销的经济效益，认为决议作出之后可能已经衍生相应的经济行为，如果因为较小的利益而撤销决议，会造成经济总量上的减损。再者，被撤销的决议还有可能被重新作出，如此，决议撤销就丧失了实际意义，这只会徒增公司的运营成本。

本书的研究具有理论与实践两个层面的意义。理论层面上，目前学界尚缺乏对《公司法解释四》第4条的精细化解释研究，因此立足于立法目的对解释规范展开理论基础剖析，可以填补裁量驳回制度的教义学阐释。实践层面上，由于《公司法解释四》第4条关于裁量驳回制度中的"轻微瑕疵"和"实质影响"要件的具体判断标准模糊，导致出现"同法不同释"的裁判现象，这无疑损害了法律的权威性、科学性。

由此，为避免规范适用出现任意性，本书以案例的实证研究为基础，通过对同类判例的归纳整理，以期明确审判实践中"轻微瑕疵"和"实质影响"认定的具体标准，从中发现裁量驳回的个案裁决与利益衡量的具体方法。

二、裁量驳回制度的规范分析

（一）裁量驳回的基本含义

《公司法解释四》第4条并未采用"裁量驳回"的表述，但"裁量驳回"的用法在实务界与理论界已成定例，[2] 学者们的定义也呈现较高的一致性[3]。此可总结为：虽然公司决议程序存在瑕疵，依法律规定可以撤销，但法院经过个案审查之后认为维持决议效力更能平衡各方主体的利益，得判决驳回撤销决议的申请。此处的法院审查是一个抽象的表述，因此在实定法上裁量驳回的概念尚需

---

〔1〕 参见南玉梅：《公司瑕疵决议诉讼中裁量驳回规则的构建与适用——兼评法释〔2017〕16号第4条》，载《法学评论》2018年第6期；蔡立东、杨宗仁：《论股东会决议撤销权的主体及其行使》，载《当代法学》2008年第5期。

〔2〕 参见贺小荣、曾宏伟：《关于适用〈中华人民共和国公司法〉若干问题的规定（四）的理解与适用》，载《人民司法（应用）》2017年第28期；丁绍宽：《股东会瑕疵决议的效力研究》，载《法学》2009年第6期。

〔3〕 参见钱玉林：《股东大会决议瑕疵研究》，法律出版社2005年版，第305页；丁绍宽，前揭书，第141页；谢文哲：《股东会决议撤销之诉研究》，载《金陵法律评论》2007年第1期。

进一步限缩。具体而言，在我国公司法中决议可撤销的原因分为两种：一是决议内容违反公司章程，二是决议的程序违反法律、行政法规、公司章程。[1] 裁量驳回制度的适用范围仅限于决议瑕疵的第二种原因，即程序瑕疵。鉴于此，决议内容违反公司章程这一类瑕疵可被排除在裁量驳回的定义之外。此外，根据《公司法解释四》第4条规定，并非所有决议程序瑕疵均能裁量驳回，仅限于“轻微瑕疵，且对决议未产生实质影响的”；如瑕疵程度严重，以至于无法承认决议在法律上的存在，则归于决议不成立，[2]该等瑕疵不存在被治愈的可能性，自然也不存在裁量驳回制度的适用空间。

经过两轮限缩之后，实定法上的裁量驳回制度可被定义为：对于因程序瑕疵本应撤销的公司决议，法院个案审查后判断决议程序瑕疵轻微且对决议结果无实质影响的，得驳回当事人申请撤销决议的制度。因此，在解释论立场上，公司撤销决议之诉的裁量驳回制度等价于程序瑕疵的决议裁量驳回。

（二）裁量驳回的规范适用解读

1. 适用范围

一是指向可撤销的决议。《公司法解释四》颁布之后，依据决议内容违法违章以及程序违法违章的不同，瑕疵决议体系始采“三分法”，即不成立、无效与可撤销。其中，决议不成立为程序瑕疵过于严重，甚至影响决议是否存在的事实性判断，这表明决议不成立的判断不属于决议的效力性判断，自然不可能适用裁量驳回制度；[3]无效决议为在决议已经成立的前提下法律赋予其终局性否定评价，[4]此时决议为当然、自始、确定无效，不存在“挽救”的可能，自然不存在自由裁量其效力的空间；唯独可撤销决议，因决议在被撤销之前尚为有效的决议，[5]

〔1〕 参见《公司法》第22条第2款：“股东会或者股东大会、董事会的会议召集程序、表决方式违反法律、行政法规或者公司章程，或者决议内容违反公司章程的，股东可以自决议作出之日起六十日内，请求人民法院撤销。”

〔2〕 参见王雷：《公司决议行为瑕疵制度的解释与完善——兼评公司法司法解释四（征求意见稿）第4～9条规定》，载《清华法学》2016年第5期。

〔3〕 《公司法解释四》出台前，有法院将裁量驳回适用于严重的决议程序瑕疵，如杭州久大置业有限公司与章宏力纠纷案[浙江省杭州市淳安县人民法院民事判决书，(2008)淳民二初字第829号]，本案中公司决议存在出席股东所代表表决权不满足公司章程的情形。依照《公司法解释四》第5条规定，出席表决权不足数应当认定为公司决议不成立。

〔4〕 参见李建伟，前揭书，第57页。

〔5〕 参见李志刚：《公司股东会撤销决议之诉的当事人：规范、法理与实践》，载《法学家》2018年第4期。

唯在经当事人申请且法院判决之后才会否定决议的效力，存在维持决议效力的可能，因此可适用裁量驳回。

二是指向决议的程序瑕疵。关于决议效力瑕疵类型及其背后的原因，公司法遵循的不是民事法律行为制度关于当事人行为能力具备与否、意思表示真实与否、内容合法与否等要素构成的固有逻辑体系，而是首先二分为内容瑕疵与程序瑕疵，然后再按照瑕疵严重程度做进一步区分：进言之，就内容瑕疵继续二分——决议内容违反法律、行政法规的归于无效，内容违反公司章程的归于可撤销；就程序瑕疵，则实质上进行了三分——程序严重瑕疵以至于不具备决议外形的，为决议不成立；程序瑕疵显著轻微、不实质影响决议的，豁免撤销，也即有效；程序瑕疵处于二者中间状态的为可撤销。[1] 据此，裁量驳回适用对象也即决议瑕疵首先指向程序瑕疵，其次，裁量驳回的实质是关于程序瑕疵严重程度的司法判断。

内容瑕疵的决议不适用裁量驳回，背后的原因可能有以下几点：其一，内容瑕疵与程序瑕疵相比，裁量标准化程度不同。一般而言，不同公司的决议程序为相似甚至完全一致，程序瑕疵的样态具有普遍性、相似性，由于此处的内容瑕疵仅仅指违反公司章程的规定，各个公司章程的规定可能不尽相同，并无标准化之说。其二，裁量驳回的适用更多基于法官的个案判断，程序瑕疵造成影响的外在表现相对明显，法官判定也较为容易，但对决议内容的判断存在障碍，决议往往蕴含着商业性判断价值考量。由于缺乏相关经验与知识储备，法官擅长的是法律解释与违法识别，但对于商业决策的正当性判断难谓专业，[2] 所以相较于内容瑕疵的判定，程序瑕疵的认定更能发挥法官之所长。[3] 其三，本研究检索到的案例中未检索到内容瑕疵而适用裁量驳回的案例，这表明即便存在内容瑕疵决议裁量驳回的可能，但发案量较小，因此立法的必要性不高。

2. 适用要件

依照《公司法解释四》第4条，裁量驳回有两个适用要件：一是程序瑕疵轻微，二是对决议未产生实质影响。二者同时具备，法院方得裁量驳回撤销诉请。

---

〔1〕 参见李建伟：《公司法学》（第4版），中国人民大学出版社2018年版，第313页。

〔2〕 参见李建伟：《法院如何支持股东的抽象股利分配请求——来自197份商事裁决书的类型化分析》，载《中外法学》2021年第2期。

〔3〕 参见彭春莲：《股东权利救济机制研究——以司法救济为视角》，法律出版社2010年版，第147页。

3. 裁量驳回制度的利益衡量属性

裁量驳回制度的实质是关于程序瑕疵严重程度的司法判断,因此该制度天然地包含着法官的自由裁量空间,其背后是个案中的利益衡量。利益衡量需要利益位阶的排序,纵使在裁判之前可以预设利益间的位阶,但在不同案件中各方利益的表现形式却不尽相同,权衡与比较的过程也因案件不同而有所差异。这极大程度上仰仗于法官对案情的掌握与利益排序的理解。总之,裁量驳回的准确运用要立足于个案情况进行有针对性的利益衡量,这决定了裁量驳回中的个案裁决具有以下几个方面的意义。

首先,裁量驳回的适用要件具有抽象性。"轻微瑕疵"与"实质影响"的用语,都属于立法者有意为之的抽象性表述。这需要法官立足于立法目的来构建由一般到具体的裁判路径,抽象的法律要件最终要与具体的案件事实相契合,具体案件是法律适用的落脚点。

其次,程序瑕疵的样态与程度具有多样性。决议程序性规则来源广泛,上自法律规则下至公司章程均有规范,规则的丰富为瑕疵的多样创造了可能。同时,瑕疵样态与影响程度很难在立法层面确立客观的标准,即便完全相同的瑕疵在不同案件中也可能存在不同的现实影响,因此对程序瑕疵的实质性判断须结合个案进行。

最后,裁量驳回的价值判断具有复杂性。一方面,作为决议可撤销制度的延伸,在追求裁量驳回自身制度价值的同时,也要将上位规则的立法价值预设纳入利益衡量的范围;另一方面,公司纠纷涉及的主体利益多元,决议不仅可能涉及内部主体的利益,还可能牵涉多方外部主体的利益,纵使利益衡量的方法可以确定,但利益的确认与比较也只能在个案中进行,因此个案裁决也成为利益衡量的基础。

相应地,裁量驳回的适用障碍可能有二:一是法定要件不具体。虽然《公司法解释四》填补了立法空白,但"轻微瑕疵""实质影响"的表述需要法官在司法审判时对法律进行二次解释。所以为了保证裁量驳回的准确适用,需要在贯彻立法目的的前提下探索法律解释的可行路径。二是个案裁决方法缺失。裁量驳回的司法适用建立在个案判断的基础之上,利益衡量是个案裁决的任务,立法并不提供个案裁决的具体方法,因此在进行法律解释的同时,也应当根据裁量驳回的制度特性,确定裁量驳回规则适用于个案裁决与利益衡量的方法。

(三)裁量驳回立法规则的比较

1.我国法律的沿革

(1)《公司法》及其司法解释。1993年《公司法》不存在严格的公司决议效力规则,仅规定股东在公司决议违反法律、行政法规且权益受到侵犯时,可以提起诉讼,[1]但没有直接涉及决议效力的判断,更遑论程序瑕疵影响决议效力与否。2005年《公司法》第22条首次确立公司决议瑕疵之诉,确立决议无效与可撤销的"两分法",其中规定程序存在瑕疵的决议可予以撤销。

2017年《公司法解释四》首次规定裁量驳回制度,但在起草过程中几经波折。在最高人民法院2012年公布的《公司法解释四(征求意见稿)》(本章中简称2012年版"征求意见稿")中,立法者未直接规定裁量驳回制度,而是规定股东在决议之后明确同意或接受决议内容,抑或形成新的决议对原决议内容予以变更的,法院可以驳回撤销决议的申请。[2] 2016年4月公布的"征求意见稿"(本章中简称2016年版"征求意见稿")进一步修改为:在股东请求撤销决议时,若存在股东明确表示同意决议内容、股东以行为表示同意决议内容或者公司通过新的决议认可原决议的三种情形之一,则法院不得撤销。[3] 这些规范一方面表明在特定条件下决议的瑕疵并不必然导致撤销的结果,但另一方面,这些规范并未确立裁量驳回制度,而是决议瑕疵的治愈,即因股东在决议之后的某种行为使瑕疵不再对决议效力产生影响,二者在结果上确有类似甚至雷同,但区别也是明显的。2016年7月内部讨论稿(以下简称2016年版"讨论稿")中,将裁量驳

[1] 参见《公司法》(1993年版)第111条:"股东大会、董事会的决议违反法律、行政法规,侵犯股东合法权益的,股东有权向人民法院提起要求停止该违法行为和侵害行为的诉讼。"

[2] 参见2012年版"征求意见稿"第6条:"原告起诉请求撤销股东会或者股东大会、董事会决议案件,公司有证据证明存在下列情形之一的,人民法院应驳回原告的诉讼请求:(一)股东会或者股东大会、董事会形成决议后,原告股东又作出明确的意思表示,同意相关会议决议内容;(二)股东会或者股东大会、董事会形成决议后,原告股东又有明确的自主行为,接受了相关会议决议内容;(三)公司股东会或者股东大会、董事会又形成了新的决议,变更了原告起诉涉及的相关内容。"

[3] 参见2016年版"征求意见稿"第8条:"股东起诉请求撤销股东会或者股东大会、董事会决议,公司有证据证明存在下列情形之一的,应当驳回诉讼请求:(一)决议作出后,股东明确表示同意决议内容;(二)决议作出后,股东以自己的行为明确表示接受决议内容;(三)作出新的决议,实质认可股东诉讼请求的内容。"

回与瑕疵治愈分别予以规定,[1]这表明在起草者的立场上,裁量驳回与瑕疵治愈分属不同制度,但最终公布的《公司法解释四》删去了瑕疵治愈的规定,仅保留裁量驳回制度。

(2)规范性文件及软法规范。在《公司法解释四》颁布之前,国务院有关部门发布的规范文件早就确认,在特定事由之下,即便程序存在瑕疵也不必然影响决议的效力。例如,《到香港上市公司章程必备条款》与《到境外上市公司章程必备条款》均规定,如因意外遗漏未向股东发送召开会议的通知或股东未收到会议通知的,股东会及决议不因此而无效。[2] 又如,《关于解决外商投资企业董事不出席企业董事会会议问题的指导意见》(已失效)规定,在董事会已经履行会议通知义务的前提下,通知的接收人在规定时间内未作出答复的,即使后续因其未参与会议而导致出席董事会的董事人数未达到法定人数,经出席会议的董事一致通过,仍可以作出有效决议。[3]《保险公司董事会运作指引》则规定,虽然董事会不得对在会议通知中未涉及的议案进行表决,但如果存在特殊事由经全体董事的一致豁免,仍得对临时提案进行表决。[4]

一般认为,商事法律渊源包括法律、行政法规、地方性法规、立法解释、司法

---

〔1〕 参见2016年版"讨论稿"第4条:"当事人请求撤销股东会或者股东大会、董事会决议,符合公司法第二十二条第二款规定的,应当予以支持。但会议召集程序或者表决方式违反法律、行政法规或者公司章程的情形不严重,对决议未产生影响的,可以驳回诉讼请求。"第5条:"股东请求撤销股东会或者股东大会、董事会决议,公司有证据证明决议作出后股东明确表示同意或者以自己的行为表明接受决议内容,或者公司已经撤销决议的,应当驳回诉讼请求。"

〔2〕 参见《到香港上市公司章程必备条款》[体改生(1993)92号]第7.2(4)条:"因意外忽略向某有权得到通知的人送出会议通知或该等人没有收到会议通知,会议及作出的决议并不因此无效。"《到境外上市公司章程必备条款》[证委发1994(21)号]第58条:"因意外遗漏未向某有权得到通知的人送出会议通知或者该等人没有收到会议通知,会议及会议作出的决议并不因此无效。"

〔3〕 参见《关于解决外商投资企业董事不出席企业董事会会议问题的指导意见》[(1998)外经贸法发第302号,已失效]附件二《企业合同(章程)关于董事会议事规则条款的参考格式》第10条:"前条所述之敦促通知应至少在确定召开会议日期的60日前,以双挂号函方式发出,并应当注明在本通知发出的至少45日内被通知人应书面答复是否出席董事会会议。如果被通知人在通知规定期限内仍未答复是否出席董事会会议,则应视为被通知人弃权,在通知人收到双挂号函回执后,通知人所委派的董事可召开董事会特别会议,即使出席该董事会特别会议的董事达不到举行董事会会议的法定人数,经出席董事会特别会议的全体董事一致通过,仍可就公司之重大问题或事项作出有效决议。"

〔4〕 参见《保险公司董事会运作指引》[保监发(2008)58号,此文件已于2020年修改部分条文,但本章涉及的条文未修改]第52条:"董事会会议原则上不得对会议通知中未列明的提案作出决议。有提案权的机构或个人因特殊事由提出临时提案,经公司所有董事一致同意豁免临时提案的程序瑕疵的,可以对临时提案进行审议和表决。"

解释与商事自治规则。[1] 虽然上列多部规范文件在性质上不属于商事法律渊源,不能直接作为裁判依据,但在商事法律规范尚不完备的大环境下,这些规范性文件往往具有一定的先导性与超前性,因此其在司法裁决中也不无参考意义,比如,作为法官裁判理由的来源,或者潜在地影响法官的法律适用。这些在法理念上领先于公司制定法的规范,可以被理解为:为了满足特定情况下的现实需要而进行的有针对性的特殊规定;或者至少表明,在实务中如按照法律规定对存在程序瑕疵的决议一律按照撤销处理,最终的结果未必是正当且符合实际需要的,因而有必要针对个别类型的程序瑕疵进行区别处理。这些规定固然不是裁量驳回制度,但就容忍程序瑕疵这一点上,与裁量驳回制度的法理逻辑暗通款曲,这也为后续制定司法解释提供了规则素材来源。

(3)地方高级人民法院的司法审判指导意见。基于商事审判的专业性、技术性、前沿性所带来的挑战,以及对应的商事法律规范供给不足所带来的窘迫,在过去的十几年里,先后有十多家省高级人民法院出台过有关公司诉讼裁判指导意见的规范性文件,以应激性地补充商事裁判规范依据之不足。其中,就有关于裁量驳回制度的规范条款。例如,北京市高级人民法院规定,对于未按时向股东发布股东会会议通知,但是全体股东均参会并进行表决的,股东会决议不予撤销;[2] 山东省高级人民法院规定,股东未接到会议通知,但股东实际参会并进行表决的,股东会决议不得撤销;[3] 浙江省高级人民法院民二庭则提出,如股东有滥用权利的行为,可以对股东撤销公司决议的权利予以一定限制,等等。[4] 早在2007年,北京市高级人民法院民二庭就主张,对于会议程序瑕疵显著轻微且

---

〔1〕 参见范健、王建文:《商法学》(第4版),法律出版社2015年版,第14页。

〔2〕 参见《北京市高级人民法院关于审理公司纠纷案件若干问题的指导意见》(京高法发〔2008〕127号)第9条:"公司召开股东会会议未依法定或章程规定的通知期限通知股东,但全体股东均出席了会议并参加了表决,则相应的股东会视为依法召开。股东以会议通知程序违法或违反章程规定为由请求撤销决议的,人民法院不予支持。"

〔3〕 参见《山东省高级人民法院关于审理公司纠纷案件若干问题的意见(试行)》(鲁高法发〔2007〕3号)第60条:"公司召集股东会或股东大会,未按照《公司法》第四十二条、第一百零三条之规定履行通知义务,但未被通知的股东已经实际参加会议并表决的,其以未被通知为由申请撤销决议的,人民法院不予支持。"

〔4〕 参见《浙江省高级人民法院民二庭关于印发〈商事审判若干疑难问题理解〉的通知》(浙法民二〔2010〕15号),问题6:"公司经营期限届满,有限责任公司小股东滥用股东权利缺席公司股东会,然后提出撤销股东会关于延长公司经营期限的决议,陷公司于僵局时,如何裁判?答:必要时,应向当事人释明诉讼风险,促成协商、调解解决纠纷。所提问题既然将小股东的行为定性为'滥用权利',自应有相应的权利滥用约束机制。"

不影响会议结果，或者虽然违反了通知期限的规定但股东、董事均参加了会议的，应当驳回撤销决议的诉讼请求〔1〕。这些来自审判实践第一线的鲜活经验总结，虽然不以任何法律渊源形式出现，但事实上对于审判实务具有不可忽略的重要影响。〔2〕

综上，尽管关于裁量驳回制度的规定存在层级低、时间短、规范性弱等诸问题，但不可否认的是，无论行政机关还是司法机关都已然意识到，决议程序瑕疵不必然影响决议的效力，如不论程序瑕疵造成的具体影响而一律撤销决议，不符合现实需要，也有违实质正义。

2. 域外的基本经验

(1) 日本。早在1938年，《日本商法典》第251条便规定："撤销股东大会决议之诉，法院可以斟酌决议的内容、公司现状及其他一切情事，认为撤销不适当时，可以驳回起诉。"〔3〕在1950年修订商法典时，为强化股东在公司中的地位以及全面保护股东权利之考虑，立法者将该条款删除。但实务界对含有程序瑕疵的决议不论瑕疵类型与实际影响，而一律撤销的处理方式并不赞同。到1981年修订商法典，又不得不恢复该制度，〔4〕其内容变更为："有提起撤销决议诉讼者时，法院如果认为召集程序及表决方式虽然违反法令或者章程，但违反事实不重且不影响决议，则可以驳回其诉讼请求。"现行日本《公司法》第831条第2款规定："即使是股东大会等的召集程序或决议方法违反法令或章程，法院在认为其违反事实不重大，且没有对决议带来影响时，可驳回撤销决议的申请。"就其文义理解，裁量驳回制度的适用范围限定十分明确：一方面针对瑕疵的类型，只有程序瑕疵的决议才能够裁量驳回；另一方面针对瑕疵的性质，瑕疵必须符合"违反事实不重大"且"没有对决议造成实质影响"的要件。该等限定，与我国的现行做法基本一致。

(2)韩国。韩国商法与日本基本类似。《韩国商法典》第379条规定："在已

---

〔1〕 参见《北京市高级人民法院民二庭关于新〈公司法〉适用中若干问题的调查研究》(2007年11月1日)规定："在以下两种情况下可以灵活适用《公司法》关于撤销之诉的规定：一是权衡决议瑕疵与决议所生利益的利弊，对于会议程序瑕疵显著轻微，不影响会议表决结果的，对原告撤销请求判决驳回；二是违反会议通知期限的相关规定，但全体股东、董事均出席了相应会议的，相应的会议视为依法召开。股东以会议通知程序瑕疵为由请求撤销决议的，应判决驳回其诉讼请求。"

〔2〕 对于省级地方法院发布的规范性文件在司法中的地位与作用的分析，参见李建伟：《股东知情权诉讼研究》，载《中国法学》2013年第2期。

〔3〕 丁绍宽，前揭书，第141页。

〔4〕 参见徐银波：《决议行为效力规则之构造》，载《法学研究》2015年第4期。

提起决议撤销之诉的情形下，法院参照其决议的内容、公司的现状及各项情况，认定其撤销不当时，可以驳回其请求。”与日本法相比，韩国的特色在于：其一，适用范围有所扩张。裁量驳回制度能够适用于所有可撤销的决议类型，无论是程序瑕疵抑或内容瑕疵。其二，不设瑕疵的程度限定。由法官全盘性地考量以确定是否适用裁量驳回制度。

（3）我国台湾地区。台湾地区“公司法”第189－1条规定，在因程序瑕疵而撤销公司决议的诉讼中，如法院认为违反的事实并不重大而且对决议也没有造成实际性影响，则可以驳回请求。[1] 这一规定与日本公司法几乎完全一致。

（4）德国。一般认为，德国公司法不存在严格意义上的裁量驳回制度，但其也规定了与之具有类似功能的撤销决议登记“豁免程序”（Freigabeverfahren）。特别是其中的利益衡量条款更体现了裁量驳回制度的内在精神。在公司决议程序违法不严重时，根据德国《股份法》的规定，如果公司因登记被拒绝而无法实施决议所面临的不利，超过撤销股东由于登记和实施违法股东大会决议所产生的损害，法院可以通过豁免裁定允许决议登记并实施。股东只能对公司提出损害赔偿的请求而不能要求恢复原状。[2] 德国的这一立法模式源于其独有的公司法体系，其豁免决议撤销的条件除了程序违法不严重之外，还将撤销前后公司的利益与股东受损的利益的比较结果作为法定要件之一，明确了利益衡量的位置。

总结以上大陆法系国家或地区的立法例，可以发现制度设计的三个焦点：其一，裁量驳回的决议瑕疵事由存在限定于或者不限定于程序瑕疵的两种做法；其二，裁量驳回的决议瑕疵程度限定上，存在设定与不设定瑕疵程度轻微、对决议无实质性影响等要件的两种做法；其三，决议撤销后利益损失大小的评估，是一个不可忽略的利益衡量因素。

三、裁量驳回制度的法理基础：决议撤销之诉的教义学回正

在公司法的规范背景下，对一项制度的法理基础考察，既要关注其与相关制

---

〔1〕 参见我国台湾地区“公司法”第189条规定：“股东会之召集程序或其决议方法，违反法令或章程时，股东得自决议之日起三十日内，诉请法院撤销其决议。”第189－1条：“法院对于前条撤销决议之诉，认为其违反之事实非属重大且于决议无影响者，得驳回其请求。”

〔2〕 参见德国《股份法》第246a条规定：“（1）对于一项关于增资措施、减资措施或者关于关系企业合同的股东大会决议提起诉讼的，经公司申请，法院可以裁定确认，诉讼的提起不与登记相冲突，股东大会决议的瑕疵不影响登记的效力。（2）在下列情形下，作出（1）款规定的裁定：……（3）股东大会决议的即刻生效看起来应该优先考虑，因为按照法院的自由确信，申请人所述的对公司及其股东的重大不利益大于对被申请人的不利益，但存在特别严重的违法行为时除外。”

度的体系联动，也要聚焦于该制度的规范功能。首先，裁量驳回制度属于一种例外性规定，是对公司决议撤销制度的必要补充与矫正。法谚常云："有原则恒有例外。"若规范体之间的原则/例外关系得到妥当安排，这能充分彰显法律规范的科学性。[1] 因此，裁量驳回制度的法理基础证成，得以在原则/例外关系的框架内展开。其次，制度正当性的判断还取决于其规范意旨是否能全面而稳妥地调整客观存在的"描述"对象，[2] 即取决于这个功能在实践中能否妥当地调整相应的法律关系。因此，在原则/例外关系的分析框架下，还需要纳入制度功能的考察，这样才能全面考察裁量驳回制度存在的正当性基础。由此，下文首先从公司决议撤销之诉的司法介入（功能）属性的讨论做起，并以"司法的介入——介入的异化——异化的矫正"的原则/例外关系为逻辑主线，展开裁量驳回制度的理据证成。

（一）司法的介入：公司决议撤销之诉的双重功能

1. 公司决议撤销之诉的定位：司法介入

对公司决议撤销制度的功能探析，首先需要明确其制度定位。唯此才能明确决议撤销之诉在公司法体系内的应然功能。展言之：首先，公司自治是公司制度之基。公司法属于私法，这意味着公司这一私法主体可依据自己的意愿创设权利义务关系，且不受"他治"。具言之，公司是股东基于意思自治而组成的契约组织与自律团体，借助股东自治由股东自行决定公司事务，法律对公司事务非有特殊情事不予干涉。[3] 公司的人格具有拟制性，为了弥补公司的思维能力欠缺，公司法通过法律拟制的手段为公司构造了意思表示器官（股东大会制度）。法律的理想是通过股东的表决权以确保股东对公司的控制以及贯彻民主决策的理念。[4] 其次，公司自治要求公司选择资本多数决作为意思形成规则。[5] 公司自治的进一步延伸就是股东平等原则，股东平等原则有两层含义：一是只要具有股东身份，无论股东有何个体差异，均可以该身份在公司中享有平等的权利；二是不排除股权具体内容的不同，即股东拥有的出资额、持有的股份也有多寡之

〔1〕 参见易军：《原则/例外关系的民法阐释》，载《中国社会科学》2019 年第 9 期。

〔2〕 参见常鹏翱：《善意取得仅仅适用于动产物权吗？——一种功能主义的视角》，载《中外法学》2006 年第 6 期。

〔3〕 参见李建伟：《公司诉讼专题研究》，中国政法大学出版社 2008 年版，第 36 页。

〔4〕 参见钱玉林：《公司法实施问题研究》，法律出版社 2014 年版，第 38 页。

〔5〕 参见朱慈蕴：《资本多数决原则与控制股东的诚信义务》，载《法学研究》2004 年第 4 期。

别,多数股东因其股份或出资额占多数而拥有更多的控制权。[1] 因此,在公司的资合性背景下,股东的话语权原则上以对公司资本贡献的大小为基础。[2] 再次,资本多数决存在的局限性需要克服。由于公司决议采取多数决原则,多数股东的意思表示吸收了少数股东的意愿,导致后者不得不遵从大前者的意愿。[3] 这为多数股东滥用控制权留下空间,少数股东往往沦为受压制者,可以说,公司自治失灵是公司运行的常见现象。复次,公司自治失灵需要司法介入。公司自治失灵将影响公司的正常运转,也影响公司正义的实现。因此,引入公司之外的"新力量"对公司自治失灵予以矫正具有必要性。公司之外的力量有二:一是行政权;二是司法权。在程序公正、行政权激励约束的有效性、规制效率、执法权威性等方面,行政规制公司治理都不如司法规制有效率。[4] 因此,公司诉讼救济作为权利救济"最后一道屏障"有其独特的优势,而公司诉讼救济制度属于司法介入公司治理。最后,公司决议撤销之诉属于司法介入之一种。公司决议瑕疵的救济方式主要包括非诉讼救济与诉讼救济,前者是指通过治愈、撤回与追认等方式消除决议的瑕疵,后者是指通过对瑕疵决议提起诉讼来予以救济。[5] 公司诉讼之于公司制度的价值有二:一是介入利益冲突,解决纠纷、救济权利的作用;二是作为一种重要的公权力介入公司治理,具有克服公司自治的局限性的外部调节功能。[6] 诉讼救济在为受侵犯的合法权益提供司法保障同时,也是国家司法权对公司治理的干预,因此公司诉讼是司法介入公司内部治理的过程。[7] 在教义学归类上,公司决议撤销制度属于瑕疵决议的诉讼救济范畴。综上所述,公司决议撤销之诉的司法介入定位使该制度明确了自己的使命,即矫正公司自治所存在的局限,但司法介入的定位只是宏观层面的界定,具体的制度目标落实还需要深究该制度的具体功能。功能的界定直接影响和决定着公司、原告与被告之间的权利义务配置。

2. 司法介入的具体化:制度功能

(1)决议撤销之诉的客观功能。所谓客观功能是指,通过股东的起诉,法院

---

[1] 参见赵旭东主编:《公司法学》(第4版),高等教育出版社2015年版,第229页。

[2] 参见周淳:《组织法视阈中的公司决议及其法律适用》,载《中国法学》2019年第6期。

[3] 参见朱慈蕴:《资本多数决原则与控制股东的诚信义务》,载《法学研究》2004年第4期。

[4] 参见李建伟:《公司诉讼专题研究》,中国政法大学出版社2008年版,第35页。

[5] 参见李建伟:《公司诉讼专题研究》,中国政法大学出版社2008年版,第192页。

[6] 参见李建伟:《公司诉讼专题研究》,中国政法大学出版社2008年版,第34页。

[7] 参见韩龙:《公司董事会决议效力研究》,法律出版社2016年版,第161页。

启动对决议合法性的审查，确认决议撤销可以对公司机关遵守法律、章程作出决议施加极大压力。[1] 在特许制向准则制转变的历史背景下，国家对公司行为合法性的监督存在“真空地带”，决议撤销之诉正是立法者为了解决此问题而构建的制度。[2] 由此，国家就可以减少设立和运转一个专门的国家监督机构以审查公司行为的合法性。这无疑是在准则制改革下国家机构设置的一次优化。公司决议撤销之诉的客观功能的直接体现就是该诉讼的结果。依据《公司法》第 22 条第 2 款、《民法典》第 85 条的规定，仅股东（出资人）有权通过诉讼的途径撤销公司决议，法律在此处不要求原告受到决议的影响，若法院支持原告股东的诉请，将使决议本身失去法律效力，也即对公司及所有股东不再具有拘束力，该项结果并非仅针对原告股东自身，亦不产生对股东的利益的直接补偿。[3] 由此可知，股东享有的撤销权更是一种监督权，撤销之诉同样是一种客观的监督决议措施。虽然从社员权的法教义出发，股东撤销权源自其管理性权利，且股东借助撤销决议也旨在实现自己针对多数成员的成员利益，但该利益显然不得超出阻却违法或阻却章程违反的范畴。[4]

（2）决议撤销之诉的主观功能。所谓主观功能是指，保护受违法决议侵犯的少数股东权益。依据实践中股东会决议的表决情况，已通过的股东会决议可能会使一部分股东的处境比选择其他结果时更坏，但另外，如通过了此议案，就存在一种从处境变坏者到处境变好者的再分配。[5] 因此，资本多数决原则只是一种妥协性的制度安排。控制股东往往可以通过多数股份左右公司的意思而追求比少数股东优越的利益，并为实现其优越性利益的最大化而施加影响力；同时还有可能将造成的不利后果转嫁到少数股东身上。[6] 是故，决议撤销之诉是少数股东对抗多数股东滥用资本多数决原则的重要工具。公司法出于效率和公平兼顾的考虑，规定决议采取资本多数决原则，造成少数股东即便反对也须服从资本多数决所形成的决议，但这种服从并不是无条件的。少数股东服从多数决的

---

〔1〕 参见丁勇：《公司决议瑕疵诉讼——历史、功能与规则改进》，上海人民出版社 2020 年版，第 28 页。

〔2〕 参见丁勇：《公司决议瑕疵诉讼——历史、功能与规则改进》，上海人民出版社 2020 年版，第 24 页。

〔3〕 参见李志刚：《公司股东会撤销决议之诉的当事人：规范、法理与实践》，载《法学家》2018 年第 4 期。

〔4〕 参见周翠：《公司决议诉讼的功能定位与程序机制》，载《中外法学》2019 年第 3 期。

〔5〕 参见钱玉林：《公司法实施问题研究》，法律出版社 2014 年版，第 40 页。

〔6〕 参见朱慈蕴：《资本多数决原则与控制股东的诚信义务》，载《法学研究》2004 年第 4 期。

一个前提是决议内容和程序不违反法律、章程，否则，股东可以通过决议瑕疵之诉消除决议对自身造成的不利损害，股东的决议撤销之诉的诉权因此具有维护自身权利的功能。[1]

综上所述，作为司法介入工具的公司决议撤销之诉，具有控制决议合法性的客观功能与保护个体股东权益的主观功能。这也意味着制度内部功能权重的不同，将产生不同的诉讼模式，制度目的的实现也会由此发生变化。

（二）介入的异化：我国客观功能为主的诉讼模式引起股东滥诉

在制定法中的诉讼制度功能附着于诉讼模式中，并通过后者予以展现。[2]因此，通过对公司决议撤销之诉诉讼模式的解析，可以明确其双重功能的内在权重，最终厘清其实然的功能配比及阐明此种配比可能引发的问题。

1. 以客观功能为主的决议撤销之诉

我国公司决议撤销之诉以控制决议合法性为主要功能，其客观诉讼[3]的属性占较大权重，即决议撤销之诉以客观功能为主在立法或解释层面构造教义学规则。首先，决议撤销之诉具有一定的公益性，其原告范围较宽。具言之，这是由对决议撤销之诉的教义学归类所决定的。决议撤销之诉是使已发生法律效力的决议依判决归于无效为目的，而非当然确认无效之决议为目的，故属于形成之诉。[4]形成之诉的特点是通过形成判决实现既有法律关系或状态的变更。[5]基于形成之诉的利益原则，当事人只有在法律明确规定之情形下才可以提起形成之诉。[6]这也是确认之诉与形成之诉的重要差异。我国将公司决议撤销之诉的原告限定为股东，同时不对股东的原告资格设限制，仅要求原告在起诉时具有股东身份。由此可知，股东基于公司成员的身份即可提起诉讼，这是相当宽泛

[1] 参见丁勇：《公司决议瑕疵诉讼——历史、功能与规则改进》，上海人民出版社2020年版，第29页。

[2] 参见王湘淳：《股东会决议撤销诉讼：功能重校与规则再造》，载《法学论坛》2018年第1期。

[3] 主观诉讼与客观诉讼的教义学概念可以借鉴行政诉讼法的有关阐释，即行政诉讼除了具有与民事诉讼相同的纠纷解决功能外，还具有救济行政相对人权利、保障客观公法秩序的特殊功能。前者具有主观性，后者具有客观性。这种主观性与客观性决定了行政诉讼的基本构造，行政诉讼应根据其是主观诉讼抑或客观诉讼的定位设计相对应的具体规则。在主观性之下，行政诉讼的原告资格必定狭窄，法院审判须更强调回应原告的诉讼请求；在客观性之下，原告资格要更为宽泛，法院审判也具有更多的客观监督色彩。参见薛刚凌、杨欣：《论我国行政诉讼构造："主观诉讼"抑或"客观诉讼"?》，载《行政法学研究》2013年第4期。

[4] 参见李建伟：《公司诉讼专题研究》，中国政法大学出版社2008年版，第197页。

[5] 参见张卫平：《民事诉讼法》（第5版），法律出版社2019年版，第193页。

[6] 参见张卫平：《民事诉讼法》（第5版），法律出版社2019年版，第193页。

的规定,为决议撤销之诉客观功能的定位奠定了基础。

其次,法院仅就决议的法律效力进行审理,不审理是否对股东权益造成损害,也不对以决议为基础关系而形成的各项法律关系进行审理。我国法不支持在审理后续法律关系时将决议的效力作为先决事项处理,甚至不支持将决议撤销之诉与其他诉进行合并审理。[1] 最高人民法院2020年《民事诉讼法解释》第247条规定,如后诉的当事人、诉讼标的和诉讼请求和前诉都相同,则构成重复诉讼而应不予受理或驳回起诉。在理论上,对于当事人相同的标准,只要在既判力主观范围内的主体均应视为相同当事人,因为前诉的判决既然能够约束到这些主体,那么允许其再另外起诉同样会发生矛盾判决且不符合诉讼经济原则。[2] 由此得出结论:公司决议效力的判决既判力扩展到全体股东和董监事,这些主体针对同一瑕疵提起的后诉将构成重复诉讼。[3]

2. 客观功能为主的诉讼模式为股东滥诉留下空间

首先,在客观功能为主的诉讼模式下,股东只需要基于公司成员身份即可提起决议撤销之诉。虽然多认为股东享有的决议撤销权具有自益权属性,但原告股东提诉的理由往往不突出个人权益受损,在多数场合下反而突出的是公司、全体股东利益甚至公共利益受损,也即其是为了维护公司决议行为合法性这一更高的目的而提起诉讼。[4] 例如,刘旭与艺进公司决议撤销纠纷案,原告股东刘旭以其他股东权益受损为由主张撤销公司决议,[5]又如,缪浩波与安泰公司决议撤销纠纷案,上诉人缪浩波主张重组协议中存在安泰公司资产被严重低估,影响全体股东权益的情况,请求撤销该决议。[6] 进言之,每个股东都有要求公司依据法律、章程作出决议的社员权,因此每个股东都对消除违法的决议具有法律保护利益,无论其个人利益是否受损。[7] 同时,在股东起诉资格的限制上,我

---

〔1〕 参见王湘淳:《股东会决议撤销诉讼:功能重校与规则再造》,载《法学论坛》2018年第1期。

〔2〕 参见张卫平:《重复诉讼规制研究:兼论“一事不再理”》,载《中国法学》2015年第2期。

〔3〕 参见丁勇:《组织法的诉讼构造:公司决议纠纷诉讼规则重构》,载《中国法学》2019年第5期。

〔4〕 参见丁勇:《公司决议瑕疵诉讼——历史、功能与规则改进》,上海人民出版社2020年版,第29页。

〔5〕 参见刘旭与北京艺进娱辉科技投资股份有限公司股东会决议撤销纠纷案,北京市海淀区人民法院(2008)海民初字21078号民事判决书。

〔6〕 参见缪浩波与克拉玛依安泰炼化工程有限责任公司公司决议撤销纠纷案,新疆维吾尔自治区克拉玛依市中级人民法院(2018)新02民终416号民事判决书。

〔7〕 参见丁勇:《公司决议瑕疵诉讼——历史、功能与规则改进》,上海人民出版社2020年版,第30页。

国法仅要求起诉时具备股东资格即可，域外法上多有附加持股比例、出席情况、投票情况等额外限制。[1] 由此，可以看出在股东资格限制上，我国法的规定较为宽松。

其次，对股东原告正面的宽泛赋权与反面的简单限制模式下，为股东滥诉留下了空间，一旦决议将被撤销，无疑会影响到公司经营效率、法律关系的稳定和交易安全。审理法院撤销瑕疵决议有助于贯彻程序正义原则，抑制多数股东侵害少数股东权益的现象，但同时也将增加公司决议成本，并由此损害公司对外法律关系的稳定性。[2] 此时，公司不仅要停止决议的执行，还可能需要实施一定的行为使经决议形成的利益关系恢复到决议前的状态，无法恢复时甚至可能需要承担赔偿责任。公司多以决议为授权基础来不断形成外部法律关系，决议效力的被否定，将使公司参与的商事交易所形成的外部法律关系陷入混乱，甚至危及交易安全。

最后，股东滥诉可能会催生一批"职业反对者"。由于提起决议撤销诉讼是一件有利可图的事情，且不论持股数额多寡，股东皆有诉权。这可能会激发一批专门以提起决议撤销之诉牟利的股东群体出现。这些"诉讼营业"的"职业讼客"不仅撼动决议撤销之诉的正当性基础，更会对公司的正常经营乃至整体营商环境产生巨大的负面影响。[3]

综上所述，决议撤销之诉作为司法介入公司治理的一种类型，属于一种外部力量的干预，但须有一个合理的限度，这个限度就是坚持公司自治是基本原则、司法介入只是例外。[4] 因此，面对司法介入的异化，对其的矫正就具有了正当性和必要性。

那么，接下来的问题就是如何矫正？通过何种制度矫正？

（三）异化的矫正：裁量驳回制度限制股东滥诉

与民事关系的两极性不同，公司关系具有"利益多元性"和"关系持续性"的

---

〔1〕 参见李志刚：《公司股东会撤销决议之诉的当事人：规范、法理与实践》，载《法学家》2018年第4期。

〔2〕 参见杜万华主编：《最高人民法院公司法司法解释（四）理解与适用》，人民法院出版社2017年版，第122～123页。

〔3〕 参见丁勇：《公司决议瑕疵诉讼——历史、功能与规则改进》，上海人民出版社2020年版，第140页。

〔4〕 参见李建伟：《公司诉讼类型化专题24讲（一）：公司大数据实证分析与裁判规则评述》，法律出版社2021年版，第395～396页。

特性，[1]因此在公司法语境下公司关系的安定性需要商事审判认真对待。如前文所述，决议撤销之诉的客观诉讼属性为股东滥诉留下了可能的空间，这使公司决议的稳定性遭到极大的冲击。是故，亟待通过相关制度规则来强化决议撤销之诉的主观功能，以达至主客观功能相协调的状态，唯此才能确保决议撤销之诉实现其制度目的。实现这一功能协调的制度设置就是裁量驳回制度，即公司决议瑕疵轻微且无实质影响，法院应驳回起诉。

1. 决议撤销之诉的谦抑性落实：裁量驳回制度

在词义上，"谦抑"有"缩减或者压缩"之意。日本刑法学者首先将"谦抑"一词引入刑法领域，随后扩及到多个法学学科。[2] 比如，刑法的谦抑性可界定为：刑法相对于民商法、行政法等基本法律规范的"补充性"和刑事责任相对民事责任和行政责任的"最后手段性"，[3]而经济法中的谦抑性则是指国家干预只应在市场调节失灵的情况下发挥作用，对于市场机制来说，国家干预堪称一种"大规模杀伤性武器"，其只能作为一个补充性和最后手段性的机制而存在。[4] 由此可知，谦抑性的法学内涵中均有补充性和最后手段性之意。类似地，公司决议撤销之诉的谦抑性，可以定义为作为司法介入的决议撤销之诉不是对所有瑕疵决议都具否定效力，对于在穷尽公司内部救济后仍存在的决议瑕疵，即使当事人将其诉诸司法，如这种瑕疵显著轻微，对当事人权益损害微小，法官在综合衡量各种因素后仍可能认定决议的效力不受影响。司法既要对公司决议中存在的违法违章行为进行有效地调整，又不能对公司决议产生不合理的约束，以致影响公司效率。[5]

公司决议撤销之诉的谦抑性落实规则是裁量驳回制度。裁量驳回制度的着力点在于，决议撤销之诉功能失调的匡正，即对决议撤销之诉双重功能配比的实然状态进行调整，以使客观功能与主观功能达致协调。如前文所述，唯有把握制度间的原则与例外的体系关系才能在立法或解释层面构造教义学规则。决议撤销之诉属于公司自治的例外，而裁量驳回制度属于决议撤销之诉的例外，其是为了解决决议撤销之诉在实务中可能引发的股东滥诉问题，因此裁量驳回制度的

---

[1] 参见叶林：《股东会决议无效的公司法解释》，载《法学研究》2020 年第 3 期。

[2] 参见张明楷：《论刑法的谦抑性》，载《法商研究》1995 年第 4 期；刘大洪等：《谦抑性视野中经济法理论体系的重构》，载《法商研究》2014 年第 6 期。

[3] 参见陈兴良：《刑法的价值构造》，中国人民大学出版社 2006 年版，第 292 页。

[4] 参见刘大洪等：《谦抑性视野中经济法理论体系的重构》，载《法商研究》2014 年第 6 期。

[5] 参见韩龙：《公司董事会决议效力研究》，法律出版社 2016 年版，第 166 页。

定位是“原则—例外—例外的例外”的最后一环。这也就表明了在教义学规则构造中裁量驳回制度的体系位置。决议撤销之诉的主观功能与客观功能的失调，必然使该制度在运行过程中偏离制度预设的目的，即治愈公司自治的失灵。因此，裁量驳回制度的着力点在补强决议撤销之诉的主观功能，并合理控制客观功能的作用空间。申言之，公司决议程序是一种绝对客观存在，若程序存有瑕疵自然可以客观识别，立法者预设程序瑕疵会对决议的正当性产生负面影响，进而将程序瑕疵作为影响决议效力的因素之一。但揆诸现实却不尽然，在程序瑕疵的客观存在与其负面影响之间存在一定间隙：程序瑕疵并不必然触及公司决议的正当性，如仅基于瑕疵的客观存在进行裁判，可能会与立法原意相违背。所以，裁量驳回制度正是为了避免对程序瑕疵的绝对形式化判断，引导法官对程序瑕疵进行实质性判断与类型化分析，将瑕疵程度与瑕疵实际影响作为对决议效力影响的两个核心标准。

接下来，裁量驳回制度作为公司自治例外之例外，需要教义学上的制度构造——通过具体要件的设计，来纠正司法介入的异化。

2. 裁量驳回功能落实的管道：“轻微瑕疵”和“实质影响”要件

《公司法解释四》第4条关于决议可撤销裁量驳回制度的要件构造设计是，通过“轻微瑕疵”与“实质影响”两个要件来引导法官对决议程序瑕疵做实质性判断，这意味着裁判驳回制度通过这两个要件的界定实现制度目的，即调整决议撤销之诉的主观功能与客观功能，以致合理地限制司法介入公司自治的空间，维护公司的正常运营。具言之，“轻微瑕疵”要件控制着主观功能，“实质影响”要件控制的是客观功能。[1]

(1)“轻微瑕疵”要件：程序瑕疵对程序价值的影响。在解释论层面，对公司决议参与者（如股东）的固有权保护是轻微瑕疵要件进行教义学构造的核心关注点。这种解释方向也可起到限制决议撤销之诉原告范围的作用。有学者在分析程序瑕疵的实际效果后认为，即使存在程序瑕疵也并不一定会伤害实体正义。[2] 虽然程序的主要价值在于保护实体权利的行使，但不意味着瑕疵与决议结果必然存在因果关系。[3] 再者，决议的程序规则并不具有绝对刚性，而是存在一定的伸缩性与灵活性，只要在确保规则目的可实现的前提下，决议形成中的

---

〔1〕 参见王湘淳：《股东会决议撤销诉讼：功能重校与规则再造》，载《法学论坛》2018年第1期。

〔2〕 参见李建伟，前揭书，第66页。

〔3〕 参见钱玉林：《股东大会决议瑕疵的救济》，载《现代法学》2005年第3期。

现实程序即便与法律规定有所背离,也可能不会影响到权利主体行使权利。由此,基于不同的程序瑕疵对实体权利的影响程度,法律的处理后果也应有所区分。瑕疵未对实体正义造成不良影响的,决议保有其效力。这符合程序瑕疵多样化的现实样态,体现了法律事实与法律后果的对等性。

需要注意的是,对于决议参与者的实体性权利,程序的保障作用毋庸置疑,但决议程序性规则的立法目的并不局限于此,这之外还有复杂多样的价值蕴含其中。循形式逻辑的完整性考量,除考察程序瑕疵对实体性权利的影响之外,应当在对程序规则目的进行全盘把握的基础上,将程序规则中所蕴含的其他价值纳入判断范畴,以保证思维的周延及制度功能的发挥。

(2)"实质影响"要件:决议撤销前后的利益衡量。在解释论层面,"实质影响"要件设置的正当性在于避免以牺牲公司决议的稳定性来维护较小的利益。公司法语境下,决议诸多利益发生冲突时,需要找到解决冲突的妥适方案,故难以得出"优先保护"某种利益的武断结论。[1] 除了瑕疵实际影响的区分,有些学者认为,裁量驳回制度的正当性源于决议撤销前后的利益衡量。对内而言,决议的撤销可能导致公司后续行为处于不稳定的状态,将使公司的交易成本增加,[2]与公司获取经济利益的目的相违背;对外而言,决议效力的不确定尤其会损害第三人对于决议的合理信赖,危害交易安全和法律秩序的稳定。[3] 如果瑕疵造成的利益损失明显小于因决议撤销所造成的利益损失,以多数利益为代价来矫正轻微的程序瑕疵,并不符合经济学的一般原理。因此若利益的衡量之后认为维持决议的效力能保证优先级更高利益的话,法院便可不必对决议予以撤销处理。总之,调节不同主体间的利益冲突,乃是法律的功能之一,低层级利益让位于高层级利益的正当性自不待言。上述关于利益衡量的观点更多体现为经济利益的比较,但裁量驳回制度设置的初始目的在于对制度价值的追求,体现为制度价值间的衡量,经济利益仅能作为制度价值的一小部分,金钱上的比较更不能代替完整抽象制度价值间的衡量。因此,完整的利益衡量才能成为裁量驳回适用的正当性来源。

---

〔1〕 参见叶林:《股东会决议无效的公司法解释》,载《法学研究》2020 年第 3 期。

〔2〕 参见南玉梅,前揭书,第 178 页。

〔3〕 参见蔡立东、杨宗仁:《论股东会决议撤销权的主体及其行使》,载《当代法学》2008 年第 5 期。

四、裁量驳回的裁判理由之实证分析

（一）案例样本基本分析

样本收集截至2020年3月15日，我们以"公司法第二十二条""公司决议撤销"等关键词在"无讼案例"[1]检索，筛选出公司决议撤销案计1877件，通过逐一阅读并以"轻微瑕疵""公司法解释四第4条"等为关键词进行二次检索，筛选出涉及程序瑕疵轻微而驳回撤销决议申请案计107件[2]，并以这107例案件作为研究样本。[3]

1. 样本概况

为加深对实证研究结论的理解，需要说明与本研究对象具有一定关联性的几个因素。

（1）案件时间分布。107个样本案例时间跨度为2008～2019年，每年的案件数如图8-1所示。在2017年《公司法解释四》出台之前近10年共有36例，年均平稳；出台之后的不足3年期间内案例数量明显增加，共有71例。这可能反映出《公司法解释四》的出台缓解了无法可用的裁判窘境，立法空白被填补后激发了此类案件的增长。

---

〔1〕 网址为https://www.itslaw.com/bj，为保证检索案例的完整性，本研究将检索的对象扩大为公司决议撤销案件，故此进行搜索关键词包括："股东会或者股东大会、董事会的会议召集程序、表决方式违反法律、行政法规或者公司章程，或者决议内容违反公司章程的，股东可以自决议作出之日起六十日内，请求人民法院撤销"、"公司法第二十二条"及"公司法第22条"等。

〔2〕 需要说明的是，由于目前我国立法上并未规定瑕疵的治愈制度，但瑕疵治愈与裁量驳回制度二者功能类似，且部分案件中存在裁量驳回与瑕疵治愈同时存在的情况，在缺乏法律依据时瑕疵治愈的案件可参照裁量驳回制度进行裁判，故此，本研究将瑕疵治愈的案件一并搜集。关于瑕疵治愈的论述详见本研究第四部分。

〔3〕 在107例样本之外，在本书的后期研究（2021年9月）中，我们又以《公司法解释四》第4条为检索对象、案例的时间跨度是2017年9月1日（《公司法解释四》正式施行）到2021年8月9日。重新得到352个案例，综合甄别后有95个"有效案例"，剔除与原样本107例的重复案例，还余70个有效新案例。这样，本书研究的样本案例107个、全部案例177个（详见本章的附录），后文的个案研究将涉及部分的新增70个案例。"352个案例中有效案例为95个"中的"有效"是指适用第4条驳回决议撤销之诉申请的案例。有些案例中，法院是借第4条的原文说明案件事实不符合第4条，或者指明该类案件与第4条无关。

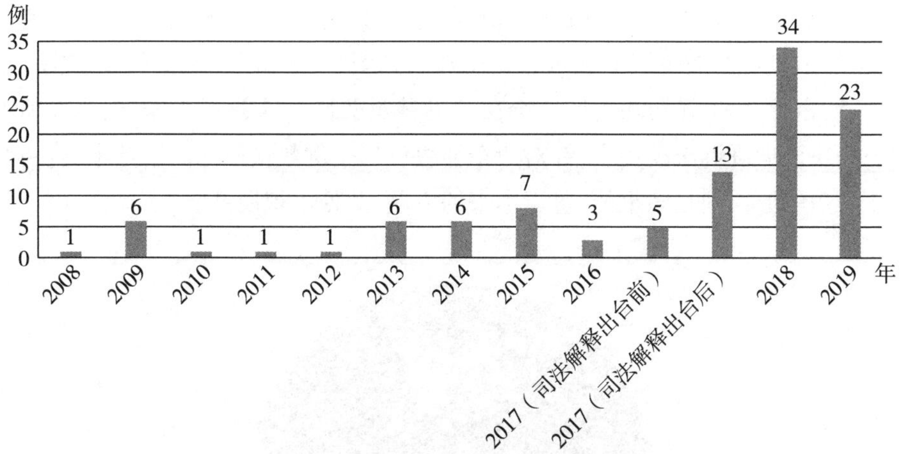

图 8 – 1　样本案例年度分布

(2)法院审级分布。如图 8 – 2 所示,样本中由一审结案的 45 例,二审结案的 58 例,再审结案的 6 例,也即有近六成的案件经过了二审以上的审级。这表明实务中对裁量驳回的适用存在较大争议。此现象的存在可能有两方面的原因:其一,缺乏裁判依据时,当事人很容易对经由法官自由裁量而得出的裁判结果存疑;其二,裁量驳回本身的复杂性,既然判决结果都是法官进行多方利益衡量之后得出的结论,如裁决书不能相对清晰、充分地展示衡量理由(及过程),在利益衡量中有所牺牲的一方对判决结果的难以信服,也在情理之中。

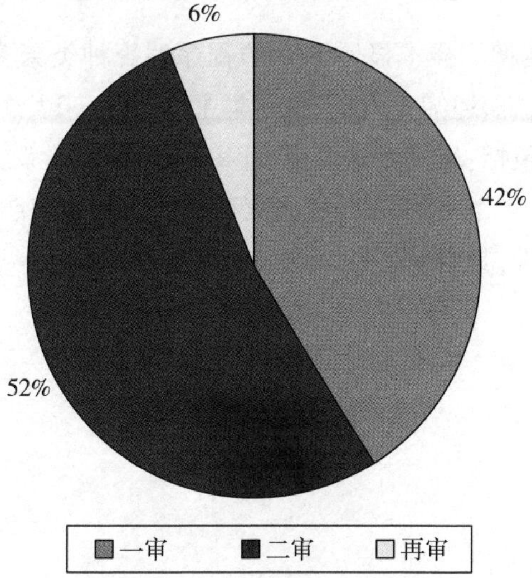

图 8 – 2　样本案例审级分布

(3)公司决议类型。对股东会决议、董事会决议,股东均可以提起撤销之诉,但样本显示两类决议的数量相差悬殊。如图8－3所示,涉及董事会决议的仅7例,占比7%,其余均为股东会决议的裁量驳回。这并不奇怪,因为在所有的公司决议瑕疵诉讼类型中,针对股东会决议的案例数量都远高于董事会决议。至于背后的原因则是多重的,鉴于本书的主题,此处不拟展开。

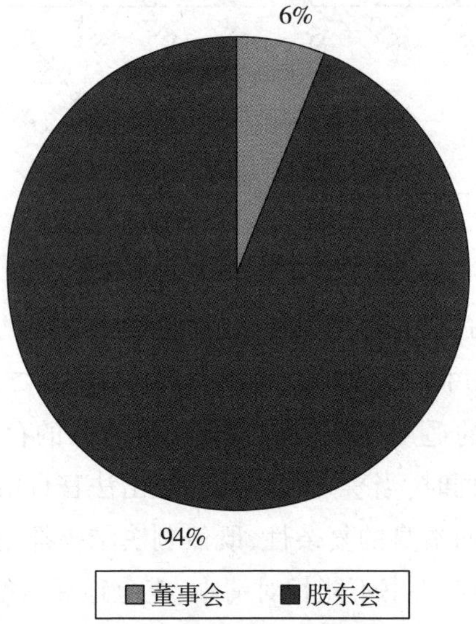

图8－3　样本案例的公司决议类型

(4)程序瑕疵类型。样本显示涉及的程序瑕疵种类繁多,其中召集程序瑕疵包括:通知时间瑕疵、通知方式瑕疵、召集主体瑕疵、未发送召集通知等。而表决程序中的瑕疵则包括:表决方式瑕疵、计票程序瑕疵、会议文件瑕疵等,具体情况如图8－4所示。[1] 裁量驳回涉及瑕疵种类的多样化表明裁量驳回并非针对某一类程序瑕疵而设,具有普适性。

〔1〕 因为在同一个公司决议之中可能存在多种程序瑕疵,所以最终统计总数超过案件总数。

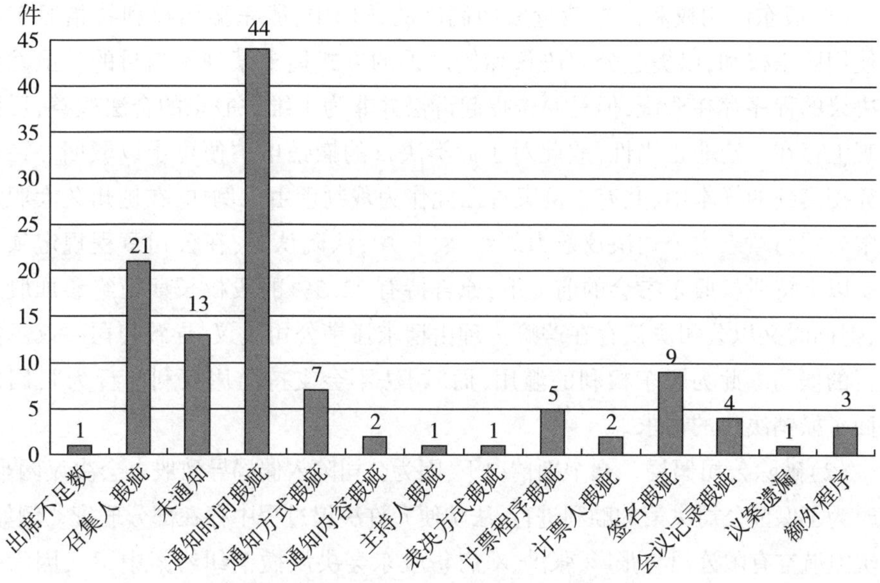

图 8－4　样本案例的公司决议程序瑕疵类型

2. 裁量驳回的裁判理由

大多数裁决书对裁量驳回的适用理由都进行了一定程度的说明。如图 8－5 所示，[1] 这些理由主要涉及 9 个角度，下文将一一说明。

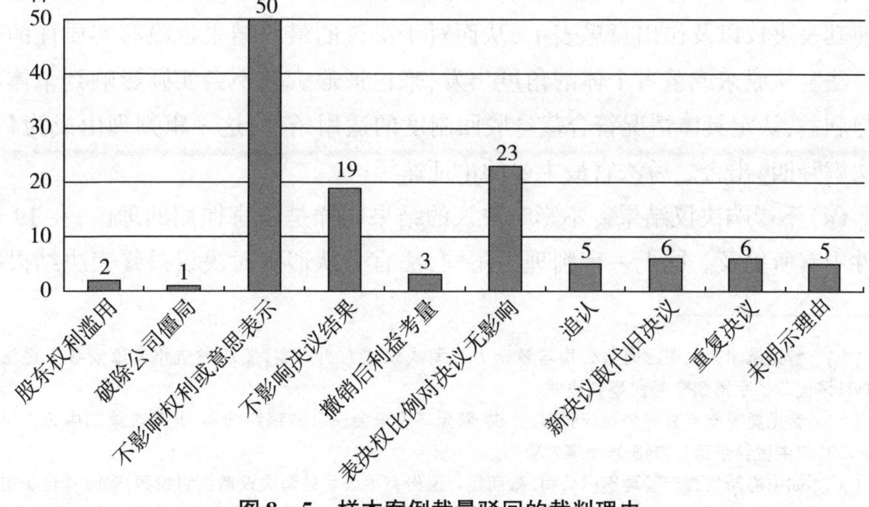

图 8－5　样本案例裁量驳回的裁判理由

〔1〕 法官在进行说理的过程中也存在在同一案件中多角度说理的情况，因此统计总数也超过案件总数。

(1)股东滥用权利。在裁量驳回制度的适用中,股东滥用权利特指股东不当使用股东权利,以提起公司决议撤销之诉的方式追求某种不当目的。虽然公司决议的程序存在瑕疵,但是原告提起诉讼并非为了维护股东的合法权益,反而主观上存在一定非正当性,故此对于此类决议的撤销申请便可予以驳回。在本研究搜集到的样本中,共有2例案件以此作为裁判理由。例如,在杭州久大职业有限公司与章宏力公司决议效力纠纷案〔1〕中,法院认为,在公司章程规定须有80%以上持股权股东参会的前提下,原告持有22.5%的股权长期拒绝参加股东会,但同时又以公司决议存在瑕疵为理由请求撤销公司决议,导致公司决议不能执行的僵局。此为股东权利的滥用,而“司法不会支持滥用权利的行为”,因此驳回了撤销决议的请求。

(2)破除公司僵局。在个别情况下,因为公司陷入僵局导致股东会决议困难,此时为了保证公司决策的顺利进行,法院便允许决议过程中存在部分瑕疵。例如,在奥凯航空有限公司与张影、张洪、邓启华股东会决议撤销纠纷案中〔2〕,因为公司董事会陷入僵局导致股东会难以召开,而股东在未确认监事会能否召集的情况下召集了临时股东会,基于公司的长远利益考虑,法院维持了决议的效力。

(3)不影响权利或意思表示。对权利或意思表示没有实质影响是法官最常用的裁判理由,样本案例中共有50例有所涉及。具体而言,此可以理解为,虽然公司决议的过程中存在瑕疵,但是从瑕疵的效果看并不会影响到股东或者董事行使其表决权以及作出意思表示,从而对于决议的最终结果也没有实质性的影响。法官从股东或董事个体的角度出发,来论证瑕疵并不会实际影响到个体的参与利益,认定具体情况符合裁量驳回制度的适用条件,这一审判理由成为《公司法解释四》出台之后法官最主要的论证途径〔3〕。

(4)不影响决议结果。不影响决议的结果同样是法官惯用的理由,在19例案件中有所提及。同上一审判理由不同,法官是从瑕疵对决议最终表决结果的

〔1〕 参见杭州久大置业有限公司与章宏力公司决议效力纠纷案,浙江省杭州市淳安县人民法院(2008)淳民二初字第829号民事判决书。

〔2〕 参见奥凯航空有限公司与张影、张洪、邓启华股东会决议撤销纠纷案,北京市第二中级人民法院(2009)二中民终字第03643号民事判决书。

〔3〕 如中静新华资产管理有限公司、徽商银行股份有限公司公司决议撤销纠纷案,安徽省合肥市中级人民法院(2018)皖01民终7203号民事判决书;深圳艺尚控股有限公司与杭州艺尚建设开发有限公司公司决议纠纷案,浙江省杭州市余杭区人民法院(2018)浙0110民初111号民事判决书;范力与北京一得阁墨业有限责任公司公司决议纠纷案,北京市第二中级人民法院(2018)京02民终6294号民事判决书等。

影响进行阐释,决议以“多数决”为一般原则,法官认为,在某些情况下即便存在瑕疵也不必然影响到多数人对决议事项的认可,此时并无撤销决议之必要[1]。

(5)撤销后的利益考量。样本案例显示有 3 例的,法官在审判时对撤销公司决议前后涉及的利益进行了比较,在权衡“决议瑕疵影响利益与决议有效产生利益”后,其认为撤销公司决议不利于公司、股东或者第三人的利益,违背了商事效率原则,故此对于程序瑕疵选择了包容的态度,维持了公司决议的效力[2]。该种审判理由多见于司法解释出台之前,可理解为是法官在缺乏法律依据情况下,根据对公司基本制度的理解与实际情况作出的变通式判决。

(6)表决权比例对决议没有影响。除了上述理由外,有的法官认为,现有的表决结果中已经获得的符合法律或者章程规定的同意票数,对于少数股东或者董事而言其不论对于决议的内容采取何种态度,决议最终的内容均不会有任何改变,“法院不宜以少数股东表决权瑕疵而撤销多数股东的意思表示”。秉持该种观点的法官也并非少数,在 23 例案件中出现过类似表述[3]。

(7)追认。追认是指当事人虽然没有参加公司会议进行表决,但是在公司决议形成之后,明确表示或者通过行为对决议内容表示了认可,如果当事人事后再次以程序瑕疵为理由请求撤销公司决议,此时法官可能会以“诚实信用原则”驳回撤销决议的申请,本研究检索到共有 5 个案例运用了这一说理方法[4]。

(8)新决议取代旧决议。在部分案例中还存在公司就同一议案多次进行决议的情况,共有 6 例与之相关。虽然时间在先的决议存在程序瑕疵,但是后续又

---

[1] 如株洲中南蔬菜农副产品批发大市场有限责任公司与李晓玲股东会决议撤销纠纷案,湖南省株洲市中级人民法院(2012)株中法民二终字第 51 号民事判决书;王明春与北京万盛利昌再生资源回收有限公司公司决议撤销纠纷案,北京市朝阳区人民法院(2013)朝民初字第 36068 号民事判决书等。

[2] 如韩 a 与上海 A 有限公司民事纠纷案,上海市闵行区人民法院(2009)闵民二(商)初字第 1567 号民事判决书;王满仓诉上海英迈吉东影图像设备有限公司公司决议撤销纠纷案,上海市第一中级人民法院(2015)沪一中民四(商)终字第 1160 号民事判决书;俞云忠与海门市设备安装工程有限公司公司决议撤销纠纷案,江苏省南通市中级人民法院(2014)港商初字第 00539 号民事判决书等。

[3] 如湖南高新创业投资集团有限公司与湖南盈成油脂工业有限公司公司决议撤销纠纷案,湖南省常德市澧县人民法院(2018)湘 0723 民初 1080 号民事判决书;原告吴某某诉被告陕西鸿桥纺织有限公司、齐某某公司决议效力确认纠纷案,陕西省宝鸡市扶风县人民法院(2017)陕 0324 民初 1036 号民事判决书;赵剑奇、厦门金英马影视传媒股份有限公司公司决议撤销纠纷案,福建省高级人民法院(2017)闽民申 33 号民事判决书等。

[4] 如司惠隆与马金龙损害股东利益责任纠纷案,甘肃省庆阳市中级人民法院(2013)庆中民终字第 179 号民事判决书;郑胜、李爱英等与玉环县勤优导卫有限公司公司决议效力确认纠纷案,浙江省台州市中级人民法院(2015)浙台商终字第 195 号民事判决书;俞云忠与海门市设备安装工程有限公司公司决议撤销纠纷案,江苏省南通市中级人民法院(2015)通中商终字第 00284 号民事判决书等。

通过了内容完全一致的新决议。据此有的法官认为旧决议完全被新决议所取代，对于先前决议而言并无被撤销的必要〔1〕。

(9)重复决议。在本研究检索到的6例案件中，法官认为，已有支持决议的表决权比例已经满足法定条件，或者其他享有表决权的人已经明确表示，即便再次进行决议也不会对之前的意思表示做任何改变，撤销决议之后会再次做出相同的决议，所以不宜撤销决议〔2〕。

(二)裁判理由的评价：问题与出路

1.存在问题

整体上，法官在适用裁量驳回制度时具有一定的说理意识，尤其在《公司法解释四》出台之后，判决理由开始呈现向法定要件靠拢的统一化倾向。但分类研究这些理由可发现裁判仍存在三类问题。

(1)法定要件适用标准不统一

这主要体现在以下两个方面：其一，要件认定标准的不统一，例如，对于"未对决议产生实质影响"要件的认定，有的从对于个体股东权利影响的角度进行论证，例如，范力与一得阁公司决议纠纷案，法院认为，一得阁公司向股东发出了《会议通知》及会议相关材料，范力虽主张其未收到《会议通知》及相关材料，但范力自认其通过其他股东知晓了会议内容并实际参加了股东会，故范力所主张的其未收到《会议通知》及相关材料并未影响其实际参加股东会，对决议亦未产生实质影响；〔3〕有的从最终表决结果进行解释，例如，高新公司与盈成公司决议撤销纠纷案，法院认为，虽然盈成公司此次股东会的召集程序上存在瑕疵(未于会议召开15日前通知全体股东、部分股东未接到通知、通知中未明示对盈成公司破产重整事宜进行表决)，但实际参与表决且同意盈成公司破产重整的股东的股权比例为72.65%，破产重整方案已经获得超过代表2/3表决权股东的同意，即便此次股东会部分股东行使表决权存在瑕疵，但并不影响决议形成，法院

〔1〕 如林财与深圳市特发保税实业有限公司公司决议撤销纠纷案，广东省高级人民法院(2018)粤民申4885号民事判决书；袁仁友与袁敏公司决议撤销纠纷案，贵州省高级人民法院(2017)黔民终539号民事判决书；丘国强与厦门三维丝环保股份有限公司公司决议撤销纠纷案，福建省厦门市翔安区人民法院(2017)闽0213民初2018号民事判决书。

〔2〕 如刘琴与江建国公司决议纠纷案，广东省佛山市中级人民法院(2017)粤06民终9840号民事判决书；王玲与马立科公司决议纠纷案，陕西省西安市高陵区人民法院(2018)陕0117民初462号民事判决书等。

〔3〕 参见范力与北京一得阁墨业有限责任公司公司决议纠纷案，北京市第二中级人民法院(2018)京02民终6294号民事判决书。

不宜以少部分股东表决权瑕疵撤销多数股东的意思表示;[1]有的将个体股东权利与表决结果相结合,例如,胡碧琳与鄂州恒升公司纠纷案,法院认为,虽然恒升公司未提前15天书面通知全体股东召开股东会,存有瑕疵,但全体股东均于当日到场参加公司股东会,并未影响股东平等参与公司决策、充分行使表决权,通知的目的已经实现,且占公司87.5%股权的股东表决同意2017年12月16日的股东会议决议,该股东会议召集程序上的轻微瑕疵对决议未造成实质性影响。[2] 但个体股东权利与最终表决结果不具有等价性,这三种解释路径在同一案件中可能产生不同的审判结果。其二,两要件之间的关系判定不统一。有的将瑕疵轻微与实质影响作为一体进行论证,有的认为,决议程序的瑕疵轻微,也就是说对决议没有造成实质性影响,还有的则反之,认为瑕疵未造成实质性影响,所以属于轻微瑕疵。

(2)裁决说理不具体

裁判文书缺乏说理性,一直是我国裁判文书的痼疾之一,[3]在涉及自由裁量的裁判中尤为明显。要件的抽象性与个案的特殊性使法官在裁判过程中负有特别的说理义务,需要通过专门的解释与说明建立起个案案情与法定要件之间的桥梁。说理论证欠缺的通常表现为:对案件事实进行描述之后,径直表示该瑕疵属于轻微瑕疵且没有造成实质影响,所以不予撤销。例如,缪浩波与安泰公司决议撤销纠纷案,被上诉人安泰公司虽未按照章程规定提前通知全体股东召开股东会,但36名股东代表中有35名股东代表接到通知,其中31名股东在重组协议上签字,签字的股东代表的表决权已经超过2/3,故依据《公司法解释四》第4条,被上诉人安泰公司召开股东会的召集程序仅有轻微瑕疵,对决议未产生实质影响。[4] 如此,中间论证的过程忽略了,法官进行价值判断的考量情节不详,法官的论证逻辑未予交代,法官裁量过程中是否存在价值偏颇或者逻辑乖离,旁人无从得知。这不仅增加了错误适用或不当裁量的可能性,更有损于判决的权威性。

---

〔1〕 参见湖南高新创业投资集团有限公司与湖南盈成油脂工业有限公司公司决议撤销纠纷案,湖南省常德市澧县人民法院(2018)湘0723民初1080号民事判决书。

〔2〕 参见胡碧琳与鄂州恒升数控机械有限公司损害公司利益责任纠纷案,湖北省鄂州市中级人民法院(2019)鄂07民终220号民事判决书。

〔3〕 参见王利明:《裁判说理论——以民事法的视角》,人民法院出版社2021年版。

〔4〕 参见缪浩波与克拉玛依安泰炼化工程有限责任公司公司决议撤销纠纷案,新疆维吾尔自治区克拉玛依市中级人民法院(2018)新02民终416号民事判决书。

（3）裁判理念问题

如果前两个问题归属于审判技术问题，部分裁判还存在因法官对制度理念理解有误所导致的审判理念偏差问题。例如，有法官在裁判理由中提及，因原告股东的持股比例较低，即便参加了公司会议进行了表决也不会对决议的最终结果产生任何影响，从而认为即便存在程序瑕疵也不会对最终决议的结果产生影响，据此维持了决议的效力。吴某某与鸿桥公司、齐某某公司决议效力确认纠纷案，法院认为，被告鸿桥公司未按照其《公司章程》第15条规定于会议召开15日以前通知原告，在会议召集程序方面有轻微瑕疵，但原告在被告鸿桥公司的持股比例为30%，第三人齐某某、杨晓娟共计持股比例为70%，第三人齐某某、杨晓娟均出席了股东会，且均支持该临时股东会的决议，即使原告出席股东会，也不会对该决议产生实质影响，即使按照《公司章程》第15条的规定再召开一次股东会，仍是相同的结果，[1]据此判决公司决议不予撤销。换言之，这些法官以股东表决权比例对决议结果的影响来作为瑕疵程度的认定标准，照此逻辑，程序瑕疵的严重程度按照被侵害权利的股东的持股比例大小计算即可，这种重整体结果轻个体利益、重实体结果轻程序正当的错误价值倾向，直接背离了正当程序论与程序独立价值论的现代法理念。审判理念的偏差导致最严重的后果是，很多本不应裁量驳回的案件不当适用之，并形成普遍的不当裁判结果，[2]此类或者类似的审判思维应当予以纠正。

2. 解决思路

上述问题虽分属审判技术与审判理念问题，但本质上又有共通之处，即对于裁量驳回的法理基础存在理解偏差。首先，在审判技术上，需要将抽象的要件具体化，确定统一的适用标准。其次，审判理念问题的症结在于法官割裂了裁量驳回与决议撤销之间的联系，在利益衡量的过程中价值取向与立法原意发生了背离。对上述两类问题的解决，需要建立在对正当程序论与程序独立价值的深刻理解之上。

---

[1] 参见原告吴某某诉被告陕西鸿桥纺织有限公司、齐某某公司决议效力确认纠纷案，陕西省宝鸡市扶风县人民法院（2017）陕0324民初1036号民事判决书。

[2] 根据上文的统计结果，共有23例裁判理由中记载了这一逻辑。在理论界，也有学者持相似的观点，参见丁绍宽，前揭书，第139～140页。

五、裁量驳回制度的教义学诠释及其方法

裁量驳回制度的适用需要法官对程序瑕疵进行实质性判断，而实质性判断的主要内容包括是否为"轻微瑕疵"与对决议是否产生"实质影响"。在明确程序价值的基础上，便需要对程序瑕疵的影响力进行探究，确定"瑕疵"与"价值"间的空隙，进而指导裁量驳回法定要件的解释。同时，依托个案情况的利益衡量结果为适用裁量驳回的重要理由，鉴于现行法未提供可行的衡量路径，也需要在法律解释的同时阐明个案中利益衡量的具体方法。

(一)轻微瑕疵的认定：基于程序价值的实质性判断

1. 轻微瑕疵的判断标准

(1)纯粹客观化判断的弊端

纯粹客观化判断的标准是静态地比较瑕疵事实与法律或公司章程规定间的客观差异。例如，与股东会会议通知规定的提前15天时间相差1~2天往往被认为轻微瑕疵，反之，相差天数过多则为重大瑕疵。虽然客观化的判断标准的优势自然在其客观性，但其可能并不符合裁量驳回的立法原意。

首先，决议的程序规则具有某种"僵硬性"，规则的落实却具有"灵活性"，相同规则在实务中存在不同的实现方式。即便形式完全一致的瑕疵在个案中的具体影响也可能截然不同，例如，马勇等与华汽公司决议撤销纠纷案，公司仅提前14天通过股东马勇参加临时股东会，比法律及章程规定的15天期限少了1天，但法院认定该瑕疵轻微。[1] 而微能公司与产投绿能公司决议撤销纠纷案，公司仅提前1天通知股东参加会议，法院也认定为轻微瑕疵。[2] 由上引案例可知，实务中法院对同一种类型的瑕疵，对于公司违反法定要求的程序瑕疵判断并没有统一的尺度。因此，绝对客观化的标准无法有效调整复杂的商事交往活动，也无法提供说服力强的解释方案。

其次，裁量驳回制度的立法目的在于避免对瑕疵的绝对形式化判断，提倡对瑕疵实际影响进行考察，矫正仅遵循形式标准而产生的不合理裁判。单纯的客观化标准恰恰是纯粹形式化判断，与裁量驳回实质判断的目的背道而驰。因此，

---

〔1〕 参见马勇等与华汽投资控股集团有限公司公司决议撤销纠纷案，北京市高级人民法院再审审查与审判监督(2019)京民申1402号民事裁定书。

〔2〕 参见陕西微能联众能源科技有限公司与陕西产投绿能综合能源有限公司决议撤销纠纷案，陕西省渭南市临渭区人民法院(2018)陕0502民初135号民事判决书。

在裁量驳回要件的解释中，绝对客观化的判断标准并不合理。

最后，虽然价值判断上程序正义理应得到尊重，但很多情况下程序瑕疵实际上未必造成不良影响，尤其是在人合性较高的封闭公司中，程序瑕疵带来的风险已经被人与人之间约定俗成的习惯所消弭。如果严格依照客观性标准对瑕疵进行判断，很多公司决议都有被撤销的风险，从而增加诉讼泛滥之可能。例如，辛瑜与四海公司决议纠纷案，法院认为，虽然全体股东均参加了在当天下午召开的股东会，但公司没有按照法律规定和公司章程提前15日通知，因此会议的召集程序存在重大瑕疵。[1] 本案的裁判显然与前述案例中的法院认定存在明显的差异。

综上所述，为了保证宏观上公司的平稳运行，也不宜采绝对客观的判断标准。但需要注意的是，本书反对的是纯粹客观化判断标准，而不是反对判断标准客观化。在相对客观化基础上，融合法官的主观判断，一方面确定程序瑕疵实际样态，另一方面判断瑕疵对程序规则立法价值的影响，通过主客观相结合的方式对轻微瑕疵进行实质认定，便可有效弥补纯粹客观化判断的不足。

（2）基于程序制度性价值的瑕疵判断优势及步骤

第一，判定公司决议程序瑕疵是否属于"轻微瑕疵"需要对利益进行取舍并做出价值判断。在法学的视角下，程序主要体现为按照一定的顺序、方式和步骤来作出法律决定的过程，这也使其具有限制恣意、保障选择理性、约束决策主体、交涉过程制度化等功能。[2] 因此，法律制度的构建中，程序制度本身可以同时体现对多种法律价值的追求，但这并不意味着每种法律价值都同等重要，是故，当价值存在取舍的必要时，需要从纵向角度来进行利益的或价值的比较与判断。[3] 一般而言，代表"核心利益"的法律价值具有不可违背性，而非核心意义的法律价值则可以在利益衡量后为了更高级别的利益作出必要的牺牲。[4]

第二，瑕疵是否"轻微"的判断存在先后顺序，即在公司违反形式规范的判断（事实判断）后，融入其他因素认定瑕疵轻微与否（价值判断）。根据文义解释，"轻微瑕疵"系对瑕疵的客观程度进行认定，虽然以绝对形式化标准的判定

〔1〕 参见辛瑜与山东四海邮轮管理有限公司等公司决议纠纷案，山东省济南市中级人民法院（2020）鲁01民终12681号民事判决书。

〔2〕 参见季卫东：《法律程序的意义——对中国法制建设的另一种思考》，载《中国社会科学》1993年第1期。

〔3〕 参见蔡琳：《论"利益"的解析与"衡量"的展开》，载《法制与社会发展》2015年第1期。

〔4〕 参见梁上上：《制度利益衡量的逻辑》，载《中国法学》2012年第4期。

决议瑕疵不能被赞同,但是裁判者可在形式判断的基础上融合对程序价值影响程度的认定,可以有效弥补形式化判断的不足。因此,可以说瑕疵是否轻微是事实判断与价值判断的融合,在具体操作上存在顺序。

第三,在价值判断的依据选择上,具体的制度性价值更具可操作性。决议程序的价值分为抽象理念性价值与具体的制度性价值两个层面,其中前者是对意思民主理念之维护,后者包括实体权利之维护、权力配置之维护、形式正义之实现、决议效率之促进四个方面,具有显著可识别的外在形式与特征,相较而言客观化程度较高。具体的制度性价值与“轻微瑕疵”同偏向于具体客观性描述,因此瑕疵对具体的制度性价值的影响可作为“轻微瑕疵”要件的认定标准。

第四,在决议程序具有的上述四个层面的制度性价值中,存在不同的层级划分。首先,程序对实体权利与形式正义的价值层面,因涉及程序规则的核心意义——实体正义与程序正义,一旦违背这两个层面的价值,将使决议难以成为组织的团体意思,实质影响决议的正当性。所以,如涉及这两个层面的价值,便不能认定为轻微瑕疵。此一观点得到司法实务的佐证。例如,桑乐公司与滕为公公司决议撤销纠纷案,法院认为,《公司法解释四》第 4 条的“仅有轻微瑕疵”能以程序瑕疵是否会导致各个股东无法公平地参与多数意思的形成以及获取对此所需的信息为判断标准,程序上的瑕疵即使完全不影响决议结果,但只要这项程序瑕疵妨碍股东公平地参与多数意思的形成和获知对其作出意思表示所需的必要信息,应属于对股东程序权利的重大损害,股东请求撤销股东会决议即应予支持,否则,中小股东的股东权利尤其是程序性权利将被彻底架空,决议撤销之诉作为中小股东维护自身合法权利的制度功能将不复存在;具体到本案中,桑乐公司未通知股东滕为公参加股东会,违反了《公司法》应当提前 15 日通知全体股东的强制性规定,导致滕为公未能参会表达诉求,属于对滕为公股东程序权利的重大侵害,决议应予撤销。[1] 其次,在维护公司的权力配置层面,相关程序性规则因涉及公司基本的组织机构而具有了强制性特征,自然也不可任意违反,所以慎用裁量驳回制度。再次,若程序瑕疵仅涉及经济效率,虽然效率也是商法追求的基本理念,但不必然对意思真实与决议正当产生影响,故可以适用裁量驳回制度。最后,尽管程序之于决议的价值可以完整铺陈,但程序规则尤其公司章程中

〔1〕 参见山东桑乐太阳能有限公司与滕为公公司决议撤销纠纷案,山东省济南市中级人民法院(2020)鲁 01 民终 934 号民事判决书。

的个性化规则可能蕴含制定者的其他价值考量，因此不排除违反其瑕疵可能影响到本研究列举之外的程序价值。决议程序对实体正义、程序正义以及公司权力架构的维护属于决议规则的根基性、普适性价值，在任何状况下都具有不可违背性，所以我们倾向于从反面定义，将轻微瑕疵认定为对于实体权利、形式正义以及权力配置不会产生不利影响的程序瑕疵。

综上所述，"轻微瑕疵"的认定需要三个步骤。第一步，判断原告诉讼主张的程序瑕疵是否属于违反制定法、公司章程的事项，即先判断瑕疵是否存在。第二步，对程序的目的进行判断，既包括对法律条文立法原意的考察，也包括对公司章程制定背景的理解。第三步，在确定了程序目的基础上，进一步判定发生的瑕疵是否真正影响了相关法律价值，即判断瑕疵是否真正影响到了实体权利、形式正义以及权力配置，如是，则不认定为轻微瑕疵，反之，则认定为轻微瑕疵。

2. 类型化的程序瑕疵判定

类型化是为了解决抽象概念思维的局限而发展出来的一种思维方法，[1]即将有相同或者类似特征的事物划分为一类，从而作出相同的处理，其在于为法律的适用降低成本、为法律漏洞的补充提供思路、为法律的论证提供正当性说明。[2] 因此，在广泛搜集案例之后，对程序瑕疵类型化分析的意义在于：一方面，帮助法官在处理相同、类似问题时得以直接运用相同的标准审理，节约司法资源并保证裁判结果统一；另一方面，在类型化研究过程中，对瑕疵作同类型划分的理由本身能够帮助法官加深对规则的法理理解，避免个案裁决的价值偏离。具体而言，《公司法》第22条将决议程序瑕疵分为召集程序与表决方式瑕疵，不少学理分类也基于该瑕疵二分体系做出进一步的细化。[3] 但是，决议的程序除了召集与表决之外，更重要的在于意思互动阶段，体现为会议召开阶段。因此，通过还原会议召开的一般程序，可将程序瑕疵划分为召集阶段瑕疵、召开阶段瑕

---

〔1〕 参见［德］卡尔·拉伦茨：《法学方法论》，黄家镇译，商务印书馆2020年版，第577页。

〔2〕 参见张志坡：《法律适用：类型让概念更有力量》，载《政法论丛》2015年第4期。

〔3〕 有学者认为，程序瑕疵包括召集权瑕疵、召集通知程序瑕疵、无表决权人参与表决、主持人无主持权、表决事项瑕疵、表决权数计算有误、个别股东行使表决权的意思表示瑕疵，参见李建伟：《公司决议效力瑕疵类型及其救济体系再构建——以股东大会决议可撤销为中心》，载王保树主编：《商事法论集》第15卷，法律出版社2008年版。另有学者认为，表决方式瑕疵包括决议的表决方法和表决权的计算不符合法律或章程规定与表决不公正，参见王保树主编：《实践中的公司法》，社会科学文献出版社2008年版，第567页。还有学者认为，召集程序上的瑕疵包括董事会的召集决议瑕疵、无召集权人召集、通知瑕疵、目的事项以外的决议，决议方法瑕疵包括不具有股东身份的人参加决议、表决权受限制股东行使表决权、违反决议要件、种类股东会的欠缺等，参见谢文哲，前揭书，第20~21页。

疵、表决阶段瑕疵等三类。

(1)召集阶段瑕疵

召集程序,为召开会议之必要程序,既是会议的起始点,也是决议成立的主要外观之一,如不存在召集程序,公司会议也就无从谈起。[1] 召集程序主要涉及"由谁召集"以及"如何召集"两大问题,因此召集瑕疵也可概括为召集权瑕疵与召集通知瑕疵两类。

①召集权瑕疵。召集权是特定主体享有的可以向拟参会主体发送会议召开通知的权利,为了保证公司的有序经营,会议的召集和举行不应具有太大的随意性。[2] 因此,享有召集权的主体由法律明确规定,公司章程也不能与法律相违背。根据实务情形,召集权的相关瑕疵可分为以下三类:一是无权召集。根据公司法规定,无论股东会抑或董事会会议,均应由享有召集权的主体负责召集。召集权作为一种严格的法定权利,法定主体之外的任何人均无权召集公司会议,否则,裁判者可以认定会议缺乏必要的公示,相应的决议也会因存在召集权瑕疵而被撤销。二是越权召集。越权召集系无权召集的特殊情况,这在实务中也较为常见。公司法规定的召集主体可能不止一人,但有召集顺位的规定,仅在有证据表明前顺位的召集人不行使或者不能行使召集权时,后顺位召集人方能召集,否则,即为越权召集。例如,韦俊新与电子仪表公司纠纷案,法院认为,公司法定代表人韦俊新因构成挪用资金罪被判处刑罚,已不适合继续担任公司法定代表人职务,而电子仪表公司存在继续运转的需求,因此亟须召开股东会议以增补董事、变更法定代表人,韦俊新、杜立雄、李牛儿系第一届董事会成员,虽然该公司之后召开过几届董事会,但并未修改公司章程,也未在工商部门登记备案,在此情况下,杜立雄、李牛儿以工商备案登记时的董事会成员身份作为临时股东会议召集人,虽然存在瑕疵,但并不必然导致股东大会的决议应被撤销。[3] 实务中存在以实质影响与否判断越权召集的情形,例如,刘琴与江建国等公司决议纠纷上诉案,法院认为,虽然根据《公司法》第 40 条及宏立公司章程第 35 条的规定,股东会会议应由执行董事召集、主持,执行董事不能履行或者不履行召集股东会会议职责的,由监事召集和主持,监事不召集的,代表 1/10 以上表决权的股东方

〔1〕 参见柯芳枝:《公司法论》,中国政法大学出版社 2004 年版,第 207 页。

〔2〕 参见冯果:《公司法》(第 3 版),武汉大学出版社 2017 年版,第 211 页。

〔3〕 参见韦俊新与杭州市电子仪表实业有限公司纠纷案,浙江省杭州市中级人民法院(2013)浙杭商终字 872 号民事判决书。

可自行召集并主持，而股东刘琴召开的股东会会议未按上述规定先经过执行董事吴美艳召集、主持，而直接由刘琴（宏立公司的监事及股东）自行召集并主持，但全体股东均已参加该次股东会会议并行使表决权，且因刘琴是持股80%的大股东，即使重新召开股东会会议再次进行表决结果也不会变化，因此属于瑕疵轻微。[1] 三是表见召集。股东会的召集权人为董事会，个人无权决定会议召开与否，需要依据有效的集体决议，但除了上市公司之外，董事会决议的内容可能不为股东知悉。所以若不存在有效决议，召集权的行使也属于广义的召集权瑕疵。此时，股东对召集人的召集权外观存在合理信赖，基于此形成的会议决议应当与前述无召集权形成的决议有所区分。

以上三种瑕疵类型中，无权召集、越权召集属于对公司组织机构权力层级的僭越，其是否属于轻微瑕疵，实务中未有统一的裁判标准。支持为轻微瑕疵的如李晓江、德阳立达公司决议撤销纠纷案，法院认为公司章程规定股东会会议由董事会召集、董事长主持，然而股东会议主持人均非董事长，但上述活动内容均为程序性事项，未对此次会议决议内容产生实质性影响，且董事长罗某亦全程参与、致辞及宣布会议结束，可见王雁主持部分程序性事项是得到其授权肯定的。故对决议不予撤销。[2] 相反的裁判如港荣公司、万鸿公司公司决议撤销纠纷案，法院认为，监事在不享有召集权的情况下召集股东会不属于《公司法解释四》第4条规定的轻微瑕疵情形。无论港荣公司在何种情况下召开临时股东会，股东会的召集程序均须符合法律、行政法规、公司章程、决议内容亦须符合公司章程，港荣公司所述的情况紧迫并不能否定股东会的违反法律及章程，应予撤销。[3] 综合来看，无权召集、越权召集表面上属于程序瑕疵问题，实质上属于主体瑕疵问题，[4]无召集权人召开的会议并非合法成立的社团意思机关，主体欠缺成立要件，决议自然无所附存，故不宜认定为轻微程序瑕疵。而表见召集略有不同，因为召集主体为法定有权召集的主体，只是缺乏前置性程序，毕竟不属于

---

〔1〕 参见刘琴与江建国等公司决议纠纷上诉案，广东省佛山市中级人民法院（2017）粤06民终9840号民事判决书。

〔2〕 参见李晓江、德阳立达机电设备有限公司公司决议撤销纠纷案，四川省德阳市中级人民法院（2020）川06民终985号民事判决书。

〔3〕 参见大连港荣国际贸易有限公司、大连万鸿贸易有限公司公司决议撤销纠纷案，辽宁省大连市中级人民法院（2020）辽02民终5071号民事判决书。

〔4〕 参见徐银波：《决议行为效力规则之构造》，载《法学研究》2015年第4期。

绝对无权召集人,同时由于商事行为遵循外观原则,[1]强调商事主体在商事行为中基于外在表现而做出判断的保护优先性,决议属于商事行为,股东对召集权外观的合理信赖理应受到尊重,表见召集可以认定为决议中的轻微程序瑕疵。王强、永龙公司决议撤销纠纷案中,法院认为,涉案会议通知虽系以永龙公司名义发出,但永龙公司及赵锡军均陈述系赵锡军负责召集,而赵锡军系永龙公司法定代表人及执行董事,故该次会议应认定为永龙公司执行董事赵锡军召集,符合永龙公司章程规定,对于会议主持人为公司管理人员雷勇,对会议议程及结果不会产生实质影响,应属轻微瑕疵。[2]

②召集通知瑕疵。召集通知系指会议召开前的法定期间内,向拟参会人员发出的载有会议必要信息的通知,实务中与会议召集通知相关的瑕疵类型较为多样,可大体归纳为以下几类:第一类是未发送召集通知。召集人未按照法律、章程规定发出通知,导致应参会人员未接收到会议召开信息的情形下仍形成了决议,这具体又分为两种不同的情形:情形一是向个别参会人员发送通知,但因表意人在公司中的特殊地位或者通过其他途径知悉会议召开的信息,且最终出席会议,如前引范力与北京一得阁公司公司决议纠纷案即为适例;情形二是因未发送召集通知,导致股东、董事最终没能参会。如前引桑乐公司与滕为公公司决议撤销纠纷案即为适例。第二类是召集时间瑕疵。为保障会议规范召开及便于拟参会人员事先了解议决事项,防止董事会、控股股东利用突击手段控制股东会议,[3]需要预留给被召集人前期准备的时间。[4] 相应地,召集时间瑕疵通常表现为发送通知预留时间短于规定期间。胡碧琳、鄂州恒升公司纠纷案,法院认为,依照法律及该公司章程规定,恒升公司召开股东会议应提前 15 日书面通知全体股东,其目的是切实保障所有股东平等参与公司决策、充分行使表决权。虽然恒升公司未提前 15 日通知股东开会,但是全体股东均于当日到场参加公司股东会,保障了股东平等参与公司决策、充分行使表决权,通知的目的已经实现,且

---

〔1〕 参见赵旭东主编:《商法学》(第 3 版),高等教育出版社 2015 年版,第 52 页。

〔2〕 参见王强、成都市永龙液化天然气有限公司公司决议撤销纠纷案,四川省成都市中级人民法院(2020)川 01 民终 12647 号民事判决书。

〔3〕 参见冯果:《公司法》(第 3 版),武汉大学出版社 2017 年版,第 211 页。

〔4〕 如《公司法》第 41 条规定:“召开股东会会议,应当于会议召开十五日前通知全体股东;但是,公司章程另有规定或者全体股东另有约定的除外。”《公司法》第 102 条规定:“召开股东大会会议,应当将会议召开的时间、地点和审议的事项于会议召开二十日前通知各股东;临时股东大会应当于会议召开十五日前通知各股东;发行无记名股票的,应当于会议召开三十日前公告会议召开的时间、地点和审议事项。”

占公司87.5%股权的股东表决同意股东会议决议，因此该股东会议召集程序上的轻微瑕疵对决议未产生实质影响。[1] 第三类是召集方式瑕疵。召集方式也即召集人向参会人员发送会议通知的方式，包括电话、信件、电子邮件等。召集信息能否成功送达很大程度上依赖于召集方式是否合理，如不存在稳定获取会议召开信息的渠道，表决权的行使可能由此存在极大障碍。公司法未明确规定会议召集的方式，一般由公司章程、议事规则进行规定。叶明胜与金坤公司决议撤销纠纷案，法院认为被告仅采用电话通知股东的形式存有瑕疵。[2] 第四类是通知记载事项瑕疵。召集通知的必要记载信息包括会议召开的时间、地点、审议事项等，并最终由召集人签字，如召集通知记载的内容缺失或者不明确，会对参会人员的实体性权利产生不利影响。所以，会议通知必要记载事项的缺失、不明确可被认定为一类程序瑕疵。韩效冲与信科公司决议撤销纠纷案，法院认为虽然会议通知没有完全通知审议的事项，但包括韩效冲在内的所有股东均出席会议并作出了表决，涉案股东会议召开并作出决议程序没有违背法律规定的情形，《公司法》第16条规定担保事项，并没有规定相关股东不能参加理财事项的表决，韩效冲所称金正汇公司作为股东不应当参加理财事项的表决的理由不能成立。[3]

以上四类召集通知瑕疵能否构成轻微瑕疵，需要分别加以讨论。首先，对于未发送召集通知的，因为会议通知是股东、董事参加会议的前提条件，直接关系到知情权、表决权等固有权的行使，所以如因未发送召集通知导致出席会议不能，应视为参会人的有关实体权利被剥夺。同时，对于因此而错过会议的参会人而言，决议形式上具有明显缺憾，有违形式正义。所以，从实体正义与形式正义两个角度都不能认定为轻微瑕疵。但是，若参会人通过其他途径或依据在公司的地位获取了会议信息，可以说相应风险被消除，只要其完整知悉了会议召开的全部相关信息并最终出席了会议，则瑕疵不仅未实质性影响到权利的行使，而且其出席会议并表决的行为也可视作参会人员对形式瑕疵的豁免，可以归属于轻微瑕疵。其次，关于召集时间、召集方式、通知记载事项缺失或者不明确的瑕疵认定，不能先验性地判断是否属于轻微瑕疵，因为都可能实质性影响实体权利的

---

〔1〕 参见胡碧琳、鄂州恒升数控机械有限公司损害公司利益责任纠纷案，湖北省鄂州市中级人民法院(2019)鄂07民终220号民事判决书。

〔2〕 参见叶明胜与攀枝花市金坤工贸有限责任公司公司决议撤销纠纷案，四川省攀枝花市东区人民法院(2019)川0402民初182号民事判决书。

〔3〕 参见原告韩效冲与被告山东信科环化有限责任公司公司决议撤销纠纷案，山东省临沂市临沭县人民法院(2018)鲁1329民初6329号民事判决书。

行使,仍然需要判断瑕疵是否影响到了股东、董事的相应权利。例如,召集时间瑕疵导致部分人员不能出席会议、召集方式瑕疵使会议信息未能及时传递、通知记载事项瑕疵致使信息传递信息不完全、不充分等影响到实体权利的瑕疵,都难以认定为程度轻微,但未对实体权利产生不利影响的,则可以认为符合轻微瑕疵的标准。

(2)召开阶段瑕疵

会议召开阶段的主要意义在于为表决人提供意思交流与互动的平台,助力表决意思的形成。一般情况下,召开阶段瑕疵主要有以下两类。

①主持人瑕疵。根据公司法的规定,会议的召集人、主持人一般为同一人,因此召集人如有瑕疵,主持人也极有可能有瑕疵。与召集人对会议召集的掌控力类似,主持人的掌控力体现在对会议具体流程的掌控。虽然会议通知已载明会议的基本信息,但会议进展的实际流程由主持人掌控,因此多数人意思的形成是在一定引导下形成的,主持人的中立性要求也由此而定。虽然主持人与召集人一般相同,但会议召集与公司经营决策相关,涉及不同机构的权力分配,主持人仅作为会议程序的主导者,不牵扯实体性问题,主持人人选也不具有强制性,因此只要主持人瑕疵不会影响到表意人表决权等实体性权利的行使,可以认定为轻微瑕疵。盛乐公司、翠倚公司决议撤销纠纷案,法院认为从会议的主持以及盛乐公司发表的意见可知,因公司董事长和董事未参加该次会议,客观上不可能由董事长主持,盛乐公司已经按照会议通知的时间、地点派员到会并就决议事项发表了意见,现会议的主持问题并未导致盛乐公司无法公平地参与多数意思的形成,故该次股东会会议是否由董事长或其他董事主持,并未对决议产生实质影响,因此决议不予撤销。[1]

②会议记录瑕疵。根据公司法规定,公司召开会议需要制作会议记录并由参会人员在记录上签字。[2] 会议记录是对会议流程的完整记录,其内容为会议召开过程中的全部事项,会议记录既要反映会议的全过程,也要反映决议的结果。会议记录的功能在于反映公司会议的实际情况,揭示与会者的真实意思表

〔1〕 参见广东盛乐房地产投资有限公司、广州市番禺区翠倚华庭房地产有限公司公司决议撤销纠纷案,广东省广州市中级人民法院(2019)粤01民终8527号民事判决书。

〔2〕 参见《公司法》第41条:"股东会应当对所议事项的决定作成会议记录,出席会议的股东应当在会议记录上签名。"第48条:"董事会应当对所议事项的决定作成会议记录,出席会议的董事应当在会议记录上签名。"

示，有助于解释决议的真实含义。因此，会议记录是一种证明文件，会议记录缺失在不涉及实体正义或形式正义，不存在其他违法事由的情况下，可视为轻微瑕疵。

(3)表决阶段瑕疵

根据公司法规定，表决方式瑕疵为程序性瑕疵的另一种类型。依字面意思，表决方式就是行使表决权的具体方式，但若按体系解释，决议表决时所涉及的程序远不止表决方式一项，表决方式瑕疵宜作扩大理解，包括表决程序中的全部瑕疵。据此，实务中表决阶段瑕疵可以划分为以下几类。

①狭义表决方式瑕疵。狭义表决方式是指表决人员对决议事项表达同意、不同意的意思表示的方式。遵循意思表示的基本理念，一般的意思表示没有固定的表现形式，明示、默示（包括沉默）都能够成为意思表示形式的一种。[1] 公司法没有限定决议必须以某种特定表决方式做出，但有些公司章程可能对此有所规定。实务中，表决方式除了传统的书面形式外，还包括电话、网络等方式，如与章程规定的表决方式不一致，便可能被认为表决方式存在瑕疵。但表意人通过一定方式表达“同意”、“不同意”或“弃权”，这一过程只是简单态度的表达，不涉及意思的形成过程，因此即便表决方式与规定不一致，原则上只要能够准确反映表意人的真实意思，狭义表决方式的瑕疵可认定为轻微瑕疵。曾涛、曾繁文等与恒泰公司决议撤销纠纷案，关于推选赵长桂诉恒泰公司民间借贷纠纷案的诉讼代表人的会议记录，载明蒋阳亭同时将选票投给了曾繁文和唐家富，最终形成的股东会决议则是蒋阳亭的选票给了唐家富，法院认为表决方式存在瑕疵，但除去蒋阳亭的选票，形成的表决结果中选唐家富作为诉讼代表人的股东的出资比例占总股57.98%，根据资本多数表决的治理原则，蒋阳亭的表决结果并未对决议产生实质的影响，故决议不予撤销。[2]

②计票程序瑕疵。计票程序是单独设计的，不同种类决议的计票程序也略有差异。董事会表决采人头多数决，每名董事的表决权相同，股东会表决一般采资本多数决，股东按照持有股权或者股份比例行使表决权，如未进行单独的计票程序或计票程序与规定不一致的，则为计票程序瑕疵。同时，一些公司章程或者议事规则规定，由特定主体担任计票人与监票人，司法实务中也有当事人以计票人、监票人不适格为理由请求撤销公司决议。若缺少计票程序或者不被遵守，因

[1] 参见朱庆育：《民法总论》（第2版），北京大学出版社2016年版，第193页。

[2] 参见曾涛、曾繁文等与资源县恒泰置业有限公司公司决议撤销纠纷案，广西壮族自治区资源县人民法院(2020)桂0329民初812号民事判决书。

严重影响决议形式的完整性，违背了决议的程序正义，不宜认定为轻微瑕疵；但若瑕疵不会影响表决结果，或者事后进行了表决票的补签，也可认为是轻微瑕疵。马云金、建水县糖烟酒公司决议撤销纠纷案，法院认为依据《公司法解释四》第4条规定，被上诉人糖烟酒责任公司召开的股东会会议，虽存在未当场唱票、补签手续不完备等瑕疵，但未对决议产生实质性影响，公司63名股东中，58人已按股东会表决决议书领取了房屋征收补偿款，因此决议不予撤销。[1] 至于计票人或者监票人瑕疵，要看对计票程序的进展与最终结果产生实质性影响与否，若否，可认定为轻微瑕疵。

③决议签署瑕疵。决议是对会议表决事项结果的记录，但公司法未明确决议是否需要签字。[2] 根据民事法律行为关于形式的要求，如书面合同要求双方签字、盖章后生效，故此也应当认为决议在表决主体签名之后才具有完整的效力。决议文件是公司意思的表现形式，原则上法律行为的外在形式应具有完整性，否则可能影响到法律行为成立与否的判断。但法律行为更尊重表意人的"内心真意"，只要有证据证明决议是基于股东、董事的真实意思表示，即便事后拒绝在决议上签字或者由他人代为签字，也可以进行实质判断认定为轻微瑕疵；反之，如不能证明，决议上的非本人签字不能代表表意人的真实意思，理应撤销决议。张华富、成都新炬公司纠纷案，法院认为，2017年11月29日新炬公司《股东会决议》共有6项内容，其中前3项系新炬公司3名股东将其所持股权转让给另一股东的内容，新炬公司没有证据证明上述股权的转让已通知了张华富，且张华富参加了股东会，在《股东会决议》上签名同意，张华富的签名不真实属于股东会召集程序或者表决方式存在瑕疵，并不因此无效。[3] 需要说明的是，逻辑上决议签署为决议的最终步骤，决议签署的瑕疵往往伴随诸如未发送会议通知等其他类型的瑕疵，因会议文件签署瑕疵而撤销决议产生实质作用的往往是前置程序中的缺陷。故在对该类型瑕疵进行认定时，需要结合案情寻找是否存在其他种类的瑕疵并判断具体影响。

④其他程序性瑕疵。除了召集方式瑕疵与表决方式瑕疵外，在司法实务中

---

〔1〕 参见马云金、建水县糖烟酒副食有限责任公司公司决议撤销纠纷案，云南省红河哈尼族彝族自治州中级人民法院(2018)云25民终270号民事判决书。

〔2〕 参见《公司法》第37条第2款规定，股东会决议事项股东以书面形式一致表示同意的，可以不召开股东会会议作出决定，并由全体股东在决定文件上签名、盖章，但未规定一般股东会决议的签名要求。

〔3〕 参见张华富、成都新炬化工有限公司损害股东利益责任纠纷案，四川省成都市新都区人民法院(2019)川0114民初2029号民事判决书。

还有其他类型的程序瑕疵，此多缘于公司章程规定的额外决议程序。对于此类瑕疵，也可以参照上述判断标准：凡影响实体权利、公司权力配置以及形式正义的瑕疵，都不宜认定为轻微瑕疵。

3. 轻微瑕疵与瑕疵治愈的体系联动：诉讼救济与非诉讼救济的衔接

轻微瑕疵所属的裁量驳回制度与瑕疵治愈是两种不同的救济方式。瑕疵决议的救济方式有非诉讼救济与诉讼救济之分，前者是指通过治愈、撤回与追认等方式消除决议存在的瑕疵，后者是指通过对瑕疵决议提起诉讼来予以救济，撤销之诉属于其中之一。有学者认为，虽然决议存在瑕疵，但如果股东通过意思或事后行为表明了对决议的认可，应视为瑕疵得到治愈，事后不能再次提出撤销的主张，〔1〕或者认为，存在撤销原因的决议，因撤销权经过固定期限之后便不复存在，可撤销决议便具有了瑕疵“自动治愈”的特征。〔2〕这一现象，被称为决议瑕疵的治愈。民法中的法律行为理论以意思自治为原则，因此允许当事人以积极行为来治愈法律行为的瑕疵。股东大会决议作为一种法律行为，同样得通过当事人的积极行为来治愈瑕疵。〔3〕裁量驳回制度属于决议撤销之诉的例外制度，是诉讼救济制度的一种配置。

在个案中，瑕疵治愈制度优先于裁量驳回制度的启动要件“轻微瑕疵”适用。决议瑕疵的非诉讼救济同诉讼救济的关系，应该定位于前者优先于后者而适用。此观点在实务中也有案例佐证，数安时代公司与电子证书公司决议撤销纠纷案，法院认为公司召开的股东会、董事会存在程序违法，因此原告诉请撤销“两会”决议，但原告、被告之间对于程序性的瑕疵在会议召开之前已经互谅，且原告委派人员在股东会和董事会上已充分表达对各议案的意见，会议记录中也记载了原告尤为关注的利润分配方案问题，可见会议程序瑕疵并未影响原告判断。原告事实上并非对被告公司董事会、股东会作出的全部决议不服，而仅系对“两会”中关于利润分配的股东决议持异议，因此决议不予撤销。〔4〕如前文所述，诉讼救济属于司法介入。虽然裁量驳回制度意在回正决议撤销之诉的功能失调，但瑕疵治愈制度是一种“低成本”制度，即司法只是确认决议瑕疵的状态

〔1〕参见钱玉林：《论可撤销的股东大会决议》，载《法学》2006年第11期。

〔2〕参见彭春莲：《股东权利救济机制研究——以司法救济为视角》，法律出版社2010年版，第147页。

〔3〕参见李建伟：《公司诉讼专题研究》，中国政法大学出版社2008年版，第192～193页。

〔4〕参见数安时代科技股份有限公司与贵州省电子证书有限公司公司决议撤销纠纷案，贵州省贵阳市观山湖区人民法院（2018）黔0115民初1156号民事判决书。

消除，并未主动适用相应的规范去调整公司关系。在制度运行成本上，瑕疵治愈制度明显低于裁量驳回制度。因此，瑕疵治愈的判断可优先于瑕疵轻微的判断。如公司内部存在决议瑕疵治愈的救济机制，可尽快实现法律关系的稳定，避免讼累。[1] 虽然裁量驳回制度也可维持公司关系的稳定性，但诉讼耗时耗财，即使公司决议最终得以稳定，但付出的诉讼成本难以收回。

决议瑕疵的治愈包括事前豁免与事后追认两种类型。事前豁免，是指参会主体在会议召开前，对于某些程序性瑕疵的事实予以确认，认可其不会对决议效力产生影响。如在实务中，部分公司在召开股东会之前因为时间紧迫可能会以短于规定时间发出召集通知，为了保证决议有效，参会股东出具关于召集时间豁免的认可，从而消除该程序性瑕疵。事后追认，是指参会人在决议通过之后对决议内容予以认可、放弃异议，或者事后通过同样的决议代替前决议，以相同意思表示强化原决议的效力。瑕疵治愈的最终效果是公司决议不因瑕疵而效力受损，这一点与裁量驳回制度一致。二者的真正区别在于，第一，裁量驳回制度为瑕疵本身影响轻微并经法院认可之后方能产生法律效果；瑕疵的治愈则为由当事人的行为消除瑕疵的影响。第二，在瑕疵治愈中，瑕疵本身仍有可能属于严重瑕疵，仅因瑕疵不良影响消除，撤销决议更无实际意义，由此维持决议效力更具有正当性。因此瑕疵治愈的原理与裁量驳回制度的法理基础并不完全一致，应当予以区分。对于同一程序瑕疵而言，其虽可能不被应认定为轻微瑕疵，但仍然存在被治愈的可能。例如，未发送股东会召集通知，其效果是剥夺股东参加会议进行表决的权利，并不能够认为瑕疵轻微而适用裁量驳回制度，但是如果股东事后对决议结果表示认可，未发送通知的瑕疵因股东行为而治愈，股东申请撤销公司决议便不应得到法院支持。目前我国尚未规定瑕疵治愈制度，如果出现瑕疵被治愈的事实，实务中往往将瑕疵治愈认定为轻微瑕疵。鉴于二者在法律结果以及价值理念方面存在共通之处，在缺乏具体法律制度的情况下，瑕疵治愈案件可以参照裁量驳回制度的规则进行裁判。

（二）实质影响的认定：基于意思民主的实质性判断

1. 实质影响判断的理据

（1）唯结果论判断的不当

理论界和实务界都存在将实质影响界定为最终表决结果的观点，即只要程

---

〔1〕 参见周淳：《组织法视阈中的公司决议及其法律适用》，载《中国法学》2019 年第 6 期。

序瑕疵不会影响到最终多数表决比例结果，法院就可认定瑕疵没有实质影响。例如，王玲与马立科公司决议纠纷案，法院认为，根据《公司法解释四》第4条规定，鼎和公司本次股东会的召集程序虽然违反公司法、公司章程，但公司只有王玲和马立科两名股东，王玲在本次股东会前通知了马立科，马立科也认可收到了通知，故召集程序仅有轻微瑕疵，王玲作为51%表决权的股东，即使重新召开股东会，王玲也可以做出同样的决议，故股东会召集程序的轻微瑕疵对决议未产生实质影响。[1] 再如，高新公司与盈成公司间的决议撤销纠纷案，法院认为，依据《公司法解释四》第4条规定，盈成公司股东会的召集程序上存在瑕疵（未于会议召开15日前通知全体股东、部分股东未接到通知、通知中未明示对盈成公司破产重整事宜进行表决），但实际参与表决且同意盈成公司破产重整的股东的股权比例为72.65%，盈成公司破产重整已经获得超过代表2/3表决权股东的同意，即便此次股东会部分股东行使表决权存在瑕疵，而该表决权并不影响决议形成时，法院不宜以少部分股东表决权瑕疵撤销多数股东的意思表示。[2]

必须指出，唯结果论的解释路径可能会导致少数派在决议中被绝对边缘化，极端的推论就是持股量微小、不足以影响表决结果的股东，参与会议与否都是可以忽略不计的。这一观点的缺陷在于，不论决议程序瑕疵对少数派造成何种的不利影响，法官都可能适用裁量驳回制度来维持决议的效力，因为少数派所持表决权数量在多数决规则面前不足以影响决议的通过与否。由于我国公司或为国家控股，或为私人控股，包括上市公司在内亦存在很多绝对或相对控股的现象，[3]甚至在相当长时期内"一股独大"成为证券市场上聚焦的特定概念，[4]在有限公司中，投资合作更多地发生在亲属、熟人之间，因而家族型企业占了很大比例，[5]多数股东往往控制着公司治理，[6]与其他股东利益、管理层利益甚至公司利益都会存在冲突。控制股东利用控制地位，直接损害其他股东、公司利益的情况可谓普遍，在此背景下，这显然违背正当程序论与程序正义论的价值观，

---

〔1〕 参见王玲与马立科公司决议纠纷案，陕西省西安市高陵区人民法院（2018）陕0117民初462号民事判决书。

〔2〕 参见湖南高新创业投资集团有限公司与湖南盈成油脂工业有限公司公司决议撤销纠纷案，湖南省常德市澧县人民法院（2018）湘0723民初1080号民事判决书。

〔3〕 参见李建伟：《公司制度、公司治理与公司管理》，人民法院出版社2005年版，第118页以下。

〔4〕 参见施天涛：《公司法论》（第4版），法律出版社2018年版，第326页。

〔5〕 参见张学文：《封闭式公司中的股东信义义务：原理与规则》，载《中外法学》2010年第2期。

〔6〕 参见赵旭东：《公司治理中的控股股东及其法律规制》，载《法学研究》2020年第4期。

不能为法律所接受。总之,唯结果论的解释路径存在天然的不足,这无异于为股东压制赤裸裸地张目。

(2)基于意思民主的实质影响判断

第一,“对决议的实质影响”的界定,需要先厘清程序之于公司决议的功能。在语义上“影响”可以理解为“不当程序影响决议不能成为决议”,即本应发挥的功能无法发挥或者受到一定的限制,使决议效力的完整性受损。决议经由正当程序转化为公司意思,因此程序之于决议的功能在于:公司自治性与组织性的保障。这之间的逻辑关系可从公司决议的作用及程序对其的促进展开。具言之,首先,公司决议的形成必然伴随着程序,程序区隔公司与其成员的人格,使公司人格具有独立性。股东会决议一经作出,在内部体现的是作为团体成员的股东与作为团体整体的公司之间的关系,而不再是股东与股东之间的关系,在外部则作为公司的意思机关代表公司形成公司的意思。董事会、监事会决议一经作出,在内部是作为法人机关成员的董事、监事形成执行、监督公司意思的作为,体现的并非董事、监事彼此之间的关系,在外部则体现为法人机关代表公司作出的意思表示。[1] 由此,决议演变为公司意思,公司人格的独立性得以彰显。人格独立是权利义务的归属点,公司人格意味着公司具有权利能力和行为能力,依法独立享有民事权利和承担民事义务。其次,程序之于决议的具体功能之一:公司组织性的保障。公司成员意思遵循程序规则,经过相应程序才能转化成公司意思。[2] 决议程序的开启是公司组织程序运行的结果,并通过组织程序的运行产生实质拘束力。[3] 由此,公司的组织性经程序的运行得以彰显。最后,程序之于决议的具体功能之二:公司自治性的保障。如欠缺相应程序,成员意思无法转化成公司意思,[4]股东自治将股东作为自治的主体,公司自治的实现同样意味着以期自身作为自治的主体,这需要通过程序保障。由此可知,经过法定、章定程序形成的决议排除了非公司因素的干扰,程序的运行可以有效地防止他治干扰自治。[5]

第二,公司决议的自治性与组织性的功能是否受到影响的评估在于,公司决

〔1〕 参见李建伟:《公司法学》(第4版),法律出版社2018年版,第88~89页。
〔2〕 参见王湘淳:《论公司意思独立的程序之维》,载《中外法学》2021年第4期。
〔3〕 参见叶林:《股东会会议决议形成制度》,载《法学杂志》2011年第10期。
〔4〕 参见王湘淳:《论公司意思独立的程序之维》,载《中外法学》2021年第4期。
〔5〕 参见王湘淳:《论公司意思独立的程序之维》,载《中外法学》2021年第4期。

议过程中意思民主能否得以贯彻。这也就是公司决议的正当性问题。首先，语境转化，“对决议的实质影响”可以理解瑕疵对决议的正当性产生不可弥补的影响。“法律行为效力的根源及其正当化的问题所要阐明的问题是：法律行为为什么在当事人之间产生法律拘束力？其正当性依据何在？”〔1〕决议作为法律行为之一种，同样面临着效力正当性的追问。对此问题的回答可从决议形成过程的考察开始。具体而言，公司决议的形成可分为三个层次：第一层次是个体意思的形成与表示，公司决议以各个表决权人的表决意思为起点，表决行为的效力是决议效力的逻辑起点〔2〕；第二层次是公司机关集体意思的形成，即前一层次中的个体意思在公司法和章程规定的表决规则加总下形成集体意思；第三层次是公司意思的形成，即符合公司法和章程所搭建之议事方法与权力构造的多数意思被认可为公司的意思，从而约束公司与公司中的各群体，并作为公司代表机关对外法律交往的依据。〔3〕由此可知，公司成员个体的表决行为欲化合成代表公司意思的决议，需要该决议具有约束全体成员的效力。其次，一个意思的效力（或约束力）有两个基本的来源：一是同意，因为本人同意所以该意思对本人有约束力；二是正确，因为该决议是符合真理的，所以本人接受真理的约束。〔4〕由于公司决议奉行多数决原则，因此个人意思在转化为具有约束公司及相关人员的公司意思时，很难判断多数人的意思就是正确，更谈不上少数人的同意。在正确与同意的选项之外，公司成员愿意接受决议的约束，同时该决议能上升为公司的意思，是因为该公司决议的做出系基于意思民主。因此决议正当性的基础是意思民主，这也是在意思表示体系中唯决议这一类法律行为所独有的内在理念。最后，根源于个人法、交易法上的法律行为（合同）规则在适用于组织法上的法律行为，如公司决议时，错位现象就在所难免。〔5〕意思民主可以说是基于决议行为的特殊性而衍生的一种特殊的正当性。民主参与可能影响公司决策效率，却有助于缓和投票民主带来的“多数人暴政”，从而夯实公司决策的正当性基础。〔6〕一旦意思民主理念缺失，决议正当性的基础必然产生根本动摇。正当程

〔1〕徐涤宇：《原因理论研究——关于合同（法律行为）效力正当性的一种说明模式》，中国政法大学出版社2005年版，第1页。

〔2〕参见李建伟：《决议行为特殊效力规则的民法解释》，载《法学杂志》2021年第7期。

〔3〕参见周淳：《组织法视阈中的公司决议及其法律适用》，载《中国法学》2019年第6期。

〔4〕参见陈醇：《商法原理重述》，法律出版社2010年版，第136页。

〔5〕参见李建伟：《决议行为特殊效力规则的民法解释》，载《法学杂志》2021年第7期。

〔6〕参见叶林：《股东会决议无效的公司法解释》，载《法学研究》2020年第3期。

序是意思民主理念的重要支撑,如程序瑕疵有碍于意思民主理念的实现,便会由内而外地影响决议效力。因此,意思民主的理念融入瑕疵实际“影响力”的判断之中具有可行性。

第三,在比较法上,关于因程序瑕疵导致决议撤销的具体标准,德国法存在两种不同的理论学说,其中“相关性理论”为决议蕴含决议应基于意思民主产生的理论内涵。最先出现的是“因果关系理论”,该理论认为,程序瑕疵只有在与决议结果之间存在严格的因果关系的情况之下才能够被撤销。[1] “因果关系理论”的落脚点在于程序对决议结果的最终影响,只要能够证明瑕疵对最终表决比例产生了不利影响,决议就可以被撤销。在这一理论提出后,其逐渐遭到理论界的批评。该理论最大问题在于,其可能导致决议的程序规则被架空,使公司意思处于多数派的控制之下,多数派能够以即便不存在程序瑕疵、少数派所享有的表决权亦不足以改变决议的最终结果为理由主张决议有效。鉴于此,有德国学者又提出了“相关性理论”,该理论围绕股东会的程序性规定所要保护的股东参与决策的权利,并以“该参与利益及其所体现的参与权与信息权能否被侵害作为标准来判断公司决议是否应被撤销”[2]。“相关性理论”表明,决议程序的根本目的在于维护参会人的参与性利益,确保会议不会流于形式,相较于“因果关系理论”更加合理,并成为德国的主流观点。意思民主作为实质影响的内涵在此学说中初见端倪,因为每个参会者都公平行使自己的权利是民主决策的前提。

第四,在“相关性理论”指导下,裁量驳回制度中的“实质影响”要件可解释为:决议瑕疵对表意人的实体权利与意思表示所生之影响。虽然我国公司法的决议撤销制度未完全采用“相关性理论”,决议撤销之诉的原告限于股东,但未要求股东权利受损,也即将股东视为利益共同体,撤销之诉带有一定的“公益性”。[3] 尽管如此,该理论仍有司法适用的余地。“相关性理论”本质上是考量决议瑕疵对股东利益的实际影响。具体而言,股东在决议过程中的具体利益有二:一是外在实体性权利的完满行使,二是内在意思表示的自由表达。同时,基于决议所蕴含的意思民主理念,在决议的意思互动中,每一个体的意思表示都是

〔1〕 参见丁勇:《股东大会决议撤销之诉中程序瑕疵与决议撤销的关系——基于德国联邦最高法院两个案例的评析》,载王利明主编:《判解研究》第5辑,人民法院出版社2009年版;陈醇:《商法原理重述》,法律出版社2010年版,第143页。

〔2〕 丁勇:《股东大会决议撤销之诉中程序瑕疵与决议撤销的关系——基于德国联邦最高法院两个案例的评析》,载王利明主编:《判解研究》第5辑,人民法院出版社2009年版。

〔3〕 参见丁勇:《股东大会决议撤销之诉功能反思》,载《法学》2013年第7期。

动态变化的。因此，实质影响中的“意思表示”不仅代表受到程序瑕疵直接波及的主体，也应将其他主体的意思表示状态与结果纳入考量范围。

第五，程序瑕疵之于决议效力的实质影响认定，可划分为程序瑕疵对决议成立的影响与对决议生效的影响，即区分为“表决民主”和“议事民主”。依据法律行为的一般理论，法律行为的成立与生效是两个不同的阶段，前者是事实判断，而后者是价值判断。其中决议成立的最直观形式表现为适格多数表决权的同意，决议生效则关注决策过程和权力构造两个要件上符合管制法和自治法的规定，是否存在瑕疵对个体及群体意思表示造成影响。在决议民主理念下，两者分别对应着“表决民主”与“议事民主”。一是表决民主主要体现为表决权的正当行使。程序瑕疵如有违表决民主，其表现或为对表决权的明显侵犯，损害实体权利，或为在表决程序中存在重大缺陷，违背形式正义。上述两点均与“轻微瑕疵”要件中对实体权利与形式正义影响的判定相吻合。因此，在“实质影响”认定中可参照“轻微瑕疵”的认定方法进行判定。二是议事民主主要体现为议事过程中的民主。对议事民主的违背也可能会对实体权利、程序正义产生影响，例如，剥夺股东发表意见的权利、未进行议案讨论即付表决等，因此也可借鉴“轻微瑕疵”之判断标准。但议事民主更重要的价值在于意思表示的冲突与融合，是个体意思表示与群体意思表示的真实与自由，所以需要判断瑕疵对个体与群体意思表示状态的影响。对某个体而言，程序不当既可能对实体权利造成侵犯，信息的披露、时间的安排、会议的形式，也可能左右意思表示的状态与内容；对表决群体而言，意思互动导致每个人的意思表示都处于可能被影响的状态，即使表决权重无足轻重的少数股东也存在依靠个人独有判断左右公司经营策略的可能，〔1〕而程序完备则是意思互动的必备外部条件。决议行为采意思表示多数决是借鉴政治民主决策多数决的结果。〔2〕虽然在组织法的视角下，决议主体的意思表示瑕疵并不当然导致决议行为的瑕疵，〔3〕但如果意思瑕疵是由于程序瑕疵所导致，便意味着可能影响到决议的民主正当性，那么决议的效力则例外地受到个体意思的影响。因此，程序瑕疵直接作用的个体和参与表决的群体意思表示

---

〔1〕 例如，在很多创业公司中，初创人员可能仅持有较小的股权比例，却能够左右公司的整体发展方向与经营策略。

〔2〕 参见王雷：《论民法中的决议行为——从农民集体决议、业主管理规约到公司决议》，载《中外法学》2015 年第 1 期。

〔3〕 参见王雷：《公司决议行为瑕疵制度的解释与完善——兼评公司法司法解释四（征求意见稿）第 4 ~9 条规定》，载《清华法学》2016 年第 5 期。

都应当作为检验瑕疵影响的重要内容。

综上所述,程序瑕疵之于表决民主与议事民主的影响考察,都可能涉及实体价值与程序价值的判断,交叉部分可以参照“轻微瑕疵”的认定标准。因此,“实质影响”要件便可以简化为对个体意思表示以及群体意思表示影响的考察。也即分别判断个体及群体意思表示在程序瑕疵与程序完整时的状态,若内容均不存在差别、均获得完全相同的多数人同意,则可以认为无实质影响;否则,应认定为瑕疵对决议造成实质影响。

2. 实质影响的判断:一般理性人标准

关于程序瑕疵对意思表示产生影响的认定方法,有学者基于经济理性人的一般理论,提出以交易假设模型作为判断的具体标准。

(1)交易假设模型与一般理性人

①交易假设模型及其适用流程。交易假设模型是指法官“将自己置于诉讼当事人的地位,尽量猜测如果被破坏的条件或程序得以恢复,当事人会如何行动以及股东会可能作出的决议,然后以该决议作为裁判的基础进行裁量”[1]。假设交易模型包括“个人化”与“一般化”两个版本。“个人化”版本是指对于公司内部特定主体之间,应当如何处理特定的法律关系,而“一般化”版本则是指对于同类型的公司在处理同类型的事务时会如何操作。[2] 在适用裁量驳回制度时,为尽可能保证“假设”具有合理性,法官需要在一般性标准的基础上,结合具体情况建立个性化的标准。利用交易假设模型进行判断的内容为:法官将假设没有程序瑕疵的情景,判断在该状态下决议主体将会如何做出意思表示,符合表决权比例的决议能否最终形成。也即法官比较程序瑕疵不存在或存在对决议的影响,进而确认瑕疵是否会对主体意思表示产生影响。如果在消除瑕疵的条件下主体的意思表示不会改变,仍存在符合法定要求的多数表决结果,则可以认为瑕疵对决议不存在实质性影响;如果发生了变化,那么则需要认定瑕疵产生了实质性影响,决议应当被撤销。

②交易假设模型的具体适用:一般理性人标准。交易假设模式是通过情景的假设与再造,按照应在当时情境下理性人的标准进行判断,考察一般理性人在特定情境下会做出何种选择。这种思维方式所运用的便是私法中一般理性人的

---

〔1〕 丁绍宽,前揭书,第 142 页。

〔2〕 参见丁绍宽,前揭书,第 141 页。

判断方法。一般理性人的判断方法是以一个人格化的形象作为参照来评判个案的当事人。[1] 这一判断方法由来已久，早在罗马法时代，便存在以“善良家父”作为衡量是否存在过失的标准，[2]包括依善意履行、履行能力和胜任程度三项因素构成。[3] 后法国民法继承了罗马法的传统，在民法中的诸多领域设定了“bon pere de famille”的人格化注意标准，通常被译为“善良管理人”[4]；在《意大利民法典》中，“善良家父”的标准也有广泛的应用，例如，第1176条规定：“在债务履行中，债务人应尽到善良家父般的谨慎义务[5]。”在民法领域，理性人标准有着广阔的适用空间，可以适用于善意第三人、损失预见以及表见代理等领域。在商事领域，理性人标准的应用空间更加广泛，凡涉及商业风险与商业交易领域，均可应用一般理性人的标准对商人的行为进行衡量。在商事活动中，商事主体往往被认为是具有较高的经济实力与较成熟的判断力，商事主体便要承担远高于非商人的注意义务和更加严格的法律责任，[6]所以相较于民法上的理性人，商事理性人的标准更复杂、更严格。

(2)公司决议中的理性人构造

理性人构造的核心在于对理性人标准的确定，而理性人的标准在裁判中不应是抽象的，于个案中更需要将理性人的标准具体化，[7]即根据个案当事人的实际情况来确定该案中理性人的标准。虽然学界鲜有关于决议中理性人标准的研究，但对于其他法律问题中的理性人标准的多个环节却有所涉猎，在构造决议中一般理性人标准时可予以借鉴。

环节一，关于理性人的能力和知识。这两方面是理性人标准具体化的重要组成部分。[8] 在公司决议中，表决主体已然具有完全行为能力，所以并不需要额外关注。在一般理性人的标准中，能力主要包括智力、注意力、记忆力、判断力等。除此之外，因为公司决议是具有一定专业性的群体意思表示，所以还应当对

---

〔1〕 参见叶金强：《私法中理性人标准之构建》，载《法学研究》2015年第1期。

〔2〕 参见陈志红：《罗马法“善良家父的勤谨注意”研究》，载《西南民族大学学报（人文社科版）》2005年第8期。

〔3〕 参见丁玫：《罗马法契约责任》，中国政法大学出版社1998年版，第160页。

〔4〕 参见《拿破仑民法典》，李浩培等译，商务印书馆1979年版，第57页。

〔5〕 《意大利民法典》，费安玲、丁玫译，中国政法大学出版社1997年版，第325页。

〔6〕 参见范健、王建文：《商法学》（第4版），法律出版社2015年版，第25页。

〔7〕 参见叶金强，前揭书，第106页。

〔8〕 参见叶金强：《可预见性之判断标准的具体化——〈合同法〉第113条第1款但书之解释路径》，载《法律科学（西北政法大学学报）》2013年第3期。

表意人的法律知识、商业决策水平、风险认知能力等商业能力进行综合考量，以最终确定表决主体在行使表决权时所应具有的综合能力。在具有程序瑕疵的决议中，尤其应当关注当事人对程序瑕疵的认知能力与抵抗能力。如果对瑕疵有比较清晰的认识或者能够依靠自身能力消除瑕疵的影响，甚至在明知瑕疵存在的情况下未表示异议且进行了意思表示，则可以认为表意人已然充分认知并接受了瑕疵的风险，程序瑕疵对其意思表示产生影响的可能性也随之降低。

环节二，关于理性人的价值追求。在确定理性人标准时，“理性人所要实现的价值也需要在适用的场域中具体确定。”[1]在样本案例中，股东大多以自身实体权利受损为理由提起撤销决议之诉。这表明公司决议中股东的价值预设应主要为程序的实体性价值，即对程序保障个人权利完满之期待，所以一般情况下应将“权利”作为股东的首要价值。此外决议撤销并不以股东遭受损害为前提，甚至股东也为董事会决议撤销之诉的适格主体。因此除了自身权利这一利益诉求外，股东的另一大利益诉求在于公司整体利益，有必要将公司的整体利益纳入决议理性人的框架中。

环节三，关于场景的重构。在个案理性人的构建中，除了置入当事人的特征之外，还需要重构理性人所置身的具体场景，否则便不可能获得妥当的结论。[2]即便是标准完全一致的理性人，在不同的环境中所做出的选择与判断也可能不相同。因此如果想要得出可靠的结论，必须在最大限度上作出原场景的重现与还原。在公司决议的场景重构中，主要指对无瑕疵场景的再现，也即重现不存在程序瑕疵的决议环境，判断主体重构环境下意思表示的变化。如果在此场景下做出的意思表示并无差异，则证明程序瑕疵无实质影响。

（三）轻微瑕疵与实质影响之间的关系

根据上文分析，“轻微瑕疵”与“实质影响”是两个独立的法定要件，存在独立的判断标准。如能够发现要件之间的隐含联系，将有助于减轻法官判断说理的负担，提高审判效率，维持审判理由的一致性。

1. 内在逻辑

(1)在要件的判断标准上，两要件并非等同关系

审视司法裁决书可以发现，关于两要件的关系法官往往不会刻意在文书中

[1] 叶金强：《私法中理性人标准之构建》，载《法学研究》2015 年第 1 期。

[2] 参见叶金强：《信赖合理性之判断：理性人标准的建构与适用》，载《法商研究》2005 年第 3 期。

阐明，但仍然可以发现存在两种对立的观点。一是两要件区分认定，并不具有等同关系。例如，王玲与马立科公司决议纠纷案中，法院认为，股东会的提议、召集程序违反了公司法、公司章程的规定，但公司只有王玲和马立科两名股东，王玲在本次股东会前通知了马立科，后者也认可收到了通知，故本次的股东会议召集程序仅有轻微瑕疵，再者，即使重新召开股东会，王玲也可以基于51%的表决权作出同样决议，故股东会召集程序的轻微瑕疵对决议未产生实质影响。[1] 此案中，法院明显区分了召集瑕疵轻微与否的判断过程与实质影响的判断过程。再如，正华公司与笔墨公司公司决议撤销纠纷案，法院认为依据笔墨公司章程规定股东会会议应由执行董事陈界鹏召集并主持，在执行董事不能履行或者不履行召集股东会会议职责的，才由监事召集和主持，而李正荣、邵鑫华在陈界鹏未召集股东会时径行召集并召开股东会，不合章程的规定而致程序上存在瑕疵，但因案涉股东会的议题系变更执行董事及法定代表人，正华公司在一审庭审中亦明确表示其不同意该议题，故正华公司法定代表人陈界鹏不可能主动召集该股东会，邵鑫华作为笔墨公司监事在执行董事未召集股东会时即径行召集虽有不当，但属于轻微瑕疵；同时，李正荣、邵鑫华在股东会召开15日前已书面通知正华公司会议召开的时间、地点及议题，故该召集程序虽存在瑕疵，但并未妨碍正华公司获得对其作出意思表示所需的必要信息以及公平参与多数意思的形成。据此，股东会的程序瑕疵仅系轻微瑕疵，且对决议未产生实质性影响。[2]

二是两要件一体判断，不区分彼此。仅以109例样本之外的2例予以展示。例如，王旭平与邯郸医药有限公司公司决议撤销纠纷案，法院认为邯郸医药公司公司章程对股东会主持并未规定，该公司在召开本案股东会时无董事长，依照《公司法》规定依次应由副董事长、董事共同推举的董事、监事主持股东会。由占邯郸医药公司27.33%股份的郭瑞芹的委托人王俊刚（公司股东）主持召开本案股东会虽存在轻微瑕疵，但对股东会决议未产生实质影响。[3] 可以看出，法院适用《公司法解释四》第4条并未有意识地区分判断瑕疵轻微与实质影响，而在描述完案件主要事实后径直适用第4条裁判，也即两要件一体判断。又如，济

〔1〕 参见王玲与马立科公司决议纠纷案，陕西省西安市高陵区人民法院（2018）陕0117民初462号民事判决书。

〔2〕 参见南京正华通捷电子系统工程有限公司与南京笔墨建筑科技有限公司公司决议撤销纠纷案，江苏省南京市中级人民法院（2018）苏01民终10492号民事判决书。

〔3〕 参见王旭平与邯郸医药有限公司公司决议撤销纠纷案，河北省邯郸市邯山区人民法院（2018）冀0402民初1724号民事判决书。

南天建公司与张炜等公司决议纠纷案，法院认为，在《召开临时股东会通知书》上记载和实际的会议主持人不是天建房地产公司董事会成员或者监事会成员，而是天建房地产公司大股东的法定代表人贾明凯，因此在召集程序中的主持人环节存在瑕疵；关于《公司法解释四》第4条的轻微瑕疵的具体判断并不明确，在实际情况中可以程序瑕疵是否会导致各股东能否公平地参与、多数意思的形成以及获取对此所需的信息为判定标准，天建房地产公司、公司监事、大股东联合发出通知，提前15日通知了公司股东，纪昌建、张炜对收到了召开股东会通知书的事实无异议，并且委托代理人参加股东会，行使了表决权，其获取信息、意思表示的渠道畅通，因此在召集程序上虽然存在主持人方面的瑕疵，但并未阻碍股东获得所需信息、行使表决权，应属轻微瑕疵，不影响股东会决议的效力。[1] 从此份判决书中同样可以看出法院在适用两要件时存在一体判断，即认定瑕疵不会剥夺股东的表决权与知情权等固有权后，径直判断瑕疵轻微且不具有实质影响。

我们认为，两要件应区分认定。具体而言，“轻微瑕疵”是对决议瑕疵与规则价值背离程度客观的描述，“实质影响”则可解释为决议瑕疵对意思民主理念的影响。其中“实质影响”要件的部分内容可归纳为对实体权利与程序正义的影响，与“轻微瑕疵”要件的认定存在重合，但瑕疵对个体及群体意思表示影响的考量则相对独立。因此，两要件的内容有所交叉但非等同，故不能视为同一要件看待。在现实中，符合某一法定要件也并不意味着必然会符合另一法定要件。有些瑕疵虽然客观属于轻微瑕疵，但却仍可能对个体的意思表示产生影响，例如不适格主持人的不当引导；而在某些情况下，对个体及团体性意思表示的最终结果不会产生实质影响，也可能属于严重的程序瑕疵，如召集人的不适格。

(2)彼此独立的两要件的联系在于其暗含的因果关系

两要件之间存在因果关系与否以及如何判断，实务中也未有统一的标准，这也是造成“同法不同释”现象频出的内在缘由之一。实务中法院在两要件因果关系的认定上存在以下三种观点。

一是模糊不清，没有正面予以界定。华联威公司与安深公司公司决议撤销纠纷案，法院认为安深公司虽未向华联威公司的法定代表人送达会议通知，但华联威公司股东黄威按时参加了临时股东会并表决，安深公司章程第22条规定

---

〔1〕 参见济南天建建筑安装工程有限公司与张炜等公司决议纠纷案，山东省济南市中级人民法院(2020)鲁01民终882号民事判决书。

“股东会会议由股东按照出资比例行使表决权”，安深公司根据占投资比例70%的股东表决作出的《临时股东决议》，并不违反公司章程，属于公司意思自治范畴。虽然临时股东会议通知程序存在一定瑕疵，但并未损害股东的利益，尚不足以导致讼争的临时股东会决议被撤销。[1] 不难看出，本案依据《公司法解释四》第4条进行裁判，但未言明两要件的因果关系，所谓“程序存在瑕疵”未损害“股东利益”的表述并说明“轻微”如何判断，甚至可以说并没有进行判断。因此，接下来的疑问则是未损害股东利益是否是“轻微”的判断依据。这些疑问表明，司法实务中的确存在一些法院对两要件的因果关系阐释不清的问题。

二是以实质影响认定瑕疵是否轻微，也即实质影响是因，瑕疵与否是果。湖南通达公司、李先洲公司决议撤销纠纷案，法院认为通达公司未于会议召开15日前通知股东李先洲、郭水生，股东会议召集程序违反法律、公司章程的规定，但依据本案事实，李先洲、郭水生提前8日接到会议通知并按时到达会场，李先洲、郭水生不参加会议并表决行使的是自己的权利处分，通达公司通知时间不足并不影响李先洲、郭水生享有的股东参会的相关权利，且对决议不产生实质影响，通达公司通知时间不足系召集程序存在轻微瑕疵，决议不予撤销。[2]

三是轻微瑕疵是实质影响的产生原因，即瑕疵轻微与否是因，而实质影响是果。胡碧琳、鄂州恒升公司损害公司利益责任纠纷案，法院认为虽然恒升公司未提前15日书面通知全体股东将于同年12月16日召开股东会，存有瑕疵，但全体股东均于2017年12月16日到场参加公司股东会，保障了股东平等参与公司决策、充分行使表决权，通知的目的已经实现，且占87.5%股权的股东表决同意当日的决议，该股东会议召集程序上的轻微瑕疵对决议未产生实质影响，胡碧琳在一审庭审中自认其当天参加会议，中途离场，一审法院适用《公司法解释四》第4条认定恒升公司当日做出的股东会决议具有法律效力，并无不当。[3] 由此份判决书可知，法院区分了瑕疵轻微与实质影响要件，同时认为瑕疵轻微与否与实质影响之间是因果关系。

实务中的分歧需要回归至理论层面予以解决。由上述裁判分歧可以看出裁

---

〔1〕 参见湖北华联威电子科技有限公司、湖北安深新能源有限公司公司决议撤销纠纷案，湖北省黄冈市中级人民法院（2020）鄂11民终538号民事判决书。

〔2〕 参见湖南通达交通发展有限公司、李先洲公司决议撤销纠纷案，湖南省常德市中级人民法院（2020）湘07民终2301号民事判决书。

〔3〕 参见胡碧琳、鄂州恒升数控机械有限公司损害公司利益责任纠纷案，湖北省鄂州市中级人民法院（2019）鄂07民终220号民事判决书。

量驳回制度中“轻微瑕疵”与“实质影响”要件之间的逻辑关系未有定论，但法律适用需要厘清具体制度背后各要件的逻辑关系。因此，问题的解决需要回归至学理层面对两要件的因果关系予以梳理，最终为司法实务提供明确的规范解释方向。具体而言，在“三段论”的判断规则中，虽然法律规范是大前提，但是法律适用的逻辑往往是从现实到规则的反向思维，即事实的认定往往是思维的起点。[1] 裁量驳回制度适用的一个基本的逻辑是，只有瑕疵的“因”才会产生影响的“果”。虽然不能认为程序瑕疵必然会产生实质影响，但是在被撤销的决议之中，这一因果关系都是必然成立的。在进行具体适用时，作为下位法的裁量驳回制度应当遵守上位法的思维逻辑。同时，不论是“轻微瑕疵”还是“实质影响”的判断，都离不开瑕疵对个体权利影响的认定；且一般而言，如果瑕疵影响了个体权利的行使，那么必然属于严重瑕疵且会左右决议产生实质影响，因此在这种情况下同时不符合两个要件，可以认定不能适用裁量驳回制度。

2. 适用顺序

关于两要件的判断顺序，结合要件的内在逻辑，兼顾司法适用的便利性，在适用时可以优先对“轻微瑕疵”要件进行判断，理由为以下几点：

第一，如上文所述，两个要件存在因果逻辑，这便是“瑕疵”影响“决议效力”，即因为有程序性瑕疵的存在，所以表决主体的权利行使受到干扰，以至于最终影响决议效力。因此，基于程序瑕疵与效力瑕疵系因果关系，对作为“因”的轻微瑕疵进行了确认之后，再对作为“果”的实质影响进行判断，符合要件的内在逻辑。

第二，瑕疵轻微与否的优先判断能够减轻法官的审判压力。一方面，“实质影响”要件的部分判断可适用“轻微瑕疵”的标准，因此在对瑕疵的轻微程度进行认定后，相同内容可不再重复。另一方面，“轻微瑕疵”要件偏向于对客观事实的判断，而“实质影响”要件则偏向于对主观影响上的判断。一般而言，客观判断的标准更加具体、准确性更高，而且还可以通过类型化的方法辅助认定；而“实质影响”要件则并不存在类似的便利条件。因此整体而言，“轻微瑕疵”要件的适用更加简单容易。若将其置于判断的优先地位，对于不符合“轻微瑕疵”要件的案件便不进行“实质影响”的判断，可以从整体上减少法官的工作负担，节约司法资源。

---

〔1〕 参见王利明：《法学方法论》（典藏本），中国人民大学出版社 2018 年版，第 181 页。

第三，轻微瑕疵要件的优先判断有助于制度的正确适用。上文提及部分法官存在重整体结果、轻个体利益的审判理念，产生此类判决的原因之一便为法官仅关注“实质影响”要件中的表决结果，而忽视“轻微瑕疵”要件，机械地按照整体利益大于个体利益的逻辑思维进行审判。若将“轻微瑕疵”前置，则会因瑕疵影响到实体性权利而被认定为是严重瑕疵，不会进入下一阶段的判断。这可避免唯结果论的误区，减少裁量驳回制度不当适用的可能性。

第四，这种操作模式也得到了司法实务的认可。前引桑乐公司与滕为公公司决议撤销纠纷案，法院认为《公司法解释四》第4条的“仅有轻微瑕疵”能以程序瑕疵是否会导致各个股东无法公平地参与多数意思的形成以及获取对此所需的信息为判断标准。程序上的瑕疵即使完全不影响决议结果，但只要这项程序瑕疵妨碍股东公平地参与多数意思的形成和获知对其作出意思表示所需的必要信息，应属于对股东程序权利的重大损害，股东请求撤销股东会决议即应予支持。否则，中小股东的股东权利尤其程序性权利将被彻底架空，决议撤销之诉作为中小股东维护自身合法权利的制度功能将不复存在。法院进而指出，桑乐公司未通知股东滕为公参加股东会违反了《公司法》中应当提前15日通知全体股东的强制性规定，导致滕为公未能参会表达诉求，属于对滕为公股东程序权利的重大侵害，滕为公请求撤销股东会决议合法有据，应予支持。[1] 再如严新华、左邵新公司决议撤销纠纷案，法院认为未于会议召开15日前通知股东左邵新，后又未得到未参加股东会议的股东左邵新的追认，该决议严重损害了股东左邵新参与公司自治的程序性权利，瑕疵并非轻微，决议应予撤销。[2]

（四）个案裁决的适用方法

1.个案裁决的本质

裁量驳回制度的个案裁决可理解为法官以个案实际情况为基础，将具体的案件事实与抽象的价值概念相联系，凭借主观判断来认定何种价值更具有保障上的优先性，最终的裁量结果由客观事实与法官的主观理解共同决定。可以认为，个案裁决的本质属于法官自由裁量权的运用。法官行使自由裁量权的目的在于处理事实认定具有一定弹性或者需要进行多种价值衡量的情况时，行使自

[1] 参见山东桑乐太阳能有限公司与滕为公公司决议撤销纠纷案，山东省济南市中级人民法院(2020)鲁01民终934号民事判决书。

[2] 参见严新华、左邵新公司决议撤销纠纷案，贵州省铜仁市中级人民法院(2020)黔06民终328号民事判决书。

由判断的权力,保证个案正义。[1] 由于裁量驳回制度的根本目的并非对于某单一价值的追求,而是对决议撤销前后的多种价值与利益进行比较,比较的过程又并不存在绝对的标准,需要以个案为基础由法官进行个别性的衡量,个案中自由裁量权的运用便成为裁量驳回制度的必然选择。

在裁量驳回制度的语境下,利益衡量具有多重意义。一方面,利益衡量是制度的法理基础之一,为制度的理念渊源,具有统领性地位;另一方面,当落实到具体审判时,利益衡量既是裁判的必备理由,更是对判决正确性的检验。在司法实践中利益衡量的效果仰仗于法官的个人判断,一旦法官对制度的理念价值缺乏完整认识,最终将可能导致利益失衡。是故,利益衡量的关键便在于为法官提供一套实用的衡量方法。而且自由裁量权的行使也并非漫无边际,必须限定在一定范围之内。因此,不仅应当为法官提供具有实用价值的利益衡量方法,也应当划清衡量界限,防止自由裁量权的滥用。

2. 个案利益衡量的界限与方法

利益衡量理论初由日本学者提出,该理论认为法律所解决的现实纷争都是利益的对立与冲突,因此需要利益衡量,也即司法判决时应当在对利益进行对比、取舍的基础之上,作出有利于某一方的裁判。[2] 利益衡量并非一种独立的方法论,而是一种思考路径与法律解释方法,具有一定的普适性。在适用此方法时,需要依据具体法律关系有针对性地确立利益衡量的界限与方法。因此在决议裁量驳回的司法适用中也需构建具有制度特色的利益衡量体系。

(1)利益衡量的界限

利益衡量是一种主观行为,不同的法官在进行利益衡量时会受到生活环境、成长背景、学历基础等多方面因素的影响,只要在整体价值取向上保持一致,法官在理解上的细微差异属于可接受的范围内;反之,如任意衡量,最终可能造成利益的失衡,因此有必要为利益衡量划清界限,这主要体现在制度与事实两个方面。

制度层面,法官的裁量只能在法律的疆界内发挥作用,且一定要与妥当的法律制度相联系,在法律制度内进行衡量[3]。从规则间的关系上看,裁量驳回是

[1] 参见张军:《法官的自由裁量权与司法正义》,载《法律科学(西北政法大学学报)》2015 年第 4 期。

[2] 参见梁慧星:《民法解释学》(第 4 版),法律出版社 2015 年版,第 316 页。

[3] 参见梁上上:《利益衡量的界碑》,载《政法论坛》2006 年第 5 期。

下位法，为公司决议撤销制度的组成部分，这便要求法官要同时在两种制度框架内进行利益衡量。法官不可仅以裁量驳回规则作为制度边界而忽略上位制度，否则便可能造成价值的遗漏。

事实层面，在利益衡量中司法者不能僵化地适用法律，而需要面对个案复杂的案件事实，以平衡当事人利益为目标而具体适用规则，保证个案正义。[1] 法官可以通过结合案件背景进行价值或利益的取舍，确定何种利益应当获得优先保护。在瑕疵影响的认定中，虽然已有的类型化研究能够辅助法官判定不同类型瑕疵所造成的影响，但因案情的复杂与多样，也不能由此产生惯性思维僵化套用，仍应当具体案件具体分析，严格遵守个案事实所划定的边界。

(2)利益的铺陈

在利益衡量理论下，法律的解释是基于解释者的价值判断，所以在法律解释的过程中对立利益的比较衡量必不可少。[2] 利益衡量的全面性与利益衡量的正确性密不可分，必须保证所衡量的利益没有遗漏，因此利益衡量时要对潜藏于制度背后的利益进行深度剖析，将所有的利益铺设开来。在此基础之上依据特定的方法对不同的利益进行衡量，最终做出取舍。而在裁量驳回的适用中，规则的交织与主体的多样造就价值的交汇冲突，既包含了“原则”与“例外”规则立法目的的检视，也存在各利益主体间的利益衡平，比较典型的利益衡量有以下内容。

首先，意思真实与经济利益。公司是拟制的法律主体，其意思与行为需要由公司机关来决定并实施，决议便成为公司的意思表示。[3] 维护意思表示的真实与自由是私法自治的核心，既然属于意思表示的范畴，便不可避免会存在意思表示瑕疵的问题，需要有特定的制度或者措施来保护私主体的真实意思。规定决议可撤销制度的最主要目的便在于：决议的内容或者决议的程序存在某种瑕疵，使得决议不能代表公司真实的意思表示时，如果不矫正将会对公司、股东的合法权益造成影响，便可赋予股东以撤销决议的权利，保证公司意思表示的真实性，也即“否定以违法程序假借多数决的公正意思而成立的决议的效力”。[4] 但是，公司也是一种商主体，决议作为一种组织法上的民事法律行为，[5] 在遵循民法

〔1〕 参见梁上上：《利益衡量论》（第2版），法律出版社2013年版，第102页。

〔2〕 参见梁慧星：《民法解释学》（第4版），法律出版社2015年版，第316页。

〔3〕 参见李志刚：《公司股东会撤销决议之诉的当事人：规范、法理与实践》，载《法学家》2018年第4期。

〔4〕 参见钱玉林：《论可撤销的股东大会决议》，载《法学》2006年第11期。

〔5〕 参见李建伟：《公司法学》（第4版），中国人民大学出版社2018年版，第88页。

基本原则的同时,也应尊重其商事特性。公司是营利法人,保护营利是商事基本原则之一,[1]公司行为亦应当符合对经济价值的追求。决议不仅是公司的内部行为,更将对公司外部产生效力,决议效力的变动很可能会影响公司外部的多方利益,[2]造成经济利益损失。特别是在实务中也存在重复决议的可能,如决议被撤销后再次做出内容完全相同的决议时,撤销便失去了实际的价值。故此,裁量驳回的制度价值便在于:如存在不撤销决议的可能,则应当尽量维持决议的效力,从而减少公司经营的不稳定性,避免不必要的支出与浪费。

其次,司法秩序与公司自治。在无效决议的认定中,一般不需要外部力量的特别介入,任何人都可以宣告某决议无效,但决议撤销则需借助司法力量,股东向法院提诉后,最终结果的决定者在法院而非个人。因此从本质上讲,决议撤销是一种司法救济,代表了决议效力的司法介入。[3] 但司法介入必须是适度的,是在充分尊重公司机关分化与公司独立人格的基础之上的干涉,[4]只有具备充分的理由司法才能对私人实务施加影响,如贸然介入便可能造成公权的不当使用。这意味着审判机关应出于对市场行为的尊重而保持必要的谦抑性,[5]根据实际情况确定是否有施加影响的必要。如果没有介入的必要或者存在其他可替代的手段,那么便可不动用公权力。决议为典型的私主体的自治行为,基于维护股东与公司合法权益之必要,剥夺存在瑕疵决议的效力是合理的。但在剥夺决议效力的过程中也应当进行必要性的考量,如对于任何程序瑕疵不分轻重一概撤销的话,便有司法过度介入公司自治之嫌。所以裁量驳回的制度价值还在于:对于程序瑕疵并不严重且实际影响并不大的决议保证其法律效力,谨慎行使公权力,尽可能实现司法介入与公司自治间的平衡。

最后,股东保护与权利滥用。决议作为团体性意思表示,具有内部主体多样性与意思形成的复杂性,为了保证每个主体的权利均能够正常行使,须以必要的辅助制度保护决议过程公正有序。程序价值不仅体现在形式正义上,更重要的目的在于保证实体性权利,因此决议程序对于个体而言具有不可代替的意义。

---

〔1〕 参见赵旭东主编:《商法学》(第3版),高等教育出版社2015年版,第52页。

〔2〕 参见李建伟:《公司决议的外部效力研究——〈民法典〉第85条法教义学分析》,载《法学评论》2020年第4期。

〔3〕 参见罗培新:《股东会决议制度——公司法中的"程序正义"(二)》,载《金融法苑》2001年第8期。

〔4〕 参见钱玉林:《股东大会决议瑕疵的救济》,载《现代法学》2005年第3期。

〔5〕 参见李志刚:《略论商事审判理念之实践运用》,载《人民司法》2014年第15期。

程序的违反很可能意味着对知情权、表决权等固有权利的侵犯，程序瑕疵只是外在表象，实质影响在于对权利的不当影响，也正是基于这样的原因，程序瑕疵方才成为决议撤销的法定理由之一。但是，在赋予股东撤销权利的同时也伴随一定风险。存在部分股东特别为达到干扰公司正常经营或者其他不当目的，恶意提起撤销决议诉讼的可能。[1] 这种现象主要由两方面的原因造成的：一是较低的诉讼门槛，只要具有股东身份便能够提起撤销决议之诉，无形中增加了滥诉的风险；[2] 二是易获取的诉讼理由，很多公司往往"重营利轻治理"，[3] 内部议事规则并不规范，决议的程序或多或少存在一定瑕疵，这便给恶意股东提供了大量的诉讼理由。因此裁量驳回客观上还能够起到遏制股东滥用权利、恶意诉讼的作用。

(3)利益衡量的方法

第一，不同位阶利益——上位阶利益优先。制度利益铺陈的一种方式是根据制度的"种属"关系，自上而下地进行类型化。[4] 裁量驳回中的利益衡量便是根据这种制度间的关系来进行利益分类的。如上文所述，决议撤销制度的构建是为了保护股东权利、维护意思表示真实，通过司法介入公司事务来矫正公司意思。裁量驳回则是为了保证公司的整体经济利益、防止股东权利滥用，避免司法的过度干涉而维持公司的意思自治。基于这种"种属"关系，决议撤销为上位制度，裁量驳回为下位制度，在制度价值的优先性上便体现为决议撤销制度的价值处于优先实现的地位，也即应当优先实现对权利与意思表示的保护价值，如有侵犯则引入必要的司法介入；而在满足了上述价值的基础之上，才能进一步为了追求经济效益或防止股东滥诉予以裁量驳回，避免司法的不当介入。

这种基于价值优先性的利益衡量与法定要件的判断保持了一致。这表明，只有在优先满足了维护实体性权利等程序规则根本目的的前提之下，裁量驳回的适用才具有正当性，否则程序规则将如空中楼阁，背离制度的设计初衷。如在利益衡量中把裁量驳回制度的价值置于优先地位，将因利益取舍的不适当造成不良的判决结果。正如上文提到的德国曾经的主流观点"因果关系理论"，该理论并未将瑕疵对股东权益的影响纳入考虑的范畴，也就脱离了决议撤销制度的价值预设，最终实务表现也证明这种理论将会形成多数股东不当控制公司的巨

[1] 参见丁勇：《德国公司决议瑕疵诉讼滥用问题研究及启示》，载《比较法研究》2013年第4期。
[2] 参见丁勇：《公司决议瑕疵诉讼担保制度探讨及立法完善》，载《法学》2014年第5期。
[3] 参见甘培忠、赵文冰：《对公司决议效力的一些思考》，载《法律适用》2016年第8期。
[4] 参见梁上上：《制度利益衡量的逻辑》，载《中国法学》2012年第4期。

大危害。相较而言,"相关性理论"则立足于决议撤销制度的根本目的,将股东权利作为判断标准,方才成就了这一理论的合理性。所以,只有在优先实现了保障意思真实、维护实体权利及彰显司法秩序的基础之上才能适用裁量驳回。对上述价值的违背都将被视为对制度基本价值的背离,从而不论所涉及的经济利益如何,都缺乏了维持决议效力的正当性与合理性。

第二,同位阶利益——比例原则。比例原则的基本含义为"国家机关在采取行为时,应当全面权衡有关的公共利益和个人权益,采取对公民权益造成限制或损害最小的行政行为,并且使行政行为造成的损害与所追求的行政目的相适应"[1],行政行为适合性、必要性且合乎比例是比例原则的最基本要求。[2] 在公法领域,比例原则被视为立法者在设计法律规范、执法者作出行政行为、司法者进行个案裁决时平衡公益与私益的行为工具,凡是涉及对私益有影响的行为,都必须通过比例原则的检验。近年来,比例原则的适用范围有着向其他法律领域扩张的趋势。[3] 公司决议作为一种群体性意思表示,所采用"多数决"的表决方式及对程序的严格要求在公法中均能够寻得类似的规范源头,因而对于公法原则具有天然的适应能力。在裁量驳回的利益衡量阶段,包括了公司整体利益与股东个体利益的衡量、公共司法秩序与个体意思自由的衡量、私人利益保护与私人权利限制的衡量,上述衡量的内容与"公""私"间的利益博弈存在相似之处。在私法领域中处于优势地位的多数人可能滥用其支配地位,使相对人处于实质不平等的法律关系中,而比例原则的思维方式便可以将这种力量关进"制度"的笼子[4]。所以在进行利益衡量的过程中,也可运用比例原则来进行判断。

在裁量驳回的利益衡量中,在满足了上下位阶的利益衡量后,需要对撤销前后的经济利益、自治利益与权利滥用防范利益进行比较,此阶段便可以借鉴比例原则的方法。比例原则的适用是在行为通过了目的性审查之后,按照"适当性—必要性—狭义比例原则"的顺序进行判断,[5] 从而为对私权利进行限制并寻求正当性理由,由此裁量驳回的利益衡量适用也要通过目的性、适当性以及必

---

〔1〕 马怀德主编:《行政法与行政诉讼法》,中国法制出版社 2015 年版,第 47 页。

〔2〕 马怀德主编:《行政法与行政诉讼法》,中国法制出版社 2015 年版,第 54 页。

〔3〕 参见郑晓剑:《比例原则在民法上的适用及展开》,载《中国法学》2016 年第 2 期;纪海龙:《比例原则在私法中的普适性及其例证》,载《政法论坛》2016 年第 3 期;杨翱宇:《论比例原则在民法中的地位》,载《河北法学》2017 年第 12 期。

〔4〕 参见郑晓剑,前揭书,第 152 页。

〔5〕 参见陈景辉:《比例原则的普遍化与基本权利的性质》,载《中国法学》2017 年第 5 期。

要性的检验。具体而言，目的性检验主要考察是否满足规则的立法目的，即维持决议的效力是否符合上述规则立法价值；适当性检验侧重于“手段—目的”间关系的认定，即裁量驳回的适用能否保证立法目的的实现；必要性检验则主要判定对程序瑕疵的容忍是否必要，对公司决议不予撤销是否存在充足的理由；狭义比例原则检验便是对撤销前后的利益体量进行比较，看获得利益与受限利益相比是否合乎比例。如果没有通过各阶段的审查，那么便有必要运用法律手段进行调整，撤销公司决议。反之，如果能够通过比例原则的审查，则可以认为裁量驳回的适用是正当的。

六、结论

公司决议撤销之诉的裁量驳回制度，是在决议程序瑕疵的类型与影响多样化背景下，基于程序瑕疵与程序价值存在一定空间的现实，对程序瑕疵进行实质性判断的一种利益衡量。欲正确适用该制度，裁判者应当在理解程序之于决议价值的基础上来实现立法目的，严格认定“轻微瑕疵”与“实质影响”的适用要件，使决议撤销之诉中的控制决议合法性的客观功能与保护个体股东权益的主观功能达致平衡，有序实现个案裁决与利益衡量。裁量驳回制度的法定要件解释是司法适用的主要任务，“轻微瑕疵”要件倾向于瑕疵的客观性判断，是在确认程序的独立价值的前提下，对瑕疵是否影响到核心价值进行实质性判断；“实质影响”要件倾向于瑕疵的主观性判断，是基于意思民主的理念的重要地位，以理性人的标准检验瑕疵是否会对主体的意思表示产生实质性的影响。个案利益的衡量是裁量驳回的最终检验石。在划定了利益衡量的界限与所需衡量利益的基础上，一方面应区分决议撤销与裁量驳回的价值预设，明确相关利益的优先性排序；另一方面可以运用比例原则，对次级价值在决议撤销前后的样态进行比较，确定容忍程序瑕疵是否为最优解、唯一解，只有最终通过了利益衡量的检视，方能认为裁量驳回的适用准确无误。“决议行为以程序正义为其法哲学基础。”[1]裁量驳回着眼于对程序瑕疵的影响进行实质性判断，实现个案正义与利益衡平，助力公司决议瑕疵制度的逻辑完整，无形中引导人们对决议程序的独立价值进行深层次思考。只有理解程序、尊重程序、履行程序，才能保障公司议决合规与公司运营健康，推动公司立法的完善与司法裁判的公正，促进公司法治环境的健康发展。

---

〔1〕 王雷：《〈民法总则〉中决议行为法律制度的力量与弱点》，载《当代法学》2018年第5期。

附录一　107 个样本案例

序号	案号	案件名称	审级	时间	会议主体	审判理由	瑕疵类别
1	浙江省杭州市淳安县人民法院民事判决书，(2008)淳民二初字 829 号	杭州久大置业有限公司与章宏力纠纷案	一审	2008 年 11 月 16 日	股东会	股东权利滥用	出席不足数
2	浙江省杭州市中级人民法院民事判决书，(2009)浙杭商终字 273 号	郁兆莉等与俞中等股东会决议效力确认纠纷案	二审	2009 年 7 月 5 日	股东会	表决权比例对决议没有影响	未通知、签名瑕疵
3	北京市海淀区人民法院民事判决书，(2008)海民初字 21078 号	刘旭与北京艺进娱辉科技投资股份有限公司股东会决议撤销纠纷案	一审	2009 年 2 月 20 日	股东会	不影响权利行使	计票人瑕疵
4	上海市闵行区人民法院民事判决书，(2009)闵民二(商)初字 1567 号	韩 a 与上海 A 有限公司民事纠纷案	一审	2009 年 8 月 12 日	股东会	表决权比例对决议没有影响、基于利益考量、重复决议	通知时间瑕疵
5	北京市海淀区人民法院民事判决书，(2009)海民初字 26533 号	苏亮诉北京欢唱网格互动科技有限公司撤销股东会决议纠纷案	一审	2009 年 11 月 20 日	股东会	表决权比例对决议没有影响	通知时间瑕疵
6	北京市第二中级人民法院民事判决书，(2009)二中民终字 03643 号	奥凯航空有限公司与张影、张洪、邓启华股东会决议撤销纠纷案	二审	2009 年 7 月 17 日	股东会	破除公司僵局	召集人瑕疵

续表

序号	案号	案件名称	审级	时间	会议主体	审判理由	瑕疵类别
7	浙江省温州市中级人民法院民事判决书,(2009)浙温商终字768号	秦少华、钟声与浙江厨工酿造有限公司股东会或者股东大会、董事会决议撤销纠纷案	二审	2009年12月30日	股东会	不影响权利行使	通知时间瑕疵
8	上海市虹口区人民法院民事判决书,(2010)虹民二(商)初字734号	杜×与上海古×文化传播有限公司民事其他纠纷案	一审	2010年10月19日	股东会	不影响权利行使	未通知
9	广东省深圳市中级人民法院民事判决书,(2010)深中法民二终字1516号	上诉人深圳市协××科技有限公司与被上诉人贾某、戴某某、李某某股东会决议效力确认纠纷案	二审	2011年3月18日	股东会	不影响决议结果	签名瑕疵
10	湖南省株洲市中级人民法院民事判决书,(2012)株中法民二终字51号	株洲中南蔬菜农副产品批发大市场有限责任公司与李晓玲股东会决议撤销纠纷案	二审	2012年11月2日	股东会	不影响决议结果	签名瑕疵、计票人瑕疵
11	广东省深圳市中级人民法院民事判决书,(2013)深中法商终字730号	张瑞卿与深圳市欧顾得企业管理顾问有限公司公司决议纠纷案	二审	2013年8月19日	董事会	新决议取代旧决议	未通知
12	甘肃省庆阳市中级人民法院民事判决书,(2013)庆中民终字179号	司惠隆与马金龙损害股东利益责任纠纷案	二审	2013年5月8日	股东会	追认	未通知

续表

序号	案号	案件名称	审级	时间	会议主体	审判理由	瑕疵类别
13	山西省忻州市中级人民法院民事判决书，(2012)忻中商初字31号	原告段天佑与被告山西中亚神力铸造有限公司公司决议侵害股东权纠纷案	一审	2013年7月3日	股东会	表决权比例对决议没有影响	未通知
14	北京市朝阳区人民法院民事判决书，(2013)朝民初字36068号	王明春与北京万盛利昌再生资源回收有限公司公司决议撤销纠纷案	一审	2013年12月9日	股东会	不影响决议结果	会议记录瑕疵
15	河南省郑州市二七区人民法院民事判决书，(2013)二七民二初字1497号	蔺郑生与郑州市二七宾馆有限责任公司公司决议撤销纠纷案	一审	2013年11月20日	股东会	不影响决议结果	通知方式瑕疵
16	浙江省杭州市中级人民法院民事判决书，(2013)浙杭商终字872号	韦俊新与杭州市电子仪表实业有限公司纠纷案	二审	2013年8月7日	股东会	不影响权利行使	召集人瑕疵
17	江苏省南京市中级人民法院民事判决书，(2014)宁商终字736号	上诉人南京舒乘科技有限公司与被上诉人李顺林公司决议撤销纠纷案	二审	2014年8月11日	股东会	不影响权利行使	会议记录瑕疵
18	上海市普陀区人民法院民事判决书，(2014)普民二(商)初字127号	卫立柱与上海万千投资开发有限公司公司决议撤销纠纷案	一审	2014年3月28日	股东会	不影响意思表示	会议记录瑕疵
19	湖南省长沙市雨花区人民法院民事判决书，(2014)雨民初字02604号	苏雪峰、蒋忠良与湖南振邦医疗科技有限公司公司决议效力确认纠纷案	一审	2014年10月24日	股东会	不影响决议结果	通知时间瑕疵

续表

序号	案号	案件名称	审级	时间	会议主体	审判理由	瑕疵类别
20	北京市通州区人民法院民事判决书,(2014)通民初字4772号	鲁明义与北京奇沃农业科技有限公司公司决议效力确认纠纷案	一审	2014年5月19日	股东会	追认	签名瑕疵
21	陕西省高级人民法院民事判决书,(2014)陕民提字00020号	中机国际(西安)技术发展有限公司与杨俊清等11人股东会或者股东大会、董事会决议撤销纠纷案	再审	2014年6月19日	股东会	表决权比例对决议没有影响	通知时间瑕疵
22	浙江省丽水市中级人民法院民事判决书,(2014)浙丽商终字13号	李庆平与庆元县汇金房产有限公司纠纷案	二审	2014年3月27日	股东会	股东权利滥用	通知时间瑕疵
23	浙江省台州市中级人民法院民事判决书,(2015)浙台商终字195号	郑胜、李爱英等与玉环县勤优导卫有限公司公司决议效力确认纠纷案	二审	2015年5月12日	股东会	追认	签名瑕疵
24	上海市第一中级人民法院民事判决书,(2015)沪一中民四(商)终字1160号	王满仓诉上海英迈吉东影图像设备有限公司公司决议撤销纠纷案	二审	2015年8月25日	股东会	不影响权利行使、基于利益考量	通知时间瑕疵
25	上海市第一中级人民法院民事判决书,(2015)沪一中民四(商)终字510号	王满仓诉上海英迈吉东影图像设备有限公司公司决议撤销纠纷案	二审	2015年5月7日	股东会	不影响权利行使、基于利益考量	通知时间瑕疵
26	江苏省南通市中级人民法院民事判决书,(2015)通中商终字00284号	俞云忠与海门市设备安装工程有限公司公司决议撤销纠纷案	二审	2015年12月4日	股东会	追认	表决方式瑕疵

续表

序号	案号	案件名称	审级	时间	会议主体	审判理由	瑕疵类别
27	浙江省宁波市中级人民法院民事判决书,(2015)浙甬商终字92号	宁波市绿顺集团股份有限公司与宁波市路林综合市场有限公司公司决议撤销纠纷案	二审	2015年2月5日	股东会	不影响权利行使	召集人瑕疵
28	广东省广州市中级人民法院民事判决书,(2015)穗中法民二终字482号	广东美奇经贸有限公司与广东中矿创新投资有限公司、广州市富晋投资顾问有限公司、广州市中宏市场管理有限公司公司决议撤销纠纷案	二审	2015年5月11日	股东会	不影响权利行使	召集人瑕疵
29	福建省福州市中级人民法院民事判决书,(2015)榕民终字1550号	许刘春与福建江源投资发展有限公司公司决议纠纷案	二审	2015年5月22日	股东会	不影响权利行使	通知时间瑕疵
30	湖南省衡阳市中级人民法院民事判决书,(2016)湘04民终字595号	谭淑月与衡阳市金则利特种合金股份有限公司公司决议撤销纠纷案	二审	2016年6月29日	董事会	不影响权利行使	通知方式瑕疵
31	上海市第二中级人民法院民事判决书,(2016)沪02民终940号	杨树林与国信新城投资开发有限公司公司决议撤销纠纷案	二审	2016年3月14日	股东会	不影响权利行使	通知时间瑕疵

续表

序号	案号	案件名称	审级	时间	会议主体	审判理由	瑕疵类别
32	江苏省南京市中级人民法院民事判决书，(2015)宁商终字第1623号	上诉人南京润腾物资实业有限公司与被上诉人南京新和源建材市场管理服务有限公司公司决议撤销纠纷案	二审	2016年2月3日	股东会	不影响权利行使	通知时间瑕疵
33	新疆维吾尔自治区高级人民法院民事判决书，(2017)新民申1167号	王亚炜与新疆新华联投资(集团)有限公司公司决议撤销纠纷案	再审	2017年8月11日	股东会	不影响权利行使	通知时间瑕疵
34	贵州省高级人民法院民事判决书，(2017)黔民终539号	袁仁友、袁敏公司决议撤销纠纷案	二审	2017年7月19日	股东会	不影响权利行使、新决议取代旧决议	未通知
35	福建省高级人民法院民事判决书，(2017)闽民申40号	赵剑奇、厦门金英马影视传媒股份有限公司公司决议撤销纠纷案	再审	2017年3月22日	股东会	表决权比例对决议没有影响	通知时间瑕疵
36	福建省高级人民法院民事判决书，(2017)闽民申33号	赵剑奇、厦门金英马影视传媒股份有限公司公司决议撤销纠纷案	再审	2017年6月1日	股东会	表决权比例对决议没有影响	通知时间瑕疵
37	四川省成都市中级人民法院民事判决书，(2017)川01民终3679号	蒋翠华、成都萨伯电子应用科技有限公司公司决议撤销纠纷案	二审	2017年5月24日	股东会	不影响权利行使	通知时间瑕疵
38	北京市顺义区人民法院民事判决书，(2017)京0113民初20190号	刘紫源、李学英与北京申洋房地产土地评估有限公司公司决议撤销纠纷案	一审	2017年11月28日	股东会	不影响权利行使	通知时间瑕疵

续表

序号	案号	案件名称	审级	时间	会议主体	审判理由	瑕疵类别
39	江苏省南通市中级人民法院民事判决书,(2017)苏06民终3928号	徐惠英与南通大刘渔业有限公司公司决议撤销纠纷案	二审	2017年12月12日	股东会	不影响权利行使、新决议取代旧决议	通知方式瑕疵
40	江苏省扬州市中级人民法院民事判决书,(2016)苏10民初133号	福斯派国际股份有限公司与永丰福斯派包装(扬州)有限公司公司决议撤销纠纷案	一审	2017年11月30日	董事会	不影响权利行使与意思表示	额外程序
41	安徽省芜湖市芜湖经济技术开发区人民法院民事判决书,(2017)皖0291民初2298号	苏州颐华生物医药技术股份有限公司与芜湖博英药业科技股份有限公司公司决议撤销纠纷案	一审	2017年10月23日	股东会	未明示理由	遗漏议案
42	广东省广州市中级人民法院民事判决书,(2017)粤01民终16215号	王宁、李莎公司决议撤销纠纷案	二审	2017年10月27日	股东会	不影响权利行使	通知时间瑕疵
43	山东省梁山县人民法院民事判决书,(2017)鲁0832民初5171号	李克军与山东梁山万达碳素有限公司公司决议撤销纠纷案	一审	2017年12月5日	股东会	表决权比例对决议没有影响	未通知
44	陕西省扶风县人民法院民事判决书,(2017)陕0324民初1036号	原告吴某某诉被告陕西鸿桥纺织有限公司、齐某某公司决议效力确认纠纷案	一审	2017年12月22日	股东会	表决权比例对决议没有影响、重复决议	通知时间瑕疵
45	河南省焦作市中级人民法院民事判决书,(2017)豫08民终3706号	王建勋、河南华炬生物工程有限公司公司决议撤销纠纷案	二审	2017年11月27日	股东会	不影响权利行使	通知时间瑕疵

续表

序号	案号	案件名称	审级	时间	会议主体	审判理由	瑕疵类别
46	四川省绵阳市涪城区人民法院民事判决书,(2017)川0703民初3921号	胡洪巧与四川欧意达节能科技有限公司公司决议纠纷案	一审	2017年9月14日	股东会	表决权比例对决议没有影响	通知时间瑕疵
47	广东省佛山市禅城区人民法院民事判决书,(2017)粤0604民初10481号	罗宇光与佛山市盛建公路工程监理有限公司与公司有关的纠纷案	一审	2017年10月16日	股东会	不影响意思表示	通知时间瑕疵
48	广东省佛山市中级人民法院民事判决书,(2017)粤06民终9840号	刘琴、江建国公司决议纠纷案	二审	2017年12月4日	股东会	不影响权利行使、重复决议	召集人瑕疵
49	北京市顺义区人民法院民事判决书,(2017)京0113民初20189号	刘紫源、李学英与北京申洋投资咨询有限公司公司决议撤销纠纷案	一审	2017年11月28日	股东会	不影响权利行使	通知时间瑕疵
50	重庆市第一中级人民法院民事判决书,(2017)渝01民终4972号	余勇与重庆铁改余实业股份有限公司公司决议纠纷案	二审	2017年9月18日	股东会	不影响权利行使	通知时间瑕疵
51	湖南省怀化市中级人民法院民事判决书,(2017)湘12民终959号	金爱奇、怀化市廊桥置业有限责任公司公司决议撤销纠纷案	二审	2018年5月8日	股东会	表决权比例对决议没有影响	召集人瑕疵
52	山东省临沭县人民法院民事判决书,(2018)鲁1329民初6329号	原告韩效冲与被告山东信科环化有限责任公司公司决议撤销纠纷案	一审	2018年10月25日	股东会	不影响权利行使	通知内容瑕疵

续表

序号	案号	案件名称	审级	时间	会议主体	审判理由	瑕疵类别
53	北京市第二中级人民法院民事判决书，（2018）京02民终8774号	马勇与华汽投资控股集团有限公司公司决议撤销纠纷案	二审	2018年8月24日	股东会	表决权比例对决议没有影响	通知时间瑕疵
54	新疆维吾尔自治区克拉玛依市白碱滩区人民法院民事判决书，（2018）新0204民初68号	缪浩波与克拉玛依安泰炼化工程有限责任公司公司决议撤销纠纷案	一审	2018年6月27日	股东会	表决权比例对决议没有影响	通知时间瑕疵
55	北京市第二中级人民法院民事判决书，（2018）京02民终6294号	范力与北京一得阁墨业有限责任公司公司决议纠纷案	二审	2018年7月31日	股东会	不影响权利行使	未通知
56	广东省广州市中级人民法院民事判决书，（2018）粤01民终9672号	阜康投资有限公司与广州美亚股份有限公司公司决议撤销纠纷案	二审	2018年9月10日	股东会	不影响决议结果	额外程序
57	新疆维吾尔自治区乌鲁木齐市中级人民法院民事判决书，(2018)新01民终3279号	李强新、新疆新思路投资管理咨询有限公司公司决议纠纷案	二审	2018年10月30日	股东会	不影响决议结果	召集人瑕疵
58	湖南省长沙市中级人民法院民事判决书，（2018）湘01民终1944号	杜慧财、彭铁勇公司决议撤销纠纷案	二审	2018年6月12日	股东会	不影响权利行使	召集人瑕疵
59	杭州市余杭区人民法院民事判决书，(2018)浙0110民初111号	深圳艺尚控股有限公司与杭州艺尚建设开发有限公司公司决议纠纷案	一审	2018年7月30日	董事会	不影响权利行使	通知时间瑕疵

续表

序号	案号	案件名称	审级	时间	会议主体	审判理由	瑕疵类别
60	云南省红河州中级人民法院民事判决书,(2018)云25民终272号	余保明、建水县糖烟酒副食有限责任公司公司决议撤销纠纷案	二审	2018年4月12日	股东会	不影响决议结果	计票程序瑕疵
61	福建省厦门市翔安区人民法院民事判决书,(2017)闽0213民初2018号	丘国强与厦门三维丝环保股份有限公司公司决议撤销纠纷案	一审	2018年6月19日	董事会	新决议取代旧决议	通知时间瑕疵
62	江苏省南京市玄武区人民法院民事判决书,(2017)苏0102民初3284号	3284原告黄钢与被告江苏东南特种技术工程有限公司公司决议撤销纠纷案	一审	2018年3月5日	股东会	不影响权利行使	通知时间瑕疵
63	新疆维吾尔自治区乌鲁木齐市天山区人民法院民事判决书,(2018)新0102民初第670号	胡某与新疆某某有限公司公司决议撤销纠纷案	一审	2018年4月12日	股东会	表决权比例对决议没有影响	未通知
64	四川省资阳市中级人民法院民事判决书,(2018)川20民终263号	罗冬与四川恒通物业管理有限公司公司决议撤销纠纷案	二审	2018年4月16日	股东会	不影响决议结果	通知时间瑕疵
65	广东省佛山市南海区人民法院民事判决书,(2018)粤0605民初19311号	朱志宇与南方增材科技有限公司公司决议纠纷案	一审	2018年11月16日	股东会	表决权比例对决议没有影响	通知方式瑕疵
66	安徽省合肥市中级人民法院民事判决书,(2018)皖01民终7203号	中静新华资产管理有限公司、徽商银行股份有限公司公司决议撤销纠纷案	二审	2018年9月20日	股东会	不影响意思表示	通知时间瑕疵

续表

序号	案号	案件名称	审级	时间	会议主体	审判理由	瑕疵类别
67	江苏省常州市中级人民法院民事判决书，（2018）苏04民终1906号	徐亮与常州万象进出口有限公司公司决议纠纷案	二审	2018年6月19日	股东会	不影响权利行使与意思表示、重复决议	召集人瑕疵
68	云南省红河州中级人民法院民事判决书，（2018）云25民终270号	马云金、建水县糖烟酒副食有限责任公司公司决议撤销纠纷案	二审	2018年4月12日	股东会	不影响决议结果	计票程序瑕疵
69	江苏省常州市钟楼区人民法院民事判决书，（2018）苏0404民初802号	徐亮与常州万象进出口有限公司公司决议撤销纠纷案	一审	2018年3月30日	股东会	不影响权利行使与意思表示、重复决议	召集人瑕疵
70	陕西省渭南市临渭区人民法院民事判决书，（2018）陕0502民初135号	陕西微能联众能源科技有限公司与陕西产投绿能综合能源有限公司公司决议撤销纠纷案	一审	2018年7月6日	股东会	不影响权利行使	通知时间瑕疵
71	云南省红河州中级人民法院民事判决书，（2018）云25民终273号	冯玉林、建水县糖烟酒副食有限责任公司公司决议撤销纠纷案	二审	2018年4月12日	股东会	不影响决议结果	计票程序瑕疵
72	新疆维吾尔自治区乌鲁木齐市新市区人民法院民事判决书，（2018）新0104民初4541号	李强新与新疆新思路投资管理咨询有限公司公司决议纠纷案	一审	2018年8月14日	股东会	不影响权利行使	召集人瑕疵
73	湖北省黄石市中级人民法院民事判决书，（2018）鄂02民终945号	王桂菊、黄石市建设监理有限公司公司决议撤销纠纷案	二审	2018年10月19日	股东会	不影响意思表示	通知方式瑕疵

续表

序号	案号	案件名称	审级	时间	会议主体	审判理由	瑕疵类别
74	湖北省鄂州市鄂城区人民法院民事判决书,(2018)鄂0704民初2058号	鄂州恒升数控机械有限公司与胡碧琳损害公司利益责任纠纷案	一审	2018年12月22日	股东会	不影响权利行使	未通知
75	新疆维吾尔自治区克拉玛依市中级人民法院民事判决书,(2018)新02民终416号	缪浩波与克拉玛依安泰炼化工程有限责任公司公司决议撤销纠纷案	二审	2018年9月28日	股东会	表决权比例对决议没有影响	通知时间瑕疵
76	新疆维吾尔自治区乌鲁木齐市新市区人民法院民事判决书,(2018)新0104民初4598号	李强新与新疆新思路投资管理咨询有限公司公司决议纠纷案	一审	2018年8月14日	股东会	不影响决议结果	召集人瑕疵
77	陕西省西安市高陵区人民法院民事判决书,(2018)陕0117民初462号	王玲与马立科公司决议纠纷案	一审	2018年4月4日	股东会	表决权比例对决议没有影响、重复决议	召集人瑕疵
78	湖北省黄石市黄石港区人民法院民事判决书,(2018)鄂0202民初83号	王桂菊与黄石市建设监理有限公司公司决议撤销纠纷案	一审	2018年4月3日	股东会	不影响权利行使	召集人瑕疵
79	黑龙江省哈尔滨市呼兰区人民法院民事判决书,(2017)黑0111民初1899号	大连东方汇赢股权投资企业与黑龙江天宏药业股份有限公司公司决议撤销纠纷案	一审	2018年4月27日	股东会	不影响权利行使	通知时间瑕疵
80	北京市昌平区人民法院民事判决书,(2018)京0114民初131号	其鲁与中信国安盟固利电源技术有限公司公司决议撤销纠纷案	一审	2018年7月5日	股东会	不影响权利行使	通知时间瑕疵

续表

序号	案号	案件名称	审级	时间	会议主体	审判理由	瑕疵类别
81	云南省红河治州中级人民法院民事判决书,(2018)云25民终274号	周汝环、建水县糖烟酒副食有限责任公司公司决议撤销纠纷案	二审	2018年4月12日	股东会	不影响决议结果	计票程序瑕疵
82	云南省红河州中级人民法院民事判决书,(2018)云25民终271号	陈亚玲、建水县糖烟酒副食有限责任公司公司决议撤销纠纷案	二审	2018年4月12日	股东会	不影响决议结果	计票程序瑕疵
83	湖南省常德市澧县人民法院民事判决书,(2018)湘0723民初1080号	湖南高新创业投资集团有限公司与湖南盈成油脂工业有限公司公司决议撤销纠纷案	一审	2018年10月19日	股东会	表决权比例对决议没有影响	未通知
84	广东省高级人民法院民事判决书,(2018)粤民申4885号	林财、深圳市特发保税实业有限公司公司决议撤销纠纷案	再审	2018年7月4日	股东会	新决议取代旧决议	通知时间瑕疵
85	北京市高级人民法院民事判决书,(2019)京民申1402号	马勇等与华汽投资控股集团有限公司公司决议撤销纠纷案	再审	2019年3月29日	股东会	未明示理由	通知时间瑕疵
86	广东省广州市中级人民法院民事判决书,(2019)粤01民终8528号	广东盛乐房地产投资有限公司、广州市番禺区翠倚华庭房地产有限公司公司决议撤销纠纷案	二审	2019年6月27日	股东会	不影响意思表示	召集人瑕疵
87	湖北省宜昌市中级人民法院民事判决书,(2019)鄂05民终794号	漆有德、宜昌市金桥科技开发有限公司公司决议纠纷案	二审	2019年5月15日	股东会	不影响决议结果	通知时间瑕疵

续表

序号	案号	案件名称	审级	时间	会议主体	审判理由	瑕疵类别
88	江苏省南京市中级人民法院民事判决书，（2018）苏01民终10492号	南京正华通捷电子系统工程有限公司与南京笔墨建筑科技有限公司公司决议撤销纠纷案	二审	2019年1月23日	股东会	不影响意思表示	召集人瑕疵
89	四川省攀枝花市东区人民法院民事判决书，（2019）川0402民初182号	叶明胜与攀枝花市金坤工贸有限责任公司公司决议撤销纠纷案	一审	2019年3月1日	股东会	表决权比例对决议没有影响	签名瑕疵
90	广东省广州市中级人民法院民事判决书，（2019）粤01民终8530号	广东盛乐房地产投资有限公司、广州市番禺世纪花园房地产有限公司公司决议撤销纠纷案	二审	2019年6月27日	股东会	不影响决议结果	召集人瑕疵
91	安徽省安庆市中级人民法院民事判决书，（2019）皖08民终271号	安庆市鑫基置业发展有限公司、安庆市顺达房地产开发有限责任公司公司决议撤销纠纷案	二审	2019年3月13日	股东会	不影响决议结果	未通知、额外程序
92	湖北省宜昌市猇亭区人民法院民事判决书，（2018）鄂0505民初527号	牟洪生、黄盛昌等与宜昌海汇港埠有限公司公司决议撤销纠纷案	一审	2019年3月28日	股东会	追认	签名瑕疵
93	北京市第三中级人民法院民事判决书，（2019）京03民终11528号	刘太华与翟富昌等公司决议纠纷案	二审	2019年8月26日	股东会	表决权比例对决议没有影响	签名瑕疵

续表

序号	案号	案件名称	审级	时间	会议主体	审判理由	瑕疵类别
94	北京市第三中级人民法院民事判决书，（2019）京03民终11527号	刘太华与翟富昌等公司决议纠纷案	二审	2019年8月26日	股东会	表决权比例对决议没有影响	签名瑕疵
95	四川省成都市中级人民法院民事判决书，（2019）川01民终10017号	蓝文才与四川星空教育文化投资有限公司民事其他一案	二审	2019年11月13日	股东会	不影响权利行使	通知时间瑕疵
96	贵州省贵阳市观山湖区人民法院民事判决书，（2018）黔0115民初1156号	数安时代科技股份有限公司与贵州省电子证书有限公司公司决议撤销纠纷案	一审	2019年6月26日	股东会	不影响意思表示	通知时间瑕疵
97	山东省济南市中级人民法院民事判决书，（2019）鲁01民终4867号	于林与济南朝批林达商贸有限公司公司决议效力确认纠纷案	二审	2019年8月1日	股东会	未明示理由	通知时间瑕疵
98	黑龙江省穆棱市人民法院民事判决书，（2018）黑1085民初1413号	王永臣诉穆棱市运输有限责任公司公司决议撤销纠纷案	一审	2019年3月25日	董事会	不影响决议结果	通知时间瑕疵
99	广东省深圳市龙岗区人民法院民事判决书，（2019）粤0307民初10162号	蔡超与深圳市康医博科技发展有限公司与公司有关的纠纷案	一审	2019年11月20日	董事会	表决权比例对决议没有影响	召集人瑕疵
100	浙江省金华市中级人民法院民事判决书，（2019）浙07民终6496号	徐兵锋、东阳市众业房地产开发有限公司公司决议撤销纠纷案	二审	2019年12月27日	股东会	表决权比例对决议没有影响	通知方式瑕疵、召集人瑕疵

续表

序号	案号	案件名称	审级	时间	会议主体	审判理由	瑕疵类别
101	山东省济南市中级人民法院民事判决书，(2019)鲁01民终4347号	王国梁与山东科尔本高分子新材料有限公司公司决议撤销纠纷案	二审	2019年7月24日	股东会	新决议取代旧决议	未通知
102	四川省自由贸易试验区人民法院民事判决书，(2019)川0193民初7362号	成都灌篮体育文化传播有限公司与成都扣篮体育文化传播有限公司公司决议纠纷案	一审	2019年11月12日	股东会	未明示理由	通知时间瑕疵
103	浙江省安吉县人民法院民事判决书，(2019)浙0523民初1074号	郑瑞明与安吉嘉鸿房地产开发有限公司公司决议撤销纠纷案	一审	2019年9月29日	股东会	不影响决议结果	通知时间瑕疵、会议记录瑕疵
104	湖北省鄂州市中级人民法院民事判决书，(2019)鄂07民终220号	胡碧琳、鄂州恒升数控机械有限公司损害公司利益责任纠纷案	二审	2019年8月20日	股东会	不影响权利行使	通知时间瑕疵
105	安徽省芜湖市镜湖区人民法院民事判决书，(2019)皖0202民初4801号	王守之与芜湖市福海国际家具有限责任公司公司决议撤销纠纷案	一审	2019年8月5日	股东会	不影响意思表示	通知时间瑕疵、主持人瑕疵
106	江苏省无锡市中级人民法院民事判决书，(2019)苏02民终2843号	尤泠英与无锡思尔科技有限公司公司决议撤销纠纷案	二审	2019年8月29日	股东会	未明示理由	通知内容瑕疵
107	江苏省泰兴市人民法院民事判决书，(2019)苏1283民初8134号	张某某与泰兴市申丰化工有限公司公司决议撤销纠纷案	一审	2019年11月25日	股东会	不影响权利行使	通知方式瑕疵

附录二 新增 70 个案例

序号	案号	案件名称	审级	时间	会议主体	审判理由	瑕疵类别
1	陕西省高级人民法院民事裁定书,(2019)陕民申 133 号	张峰与西安盛恒特种坩埚有限公司公司决议撤销纠纷案	再审	2019 年 7 月 19 日	股东会	未明示理由	通知时间瑕疵
2	北京市第二中级人民法院民事判决书,(2021)京 02 民终 7211 号	兰洪河等与北京中鑫伟业公路工程监理有限公司公司决议撤销纠纷案	二审	2021 年 6 月 29 日	股东会	股东参会并行使表决权	通知时间瑕疵
3	天津市第三中级人民法院民事判决书,(2021)津 03 民终 1571 号	姜国栋、王志斌公司决议撤销纠纷案	二审	2021 年 3 月 21 日	股东会	不影响权利行使	通知时间瑕疵
4	山东省聊城市中级人民法院民事判决书,(2020)鲁 15 民终 4566 号	李虎、山东阳谷农村商业银行股份有限公司公司决议纠纷案	二审	2021 年 2 月 26 日	股东会	股东参会并行使表决权	通知时间瑕疵
5	北京市第三中级人民法院民事判决书,(2021)京 03 民终 3258 号	张启春等与北京田园锦食品科技有限公司等公司决议纠纷案	二审	2021 年 2 月 26 日	股东会	通过其他方式补正瑕疵	通知方式瑕疵
6	辽宁省大连市中级人民法院民事判决书,(2020)辽 02 民终 8627 号	张冬青、爱科腾博(大连)科技有限公司公司决议撤销纠纷案	二审	2020 年 12 月 24 日	股东会	超出的内容不属于股东会表决事项	议案内容超出通知范围

续表

序号	案号	案件名称	审级	时间	会议主体	审判理由	瑕疵类别
7	湖南省常德市中级人民法院民事判决书,(2020)湘07民终2301号	湖南通达交通发展有限公司、李先洲公司决议撤销纠纷案	二审	2020年12月21日	股东会	不影响权利行使	通知时间瑕疵
8	四川省德阳市中级人民法院民事判决书,(2020)川06民终985号	李晓江、德阳立达机电设备有限公司公司决议撤销纠纷案	二审	2020年12月4日	股东会	召集人全程参会	召集人瑕疵
9	湖南省益阳市中级人民法院民事判决书,(2020)湘09民终1829号	浙江悦华电器有限公司、湖南天行房地产开发有限公司公司决议纠纷案	二审	2020年11月23日	股东会	不影响权利行使	通知时间
10	四川省成都市中级人民法院民事判决书,(2020)川01民终12407号	成都浩泊云动科技有限公司、成都善读数据有限公司公司决议撤销纠纷案	二审	2020年10月12日	股东会	不影响权利行使	通知时间瑕疵
11	四川省成都市中级人民法院民事判决书,(2020)川01民终12647号	王强、成都市永龙液化天然气有限公司公司决议撤销纠纷案	二审	2020年10月12日	股东会	不影响权利行使、不影响表决结果	通知内容瑕疵、召集人瑕疵
12	辽宁省铁岭市中级人民法院民事判决书,(2020)辽12民终1190号	何建梅、辽宁鑫众科技股份有限公司公司决议效力确认纠纷案	二审	2020年9月24日	股东会	未明示理由	会议召开时间瑕疵
13	浙江省宁波市中级人民法院民事判决书,(2020)浙02民终2599号	郑珍娟、宁海县工业品有限公司公司决议撤销纠纷案	二审	2020年9月17日	股东会	不影响权利行使	通知时间瑕疵

续表

序号	案号	案件名称	审级	时间	会议主体	审判理由	瑕疵类别
14	安徽省黄山市中级人民法院民事判决书,(2020)皖10民终489号	蒋世民、歙县润德房地产开发有限公司公司决议撤销纠纷案	二审	2020年9月11日	股东会	不影响决议结果	通知时间瑕疵、会议记录瑕疵
15	广西贵港市中级人民法院民事判决书,(2020)桂08民终1794号	广西洁宝纸业投资股份有限公司、广西贵港市贵糖物业服务有限公司公司决议撤销纠纷案	二审	2020年8月19日	股东会	不影响权利行使	通知时间瑕疵
16	山东省济南市中级人民法院民事判决书,(2020)鲁01民终7405号	屈英与济南朝批林达商贸有限公司公司决议撤销纠纷案	二审	2020年8月13日	董事会	不影响权利行使	通知时间瑕疵
17	山东省潍坊市中级人民法院民事判决书,(2020)鲁07民终3251号	秦忠庆、潍坊畅和置业有限公司、王保刚公司决议撤销纠纷案	二审	2020年7月31日	股东会	不影响决议结果	前置通知程序瑕疵
18	山东省潍坊市中级人民法院民事判决书,(2020)鲁07民终2468号	浙江森亚德实业有限公司、青州市展诚房地产开发有限公司公司决议撤销纠纷案	二审	2020年6月5日	股东会	不影响权利行使	通知时间瑕疵
19	广西壮族自治区河池市中级人民法院民事判决书,(2020)桂12民终1100号	覃树宁、河池市冠达机动车驾驶员培训有限责任公司公司决议效力确认纠纷案	二审	2020年6月5日	股东会	不影响决议结果	未通知部分股东
20	山东省临沂市中级人民法院民事判决书,(2020)鲁13民终920号	郎敏、赵景山公司决议撤销纠纷案	二审	2020年5月26日	股东会	通过其他方式补正瑕疵、不影响决议结果	前置程序瑕疵

续表

序号	案号	案件名称	审级	时间	会议主体	审判理由	瑕疵类别
21	湖北省黄冈市中级人民法院民事判决书,(2020)鄂11民终538号	湖北华联威电子科技有限公司、湖北安深新能源有限公司公司决议撤销纠纷案	二审	2020年5月25日	股东会	不影响权利行使	未通知
22	江苏省南京市中级人民法院民事判决书,(2020)苏01民终916号	白玉生与南京艾凌节能技术有限公司公司决议纠纷案	二审	2020年5月18日	股东会	不影响决议结果	召集人瑕疵
23	湖南省怀化市中级人民法院民事判决书,(2020)湘12民终383号	韩道政、溆浦县润泰烟花爆竹销售有限公司公司决议撤销纠纷案	二审	2020年4月24日	股东会	不影响权利行使及表决结果	通知时间瑕疵
24	山东省济南市中级人民法院民事判决书,(2020)鲁01民终882号	济南天建建筑安装工程有限公司与张炜等公司决议纠纷案	二审	2020年4月2日	股东会	不影响权利行使与意思表示	主持人瑕疵
25	广东省东莞市中级人民法院民事判决书,(2019)粤19民终14849号	晏燕辉与东莞市晶荣利电子五金科技有限公司、深圳市安胜达机电设备有限公司公司决议纠纷案	二审	2020年3月25日	股东会	不影响决议结果	未明确开会时间
26	广东省广州市中级人民法院民事判决书,(2020)粤01民终884号	梁玉芬、潘长发与公司有关的纠纷案	二审	2020年2月17日	股东会	不影响决议结果	通知方式瑕疵
27	广东省茂名市中级人民法院民事判决书,(2019)粤09民终340号	黄希慈与张松华、李国豪、高昌文等公司决议撤销纠纷案	二审	2019年12月24日	股东会	不影响权利行使	未通知

续表

序号	案号	案件名称	审级	时间	会议主体	审判理由	瑕疵类别
28	湖北省黄石市中级人民法院民事判决书,(2019)鄂02民终557号	南波、黄石市房天房地产估价有限公司公司决议纠纷案	二审	2019年11月21日	股东会	不影响决议结果	决议通过时间与文件记载时间不符
29	广东省佛山市中级人民法院民事判决书,(2019)粤06民终9633号	林志平与广东万诚保险销售有限公司公司决议撤销纠纷案	二审	2019年11月20日	股东会	不影响权利行使及表决结果	通知时间瑕疵
30	贵州省贵阳市中级人民法院民事判决书,(2019)黔01民终5181号	贵州丰和房地产开发有限责任公司、李声荣公司决议撤销纠纷案	二审	2019年9月30日	股东会	不影响权利行使	通知时间瑕疵
31	湖南省长沙市中级人民法院民事判决书,(2018)湘01民终1944号	杜慧财、彭铁勇公司决议撤销纠纷案	二审	2018年6月12日	股东会	不影响决议结果	表决股东不具有股东资格
32	陕西省西安市中级人民法院民事判决书,(2018)陕01民终2412号	张峰与西安盛恒特种坩埚有限公司公司决议撤销纠纷案	二审	2018年4月10日	股东会	不影响决议结果	通知时间瑕疵、通知方式瑕疵
33	广西壮族自治区资源县人民法院民事判决书,(2020)桂0329民初812号	曾涛、曾繁文等与资源县恒泰置业有限公司公司决议撤销纠纷案	一审	2020年12月29日	股东会	不影响决议结果	表决方式瑕疵
34	四川省大邑县人民法院民事判决书,(2020)川0129民初1507号	舒云刚与岳成平、张小红损害股东利益责任纠纷案	一审	2020年12月28日	股东会	不影响决议结果(为了获取投资机会)	通知时间瑕疵

续表

序号	案号	案件名称	审级	时间	会议主体	审判理由	瑕疵类别
35	山东省聊城市东昌府区人民法院民事判决书，(2020)鲁1502民初13502号	陈万凤与山东易斯特机械设备有限公司公司决议撤销纠纷案	一审	2020年12月24日	股东会	不影响决议结果、召集人事后补救行为	召集人瑕疵
36	山东省宁阳县人民法院民事判决书，(2020)鲁0921民初2369号	王士朋与泰安华天化工有限公司公司决议撤销纠纷案	一审	2020年8月19日	股东会	不影响权利行使	通知时间瑕疵
37	北京市朝阳区人民法院民事判决书，(2019)京0105民初83867号	北京中融鼎新投资管理有限公司与中科招商投资管理集团股份有限公司公司决议撤销纠纷案	一审	2020年9月29日	股东会	不影响权利行使	通知时间瑕疵、通知内容遗漏
38	上海市静安区人民法院民事判决书，(2019)沪0106民初24633号	王奇与上海利苑金阁海鲜酒楼有限公司公司决议撤销纠纷案	一审	2020年9月14日	股东会	不影响权利行使及表决结果	召集人瑕疵
39	浙江省温州市瓯海区人民法院民事判决书，(2020)浙0304民初671号	温州市龙逸贸易有限公司与温州红联家居有限公司公司决议纠纷案	一审	2020年7月22日	股东会	不影响权利行使	召集人瑕疵
40	福建省福鼎市人民法院民事判决书，(2020)闽0982民初342号	陈国晓与福建宁诚铸造有限公司公司决议撤销纠纷案	一审	2020年7月20日	股东会	不影响权利行使	通知时间瑕疵
41	湖南省郴州市北湖区人民法院民事判决书，(2020)湘1002民初2088号	黄井泉与郴州七星医院有限公司公司决议撤销纠纷案	一审	2020年7月3日	股东会	不影响权利行使	通知方式瑕疵

续表

序号	案号	案件名称	审级	时间	会议主体	审判理由	瑕疵类别
42	四川省德阳市旌阳区人民法院民事判决书,(2020)川0603民初2289号	李晓江、德阳立达机电设备有限公司公司决议撤销纠纷案	一审	2020年6月29日	股东会	未明示理由	主持人瑕疵
43	四川省成都市龙泉驿区人民法院民事判决书,(2020)川0112民初2642号	王强与成都市永龙液化天然气有限公司公司决议撤销纠纷案	一审	2020年6月18日	股东会	不影响决议结果	通知内容瑕疵
44	重庆市荣昌区人民法院民事判决书,(2020)渝0153民初396号	郭荣宽与重庆凯歌电子股份有限公司公司决议撤销纠纷案	一审	2020年4月17日	董事会	违反规范不具有强制性、不影响表决结果	未通知监事参会
45	北京市海淀区人民法院民事判决书,(2018)京0108民初43105号	北京天星资本股份有限公司公司决议撤销纠纷案	一审	2020年4月15日	股东会	不影响决议结果	通知内容瑕疵
46	福建省南安市人民法院民事判决书,(2019)闽0583民初11617号	李焕全与福建省南安市鸿泰石材有限公司公司决议撤销纠纷案	一审	2020年3月6日	股东会	不影响权利行使	通知时间瑕疵
47	浙江省宁波市江北区人民法院民事判决书,(2020)浙0205民初209号	杭州中云联行投资管理合伙企业与网新新云联技术有限公司公司决议撤销纠纷案	一审	2020年3月5日	股东会	不影响权利行使及表决结果	通知时间瑕疵
48	山东省昌乐县人民法院民事判决书,(2019)鲁0725民初3739号	秦忠庆与潍坊畅和置业有限公司公司决议撤销纠纷案	一审	2020年1月19日	股东会	不影响决议结果	未通知
49	湖南省溆浦县人民法院民事判决书,(2019)湘1224民初2491号	韩道政与溆浦县润泰烟花爆竹销售有限公司公司决议撤销纠纷案	一审	2019年12月20日	股东会	不影响权利行使	通知时间瑕疵

续表

序号	案号	案件名称	审级	时间	会议主体	审判理由	瑕疵类别
50	山东省青州市人民法院民事判决书,(2019)鲁0781民初4727号	浙江森亚德实业有限公司与青州市展诚房地产开发有限公司公司决议撤销纠纷案	一审	2018年11月27日	股东会	不影响权利行使及表决结果	通知时间瑕疵、会议记录瑕疵
51	江苏省如皋市人民法院民事判决书,(2019)苏0682民初5102号	江苏宏景集团有限公司与如皋市鑫昊农村小额贷款有限公司公司决议撤销纠纷案	一审	2019年11月25日	股东会	违反规范不具有强制性、召开会议具有必要性	召集人瑕疵
52	江苏省泰兴市人民法院民事判决书,(2019)苏1283民初8134号	张某某与泰兴市申丰化工有限公司公司决议撤销纠纷案	一审	2019年11月25日	股东会	不影响权利行使及决议结果	通知方式瑕疵
53	湖北省蕲春县人民法院民事判决书,(2019)鄂1126民初3711号	湖北华联威电子科技有限公司与湖北安深新能源有限公司公司决议撤销纠纷案	一审	2019年10月29日	股东会	不影响权利行使	未通知
54	广东省广州市花都区人民法院民事判决书,(2019)粤0114民初8713号	梁玉芬与潘长发、广州简妮皮具有限公司与公司有关的纠纷案	一审	2019年10月24日	股东会	不影响决议结果	通知方式瑕疵
55	广东省深圳市罗湖区人民法院民事判决书,(2019)粤0303民初22785号	深圳市智越鑫前沿科技咨询合伙企业、张煜东等与微网云(深圳)技术有限公司公司决议撤销纠纷案	一审	2019年8月29日	股东会	不影响权利行使	通知时间瑕疵
56	广西壮族自治区南宁市兴宁区人民法院民事判决书,(2019)桂0102民初1812号	许梅芳、朱燕林、苏维琰等公司决议撤销纠纷案	一审	2019年8月14日	股东会	通过其他方式补正瑕疵	会议记录瑕疵

续表

序号	案号	案件名称	审级	时间	会议主体	审判理由	瑕疵类别
57	安徽省合肥高新区人民法院民事判决书，(2019)皖0191民初1830号	王明红与合肥融创幼儿园有限公司公司决议纠纷案	一审	2019年6月5日	股东会	未明示理由	通知时间瑕疵
58	江苏省常州市天宁区人民法院民事判决书，(2019)苏0402民初1131号	蒋开与常州联尚机械科技有限公司公司决议撤销纠纷案	一审	2019年5月20日	股东会	不影响权利行使	通知时间瑕疵
59	四川省成都市新都区人民法院民事判决书，(2019)川0114民初2029号	张华富、成都新炬化工有限公司损害股东利益责任纠纷案	一审	2019年5月5日	股东会	不影响决议结果	会议记录瑕疵
60	北京市朝阳区人民法院民事判决书，(2019)京0105民初32147号	马路通与北京中融金鼎投资基金管理有限公司公司决议撤销纠纷案	一审	2019年3月28日	股东会	不影响权利行使	召集人瑕疵、通知时间瑕疵
61	广东省高州市人民法院民事判决书，(2018)粤0981民初1578号	黄希慈与高州市鼎盛气体有限公司、珠海市香洲气体(厂)有限公司公司决议撤销纠纷案	一审	2018年10月29日	股东会	不影响决议结果	通知时间瑕疵
62	北京市朝阳区人民法院民事判决书，(2018)京0105民初28881号	深圳市云里酒店管理有限公司与航发投资管理有限公司公司决议纠纷案	一审	2018年10月20日	股东会	通过其他方式补正瑕疵	通知时间瑕疵
63	河北省邯郸市邯山区人民法院民事判决书，(2018)冀0402民初1724号	王旭平与邯郸医药有限公司公司决议撤销纠纷案	一审	2018年7月30日	股东会	不影响决议结果	召集人瑕疵

续表

序号	案号	案件名称	审级	时间	会议主体	审判理由	瑕疵类别
64	福建省厦门市翔安区人民法院民事判决书,（2017）闽0213民初2018号	丘国强与厦门三维丝环保股份有限公司公司决议撤销纠纷案	一审	2018年6月19日	董事会	召开会议具有必要性	通知方式瑕疵、通知时间瑕疵
65	重庆市渝中区人民法院民事判决书,(2016)渝0103民初17940号	伍崇云与重庆嘉陵建筑五金厂侵害企业出资人权益纠纷案	一审	2018年6月6日	股东会	不影响权利行使	未通知
66	上海市松江区人民法院民事判决书,(2018)沪0117民初2878号	马拥军与上海天藤网络技术工程有限公司、上海天藤电脑软件有限公司等公司决议撤销纠纷案	一审	2018年5月15日	股东会	未明示理由	通知时间瑕疵
67	黑龙江省哈尔滨市呼兰区人民法院民事判决书,(2017)黑0111民初1899号	大连东方汇赢股权投资企业与黑龙江天宏药业股份有限公司公司决议撤销纠纷案	一审	2018年4月27日	股东会	不影响权利行使	通知时间瑕疵
68	江苏省常州市钟楼区人民法院民事判决书,（2018）苏0404民初802号	徐亮与常州万象进出口有限公司公司决议撤销纠纷案	一审	2018年3月30日	股东会	通过其他方式补正瑕疵	召集人瑕疵
69	四川省成都市武侯区人民法院民事判决书,（2017）川0107民初10923号	蓝文才与四川星空教育文化投资有限公司公司决议效力确认纠纷案	一审	2018年1月11日	股东会	不影响权利行使及表决结果	通知时间瑕疵
70	河南省武陟县人民法院民事判决书,(2017)豫0823民初3020号	王建勋与河南华炬生物工程有限公司公司决议撤销纠纷案	一审	2017年9月25日	股东会	不影响权利行使	通知时间瑕疵